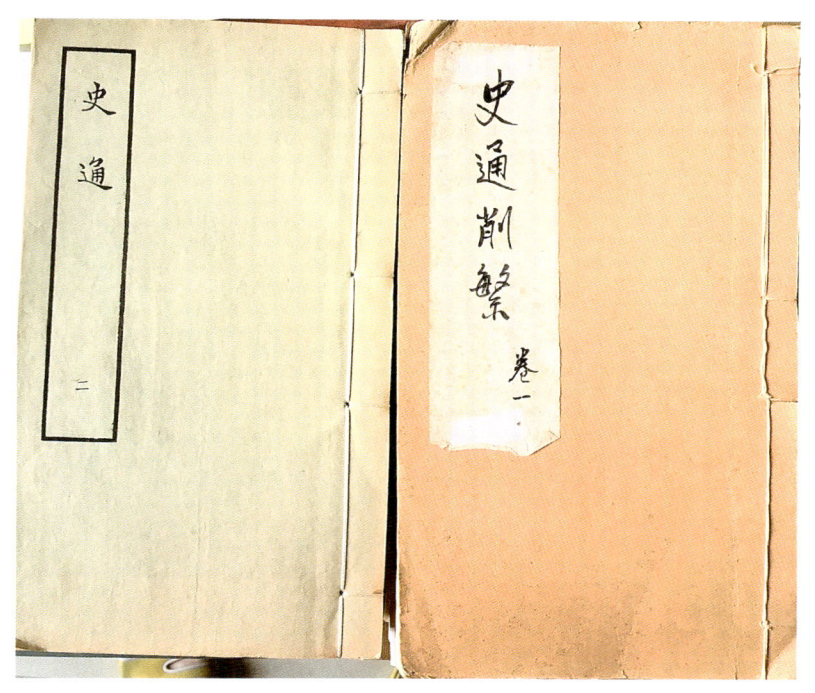

《史通》書影
（作者藏）

《文史通義》書影
（作者藏）

《管錐編》書影　　《史傳通說》書影
（作者藏）　　　　（作者藏）

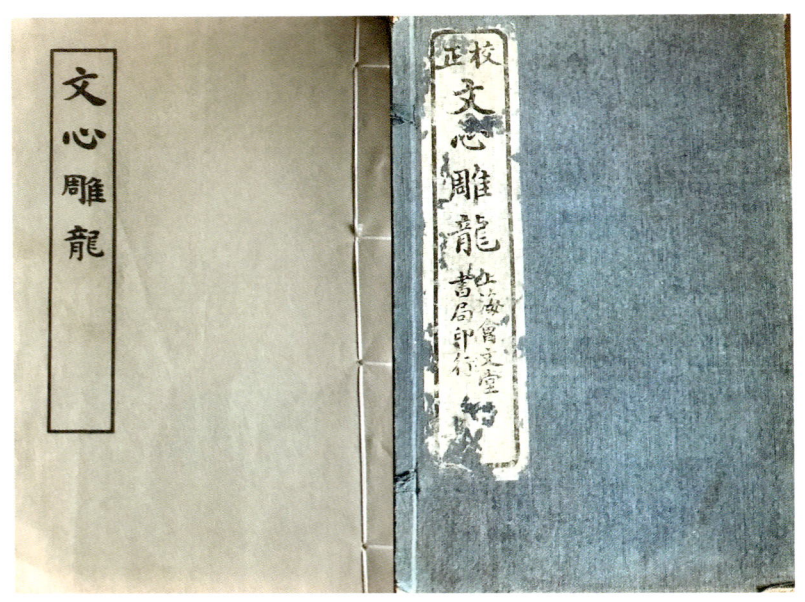

元版《文心雕龍》複印版　　《文心雕龍》上海會文堂版
（作者藏）　　　　　　　　（作者藏）

史義通說

汪榮祖 著

懷念　默丈

自題一　述志

古典消沉意不平　安能袖手噤無聲

莫教絕學真成絕　便得千秋萬世名

自題二　沁園春　詠史

禹域風華　千載繁枝　萬世風流　看先秦諸子　玄思渺渺　漢家遷固　彩筆攸攸
石室汗牛　東觀作手　竹簡新書事可留　逢盛世　亦心存鑒往　智者先憂
鴻篇絡繹無休　使日暮書窗國史修　惜史通評議　知幾莫繼　編年資治　涑水難侔
及至乾嘉　浙東學士　試問誰將可與儔　西風急　欲狂瀾得挽　舊史勤搜

目 次

7	引言
21	史義解題第一
73	居今識古第二
143	經史之間第三
187	以易釋史第四
219	史有專職第五
243	尺幅千里第六
287	馳騁古今第七
357	實錄無隱第八
377	推果知因第九
405	疏通致遠第十
439	彰善癉惡第十一

449	會萃諸錄第十二
463	經世致用第十三
497	史蘊詩心第十四
523	承風繼統第十五
555	引用書目

引言

　　泰西文藝復興,回歸古典,發現個人,因而人文崛起,神道衰微,學術始大昌明,開「啟蒙時代」[1]之新境。啟蒙崇尚「理性」,[2]視「自然法」[3]為超時空之常法;然以科學之定法衡史,殊有未當,故歐陸史家超越自然律,發「歷史主義」[4]之先聲,史觀為之一變。治史者非知不易之天理,無以明一時之陳跡。蓋陳跡有其「特性」,[5]難以概括。是知理性而外,尚有個性。個性之「內在感覺」[6]、「心理素質」(psychological qualities.)、「文化背景」(cultural background),與夫「民

1　Enlightenment,歐陸繼承十七世紀科學革命引發之十八世紀之理性、自由、人文、科學思潮。
2　Reason,泰西之理,於其兩分思維之中與感性相對,欲知其詳,可參閱 Kant, *The Critique of Pure Reason.*
3　*diritto*,natural law,超越國法之普遍有效如自然規律之法,源自希臘哲學,自文藝復興後為自由主義政治思維之論點。
4　Historicism者,謂史足以解史,文化有史之淵源,由淵源而知其發展,猶如橡樹由橡實而成長也。
5　Individuality者,所以示彼我之異也。
6　innate sense者,乃與生俱來之素質,不受外界知識影響者也。

族特色」（national characteristics），各不相同，未可概而論之也。史有時地人之異，誠不可概論，新史觀於焉出矣！[7]意國名師維柯[8]已言之：「天界」（The World of Nature）有別於「心界」（The World of Minds）；「心界」所重者，人也，迥異於天界所重之物，蓋兩者有「內外之異趣」也。[9]維柯之見，預見形而上學之革命」；[10]經此革命，遂有「物質科學」與「精神學科」，分立於日爾曼之壤。德人輒以科學等同學科，故有「歷史科學」（historischen Wisenschaften）之稱，以別於「自然科學」（natural Sciences）也。其別在於：聲光化電皆能親眼目睹，以精確之物理檢驗查證，萬無一失，而往事無從目睹，惟由史家轉述，心解殘存之遺跡，而遺跡乃滄海之一粟，難見其全，故人事之複雜，不同於物理之單純，兩者之異趣，固不可不知也。或

---

[7] 閱Friedrich Meinecke, *Historism: The Rise of a New Historical Outlook* (NewYork: Herder & Herder, 1959, 1972). 此書於歷史主義之淵源，析論甚詳。另參閱 D. E. Lee and R. N. Beck, "The Meaning of Historicism", in *American Historical Reviw* (April,1954), pp. 568-577.

[8] Giambattista Vico（1668-1744），文藝復興時代意大利歷史哲學家，修辭學家，法學家，以及社會科學之先驅。

[9] "The distinction between outer and inner knowledge". Vico, *Scienza nuova*，計有三版，參閱三版縮譯本：Giambattista Vico, *The New Science of Giambattista Vico*, Thomas Goddard Bergin & Max Harold Fisch transl (Ithacaa: Cornell University Press, 1961, 1970). 朱光潛有中譯本。

[10] "A new vision of the human world underlies a new philosophy of history and anticipates a metaphysical revolution"，語見A. William Salomone, *Pluralism and Universality in Vico's Scienza Nuova,* in Giorgio Tagliacozzo ed., *Giambattista Vico: An International Symposium* (Baltimore: John Hopkins University Press, 1969), p. 524.

曰：「史學致知，最能見及藝術與科學之相互輝映」，[11]所言乃求史如科學之真，如藝術之美，非謂史能包攬藝術與科學也。科學一詞，若嚴格而論，乃自然科學，固毋庸贅言。竊以為自然科學、社會科學，人文學科，鼎足而三，史學乃人文學科之屬也。

人文學科屬於精神範疇，所造之「心界」，不可預測，乃由典章制度而來，因具「史境」故也。舉凡思想制度，均落實於時空，而時空之變換，非由神力，亦非由天，而由於人，即維柯所謂：人文社會既由人創，其理路必由人心而知之。[12]人之心靈、思維、感情，遂為治史者所不可輕忽者。維柯社會意識與時俱進之論，頗得晚近思想史家伯林[13]之賞識，亟言史學之自立，維柯厥功至偉也，[14]謂渠乃「史界之培根[15]」！心界異於天界，唐代詩鬼李賀已有言：「天若有情天亦老」，[16]惟天無情，所以不老也。按天界日夜流轉，四季相循，天理未嘗有失。故而英哲

11　語見H. Stuart Hughes, *History as Art and as Science*（New York: Harper & Row, 1964）, p. 3.

12　閱Vico, *The New Science of Giambattista Vico*, p. 479.

13　Isaiah Berlin（1909-1997），生於蘇聯之拉塔維亞附屬國（Latavia），入籍英國，為二十世紀思想史大家兼擅社會與政治理論。

14　"The autonomy of historical studies"，語見，Isaiah Berlin, *Vico and Herder: Two Studies in History of Ideas*（New York: Vintage Books, 1961,1871）, p. 27. 另參閱Johann G. Herder, *Reflections on the Philosophy of the History of Mankind*, Abridged with Introduction（Chicago & Lodon: the Uiversity of Chicago Press, 1968）, pp. vi, xi, xiv, xv, xx, xxiii.

15　Francis Bacon（1561-1626），英國哲學家、畫家、政治家、科學家、法學家、演說家和散文作家，古典經驗論之始祖，吾華所謂之通儒也。

16　句見李賀，《李長吉集》，黃陶庵先生評本（掃葉山房石印本，1925），卷2，頁1b。

懷海德[17]曰：現代物理之學，發源於西歐，地無分南北，人各東西，凡理性之域，皆能光大之也。[18]驗諸泰西科技在華之突飛精進，已證懷氏所言之不虛。然而「心界」非若是！西山無不落之日，而人有悲歡離合之情。文化各異，史跡不同，價值有別，故而事實雖同，認知未必盡同，太炎所謂「不齊而齊，乃上哲之玄談」，[19]亦即伯林所謂「文化多元論」[20]之義蒂也。泰西持「歐美文化中心之論」（Euroamerican culture），漫炫傲慢，不足為訓。蓋寰宇文化繁多，價值不一，安能定於一尊乎？[21]斯言無他，文化各有特性，無分高低，非可盲目假借也。人類學家尤能辨識異同，明特色而後知價值有別，有助於史事之理解也。[22]

17　Alfred North Whitehead（1861-1947），英國著名哲學家兼數學，以「行動哲學」（process philosophy）著稱，蓋自柏拉圖以來皆視「現實」（reality）為不相關之「物體」（material objects），懷氏則認為現實為「變動之過程」（process），且與其他進程相關，涉及生態學、神學、教育、物理、生物學、經濟學與心理學諸領域。其哲學影響深遠。

18　Alfred North Whitehead, *Science and the Modern World*, Lowell Lectures（New York: The Macmillan company, 1944, 1925）, p. 3.

19　語見章太炎，《齊物論釋》，收入《章太炎全集》，頁4。參閱汪榮祖，〈章太炎對現代性的迎拒與文化多元思想的表述〉，《中央研究院近代史研究所集刊》（2003年9月），41: 145-180。

20　Cultural pluralism者，謂價值非一，無可比擬，故不可以同一標準，衡量各異之文化，道德既複雜難定，更無單一之尺度，不同之生活方式，自有其德行。道雖不同，仍可互通、互解、互補。伯林以此說成名也。

21　見Melville J. Herskovits, *Cultural Relativism: Perspectives in Cultural Pluralism*（New York: Vintage Books, 1973）. 作者為美國猶太族裔人類學家，其以其學科呼應伯林之文化多元論，擲地有聲。

22　參閱Philip Bagby, *Culture and History: Prolegmena to the Comparative Study of Civilization*（Berkley: University of California Press, 1958, 1963）, pp. 7-8.

史者非科學之屬,乃文化之屬也。史之意義,出自作者,有其主觀,而需以理性思維抑之。惟現代理論之多富感性,有導史於虛無之虞,能不慎哉?[23]

西士狄爾泰,[24]認同心天兩界之異,亦即絕對與相對之異。心界無絕對,乃「經驗」[25]之知,蓋史實有賴於內感與同情也。[26]經驗易代有變,社會隔世有異,更無論中西之異同矣!然則,歷史主義所昭示者無他,文化因「史境」(historical context)之異而異耳。時空流轉,物換星移,故文化由時空界定,普世不能一體,誠屬不移之說。蓋人事異趣,斷無永恆之理。此論既風行歐陸,崇尚各異之地方色彩,於今兩百餘年矣。各異之文化,影響歷史之演進,既深且遠,已屬定論。然則,既不宜以洋論華,亦不能「以今論古」(anachronism)。以今論古,今之偏見有焉;以洋論華,偏見亦有焉。故而史家所重者,應憑原始史料,理解特殊情景,如此而已。

章太炎嘗言國之特性有三:語文、習俗與歷史。按文明古國,諸如巴比倫與埃及古國,因失特性而亡。中華文明歷經數千年,至今猶在,文化特性猶在也。惟古文式微,習俗有失有存,尚待惜而固之;國史雖未斷,然師法泰西,史統已不絕如縷。西

23　參閱George G. Iggers, "Rationality and History", in Henry Kozicki ed., *Developments in Modern Historiography*(New York: St. Martin Press, 1993), pp. 19-23, 25, 33-37.

24　Wilhelm Dilthey(1833-1911),德意志史家、心理學家、社會學家,詮釋哲學家,曾任柏林大學黑格爾講座教授。

25　德字Erleben。

26　參閱Hajo Holborn, *Wilhelm Dilthey and the Critique of Historical Reason*, in *Journal of the History of Ideas*, XI, 1(Jan.1950), pp. 93-118.

化之挑戰,至今未能盡解。要因精神文明有異於物質,要能縱承,香火宜傳;可以旁參,何須橫植,無根浮萍,安得成長?中華史學一如泰西,各自有其傳承、時空觀念、問題意識、理論架構。英法德俄諸國,史學之話語權,無不自握其手,不隨他人起舞也。中西之間,自有不期相契,神會妙悟之處,笑與忤會之趣,然若不求甚解,以西方學理為真理,以彼既成之見,傾心相從。甚而外人誤釋吾中華歷史,亦盲從無疑,以為外人於廬山之外,更能見廬山之真貌,欣賞無已,不自覺入其主而自奴乎?[27]例不細舉,北美有「新清史」論者,以其解構理論,顛覆清史,否認滿族漢化,視族群認同為國家認同,故稱大清非中國,乾隆非中國皇帝,妄稱滿清上承北元,而非繼承明室云云,因而質疑當今中國之疆域,何異於日寇侵華之「滿蒙非中國」論歟?[28]如此謬論,能不駁斥?失學之徒,不聞康熙帝曾諭大學士曰:「觀明史洪武、永樂所行之事遠邁前王,我朝見行事例,因之而行者甚多」。[29]清帝親諭在目,足正邪說也。元人滅宋,宋有忠義之士;明人滅元,亦有為故主隕身之臣,清室既屋,民國遺老,亦不乏漢人,豈因蒙元滿清,入主中國,而有異情哉?況元明間盛傳元順帝乃宋恭帝之子,若然,則八十九年之蒙元,順帝獨得三十六年,元帝乃趙宋之遺胤歟?或謂此說微曖難明,傳聞異詞,或乃南宋遺民不忘故國之流言?錢牧齋以閩人余應諸詩及

---

27 詳閱汪榮祖,〈海外中國史研究值得警惕的六大問題〉,《國際漢學》,總第23期(2020年第2期),頁5-20。
28 見岡田英弘,《從蒙古到大清》,陳心慧、羅盛吉譯(台北:商務印書館,2010),頁1。
29 康熙語,見劉承幹,《明史例案》,卷1,頁4b。

權衡所撰《庚申外史》，比而觀之，發覺若合符節，以為可信不誣也。[30]全祖望《鮚埼亭集》外編卷二九跋《庚申外史》，以為「大抵為傳聞之失漏」[31]。萬斯同《群書疑辨》卷十一，舉例力證：「順帝之為恭帝子，可無疑矣」，又謂：「趙氏之復有天下也，章章明矣」！[32]近人王國維初不之信，考而後信之矣。[33]余嘉錫辯證甚力，曰雖無確證，然不可盡以外史之說，荒誕不經，而以錢、全、萬、王諸名家所說，可存也。[34]蓋當時無DNA可資驗證，所謂確證安可得乎？惟異族入主中國，胡漢交融，血脈莫可追究，一如章太炎所云：數千年之中華，已成歷史民族矣！而域外之人，動輒謂滿蒙非中國，焉能相從？由此可見，史學之話語權，不容假借；若授人以柄，何異陷入薩依德[35]之「東方主義」論歟？[36]是知史學有其主體性也，若無主體，則史權拱手相

30　詳閱錢謙益撰書瀛國公事實，《初學集》，卷25，收入《錢牧齋全集》（上海：上海古籍出版社，2003），第2冊，頁794-796。
31　金祖望，《鮚埼亭集》（台北：華世出版社，1977），下冊，頁1063。
32　萬斯同，《群書疑辨》（台北：廣文書局，1972）影印本，卷11，頁16a、21a。另參閱22a-23a。
33　詳閱王國維，《觀堂集林》（北京：中華書局，1959）頁1060-1061。
34　詳閱余嘉錫，《四庫提要辨證》（北京：中華書局，1974），上冊，頁256-264。
35　Edward Said（1935-2003），美國哥倫比亞大學文學教授，「後殖民主義」（of postcolonial studies）研究奠基人之一，出生於巴拉斯坦（Palestine），因父親從美軍，而得以入籍美國。因深受西方教育，而有跨文化之認知。
36　Orientalism，乃薩依德之說，謂東方之事由西人所述，以西人之主見敘中東、亞洲、北非社會。薩伊所見，乃西方視非西方為停止不進而落後之社會，而西方社會發達、理性又富彈性，故而優越。是以西方偏頗不實之東方文化觀，資帝國主義所用也。

讓，往事任由外人評說，何異青史成灰、國魄淪喪耶？史滅而國亦裂矣！

然則，逕自橫植泰西文化於中土，殊有違歷史主義之微意也。欲以泰西之歷史哲學，詮釋吾華之歷史演進，必有扞格。然自五四以來，歐風美雨，普降中土，一時風從，名師宣揚，承學之士，驚豔之餘，傾心西化，以洋為師，範式理論，一以泰西為尊，視中華學統，有違時尚，而棄如蔽屣，舊學因而消沉矣！固然仍有識者，驚愕「詆訶往哲，攘斥舊籍」、「稗販歐風，幾亡國性」，[37]然人少言輕，難敵西潮洪流。五四至今百年，傳統斷層已見，經典雖存，讀者日少，豈無名存實亡之虞？固有文化，日薄西山，誠非虛言。再百年而後，吾華之物質文明，或可獨步寰宇，引領風騷；惟人文國魄，或將淪為泰西之臣虜歟？晚清詩人金亞匏，有〈西施咏〉詩曰：「溪水溪花一樣春，東施偏讓入宮人；自家未必無顏色，錯絕當年是效顰」。[38]全盤西化論者，豈非東施效顰者歟？錯絕當年，奈何悔之晚矣。

吾華五千年文明，源遠流長。先秦百家爭鳴，秦漢而後，儒法道為重，政統重法，而道統重儒。洋人稱吾華為「儒教國」（Confucian China），未見允當。秦政以法立國，未嘗諱言專制；漢鑒秦之弊，儒法兼用。其治術也，可稱以儒飾法。儒家其表，法家其裏，歷代皆如是也。[39]帝制非法不治，法術嚴苛，賴

---

37 柳怡徵民國十五年語，見氏撰〈中國史學之雙軌〉，《柳怡徵史學論文集》（上海：上海古籍出版社，1991），頁92，96。
38 詩見金亞匏，《秋蟪吟館詩鈔》（山東大學丁山藏書，1929年秋購于北平），詩1，頁27a。
39 論證外儒內法治術精彩之作見Kung-chuan Hisiao, "Legalism and Autocracy

儒術柔之。儒為政用,可以救法之弊,故非儒,政不穩也。儒家君親師並舉,以倫理尊君,惟儒學非僅隨政術而變,其基本教義,久而深入人心,士人遵奉莫疑,形成西士所謂之「大傳統」(Great Tradition)也;影響所及,教立於上,俗成於下,儒家遂有民間之「次傳統」(Little Tradition)矣。[40]所謂上行下效也。故儒為政用,亦為深植人心之社會價值矣。

儒學非僅孔學,儒先於孔,孔後諸家各有異趣,孟荀善惡不同,朱陸敬靜有別。儒者各自詮釋,非有違尼山初旨,實欲踵事增華,猶如泰西所謂「思想史」(intellectul history)者,乃歷代思想家之所思,思想承繼,並非一陳不變也。儒家為漢文化之主體,然漢文化非僅儒家,亦非僅先秦諸子,魏晉而後,佛學昌盛,華夷種姓,復多交融。胡漢文化之互動也,漢化有之,胡化亦有之,惟自先秦至晚清,始終以漢文化為主,綿延不絕,而後有今日多民族之中國。然悠久之傳統文化,因西化而式微。西潮固然洶湧,而五四激進之士,捨身風從,甚且推波助瀾,狂瀾莫之能禦矣!觀乎具舊學根底者,幾皆生長於五四之前,史學二陳,固無論矣,民國蜀人劉咸炘,生於光緒丙申,繼浙東章氏之學,有志踵舊史而增其華,積稿甚多,惜不永年也。[41]凡生於五四之後者,去舊學日遠,崇洋鄙舊,學風為之丕變。帝制終

---

in Traditional China,"in *Tsing Hua Journal of Chinese Studies*, New Series IV, No.2(February, 1964), pp. 108-121.

40　此說創自美國人類學家瑞德費爾(Robert Redfield, 1897-1958),有文之士為大傳統,無文之民為次傳統,亦君子之德風,草上之風必偃之謂也。

41　參閱段渝主編,《劉咸炘論史學》(上海:上海科學技術文獻出版社,2008)。

結，政統雖盡，學統猶在，然而趨新之徒，以為除舊未盡，不足迎新。於是以打孔是尚，苦相折挫，不留餘地。儒教曾為帝制所用，固不足取，然儒學何辜，竟遭池魚之殃！凡舊學幾一併棄之，精粹與糟粕俱盡，豈非如西諺所謂：「嬰兒與浴水俱傾之矣」（throw the baby out with the bathwater）。魯莽滅絕，莫此為甚也！

　　吾華傳統文化之特色，其犖犖大者，曰漢字、曰歷史、曰習俗、而近人視傳統為「中世紀」、視為「封建」而鄙之。視漢字為古文字，難以適應現代之需而應去之，故有「錢君玄同主廢漢字為羅馬拼音」，[42]更以舊史不可信而欲以西法代之；以儒學為「帝王之學」，而宜掊之；以習俗守舊，而應棄之，而後方得進入現代文明云。惟現代文明自何而來？非出自西方文化乎？西方得現代之先機，故而開出現代文明，現代遂具歐美特色，不足以放諸四海而皆準也。現代物質文明雖日漸趨同，然精神文明難能一致，故有文明衝突之說。晚近美國日裔學者福山，以為歐美精神文明，諸如民主自由，市場經濟，於蘇聯解體之後，已一統寰宇，故有「歷史終結」之論。[43]然事與心違，後冷戰之世界，非如福山所見，其立論多舛，尤無視國族意識之強，基本教義信念之堅，為識者所譏訕。福山一時之樂觀，難掩其霸權心態。當今世事變幻，足稱「歷史終結之終結」（the end of the end of

---

42　語見錢穆，閱崔述，《崔東壁遺書》（台北：河洛圖書出版社，1975），錢序，頁2。

43　參閱Yoshihiro Francis Fukuyama, *The End of History and the Last Man*（New York: the Free Press, 1992）.

history）也乎？[44]文明既有衝突，是知歐美之價值不能普世也。傾心西化者，授人以柄，將如太炎所慮：「浸微浸衰，亦終為歐美之奴隸而已矣」。[45]

　　太炎嘗言：欲免國性淪亡，語文、歷史、習俗，三者斷不能棄。五四而後，婚喪喜慶，衣食住行，飲食之外，幾盡西化，其中固有不得不爾者，亦有不必然者，服飾宅邸，宜能變舊為新，別具華夏風貌，何須全盤西化？固有之親情孝心，何莫存而惜之，以避舶來之疏離。儒教屢經質疑，訂孔、打孔之餘，三綱五常，陰陽五行，隨風而逝可也。儒為今用要能以王道救霸道之弊，霸道以力制人，難服人心，而王道以德服人，始其宜矣；霸道尚武，烽火不熄，生靈塗炭；王道以和為貴，雙贏互利，乃正義之世界秩序。漢字幸而未廢，否則舊學所剩餘幾？五四而後，以白話取代文言，有俗語而無雅文，影響所及，舊學難繼也。按雅文乃典章文物之寶筏，失此彼岸莫登。不識古文，則固有之典籍、書畫、歌詩、戲劇，皆因失語境而趨式微。迦陵先生傾畢生之力，起舊詩詞於既衰，白兄先勇賦昆曲以新生命，遂令古典風雅之美，未隨西潮東流而去，此挽瀾有成之例也。至於史學，先秦至乎晚清，史冊無不以古文書寫，無此鑰匙，堂奧莫啟，千年之史統，何以為繼？苟唯西法是從，無異削足適履，自主之史學，安可得乎？

44　參閱Robert Kagan, *The Return of History and the End of Dreams*（New York: Vintage, 2009）。

45　見章太炎，《章太炎全集・太炎文錄補編（上）》（上海：上海人民出版社，2017），頁225。

三十餘年前撰《史傳通說》既竟，嘗言意興未盡，果有此作也。斯稿欲探舊史要義，再作野芹之獻。蓋文史之學，與傳統血脈相連，乃自主之學，未可自毀立場。義寧陳氏所慮者，「絕艷植根千日久，繁枝轉眼一時空」，[46]感同身受也。或謂中華史學，惟中央史觀，昧於域外。此說不知近代之前，東西相隔，殊少往來，泰西史學亦不知有華夏也。德國大哲黑格爾所謂之「通史」（universal history），乃歐洲之通史耳。黑氏區分有史之世界，無史之世界，歐洲之外，別無史也。泰西史學即寰宇敘事，「大聲獨唱」（a grand récit），不惜湮滅眾聲。以彼之見，異域之史，無足輕重者也。[47]然則彼所謂之「全史」，何全之有？吾華舊史，雖多因循蹈襲，常以古人之心為心，較少推陳出新，然非可一概而論也。近人因而捨舊取新，盡從西洋，昧於傳承不可輟，承古方能開今也。何莫旁參西學，借照鄰壁之光，以踵事增華，求舊學之翻新也。按史有事有文有義，而以義為至要，實齋重之，故謂「作史貴知其意」，[48]其意在明道經世，斯即義也。民國史家柳翼謀亦曰：「史學所重者義也，徒騖事跡，或精究文辭，皆未得治史之究竟」。[49]章柳兩氏之史義，近乎夫子所「竊取」之大義也。

予借「史義」舊詞，承舊出新，繼劉章先賢之後，不以《春

46　陳寅恪，《陳寅恪集・詩集》（北京：三聯書店，2001），頁167。
47　參閱Claude Lyotard, *The Differend: Phrases in Dispute*, transl. by George Vann Abeele（Minneapolis:, University of Minneapolis Press, 1988）, pp. 32-50, 151-155.
48　章學誠，《評注文史通義》（上海：真美書局，1929），卷2，頁14a。
49　語見柳怡徵，《國史要義》（台北：中華書局，1969），頁130。，

秋》懲惡勸善為宗，無囿於綱常名教之說，旁採泰西史學精義，參照華夏特色，以冀披沙揀金，折中求是，重光中華史學之要義，譬如提陳醅之佳釀，同品遠方之美酒，所謂食得三珍，味始刁也。惟學海無涯，一帆難渡，雖不能至，心嚮往之，史義通說之所望云爾。回首前塵，開筆於庚子之凋年，藏身於庸椽高樓，讀寫度日，時光之容易把人拋也。鼠去牛來，不覺虎年又至，終於稿成。偶憶東坡所謂：「哀吾身之須臾，羨長江之無窮」，正見人文與自然之異趣。古今同情，豈不謂然？唯有提煉精華，庶能繼往開來也。稿成之際，念徐子老之啟迪，感蕭跡園之扶持，珍惜金華何先生之關愛，羨迦陵之承風，嘆槐聚之難繼。臨筆神馳，感念無已！書前題詩，略表作者之心意耳。

開筆於庚子仲夏之夜
壬寅冬月二七稿成
癸卯仲夏初校
甲辰初秋二校

史義解題第一

　　「歷史哲學」（Philosophy of History），泰西之史義也。始於意人維柯，其學當世未顯，後日奉為先行。若再遠朔淵源，未嘗不可上推聖奧古斯丁。[1]泰西歷史哲學，自成學門，則始自德人赫爾德，[2]而盛於黑格爾。[3]此學吾華罕見，故泰西論師，輒以哲學為彼邦所獨有，中土無之，故哲學史亦即西方哲學史也。唯獨英哲羅素撰《西方哲學史》，[4]以示所論僅是西方哲學，殊為

---

[1] Aurelius Augustinus（354-430），為聖保羅之後，最重要之基督教思想家，將西方古典思維引入基督教義，建立神學系統，《上帝之城》（*The City of God*）即其名著，影響「聖經之闡述」（biblical exegesis），奠定中古以及近代基督教思想之基。

[2] 侯德或譯「赫爾德」（Johann Gottfried Herder, 1744-803），以歷史哲學為其書名 *Idea for a Philosophical History of Mankind*（1784）以及 *Lectures on the Philosophy of History*（1837）．大哲康德贊譽侯德此書備至，評見 Immanuel Kant, *On History*（Indianapolis, New York: The Bobbs-Merrill Co. Inc., 1963）, pp. 27-52.

[3] 黑格爾（Georg W. F. Hegel, 1770-1831），德國唯心哲學大師，為泰西現代哲學奠基者之一，自美學至政治，無不見其影響。

[4] Bertrand Russell, *A History of Western Philosophy*（New York: Simon and Schuster, 1959）．

難得。按哲學一詞,誠不見於吾華舊籍,乃自日譯而來。此字原意為「愛智之學」,中華豈無愛智之學耶?雖有之,惟不盡相同耳。先秦諸子之學,諸如老聃退化說、孔丘名分說、韓非權力說、墨翟天志論、莊周相對論、鄒衍循環論、荀卿厚今薄古,不無思辨玄想,更無論魏晉玄學,宋明理學也。然與泰西哲學相比,未見邏輯論證,有欠系統論述。故而歐美論師,多謂東方無哲學也。蓋以彼之哲學,論我之哲學,豈非如以蕉論橘,而謂橘非蕉歟?既云無哲學矣,何來歷史哲學乎?

歷史哲學,其意云何?質言之,以哲學思維,演繹史之本質,以理性思維解釋史實,發見歷史軌跡、探索歷史意義之謂也。[5]歷史哲學約有古典與現代之分,「古典」者,又稱「思辨(玄學)哲學」;[6]「現代」者,又稱「分析哲學」。[7]古典以系統思維,通觀全史,建構體系,賦予意義,以示歷史趨向之動力,及其歸宿,命乎?神乎?人性乎?規律乎?模式乎?目的乎?意義乎?類此皆思辨歷史哲學所欲問者也。其體系每多宏偉,派別亦漸繁多。法哲伏爾泰[8]於《列國風情思維論》,綜述歐西中印諸文化,取有用之歷史教訓,因伏氏有鑒於其時,言行墮落,而有所望於未來,自稱所著即歷史哲學也。史之為用,非

5　伏爾泰所謂:「以理性論事」(think things through in a rational way)也,閱 Francois-Maire A. de Voltaire, *Essay on the Customs and the Spirit of Nations* (1769).

6　「古典歷史哲學」(speculative philosophy of history)。

7　「分析歷史哲學」(analytical philosophy of history)。

8　François-Marie A. Voltaire (1694-1778) 啟蒙時代法國哲學家,史學家,多產作家,以幽默風趣著稱,以譏評天主教聞名,主宗教自由,政教分離。

僅提供事實,且示方法之學。[9]德人赫爾德[10]更以通史概念,多所論述,額其書曰:「歷史哲學」。[11]後起之黑格爾、馬克思[12]諸輩,皆此道之名宿鉅子。黑格爾之《歷史哲學》影響深遠,名望尤高。黑氏視世界由至高無上之理性所統治,[13]更以「形而上學」[14]反思精神生活,而以「自由」為「精神」之本質,而精神具有層次,自由具有等級。是以歷史進程乃精神之成長,而成長取決於自由之能量。故黑氏縱覽全史,深信自由之潛力,而自由賴意志以進;唯有意志,方能登精神之佳境也。惟自由非蓄意可得,人本無上進之心,不知邁向理性之路,易流於激情私欲,黑氏謂之「理性之詭」(cunning of reason)。蓋理性支配世界,需有紀律,故唯法治社會能有自由,而自由社會之完成,則有賴於「國家」。據此,黑氏曰:世界史之重心漸由東而西,東方之中國、印度、波斯發其端,古中國之「神權專制」(theocratic despotism),唯皇帝有自由,斯乃低層之自由,所設定之倫理

9　François-Marie Voltaire, *Essai sur les mœurs et l'esprit des nations*(translated to English as *An Essay on Universal History, the Manners, and Spirit of Nations*)(Paris, 1759).
10　Johann Gottfried Herder(1744-1803),德國哲學家、神學家、詩人與文評家,參與啟蒙、狂飆,以及魏瑪古典主義。
11　參閱R.G. Collingwood, *Essays in the Philosophy of History*(Austin: University of Texas Press, 1965), pp. 121-129.
12　Karl Marx(1818-1883),生於德國之猶裔,初習法律與哲學,成為哲學家、經濟學家、史學家、社會學家、政治理論家、社會革命家,畢生深居簡出,而於近代革命運動影響深遠。
13　原文:"Reason is sovereign of the world".
14　Metaphysics,為泰西哲學之根本,包括存在、時空等無實質之抽象思維,要以理性推理求答案。

無道理，史皆零星之事實，科學僅屬技術，法律乃意志之表達。黑格爾貶低吾華之餘，又謂印度之精神或高於中國，然而無論中印，皆無發展精神之基礎，均處停滯狀態。波斯精神雖見諸宗教，但其宗教猶非希臘之儔。黑格爾遂視東土如人生之童年，惟一人有自由；希臘已入少年，多人有自由矣；羅馬初入成年，至德意志始臻於成熟，人人皆有自由矣！於此可見，黑格爾之史觀，以自由為核心，憑理性成長，由「正」、「反」、「合」三段，由有序之辯證而來。因不足而有「反」，有反而後有矛盾，卒以「合」解之，斯即理性之運作也。按此邏輯，黑氏之母國乃自希羅以來，自由發展最終之「合」。[15]黑論雖然有序，自我中心之傲慢，難以掩蓋也。

黑格爾視其辯證為必然，其意云何？黑氏有全史在胸，建立四階段必然之精神進程，非「決定論」而何？[16]而其決定論，乃形而上之設想，罕見佐證之史料，信手取材，以符其預設而已。黑格爾知時代之異，故曰但丁[17]有異於荷馬，[18]然其所述時代之

15　閱Georg Wilhelm Friedrich Hegel, *Philosophy of History*（New York: Dover Publications, 1956），pp. 9, 11, 13, 19, 21, 25, 29, 30, 33, 49, 63, 112, 114, 223, 257, 267.

16　語見W. H. Walsh, *Philosophy of History: An Introduction*（New York: Harper & Row, 1960），p. 151.

17　Dante Alighieri（c. 1265-1321），中世紀意大利詩人、作家、哲學家，現代意大利文字奠基者，以詩史《神曲》聞名。文藝復興開創者之一，與佩脫拉克（Francesco Petrarca）、薄伽丘（Giovanni Boccaccio），合稱文藝復興三傑。

18　Homer，相傳希臘詩史《伊利亞德》（*Iliad*）與《奧德賽》（*Odyssey*）之作者，述及特洛伊（Troy）十年圍城故事。

變遷,仍基於其自身設想之思維。渠雖稱鴻儒博學,認知仍有所不足,尤昧於中華文化,為其病痛之所在。試問史既各有主體,別具特性,安能以一理貫之耶?黑氏無據之妄斷,能不謬乎?槐聚舉證曰:「其不知漢語,不必責也;然知而掉以輕心,發為高論,又老師鉅子之常態慣技,無足怪也;然而遂使東西海之名理同者,如南北海之馬牛風,則不得不為承學之士惜之」。[19]豈不然歟?英倫大哲羅素[20]則評之曰:黑氏之知,不出地中海世界之外也。[21]北美名師曼德邦,[22]亦譏之曰:黑格爾於中國四千年悠久之史,茫然不知其要。[23]黑氏所知之中國,多自耳聞,想當然耳,而吾華碩儒讀黑氏書,見說中華無主觀自由,無個體性之自覺,竟「悚然而驚」,[24]不解黑氏茫然於中國事也。黑氏貴其母國,謂日爾曼為自由之巔峰,竟出非理性之混世希魔,而卒亡其國,不亦謬乎!黑氏極端之唯心論「理念」(Idea),與個人浪漫與國家重利之工業化新世紀,所尊之「科學」(Science),背道而馳。然則,其所演繹之哲理實未能貫徹,哲學名家泰勒謂

19　錢鍾書,《管錐編》(北京:中華書局,1979),第1冊,頁1-2. 英譯見 Qian Zhongshu, *Limited Views: Essays on the Ideas and Letters*, Selected and translated by Ronald Egan(Cambridge, Mass.: Harvard University Asian Center, 1998)pp. 203-04。

20　Bertrand Russell(1872-1970),英國哲學家、數學家、邏輯學家、史學家、作家、社會批評家、諾獎得主,曾因參與反戰運動而入獄。

21　Russell, *History of Western Philosophy*, p. 762.

22　Maurice Mandelbaum(1908-1987),美國哲學家,思想史家,長期執教於約翰霍普金斯大學。

23　Maurice Mandelbaum, "Can There be a Philosophy of History?" *American Scholar*, vol. 9, no. 1(1939-1940), p. 79.

24　牟宗三,《歷史哲學》(九龍:人生出版社,1970),附錄二,頁23。

黑格爾哲學，雖於二十世紀一度復興，英美學界亦極重視，然「其說之主旨已亡矣」（Hegel's central thesis is dead）。[25]由是觀之，宏大之歷史哲學，往往閉門造車，出門不能合轍，徒勞無功。史家何必枉費心機乎？闊大不經之說，由哲學家優為之可也。故黑氏之歷史哲學，玄學也，非史學也；黑氏乃哲人也，非史家也。哲人多輕史，大哲阿里斯多德，撰《詩學》，[26]有謂：史不如詩，首啟輕史之端。德哲尼采[27]推波助瀾，謂史為哲用，其重在哲，不在史也。哲人之偏見，非史家所樂見，故不以歷史哲學為正業，任由哲人優為之可也。史家之中，唯湯恩比營此最力，所著《歷史之研究》，規模宏大，涵蓋至廣，煌煌十二巨冊，洋洋大觀，聲名曾盛極一時。[28]其所論文明二十有餘，以「挑戰與反應」斷文明之興衰，凡能適應挑戰者存，不適應者亡也。湯氏雖稱博學，然涉及過廣，有所不及，不免多舛，甚且概念不明，屢遭名家酷評，自在意中。最不堪者，謂湯乃偽史家、真先知，[29]譏訕亦云甚矣。湯恩比窮數十年之功，初受贊佩

25　查爾・斯泰勒（Charles Margrave Taylor, 1931- ），加拿大人，為當代著名哲學家，以宗教哲學與哲學史聞名於世，參閱Charles Taylor, *Hegel* (Cambridge: Cambridge University Press, 1975), pp. 537-571。

26　Aristotle, *Poetics*.

27　Friedrich Nietzzsche（1844-1900），德國哲學家、文化批評家、詩人、作家、文字學家，影響現代思想史極為深遠。

28　Arnold Toynbee（1889-1975），英國史學家，以十二卷《歷史研究》（*A Study of History*）巨著，聞名於世，然此作實屬歷史哲學，頗受主流史家之抨擊。

29　參閱汪榮祖，《史學九章》（台北：麥田出版社，2002），頁90-99。

敬仰，卒遭冷嘲熱諷。[30]故而黑格爾之一元「理念」，馬克思之唯物史觀，維柯之循環論，史賓格勒之悲觀論，與夫湯恩比之史義，皆登思辨歷史哲學於高峰，而猶多未盡人意。[31]波伯[32]更有言曰：思辨歷史哲學無他，「歷史之預言」耳！[33]棄之可也。

　　吾華五德終始之說，貌似簡陋，有其玄理，堪比思辨之歷史哲學歟？五行盛行中土，久為政治御用。按五行者，原始之信仰，初見之於《尚書》，至戰國騶衍，始成學說。其說「深觀陰陽消息，而作怪迂之變」。[34]騶說十餘萬言，僅存殘篇。其說閎大不經，然五德轉移之說，影響深遠，歷代政權視為合法承繼之依據。金木水火土，依次循環，木克土而後繼土，金克木而後繼木，水克火而後繼火，火克木而後繼木，土克火而後繼火，終而復始。政權之興替，隨五行而迴轉，新朝之德，必為前朝不勝之德，終而復始也。天子得五德符應，始獲天命，所謂「凡帝王者之將興也，天必先見祥乎下民」。[35]始皇之一統天下也，即採此說，謂黃帝得土德、夏得木德、殷得金德、周得火德、秦變周而

30　西方專業史家對湯恩比歷史哲學批評之屬，可參閱汪榮祖，《史學九章》，頁90-99。

31　參閱Morton White, *The Foundation of Historical Knowledge*（Connecticut: Greenwood Press, 1965）, p. 1.

32　Karl Popper（1902-1994）奧地利出身之英國哲學家兼社會評論家，有二十世紀最具影響力之「科學哲學家」（philosopher of science）之稱。

33　「歷史預言」（historical prophecies），見Karl Popper, *Open Society and Its Enemies*（New York: Harper & Row, 1963）, vol. 1, p. 3。

34　司馬遷，《史記》（北京：中華書局1975），〈孟荀列傳〉，第7冊，頁2344。

35　語見呂不韋，《呂氏春秋》，在《新編諸子集成》（台北：世界書局，1972），第7冊，卷13，〈有始覽〉，頁126。

得水德,其色尚黑,名河曰德水,為水德之始。[36]秦德其短,漢續水德;武帝改制,易為土德。董仲舒有五德為三統四法之說,將朝代之遞嬗,視為黑統、白統、赤統之循環,以及夏商文質之循環。三統以三數循環,四法以四數循環,三四十二代,即成一大循環矣。五德轉移,遂淪為政治工具。以五德終始、五行相勝,說王朝之興替,自兩漢而後,皆以大一統為主流,綿延兩千餘年矣!此說何以稱之?通觀歟?玄學歟?難言之也。蓋五行思維有序,不免參雜迷信。明人王廷相有言:「淫僻於陰陽者,必厚誣天道;傅會於五行者,必熒惑主聽」。[37]皇家以此論正統,乃治術耳。

然則,五行運轉,演為正統之論,亦為政權之所需。惟正者,不依五行而以德為統。歐陽修曰:「所謂正統者,不過曰有天下云爾;其有天下也,天與之,其正與否,則人加之也」,[38]是以統為要也。回顧國史,時有分合,而統未嘗絕也。正統所遵者,儒家倫理也。朱熹《綱目》以蜀漢為正,即此之謂也。由宋入元,南宋遺民懷家國之恨,拒事二主,又憾異族入主,更以夷夏辨正統,蒙元雖寰宇一統,仍視之為「僭」、為「逆」也。鄭思肖尤激越,凡涉夷狄者,皆非正統,故而隋唐皆非正,三代以下惟兩漢、蜀漢、兩宋可為正統矣![39]誠然,遺民為蜀、為晉爭

---

36 參閱司馬遷,《史記》,第4冊,〈封禪書〉,頁1366;《史記》,第1冊,〈始皇本紀〉,頁237-238。
37 見王廷相,《王廷相哲學選集》(北京:中華書局,1965),頁57。
38 參閱歐陽修,《歐陽文忠公文集》,四部叢刊初編縮本195(台北:臺灣商務印書館,1967),第3冊,卷59,〈原正統論〉,頁435-436。
39 參閱鄭思肖,《鄭思肖集》(上海:上海古籍出版社,1991),頁134-

正統，實「為南宋爭正統」也。[40]訴之於情而非理，豈足為訓？元順帝以宋遼金三史，各與正統，斯其宜矣。舊日之天下，夷夏爭奪中國，屢見不鮮，數千年後，已成太炎所謂之「歷史民族」，以能一統者為正，霸統僭統之說，甚是無謂，可置勿論矣。泰西之歷史哲學，欲立規律，不免以論帶史，流於空泛之玄談，史界視為哲人之遊戲，甚而訕為預言，湯恩比之後，歐美史家幾無踵事者矣！吾華舊學，或以五德終始，或以正統論吾國史，正統論固勝於五行，然皆舊時代之產物，有礙史實，難以為繼，苟視之為歷史哲學，亦可置而勿論矣。

「分析之歷史哲學」，肇自近世，不以玄學空想為務，而欲以科學釋史。德國之韓培爾，[41]尤得盛名。韓氏視史學如科學，以為史亦有普遍法則。法則不明，則如無轡馭馬，史釋殆矣！故有效之史釋，必基於科學之實證，以「普遍法則」[42]涵蓋之也。其說盛於一時，而卒消沉，蓋知史學有異於科學，普遍法則，無所取也。蘋果落地，智者牛頓，悟地球引力之理，而人頭落地，非一理可以解之。德國哲人叔本華[43]悟得此理，有謂某甲是丁，

135。

40　王建美，〈朱熹理學與元初的正統論〉，《史學史研究》，122期（2006年第2期），頁27。

41　Carl Gustav "Peter" Hempel（1905-1997），德國哲學家，邏輯實證論大師，倡「科學之哲學」（philosophy of science），於1950與1960年代，欲建立科學解史之模式。

42　"General law" 參閱Carl Humpel, "The Foundation of General Law in History," in Patrick Gardiner, *Theories of History*（Glencoe: The Free Press, 1960）, pp. 344-355.

43　Arthur Schopenhauer（1788-1860），德國哲學家，以無神之形而上學與倫

史也,凡甲皆丁,科學也,涇渭分明,莫可混淆。科學有普遍之法則而史無之,既往之知,不由一理牢籠之也。英哲噶定訥[44]曰:鍛鍊能健身之類,日常之解釋,非科學解釋之比,兩者不可同日而語也。史事不一,多而且雜,而又涉及心而非物,近乎日常事務之解釋,難有精確之科學法則可言,故韓培爾科學之「普遍法則」,未可取也。有謂史學可別開蹊徑,有近乎法則之解釋云。[45]惟亦有言曰:「普遍法則」之說,雖作別解,仍不足取,「盡棄之可也」。[46]史家宜有抗衡科學「專橫之勇氣也」。[47]

美國哲人莫頓・懷特[48]曰:分析歷史哲學者,窮究文字之邏輯,概念之分析,與夫實證之科學方法,[49]言簡意賅。哥大教授丹托[50]進而商榷諸多議題曰:史能客觀乎?抑必主觀?史有普遍法則乎?抑無法則?史之變遷,因社會動力乎?抑由個人所致?丹托評諸家爭議,疑歷史哲學之無當,謂往事皆由後人所記,既不完整,又為其所處之「時間觀」(time-bound perspective)所

　　　理反德國唯心主義,其著作被視為悲觀主義哲學之代表作。
44　Patrick Gardiner, *The Nature of Historical Explanation*(Oxford: Oxford University Press, 1961), *Explanation*, p. 5.
45　Gardiner, *The Nature of Historical Explanation*, pp. 62-64.
46　William Dray, *Laws and Explanation in History*(Oxford University Press, 1957), pp. 18-19.
47　柯林伍德之語,原文 "Historians were gaining courage to resist the tyranny of natural sciences," 見Collingwood, *Essays in the Philosophy of History*, p. 134.
48　Morton G. White(1917-2016),美國哲人兼思想史家,生長於紐約,卒業於哥大,先後執教於哈佛及普林斯頓。
49　White, *Foundation of Historical Knowledge*, pp. 1-2.
50　Arthur Coleman Danto(1924-2013),美國哲學家,藝術評論家,哥倫比亞大學教授。

限也。史家不能目睹往事,所述難稱定論。史家所能者,猶如畫家繪畫,非繪原貌,惟予詮釋而已。史氏述古,以社會與個人為主題,發見因果,著墨要事,關照變遷而已。往事錯綜複雜,難以單一法則釋之。[51]史學與科學,固截然異趣也。丹托見及「後現代」風潮驟起,更有定論曰:人文現象,不見於自然界,史釋有異,蓋兩者之性質,迥然不同也。然則,以科學為尚之「分析歷史哲學」,亦可以休矣。[52]

英哲培根,[53]嘗謂詩史哲三者之異趣曰:詩重「意象」,史重「記憶」,哲重「理解」。培根說史,過於簡約,史學豈僅記憶而已哉?常人有賴於史家之記憶,而史家之記憶,則有賴於史料之擇取,書寫之技巧,皆非培根所言者也。西歐思潮於中古而後,超越培根說史者,其為意人維柯乎?維柯史哲兼治,尤重遠古。遠古渺茫,若無史法,不足以言知識。維柯異於培根者,培根信古,而維柯疑古,尤疑時人已知之古。已知之古,不可輕信者,或因崇古,或因自誇,或以今論古。古人古事,均須由文獻佐證,蓋無證不成史也。依維柯之見,神話奇談,既可辨其真偽,亦可揭時代訊息。要之,史者非迎拒既有之陳說,而以理性釋史。維柯欲史家以其理念,詮釋延續之往事,自此史由個案之

51　參閱Arthur C. Danto, *Analytical Philosophy of History*（Cambridge at the University Press,1968）. 普遍法則用之於史釋問題,閱頁201-232。

52　Arthur C. Danto, "The Decline and Fall of the Analytical Philosophy," in Frank Ankersmit and Hans Kellner,eds., *A New Philosophy of History*（Chicago: the Chicago University Press, 1983）, pp. 70-88.

53　Francis Bacon（1561-1626）,英國哲學家,經驗主義之父,倡科學方法,以歸納法可致科學之知識,影響與十七世紀科學革命相始終。培根學優而仕,曾任英國上議院議長。

研究，趨向通史之書寫矣。泰西通史，雖不自維柯始，然自此如閘門大開，順流而下，莫之能禦矣。英哲柯林伍德[54]治哲學而兼擅史學者也，力辨史哲異轍，哲學通觀全域，而史學講求個案，兩者指涉清晰，若混為一談，必然扞格。苟欲以史為哲，史必先具通性，自成系統，豈可得乎？蓋具個性之史，若為普性之哲學牢籠，豈非以偏概全耶？柯氏又謂：哲學若不落實於史，難有答案。欲明政治哲學而不悉政治史，豈可得乎？故而柯氏以哲學家而重史學者也。柯氏頗稱道意國哲人克魯齊[55]，克氏有言：「歷史女神」乃「藝術之女神」，意謂史不可以科學邏輯為說也。歷史知往，往事不再，無從驗證，惟自殘存之史料得之，而後由史家解之也。

或曰：治史者若以宏觀之哲學，憑其想像，據其主見，而後論史說事，乃以論帶史，殊不可取也。蓋以既定之概念，說特異之時代，必然有失。史家何以解史？曰：史料乃今之遺物，由今人以今見理解之耳，後人復以後見解之也。然則，一代有一代之史，人人以其心讀史，見個人及其時代。論者有文化與世代之異，所見豈能盡同？故史乃今人之知，由今人所操作者也。非謂史無達詁，因史家之於往古，所見不一，但憑才學識之高低，各

---

54 R. Collingwood（1889-1943），英國哲學家，史家，考古學家，英年早逝，名著「歷史之思」（*The Idea of History*），於其身後之1946始問世。柯氏以為自笛卡爾以來，哲學過於重視科學，思想與行動非科學概念與方法可以為功。二戰後益感科學無法解決人類問題，故致力於歷史哲學，以人文解決人類問題。

55 Benedetto Croce（1866-1952），意大利哲學家，文評家，以「所有歷史皆當代史」一語，聞名於世。

表所見，事據、理據具勝者，良史之謂也。

　　泰西之歷史哲學，以人類全史為其所用，自創其系統之哲學，聊備一說，不為史家所重，故歷史哲學多出哲學家、文評家之手，史家無多與也。國人牟宗三撰《歷史哲學》一書，觀其內容，僅及三代至乎東漢，未見於全史有自創之體系，亦「哲學家釋史耳」，[56]蓋片段之史釋，非宏觀之歷史哲學也。近有倡「歷史經學」者，[57]以此比擬歷史哲學；惟歷史經學意不明暢，史之經乎？經之史乎？未如泰西「哲學史」與「歷史哲學」之清晰也。予謂史學之哲學議題，或可徑自史中求之，諸如史實何以可信？可信幾許？如何求真？何謂「史證」（historical evidence）？文史關係云何？為何撰史？何以還古？如何取捨史料？如何敘事？如何釋史？如何「綜合」？今人何以知古？何謂客觀？客觀何以難得？史之客觀如何異於科學？何謂價值判斷？偏見可以免否？何謂因果關係？史實能重演否？真相可以求否？史可資鑒否？史可今用否？史學之價值何在？類此大哉之問，莫不涉及史之本質，研究方法，與夫撰述技巧。吾華早已有之，所謂心營意造，未可言傳，而方圓規矩，莫不可傳，與泰西相比，貌異心同，吾華史學之春櫻早發，未稍遜色，惜未能爛漫盛開也。

　　中華論史之祖述，首推大唐劉知幾，字子玄，徐州彭城人。唐高宗永隆元年進士及第，長安二年領史職，修撰起居注，兼修

56　以西語言之，乃 "a philosopher's view of history" 也。
57　鄧秉元，〈「歷史哲學」還是「歷史經學」〉，載《新經學》第四輯（上海：上海人民出版社，2019），頁282-295。

國史。所著《史通》，內篇論體例，定是非，外篇述史籍源流，兼評前人得失，洞悉利弊，品評名家要典，抉摘黑白，縷析有條理，非任意抑揚，牴觸時見也。斯書辨別史之源流，明其指歸，勘定得失。劉氏千百年後，泰西始有論史之專著也。子玄所言：「史之為務，必藉于文」，一言道破史之本質，史即書也；而史書之優劣存廢，猶如國之興亡，人之窮達，皆時運使然也。子玄曰：《尚書》、《左傳》，隱沒五百餘年後，因有識者而「見重一時，擅名千古」。若「時無識寶，世缺知音」，則「逝將煙燼火滅，泥沉雨絕，安有歿而不朽，揚名于後世者乎」？[58]然則，即使藏之名山，亦未必能傳之久遠也；即使傳之久遠，亦未必能揚名於後世也。史由籍載，載籍散失，或淹沒，或殘缺，故史有闕文，世有遺編，歲遠事渺也。自孔子而後，憾耆舊老死，故家凋零，傳聞訛謬，文獻不足徵，執筆緣飾，載記失真，類此故事，難以盡究，多有不可臆言者。信史難求，吾華先賢，知之稔矣。

　　劉子玄史官也，目睹史臣曲筆阿時，隱惡附勢，不得其志，遂欲「善惡必彰，真偽畢露」以糾之。於是杜門不出，私撰《史通》，力陳史館之弊，謂修史出自眾手，記事載言，因互不作主，而擱筆相視，以至於「含毫不斷，故頭白可期，而汗青無日」。出於眾手，其弊一也；修史宜博，而史官徒知採集，罕通人主起居，門閥世家，風土人情不備，難見制度沿革，僅得管見，囿於見聞，其弊二也；作史者雖多，誇談無狀，史稿初成，

58　（唐）劉知幾著，浦起龍釋，呂思勉評，《史通釋評》（台北：世界書局，1962），頁243。

略有褒貶,即已外泄而見忌權門,畏於人情,不敢直筆,其弊三也;史官受命於監修,而命不一,十羊九牧,無所適從,其弊四也;監修既無定命,史官無從遵奉,爭相苟且,其弊五也。[59]是以子玄雖入史館,甚感齟齬難為,不欲與之浮沉,故退而撰《史通》,發其孤憤,遂其美志。[60]是書也,志向甚壯,若謂:「《史通》之為書也,蓋傷當時載筆之士,其道不純,思欲辨其指歸,殫其體統」,[61]評古今史書。子玄直言不諱,所著雖寰宇首創,然書成之日,賞音者寥寥,唯徐堅視為寶書,而言其短者頗多,舊儒於子玄抨擊古人,每多致憾,以為有辱先人,蓋時人不習於嚴評聖賢經典也。子玄自歎:「將恐此書與糞土同捐,煙燼具滅,後之識者無得而觀此,予所以撫卷漣洏,淚盡而繼之以血也」。[62]歷朝果多抵制貶斥,惡其嘲諷經史過當。明儒焦竑曰:「余觀知幾指摘前人,極其精覈,可謂史家申韓矣。然亦多輕肆譏評,傷於苛刻」。[63]甚者更誣其譏彈尼父,妄議聖哲,罪莫大焉。[64]其實子玄〈疑古〉、〈惑經〉兩篇,上承王充《論衡》,下開崔述《考信錄》,[65]言人所怯言,意在正事實之誤,

---

59 參閱劉知幾,《史通》,張之象刻本(北京:中華書局,1961),卷20,頁11b-13a。
60 參閱其自敘,見劉知幾,《史通》,張之象刻本,卷10,頁9b-10a。
61 劉知幾,《史通》,張之象刻本,卷10,頁10b-11a。
62 劉知幾,《史通》,張之象刻本,卷10,頁12a-b。
63 語見焦竑《焦氏筆乘》(上海:上海古籍出版社,1986),卷3,頁96。
64 如宋人晁公武題《史通析微》謂唐柳璨焌曰:「劉子玄史通,妄誣聖哲……彈劾仲尼」,見晁公武,《郡齋讀書志》,孫猛校證(上海:上海古籍出版社,2011),頁296。
65 崔述,《考信錄》,收入崔述,《崔東壁遺書》,第2冊。參閱張舜徽,

糾無端之虛美，極具膽識，無關離經叛道也。真金不畏火，畢竟有識者。子玄有言：「明月之珠，不能無瑕；夜光之璧，不能無類。故作者著書，或有病累。而後生不能訕訶其過，又更文飾其非」。[66]是知子玄不欲假借，直陳所見，何苛刻之有？予謂時人怯於品藻往哲，少作月旦，而子玄勇於直言，開風氣之先，惟接踵者寥若晨星耳。於今視之，子玄《史通》，終不廢江河萬古流也。

《史通》書名模仿《白虎通》，取博采眾議之意，[67]子玄有言：「自戰國以下，詞人屬文，皆偽立客主，假相酬答」。屈原遇漁父於江渚，宋玉夢神女於陽臺，司馬遷、習鑿齒皆採為逸事，「編諸史籍，疑誤後學，不其甚耶」？[68]子玄採擇甚嚴，舉凡傳聞、災異、虛詞、諛書、假托、寓言、禪書、符讖，均不取之，蓋斷不能據為典要也。所言史評史法，泰西近世始有之。當年貶劉者固多，師法者亦有之，若晚唐皇甫湜、孫樵輩，追尋《史通》之跡，昭然可見。[69]子玄精於史料之取捨，已發泰西現代史家忌「情緒語」、「虛偽詞」之先聲也。[70]

子玄之原創，誠不能「與糞土同捐」，自晚唐至五代，流傳未輟。趙宋儒學鼎盛，尊儒者訕子玄「非聖無法」、「攻籲名

《史學三書平議》（北京：中華書局，1983），頁129。

66　劉知幾，《史通》，張之象刻本，卷7，頁12a。

67　劉知幾，《史通序錄》，張之象刻本，頁1b。

68　詳閱劉知幾，《史通》，張之象刻本，卷17，頁7a。

69　參閱王嘉川，《清前史通學研究》（北京：社會科學文獻出版社，2013），頁42-52。

70　錢鍾書引文評家I. A. Richards之語："emotive use of language, pseudo-statement"，見《容安舘箚記》（北京：商務印書館，2003），頁728。

教」、「凌侮六經」、「逆經悖道」、「歷詆前史」，仍有張唐英之正言曰：子玄「馳騁古今，發摘歷代史氏之失，雖班馬壽暉，皆為輕重，茲可尚矣」，惟〈惑經〉一篇，「好辯而不知《春秋》之旨，不識聖人之心」，願學者「無惑於劉子之異說可也」。[71]雖然，宋儒陽斥狂悖，實陰師其法，蓋子玄「三長、五不可之論，而操筆之士卒，莫有非其說者」。[72]按唐宋以降，學者猶多譏子玄偏戾，苛詆經籍，惡其直言無忌，非純儒風範，殊不以輕肆譏評，出言苛刻為然。斯皆囿於成見，故以〈惑經〉疑古為魯莽。然以今日之見，更佩其膽識超群、才學冠絕，日久見人心也。宋儒蘇洵、楊萬里諸家，雖於《史通》亦有微詞，萬里嘗曰：《史通》「毛舉前史，易字必呵」！[73]然謂瑕不掩瑜也。宋人黃山谷曰：「論文則《文心雕龍》，評史則《史通》，二書不可不觀，實有益於後學焉」。[74]山谷以二劉並舉，一文一史，視為必讀之佳作，又謂：「所論雖未極高，然譏彈古人，大中文病，不可不知也」。[75]予謂能「大中文病」之譏彈，雖非「極高」，足稱難得。山谷問友人曰：「兩書曾讀否」？未讀當讀之也。明代翰林編修楊慎，會山谷之意，隨聲呼應曰：「論文則《文心雕龍》，評史則《史通》，二書不可不讀，實有益于後

---

71 參閱張唐英，〈讀史通〉，載卜大有，《明刻珍本史學要義》（北京：中華全國圖書館文獻縮微複製中心，1999），頁377-379。
72 劉弇，〈龍雲集策問上・第九〉，收入《文淵閣四庫全書》，冊1119，頁288-289。
73 楊慎，《楊升庵文集》（明萬曆壬午刻本），卷47，頁5b。
74 楊慎，《楊升庵文集》，卷47，頁5b-6a。
75 閱黃庭堅，《山谷外集》，卷2，收入《文淵閣四庫全書》，冊1113，頁457。

學焉」；[76]楊慎又曰：「子玄《史通》妙處，實中前人之膏肓，取節焉可也。焦竑亦曰：「山谷稱《史通》、《文心雕龍》，皆學者要書」，確認《史通》「極其精嚴」也。[77]諸家同聲，《文心》、《史通》，皆不朽之盛業也。蘇老泉謂《史通》，「俚辭徘狀，使之紀實，當復甚乎其嘗所譏誚者」！惟四六乃二劉當時之文體，未嘗不能紀實，斥為「俚辭徘狀」，[78]無乃太過，視子玄史評為「譏誚」，更不足為訓也。

　　子玄《史通》，繼劉勰〈史傳〉一篇，詳其所略，評述歷代史家史著，分列題目，議論得失長短，出語直率，不無譏彈抑揚之辭，又綜述歷代史書，起自遠古，洎乎大唐。指三墳五典，渺不可稱。並稱今古文《尚書》，述其傳世經過。謂《春秋》上尊周公遺制，下明將來之法。左丘明翼經，次第舊史本末，而立《左傳》，以示後世。魯史之外，別採諸志，而有《國語》。楚漢之際之《世本》，錄自古帝王公卿，終乎秦末。七雄並爭，而有《戰國策》，陸賈作《楚漢春秋》，記錄時功。司馬遷《史記》，綜採前史，協六經異傳，整齊百家雜語，以待後世。班氏父子綜西漢行事，修成《漢書》，上下通恰。後漢載紀頗多，范曄窮覽群籍，刪煩補略，而成《後漢書》，袁宏依荀悅之體，撰成《後漢紀》。晉陳壽撰《三國志》，明乎得失，有益風教，宋文帝命裴松之兼採眾書，而成補注。晉著作郎陸機，初撰《三祖

76　語見楊慎，《丹鉛餘錄》，收入《文淵閣四庫全書》，冊855，頁78.。（明）楊慎，《楊升庵文集》（明萬曆壬午刻本），卷47，頁5b-6a。

77　焦竑，《焦氏筆乘》，卷3，頁96。

78　語見蘇洵〈史論引〉，《蘇洵集》（北京：中國書店，2000），頁75。

紀》，束哲《十志》不存，王隱受父鈴遺業，成《晉史》八十九卷，干寶《晉紀》，雖然簡略，直而能婉，為時所稱。鄧粲、孫盛所作，偏記不完。宋人何法盛有《晉中興書》，首尾該備。臧榮緒合兩晉為一書，唐貞觀年間，敕命史官撰成《晉史》百三十二卷，舊作盡棄之矣。南朝諸史，齊著作郎沈約撰《宋書》百卷，吳均撰《齊春秋》，姚察、思廉父子歷時九載，完成《梁書》、《陳書》。北朝諸史，知名者有魏收《魏書》，魚豢《魏略》，隋人王邵、李德林之《齊志》。牛弘撰《周紀》，簡略抵牾，故而唐太宗命令狐德棻等修成《周書》。北魏崔鴻考核諸史，推求十有五年，成《十六國春秋》，頗行於世。隋晉陽人王邵初作《隋史》，散逸不全。大唐貞觀朝顏師古、孔穎達等撰成《隋史》，溫大雅首撰《創業起居注》，房玄齡等自立編年，號稱實錄，吳兢奉詔初修《唐書》。於此可見，子玄論述史書，自上古洎乎大唐，[79]述評並舉，乃當時舉世首見之史學通史也。

劉勰處佛道之世，長於佛經，夢夫子而仰孔聖，馬、鄭注經已精，故而「搦筆和墨，乃始論文」，成《文心雕龍》五十篇。宋約讀之，「大重之，謂深得文理，常陳諸几案」。[80]竊謂勰精佛經，引佛理論文，故能深得文理也。子玄《史通》，增華《文心》之跡，儼然可尋，〈史傳〉一篇，為《史通》之濫觴，吾嘗申論之矣。[81]子玄繼承劉勰，猶有餘韻。近人張舜徽指陳：

79　詳閱劉知幾，《史通》，張之象刻本，卷12，頁1a-19b。
80　李延壽，《南史》，第6冊，卷70，頁1782。
81　詳閱汪榮祖，《史傳通說》（台北：聯經出版公司，1988；北京：中華書局，1989，2003）。

「《史通》之有〈六家〉,猶《文心》之有〈原道〉、〈徵聖〉也;《史通》之有〈二體〉、〈雜述〉諸篇,猶《文心》之有〈宗經〉以下,至〈書紀〉諸篇;《史通》之有〈載言〉以下三十一篇,猶文心之有〈神思〉以下諸篇;《史通》之有〈敘事〉,猶《文心》之有〈體性〉;《史通》之有〈煩省〉,猶《文心》之有〈鎔裁〉;《史通》之有〈言語〉、〈覈才〉諸篇,猶《文心》之有〈時序〉、〈才略〉諸篇;《史通》之有〈鑒識〉、〈忤時〉諸篇,猶《文心》之有〈知音〉;《史通》之有〈直書〉,猶《文心》之有〈程器〉;《史通》之有〈自敘〉,猶《文心》之有〈序志〉。可知其撰述是書,實在模擬《文心》,宜兩書所言,多相符合」。[82]按序傳有異於敘傳,敘傳述作者之事跡,而序傳乃作書之義例,近乎今之序言。張氏舜徽所列模擬諸篇,一目瞭然,惟論旨不同,內容有異也。要之,《文心》論文,《史通》評史,各有歸宿,子玄不云乎:「詞人屬文,其體非一,譬甘辛殊味,丹素異彩,後來祖述,識昧圓通,家有詆訶,人相掎摭,故劉勰文心生焉」,而史通之生焉,「欲自班馬以降,迄於姚李、令狐、顏孔諸書,莫不因其舊義,頗加釐革」。[83]《文心》〈史傳〉一篇,自啟論史之端,稔知記近多詭,述遠訛濫,惡「激抗難徵,疏闊寡要」之弊,務必「抽裂帛、撿殘竹」,取精存真,以信史為貴,直歸南董,發子玄之先聲,無所疑也。惟《文心》僅〈史傳〉一篇,餘皆論文,且以史為文類,而《史通》所言皆史也。是以兩書,貌同心異耳。二

82　張舜徽,《史學三書平議》,頁98-99。
83　劉知幾,《史通》,張之象刻本,卷10,頁9a,10b。

劉殊途，而文體未失齊梁遺風，內容各具理論，而皆與經合璧之冠冕，不世出之偉構，孰謂不宜？《史通》之前，舉世無此佳著，子玄之為良史也，「其智必足以通難知之意，其文必足以發難顯之情」，[84]真名山偉業也。

宋儒師法《史通》，或取用，或選錄，或議論，漸成風氣。南宋晁公武，著《郡齋讀書志》，歸《史通》於史評類，自此凡有著錄，劉氏《史通》輒居史評首位。宋代之刻本、鈔本，明初猶見流通。有明一代，治《史通》者漸多。弘治進士陸深，因傳本多誤，而糾舛補殘，訂正〈曲筆〉、〈鑒識〉兩篇。陸刻宋本成於嘉靖十四年，[85]為今存最早之刻本。深另以己意參之，別為《史通會要》三卷，或亦不以子玄「任情指摘」為然也。張之象富家藏，嘗見宋版《史通》，參照陸本，反覆折衷，而有萬曆五年刻本，萬曆三十年又有張鼎思刻本。刻本既多，評釋、通釋、補釋、訓詁之作，亦絡繹問世矣。王維儉參校張之象刻本，為之校訂增刪，而後有明版《史通》之流通，研治者日多矣。隆慶進士李維楨評、郭孔延附評並釋之《史通評釋》稿本，萬曆間始有張氏刻本。評釋議論多而無關宏旨，或故為異說，亦不乏常談，褒貶兼而有之，褒不避當貶，貶不遺當褒，惟褒如「眼空千載，前亡古人」，貶如「好奇輕縱」、「穿窬」之類，是即所謂「不出明人游談之習」[86]歟？萬曆進士王維儉究心斯書，參校張之象

84　語見陸深，《儼山外集》（嘉靖乙巳序），卷31，頁1a。
85　傅斯年眉批即用陸深本，見《傅斯年眉批題跋輯錄》，王汎森、邱仲麟主編（台北：中央研究院歷史語言研究所，2020），見第3冊，頁106-255。
86　語見紀昀、永瑢等編，《武英殿四庫全書總目提要》（台北：商務印書館景印，2000），冊2，頁823。

刻本,繼李、郭而撰《史通訓詁》二十卷,增〈因習〉一篇,訂正〈直書〉、〈曲筆〉兩篇,更多校刊、訂訛、增補、訓注。[87]焦竑謂《史通》極其精覈,然不以子玄譏評過苛為然,若謂信乃「墮業無行,滿盈速禍害」之人,視之為賢,豈不謬乎?竑則以為「律之以儒行,責之為聖人,不已甚乎」?[88]于慎行譽子玄「神識融洞,有南、狐之志」,然憾其「拘見深文,得罪名教」,且有二罪三失。[89]二罪者,侮聖離經,不脫理學家之口吻也。三失者,其一失之也淺,謂撰略榛蕪,猶如畫無色彩;其二失之也固,謂避浮辭比喻太泥;其三失之也昧,謂論人未得其情。惟慎行之意在於:「庶纖毫之瑕則完盈尺之璧」,求全責備云耳。胡應麟曰:「《史通》之為書,其文劉勰也,而藻繪弗如,其識王充也,而輕評殆過」,[90]竊謂子玄以史論名世,而劉勰以文論見重,王充以哲理傲人,未可類比也。況應麟明批子玄,而其「史書佔畢」,幾「全法《史通》」[91]也。明代補釋評議《史通》、熱衷子玄者,尚大有人在也。當時學者之喜談史學,於此見之矣。嘉靖進士卜大有,採輯古今論史篇章,匯為《史學要義》,一卷在手,眾論入目,略知時代之所好也。清初康熙年探花黃叔琳,補王維儉所未及,成《史通訓詁補》

---

87 李、郭、王之作均已收入《續修四庫全書》,第447冊。
88 焦竑,《焦氏筆乘》,頁96。
89 于慎行,〈劉子玄評史舉正〉,載《穀城山館文集》,收入《四庫全書存目叢書》,第148冊,頁242-243。
90 胡應麟,《少室山房筆叢》(上海:上海書店,2001),頁133。
91 語見傅振倫,《劉知幾年譜》(北京:中華書局,1963),頁150。另參閱胡應麟,《少室山房筆叢》,卷13-卷18。

二十卷，附有點評批語。雍正進士浦起龍，據王維儉本，補闕增損，疏通明清版本，互校釋正，引據詳明，撰成《史通通釋》，雖無特識，頗見苦心，迄今猶為最通行之讀本。[92]乾隆名士河間紀昀，抉摘劉氏精當之處，以朱筆眉批，記原本所取，以綠筆點紕繆，以紫筆示冗漫，且多有糾正之語，鈔為《史通削繁》四卷。[93]惟亦有不當削者，若〈載言〉一篇，豈可刪乎？[94]《史通》至明清流通漸廣，好之者漸眾。錢大昕者，「精思博識」，為「清代史家第一人」，[95]謂前人雖指斥《史通》尤多，然「蚍蜉撼樹，言非由衷」，「劉氏用功既深，遂言立而不朽」。[96]民國史家治《史通》者，如傅振倫、張舜徽、程千帆、許冠三、林時民輩，屈指難數也。子玄別樹一幟，獨步千餘載，至今不衰，誠可謂不朽矣。

　　子玄所謂：「古今世殊，視聽壞隔」，[97]即西師所謂古今之異也。今人視古，多非習知，猶入「異域」。[98]蓋代代有異，事

92　參閱劉知幾著，浦起龍釋，呂思勉評《史通釋評》（台北：華世出版社，1981；上海：上海古籍出版社，2008）。
93　紀昀，《史通削繁》（道光十三年說劍樓重訂本）。
94　日人內藤虎次郎語，見氏著《支那史學史》（東京：弘文堂，1950），頁211。此書中文譯本見內藤虎次郎，《中國史學史》，馬彪譯（上海：上海古籍出版社，2008），頁128。
95　陳寅恪語，見陳寅恪，〈李德裕貶死年月及歸葬傳說辨證〉，載《金明館叢稿二編》（上海：上海古籍出版社，1980），頁230。
96　見錢大昕，《十駕齋養新錄》（台北：台灣商務印書館，1978），下冊，卷13，頁303。
97　劉知幾，《史通》，明張之象刻本，卷5，頁3a-b，卷13，頁9b。
98　"Foreign land"，參閱Lowenthal, D. *The Past is a Foreign Land*（Cambridge: Cambridge University Press, 1985）。另女史Babara Tuchman亦有言

事分殊,史者之所重也。古人別有天地,風俗迥異,以今觀古,為今見所制,如隔簾幕,今乎?古乎?今人未必能達古情,子玄不云乎:「古今路阻,視聽壤隔,而論者或以前為後,或以有為無,涇渭一亂,莫之能辨」。[99]章實齋亦謂:千載而後,不能盡識古人之意也。[100]此時間意識也,而域外史家輒謂:禹域略無時間意識,豈其然哉?有時間意識而後有史,德國學者宇森有言,史乃「今日成為明日,已成昨日」(Today will tomorrow be yesterday)。[101]此意宋末鄭思肖,嘗於四言句言之:「今日之今,霍霍栩栩;少焉矚之,已化為古」。[102]蓋既往、當下、未來之時間觀,吾華早發端於《周易》之「彰往而察來」也。[103]

明季張岱「恨史之不赅」,而撰《史闕》,集古今異書,頗有「拾遺補闕」之志,往往「得一事焉,則全史為之活現」,譬諸「蘇子瞻燈下自顧,見其頰影,使人就壁模之,不作眉目,見

曰:"People of the Middle Ages existed under mental, moral, and physical circumstances so different from our own as to constitute almost a foreign civilization." 語見 *A Distant Mirror, A Calamitous 14 Century*(New York: Alfred A. Knopf, 1978)。

99 劉知幾著,浦起龍釋,呂思勉評,《史通釋評》,頁139。
100 章學誠,《章氏遺書》(上海:商務印書館,1936),卷2,頁60。
101 語見Jöhn Rüsen, "Historical Consciousness: Narrative Structure, Moral Function, and Ontogenetic Development," in Peter Seixas, ed., *Theorizing Historical Consciousness*(Toronto: University of Toronto Press, 2004), p. 63.
102 袁枚極贊鄭思肖此句,見袁枚,《隨園隨筆》(上海:大達圖書供應社,1934),下冊,卷23,頁2b。
103 語見《周易今注今譯》,南懷瑾、徐芹庭注譯(台北:台灣商務印書館,1980),頁407。

者皆失笑,知其為東坡,蓋傳神正在阿堵耳」。[104]然則,史料難全,而史者又「難乎具載」,[105]惟有舉一反三,見微知著也。有限之史料,又須取捨,何者當取?何者當捨?若謂「非有勳業不傳,非有名節不傳,非有文藝不傳」。[106]宋人呂夏卿善採雜說,頗具器質,謂:「論議表章,以明君上之得失,補國家之利害,非當時所通則不書」。[107]舊史採擇準則,可以概見之矣。再者,史料所載,非史家之親見,〈秦本紀〉非史公所見之始皇也。阿房宮若真有,惟秦人見之,晚唐杜牧賦阿房,其心之所造也。故而史家所知之往事,非目睹之現實,乃現實之形象耳。

劉子玄論敘事,有謂:「文章假托古詞,翻異今語,潤色之濫,萌於此矣」![108]蓋事既異矣,宜有新詞;苟非作者筆墨,塗飾雅言,難免不倫。子玄復於言語浮辭諸篇,縱覽史冊,不取「依仿舊詞」。何謂「仿古而書」?曰:寫三國事,效先秦言辭之謂也。歲時不同,敘事失中,時代真情,遂掩而不彰矣。仿舊非僅修辭不當,更有語文達詁之瑕。子玄之論,頗能切中膏肓也。槐聚先生不云乎:「記事仿古,未必行事師古」,故「典故縱切,事跡失真」,難徵情實也。何況所撰今語,刻意仿效,若無相合之舊詞,捨而不書,勢必失載。[109]故子玄曰:「風俗無

104　(明)張岱,《史闕》(台北:華世出版社,1977),序,上冊,頁2。
105　(宋)孫甫語,見氏著《唐史論斷》,收入《文淵閣四庫全書》,冊68,5:645。
106　(宋)陳耆卿,《赤城志》,收入《四庫全書》,卷32。
107　(宋)呂夏卿,《唐書直筆》(南昌彭氏知聖道齋鈔本)。
108　劉知幾,《史通》,明張之象刻本,卷6,頁15b。
109　參閱錢鍾書,《管錐編》(一)(北京:三聯書局,2001),頁451,

恆,後之視今,亦由今之視昔,而作者皆怯書今語,勇效昔言,不亦惑乎」?[110]以今語述古,非不信古,乃記事不宜仿古云耳。史者居今觀古,馬遷早已言之,亦歐西之恆言也。吾華觀古,尤貴知今,西東心同理同,今人為古人代言,未必得古人之真也。泰西之「後史氏」(Postmodernists),有鑒於古今語文隔膜,代言必然失真,遂謂絕無真相矣。子玄固未言此,謂古今言語雖隔,人性相通,語文更有糾謬功能,可以「語從其實」也。古語簡樸,今人若以為淺俗,何異「鑒者見嫫姆多媸,而歸罪于明鏡也」。[111]劉氏〈直書〉〈曲筆〉諸篇,皆意在求真。〈曲筆〉多因名教而屈直道,君親尤不得不諱,諱乃曲筆之源,於巨室豪族,人情亦多不便,公議有所不安,皆徇情之故也。惟諱而不隱,所隱者,雖不易見,良史稽考,未嘗不能得之。〈直書〉勇於揭惡,史公不諱劉季好酒色,漢皇狎儒生,揭露酷吏惡行,不畏強項之風,即子玄所謂直書也。子玄曰:「良史以實錄直書為貴」,[112]列舉無畏權勢之史家,「仗氣直書」,代有其人也。[113]直書攸關史實之真;史不實,即無史矣!切忌虛偽誣罔,虛者不實,偽者覆貌,誣者失真,罔者失類,皆「作者之醜行,人倫

362;《管錐篇》(四),頁2208。
110 語見劉知幾著,浦起龍釋,呂思勉評,《史通釋評》,頁180-181。
111 劉知幾語,見《史通》,明張之象刻本,卷6,頁3b。《淮南子詮言訓第十四》:「鑒見其鏡則善樂」。西人亦有言曰:"The nineteenth century dislike of Realism in the age of Callbian seeing his own face in a glass," 可以參觀。
112 劉知幾著,浦起龍釋,呂思勉評,《史通釋評》,頁495。
113 劉知幾著,浦起龍釋,呂思勉評,《史通釋評》,頁228、235。

所同疾」者也。[114]荀卿云：錄遠略近，而劉知幾以詳略不均為患。[115]錄遠事跡渺茫，而欲偉其事也。劉勰言之最諦：「錄遠而欲詳其跡，於是棄同即異，穿鑿旁說，舊史所無，我書則傳，此訛濫之本源，而述遠之巨蠹也」。[116]彥和謂述遠多偽，端因作者無據，而好奇喜異，欲偉其事，甚而別立異說，以名世故也。此風未絕，是以屢見翻案，以正視聽，泰西亦不乏「修正舊說」之作。反覆能否成案，則有賴文獻足證與否耳。子玄又有言曰：「物有恆準，而鑒無定識」，[117]是知物質與精神有別，科技標準無二，而文史同一事也，可有二說，史者難有定論，近乎泰西「歷史相對主義」之說。[118]此說盛於二十世紀初之美國，挑戰前一世紀之實證史學，不以史學為科學，歷史非必進步，高唱人各為史，各唱各調，蓋作史者，所處之時代、階級、種姓各異，觀點豈同？故又有言曰：「史書乃信仰之表達」。[119]信仰者，反映黑格爾所謂之「精神」（Geist），懷海德所謂之「意見氣候」（climate of opinion），西史唯心唯物、激進保守、精神意見多變，所言無非史無定論，時移史異。若然，真史何求？惟吾華三千年之「精神」與「意見氣候」，幾無大變，故罕因無定識，

---

114 劉知幾著，浦起龍釋，呂思勉評，《史通釋評》，頁232。
115 劉知幾，《史通》，張之象刻本，卷9，頁5b。
116 劉勰，《文心雕龍》（上海：會文堂，1923），卷4，頁3a。
117 劉知幾著，浦起龍釋，呂思勉評，《史通釋評》，頁241。
118 Historical relativism，參閱美國史學家Carl Becker之名作 *Everyman His Own Historian*（New York:Appleron Century-Crofts, 1935）.
119 Beard, Charles. "Written History as an Act of Faith," *The American Historical Review*, vol. 39, no. 2（January, 1934）, pp. 219-231.

而棄探賾索隱；折中而後，真可求也。

　　唐代劉子玄之後，論史之作，以章學誠實齋之《文史通義》，最為世所重。實齋自視甚高，嘗曰：「鄭樵有史識，而未有史學，曾鞏具史學，而不具史法，劉知幾得史法，而不得史意，此予《文史通義》所為作也」。[120]文史不分，自古而然，會通之旨，不僅上繼子玄《史通》、杜佑《通典》、尤申鄭樵《通志》之旨，更承史公通古今之變也。史意更為見重，意即義也。實齋有超越前賢之志，昭然若揭矣。按識能裁斷，學博記誦，才見辭藻，三者兼備，固非易事，得一已可以名家。然得其一者，非謂有識者必無學，有學者必無法，有法者必無意也。按無學何來識？有學無法，不能成篇；有法無意，難稱著述。按實齋所謂：「劉言史法，吾言史意」，[121]乃古文筆法，指《史通》以史法見長，擅評史體之長短，編次之優劣，而《文史通義》兼論文史，既論「史德」，亦論「文德」，惟以史意見長，以義為貴，重視心裁，以識為最重，成一家之言，非謂劉全無史意也。按品藻鑒識，疑古通經，豈無意乎？章豈無史法，所謂「韓信點兵」，豈非法乎？蓋「史法史意本為表裏一體之事情」[122]也。劉章途徑各有輕重，誠非一軌同輒也。實齋更有為史氏立傳之議，考定淵源，分門別派，囊括前人成轍，以折中古今得失也。[123]其

120　章學誠，《章氏遺書》，第8冊，頁851。
121　語見章學誠，《文史通義新編新注》，倉修良編注（杭州：浙江古籍出版社，2005），頁817。
122　許冠三語，見許冠三，《劉知幾的實錄史學》（香港：中文大學出版社，1983）頁164。
123　章學誠，《文史通義新編新注》，倉修良編注，頁1030。

意在史家之師法相承，祖述源流，非僅入史家於列傳為然，如《舊唐書》之〈劉知幾傳〉、《宋書》之〈范曄傳〉、《梁書》之〈宋約傳〉，類此乃尋常人物傳也。實齋為史氏修傳之創意，設若有成，史法、史意之外，更別有史家傳矣。史家傳者，何遜於泰西之「史學史」（History of Historical Writing）乎？

實齋取古今載籍，為之校讎得失，商榷利病，別著《校讎通義》。漢劉向父子初自考辨書目，六朝應藏書之需，重視分類，宋鄭樵更完善分類，明人則以便於尋檢為要。實齋進而辨章學術，考鏡源流。近人王重民善理古籍，擅目錄版本之學，為章氏校讎作通解，計分十八章，百二十八條，校勘注釋詳明，於章著是非得失，亦有疏解論斷。言及分類，推重兩用兼收之法，「互著」以經貫珠聯，即類求書；「別裁」則裁篇別出於他編。[124]校讎重沉潛，文史宜高明，實齊兩通義，明示編纂與著述之並行也。

實齋雖賞子玄、夾漈之精審，不諱宿儒之訛濫。申明微旨，獨抒已見，自知朋輩不愜，但求一二知己足矣，[125]實齋饒有自信，所論義、事、文三要義，氣象不凡。義求史之意，欲知其意，必須有識。蓋有識者，方能擊斷意義。識從何出？曰：出自倫理道德，故實齋以義為最要也。事者，史實之謂，欲明史實，貴能記誦，記誦而後有學，苟不涉學，「猶心之聾盲」，[126]事何

124　參閱王重民，《校讎通義通解》（上海：上海古籍出版社，1987）。
125　參閱上錢大昕書，見章學誠著，《文史通義新編新注》，倉修良編注，頁648-649。
126　劉勰，《劉子集校》（上海：上海古籍出版社，1965），頁22。

從得練?文者,書寫之謂,貴具辭采,方稱良史。[127]實齋以身為譬曰:「事者其骨,文者其膚,義者其精神也,斷之以義」,而後可以成家。「成家而後有典有法,可誦可識,乃能傳世而行遠」也。[128]然則,史義由經,史筆由文,經史、文史難分,自古而然也。章氏所論之三要素,綿密有緻,能見大體,不愧為一代之巨匠。惟其學於乾嘉之世,實遭冷遇。李慈銘謂:「實齋識有餘,而學不足,才又遠遜」,僅「鄉先生之卓然者」耳。[129]文廷式則鄙視實齋《校讎通義》所論,諸如一書互見,裁篇別出之說,皆襲自其同里祁承㸁之《書目略例》,且譏之曰:「《文史通義》特重史德,實齋為有愧也」,[130]污及其人品矣。實齋亦不無取自鄭樵之《校讎略》,其互著、別裁諸說,固受樵之啟迪無誤也。[131]惟瑕不掩瑜,實齋豈不自知曲高和寡,故有「知難」之篇,有云:「鳳高翔於千仞,桐孤生於百尋,知其寡和無偶,而不能屈折以從眾者,亦勢也」。[132]渠以鳳桐自比,無計毀譽,昭然若揭矣。

實齋《文史通義》以「六經皆史」開卷,聞名於世。槐聚先生於戰時撰《談藝錄》,謂六經皆史之說,古人多已言之,楊隋

---

127 參閱章學誠,《文史通義》(台北:國史研究社,1973),頁144。
128 語見章學誠,《文史通義》,頁375。
129 李慈銘《越縵堂讀書記》(台北:世界書局,1975),冊2,頁781。
130 文廷式,《純常子枝語》(揚州:廣陵出版社,1979),卷26,頁3。
131 參閱胡楚生,〈章學誠校讎通義與鄭樵校讎略之關係〉,收入陳仕華主編,《章學誠研究論叢:第四屆中國文獻學學術研討會論文集》(台北:學生書局,2005),頁441-456。
132 章學誠,《文史通義新編新注》,倉修良編注,頁233。

王通已有經即史說，元儒劉因亦曰：「古無經史之分，《詩》《書》《春秋》皆史也」。[133]朱明大儒王陽明「五經亦史」之論，更為世所知，陽明弟子徐愛問：先儒以經為史，史專記事，於經終無稍異乎？先生曰：「以事言，謂之史，以道言，謂之經，事即道，道即事，《春秋》亦經，五經亦史。《易》是包羲之史，《書》是堯舜以下史。《禮》《樂》是三代史，其事同，其道同，安有所謂異？」[134]是知陽明所謂經即史者，因道即事也，非謂經僅事也，道猶見之於事也。蓋六經乃聖人之筆削，聖人之義有焉，大義存而道存乎其間矣。若僅以事而言，則六經即史也。然二十五史，記事與《春秋》同，不稱經者，非出聖人之手，但以事示法耳。故而六經皆史，諸史非經也。

明正德進士汪必東，以陽明之說為然，惟不取陽明所言，經亦史惟存善削惡耳，有謂：「信如此論，則《易》有吉而無凶，《書》有理而無亂，《詩》有美而無刺，《春秋》有褒而無貶，《禮樂》有禮而無欲，亦何足為傳信後世之史哉」。[135]薛應旂者，陽明再傳弟子也，謂經史一也，[136]不出陽明所說。陽明之後，歸有光作〈史論序〉，有「通經學古」一說，明言史必先通經，而後有準則，為評史述史之準繩也。王世貞字元美號鳳洲，

133　劉因，〈讀史法〉，載卜大有，《明刻珍本史學要義》，頁71。
134　王守仁，《王陽明先生傳習錄集評》（杭州：南屏張社，1916），上冊，卷7，頁9a。
135　汪必東，《南隽集文類二十卷》，美國普林斯頓大學藏影印版，卷1〈五經皆史論〉，頁12a-b。
136　薛應旂，《宋元通鑑》（明天啟六年版），凡例。

時人譽為「異才博學,橫絕一世」,[137]有云:「史不傳則道沒,史既傳而道亦繫之傳」。[138]空談義理而不讀史,不知歲時之變,故時賢以史尤急於經也。嘉靖舉人李贄亦有言云:「經史一物也,史而不經,則為穢史矣!何以垂戒鑒乎?經而不史,則為說白話矣,何以彰事實乎?故《春秋》一經,春秋一時之史也。《詩經》、《書經》,乃二帝、三王以來之史也。而《易經》則又示人以經之所自出,史之所從來,為道屢遷,變易匪常,不可以一定執也,故謂六經皆史可也。」[139]錢牧齋曰:「六經,史之宗統也。六經之中皆有史,不獨《春秋》三傳也。六經降而為二史,班、馬其史中之經乎」?[140]《尚書》、《春秋》史也;《周禮》、《儀禮》者,官制也;《詩經》亦言古事,即不見於史,因經以見者,詩即史也」;[141]《周易》者,哲理也,何以亦稱之為史?章太炎謂:周易乃「歷史之結晶」也。曰:

> 乾坤代表天地,〈序卦〉云有天地然後有萬物。是故乾坤之後,繼之以屯,屯者,草昧之時也。即鹿無虞,魚獵

---

137 語見何喬遠,《名山藏》(台北:成文出版社,崇禎13年刊本影印),第17冊,頁5380。何撰王小傳頗詳,涉及與嚴嵩、張居正諸事。近人孫衛國著《王世貞史學研究》(北京:人民文學出版社,2006),涵蓋全面,足稱王氏全傳,極可參閱。
138 參閱王世貞,《綱鑒會纂序》。
139 李贄,〈經史相為表裏〉,《焚書》(京都:中文出版社,1971),頁263-264。
140 錢謙益著,錢曾箋注、錢仲聯標校,《牧齋有學集》(以下簡稱《有學集》)(上海古籍出版社,1996),卷38,頁1310。
141 陳啟源,《毛詩稽古編》,收入《四庫全書》,卷14。

之徵也。匪以婚媾，掠奪婚姻之徵也。進而至蒙，如人之童蒙，漸有開明之象矣；其時娶女蓋已有聘禮，故曰見金夫不有躬，此謂財貨之勝于掠奪也。繼之以需，則自遊牧而進于耕稼，于是有飲食燕樂之事。飲食必有訟，故繼之以訟，以今語譯之，所謂麵包問題，生存競爭也。于是知團結之道，故繼之以師。各立朋黨，互相保衛，故繼之以比。然兵役既興，勢必不能人人耕稼，不得不小有積畜；至于畜，則政府之濫觴也。然後眾人歸往強有力者以為團體之主，故曰武人為于大君，履帝位而不疾。至于履，社會之進化以及君主專制之時矣。泰者上為陰下為陽，上下交通，故為泰。否者上為陽下為陰，上下乖違，故為否。蓋帝王而順從民意，上下如水乳之交融，所謂泰也。帝王而拂逆民意，上下如冰炭之不容，所謂否也。民為邦本之說，自古而知之矣。自屯至否，社會變遷之情狀，亦已了然。[142]

按太炎所說，《周易》不僅史也，人類之全史也。以變釋易，始自漢儒。唯變所適，適其時也，所謂「隨時之義，大矣哉」！變其所適，必不泥於典要。典要者，恆也。恆變互動，流轉不息，所謂「生生之謂易」也。吾華通變史觀，源自《周易》，其來尚矣！一如泰西史觀之「變」與「恆」也，而彼邦論師，輒言國史停滯而不知變，豈其然哉？

錢牧齋所言，仍是固有之經史意趣，不出陽明「五經亦史」

142　引自章太炎講，〈歷史之重要〉，頁4。

之說。牧齋為汲古閣毛氏《新刻十七史》作序,有云:「經猶權也,史則衡之有輕重也。經猶度也,史則尺之有長短也」。[143]既有經之權衡,尺度在胸,治史方知輕重,明長短也。經為論史之權衡,亦不出蘇老泉之已具言。或云「錢氏主張援經入史」,[144]按援經入史,其來亦久矣,非牧齋之新見。牧齋以史為器,上承宋之蘇洵,元之張紳,明之王陽明、歸有光,而下開乾嘉章氏之說。惟牧齋於前人治經史之流弊,頗多匡正,其〈左匯序〉有云:「《春秋》,夫子之刑書也,其亦將以是書為律令乎」?意在重申《春秋》義理,便於當世之用,故謂「居今之世,明《春秋》之大義,闡定、哀之微詞,上醫醫國,此亦對症之良劑也」。[145]又云「六經,聖人治世之書也,《春秋》獨佐以刑賞,二百四十二年行事,凜然萬世衮鉞焉」。[146]牧齋以孔子之義理,為規範人倫不移之價值,固無可疑,然未嘗忽視史之特性,若謂:「欲引《春秋》之義,斷後世之獄,是猶禁奸盜以結繩,理文書以科鬥,豈不繆哉」![147]斷獄如此,論史亦然,未可刻舟求劍也。是知牧齋未盡囿於《春秋》書法也。牧齋謂治經有謬,以臆測解經,以杜撰作瞽說,以偽託石經,矯誣亂正,斯皆以謬見釋經也。治史之謬,猶如食古不化,漫無折衷;攘遺舍沉,茫

143　錢謙益著,錢曾箋注,錢仲聯標校,《牧齋有學集》,卷14,頁679-680。
144　張永貴、黎建軍,《錢謙益史學思想評述》,《史學月刊》(2000年第2期),頁19。
145　錢謙益著、錢曾箋注、錢仲聯標校,《牧齋初學集》(以下簡稱《初學集》)(上海古籍出版社,1985),卷29,頁879。
146　錢謙益,《錢牧齋全集》,冊8,頁859。
147　錢謙益,《初學集》,卷21,頁749。

無條理;所立長編,既無凡例,亦昧於典要,[148]於治學方法之弊端與謬誤,批評亦云嚴矣。清人嚴允肇曰:經史異體而同旨,經載綱常名教,史垂詢萬世列之為緯,明道翼經,稱為之「史緯」。[149]章學誠六經皆史之說,於鳳洲、卓吾、牧齋之後,已屬晚出,且時人袁枚亦已言之:「古有史而無經,尚書與春秋,今之經,昔之史也」。[150]經史關係,原有師承,其來久矣。

近人甚稱實齋史學,民初章太炎與梁啟超輩,皆以青眼相看。惟實齋盛名,多因日人內藤虎次郎之推崇,[151]胡適因內藤《章學誠年譜》之啟發,撰《章實齋先生年譜》,[152]以表揚其人,章氏遺書因而廣為流通矣。二戰之後,更受法國戴密微,[153]美國倪文孫[154]之重視。戴氏以章與意國名家維柯相提並論,譽為「首屈一指之史學天才」,[155]而倪氏則以章之思維謹嚴,「深

148　錢謙益,《有學集》,卷17,頁768。
149　陳允錫,《史緯》(康熙刻本),嚴序,頁1b.
150　袁枚,《小倉山房文集》(台北:廣文書局,1972),見〈史學例議序〉,頁6a。
151　見內藤虎次郎,《支那史學史》(東京:弘文堂,1950),頁612-620.
152　參閱胡適,《章實齋先生年譜》,姚名達訂補(台北:商務印書館,1968)。
153　P. Demieville(1894-1979),法國漢學家兼東方學家,編輯《通報》(*T'oung Pao*)學刊三十年,以研究敦煌卷子、佛教與翻譯中國詩詞,聞名於世。
154　David Shepherd Nivison(1923-2014),美國漢學家,執教於史丹佛大學垂四十年,以研究中國古代歷史與哲學聞名。渠以為周朝建立於1045 BC,而非1122 BC.。
155　原文 "a historical genius of the first magnitude," 見P・Demieville, "Chang Hsueh-ch'eng and His Historiography," in W.G.Beaseley and E. G. Pulleyblank ed. *Historians of China and Japan*(London:School of Oriental and African

度原創而具想像功力」。[156]實齋之國際聲譽鵲起，益增域內之名望，若何炳松所謂：章氏史學「遠勝於《史通》」，「有時甚遠駕西洋名史之上」。[157]惜有宣示而乏實證，所謂記注與撰述之分、重通史概念云云，何勝之有？至於「天人之際」，更是史公之名言。其六經皆史說，最負盛名，論者以為不世出之創舉。實齋果為超時代之史家歟？

實齋〈與汪輝祖龍莊書〉有云：「拙撰《文史通義》，中間議論開闢，實有不得已而發揮，為千古史學闢其蓁蕪，然恐驚世駭俗，為不知己者詬厲」。[158]經即史說，雖非實齋首發，然倡之於乾嘉經學昌盛之世，寧不違時？蓋乾嘉風尚東漢治經之法，以訓詁明義理，所謂「家家許鄭，人人賈馬」，故不免譏彈宋儒也。實齋力主六經皆史，有謂「古人未嘗離事而言理」，[159]若謂易者，乃殷周記道之史也，長於變；《禮》《樂》者，人倫制度之史也，長於行與和；《書》者，上古記言之史也，長於政；《詩》者，西周之史也，長於風；《春秋》者，東周之史也，長於治。六經各有所長，皆在通經致用。而致用涉及日常人倫與夫經國之大計，莫愈乎史也。實齋闡述經皆史說，就著錄諸篇觀

　　　Studies, 1961）, pp. 169, 185.
156　原文 "Exhibits great originality and imagination," 見 David S. Nivison, *The Life and Thought of Chang* Hsueh-ch'eng（1738-1801）（Stanford：Stanford University Press, 1966）, p. 1.
157　何炳松，《何炳松文集》，劉寅生、房鑫亮編（北京：商務印書館，1997），卷2，頁41；卷4，頁78。
158　見章學誠著、倉修良編注，《文史通義新編新注》，頁693。
159　章學誠，《詳注文史通義》，許德厚注（上海：真善美書局線裝本），〈內篇〉，卷1，頁1a。

之,亦云詳矣。其意不為時所重,因逆主流而動,雖不足以言「驚世駭俗」,然為「流俗所嗤笑,為迂遠而無當者」,[160]固無疑也。其實,實齋不涉門戶,嘗謂:「浙東之學雖出婺源,然自三袁之流,多宗江西陸氏,而通經服古,故不悖于朱子之教」。劉宗周雖與朱子不合,亦不相抵。劉氏弟子黃宗羲,萬氏斯同斯大兄弟,以及全祖望輩,皆宗陸而不悖朱。實齋以朱陸各有宗主,謂「干戈門戶,千古桎梏之府,亦千古荊棘之林也」。其所攻者,乃空談義理,以為不切人事,而「浙東之學,言性命者必究于史,此其所以卓也」。[161]平心而論,浙東諸儒於「朱陸無所專主」,[162]非虛言也。

實齋謂六經乃先王之政典,古時有史而無經也。經因「儒家者流,乃尊六藝而奉以為經」,因出聖人筆削故也。《竹書紀年》出土之《春秋》,罕見儒家義例,是乃策書之常,略知經承舊史之不誤。惟六經非常史,乃官府先王之政典,有德有位者,用以綱維天下,非私人撰述,故以夫子之聖,猶述而不作也。經既如是,自有其明善惡,示訓戒,存跡示法之意,類此與舊說少異。猶可說者,陽明「道事合一」之說,以道德之真諦(道),不離道德之實存(事),與實齋所謂道不離器,亦有相契之處。實齋所謂「良史善書,亦必有道矣」,[163]實齋明道之

---

160 語見章上慕堂光祿書,載章學誠著、倉修良編注,《文史通義新編新注》,頁660。
161 參閱〈浙東學術〉,載章學誠著、倉修良編注,《文史通義新編新注》,頁121-122。
162 語見張舜徽,《史學三書平議》,頁189。
163 章學誠著,倉修良編注,《文史通義新編新注》,頁931。

說，陽明亦已言之，若曰：子以明道者，使其反樸還淳，而見諸行事之實，非美其言辭，而徒以「譊譊於世也」？[164]近人有謂：章超越前人者，因其視六經為教條，將之「從神壇寶座拉下」云云，[165]謂之創見，誣章有焉。名家錢賓四亦有言：實齋經皆史說，意在棄經，離道言事，以破六經載道之見，因「六經固不足以盡乎道也」。[166]錢氏以史抗經之說，殊非章氏可以苟同！實齋豈能「離經叛道」耶？渠何嘗屈經就史，輕經貴史？所言孔子述六經，「皆取先王典章，未嘗離事而著理」，非離器言道之謂也。實齋仍奉儒家信念，所謂「以先王政教典章，綱維天下」者也。[167]是則實齋因史見道，亦道器合一之論。道者，不論《六經》乃孔聖之道，抑周公之道，凡聖人之道，即天道，唯聖人能現天道於世也。天道者，亦人倫日用當行之理，繼世治，則道同；繼世亂，則道變。世亂不變，豈不殆歟？所應遵循之道，萬世常新，雖變不離其宗，可為史者所用也。實齋明言：「史之義出於天」，[168]又曰：「綱紀天人，推明大道」。[169]所言如此，豈能謂其棄經乎？使實齋不以史抗經，則意欲何為？渠有言曰：「學者崇聖人之緒餘，而尊以名，其實皆傳體也」。[170]然則，實

164　王守仁，《王陽明先生傳習錄集評》，上冊，卷7，頁6b-7a。
165　侯外廬，《中國思想通史》（北京：人民出版社，1958），冊5，頁509。
166　參閱錢穆《中國近三百年學術史》（上海：商務印書館，1937），冊1，頁383。余英時《論戴震與章學誠》（台北：華世出版社，1977），頁47。錢、余師弟皆主抗經說。
167　章學誠，《文史通義》，頁29。
168　章學誠著，倉修良編注，《文史通義新編新注》，頁266。
169　章學誠著，倉修良編注，《文史通義新編新注》，頁252。
170　章學誠，《章氏遺書》，第2冊，頁31。

齋六經皆史之說，豈非「知二五而不知一十也已」？[171]經史豈非一事歟？經即史也，而史有經義也。法儒戴密微曰：若經即史，史亦猶經，是「視史為經矣，何異黑格爾之神化史耶」？[172]戴解未恰，按史非僅六籍，多如汗牛充棟！安能皆是經耶？六經之外，餘史皆因事見道者也。所謂「惟道無所不通，是故君子即器以明道」，[173]經史乃一體兩面之謂也。實齋力言六經乃先王政典，治國之大事，道在其中，非私家之作，故尊之為經，然經亦載道之器，道寓於器，「道不離器，猶影不離形」，[174]道如影而史有形，由事示法，影形不離。經即史，此之謂歟？然則，實齋所謂大道寓之於器，六經之所載也。六經不能預言，必隨時撰述，以冀藉事示法，庶明大道。[175]六經而後，凡載事之史，雖非經而有道也，不異蘇老泉所謂：經史不同體，而用實相資也。亦略同陽明所謂史是事，經是道，道寓於史，「經史之不可判也，如道器之不可分也」，[176]故經史仍為一物也。故實齋所云，欲究三代立言垂教之微意，故經即史者，殊非以史代經之說，何來

171　張爾田語，見《史微》，頁16。
172　Paul Demiéville（1894-1979），法國漢學家，東方學家，研究敦煌文獻與佛教，翻譯中國詩詞，參與西方著名東方學期刊《通報》（*T'oung Pao*）垂三十年。
173　章學誠，《文史通義》（台北：國史研究室，1973），頁304。另參閱汪榮祖，〈章實齋六經皆史說再議〉，《學人叢說》（北京：中華書局，2008），頁23-36。
174　語見〈原道中〉，章學誠著、倉修良編注，《文史通義新編新注》，頁100。
175　章學誠，《詳注文史通義》，德厚注，〈內篇〉，卷2，頁6a。
176　語見章學誠著、倉修良編注，《文史通義新編新注》，頁300。

輕經重史之意？今人自胡適以降，視《六經》為史料，[177]失之更遠！按史料者，乃未經史家董理之檔案也。使實齋視《六經》為史料，義從何來？[178]史料者，亦非實齋所謂之史注、史著也。孔子述而不作，非無作也，乃述先王政典所載之道而筆削之也。實齋不云乎：「夫子述六經以訓後世，亦謂先聖先王之道不可見，六經即其器之可見者也」。[179]聖人刪述在於存道、明道以訓後世也。實齋〈報孫淵如書〉所云：「愚之所見，以為盈天地間，凡涉著作之林，皆是史學」。[180]今人誤以為凡著作皆史料，[181]不知實齋所謂著作，乃化腐朽為神奇之史書，未經史家董理之史料，無生氣之蛻跡，固不涉著作之林也。實齋意在融經於史，亦經史互惠之旨。所欲伸張者，史所以經世，非空言著述。[182]冀能開展浙東學風，回歸經史一物，道器合一之古訓，庶幾理非空談，事必明道。若謂「由經學入史學者，其史學可信」。可信者，不違儒家正統之道也。誠如實齋〈與吳胥石書簡〉所云：欲效「古人

177　胡適，《章實齋先生年譜》，頁137；許冠三，《劉知幾的實錄史學》，頁178；張舜徽，《史學三書平議》，頁179-180；林時民，《中國傳統史學的批評主義──劉知幾與章學誠》（台北：學生書局，2003），頁69，82。
178　詳閱汪榮祖，《史學九章》，頁311-344。
179　見〈原道中〉，〈報孫淵如書〉，載章學誠著、倉修良編注，《文史通義新編新注》，頁101。
180　見〈報孫淵如書〉，載章學誠著、倉修良編注，《文史通義新編新注》，頁721。
181　見倉修良，葉建華，《章學誠評傳》（南京：南京大學出版社，1996），頁176-177。
182　章學誠，《詳注文史通義》，許德厚注釋，卷5，頁15a。

本學問而發為文章,其志將以明道」。[183]蓋文章有關世道,無違名教,乃實齋所信奉者也。竊謂實齋所欲言者,不在革新而在復古,以正當世離事言理之失,糾理不見諸行事之謬也。至於實齋以經史之間有「思想鬥爭之說」,[184]更屬無稽。按漢武以來,帝王取經術為政用,與學者治經多致力於訓詁考據,絕然異輒。實齋所對話者,學者也,豈欲與政權鬥爭乎?今人以己度古人,欲其六經皆史別開新境,徒勞也歟?然則,實齋之經即史說,非僅沿前人名詞,概念亦略同也。槐聚因曰:「竊謂實齋記誦簡陋,李愛伯、蕭敬孚、李審言、章太炎輩皆糾其疏闊,然世人每有甘居寡學,以博精識創見之名者,陽為與古人夢中闇合,實則古人之白晝現形,此亦仲長統『學士第二姦』之變相也。實齋知博學不能與東原、容甫輩比,遂沾沾焉以識力自命,或有怵人先我,掩蔽隱飾」。[185]易詞言之,六經皆史說,前人已先實齋言之,非實齋之創闢也。槐聚更謂:實齋史德文德指歸,明人胡應麟(元瑞)亦已抉發,胡氏有私心曲筆之虞,故曰:才學識三長未足盡史,尚有公心與直筆也。[186]才高學廣識正之外,尚須公正不阿,方能直書無諱也。實齋承前啟後,更將心術誠偽,演為史德、文德之說。所云雖然嚴厲,然絕非大膽海口也。竊謂實齋最可貴者,知史學有義,能成一家言,慧眼洞見時弊,指學者「惟逐風

---

183 章學誠著,《文史通義新編新注》,倉修良編注,頁643。
184 見倉修良、葉建華,《章學誠評傳》,頁159-164。
185 錢鍾書,《談藝錄》(北京:中華書局,1984),頁264。
186 參閱王記錄,《胡應麟的公心與直筆說》,《史學史研究》(1997),4月號,頁77-78。

氣之所趨，勉強為之，固已不若人矣」！[187]故力主辟風氣，而莫驅風氣。[188]學者固宜開闢新境，引領風氣，而不應隨波逐流。斯言也，今猶足鑒，自海通以來，群趨效顰西洋。民國以後，更趨東洋，「群趨東鄰受國史，神州士夫羞欲死」，[189]實齋見趨風之弊於二百年前，遠見儼然有焉。

實齋重演六經皆史之說，或別有其時代之故。目睹乾嘉學風有弊，宋學空談義理，離事而言道，漢學則考據繁瑣，故而漢宋皆有功夫，而不成學問，何異「桑蠶食葉，而不能抽絲」[190]乎？實齋見及漢宋各有流弊，宋入於虛無，而漢以文章為玩物，皆反古之正道也。實齋之駁東原亦有故，論者謂戴、章勢若冰炭，視為漢宋門戶之爭，或「兩元論」與「一元論」之辯，[191]或刺蝟與

187　見〈答沈楓墀〉，載章學誠著，《文史通義新編新注》，倉修良編注，頁713。
188　見〈天喻〉，載章學誠著，《文史通義新編新注》，倉修良編注，頁332。
189　陳寅恪詩句，見陳寅恪，《詩集》，頁19。
190　語見〈與汪龍莊書〉，章學誠著，《文史通義新編新注》，倉修良編注，頁693。
191　胡適有言：東原唯物一元論與宋儒理氣二元論之衝突，見胡適，《戴東原的哲學》（台北：商務印書館，1971），頁36。按經史、理氣、陰陽、尊德性道問學，諸議題視為二元論，皆似是而實非，實乃一體之兩面，不宜以泰西兩分法（dichotomy）說之。中西之間，思維有別，若以泰西用語，用於中國哲學，殊不宜也，參閱金岳麟，〈中國哲學〉，《金岳麟學術論文選》（北京：中國社會科學出版社，1990），頁351。胡氏又以「科學家」稱戴震（胡適，《戴東原的哲學》，頁35），謂「戴氏之說頗似萊卜尼茲（Laibnitz）」（《戴東原的哲學》，頁41），又曰：「戴氏的主張頗近於邊沁（Bentham）、彌爾（J. S. Mill）一派的樂利主義（utilitarianism）」（《戴東原的哲學》，頁70-71），皆屬金氏所謂不倫

狐狸之博弈。[192]按狐狸喻通人,博通古今;刺蝟喻專家,專精一端。其實皆非。章雖攻戴之瑕,猶瑜其粹。謂戴君之粹,深通訓詁,考據明道,究名物制度,於天人理氣,不憚與乃師朱筠力爭,有其獨見。更謂:「戴著〈論性〉〈原善〉諸篇,于天人理氣,實有發先人所未發」。[193]瑕在戴君重訓詁名物,而輕忽精神之所在,致力於訓詁,雖非無用,不免買櫝還珠也。[194]實齋尤致憾於東原所言:「古聖賢所謂仁義理智,不求於所謂欲之外,不離乎血氣心智」,因有心智,「于是有懷生畏死之情,因而趨

之談也。
192 西元前七世紀古希臘詩人阿基羅庫斯(Archilochus, 680-645, BC)有殘句曰:「狐狸雖懂得很多事,但刺蝟懂得一件大事」(The fox knows many things, but hedgehog knows one big thing),謂狐狸雖詭計多端,然不敵刺蝟之一擊。近代思想史家伯林借此喻不分軒輊之兩類思想家:刺蝟者,歸宿於專精於單一思想者,諸如但丁、柏拉圖、黑格爾、陀思妥耶夫斯基、尼采諸人;狐狸者,不拘一格追求多重志趣者,如亞里斯多德、莎士比亞、歌德、普希金、巴爾扎克諸家。兩類分屬專精與博雅,精博兩分,或難精準,但伯林認為仍有其正確性,其所研治之俄國大家,普希金(Alexander S. Pushkin, 1799-1837)與陀思妥耶夫斯基(Fyodor M. Dostoyevsky, 1821-1881)最為涇渭分明之兩極。惟伯林遇到托爾斯泰(Leo Tolstoy, 1828-1910),即難言之矣,不得已而言曰:「托翁乃天生之狐狸,而自以為刺蝟。參閱Isaiah Berlin, *The Hedgehog and the Fox: An Essay on Tolstoy's View of History*(New York:A Mentor Book, 1957). 余英時則以此喻東原與實齋,見氏著《論戴震與章學誠》(台北:華世出版社,1977年)。然實齋嘗謂:「浙東貴專家,浙西貴博雅」(語見章學誠著,倉修良編注,《文史通義新編新注》,頁121),實齋以浙東自居,則自以為刺蝟矣,適與余氏所見相左。竊謂吾華舊學,鮮有專治一端者,以通儒為貴,似皆「狐狸」,罕見「刺蝟」也。
193 見章學誠著,倉修良編注,《文史通義新編新注》,頁132。
194 見章學誠著,倉修良編注,《文史通義新編新注》,頁683。

利避害」，然則「人莫大乎智，足以擇善也」。[195]要之，章惡戴「理存於欲」之說。戴誣宋儒存天理去人欲，指天道乃「生生不息」，[196]自然之理，而耳目百體之欲，喜怒哀樂，飲食男女，惻隱之心，羞惡辭讓，胥出於天性，並無不善。實齋視之為一偏之見，有損綱常倫教，辱及朱子，況東原影響所及，「徽歙之間，自命通經服古之流，不薄朱子則不得為通人，而誹聖排賢人，毫無顧忌」也。由此可見，實齋不愜東原者，無非口說微辭，誹排聖賢，有違綱常倫教，所謂「害義傷教」者也。東原自許孟子之後一人，時人且有戴君勝於朱子之說，更觸實齋之怒，故與弟子史餘村書，直譏戴君「心術不正」也。[197]之所以「心術未醇」，[198]端因戴君不解史學，故「一切抹殺，橫肆詆苛」，[199]浩嘆「流風大可懼也」。[200]然而東原生前，聲望已高，身後盛名不衰，非章所能撼動。文廷式嘗曰：「東原《孟子字義疏證》，精警沉摯，余以為漢學家不必揚其波，講宋學家則當引為諍友也」，[201]然則，安可以漢宋門戶論戴君耶？故章苦心排戴，為摯友邵晉涵所不解也。實齋曰有傳聞云：「戴氏生平未嘗許可於

---

195 戴震，《原善》（雙江李氏念劬堂藏版），卷中，頁1b，2a。
196 語見《周易今注今譯》，頁372。
197 語見章學誠著，倉修良編注，《文史通義新編新注》，頁686。
198 參閱章學誠著，倉修良編注，《文史通義新編新注》，〈書朱陸篇後〉，頁132-134；〈朱陸〉，頁126-129。
199 語見章學誠，倉修良編注，《文史通義新編新注》，頁783。
200 語見〈書朱陸篇後〉，載章學誠著、倉修良編注，《文史通義新編新注》，頁132。
201 語見文廷式，《純常子枝語》，卷7，頁13b。

僕，僕以此報怨者」，[202]以為有亂視聽，雖欲「置之不足辯」，豈無孤憤之感？況實齋容貌不揚，屢遭俗弄，[203]其不容於時之淒苦，可以想見。然則戴章之爭，未可以漢宋為說也。竊以為章於戴未嘗不敬，所以著墨於心術者，蓋憂戴君人欲天性之說，可以為害。實齋有意衛道，固無可疑也。章氏《文史通義》，尚有〈春秋〉、〈圓通〉兩篇，未能於生前卒業。章氏遺稿成書問世，僅存論史學九篇，述六經皆史十二篇，其餘汎論學術，兼及文史哲，雜以書翰序例，儼然匯編，未能綜成，故而篇章之間，有欠環環相扣，距井然有序之專著，尚有一箭之遙也。

實齋於乾嘉之世，不能言者，清末民初章太炎始能言之。後章稱前章經即史說，譬如「撥雲霧見青天」，[204]遂別解為以史代經，史即史料，於是經史皆史料矣。何謂史料？泰西以未經董理者，謂之「原史料」（primary sources），諸如金文、帛書、口碑、系譜、日記、檔案文獻、政府文書、私人信函、報刊雜誌，以及出土文物之屬；據原料而成書者，謂之「次史料」（secondary sources）。然則廿四史皆「次史料」也，張舜徽以原史料為「歷史資料」，有別於「成家著述」，卻誤以為「《廿四史》、《九通》、《正續通鑑》、《五紀事本末》，以及歷代文集筆記，旁逮群經諸子，無非歷史資料也」。[205]張氏不知所列

---

202 語見〈答邵二雲書〉，載章學誠著、倉修良編注，《文史通義新編新注》，頁684。
203 參閱倉修良，葉建華，《章學誠評傳》，頁61-62。
204 語見章太炎，〈論六經皆史〉，載傅傑編校，《章太炎學術史論集》（北京：中國社會科學院，1997），頁26。
205 張舜徽，《史學三書平議》，頁105。

諸書，皆成家之著述，非史料也。實齋心中之經史，豈史料云乎哉？現代新儒家馬一浮者，更視「六經總為德教」，謂「《詩》者溫厚，仁之質也；《書》者訓詁，信之紀也；《易》者淵徹，智之表也；《春秋》褒貶，義之符也；惟《禮》目名，其道專也」，[206]馬浮徑自以五經為五常矣。

　　劉氏《史通》，章氏《文史通義》，為神州論史罕見之偉構，故而雙美並稱。論者有謂：「實齋史學之因襲《史通》，既博且要」，或師法、或脫胎、或引申劉說、或翻劉之陳言冒為章說、或轉粗為精。[207]斯言也，褒劉貶章，一至於此，是耶？非耶？按章生於千餘年後，稔知先劉之學，且多引用，揄揚有之，苛評亦有之，固無可疑也。蓋學有傳承，後人不難追蹤前人足跡。英哲懷德海有名言曰：「歐洲哲學傳統所包含之本質，確實言之，乃柏拉圖之系列記注耳」。[208]觀乎懷氏全文，未謂兩千餘年之西方哲學，乃柏拉圖之補白，實謂柏氏乃哲學思維之巍巍巨子，其個人之修養，所承繼之文化傳統，令其著作成為後人無盡之寶藏，靈感之來源，思其所思，問其所問也。其說非謂柏氏首創，別無餘子也。後人亦多揭柏說之不足，甚而指陳其舛誤，然無傷大雅，依然為西哲捧讀之經典也。子玄史學自有淵源，首創《史通》，儼然史界巨子，後人奉為圭臬，視為史學之經典巨

206　馬一浮，《公是弟子記》（四川嘉定：復性書院，1941），卷1，頁7a；馬一浮，《復性書院講錄卷五》（四川嘉定：復性書院，1941），1a。
207　許冠三，《劉知幾的實錄史學》，頁198，另參閱頁199, 177-178。
208　原文："The safest general characterization of the European philosophical tradition is that it consists of a series of footnotes to Plato." 見Alfred North Whitehead, *Process and Reality*（New York:Free Press, 1979），p. 39.

著,固無疑也。實齋思其所思,用其舊詞,何足為奇?然亦不無補闕增華,別有創見,豈無青出於藍之處耶?

實齋以史義自負,每致自炫之譏。史義史法,非可兩分,章意在於孰重孰輕耳。若謂子玄於魏晉經衰之後,發為史學獨立於經學之論,而實齋身處經學復興之際,主經史合一之說,所謂「知幾力求經史分離,而實齋則傾向經史會通」,[209]豈其然歟?不悟劉勰於魏晉之世,宗經不誤,況經學已復興於大唐乎?子玄所謂「善惡必書」,已有經義在焉。按善惡必書,未必能真偽畢露,非比泰西所謂「真實之史」(truthful history)也。若謂實齋講心術,有異於子玄據事直書,試問直書敘事,豈能不講心術哉?至於劉主斷代,章主通史,兩者相反實相成,何足道哉?子玄講究史法,議題既廣,言多及義,近乎泰西「分析之歷史哲學」。實齋史意,意可通義,史非僅當時之簡,更多後人之筆,即西儒所謂:「無故事,則無史,事無義,亦無史也」。[210]按史非整齊故事,必須有義;義由心裁,心受制於意識。泰西意識,受制於基督教義,晚近歐美,受制於進步意識,而實齋之意識,非儒家教義而何?即春秋家學耳。其所謂別出心裁,化腐朽為神奇,無不欲於事中求義,似有意於玄理之歷史哲學,實未能開出「神奇」,亦不見別出之具體「心裁」。所論「六經皆史」、「朱陸異同」、「道器合一」、「經世致用」,有議題而乏演繹,更未嘗如西師宏觀全史,以成系統之歷史哲學也。竊謂非不

---

209 許冠三語,見氏著《劉知幾的實錄史學》,頁169。
210 原文:"there is no story, there is no history without meaning," 見Erich Kahler, *The Meaning of History*(New York: George Braziller, 1964), p. 18.

能也,是不為也,以數千年富藏之國史,約為玄理,演繹歷史哲學,又有何難?觀乎泰西近世,以黑格爾歷史哲學,堪稱巨擘,然其雖輝煌於十九世紀之初,至其身後,於史界已漸消沉,蓋因黑氏據其有限之歷史經驗,欲為全史說理,能不於其身後,見其說與史之所趨,不合拍也。

泰西學術範式,講求理論體系,源自古希臘之「羅各斯」(希臘語λόγο ,英語Logos),演成無數系統理論,莫不以「成見」牢籠事實,以系統解釋現象,建構原型之副本,或推求原理,或「由因求果」(A priori speculation),或「由果推因」(A posteriori reasoning),唯心唯物,眾說紛紜,往往以偏蓋全,而自以為是,視為真理,久而形成「邏各斯中心論」(logocentrism),唯我獨尊,成為「霸權理論」(hegemony of theory)之資,不免鄙視異文化,作為對外殖民、對內剝削之依據。近年「後史」論者德希達,[211]抨擊中心論,既言之不經,又無人道,必將「解構」,[212]庶幾顛覆西方中心論也。西方以系統理論為傲,其實說史明義,何須抽象玄說?西方學者,亦有知「理論有其局限」者。[213]槐聚先生,即以實例重於理論為說,曾

---

211 Jacques Derrida(1930-2004),當代法國解構學大師,自稱鼻祖、論著多而涉及廣,於人類學、歷史學、語言學、社會語言學、政治理論、女權孤兒,均有研究,影響不小,然其哲學頗有爭議,暮年多談道德與政治,涉及政治運動,成為矚目之公眾人物矣。

212 參閱Jacques Derrida, *Dissemination*, Barbara Johnson trans.(Chicago: University of Chicago Press, 1981), pp. 167-169; Jacques Derrida, *Dissemination in a Nutshell*, Elisabeth Weber ed.(Stanford: Stanford University Press, 1997), pp. 9-12.

213 參閱Thomas M. Kavanagh ed., *The Limits of Theory*(Stanford: Stanford

謂予曰:有理論而無實例,「大類盲人之有以言黑白,無以辨黑白也」,[214]亦上承吾華論學之傳統是也。康德曾評赫爾德《歷史哲學》一書,有云:「其盡心竭力之作,為世提供真正哲學技藝之典範,一舉而窮玄理之絕技,使哲學非高蹈虛渺之學,以實例為尚,足資典範也」。[215]大哲之箴言,知空談之無益也。吾華商榷史學,劉章兩著之外,精見覃識,時而見諸汗牛充棟之歷代文集,所論雖長短不齊,無不涉及要義,以實例鉤玄提要,折中求是,自成其說,譬如集腋成裘也。中西學術途徑雖異,然同歸於說明事實,闡釋義理,何須以彼之途為我之徑歟?

明人論史,固多游談,喜好翻案,然燦爛可觀者,亦不罕見。朱明鎬《史糾》兩卷,雖是殘稿,頗論書法,兼核事實,頗能糾謬,正抵牾之事跡。上起三國,下迄於蒙元,各為一篇,於諸史勾稽參貫,得其條理,自謂:「吾於承祚三志,而識蔚宗之思精;吾於涑水通鑒,而服考亭之筆正」。[216]勘原書而兼核事實,考證異同,儼然有據。更能糾書法之誤,指摘覆漏,雖未能盡剔乖謬,然而參互考證,識見有焉,若謂《南齊書》「諸志,禮樂為優,記敘簡奧,無支無蔓,州郡沿立,條貫明晰,亦稱善制,良史之才,茲其尤也」,[217]言之極為中肯也。清進士盧文弨

University Press, 1989).
214 語見〈錢鍾書覆汪榮祖書〉(1985年6月19日)。
215 原文:"in this exhaustive work, give the world the model a model of the true art of philosophizing, not in fruitless verbalisms, but in deed and examples," 見 Immanuel Kant, *On History*, edited with an introduction by White Beck (Indianapolis: the Bobbs-Merrill Co. Inc. 1963), p. 52.
216 朱明鎬,《史糾》(明鈔本,台北中央圖書館05191),頁3a。
217 朱明鎬,《史糾》,頁17a。

因謂「其書駁史筆之違失，考史詞之分歧，文采裴然，條理秩然，讀之頗快人意」，[218]竊謂然也。按有明一代，史論至多，原當精核義理，然不無操弄聰敏，不乏無根游談，且喜翻舊案以鳴高，而鎬於諸史考證異同，指摘複陋，多中肯綮也。

觀乎有清才華洋溢者，其為龔自珍定庵歟？定庵詩文勝情，兼備史意。嘗謂尊史即尊心，心即思，思既能入，亦能善出。能入則了然山川形勢，人心風氣，國家法令，禮兵獄政，掌故文章，人才賢否，皆善入之謂也。善出者，超然於情境之外，主觀評論之謂也。定庵有言：「優人在堂下，號咷舞歌，哀樂萬千，堂上觀者，肅然倨坐，眯眯而指點焉」，客觀論斷之謂也。定庵所謂善入，需有實錄為據，若憑「垣外之耳」，「必有餘囈」，「烏能治堂中之優也耶」？意謂採擇宜精也。善出需有「高情」，始得「至論」，否則史言「必有餘喘」，何異優人之代言，「哀樂萬千，手口沸羹」耶？史氏「毋囈毋喘」，務必周延，真相庶可得而求之。定庵尊史，尚有餘義，若謂：「出乎史，入乎道；欲知道，必先為史」，以老子為柱下史，而為道家大宗為證。[219]易辭言之，理論出自史實，而非「史由論出」，儼然卓見。定庵之論史學也，精雕細刻，推見至癮，而自稱「胎觀」，有待後人申論之也。

民國而後，論史異軍突起者，其為金華何炳棣乎。何氏翻先秦思想之案，卓有成效。李學勤嘗言：以今出土文物之豐盛，足

218　盧文弨，《抱經堂文集》（北京：中華書局，1990），頁95。
219　閱龔自珍，《龔自珍全集》（台北：河洛圖書出版社，1975），頁80-81。

可重寫吾華之學術史也。[220]古人治史,多憑經史子集,未暇卜辭金文,考古文物,自有未發之覆。何氏洞見儒學之美化,世人昧於儒術為帝王所御用,乃專制體制之所出,而其根基,實源自「宗法基因」。蓋氏族社會,自仰韶至乎西周,莫不行祖宗崇拜。周公創建天子制度,成於成王,宗法制度於焉確立。權集於族長,以血緣為政治之紐帶,以血親為屏障,而後血緣地緣強化矣,君臣關係森嚴矣。秦廢封建為郡縣,一統天下,皇帝猶如「超級宗子」,以宗法固政權於一身,國與家遂不可分矣。皇家即國家,家天下之制成矣。張載《西銘》所論宗法倫理,歷代奉為圭臬,不知其為專制之護符也。何氏此論,可反千古之覆矣![221]何氏著作,即實齋所謂,自成一家之言。竊謂猶不止此,乃罕見之名山偉業也。何先生因世變之故,流寓海外,未得於其清華母校,承先啟後,傳道授業,重光中華史義,殊有憾焉。

---

220 李學勤,《走出疑古時代》(修訂本)(瀋陽:遼寧大學出版社,1997),頁9。

221 詳閱何炳棣,《何炳棣思想制度史論》(台北:聯經出版公司,2013),頁385-398。

居今識古第二

　　遠古草民,已知時光易逝,而往事難追,因無文字,唯以結繩記事。及有文字,竹帛長存,其人云亡,而其事如在,往事雲烟,後人得以略為過眼也。無文字,無以為史,惟文字所載,非皆史也。東漢許慎《說文解字》,訓史從又持中,又者手也。故觀堂釋之曰:「江氏永《周禮疑義》舉要云:凡官府簿書謂之中,故諸官言治中、受中,小司寇斷庶民獄訟之中,皆謂簿書,猶今之案卷也。此中字之本義,故掌文書者謂之史」。史者乃掌書之官者也。[1]然則,中者有所持,古人以刀書之,故曰「著於竹帛,謂之書」,書訓為「如」,蓋謂所書適如其事也。吾華習以書名史,如《太史公書》、《漢書》、《後漢書》,皆是也。鄭樵有言:「有史有書,學者不辨書史,史者,官籍也,書者,儒生之所作也」,[2]惟日後儒生官修,皆名之曰史,如《宋史》、《明史》之屬。史書古訓猶在,一事兩名,有無不可?

1　王國維,《王國維遺書》(上海古籍書店,1983),第1冊,卷6,頁1a。
2　見寄方禮部書,載吳懷祺,《鄭樵研究》(廈門:廈門大學出版社,2010),頁165。

往事無數,刻刻流轉,留存之陳跡,今稱史料。作史者,據雜亂無狀之史料,成有序可讀之史書,使古人古事,得以長留人間也。史書既出人手,乃往事之載記,已非往事之原貌,更非往事之全。吾華以史為掌書之人,初為巫師,後有史官。相傳遠古已有史官,劉子玄有言:「自夏至秦,斯職無改者矣。漢興之世,武帝又置太史公」,[3]王莽改置柱下五史,後漢設蘭臺令,魏孝文帝於太和間,置著作郎,南朝專掌史任者不輟。訖於楊隋,大臣監修。大唐建國,別置史館,集眾手撰修,非復一家之言矣。宋元明清,官修不已,以整理匯編之功,為數甚多也。

殷商卜辭之中,已見卿史、御史諸稱,其時史掌文書,兼掌祭祀也。[4]史官即史家,董狐南史,即其人也。史書名稱不一,《晉乘》、《楚檮》失傳,惟《春秋》、《國語》、《國策》三家傳世。太史公者,乃當時史家之通稱。太史公書,父子相繼,後稱《史記》,上下二千年,前無此作,乃吾華史學之祖構也。劉歆《七畧》,據謂卷帙浩繁,經新莽篡漢,載籍遭劫,班氏〈藝文志〉,僅得《七略》之殘篇。《漢書》斷代為記,啟二十五史之端。馬、班、陳、范四史,實皆私修。大唐開館修史,多出眾手,修前朝之史常以舊史為底本,如姚察、思廉父子,撰《梁書》、《陳書》,多本陸瓊、顧野王等之舊本。日久史料漸繁,一朝之史,非一人可就;多人合撰之官修,勢所必然也。史書體裁,以紀傳、編年為主。紀傳主通,司馬父子,班家兄妹之作,乃紀傳之宗,歷代視為正史。編年昉自《春秋》,荀

3　劉知幾,《史通》,張之象刻本,卷11,頁3a。
4　參閱王國維,《王國維遺書》,第1冊,頁4a-b。

悅《前漢紀》，袁宏《後漢紀》，接而踵之，六朝仍有作之者。至乎北宋，司馬溫公之《通鑑》，南宋李燾之偉編，煌煌巨製，遂令編年浸盛，成為別史。荀勗定史，為四部之一，史部至唐益盛，宋元而後，更加浩繁，未刊抄本，更難以數計矣。惟趙宋以還，書寫遞相沿襲，載籍日富，多遵循前規，有得有失。然作史者，多重史實，欲化陳跡為雅文，文不可奪實，更不能無中生有，惟力求史文、史實相符而已。

泰西「史」（historia）字，有「考竅」（inquiry, ἱστορία historía）之意。古希臘城邦林立，記事記言，無專職之人，故無史官。希羅多德[5]者，號稱泰西史學之祖，略無古籍可據，乃周游各地，以廣見聞，自稱「吾所知者，唯憑所見，自作判斷，加以考竅耳」。[6]希氏記事千條，舛訛百出，敘事亦失序次，然其所述泰西古事，捨此無有也。其後史有二義，一曰「既往之人事」；二曰「所載之往事，而非往事之本身」。[7]要之，史乃為往事之紀錄，固無疑也。中西史學，固有重人重事，主次輕重

5　Herodotus（c. 484- c. 425 BC），古希臘史家，著泰西之《史記》（*The Histories*, in Greek: Ἱστορίαι *Historíai*），敘波斯希臘之戰緣起，為最先以考竅方法述史之人，早於羅馬時代，已有「史學之父」之稱（The Father of History）。泰西史學之父，雖早於司馬遷，然其敘事尚乏邏輯，所據文獻既少，時而真偽莫辨，史筆絕非馬遷之儔也。

6　Herodotus, *The History*, translated by David Grene（Chicago:the University of Chicago Press, 1987），p. 521.

7　原文："The sum total of human activities in the past, the record of the events rather than the events themselves," 閱Harry E.Barnes, *A History of Historical Writing*（New Yrok: Dover Publications, Inc.,1962, 1937），頁3.

之別,然皆以史者,乃載事之謂也。北美史家魯賓遜,[8]曾有言曰:「史者乃吾所知之往事耳」,歐美史家所見,大都類此。惟史求往事之全,不可得矣。蓋往事如湖上之風,既飄逝矣,不復返也。往事必由人傳,若「不由人傳,久而湮沒,考據無從,名實胥失之矣」![9]是知有文字而後有史,譬如鴻爪留痕也。史既出史家之手,史家職責之重,於此見之。中西史學雖異,均以文筆為重。泰西論師多不諱言:史乃「文學之屬」;[10]及乎近代,始有視為科學之屬者。欲使史學如科學,行之維艱,終不能成真耳。瑞士史家布克哈特,[11]力言史以文藝為重,雖不見重其世,然易代之後,布氏儼然史學泰斗。[12]文史與科學畢竟殊途,故就文史本質而言,中西所見,貌異心同也。

史家借文字傳史,文字之前,謂之「史前」,史前唯賴地下考古,以無聲之證物,窺遠古之遺事。遠古無文,巫職降神,祭祀為大,序神位而已,蓋初民唯神力是尚,史由神主,由巫通神,故巫與史並稱也。當巫漸式微,史乃日尊,自唐宋以來,史書幾無神秘,而導之以道德。蓋有天下者,知道德典型,方為長久之計也。泰西自希羅之後,中古時代,久為神學籠罩,有信

8　James Harry Robinson(1863-1936),美國史家,倡以社會科學治史,取代傳統政治史之新史學。

9　語見錢澄之,《田間文集》(合肥:黃山書社,1998),頁257。

10　如 "History writing is a department of belles-lettres," 見Sir Charles Oman, *On the writing of History*(London: Methuem & Co., 1939), p. v.

11　Jocob Christoph Burckhardt(1818-1897),瑞士史學家,譽為文化史之父。

12　參閱Jacob Burchhardt, *On History and Historians*, Introduction by H.R. Trevor-Roper(New York: Harper & Row, 1965)導論, p. xi.

仰而無理性,理念與事實不分,詩情與信史相混,[13]泰西直至近代,始見理性復蘇,遂有史學之啟蒙,斯時中華史學已入大清盛世矣。泰西史家既深染宗教,如影隨形之信仰,揮之不去,難免感染論史,即如實證大師蘭克,[14]猶沉湎於羅德教義,視史乃神力之呈現也。[15]禹域宗教無此影響,佛教雖盛極一時,從無佛教史學可言,而泰西之「基督史學」（Christian Historiography）,頗為壯觀也。

吾華人文一詞,初見於《易傳》,劉子玄曰:「夫觀乎人文,以化成天下」,[16]熊十力解作「人道之至文也」,[17]蓋謂人由愚而智,由塞而通,由簡而繁,由野而文也。黃帝尊為人文始祖,而後人文不絕,漸有史矣。史既綿延,有始而無終。韓愈有言:「今之所以知古,後之所以知今,不可口傳,必憑諸史」。[18]所欲知者,無非得失興壞,理亂之故,而所托者即史也。念往思來,可見諸於孔門:「子張問:十世可知也?子曰:殷因于夏禮,所損益可知也;周因于殷禮,所損益可知也,其或

13　原文:"one did not distinguish between the ideal and factural, poetic and historical truth," Robert M. Burns, ed., *Historiography, Critical Concepts in Historical Studies*（London & New YorkL: 2006）, vol.1, p. 37.

14　Leopold von Ranke（1795-1886）,德國史學家,為客觀實證學派之父。畢生著書約五十四部。

15　Peter Novick, *That Noble Dream, : the Objectivity Question and American Historical Profession*（Cambridge: Cambridge University Press, 1988）. pp. 28, 29, 31.

16　劉子幾,《史通》,張之象刻本,卷5,頁4a。

17　熊十力,《原儒》（上海:龍門聯合書局,1956）,卷上,頁59。

18　韓愈,〈進順宗皇帝實錄表狀〉,載鄒賢俊等編,《中國古代史學理論》（武漢:湖北人民出版社,1990）,頁192。

繼周者，雖百世可知也」，[19]可謂天長地久，永無絕期也。京房謂漢元帝曰：「臣恐今之視古，亦猶後之視前」。[20]王羲之〈蘭亭集序〉亦曰：「後之視今，亦猶今之視昔」！章學誠更張大其詞曰：「有其理者，不必有其事；接以跡者，不必接以心。若可恃，若不可恃；若可知，若不可知；後之視今，亦猶今之視昔」。[21]諸家所言，無非讀史知往，亦可瞻來也。

　　史前中華，巫掌祭祀禮儀，尤重祖先崇拜，早於新石器時代已有之。及乎商周，父權社會既成，王室祭祖，代先人之尸，接受祭品。史家何炳棣視為基於血緣之宗法制度，乃中華人本文化之根本，血脈綿延不絕之緣故。[22]中國宗教之人本精神，於此見之。泰西自遠古以來，宗教祭拜，無論基督或穆斯林，皆信仰「唯一之神」（theism），絕無神化之祖先。晚明耶穌會教士利瑪竇來華傳教，習漢文化，知祭祖奠孔之不可廢，故倡中華耶教以應之，卻為教廷嚴禁，因昧於中華文明植根於祖先崇拜，以人為本，故「中華為徹底之人本文明」，其精神價值，純屬人文主義，以世俗為重，不涉身外之永生，[23]絕有異於西方之文明也。

19　語見《論語・為政》，朱熹，《四書集注》（掃葉山房藏版），《論語》，卷1，頁8a。
20　班固，《漢書》（北京：中華書局，1962，1975），〈京房傳〉，卷75，頁3162。
21　章學誠，《詳注文史通義》，許德厚注，卷4，頁7a。
22　參閱何炳棣，《華夏人本主義文化：淵源、特徵、及意義（上）》，《二十世紀雙月刊》，第33期（1996年3月），頁95-99。
23　原文："Their civilization was humanistic through and through", Herbert Muller, *The Use of the Past: Profiles of Former Socites*（New York: A Mentor Book, 1952）, p. 328.

史遷而後，數千年來，人本史學未嘗中輟。誠如唐君毅所言：中國文化之本源，即人文中心之文化也。[24]史學自不能外之，周之政教、社會制度，均基於宗法。天子者，大宗也，小宗忠之。諸侯有其封地，自稱大宗，亦有其效忠之小宗。周公雖講天命，不盡信天，知事在人為，未可盡賴諸於天也。《尚書·召誥》曰：「王其德之用，祈天永命」，郭沫若訓德為直從心，意謂心思端正，庶幾能以人力，濟天道之窮也。[25]《尚書·皋陶謨》曰：「天聰敏自我民聰敏，天明畏自我民明威」[26]，謂民如天之耳目，民心所在，即天理之所在也。時至春秋戰國，更以人本釋制度，制度由人而設，為人而設。[27]及東周禮樂崩壞，大亂蜂起，「道術將為天下裂」矣。[28]道術云何？何炳棣謂：道術非源自老莊，最早出自墨子〈尚賢〉，其內涵令饑者得食，寒者得衣，勞者得息，乃道術未裂之前，聖王至高之關懷，無非人君南面術也。道術因亂而裂，禮樂崩壞，故孔老墨莊，皆欲以道術扶貧，平亂救寡，在乎世俗之功利，而非求玄理之突破也。[29]然則，所謂道術為天下裂者，乃「裂解」（breakdown）而非「突破」（breakthrough）之謂歟？諸子於禮崩樂壞之餘，寄望於道

24　唐君毅，《中國人文精神之發展》（台北：臺灣學生書局，1978），頁22。
25　郭沫若，《青銅時代》（北京：中國人民大學出版社，2005），頁16。
26　見《書經》（上海：商務印書館藏版）卷1，頁17a。
27　馮友蘭，《中國哲學史》（上海：商務印書館，1940），上冊，頁59。
28　語見《莊子·天下篇》，引自郭象注，《莊子注》，收入《四庫全書精華》（台北：古今大典文化事業有限公司，2000），第24冊，頁239。
29　詳閱何炳棣，〈從《莊子·天下》篇首解析先秦思想中的基本關懷〉，《中央研究院歷史語言所集刊》（2007年3月），第78本，第1分，頁1-32。

術未裂之前,以道德為治術之制度,惟各家取徑,有所不同耳。孔子德化上天,敬天以事人,所重在倫理道德,精神世界以仁為核心,奠定人倫價值觀之治術。[30]儒家集禮之大成,禮源自祭祀,祭祖先以崇拜之也。禮在殷商已盛,進而演為西周之宗法制度。[31]孔門荀卿,更以美學視古代祭祀,「意在陶冶人心,無關神靈也」。[32]唐代宰相李泌則曰:「天命他人皆可言,惟君相不可言,蓋君相所以造命也;若言命,則禮樂刑政皆無所用矣」![33]兩漢以後,帝王雖以天命自許,漸知天命不在五行,而在人事臧否。天命說之理性意味,人本色彩,昭昭在目矣。

中華史書,以《尚書》最早,原稱《書》,為虞夏商周四朝之文告,上古帝王之遺書,應治國之需求也。相傳孔子刪成百篇,毀於秦火,漢人始稱《尚書》。何謂「尚書」?劉子玄謂:「孔安國曰:以共上古之書,謂之『尚書』。《尚書璇璣鈐》曰:尚者上也。上天垂文,象布節度,如天行也。王肅曰:上所言,不為史所書,故曰尚書也」。[34]王肅三國魏人,其說東漢王充《論衡》,已先言之。三說不同,所載皆「典謨、訓誥、誓命之文」,[35]則無疑也。漢興秦博士濟南伏生名勝口授《尚書》,晁錯受之,僅得二十九篇,以隸書抄錄傳世,是為《今文

---

30 參閱何炳棣,〈華夏人本主義文化:淵源、特徵、及意義(下)〉,《二十世紀雙月刊》,第34期(1996年4月),頁88-96。
31 參閱何炳棣,〈原禮〉,《何炳棣思想制度史論》,頁176-177。
32 轉引自Burton Watson, *Ssu-ma Ch'ien, Grand Historian of China*(New York: Columbia University Press, 1958),p. 15.
33 語見楊以任,《讀史集識》(明刻本),卷1,冊3,頁79b。
34 劉知幾,《史通》,張之象刻本,卷1,頁1b。
35 參閱紀昀,《史通削繁四卷》(說劍樓重訂本,1833),卷1,頁1b。

尚書》。惟伏勝之名，不見於《漢書》，至乎《晉書》始見之。漢武時，壞孔壁，得先秦原書，是為《古文尚書》，序稱百篇，所藏僅五十八篇，西漢孔安國以隸存古，已非科斗書。經馬融作傳，鄭玄注解，《古文尚書》始顯於世。唐人甚尊信之，劉子玄曰：「古文孔傳獨行，立為學官，永為世範」。[36]然宋人多有疑者，元人專錄《今文尚書》，明人梅鷟攻之最力，謂《古文尚書》十六篇，出自孔壁，指為皇甫謐偽作，竊諸經而緣飾之，惟出自伏生之四十二篇今文為真也。疑者以《古文尚書》辭氣不類今文，而斷古本為偽，未必允當。清人閻若璩與惠棟據梅鷟之說，批駁古文殆盡。閻氏《尚書古文疏證》尤著名於世，以篇數篇名，典章曆法，句讀沿革，古今行文之異同，並以《孟子》、《史記》、《說文》諸書為旁證，考定東晉梅賾所獻《古文尚書》，與孔安國《尚書傳》，皆為後世偽作。雖然，清儒多不以古文尚書為偽，萬斯同認為古文尚書文章典雅，而今文詰屈聱牙，「後人不疑埋伏生之書，反而疑孔氏壁中之書，亦見其無識矣」。[37]，趙翼曰：「《今文尚書》亦未必字字皆孔門原本，與《古文尚書》正同，未可以易讀而致疑，難讀而深信也」。[38]錢大昕亦曰：「謂晚出書為偽，則並壁中書而疑之，不知東晉之古文自偽，西漢之古文自真也」。[39]李慈銘更鄙之曰：「逞私武斷，亦往往而有，全謝山笑為陋儒，非無因也」，蓋李慈銘

---

36 語見劉知幾，《史通》，張之象刻本，卷12，頁2b-3a。
37 萬斯同，《群書疑辨》，卷1，頁15a、16b。
38 趙翼，《陔餘叢考》（北京：中華書局，2012），第1冊，頁11。
39 錢大昕，《潛研堂文集》（台北：臺灣商務印書館，1968），第3冊，卷24，頁341。

從萬季野與邵瑤圃之說，不以《古文尚書》為偽，所以觸排閻氏也。[40]章太炎則以為「秦時焚書，伏生壁藏之，其後因兵禍流失。漢室既定，伏生求其書，亡數十篇，獨得二十九篇」，故而「伏生所藏，原系古文，無所謂今文也，且所藏不止二十九篇，其餘散失不可見耳」。[41]太炎曰：伏生所言原本古文，傳習則以隸書今文，其說甚諦也。按《古文尚書》不可盡偽，今《十三經注疏》之《尚書》，即為今古之混編。《今文尚書》之〈周書〉、〈牧誓〉等十六篇，視為西周文獻，〈文侯之命〉、〈費誓〉、〈秦誓〉，為春秋文獻，〈堯典〉、〈皋陶謨〉、〈禹貢〉，則為戰國人所編。誠如顧亭林所言：此書不無後人追記潤色，應非當日之記。[42]今人多從唐人孔穎達編纂《五經正義》之《尚書正義》，採魏晉以來眾說，編定五十八篇，視為正本。[43]明儒吳廷翰已有言：「《尚書》古今文不復辨矣！」[44]按今存《尚書》可疑之處，已多糾正，其非偽書，莫可疑矣。

《尚書》開卷「曰若稽古」。稽古者，順考古道，以夏述唐虞，特重時序也。援引古籍，以古為言，故曰「稽古堯舜之舊章」，史意出焉。所載初民之困苦，洪水襄陵，浩浩滔天，故當政者以治水為要務也。堯傳位於舜，因舜親入山林，弗懼弗迷，

40　李慈銘，《越縵堂讀書記》，上冊，頁105，107。
41　章太炎，〈尚書略說〉，《太炎先生尚書說》，諸祖耿整理（北京：中華書局，2013），頁11。
42　顧炎武，《日知錄集釋》（台北：世界書局，1971），上冊，頁47。
43　參閱吳懷祺主編，《中國史學思想通史》，《總論・先秦卷》（合肥：黃山書社，2005），頁226。
44　吳廷翰，《吳廷翰集》（北京：中華書局，1984），頁148-149。

能鎮天災之故也。舜殛鯀於羽山，因鯀治水無方也。禹平水土，故舜傳位於禹也。是知上古為政者，必有功於民，而功莫大於治水。大禹以治水為政事之要務，功勳所在，故〈禹貢〉敘水流之去向，不厭其詳。〈禹貢〉乃地理記，是亦政書也。

　　《尚書》別稱《書經》，所述多統御諸侯，教養萬民之道，以備王者之鑒。孔子序之，「錄上古之帝王，於其興事造業，布政出令以經理天下」[45]而有道德訓誡之儒家義蒂。天命見於〈仲虺之誥〉：「有夏昏德，民墜塗炭，天乃錫王勇智，表正萬邦，纘禹舊服，茲率厥典，奉若天命」[46]諸語。商湯伐夏，致天之罰，〈湯誥〉曰：「天道富善禍淫，降災于夏，以彰厥罪」[47]。湯之慚也，不免落後世之口實。〈泰誓〉記武王伐紂，亦以天命為說，商紂不能奉承天意，流毒於民，故招天討。周公革商之命，歸諸於天，其天命說之政治意向，固遠甚於信仰也。何炳棣有言：周公定天命之說，以免商亡之後，殷人猶抱恢復之志，蓋天命不可違也。「非天夭民，民中絕命」，民以非義而中絕其命，民命固非定於天也。王者責命於天，惟與天同德者方可也。天命者，實繫之於德，「皇天無親，惟德是輔；民心無常，惟惠之懷」。劉勰有云：「《易》張十翼，《書》標七觀」，[48]七觀者，〈六誓〉觀義，〈五誥〉觀仁，〈甫刑〉觀戒，〈洪範〉觀度，〈禹貢〉觀事，〈皋陶〉觀治，〈堯典〉觀美。天命說之

45　語見葉適，《葉適集》（北京：中華書局，1961），第3冊，頁698。
46　《書經》，卷3，頁1b-2a。
47　《書經》，卷3，頁4a。
48　劉勰，《文心雕龍・宗經》，卷1，頁4b。

「世俗」本質，於此見之。此義厚植於後世，至清季辛亥革命，猶欲一申「天討」也。故而討伐逆命，乃吾華之政治文化，影響既深且遠也。按「影響」一詞，初見於〈大禹謨〉，影與響出於形與聲，有形見影，有聲聞響，影響遠者，形偉而聲響也。[49]

《尚書》曰：「嗟我友邦」。三代皇朝，王畿之外，分封領地於宗室，授爵位於功臣。各地諸侯分封卿大夫，有自主之權，然封國之軍隊，服務於王朝之統治。西周王朝，封國建藩，固有異姓功臣，先代帝裔，然以姬姓為多，以血緣護王室。分封之諸侯，納貢應召，輔以宗法禮樂，事天子如大宗，使上下有分，以固家國。是以「友邦」乃諸侯之國，王之屬也，與希臘之「城邦」（City State），風牛馬不相及也。彼之城邦，「擁有獨立之主權」（An independent sovereign city），其所管轄之領域，乃政經之中心，亦有其自身之文化。西史所載之城邦，見諸希臘、羅馬、迦太基，以及文藝復興時代之意大利。彼之城邦，不見於周代，豈可妄加比擬乎？[50]。姬周之封建，亦非歐陸之「封建」（feudalism），兩者亦風牛馬不相及也。用詞雖同，意義相反，以至於混為一談也。[51]

中華史書至晚周漸盛，列國皆有《春秋》，楚有《檮杌》，

49　於《尚書》全面之研究，可參閱蔣善國，《尚書綜述》（上海：上海古籍出版社，1988）。

50　杜正勝，《周代城邦》（台北：聯經出版公司，1979，2018）。按周代何來城邦耶？

51　論歐洲封建之作甚多，以法國名師Marc Bloch的 *Feudal Society*（London: Routeledge, 1989）最受青睞。此書綜述西歐封建形成之社會經濟情景，見及領主與家臣間之關係與結構。布氏對中古西歐貴族教士之描述，亦深入生動，極有助於理解彼邦之封建社會也。

晉有《乘》，皆國史也。先王之制，諸侯無史；諸侯有史，因周之衰也。宣王之時，孔子據魯史，上隱下哀，或記治亂之事，或記興亡之理，約為義法，道備而事浹矣。魯史僅《春秋》之一耳，魯《春秋》以時繫日，以日繫月、以月繫時、以時繫年，按年記事，年有四季，春兼夏，秋兼冬，錯舉四季，是為編年，記兩百四十餘年事。《春秋》者，中華編年之祖也。孔子周游列國，厄於陳蔡，刊魯史而成《春秋》，「義包微婉」，逢西狩獲麟而止，非僅感麟而作也。[52]《春秋》常事不書，表彰言行，昭示範式。然則稱《春秋》而不稱編年者，蓋賦予褒貶之義故也。自此史有時序，章太炎因謂：「孔氏古良史也」。[53] 人或疑《春秋》非孔子所修，或疑其筆削，然而太史公謂：孔子「因史記而作《春秋》」，必有所據。《春秋》用字遣句，極其簡約，如「鄭伯克段于鄢」，事既不詳，讀之索然無趣，宋相王安石因有斷爛朝報之譏，英倫史家白德斐爾亦謂《春秋》簡陋，竟出孔子之手，難以置信也歟！[54] 按《春秋》微辭隱義，洋人難知之也。《春秋》原是魯史，經孔子而後有義。其義云何？曰周德既衰，舊章多違，故欲從周公遺志，以刊正失守，庶明王法，以正是非，以示勸誡，為作史者定範式也。劉子玄曰：「史之為務，申以勸誡，樹之風聲」，[55] 即此之謂也。故《春秋》在義，而不在

52　劉知幾，《史通》，明張之象刻本，卷7，頁11a。
53　章太炎，《訄書》，重訂本（北京：三聯書局，1998），〈訂孔〉，頁138。
54　Herbert Butterfield, *The Origins of History*（New York: Basic Books, 1981）, p. 147-148.
55　劉知幾，《史通》，張之象刻本，卷7，頁4a。

事。共叔段與兄爭國,故不稱弟,其事如兩國交戰,兄既勝弟,故曰克段;譏兄失教,故稱鄭伯,而不稱莊公,以彰鄭伯之惡也。段失子弟之道,不稱公子,貶段甚於鄭伯,褒貶之有等級,於此見之。[56]《春秋》書殺大臣有罪,曰「伏誅」,無罪曰「賜死」,非君命曰「害」,臣子有罪曰「誅」,無罪曰「殺」,討有罪曰「伐」,天子死曰「崩」,諸侯死曰「薨」、大夫死曰「卒」,士人死曰「不祿」。異字同義,以示尊卑,褒貶有序,春秋筆法,此之謂也。

　　常言道:《尚書》記言,《春秋》記事。《春秋》者,魯史也。其後,齊魯學者以魯君子左丘明所載,自隱至哀,於二百四十二年各國赴告之事,鮮不備載,含萃為傳也。經為綱而傳為目,無傳則綱舉,而目不張。班固稱為《春秋左氏傳》,簡稱《左傳》。漢之經師,附傳於經文之後,苟非如此,不足以與《春秋》二傳,並立於學官也。後人推尊左氏,列為十三經之一。自漢魏以來,張蒼尤好左氏,劉賈之後,服杜繼之。服虔注《春秋》,相傳掠鄭玄之美,而玄成虔之美云。[57]至隋杜預獨行,能集大成。其後諸家紛起,或長於經,或長於史,或長於文。經生書法,人自為說,不免支離繁雜也。

　　劉子玄列左氏為六家之一,視為古史,端因《左傳》乃史書之舊章,微《左傳》,春秋二百四十二年事,豈可聞乎?按漢儒多視《左傳》為史,南宋朱熹亦視為史學。就其內容觀之,昭然

56　參閱《公羊》、《穀梁》所發之義,見《景印古本春秋三傳》,粹芬閣藏本(台北:啟明書局,1957),頁37-38。
57　事見劉慶義,《世說新語》(北京:中國華僑出版社,2016),頁97。

古史也。左氏善敘事,不僅史也,為文者更視為文章宗祖。劉知幾盛贊左氏敘事之佳妙曰:「敘興邦,則滋味無量;陳亡國,則淒涼可閔,或腴辭潤簡牘,或美句入歌詠,跌宕而不群,縱橫而自得」,[58]卓絕無已!金聖歎《左傳釋》,嘆讀之不厭,以拍案叫絕,以妙、奇、血拼,表揚左文。桐城方苞論左,單言文章,不說經義。王源《左傳評》逕謂:「不知文者也,烏可與論左氏哉」!又謂《左傳》:「特論文耳,或評中偶及,不以掩其文也」。論左氏文章之妙者,字句之外,文有主意,亦有眼目,若以聯圈、單圈,表精彩奇變之處;以雙點、聯點,表閑情點綴之處。[59]王源講求左文窾妙,猶不如馮李驊《春秋左繡》所云:「左氏文章也,非經傳也」。[60]嗜左文者,多不求義,然乾隆學者姜白岩,撰《讀左補義》,則惡義為文所掩也。[61]清初馬驌,因重事實,故仿袁樞體例,編為《讀左事緯》。清桐城吳摯甫,擅治經典,超逸前人,其子闓生,繼承家學,以馬驌事緯為藍本,成《左傳微》一書,先師子明先生曾以此書相授,謂「警悟之處,出人意表」也。吳氏以《左傳》大義之外,多「微詞眇旨」,不宜偏廢,故以發明微言為主也。[62]微言者,「改立法制以致太平是也」[63]今本傳文,附經文之後,不免割裂傳文。闓生

58　劉知幾,《史通》,張之象刻本,卷16,頁2a。
59　王源,《左傳評》(北京:四存學校,1924),語見卷1,範例。
60　語見馮李驊、陸浩,《春秋左繡》,杜林合注(江陰:寶文堂,1921),卷首,〈朱軾序〉首句。
61　姜白岩,《讀左補義》(三多堂藏本,1691),〈序〉。
62　語見吳闓生,《左傳微》(台北:新興書局,1969),頁7。
63　語見皮錫瑞,《經學通論》(香港:中華書局,1961),卷4,頁1。

使左氏文章,移易次第,分別聯綴,剔除舛誤,為之整齊排比,以文義為主,每事自為一篇,以「隱公之難」始,「王臣之亂」終,自具首尾,計百餘篇,於左氏沉伏之玄微之旨,多能發覆闡幽也。吳氏論左警悟,更見之於其所云「文法之奇」:一曰「逆襲」,吉凶未至,先見敗徵之謂。二曰「橫接」,丹書有據,後人附會之謂。三曰「旁溢」,假軼事小文,肆為異采之謂。四曰「反射」,言出於此,意涉於彼,若鏡鑒幽,相反而益著之謂也。[64]要之,作手能褒善而見其不足,貶惡能見其深情也。吳氏亟言史氏運筆之縱橫排闔,豈非猶如海頓懷特(Hayden White)所謂之「情節編造」(emplotment)歟?

　　長於史者,則視《左傳》為編年之祖,綜合列國時勢,縱橫出入,包羅閎麗,視野雄遠。敘事時移事進,井然有序,言與事兼備之矣。記言適其人之言,記事恰如已成之事,首尾繁簡合宜,文采熠熠,足稱《春秋》之冠冕。姜白岩以為《春秋》史而經,《左傳》史而翼經,春秋無例,左傳之例,皆史氏之舊例,因傳釋經,由目溯綱也。[65]左氏長於記事,何嘗以義為主?其中固有誇誕不實之處,亦不避卜筮預言,然敘事述人,落筆跌宕,瑕不掩瑜,不愧為史學名著也。

　　《左傳》開卷之名篇曰:鄭武公娶于申,莊公寤生,姜氏惡之,故而偏袒幼弟共叔段,莊公因與母絕,誓言「不及黃泉,無相見也」;後日悔之,聽穎考叔之言,與母相見於隧道之中,其樂融融。此左氏詳《春秋》之未詳,所述故事,多曲折動人,細

64　詳閱〈與李右周進士論左傳書〉,吳闓生,《左傳微》,頁13-14。
65　姜白岩,《讀左補義》,卷1,〈讀左補義序〉,頁1a-2b。

緻入微，燦然可讀。通觀《左傳》所述人物，既有梟雄如鄭莊，雄主如晉文、闔廬，賢臣如子產、晏嬰，昏君如晉靈、衛懿，佞臣如崔杼、慶父，更不乏有女子，如莊姜、定姜，文嬴、麗姬，人物多彩，品類紛雜，難得見之於泰西古史，此《左傳》敘事，之所以可貴也。

《左傳》行文既佳，敘事生動。南宋葉適謂：左氏所錄，「測其末者可以反其本，跡其衰者可以見其興，《六經》之外，捨左氏其誰歟！」[66]若寫成公十六年（前575）鄢陵之戰，所述戰前兩軍之對峙曰：楚共王與晉國叛臣伯州犁，登巢車（樓車），觀察晉軍動靜。楚王問：晉軍兵車為何馳騁？伯州犁答曰：召喚軍吏也。楚王又問：軍吏為何聚集於中軍？伯州犁答曰：共同參謀也。楚王再問：晉軍為何開啟帳幕？伯州犁答曰：晉軍敬向先君牌位，預卜勝負。楚王四問：晉軍為何撤除帳幕？伯州犁答曰：將啟戰端矣！楚王五問：何以塵土飛揚，如此喧嘩？伯州犁答曰：填井平灶，而後列陣。楚王六問：晉軍既已登車，復又下車，其何意耶？伯州犁答曰：聽取主帥誓師令也。楚王七問：將開戰乎？伯州犁答曰：尚不可知。楚王八問：登車之晉軍，又皆下車，何也？伯州犁答曰：欲戰前禱告鬼神也。伯州犁將晉厲公親兵之位置，亦告知楚王。晉厲公與楚國舊臣苗賁皇，登臺觀察楚軍陣勢。苗賁皇將楚王親兵位置相告，且曰：國士伯州犁在彼，厚植勢力，不可輕敵。晉公於是卜筮問吉凶，卜官曰大吉！於此可見，左氏以主帥觀戰，由知敵者，解說敵情，口舌之間，戰事之進行，瞭然於目。默存先生謂：此乃「純乎小

66　葉適，《葉適集》，第3冊，頁718。

說筆法」也,[67]不為泰西實證史學所許,惟邇來「後現代史學」(Postmodern history)出,直言「往事乃今日之小說」耳,[68]意謂史事非往事之實存,乃史家之製作也。所謂史家口舌,莫之捫也;史家筆墨,莫之掣也,唯史家所欲言而已。是說也,以真人實事,皆史家向壁虛構,故無異於小說也。斯言過矣!竊以為小說敘事,有其首尾,預知結局,而史無終結,未來走向,難以逆料者也。左氏小說筆法,非欲虛構,實欲以巧筆傳真,更能於本事之前,先朔其源,如敘鄢陵之戰,初晉軍猶疑怯戰,因楚亡臣苗賁皇謂晉侯曰:楚精兵聚集中軍,請先擊其左右軍,而後合力攻楚王之中軍;既戰,楚兵大敗。[69]以參戰者之對話,呈現戰場之實況,將對陣之情狀,娓娓道來,留贈來者,故於千百年後,猶能見當時之情狀也。誠如錢大昕所言:「左氏文極精嚴,一字不可增減,常事不書,非常則特書,傳之恒例也」。[70]戰場廝殺,常事也,左氏罕書;晉軍避泥淖,繞道而行,非常則也,故特書之,甚且不遺細節。前之城濮之戰,邲之戰,後之鄢陵之戰,戰況情節之外,左氏能見其大,諸如戰局之趨向,晉楚勝負之攸關興衰,均隱約可見,足為敘事,樹立典範。泰西史家,擅

---

67 錢鍾書,《管錐編》,第1冊,頁210。錢先生引Henry James, *The Art of the Novel* 為說,見頁211,註腳1。

68 原文 "The past is the fiction of the present," 語見Michel de Certeau, *Heterologies: discourse on the other*, translated by Brian Massumi; foreword by Wlad Godzich(Minneapolis: University of Minnesota Press,1986), p. 10. 另參閱 pp. 308-347.

69 《左傳》原文,見楊伯峻編著,《春秋左傳注》(高雄:復文圖書出版公司,1991),上冊,頁882-887。

70 錢大昕,《潛研堂文集》,第4冊,卷27,頁404。

寫軍事，重戰爭之常事，諸如兩軍對峙，衝鋒陷陣，以勇力相爭，以奸詐相高，留英雄事跡於後世，與吾華頗多異趣。西史論述戰爭，昧於大勇不勇之義，蓋大勇者，基於義理，故罕見肉搏之勇也。

上古史部要籍，尚有《國語》、《國策》，皆言事並舉，亦均以人本為重。《國語》者，「國有語，記一國之事也。一國之中，以一人一事為始終，變編年為傳記之萌也」，[71]故有「春秋外傳」之稱。重天命以敬神，逆天則人不和，人君以德順天，天乃人之巔，所以保民，終以人事為重也。〈周語〉有云：「神饗而民聽，民神無怨，故明神降之，觀其政德而均布福焉」，是謂「天道賞善而罰淫」，[72]離民則怒神而降之禍也。〈魯語〉有云：「惠本而後民歸之志，民和而後神降之福」。[73]〈晉語〉有云：「德義不行，禮儀不則，棄人失謀，天亦不贊」，[74]所謂天道無親，唯德是授也。《尚書》有言：「商罪貫盈，天命誅之」。[75]天命靡常，興亡是鑒，殷鑒不遠也。人君親民而後神降，離民則神怒，神怒則禍降，故而從政者，以庇民為重，重德

71　鍾惺，《史懷》（萬曆刻本），卷3，頁1a。此書17卷，上自《左傳》、《國語》，下及《三國志》，摘錄原文，斷以己見。
72　見《國語》韋昭注，天聖明道本（台北：藝文印書館，1974），〈周語〉上，卷1，頁25；《國語·周語中》，卷2，頁53。
73　見《國語韋昭注》，卷4，〈魯語上〉，頁107。
74　見《國語韋昭注》，卷7，〈晉語〉，頁187。
75　見《尚書》〈泰誓〉上，見《書經》，卷4，頁2b。漢孔氏傳曰：「紂之為惡一以貫之，惡貫已滿，天畢其命」，見《四庫全書精華》（台北：古今大典文化事業出版有限公司，2000），張岱年等編審，經部第1冊，頁401。

親民，始其宜矣！「夫民心之慍也，若防大川焉，潰而所犯，必大矣」！[76]《國語》既以人事為主，設如亟推運命，有悖於理，故雖言天神，實以崇德保民為主旨，昭然若揭矣！

《戰國策》敘事，始於春秋之後，迄於秦漢之起，二百四十五年間事。策者，籌碼也，籌謀設計之謂。仲尼既沒，王道廢馳，仁義棄而詐譎用，禮儀淪喪，謙讓賤而戰鬥貴。群雄奮起，孫吳之術盛行，兵連禍結，民不聊生。機智謀士，藉雌黃之舌，以干時君，博取富貴亦時代之景象也。《國策》作於口說，著於竹帛，約三十三篇，多述政治失序，攻伐爭勝，暴師流血，權謀詐偽，其中固有誇誕託喻之辭，不乏真人實事也。蘇秦為縱，張儀為橫，縱橫捭闔，更有高才秀士，出奇策異智，以權謀詐術為尚，唯以利害相勝，不復知有義理。楚漢間人蒯通，擅為長短縱橫之說，故有謂《國策》出自通手者，然戰國權變之術，非蒯通一人所專有，不能視為書之原創者也。近人考究傳本源流，應由劉向集錄所成。向所校者，絕非一本，是即「裒合諸記，併為一編」，而文體一致，詞章優美，必由一人集成也。書由劉向集錄，似無疑矣。[77]長沙馬王堆漢墓，出土帛書，其中二十七章，約一萬一千餘字，見於今本《戰國策》者十章，見於《史記》者八章，餘十六章為逸篇，能補今本舛誤，如誤蘇秦為蘇代，亦多正時地之謬，彌足珍貴。[78]考古發掘，糾歷代傳抄之

76　見《國語韋昭注》，卷18，〈楚語下〉，頁411。
77　參閱劉向集錄，范祥雍箋證，《戰國策集錄》（上海：上海古籍出版社，2018），頁28-29。張心澂，《偽書通考》（台北：宏業書局，1975），頁534-544。
78　參閱唐蘭，〈司馬遷所沒有見過的珍貴史料〉，收入馬王堆漢墓帛書整理

誤,功莫大焉。

《戰國策》亦具民本深意,若謂:「苟無歲,何以有民?苟無民,何以有君?故有舍本而問末者耶」?[79]是書成於何時,難以確定,然所載戰國史事,難能可貴,馬遷頗多採擇。明代詩人李夢陽謂:《策》有四尚,尚一足傳,而國策有四,曰:「錄往者跡其事,考世者證其變,攻文者摹其辭,好謀者襲其智」,四美具,安得不傳之久遠歟?《國策》不因有違聖人之道,而失載言之詭譎,事之暴虐,所以秉持善惡必書之微意,不以離經叛道而棄之。全書用辭瑰麗,富有睿智,幾無神道鬼怪之說,所謂「其文辯博,有煥而明,有婉而微,有約而深」也。[80]書寫人物言行,形象鮮活,諸如魯連之慷慨,諒毅、觸讋之從容,孟嘗君食客三千,不乏雞鳴狗盜之徒,藺相如完璧歸趙,藺廉交歡,屈原志行高潔,因讒見疏而作《離騷》,懷石自沉於汨羅江,燕將樂毅伐齊,齊王走莒,齊將田單縱反間,樂毅懼而走避,單以火牛攻之,齊城盡復。讀之引人入勝也。至於晉國中軍將智伯瑤無故索地,得逞而驕,及趙不應,瑤率韓魏甲兵攻趙,趙襄子以唇亡齒寒說韓魏,韓魏遂乘瑤軍之亂擊之,瑤敗見殺滅族,漆瑤頭為飲器。瑤臣豫讓不惜詐為刑人,試圖報仇未果,趙襄感其義而釋之,然豫讓鍥而不捨,漆身為癩,吞炭變音,欲以國士報之,赤橋伏擊又未果,請三擊趙衣以報舊主而亡,所謂士為知己者死

　　小組編,《戰國縱橫家書》(北京:文物出版社,1976),頁123-153。
79　見《戰國策》,四部備要本(臺灣:中華書局,1969),卷11,齊4,頁6b。
80　鮑彪語見其〈戰國策序〉,載卜大有,《明刻珍本史學要義》,頁456。

也。[81]燕太子丹自秦亡歸,欲報秦怨,得勇士荊軻,以秦將樊於期首級與地圖獻秦皇,伺機弒之。風蕭易水,慷慨以赴,及至秦宮,圖窮匕見,一擊未中,荊軻體解以殉。[82]設無《戰國策》,類此驚心動魄之歷史故事,何以長留人間耶?《國策》與《左傳》意趣迥異,康熙探花姜宸英號湛園,獨謂先秦以上,《國策》更出《左傳》之上,全祖望視為好奇之言,曰:「《左傳》所志多實事,二百四十年典章在焉,《國策》所志多浮言,大抵一從一橫,皆有蹊徑」,其中雖有義理,有關世教,然一言蔽之,不足與《左傳》比也。[83]

中華史學開山巨著,其為太史公書乎?王靜庵有詩句曰:「前後故應無此作,一書上下二千年」。[84]太史公司馬遷字子長,吾華史學之父也。子長之前,有史無學,有編年之紀,幾皆錄事之文獻而已。司馬氏世掌史職,遷繼父業,身腐而志不損,於困厄之中,發憤「述往事、思來者」,「網羅舊聞,原始察終,見盛觀衰」,[85]自創紀傳一體,起自黃帝,迄於漢武,井然有序,儼然通史規模。黃帝之前,事跡渺茫,即書黃帝事,亦謂「薦紳先生難言之」也,更無論伏羲、神農之渺不可知矣!班固亦云:顓頊之事難明,知遷固之慎言也。遷讀書萬卷,行路萬

81　事見〈趙策一〉,參閱劉向集錄,范祥雍箋證,《戰國策集錄》,冊3,頁955-956。
82　事見〈燕策五〉,詳閱劉向集錄,范祥雍箋證,《戰國策集錄》,冊四,頁1786-1791。
83　全祖望,《鮚埼亭集》》,上冊,頁603。
84　見王國維,《靜庵詩詞稿》(台北:藝文出版社,1974),頁4。
85　語見〈太史公自敘〉,司馬遷,《史記》,卷130,頁3319。

里,考察風情,遊江淮,探禹穴,浮沅湘,適齊魯,觀仲尼之廟堂,低徊不能去云。過大梁之墟,神往信陵君之名冠諸侯。又涉足長沙,觀屈原自沉之淵,垂涕想見其人。史公之思古幽情也,後有來者,英國史家吉本,[86]訪十八世紀之羅馬古墟,於不眠之夜,漫步於廢墟之上,睹荒蕪遺跡,如見古人身影,當年演說之神態,凱撒大帝之遇刺身死,往事浮現眼前,陶醉多日之後,方能靜思,而後下筆,[87]終於成書八冊也。史家神往古人,馬遷、吉本,東海西海,心同理同也。《史記》篇末,繫以太史公曰,上承左氏君子曰,述事之後,附以論斷也。

子長所創傳體,初稱《太史公書》,後稱《史記》。按史記乃載記之通稱,遷書以通稱為專稱耳。希臘史家希羅多德亦以「史記」(*The History*)名其書。希氏生於公元前480年,約與雅典盛世相始終,其人生平事跡,渺茫無考。希氏《史記》,撰於旅行風塵之際,見聞雖廣,因乏文證,多來自耳聞也。自認「吾所著史,唯據所聞,並不盡信之也」。[88]行文亦無章法,立意不邏輯,且有「文不對題」(digression)之失,[89]而所記惟波斯戰爭一事,固非事豐而行文嚴謹之作,其書絕非馬遷之儔也。

86　Edward Gibbon(1737-1794),英國大史學家,以文筆恣肆豪放著稱。
87　語見其傳:Edward Gibbon, *The Autobiography of Gibbon*(New York: Meridian Books, 1961), p. 152.
88　原文曰:"I must tell what is said, but I am not at all bound to believe it, and this comment of mine holds about my whole history", Hirodutus, *the History*, translated by David Grene(Chicago & London: the University of Chicago Press, 1987), p. 521. 希氏《史記》英譯本不一,內容大同小異。
89　見Michael Grant, *The Ancient Historians*(Oxford: Oxford University Press, 1994). p. 28.

泰西尊之，要因其有「研究致知」（Research inquiry）之微意，開史作風氣之先。馬遷雖晚出，然記事廣博，內容宏富，而行文之典雅有序，更非希氏可望項背者也。

遷撰《史記》，繼民本傳統，敘事言事，自此無分畛域。趙翼甌北有言：「專以之敘事而人各一傳，則自《史記》始，而班史以後皆因之」。[90]是知中華人本史學，馬、班一錘定音矣。馬遷雖云繼《春秋》而作，惟《春秋》言義，《史記》言事，《史記》乃「實然」之事，而《春秋》為「應然」之理，[91]性質迥異，不相伴也。馬遷所承續者，惟孔子立言之志耳。[92]尼父尊周尚古，而遷變古求新。劉子玄有言：「仲尼既沒，微言不行；史公著書，是非多謬，由是百家諸子，詭說異辭，務為小辨，破彼大道」，而「民者冥也，冥然罔知，率彼愚矇」，若摹莊子所謂：「以天下惑，予雖有祈向，不可得也」。[93]《史記》標舉三事：究天人之際，通古今之變，成一家之言，[94]為後世發凡起例，定不移之範式。帝王之本紀，諸侯之世家，以及名人事蹟，上自帝王將相，下及士族庶民，未見失載。〈平準〉一書言財

---

90 趙翼，《陔餘叢考》，第1冊，頁85-86。
91 實然、應然之說，出自李長之，《司馬遷之人格與風格》（台北：開明書店，1970），頁66。
92 近人有云：司馬遷「效孔子作《春秋》以扶周，而著《史記》以扶漢，其中不無睥睨當世，媲美孔子的意味」，見陳文潔，《司馬遷之志：史記之繼春秋解析》（上海：華東師範大學出版社，2015），頁259。斯與《史記》為謗書之說，皆一偏之見，有心證而無實證者也。
93 劉知幾，《史通》，明張之象刻本，卷10，頁10a-b。
94 引自太史公〈報任安書〉，見班固，《漢書》，第9冊，〈司馬遷傳〉，頁2735。

賦，究物產之盛衰；〈孟荀列傳〉，佐使諸子，主次有序。遠古事跡渺茫，無從稽考，伯夷叔齊，行事鮮知，記寧餓死而不食周粟，以彰顯特異之風義，庶幾留名於後世也。〈大宛列傳〉，以匈奴、月氏為經緯，功罪得失見焉。再者，凡入史傳者，不因其高官厚爵，而因業績人品。太史公究始終，見及本末，包攬之廣博，故事之繁多，泰西上古史乘未見之也。

司馬遷以人傳史，借三方人馬，敘秦漢之間三變：陳勝吳廣，漁陽舉事，撼動大秦，一也；項羽滅秦，諸侯蜂起，天下合而又分，二也；劉邦滅楚稱帝，建號大漢，中國分而又合，三也。三變之中，秦漢之間起落，犁然可見。馬遷敘事，不狃於天命舊說，而著墨於人事之臧否，謂成敗取決於人也。所謂「高山可仰，覆轍在前，其興亡在知人，其成敗在立政」[95]也。馬遷關懷人文，敘戰國史事，不尚富國強兵，不以攻伐為賢。〈孟荀列傳〉，讚賞孟子不言利，因利足以啟亂也。漢武盛世，不以為喜，於武帝窮兵黷武，尤致憾焉，以征戰之勞民傷財，為可哀也。漢武尊儒，以遷之見，並未能履行德教。是知馬遷非僅記事，亦有議論，所論以儒是尚，乃夾敘夾議之筆也。宋儒黃震遙承遷論，有謂「匈奴盜賊之變皆（武）帝窮兵酷罰致之，威刑豈徒無益而已哉」！[96]

《史記》典範既創，人本史學具備。自此人先於事，事由人出之史學，沛然成風。青史留名者，其人可記，未必有事可記

---

[95] 語見黃庭堅，〈代司馬丞相進稽古錄表〉，載卜大有，《明刻珍本史學要義》，頁324。

[96] 黃震，《黃氏日抄》，卷46，頁33b。

也。[97]人亦云眾矣,安能人皆留名?明人有言:「自孔氏後,立言傳世者,不知幾人焉,其滅沒不傳,卒于齊民共腐者,亦不知幾人焉」,[98]《太史公書》,必有遺珠之憾。人本者,孔子不語怪力亂神之謂也。馬遷雖師事董生,然不信神力,不從董氏天人感應之說,[99]故曰:「騶衍以陰陽主運,顯于諸侯,而燕齊海上之方士,傳其術不能通,然則怪迂阿諛之徒自此興,不可勝數也」。[100]遷斥鄒衍徒眾曰:「不能尚德,閎大不經」,[101]幾同騙術。遷有鑒於始皇封禪,十二年而亡,故云:「此其所謂無其德而用事者邪」?[102]秦皇遣方士入海,求長生不老之藥,遷曰:「莫驗,然益遣,冀遇之」。[103]莫驗一詞,傳神之筆,蓋理盲妄想,雖鍥而不捨,依然無功。遷以天命不足信,鬼神不可知,蓋天人之際,各有所司,其間並無因果可言也。伯夷叔齊,餓死首陽,顏回死於窮巷,而盜蹠壽終正寢,亟言天道之無親也。誠如黃震所謂:「遷作封禪書反覆纖悉,皆以著求神仙之妄,善矣」[104]*馬遷居上古之世,質疑無尚之天,能「以哲理之真,通

---

97 閱錢穆,《中國史學名著》(台北:三民書局,1973),上冊,頁72-73。
98 語見楊維楨,《東維子文集》(四部叢刊本),卷6,頁1a。
99 徐復觀,〈論史記〉,收入杜維運、陳錦忠編,《中國史學史論文選集》(台北:華世出版社,1980),頁88。另閱Stephen W. Durrant, *The Cloudy Mirror: Tension and Conflict in the Writing of Sima Qian* (Albany: State University of New York Press, 1995), p. 65.
100 司馬遷,《史記》,卷28,頁1369。
101 司馬遷,《史記》,卷74,頁2344。
102 司馬遷,《史記》,卷28,頁1371。
103 司馬遷,《史記》,卷28,頁1401。
104 黃震,《黃氏日抄》,卷46,頁4b。

于史家求事之實」,[105]奠人本史學於磐石之上,遺德深且遠矣。

秦皇漢武雄主也,馬遷並不推重;騶衍陰陽五行,馬遷視為不經。遷遇難處,亦抒心頭塊壘,或亦不免歸之於天,如謂:「論秦之德義,不如魯衛之暴戾者;量秦之兵,不如三晉之強也,然卒並天下,非必險固,便形勢利也,蓋若天所助焉」,[106]此乃無解之解也。又謂漢興,呂氏既亡,文帝繼統,似有天命在焉,[107]乃始料未及之後果也。要之,馬遷能辨虛實,明天人關係,雖偶有異說,然大體雅馴。遷憐蒙恬,謂其何罪於天?無過而死。有謂恬築長城,因絕地脈獲罪,遷不謂然曰:秦築長城,輕民力,恬身為名將,未能力諫,拯百姓之急,阿意興功而遇誅,「何乃罪地脈哉」?[108]罪在人謀之不臧,於地脈何干?遷謂政權之興,非德即力,[109]秦以力取天下,因有能人之扶持,繆公用五子,而霸西戎,孝公用商鞅,而富國強兵,惠王用張儀,而散六國之縱,昭王用范睢,而成帝業。[110]然則,強秦又何亡之速也?馬遷曰:「秦王懷貪鄙之心,行自奮之智,不信功臣,不親士民,廢王道,立私權,禁文書,而酷刑法,先詐力而後仁義,已暴虐為天下始」,故「其亡可立而待」。[111]是亦人謀之不臧

105　語見錢鍾書,《管錐編》,第1冊,頁252。
106　司馬遷,《史記》,卷15,頁685。
107　司馬遷,《史記》,卷49,頁1969-1970。
108　司馬遷,《史記》,卷88,頁2570。參閱Burton Watson, *Ssu-ma Ch'ien, Grand Historian of China*（New York: Columbia University Press, 1958）, pp. 148-149.
109　司馬遷,《史記》,卷15,頁759。
110　司馬遷,《史記》,卷87,頁2542。
111　司馬遷,《史記》,卷6,頁283。

也。亡秦者,非秦皇而誰?所謂「國之將亡,賢人隱,亂臣貴」也。[112]秦既亡矣,劉邦勇力遠遜於項羽,卒能滅羽,以智勝勇,以弱勝強,因人成事者也。楚霸王「自矜攻伐,奮其私智,而不師古,霸王欲以力征,經營天下,五年卒亡其國;身死東城,尚不覺悟,而不自責,過矣!乃引天亡我,非用兵之罪也」。遷曰:「豈不謬哉」![113]謬在項王神勇善戰,當贏而輸,自失其鹿,不無哀矜之意也。沛公雖分羹墮子,殘忍畢見,然集蕭何之能,張良之智,韓信之謀,知民之所惡,順天下之所趨,卒成帝業也。[114]所謂云何?盡人事者,方得天命之眷顧。史公微意,如此而已。

馬遷紀傳,首尾有序,表裏相發,救編年合則繁、削則缺之病。為紀、為傳,網羅人物,帝王將相之外,旁及庶民,學者商賈,醫生遊俠,刺客相士,工匠滑稽。入史者之廣,嘆為觀止。採擇取捨,寧取志行高潔之士,而捨平庸之高官權臣,有位居宰相者,因其平庸,而未入傳。[115]遷最重視者,有為而能式範人倫者,足智多謀而勇於決斷者。范雎、蔡澤,擅於辭令,雖久不售,終獲秦王拜相。[116]劉敬其人,建萬世之安,知禮進退,「卒

112　司馬遷,《史記》,卷50,頁1990。
113　司馬遷,《史記》,卷7,頁339。
114　「順流」一詞見司馬遷,《史記》,卷53,頁2020,謂:蕭相國「因民之疾秦法,順流與之更始」;卷8,頁362謂:沛公聽樊噲、張良諫封秦財寶,約法三章,秦人大喜,唯恐沛公不為秦王。另參閱Burton Watson, *Records of the Historian: Chapters from the Shih Chi of Ssuma Ch'ien*(New York: Columbia University Press, 1969), p. 118.
115　參閱司馬遷,《史記》,卷96,頁2686。
116　司馬遷,《史記》,卷79,頁2425。

為漢家儒宗」。[117]約而言之，太史公上承古典傳統，以事之成敗，取決於人，奠定人本史學，自秦漢以迄明清，數千百年間，奉行未嘗稍輟也。

　　《史記》成書久遠，後人傳抄，必有淆亂。西漢元成之間，褚先生為之補闕，晉人譙周，作《古史考》，有意糾謬。唐司馬貞撰《史記索隱》，即因遷書殘缺，故特「探求異聞，採擿典故，解其所未解，伸其所未伸者」。[118]歷代誤舛添竄，例不細舉，謹以兩則為例：〈刺客傳〉有言：「【荊】軻既取圖奏之，秦王發圖，圖窮而匕首見，因左手把秦王之袖，而右手持匕首砍之；未至身，秦王驚，自引而起，袖絕，拔劍，劍長，操其室，時惶急，劍堅故不可立拔」。[119]劍堅何不可拔耶？宋人高似孫，據東洋翻雕宋刻江南古本，知「劍堅故不可立拔」，原作「劍豎故不可立拔」，[120]蓋劍長，秦王不可立拔，故左右告王「負劍」，王既負劍，則易拔也，「堅」乃「豎」之誤，是知一字澄清，頓知「情狀宛然」矣。[121]〈張良傳〉言及四皓，東園公、甪里先生、綺里季、夏黃公，「從太子，年皆八十有餘」，[122]而事不見於《漢書》，疑「後人取他書附益者也」。[123]後人潤色添

117　司馬遷，《史記》，卷99，頁2715-2726. C.f. Watson, *Records of the Historian*, pp. 216-229。
118　見司馬遷，《史記》（北京：中華書局，2013），修訂本，第10冊，附錄二，頁4012。
119　司馬遷，《史記》，卷86，頁2534。
120　高似孫，《史略校箋》（北京：書目文獻出版社，1987），頁23-24。
121　李慈銘，《越縵堂讀書記》，上冊，頁416。
122　司馬遷，《史記》，卷55，頁2046。
123　李慈銘，《越縵堂讀書記》，上冊，頁155。

竄,以四皓張太子未廢之故也。

　　唐劉知幾謂《史記》曰:「子長之敍事也,自周已往,言所不該,其文闕略,無復體統,自秦漢已下,諧貫有倫,則煥炳可觀,有足稱者」。[124]按自周已往,因多取舊文之故;秦漢以下,自鑄偉辭,煥炳可觀。[125]子玄固慧眼見及《史記》「事總古今,勢無主客」。[126]勢無主客者,易主為客而觀之,即泰西「客觀」(objectivity)之謂,尤見特識。今之史家,猶奉為圭臬,惟不易致耳。更可貴者,子長於上古荒遠之世,頗知考信,採撰謹嚴,《史記》上起軒轅,猶謂薦紳難言之也。東漢以後,史者卻多侈談三皇五帝,甚且有以神話為信史者。北宋眉州蘇轍字子由,窮十年之功,成《古史》六十卷,「記伏羲神農迄秦始皇帝,為七本紀,十六世家,三十七列傳」。[127]子由抨擊《史記》,謂遷疏略輕信,而其《古史》上起伏羲神農,豈非更難言之耶?子由又謂:太史公易編年為紀傳,後世莫能易,「然其為人淺近而不學,疏略而輕信」。子由例舉曰:記三代事不得聖人之意,敍戰國之際,輕信諸子辯士之說,或更採世俗相傳之語,以易古文舊說。子由喜愛經書,質子長於《詩》《書》《春秋》,未能詳明。按《史記》其書,自可商榷,惟指其淺近不學,未免言重矣!朱熹卻謂:《古史》議論《史記》,能中其病,更謂:「秦漢以來,史冊之言近理而可

124　劉知幾,《史通》,張之象刻本,卷6,頁9b-10a。
125　參閱張舜徽,《史學三書平議》,頁74。
126　劉知幾,《史通》,張之象刻本,卷5,頁10a。
127　蘇轍,〈古史序〉,載卜大有,《明刻珍本史學要義》,頁379-382。

觀者，莫如此書」。[128]紫陽讚賞《古史》極矣，亦過矣！蓋《古史》與《史記》所論有異，如「史遷《史記》贊伍員棄小義雪大恥，而《古史》罪之，史遷不及蘇子」。更多增修損益，亦多全因《史記》，如商君傳、蘇秦傳、張儀傳、蘇武吳起傳、白起王翦等，皆本《史記》。[129]南宋以後，考信疏而復密，至乎明清，考據益趨精微，子由《古史》考訂《史記》，未再見重矣。今人仍奉《史記》為圭臬，久而彌篤，子由詩文超群，論史固非子長之儔也歟？惟子由史學，非無可取，明季徐枋有言：子由文才不如乃兄子瞻，而史識過之，若謂：「漢高以不智不勇勝項羽，而曹操、孫劉，各以智勇而不勝」，以為「千古絕識」。[130]按曹、孫、劉，智勇相當，故而三家鼎立，即詞家辛棄疾所謂：「天下英雄誰敵手，曹劉，生子當如孫仲謀」[131]也。劉邦不智不勇，故能借張良之智，韓信之勇，而項羽之智勇，固遠遜張、韓也。子由之特識，或來自《淮南子‧主術訓》之名言：「乘眾勢以為車，御眾智以為馬」歟？

太史公知兵非聖賢所尚，止戈為武也。老氏曰：佳兵不祥，子曰：軍旅未學，因人本而重人道，因人道而厭戰，知兵兇戰危，不得已而用之，而勝敗之機，繫乎謀略，此《孫子兵法》

---

128 參閱朱熹，〈古史餘論〉，載卜大有，《明刻珍本史學要義》，頁384-385。
129 黃震語，見《黃氏日抄》，卷51，頁12b-13a。
130 徐枋語，見羅振玉編，《明季三孝廉集》（乙未孟夏1919版）居十，頁6a。
131 全詞見辛棄疾，南鄉子，收入劉斯奮選注，《辛棄疾詞選》（台北：遠流出版公司，1992），頁170。

所以欲不戰而屈人之兵也,蓋因兵者國之大事,死生之地,存亡之道,事無古今也。是故,馬遷之戰爭觀,頗有異於泰西史家。西史視戰爭為天大之事,希羅多德之《史記》,所記唯波斯大戰一事。修昔底德之名著《伯羅奔尼撒戰爭史》,以二十章之篇幅,詳述雅典與斯巴達之戰。史者希氏,親歷此戰,序言有云:此久而不決之戰,為希臘空前之災難,[132]雅典民主「無用」(inepta),因而致敗。[133]所謂「希臘悲劇」(The Greek Tragedy),即此之謂歟?羅馬史家李維,[134]亦以十章,詳述「二次彭尼克戰役」(the Second Punic War),謂此一大戰也,迦太基人加諸於羅馬者,殊難忘懷之也。[135]於此可見,西方古史以戰事為重,捨此似別無可記者。彼敘戰也,動員布陣,攻城掠地,勝敗因果,爭勝鬥勇,戰役之本末,唯恐不詳備。其論戰也,則以滅國為尚,怯戰為恥。然而吾華論及戰爭,以偃武修文為尚,如呂祖謙東萊所言:「非有攻城掠地之可紀也,非有伏屍流血之可駭也,非有獻俘奏凱之可誇也」,[136]因皆不足道也。華

132　Thucydides, *History of the Peloponnesian War*, transl. by Rex Warner with an introduction by M.I. Finley(New York: Penguin Books, 1972), p. 48. 23. 1.

133　參閱Peter R. Pouncey, *The Necessities of War, A Study of Thucydides' Pessimism*(New York: Columbia University Press, 1980), p. 156. 此書作者為美國哥大古典文學教授,強調修昔氏之悲觀,更對其喪失民主信心,感到失望,似未有西切切身之痛也。

134　Titus Livy(59 B.C.-A.D. 17),羅馬史學家,畢生以修羅馬史為業。

135　原文是:"I am about to describe the most memorable of all wars-the war waged by Hannibal and the Carthaginians against the Roman people." Livy, *A History of Rome, Selections*(New York: The Modern Library, 1962), Book 21, p. 207.

136　呂祖謙,《增批輯注足本東萊博議》,雙芙蓉館藏本(上海:啟新書局,

人於勇怯,亦自有詮釋。何為怯?義所必校而不校,惟仇讎之命是從也。何謂勇?能校而不校之謂。中西異趣,顯而易見也。

　　春秋戰國,戰役亦云多矣。論勝負,不決之於力,而決之於德。論用兵,必先養民,民生豐厚,而後德正,民心之向背,攸關勝敗至大也。子長《史記》,明言不得已而戰,聖王如黃帝、商湯、武王,征伐暴君,方可言戰。[137]《史記》述戰,不重嗜殺,而重意志、勇氣,智謀、正義之屬。破釜沉舟,以示決心;鉅鹿之戰,以見項羽萬人敵之魅力,及其士卒之奮勇。[138]惟項羽雖有扛鼎之勇,非遷之英雄,因其有勇而無謀,卒有垓下之敗,自刎於東江也。韓信之將才,當世無雙,助漢滅楚,功高不賞,受戮於長樂鐘室,[139]亦非遷之英雄也。信原無叛意,劉邦有負於信,而論者有信自取之說,殊非公論,惟英雄末路,為女子所詐,無乃狗雄也歟?漢武征討匈奴,武功彪炳,而遷曰:「兵者,聖人所以討強暴,平亂世,夷險阻,救危殆」,[140]殊不以漢武用兵為然也。李廣號稱飛將軍,追擊匈奴,大小七十餘戰,驍勇善射,戰功累累,隨衛青出征,迷路失道,因不受刀筆吏之辱,憤而自盡。[141]馬遷筆下,豈有英雄哉?自秦漢以來,及乎宋之岳飛,名將幾皆以悲劇收場,而泰西名將則留名青史,前有拿

　　　1924),卷2,頁2b-3b。
137　參閱司馬遷,《史記》,第10冊,頁3122-23;Watson, *Ssu-ma Ch'ien, Grand Historian of China*, p. 145.
138　司馬遷,《史記》,第1冊,頁307;參閱Watson, *Records of the Grand Historian*, p. 77.
139　司馬遷,《史記》,第8冊,頁2625。
140　司馬遷,《史記》,第4冊,頁1240。
141　司馬遷,《史記》,第9冊,頁2876。

破崙,後有隆美爾,戰功彪炳,永垂史冊,不以成敗論英雄也。何以故?蓋泰西尚武崇霸,而中華尊王黜霸,講求人道,以和為貴,深知兵凶戰危,得不償失,故孟子有「世無義戰」之說。即使用兵,亦宜有誠,以誠能敵百年之詐也。[142]商鞅尚戰功,為後世所唾棄,而馬基維利,泰西之商鞅也,所謂「馬基維利主義」,[143]乃君王為達目的,可以不擇手段也。西方於今,仍奉馬說如金科玉律也。

　　司馬遷褒善行,以彰顯人道之可貴;貶惡行,則為人道之警戒。遷書呂后,亟言其殘忍:誘誅韓信,酷殺戚夫人,毒死趙王,即其親子惠帝,亦不諱言其母之「非人所為」![144]。遷書酷吏,將惡官暴吏,譬如豺狼之入羊群,若曰:「蜀守馮當暴挫,廣漢李貞擅磔人,東漢彌僕鋸項,天水駱璧推咸,河東褚廣妄殺,京兆無忌,馮翊殷周蝮鷙,水衡閻奉撲擊賣請,何足數哉!何足數哉」![145]誠如章學誠所言:馬遷揭酷吏之惡行,絕非挾怨詆謗,[146]而有深意在焉。遷睹漢武盛世,酷吏橫行,儒雖尊矣,而法家之陰刻,猶未解除之也。史公直書不諱,意在警策世人。[147]《史記》而後,歷代正史,莫不書酷吏,引以為鑒。王鳴盛曰:「酷吏多而吏治壞」,[148]酷吏能不戒乎?《史記》亦重貨

142　參閱呂祖謙,《增批輯注足本東萊博議》,卷1,頁8a-b。
143　Machiavellianism,謂國家行為,無所不可,而於國際關係,為國家利益,尤可不擇手段之學說。
144　司馬遷,《史記》,第2冊,頁397。.
145　司馬遷,《史記》,第10冊,頁3154。
146　章學誠,《文史通議》,頁146。
147　參閱吳見思,《史記論文》(上海:古籍出版社,2008),頁73。.
148　王鳴盛,《十七史商榷》(台北:廣文書局,1971),第1冊,頁83。

殖,以民生為重,漢興國裕,然而豪族生活奢侈,兼併土地,富可敵國,而貧者無立錐之地,貧富懸殊甚矣!又連年征伐匈奴,人員傷亡,財政困疲,民不聊生。[149]西漢輕商,不惜抑之,而馬遷逕謂:商賈不可辱也。[150]太史公不懼時流,直書如斯,可見其關懷人本之深也。《史記》〈禮〉、〈樂〉、〈律〉、〈曆〉四書,用意亦深,因劉漢初興,古禮因秦而廢,漢初安於秦禮,馬遷見之,故欲盡古今禮俗之變。洎乎武帝,猶未能正樂,仍有諛誕之聲,馬遷〈樂書〉,傷雅聲之式微也。〈河渠〉、〈平準〉兩書述一代之制,以名物度數次列其事。〈天官書〉乃太史公家世所掌,有其精義在焉。馬遷以六藝無及〈封禪〉,好神無德,乃亡國之徵,微旨有焉。八書能通古今,記事之豐贍,為泰西上古所罕見者也。

　　班家彪固父子,撰成《漢書》,書成於永平十六年(公元73年),[151]妹昭校敘,馬融等十人授讀,猶未克全功也。自漢末至陳朝,受業者凡二十五家。[152]《漢書》首創以斷代為史,紀傳依舊,頗引馬遷原文,議遷得失,未必盡當。班彪謂史公,「其論術學,則崇黃老而薄五經;序貨殖,則輕仁義而羞貧窮;道游俠,則賤守節而貴俗功,此其大敝傷道,所以遇極刑之咎也」。[153]彪謂遷崇黃薄儒,唐太常博士柳冕亦以為是:「遷之

149　司馬遷,《史記》,第4冊,頁1442-43;另參閱頁1420-41。
150　司馬遷,《史記》,第4冊,頁1418。
151　明儒焦竑見古真本,署此日期,謂古本所書,多與今本有異,見焦竑,《焦氏筆乘》,卷2,頁49。
152　劉知幾,《史通》,張之象刻本,卷11,頁6a。
153　班彪,〈正前史得失論〉,載卜大有,《明刻珍本史學要義》,頁95-

過,在不本于儒教」。[154]豈其然哉?馬遷考信六藝,折中於夫子,遷之尊孔,豈待言哉?何言崇黃老而薄六經耶?遷以老子與申韓同傳,而以孔聖為世家,尊崇極矣!明人焦竑不亦云乎?史遷「列孔子於世家,老子於列傳,何嘗先黃老。後人譏遷者,悉謎語也」。[155]近人張舜徽更曰:「道家言主術,在能任人而不任智,故君無為而臣有為,以視儒者所言人主,為天下儀表,事必躬親,為之先創者,固不可同日語也。然就君道而言,則儒者為拙,而道家為巧矣」!司馬氏實歸重道德,班氏父子,謂馬遷先黃老而後六經,「為其所蔽,豈知言哉」![156]所言甚是。按先黃老之說,事出有因,蓋武帝「表彰儒術,罷黜百家,宜乎大治,而窮奢極侈,海內凋敝,反不如文景尚黃老時,人主恭儉,天下饒給,此其所以先黃老而後六經也」,[157]規勸微意有焉。況子述父志,班固未必自況。班氏父子尊經崇漢,立王朝正統之說,以經義斷史,於史學反而有所失也。所謂極刑之咎,更荒誕不經。至於序貨殖,道游俠,謂遷之失,實其得也。按中西舊史,多以治術為重,察政以見盛衰,凡涉民間底事,往往不載,而馬遷《史記》,有〈食貨〉、〈游俠〉諸傳,游俠所涉,非今之社會

96。別見范曄,《後漢書》,卷40上,頁1325。班固亦謂:「是非頗謬於聖人,論大道則先黃老而後六經」,語見班固,《漢書》,第9冊,頁2737-2738。

154 柳冕,〈答孟判官論宇文生評史官書〉,載卜大有,《明刻珍本史學要義》,頁101。

155 焦竑,《焦氏筆乘》,卷2,頁48。

156 張舜徽,《周秦道論發微》(北京:中華書局,1982),頁303。

157 語見〈諸儒論史記〉,載卜大有,《明刻珍本史學要義》,頁104。

史乎？貨殖所及，非今之經濟史乎？馬遷序貨殖，道游俠，貴俗功，特具遠見特識，泰西古史所罕見者也。襃之不足，何待貶乎？

《漢書》為一朝之史，東漢而後，後朝修前朝史，皆尊班規。唯隋人王通撰《元經》，起自獲麟，迄於後魏，惜僅存晉惠帝至陳亡而已。有謂通之原著遺失，乃宋人阮逸偽作，是否逸書，議論未定，然非斷代為史，固無疑也。唐李延壽南北史，不容分裂之局，各自為篇，勢必合為一書，雖分書南北，乃一代之作也。延壽為高門作家傳，與《史記》世家，貌異心同，亦得「《史記》合傳之意」。[158]按門閥乃當時所重，延壽之書，於朝代興亡，學術流變，寒門競逐，無不畢載也。

南宋鄭樵，指班變馬之規模，有失會通之旨。樵〈與方禮部書〉有云：「諸史家各成一代之史，而無通體；樵欲自今天子中興，上達秦漢之前，著為一書，曰通史，尋紀法制」。[159]所謂通史，即其所作之《通志》，意在承書志傳統，總覽古今，推重史公，師法龍門，惟自稱：「雖曰繼馬遷之作，凡例殊途，經緯異制，自有成法，不蹈前修。」[160]鄭樵自視極高，謂「樵下筆如大匠掄才，胸中暗有繩墨。」[161]其傲視縱論，有不可一世之氣概，然有宋一代，記誦之富，考證之勤，能與樵並肩者，並不多見。唯貶班氏斷代為史，謂班之浮華不學，詆毀甚矣！有鑑於朝代興

158　錢大昕語，見錢大昕，《潛研堂文集》，卷12，冊2，頁172。
159　見《夾漈遺稿》，卷2，收入吳懷祺，《鄭樵研究》，頁165。
160　語見鄭樵，《夾漈遺稿》，文淵閣四庫全書，1141-521。
161　語見鄭樵，《夾漈遺稿》，文淵閣四庫全書，1141-525。

亡如故,若各朝皆自今溯古,重而複之,徒見繁瑣,此所以斷代為史,歷代相因,未能廢也。

南宋袁樞糾斷代之弊,首創紀事本末新體,時人楊萬里已賞識曰:其書「悉而約」,讀之「使人鼓舞」。[162]後人實齋賞識之曰:「文省于紀傳,事豁于編年」,可稱「體圓用神」矣,[163]惜樞不盡符所稱,後人未見增華,遂令本末一體,淪為紀傳編年之旁枝,敘事未能詳盡,議論未能縱橫也。乾嘉章學誠有意趨新,欲「仍紀傳之體,參本末之法,增圖譜之例,刪書志之名,發凡起例,別具圓通之篇,推論甚精」,[164]且有意以此新裁,別撰宋史。章氏《宋史》若成,有望增華袁樞創體,或於西體亦有過之而無不及處,惜未見其成也。

槐聚先生曰:「晉侍中楊泉有言:班固《漢書》,因父得成,殊異馬遷也。吾觀班固《漢書》,論國體,則飾主闕而抑忠臣;敘世教,則貴取容而賤直節;述時務,則謹詞章而略事實,非良史也」![165]竊謂固雖良史,誠遜於遷也。惟德國漢學家閔道安[166]斷言:《史記》遜於《漢書》,而《漢書》以〈五行志〉為首要云。[167]按班固十志,弘揚聖教盛典,獨〈五行志〉,述災祥

---

162 閱《誠齋集》,四部叢刊初編縮本255,第4冊,頁660。
163 章學誠著,倉修良編注,《文史通義新編新注》,頁38。
164 章學誠著,倉修良編注,《文史通義新編新注》,頁671。
165 見錢鍾書,《容安舘箚記》,第773(一)則。
166 Achim Mittag,德國年輕漢學家,復旦故教授朱維錚之婿。
167 原文:"this treatise occupies a central place in the *Hanshu*" 另閔道安曰:"Cultural Differences as an Inspirational Source of Historical Knowledge-Random Notes on Three Approaches to Chinese Comparative Historiography," in Chun-chieh Huang/Jürn Rüsen eds., *Chinese Historical Thinking: An*

徵兆，不免迷信異象也。劉漢去古未遠，積習未能盡除。董仲舒治《公羊》，始推陰陽；劉向治《穀梁》，數其禍福；劉歆治《左氏》，言又不同，人自為說也。班固折中諸說，撰成〈五行志〉。歷代史志多因之。惟董生天人感應，與夫西漢盛行之讖緯，皆虛妄不經之言，實無當於經義也。劉子玄不云乎：「班氏著志，牴牾者多在於五行，蕪累尤甚」。[168]更具體而言，「一曰引書失宜，二曰敘事乖理，三曰釋災多濫，四曰古學不精」。[169]於今視之，更安得謂班書首要之篇耶？董生以先秦舊說，以為不從天意，禍害降之，[170]故曰適應天意，事莫大焉。魯桓公輕忽內政，卒遭外敵入侵，董生以為治國無道，故天降禍於魯，以人事應天意也。董生演天人感應之說，以學為政所用也。[171]一則以天命尊崇漢帝，震懾天下；再則以天象約束皇權，天子之權力，至高無尚，以德治天下，庶能長治久安。董生僅得其一，天子尊貴極矣，而以天象災異，示警人主，其效甚微。天象反可為逐鹿者所用，王莽篡漢，光武中興，河圖洛書迭出，讖緯盛行於一時，偽造神秘，莫不以天命神授自許，爭奪天下之權柄而已。

　　班固撰〈五行志〉，增飾董劉所言，藉天命以崇漢，以五行循環，證漢朝之正也。班固別列董傳，視為王佐之才，謂「學士

　　　Intellectual Discussion（Göttingen; V&R unipress, 2015），p. 99.
168　劉知幾，《史通》，明張之象刻本，卷19，頁1a。參閱頁1b-19a.
169　劉知幾，《史通》，明張之象刻本，卷19，頁18a。
170　參閱墨翟〈天志〉上。見孫詒讓，《墨子閒詁》，收入《新編諸子集成》（台北：世界書局，1972），第6冊，卷7，頁118-112。惟墨子以「天欲義而惡不義」也。
171　參閱蕭公權，《中國政治思想史》（台北：中華文物出版社，1957），第3冊，頁294。

皆師尊之」。[172]固承董說，謂漢皇與堯帝同屬火德，故「漢帝本系出自唐帝」，[173]自造偽譜，攀龍附鳳，其跡顯然。唐代劉子玄曰：「固以五行，編而為志，不亦惑乎」？[174]豈不然歟？竊謂班之〈五行志〉，神秘其表，政術其裏，其意在人君，而非神明也。班固襲董生舊說以尊漢，不負使命，而未能以天象警人主，即至西漢衰亡之世，猶未能以天命勸誡也。漢末四帝，庸劣荒淫，班書猶自歌功頌德。[175]竊謂《漢書》之重，不在五行，而在餘志。〈禮樂志〉，詳制禮作樂：〈刑法志〉，詳法制由來：〈食貨志〉，詳工商貨幣財政。食足貨通，國實民富，教化成也。〈藝文志〉，保存文獻，不錄讖緯，令經史得以長存也。東漢儒生，已多鄙陰陽五行，經古文有復興之勢，重人而不重天，多持理性史觀，關注人事之臧否，國事之興替，以史為鏡，古為今鑒，神明無與也。雖然，理性復蘇，神秘式微，陰陽五行未嘗絕跡，見之於《宋書》、《魏書》，要因政權之需也。惟自兩晉而後，已非史家之所重矣。

　　《漢書》紀傳，未盡得馬遷妙旨。《史記》獨能將「微情妙旨」，寄託於文字之外，亦即袁枚所謂：「史遷序事，意在言外」也。[176]馬遷立言，生命貫穿其間。讀者非越浮言，超文字，不得其情，不悟其神，莫解其旨，安得窺其人之風格哉？班固易

172　班固，《漢書》，卷56，頁2495。
173　班固，《漢書》，卷1，頁81-82。.
174　劉知幾，《史通》，明張之象刻本，卷3，頁8a。
175　班固，《漢書》，卷9，頁298；卷10，頁330；卷11，頁344；卷12，頁360。
176　袁枚，《隨園隨筆》，上冊，頁19-20。

《史記》八書為十志，因「孟堅既以漢為書，不可更標書」也。班固易太史公之「曰」為「贊」，贊訓為助，敘事未足，藉贊以輔其義也。[177]後之作者，用贊、用論、用評，其意一也。是知古人非只書事，亦求義也。

　　史漢以降，史著無不以人文為重，涵蓋之廣，殊非希羅史家可儔。希臘為西史之源，惟城邦散落，無一統之中央，既無石室之藏，亦無專職史官。史幾皆私出，文獻少徵，多憑見聞，雖知考竅，少有條目。羅馬史家多以當代為史，承戰紀之遺風，名家如沙流士[178]、李維、塔西圖，[179]所書幾皆羅馬開國百餘年事，多當代史實，且殘缺不全。沙氏之《史記》，約成於漢元帝永光四年（前45年），書稿大都散佚，其規模略見之於殘存。體裁以編年為多，時有失誤，史源不明，多馳想像，故不免繪聲繪影，薦紳先生難言之也。[180]敘事則以政情與征戰為要，地區之綜述，時而可見。人事以武將為尊，謂之「res militaris」。偶見文采，而未必精審。史家李維，古羅馬之翹楚，約生於漢宣帝元康二年（前64年），未居官位，洵為私家撰述。所著《羅馬史》百餘卷，述七百餘年事，僅存三十五卷，劫後殘編，難窺全豹。內容

177　子玄語，見劉知幾，《史通》，明張之象刻本，卷4，頁5b。

178　Sallust（86B.C.-c.34B.C.），羅馬史學家，修昔底德門人，《羅馬史》（*the Histories*）作者。

179　Tacitus（A.D. c.55-c.117），羅馬史學家，所著《羅馬史》展現道德批判。

180　參閱M.L.W.Laistner, *The Greater Roman Historians*（Berkeley & London: University of California Press, 1947, 1966）, pp. 49-51. 沙流氏「述史任憑心證」（present his materials with impressionist free），語見Michael Grant, *The Ancient Historians*（1970）, p. 211.

以戰事為要,滅迦太基一役,尤所關注。[181]史家塔西圖,生當東漢之世,所撰《羅馬史》(*The Histories*),涵蓋古今,述人多於敘事,兼出議論,頗述典章制度,山川形勝。記征伐北疆,日爾曼之役,最為詳明。帝王議員之間,陰謀詭計,不厭其詳,亦史為政所用也。[182]惟史源多不明,驚奇不實處,時而有之。然而史筆明晰,善於辭令,承拉丁史書之餘韻也。塔氏史書遂為後學所宗,英國名家吉本,行文俊麗,仿效塔氏之跡可尋。質言之,古羅馬諸史,無論篇章之完整,史源之明確,述事之廣泛,編年之有序,皆難望史漢之項背也。羅馬史家之名人傳記,並無《漢書‧王莽傳》之「鉤抉幽隱,雕繪眾形」,[183]敘事之詳實明暢也。泰西近代,始有大傳,述一人之生平,巨細靡遺,蔚為大觀!「傳記」(biography)遂成史外大國。吾華以傳為史,列傳浩繁,非僅記精英,旁及庶民,不廢女流,為泰西上古所未見。惟所記益趨偏狹,宋人更易列女為烈女,偏重「餓死事小,失節事大」之烈女,置婦道於死地,而高潔才女,蓋而不彰!豈堪聞問?吾華舊史傳記,廓清蕪蔓為之不暇,不免為常例所拘也。章實齋曾有大傳之期望,冀能「詳載生平」,[184]惜未成風尚。民國而後,西風東漸,大傳隨語體而興,取法域外,非自創

181　參閱Livy, *The Early History of Rome*, translated by Aubrey de Sélincourt(Baltimore: Penguin Books, 1969).

182　參閱Tacitus, *The Histories*, A New Translation by Kenneth Wellesley(New York: Penguin Books, 1984).

183　語見桐城方苞,《方望溪全集》(台北:河洛圖書出版社,1976),頁31。

184　章學誠著,倉修良編注,《文史通義新編新注》,頁949。

之體也。

漢帝國既傾,社會動盪,佛道興起,思想蛻變,史學之新世紀,應運而生。史書種類叢出,體例繁多,雖經變亂有所逸散,今猶存八百餘種也。惟祖述馬班紀傳,未嘗輟也。南朝宋人范曄蔚宗曰:「司馬遷班固父子,其言史官載籍之作,大義粲然著矣。議者咸稱二子,有良史之才,史遷之文,雖直而失竅;班固之文,雖瞻而失詳。若固之敘事,不激詭不抑抗,瞻而不穢,詳而有體,讀之者亹亹而不厭,信其能成名也」。范曄讚賞馬班,惟不以班譏遷謬於聖人為然也。曄亦謂班,不免「排死節、否正直」,更指班「自陷大戮」,反而譏遷:「不能以智免極刑」,[185]不悟曄將亦不免極刑也。西晉張輔,謂班不如遷有四:遷簡班繁,一不如也;遷不取中流小事,而班取之,二不如也;班毀貶忠臣晁錯,三不如也;遷既造創,而班循例,難易不同,四不同如也![186]及乎趙宋,程頤亦嘗月旦馬班:「子長著作,微情妙旨,寄之文字蹊徑之外;孟堅之文,情旨盡露於文字蹊徑之中。讀子長文,必越浮言者,始得其意,超文字者,乃解其宗。班氏文章亦稱博雅,但一覽之餘,情辭俱盡,此班、馬之分也」。是以文采論之,甲遷乙班也。明人焦竑,以為評史漢者,以程頤最竅,而於張輔以繁簡論優劣,不謂然也。[187]竑又謂史公,姑不論後人傳抄淆亂之故,雖有疏漏,權衡頗審也。[188]李卓

---

185 范曄,《後漢書》(北京:中華書局,1963,1973),卷40下,頁1386。
186 參閱房玄齡等撰,《晉書・張輔傳》(北京:中華書局,1974),第6冊,頁1640。
187 焦竑,《焦氏筆乘》,卷2,頁50。
188 焦竑,《焦氏筆乘》,卷2,頁48-49.

吾更有獨特之見,謂班氏父子譏司馬遷,適彰遷之不朽,遷不以聖人之心為心,而能獨抒己見,發奮有作,非班氏能所及也。[189]以識見而論,亦甲遷而乙班也。

錢牧齋自稱:「少讀班馬二史,欣然自喜」,年長再讀,始通曉二史之史法,於是讀之再三,「輒有所得」。感歎馬班典範,終難企及。[190]嘗謂司馬氏「以命世之才,曠代之識,高視千載,創立《史記》」;而「班氏父子因之,用炎漢一代之彝典,整齊其文,而後史家之體要,炳如日星」。然則,史家踵事馬班已足矣![191]牧齋又曰:「編年之有左氏也,紀傳之有班馬也,其文則史,其義則經」。[192]牧齋並舉《史》、《漢》,為百世之良法,史學不移之經典也。牧齋論宋人評馬班,不免「尋扯字句」,斥為「兒童學究之見」,必需「知其大段落、大關鍵,來龍何處,結局何處,手中有手,眼中有眼,一字一句,龍脈犁然」,斯其宜矣!是謂史筆敘事,文采不可少也。實齋曰:「苟使才人飾以鱸藻,文士加以琢雕,施之有政,達於其事,必有窒礙」,[193]然則史筆之俊美,不在雕飾,而近乎夫子所謂:「辭達而後已」也。

馬班異同,論者已多。牧齋實亦甲馬乙班者,尊馬為「秦

---

189 參閱李贄,《藏書》(北京:中華書局,1959),卷40,〈司馬遷傳論〉。
190 錢謙益,《錢牧齋全集》,第6冊,《有學集》,卷38,頁1306。
191 錢謙益,《錢牧齋全集》,第5冊,《有學集》,卷14,頁680。
192 錢謙益,《錢牧齋全集》,第5冊,《有學集》,卷14,頁688。
193 章學誠,《〈文史通義〉廬江何氏鈔本》,下冊,頁475。

漢以來一人而已」，[194]又曰：史公「上下五千年，縱橫獨絕」，而班固僅「整齊史記之文，限于一代」。[195]或謂班氏父子記事詳備，於史體為宜。慎核其事，雖然得宜，然史以文傳，馬遷文章雄奇，敘事生動，少有儔者。槐聚先生有言：史公「繪聲傳神」之筆，「如見象骨而想生象」；實則「設身處地，代作喉舌而已」。[196]竊思史公敘事，精神見諸論贊，傳神之筆，如周昌口吃，高帝罵陸賈，音容宛在，筆語畢肖，絕非虛言，有其事而後可以神傳也。

遷書敘劉項之爭，楚漢興亡，「提綱挈領，較如指掌」，「使後世了然，見其全域」，而班書則囿於史事之先後，史事來龍去脈，因所繫之年月，隱而不彰矣。論者每讚賞班書，記事詳實，而牧齋則以班書，敘事略遜。馬書敘項羽，率軍至於戲西，劉邦屯兵霸上，兩軍對壘之勢既成，項兵四十萬，劉兵十萬，強弱之態勢瞭然，而班書略而不書。遷述項伯因張良而告密，劉邦驚慌失措，諉過他人，示好項伯，極其傳神，而班書不書。遷敘鴻門宴之座次：項王、項伯東向坐，亞父南向坐，沛公北向坐，張良西向侍，以示貴賤，並曰：「亞父者，范增也」。牧齋謂史公所敘，「于此宴一坐中，點出眼目，所謂國有人焉者也」，乃敘事之關鍵，亦不見之於班書。鴻門宴上，樊噲之勇猛，牧齋謂之「真為噲開生面」之筆，而班固《樊噲傳》亦不書之。牧齋

194　錢謙益，《錢牧齋全集》，第5冊，《有學集》，卷14，頁681。
195　錢謙益，《錢牧齋全集》，第6冊，《有學集》，卷38，頁1310。
196　錢鍾書，《管錐編》，第1冊，頁276。

之所好,略可知之矣。[197]牧齋尊馬抑班,固無可疑矣。然而班不如馬,非謂班書無可取,故牧齋曰:千古之史法,仍「由二史而求之」。[198]或謂班略馬之神來之筆,乃因謹嚴之故。史公貴能傳神,而班書尚能傳真也。

馬班而後,漢安帝永初間,劉珍等奉詔,於東觀修《漢記》,起光武迄靈帝百餘年事,粗具國史之形。珍卒之後,伏無忌、蔡邕、楊彪、崔寔等撰補,都百餘卷。此書於魏晉時,與馬班并稱三史。及范曄《後漢書》集諸家成書,史筆高出,《漢記》與後漢諸史遂漸式微矣。至唐天寶間,《漢記》已散佚不全,至乎趙宋,僅存四十三卷。後漢史以范曄為尊,不謂無故,其書百三十卷,志三十卷,出於司馬彪之手,劉昭取彪所注,以補范書之闕。[199]范曄字蔚宗,南朝順陽人,崇尚經學,扶名教,重文采,自負筆勢縱橫,乃天下之奇作,不乏有賞音者。清代李慈銘號蓴客,謂蔚宗文章之高古,超勝馬班:「其風厲雅俗,哀感頑豔,固不及也」。[200]范書於〈儒林〉之外,別列〈文苑〉;〈循吏〉之外,別列〈獨行〉;〈酷吏〉之外,別列〈逸民〉,又創〈方術〉、〈黨錮〉、〈宦者〉諸傳,人物眾多,尤能著墨於文化,於衰微之世,見及特立獨行之士,載其行跡於史冊,飾以文采,傳之後世。蔚宗信神滅無鬼,鄙陰陽五行,足令後人景式也。[201]

197　錢謙益,《錢牧齋全集》,第3冊,《初學集》,卷83,頁1751-1753。
198　錢謙益,《錢牧齋全集》,第6冊,《有學集》,卷38,頁1310。
199　參閱錢大昕,《潛研堂文集》,卷28,第4冊,頁424。
200　李慈銘,《越縵堂讀書記》,上冊,頁187。
201　范曄,《後漢書》,卷81,頁2665。近人研究范曄之作,可參閱龐天佑

東晉李充定四部,以史為乙部,與經子集分立,自成一科,置佐著作郎,齊梁稱為修史學士,北趙稱祭酒,名稱雖異,皆以著史為職志。魏晉南北朝四百年間,北方動亂,南方崛起,經濟之繁榮,南勝於北,學術亦盛於南。北方胡人立國,傾心漢化,亦勤於史,如北魏之崔鴻,撰《十六國春秋》,有百卷之多。各國之書謂之「錄」,各國之帝紀謂之「傳」,自相君長。各國繫其年號,國主事跡,不異本紀體例,序例表贊,體例頗為完備也。魏世黃門侍郎崔鴻,不取貴華賤夷之見,有其特識。記事不免有舛,劉知幾以為瑕不掩瑜:「考核眾家,辨其異同,除煩補闕,錯綜綱紀,易其國書曰錄」。[202]唐修《晉書》,多所採納。後撰諸史,亦多取材崔鴻。惟崔書於北宋已殘缺不全矣!崔書之外,記晉代與十六國事者,有正史、古史、雜史、霸史、雜傳、起居注,門類繁多。洎乎此時,個人意識驟起,私作尤多,士族門第,更重家譜族史。東晉賈弼首創譜學,譜牒之學遂盛。編譜欲別貴賤,留名於後世,以圖不朽也。譜牒亡佚雖多,幸存亦復不少,可略窺當時之風尚。觀乎兩百餘年間,各類史籍,不下千餘種,萬餘卷也。[203]

南北朝分立,約兩百七十年,其間南北交流未輟。南方富

〈魏晉南北朝卷〉,吳懷祺編,《中國史學思想通史》,第3冊,頁232-259。

202 劉知幾,《史通》,張之象刻本,卷12,頁14a.

203 周一良舉六特點,極可參照,見氏撰〈魏晉南北朝史學發展的特點〉,收入周一良,《魏晉南北朝史論集》(北京:北京大學出版社,1997),頁384-402。另參閱唐長孺,《魏晉南北朝隋唐史三論》(武漢:武漢大學出版社,1993),頁225-226。

裕,文風較盛,佛玄風傳,喜談義理,清明簡要,含英咀華。北方承漢魏遺風,因戰亂而趨保守,重章句訓詁,窮其枝葉,風尚淵博。史學亦復如是,史家周一良,借《世說新語》支道林語,[204]謂北人如「顯處視月」,博學難周,難周則識暗,如魏收之博而難周,論事拘泥一人一事,少具宏觀,有欠思辨,故乏高見卓識,故有「顯處視月」之喻。南人則如「牖中窺日」,謂學寡易核,易核則智明,南朝范曄、宋約、蕭子顯,評論說理,究王朝衰亡之由,視野開闊,故有「牖中窺日」之喻。[205]周氏史學大家,明察秋毫,南北史學之異趣,昭然若揭矣。

李唐之後,史出眾手,晉隋兩史是也。鄭樵有言:雖出眾手,「然亦隨其學術所長者而授之,未嘗奪人之所能,而強人之所不能」,「所以晉隋二志,高于古今」。[206]唐李翱歷任國子博士,開史館修撰,以敘事出於眾手,文采不及周漢,而引以為恥也。[207]唐後集體修撰,漸成常態,莫之能易矣。史學一如經學、理學,以儒為宗,重正統,尊德行,不取五行,神秘思維遂寢。反觀西歐,自隋至明千餘年間,史學由神學主導,世稱「基督史學」,視「創世」(Creation)至「終審」(The Last Judgment),為人類之全程。人有原罪,故有審判,由審判而報

---

204 語見劉慶義,《世說新語》,頁110。
205 參閱周一良,〈魏晉南北朝史學發展的特點〉,頁418,419-422。另參閱周一良,〈略論南朝北朝史學之異同〉,《周一良學術論著自選集》(北京:首都師範大學出版社,1995),頁304-313.
206 鄭樵語,見卜大有,《明刻珍本史學要義》,頁171。
207 李翱,〈答皇甫湜論唐書〉,載卜大有,《明刻珍本史學要義》,頁260。

應,由報應而復原,周而復始,莫能回避之也。教義由神父解之,史事由教義釋之,此基督史學之大概也。泰西中古,深信上帝主導世界,世人唯有信仰,體會神意耳。然則,史何異於贖罪故事耶?[208]歐陸北疆之蠻族,於東晉義熙六年(410),攻佔羅馬都城,震動一時。或有人曰:斯乃因信基督,而遭遇之懲罰也。教士奧古斯丁,撰《上帝之城》[209]以駁之,亟言羅馬之陷落,基督無與也!謂基督教義勝於他教,為羅馬成功之所繫也。基督既成國教,信仰重於政治,更以神秘之天國為重。奧氏曰:歷史乃「神都」(The City of God)與「人城」(The City of Man)之鬥,而神必勝人,故地上王國,宜棄世俗之享樂,而服膺上帝永恆之真理也。人城耽於逸樂,過眼雲煙之逸樂,終將消亡泯滅也。奧古斯丁視人間歷史為神魔之戰,知有空間而無時間也。上帝以其神力,藉教會以戰魔鬼,神魔之戰,即其史觀也。然則,人間歷史,無非善與惡、光明與黑暗之競勝,而人間文明,以上帝為歸宿,喜樂與需求,惟神之賴。故其說史,有謂北疆日爾曼人之入侵,乃上帝之罰,因羅馬帝國,日趨腐敗,招神之怒也。基督史家所優為者,亟欲示上帝之圖謀,故以預言為可取。預言者,以天縱聰慧之人,心悉神明之謀,而為之代言云。故而作史者,忽視時地,更無須核實。泰西所謂「聖史」

---

[208] 原文:"The true story was the story of human redemption through Christ in time." 語見Ernst Breisach, *Historiography, Ancient, Medieval & Modern*, Second Edition(Chicago & London: The University of Chicago Press, 1994), p. 126.

[209] Augustine of Hippo(354-430),天主教教士,基督教理論家,以其《懺悔錄》與《上帝之城》,聞名於世。

（Sacred history），神秘無稽，意在伸展神權，與世俗之政權相抗衡。如此聖史，固未嘗見於中華也。泰西之中古，長達千年，有「黑暗時代」（The Dark Age）之稱。泰西自李唐至朱明，千餘年間，史學受制於神學，淪為教義之附庸，乏善可陳也。

當五代之末，歐陸始有傳記作品。略可一提者，艾英哈德之《查理曼大帝生平》，[210] 敘查帝生死及其家族，略見其人品及其時代，為俗人立傳之首創，頗得時人稱道。惟作者為僧侶，未脫宗教遺風，況其臣事傳主，長達二十餘年，知遇之恩，在所難免。及至蒙元，歐洲僧侶載記，始漸式微。羅馬帝國既亡，無復一統，列國之勢已成，地方史乘遂興。漫漫中古長夜，漸趨黎明，已是朱明開國之時。西歐有識之士，重溫希羅古典，個人自覺漸生，破除迷信，貶抑神道，遂能穎脫而出。「文藝復興」（The Renaissance）之「人文主義」（Humanism），於焉出世。當此時也，中華史學早已如春花爛漫開矣。

歐陸中古黑暗之世，兩宋史學已經蓬勃。趙宋發明活字印刷，寰宇先行，書籍為之廣為流通，文化進入新境。正當此時，理學勃興，理學基於人文思維，開儒學之新境。漢儒敬天尊聖，聖人天縱，非常人可及。宋儒以聖與天合德，而聖不在天之下，人皆可以為聖也。漢儒以元氣釋太極，魏晉以無釋太極。宋儒亟言人極，以理學通天人，人盡性而立天理，人心即天心，人道通天道，不異朱子所謂仁義禮智信即天理也。於是人文信念，益為之堅實矣。理學影響史學之餘，陰陽五行諸說，消逝殆盡矣。歐陽修以理說史，論盛衰皆由人事，啟疑古之風，史稱「廬陵史

210　Einhard（770-840），*Vita Karoli Magni*（*Life of Charles the Great*）.

學」。餘子如范祖禹、曾鞏、蘇轍諸家，亦以理學論史也。

兩宋史學，司馬溫公，最稱史壇祭酒，主修《資治通鑑》，得劉攽、劉恕、范祖禹之助，據官府典藏之富，成此名山偉業，上接《春秋》之微意，承《左傳》編年之法，辨定年月，嚴時間本位，勝荀、袁簡要之文，參照習鑿齒《漢晉春秋》體例，網羅眾說，成此長篇巨著，上起三家分晉，下迄五代，取材宏博，得內閣藏書之便，家藏之富，正史之外，旁採至勤，取去嚴謹，或取眾書之長，或兩存兩棄，難決者存疑，疑者不廢其要，不必然而又不必不然者存之，以備參照。惟《通鑑》資治，以政事為要，故不錄高士文豪，此屈原、嚴光，雖名垂千古，而不見於光書也。溫公考異鑒識，務實求是，至為嚴密，不取五行相生正閏之說，劉恕嘗與溫公論正統，已疑「魏晉南北五代之際，以勢力相敵，遂分裂天下，其名分位號，異乎周之于吳楚，安得強拔一國，謂之正統，餘皆為潛偽哉」！[211]誠不可也。溫公不信虛誕符瑞，臣光曰：「臣愚不足以識前代之正閏，竊以為苟不能使九州合為一統，皆有天子之名，而無其實者也」。故不能尊獎一國，謂之正統，餘皆僭越也！以光之見，正閏之說，非所敢知，據功業之實而言之，庶幾不誣史實。舊儒輒以帝曹寇蜀為憾，光則以為「昭烈族屬疏遠」，不敢續漢之遺統也。[212]溫公亦不道四皓事，因事無可考，寧缺毋濫也。所述要旨為：「興邦之遠略，善

211　劉羲仲，《通鑑問疑》（文淵閣四庫全書），卷656，頁3。
212　司馬光撰，伍耀光輯錄，《通鑑論》（台北：華聯出版社，1968），頁70。

俗之良規,匡君之格言,立朝之大節」,[213]自成一家之言。司馬光《通鑑》一書,誠然惓乎治道,為世所重,有益於政事也。溫公作史,為當政者之鑒,故特重禮制名分,名者身分也,分者本分也,而禮乃綱紀所繫,少長有禮,政可行矣,兵可用矣。有此藩籬,始無濫僭,綱維可挟,政權不潰,故曾鞏有云:「夫學史者,將以明一代之得失也」,[214]蓋事關興亡治亂。竊謂臣光曰所言,頗有於行文之間,為君王解讀勸誡之意。《通鑑》一書,固為帝王之鑒,亦足以為士夫持身之鏡,而全書事增而文省,典雅可讀,不愧良史,世稱涑水史學。後之讀史者,豈無觀覽之樂?曾國藩以六經之外,《通鑑》乃七書之一,視為不刊之典籍也。近人張須,尤推崇備至,謂溫公之敬畏自謙,勝於馬、班、歐公,閎識孤懷,存可信之史,通而能密,條理秩然,自丘明、馬、班以來,未見之高峰也。溫公雖身居高位,不畏卷帙浩繁,親自點校,集良史與君子於一身,及其薨死,「京師為之罷市」、「巷哭以過車」。[215]而後人受累於經學,而又文士弄筆,未多能繼風承志也。[216]明嘉靖進士黃齊賢別為《通鑑韻語》,納千百年之事於四言詩,便於讀者記誦也。

　　南宋理學,益臻成熟。朱熹集理學之大成,慮史學失褒貶之義,忽略勸誡之旨,益致力於以理闡史。朱子有鑒於讀史者,多

213　語見司馬光,《資治通鑑》,胡三省注(台北:萬象出版社,1978),卷首王磐序。作者於溫公敘事書法義例甚細,見頁138-142。
214　曾鞏,〈梁書目錄序〉,《曾鞏集》(北京:中華書局,1984),上冊,頁178。
215　陳確,《陳確集》(北京:中華書局,1979),上冊,頁162。
216　詳閱張須,《通鑑學》(上海:開明書店,1948),作者自序。

記事實，賞文詞而昧於義理，雖好溫公通鑒，其書「上下若干年之間，安危治亂之機，情偽吉凶之變，大者綱提領挈，細者縷析毫分，心目瞭然」，[217]獨恨溫公記識弗強，不得要領，未盡其詳。年號不用中宗，而繫武后，尤感不妥。晦翁更不以魏為正統為然，其道德意識，昭然若揭，故而撰《資治通鑒綱目》，欲補義理之不足，以定人心也。《綱目》義例嚴謹，辨別名分，正肅綱常，揚春秋大義，一如習鑿齒，以蜀漢繼獻帝，而稱正統也。朱子主道統，意在發明經旨，以為天理具見於綱常，綱常不變，如天之不變也。要之，「讀《綱目》而不明義例，褒貶予奪，臆為之說，彼此出入，無可依據而謬其旨」也，[218]史稱「考亭史學」。無論溫公、晦翁，豈無臣子為人君，預留餘地耶？蕭山王谷塍曰：「宋藝祖以受禪開基，《通鑑》自不得以魏為篡，宋高宗以宗枝再造，《綱目》自不得以蜀為偽」也，[219]豈不然歟？

　　南宋黃震字東發，理學家也。曾任職史館，預修宋寧宗、理宗兩朝《國史》、《實錄》，另著有《黃氏日鈔》、《古今紀要》、《戊辰修史傳》諸書。東發不語祥瑞，以人事為重，若謂秦「穆公以善用人而始興，二世以信諂諛而遂亡，雖以無道劫天下，而國之興亡係乎人，亦斷斷乎不可亦也」。[220]其持道即理說，呼應考亭，應無疑也。李心傳以道統政，政宜傳道，指歸亦同。呂祖謙以心論史，蓄德致用，史稱「浙東史學」。如是言

217　朱熹，《景印宋本晦庵先生文集》（台北：國立故宮博物院，1982），卷8，頁11b。
218　語見計大受，《史林測義》，卷33，頁5a。
219　語見楊以貞，《歷代史學存精》（清末石印本），卷1，頁2a。
220　黃震，《黃氏日抄》，卷46，頁1b。

之，無論廬陵、涑水、紫陽、東萊皆以理學論史，莫不以人文說史也。紫陽有言：「古今者時也，得失者事也，傳之者書也，讀之者人也。以人讀書，而能有以貫古今、定得失者，仁也」。[221] 理學盛於宋，宋儒雖重義理，未廢漢唐訓詁名物，章句注釋之學。考亭史學，即重義理而未忘考據者也，若謂：「專于考索，則有遺本溺心之患，而騖于高遠，則有躐等憑虛之憂，二者皆其弊也」。[222]中華史籍，豈僅記事實耶？自有其精微之義理在焉。兩宋義理考辨並重，人文熠然，名家輩出，學術蔚然可觀。義寧陳氏之所以直言：「中國史學莫盛於宋」也。[223]

蒙族入主中原，遼金南宋，分裂之局告終，中國復歸一統。當此時也，歐陸史學仍與神學糾葛，史家僧侶，實同一人。蒙元混合域內，江漢趙復尊禮紫陽，自稱私淑弟子，程朱之學，鷹揚河北，從者甚眾，理學北傳矣。[224]許衡繼出，為元世祖所賞識，儒學復行於中原矣。傳江漢儒學者，尚有郝經、劉因、吳澄諸輩。蒙元理學，上承南宋，有定理而無定勢，據理審勢，知人心之向背，以窺大勢。若荊軻刺秦王，慷慨赴死，勇則勇矣，奈何逆勢而動，無濟於事也。溫公曾以燕丹「輕慮淺謀，挑怨速禍」，謂軻「欲以尺八匕首，強燕而弱秦，不亦愚乎」？[225]劉

221　朱熹，《晦庵先生文集》，卷8，〈通鑑室記〉，頁12a。
222　語見黃宗羲纂，全祖望續修，《宋元學案》（台北：河洛圖書出版社，1975），中冊12，頁61。
223　語見陳寅恪，〈陳垣明季滇黔佛教考序〉，收入《金明館叢稿二編》，頁272。
224　黃宗羲纂，全祖望續修，《宋元學案》，下冊22，頁126。
225　司馬光，《資治通鑑》，第一冊；〈秦紀二〉，始皇帝25年，頁232。

因以為然,有詩句曰:「燕丹一何淺,結客報咸京」。[226]大勢非必命定,命定則如《伊川擊壤集》所云:「時來花爛漫,勢去葉離披」,乃自然之理,必然之勢,亦即哲人所謂「超人之力」(Impersonal force),莫可奈何者也。世間大勢,欲知所趨,必明人事,庶能通變,知所進退。欲明人事,則宜知古今,治亂興亡之理,其理在於王道興,而德治行也。理學言必稱天理人心,不免高蹈務虛,故而南宋葉適、陳亮功利之說,亦得以入元。元初勝國遺民,悲亡國之痛,究前朝之失,力求經世致用,因重典章,究制度沿革及其得失。史學致用,未嘗不盛於蒙元也。

　　典章制度史之專著,始於大唐。貞元丞相杜佑,精於吏治,公餘之暇,深究典章,窮三十餘年之日力,撰成《通典》,起自上古,迄於天寶之末,每事分類,見其始終,歷代沿革興廢,論議得失,無不條舉,文詳而不覺其煩也。趙宋鄭樵,蹈杜佑之先跡,撰成《通志》,上自羲皇,下逮五季,自稱欲「集天下之書為一書」,而不蹈前修,[227]成書兩百卷,號稱東南遺書。惟自上古至天寶以前,實多沿用《通典》,庶得貫通之意,惜未及兩宋典章也。樵《志》雖稱自得之書,一家之言,未忘仲尼微意,仿馬遷會通之體,重申作表之意,蓋諦視諸表,略得全史之意蘊,經緯所在。易表為譜,易志為略。其中〈禮〉、〈樂〉、〈職官〉、〈選舉〉、〈食貨〉,以及〈氏族〉、〈六書〉、〈七

226　參閱劉因,《靜修先生文集》,四部叢刊初集初編本,卷3,頁24,〈和詠荊軻〉。

227　參閱鄭樵上宰相書,載吳懷祺編,《鄭樵文集》(北京:書目文獻出版社,1992),頁36-39。

音〉、〈都邑〉、〈昆蟲草木〉諸略,為樵新創,與紀、傳、譜、載記,合而成書,可稱包羅萬象。其書猶如泰西之「百科全書」(Encyclopedia),遠邁彼邦社會文化制度史之範疇也。

　　樵《志》最重會通之義,甚不愜捨通史,而取斷代,惡不用遷,而用班固,以至於「周秦不相因,古今成間隔」。激憤之餘,直言「遷之于固,如龍之于豬」,[228]詆固甚矣!班書未必盡善,然亦傳世名作。樵之比擬,殊不倫也。斷代為史,自有其故,未可驟罪班氏。鄭詆班固,而《宋史》於樵學行,亦有貶語,謂樵「好為考證倫類之學,成書雖多,大抵博學寡要」,而又「切切於仕進,識者以是少之」。[229]樵私撰國史,為朝論排詆,然時人陸游,明人柯維騏,已為之辨誣矣!鄭氏鄉里《興化縣志》,亦謂其學不僅博洽,且以立言為己任,而其「節行尤高,不汲汲于勢利」。[230]樵品學兼優,已無可疑矣。尤可貴者,樵視災祥為欺天之妖學,[231]於經史亦不憚批判,見其膽識。樵之理性思維,遙接王充,不愧為南宋之大家也。

　　馬端臨生於宋而卒於元,繼杜鄭之後,撰成《文獻通考》。天寶之前,增益杜《典》所述,天寶至宋寧宗嘉定之末,詳述典章經制之異同及其沿革。於食貨民生日用之盈虧,研摩亦勤,「有證者從之,乖異傳疑者不錄」,[232]頗補前人典章經制之闕,

---

228　鄭樵,〈通志總序〉,收入卜大有,《明刻珍本史學要義》,頁544。
229　語見脫脫等撰,《宋史》(北京:中華書局,1977),冊37,卷436,頁12944。
230　參閱吳懷祺編,《鄭樵文集》,頁79-80、84。
231　參閱吳懷祺,《鄭樵研究》,頁50-72。
232　馬端臨,〈文獻通考序〉,收入卜大有,《明刻珍本史學要義》,頁

能備經邦稽古之需，以為教化之本，其用大矣哉！明人胡應麟謂：司馬《通鑑》，明歷代經綸治理，而馬氏《通考》，則備歷代典章規制，故而「《通鑑》記傳之全體，而《通考》表志之大成，宇宙間不可一日而無史，則不可一日而無二書，雖涑水主格君，鄱陽主格物，用不同而功則一也」。[233]《通考》與《通鑑》並舉，同為史部要籍，良有以也。

異族入主，勝國遺民，必有夷夏之辨，種姓之思。胡三省疏通《資治通鑑》，並作讎校，注釋增補，更借古論今，表達亡國之痛，種姓意識。尹起莘發《通鑑綱目》微意，謂始終興廢，義理自在其中，許為紫陽書法之正例。變例則以特筆書之，如張良在秦，書曰韓人；陶潛在宋，書曰晉處士之類，以及存天理，遏人欲，補世教，崇正統，抑僭偽，貴中國而賤夷狄，示異族統治之偽，頗得紫陽微旨。[234]儒者不以輕夷重夏為足，更欲用夏變夷，以禮樂文明，變化蒙元之治。蒙族既行中國之道，依文化而不依種姓，敬孔崇儒，尊綱紀典章，即郝經所云：能用士而能行中國之道，即中國之主也。[235]然則，蒙元主政，中華帝統延續如故，道統未輟。明太祖曾語徐達諸人曰：「元之祖宗有德格天，撫馭華夏，又嘗語省臣曰，元主中國，且將百年，朕與爾等父

578。

233 胡應麟，《少室山房集》（上海：上海古籍出版社，1993），頁1290-753。

234 參閱尹起莘，〈資治通鑑綱目發明序〉，載卜大有，《明刻珍本史學要義》，頁343-346。

235 元代漢儒郝經輩，承認蒙古統治，可參閱周少川，《元代史學思想研究》（北京：社會科學文獻出版社，2001），頁72-73。

母,皆賴其生養。由是言之,亦豈非天命以繼宋,為生靈主而大統,既集正統攸歸,夫復何議」。[236]明祖嘉言,可謂一錘定音矣!宋元明清,政權交替,史統一脈相承,無可疑也。

明初宋濂,承東萊浙東史學,融理學與經世於一爐,以史為鑒,讀史所以知興衰。治亂繫於道德,不負名教,不虧綱常,有德則興,失德則亡。[237]學術應為世用,所以拯世救民也。朱明士子,多以忠義孝友,為天地立心,以天理之公,推而廣之,視為規範。明憲宗以朱子權度精切,筆削謹嚴,命以宋元二史為據,御製續通鑑綱目,以為「自昔帝王以人文化成天下,未始不資于經史焉」。史氏遂依朱子範例,羽翼六經,正名分以植綱常,鑒前代是非,知後來得失,撰成《續資治通鑑綱目》,總二十有七卷。[238]及乎滿清入主,開館修明史,行中國之道,尊孔崇儒,甚於蒙元。順治入關之初,頒發《御製資政要覽》,分贈臣工,書序明言,自為中國帝王,而非八旗共主,若謂:「朕惟帝王為政,賢哲修身,莫不本于德」。滿滿皆儒家德行語,若謂:「每篇貫以大義,聯以文詞,于忠臣孝子,賢人廉吏,略舉事蹟」。[239]康熙大帝,亦有言曰:「朕纂通鑑輯覽之本意,或不失春秋大一統之義乎」?[240]乾隆更於《歷代御批通鑑輯覽》書中,

---

236　計大受,《史林測義》,卷37,頁1b-2a。
237　參閱向燕南,《中國史學思想史明代卷》,吳懷祺主編(合肥:黃山書社,2002),頁53-54。
238　參閱〈皇明憲宗純皇帝御製資治通鑑綱目序〉,載卜大有,《明刻珍本史學要義》,頁366-368。
239　愛新覺羅福臨撰,《御製資政要覽》(揚州:廣陵書社,2016),見〈順治帝序文〉。
240　語見引自劉承幹,《明史例案》(吳興劉氏嘉葉堂刊本,乙卯季冬

開宗明義曰:「自隆古以至本朝,四千五百五十九年事實,編為一部」,以便「知統系之應守」也。[241]大清諸帝,以中華史統自任,明明白白,至當不易,烏可疑哉?

泰西於文藝復興之後,史學始有進展,而其趨勢成果,未盡同於中土,頗見異趣。文藝復興產於意大利,誠非無故,因商致富,富而好學之故也。東羅馬既亡,東方學者,流寓於意國,以其古典舊學,開館授徒,風尚漸變,厭僧侶之苦行,重現世俗之志趣,教會掌控思想,無能為繼矣。人文影響史學,專以人性治史,棄宗教之激情,拒神道之糾纏,莫再輕信史籍,基督史學寢矣。泰西人文史學,重人間事,宣導君主言行,頌美其民。西歐人文史家,鉅子有二:其一為馬基維利,[242]其二為桂西蒂尼,[243]皆翡冷翠人也。[244]馬氏志在政治,以史為政之助,有「近代政治教父」之稱,名不虛傳,所著《翡冷翠史》(*Florentine Histories*)八篇,敘十五世紀史,事實之精確,或有不足,然因其身處政界,熟悉政情,頗能掌握時勢趨向,於翡冷翠內政,怨懟不和情狀,觀察入微,行文兼有風趣,不愧為當世最佳之政治

1915),卷1,頁12b。
241 清高宗敕撰,《歷代御批通鑑輯覽》(台北:新興書局,1959),御製序,第1冊,頁003。
242 Niccoló Machiavelli(1469-1527),意大利政治家,為翡冷翠共和國(the Florentie republic)要角,以《君王論》(*The Prince*),聞名於世。
243 Francesco Guicciardini(1483-1540),著名意大利史學家,曾出仕翡冷翠政府。
244 翡冷翠共和國(*Repubblica Fiorentina*),位於今義大利西北之卡斯塔尼(Tuscany),為介於中古與近代之間之國,雖享高度自治,但名屬神聖羅馬帝國,誠如法儒伏爾泰所言,既不神聖,又不羅馬,更非帝國。

史也。[245]桂氏《翡冷翠史》,文筆流暢,敘事嚴謹,最重當代史實,而文筆又生色,未嘗因辭害意,幾無節外生枝之虞。書之後半,改以編年敘事,述評兼備。就史論史,桂史勝於馬史也。惟桂氏未棄權術,實與馬略同,所異者,算計略少耳。[246]桂氏晚年,撰《意國史》(*The Storia d'Italtalia*),述及法國入侵,十年軍政外交,詳備可讀,尤其善敘人事,以理性論世俗,知人事之變遷,難以預測,趨向理性,不尚神力,以《聖經》解人事,自此式微矣。桂氏諷刺官府,責其貪婪無道,慮亂政可以誤國,直以「風搗之海」為喻。[247]馬桂兩氏,皆出豪門,有大志於政事,入朝為官,兼掌外交軍事,重責大任在身,業餘著史,重在政治,乃事理之必然,彼輩以史為鑒,意在致用,同於中土。馬桂敘事,不甚齊全,蓋因私家之作,求真考異,難以落實。唐太宗為太子作《帝範》十二篇,以古之哲王為師。然以資治而論,其規模宏圖,去溫公《通鑒》頗遠,亦無溫公稽古之功,然何遜於馬桂之以史為鑒?直至十九世紀,德國史家蘭克,始重檔案資料,主張實證治史,馬桂之作遂不足觀,[248]而此時已入滿清之季世矣。

---

245 Niccoló Machiavelli, *Florentine Histories*, a new translation by Laura F. Banfield and Harvey C. Mansfield, Jr. (New Jersey: Princeton University Press, 1988). 參閱Paul Avis, *Foundations of Modern Historical Thought from Machiavelli to Vico* (Beckenham, Kent: Croom Helm, 1986), pp. 30-51.

246 參閱Mark Phillips, *Francesco Guicciardini: The Historian's Craft* (Toronto & Buffalo: University of Toronto Press, 1977).

247 "A wind-tossed sea," 參閱Phillips, *Francesco Guicciardini*, pp. 107-183, 129, 141.

248 Barnes, *A History of Historical Writing*, Second Revised Edition, p. 109.

歐陸於近世，科技精進，揚帆遠航，地理發現，貿易致富，海外殖民，奪取資源市場。聰慧之士，視野為之開闊，理性益彰，凝見識為學理，倡人定勝天之說，以盡天地之富藏。科學巧計因而驚天出世，科技興而工商進，遂令泰西列國，躍登富強之域，獨領舉世風騷。泰西「啟蒙時代」，[249]光耀一時，「理性主義史學」（Rationalist Historiography），於焉問世。論者欲依自然法則，規範社會，以為人事亦有規律可尋，凡事皆可以理性釋之也。於是探歷史規律者輩出，法國之伏爾泰，意大利之維柯，德國之赫爾德，皆其人也。既有理則，唯理是尚，以理評古，客觀信史，豈不可求？伏爾泰撰《路易十四時代》（*The Age Louis XIV*），成書於乾隆十六年（1751），視為空前巨作，亦法國之斷代史也。伏氏直言良窳，譴責宗教偏見，頌揚世俗文化。然其可議之處，未能將路易時代，置於歐陸文明之中，評論之也。休姆[250]之《英國史》，煌煌十冊，[251]付梓於乾隆二十六年（1761），斯乃英國史之首創也。休姆專治哲學，而有志修史，然謂「史學不如哲學脫俗」。[252]休姆考史未精，謀篇未善，敘事

---

249 Englightenment，主張理性應統治人生，自十七世紀至十九世界初為泰西之啟蒙時代。
250 David Hume（1711-1776），蘇格蘭懷疑論哲學家，亦擅史學，所著 *History of England*，雖有史實之誤，頗獲盛名。
251 David Hume, *History of England: from the Invasion of Julius Caesar to the Revolution of 1698*（London: A. Millar in the Strand. Retrieved 16 June 2014- via Google Books）.
252 英國哲人羅素之語："He [Hume] did not consider history worthy of philosophical detachment," Bertrand Russell, *A History of Western Philosophy*, p. 660.

失序,惟仇教之語,昭昭在目,謂中古時代「文化凋零,千年蒼白」云。²⁵³

　　啟蒙史學之偉構,非吉本《羅馬帝國衰亡史》莫屬,此書乃千年帝國之通史。帝國衰亡於東羅馬,《唐書》謂之拂林。吉本文筆跌宕,筆走龍蛇,先敘疆域形勝,後述都城遷移,舉凡律法、軍事、政治,諸多公眾事務,莫不關懷。開卷之際,氣勢立見,理性思維燁燁,譴責耶穌教義,視為有違理性者也。依吉本之見,帝國因耶教而衰亡也。²⁵⁴吉本窮十年光陰,方克成書,時已乾隆五十二年(1787)矣。吉書規模宏大,美文麗句,內容以政為重,意在資鑒,略同溫公《資治通鑑》之意趣。惟溫公得官府之助,取材之富,稽古之精,本末完整,皆甚可觀。吉本之作,全出一人之手,雖稱淵博,畢竟精力有限,巨著煌煌八冊,前冊精審,後冊疏漏,後繼乏力也。泰西至乎近代,猶謂「史為既往之政事,政事即今之史」也。²⁵⁵

　　歐陸進入啟蒙時代,已是康乾盛世。及至乾嘉,列國之勢已成,強權爭霸,勢所必致。競奪之劇烈,戰火之慘烈,前所未見之也。達爾文學說,物競天擇,適者生存,優勝劣敗,風行一時,為弱肉強食之依據。勝者即強者,強者拜科技之賜,

---

253　"A thousand years of cultural blank",休姆於其自傳中,言及書初出,遭多方抨擊,終於洛陽紙貴,因書致富,閱David Hume, "My Own Life", in *An Inquiry Concerning Human Understanding*(New York: The Liberal Arts Press, 1955), pp. 7-8.

254　吉本及其史學,詳閱拙撰《史學九章》,頁26-45。

255　語曰:"history is but past politics and that politics are but present history," 見Edward Freeman, *The Method of Historical Studies: Eight Lectures*(London: MacMillan, 1986), p. 8.

獨領風騷。學界膜拜科技萬能,淪為非理性之「科學主義」（Scientism）矣。浪漫風潮驟起,理性因而式微。激揚浪漫者,法哲盧梭[256]是也,而盛行於德意志之壤。浪漫以情代理,情勝於理,情緒與意志當道。浪漫未必無德,惟其德也,有異於昔。浪漫崇尚感性,念昔懷古,嗜好原始美感,欣賞異鄉情調,於物質文明之污染人性,尤致不滿,故有解救人類,開釋枷鎖之宏願。重情輕理之餘,情一發而難收,仇恨、嫉妒、蠻橫、反叛,以至於消沉、怯懦,皆出之於情,相隨蜂擁而至矣。「浪漫氛圍」（Romantic Weltanschauung）之下,文藝、哲學、政治,無不披靡。「國族主義」（Nationalism）勃興,榮我仇他,甚且動輒動武,觸及人性之惡,皆浪漫之產物也。既有之倫理,幾蕩然無存。或有人云:理性沉睡,而後有浪漫怪獸之出,殊難駕馭者也。浪漫所至,激情高漲,猶如洪流,動心駭聽。雖欲挽瀾,何異雲梯仰攻乎?「浪漫史學」（Romantic Historiography）亦於焉而生焉。史家激揚國族,驕其文化,以自我「精神」（Zeitgeist）為榮。史書多載偉人偉事。英國史家卡萊爾,[257]最崇英雄,蔑視平民,謂平民者,必由英雄鞭策驅使,甚而處罰者也。其英雄崇拜之說,名重一時。法國史家米希雷,[258]以搖情

256　Jean Rousseau（1712-1778）,法國哲學家,影響浪漫主義時代,極為深遠。

257　Thomas Carlyle（1795-1881）,英國史學家、文評家、翻譯家、哲學家、數學家。其《英雄與英雄崇拜》（*On Heroes, Hero-Worship, and The Heroic in History*）一書,以為「世界史者,無非偉人傳記耳」（the history of the world is but the biography of great men）。

258　Jules Michelet（1798-1874）,法國浪漫主義歷史學派之翹楚。

之筆，書寫其國史，愛國熱情，洋溢於字裏行間。美國史家莫忒雷，[259]滿懷自由熱情，以畢生之力，著荷蘭國史，以抗擊西班牙為主旨，演繹自由勝於集權之義諦，謂此乃荷蘭共和國之所以興也。英人司谷脫，生於前清嘉道年間，作品宏富，最負盛名。司氏運哲理於胸，滿懷浪漫情調，文筆流暢，深具蘇格蘭之地方感情也。所撰《劫後英雄傳》，[260]刻畫古人，栩栩如生，讀者展卷，隨其史筆起伏，神往而忘倦矣。[261]然而司谷脫所書，實介於歷史與小說之間，亦羅貫中《三國演義》之流亞歟？要之，浪漫史學所優為者，國族主義也，自由主義也，沙文主義也，雖彩筆縱橫，不乏可讀之作，然所作情見乎辭，而史家宜能「無情」（dispassionate），亦即實齋所謂：「唯恐出之于已」[262]也。司氏出之於已，必然有情，有情難以持中，何來客觀？要之，史事無情，而運之者有情也。浪漫史學於嘉道之際，仍是泰西史學之主流也。

　　啟蒙而後，歷史哲學興於歐陸，德國赫爾德、黑格爾、馬克思諸輩，繼意哲維柯之後，垂意於歷史發展之軌跡，以哲理解釋事實，雖聞盛名於世，不無以論帶史之譏。德國史家蘭克，謂史家須究時代精神，切忌以今論古，殊不以哲理牢籠歷史為然，而

259　John L. Motley，美國史學家兼外交家，以著荷蘭史聞名。
260　Walter Scott（1771-1832），名著《劫後英雄傳》（*Ivanhoe*）之作者。
261　參閱David Brown, *Walter Scott and the Historical Imagination*（London: Routledge and Kegan Paul, 1979），pp. 19-28, 30-33, 53-58.《劫後英雄傳》一書版本甚多，筆者所用乃普及本，見Sir Walter Scott, *Ivanhoe*（New York: New American Library, 1962）。
262　語見章學誠著，倉修良編注，《文史通義新編新注》，頁405。

宜窮檔案之富藏，以實證為尚也。史家出自內心之真誠，採批評之法，勿輕信、慎檢驗、多反思，平心論事，參照異見，比而審之，糾弊反正，善用原始文獻，經由內外考證，以斷定文獻之可據，莫偏執一端，持吾是而議彼非，兼而善之，客觀信史可求，而後直書其事，斯其宜矣。觀此泰西史學興旺之時，已是前清之季世。蘭克聞名遐邇，其人也，生於乾隆六十年（1795），卒於光緒十二年（1886）設絳帳於學院，仰慕者遍歐美，從學者絡繹於途，奉為近代史學之父，亟言史書必經檔案驗證，否則不足信也；未經語言考辨之史料，不可據也。實證之風，遂開泰西現代史學之新境。舉世尊奉蘭克，視為科學治史之典範，引人驚羨，而不悟以蘭克史學比附科學之謬也。蘭克所主張者，無非史料分析，善於綜合，實事求是，詮釋有序耳。主史學科學化者，英倫史家貝雷是也，[263]貝氏有云：「史學即科學也，不多亦復不少」。信其說者有之，傅孟真自英、德歸國，宣稱史學應如地質學，生物科學，無異貝雷之所說。然而科學與史學，性質絕異，各司其事，未可相求。意哲維柯早有天界人界之辨，文史乃精神之學，非物質之學，不相類也。天者自然界也，古之天猶今之天，歐陸之天，亦神州之天。然而人界有異，蓋文化各異，史源

263　John Bagnell Bury（1861-1927），愛爾蘭史家、文字學家，專長西洋古典與希臘羅馬史，1902年出任英國劍橋大學Regius近代史講座，其就任演說，宣稱歷史是「科學」（science），而非「文學」（literature）之旁支，參閱J.B. Bury, "History As A Science," in Fritz Stern, *The Varieties of History: From Voltaire to the Present*（New York: Meridian Books, 1956）. pp. 209-226. 然其晚年回憶，覺昨非今是，終知歷史非科學也，見Harold Temperley ed, *Selected Essays of John B. Bury*（Freeport: Books for Libraries Press, 1968）, p. 70.

有別，古今風俗不同，中外人文迥異，固不能如武陵隱士，知秦而不知魏晉也。[264]鄰壁之光可借，非可橫植也。史學科學化，可以休矣。蘭克著作宏富，以國別為史，約六十餘種，極盡紀事始末之能事，以實證方法授徒，由學院培養史家，其學影響所及，以為信史可得，然其路德教義之偏見，偏重政教之瑕疵，史料亦未能窮盡，普魯士國族之熱情，皆難掩飾者也。而其成名高徒，號稱普魯士學派，實皆國族主義者，激情有餘，而於信史有所不足也。

泰西實證史學，重視檔案，內外考據，舉世所崇。惟吾華自古以來，兩漢已有蘭臺，歷代開館修史，聚既有之資料，備史者之需，蘭臺即檔案館也。蓋中國官守其書，有書而後有學，更予以著錄，「辨章學術，考鏡源流」，初見之於劉向父子之《七略》，班固約為《漢書·藝文志》，魏晉以後，載籍益增，而有經史子集之四部分類。隋唐以後，無不依循也。南宋鄭樵《通志》，有〈藝文〉諸略，乾嘉章學誠撰《校讎通義》，集著錄、分類、解說之大成，部次條例圖書之內容與流派，折衷諸家，究其源委，點評群籍，蔚然可觀。文廷式雖有「過於求深而不可從者」，然全書「確有心得」，[265]於現代之目錄學，有過之而無不及也。實齋以「蕭何轉餉」[266]作譬，良有以也。民初余嘉錫撰《四庫提要辯證》，[267]於群書作者、版本、出處，論證甚詳，可

264　參閱劉知幾，〈雜說十條〉，《史通》，張之象刻本，卷18，頁8b。
265　見文廷式，《純常子枝語》，卷4，頁1b。
266　語見章學誠，倉修良編注，《文史通義新編新注》，頁633。
267　參閱余嘉錫遺著，《四庫提要辯證》（北京：中華書局，1974）。

惜後繼乏人，傳統書目學之絕響乎？

語言歷史考證，雖德意志之創舉，西師奉為圭臬，為史界一大因緣。然而兩漢已有考據，太史公考信六藝，王充《論衡》之〈書虛〉、〈語增〉諸篇，皆是也。至乎兩宋，考據尤盛，溫公之考異，文潔之日抄、深甯之紀聞，皆是也。及至朱明中葉，名家更見輩出，考據已然成風，至乾嘉而極盛矣。清儒樸學治史，實事求是，不泥於文，逐字確解，刻意求之，無徵不信，「質之事實而不誣，通之萬方而不泥」。[268]吾華舊史考據之勤，足見董理史料之慎，不以直觀斷獄，不惜打破沙鍋，追究到底也。質之德國語言歷史考證之學，何遜也夫？

尚可言者，史涉國之存亡。龔自珍有言：「滅人之國，必先去其史；墮人之枋、敗人之綱紀，必先去其史；絕人之材、淹塞人之教，必先去其史；夷人之祖宗，必先去其史」。[269]定庵所言，豈不然乎？國破而史滅、焚書隱惡，按諸中外史乘，班班可考！至於太炎曰：「俄羅斯滅波蘭，而易其言語；突厥滅東羅馬，而變其風俗；滿洲滅支那，而毀其歷史」。[270]太炎痛列強內侵，清廷無道，國亡無日，故排滿不遺餘力，出言未免過激。滿洲入主，素以中國自居，清初修勝朝之史，不異於前，蓋史必修於異代，庶幾忘愛憎之情，以定是非。《明史》成於康熙，帝曰：「深求刻論，非朕意所忍為也」，[271]滅支那之史云乎

268　荀悅，《前漢記》，四部叢刊初編平裝本，卷首語。
269　龔自珍，《龔定庵全集類編》（台北：世界書局，1973），卷5，頁101。
270　章太炎，《訄書》，〈哀焚書〉（台北：中央文物供應社，1968），頁192。
271　劉承幹，《明史例案》，卷1，頁3b。

哉！國滅而史不滅，乃英見卓識，以史為重也。明人何良俊曰：「古稱國滅史不滅，故雖偏霸之朝，亦即有史，古有《吳越春秋》、《越絕書》」，[272]可以概見。二十五朝，已如過眼雲煙，而二十五史，燦爛可觀，此中華史書之所以豐盛也。史書汗牛充棟，雖不能盡善，然歷代史家，莫不貴子玄之三長，重實齋之三要。明儒王鏊，有〈史館述懷詩〉曰：「太平有象須君寫，莫把三長讓子玄」，[273]其追摹先賢之心情，呼之欲出矣。泰西史家亦有三長之說，曰具「廣識」、多「明智」、少「意氣」也。[274]竊以為事可學而得之，文須才華致之，而義由識發之。才者天性也，無學不能燭理，理燭而後通達。卓識得自博學，旁收遠覽，見聞漸廣。淑其性情，妍媸立見，定見有焉。讀史有識，明察風勢，不為情所動，取捨有致也。三長三要，清標高懸，心嚮往之，雖難求全，不易兼得，唯有慎重其事，冀有所成，不愧良史。文成謙稱曰稿，不以未愜之稿示人也。

　　中西史學，各自居今識古，傳統迥異，然而同屬史學，非全無可通，貌雖異，而心可通也。就「史學邏輯」（The logic of history）言之，史學之天下，原無新鮮事。文化各異，史學要素，兩不相缺，莫云我有彼無，彼有我無也。異同或有深淺，足可互補；詳略有異，詳可補略。苟有同者，未必盡同，正可互通，有所增益也。中西史學各具特色，特色見於方法、風格、與

272　何良俊，《四友齋叢說》（北京：中華書局，1959），頁42。
273　王鏊，《王文恪公集》（嘉靖十五年寫刻本），卷2，頁6b。
274　崔佛岩語，"larger views, clear head"，見George Macaulay Trevelyan, *The Recreations of an Historian*（London, 1919）, p. 28.

夫思維之異趣,然殊途同歸於居今識古也。凡史學必存往事,鑒古知今,所謂「彰往而察來」也。[275]中西史家,莫不以人事為主,史由人書,自具人文色彩。中西史家,莫不知史貴信實;信實者,真誠不詭之謂,所謂「據事實錄,而善惡自見者,後世作史之本」,[276]亦吾華直筆之微意。吳縝言直筆最詳:「編次事實,詳略、取捨、褒貶、文采,莫不適當,稽諸前人而不謬,傳之後世而無疑,燦然如日星之明,符節之合,使後學觀之而莫敢輕議,然後可以號為信史」。[277]信史即直道,務必紀實,直書其事,視往事如「明鏡之照物」,方稱實錄。史官執筆,類明鏡照物,妍媸必露;如虛空傳響,清濁必聞。雖是佳喻,猶有未逮,蓋鏡也、聲也,皆物理也,而史筆敘人事,未必能如鏡中美醜,如聞聲之清濁,何況辨善惡、作褒貶、定正偽,非易事也。於今視之,欲史家執筆如明鏡照物,陳義過高,殊難企及,蘭克所謂:史家「如實書往事」,[278]乃西儒所謂「高貴之夢想」耳。[279]史家所可優為者,惟冀博學多聞,以其長才,通曉語文,考辨真偽,不隱惡,勿掩瑕,而後以佳文書之,以義理明之,中西豈有異哉?

泰西有言:「史神之廟」(Clio's temple),屢經修繕,亦可改建。晚近突起之後現代史學,直欲毀其廟矣!不惜定政治以

275　見《周易今注今譯》,頁407。
276　語見陳均,《九朝編年備要》,四庫全書本,範例。
277　吳縝,《新唐書糾謬》,原序。
278　德語原文:*wie es eigentlich gewesen*,史家所書宜一如既往所發生之真實。
279　Peter Novick, *That Noble Dream: The 'Objectivity Question' and the American Historical Profession*(New York:1988).

新義,謂其非指政府,實指權力;社會之共識,亦出自權力,是非對錯,無不由權力決定,可稱「知識霸權」(the hegemony of knowledge)矣。[280]是知後非繼現史,而欲顛覆現史,以為史筆出自史家,已非原始記錄,故無信史可言。泰西現代史學,遂遭質疑。後史引發之「虛無論」[281]、「唯我論」,[282]將火史神之廟矣。泰西過激之論,於今雖已如雲烟過眼,然唯我獨尊,自以為是,貴己賤人之「西方中心論」,[283]陰魂猶未盡散也。泰西知史有「主體性格」(subjectivity),無可假藉,獨不見中華史學,亦有其主體,若欲以彼之主體,為我之主體,豈吾所欲哉?吾華史學,殊不能昧於主體也。文化不一,傳統有異,人界並無普世之價值。[284]奈何泰西論師,輒自許其價值,能通行四海耶?[285]當今寰宇比鄰,文化多元,史學各有其主體。中西之間,可以互通增益,各取他山之石,以攻玉也。[286]史學霸權,則可以休矣!

---

280 參閱Michel Foucault, *the Archaelogy of Knowledge*(New York: Pantheon Books, 1972), p. 14. 另參閱拙撰《後史辨》(北京:中華書局,2024)。
281 Nihilism,為否定宗教與道德之哲學,以為無用。
282 Solipsism,唯一己之存在與經驗可知之說。
283 Ethnocentrism,以自己之文化優於其他文化之信仰,為種族中心主義,亦可視為獨特之文化認同。泰西常以此詞指涉吾華,視外人為夷狄。
284 參閱Melville J. Herskovits, *Cultural Relativism: Perspectives in Cultural Pluralism*(New York: Vintage Books, 1973), pp. 21, 25, 33, 34, 62, 100, 109.
285 參閱Rüsen, "Historical Consciousness: Narrative Structure, Moral Function, and Ontogenetic Development," pp. 66-68.
286 參閱Jean Wallach Scott, "History in Crisis? The Other Side of the Story." in *the American Historical Review*, vol. 94(June 1989), pp. 680-681, cf. 682-692.

經史之間第三

　　光緒帝師翁同龢,身處三千年未有之變局,於晚清已有文化危機之感,有詩句曰:「新學滔滔重猰㺄,六經厄運有乘除」,[1]以猰㺄比新學,以厄運說六經,足見感受之深切也。舊學為眾矢之的,並非無故,因視儒為專制餘孽,泰西稱之為「帝王儒」,[2]猶如助紂為虐,打孔豈不宜哉?惟三千年來,中華名為尊儒,實行法術,乃秦政也。惟儒家倫理,流行民間,久而陶鑄人心,以倫常為先,尊法度,守分職,以道德維人紀,於酷烈之秦政,無論政體治術,不無約束之效。至於士子,以聖賢是從,奉六籍為經典,而史本於經也。按自嬴秦至遜清,歷時久遠,政權屢變,治具有所損益,而道德典型,莫之能易也。歷代史家,以六經為依傍,借事明義,「故經訓不止於空言,而史書不止於紀事」。[3]故而經史連稱,同源合流,其來有自矣!經史

1　語見翁同龢,《翁同龢詩集》(上海:上海古籍出版社,2009),頁280。
2　Imperial Confucianism,泰西輒以此詞概括儒教,然儒非僅帝王儒也。
3　語見張須,《通鑒學》,頁86。

雖非一事，關係之密切，實一體之兩面也。經義微，而史書直，經史互通，斯其宜矣！唐代皇甫湜者，韓昌黎之門人也。湜有言曰：「今之作者，苟能遵紀傳之體裁，同春秋之是非，文敵遷固，直蹤南董，亦無尚矣」。[4]誠無可尚矣！斯乃中華史筆之清標也。

上古有史，本無經也。明儒有云：「虞夏商周之書皆史也，《無逸》作于周公，信史哉」！[5]按經之一字，初以繩貫穿竹簡之謂，喻古代之書冊也。故經之名，用途甚廣，古之有道術者，各有其經，諸如《元經》、《圓經》、《道德經》、佛經，《墨經》，皆是也，略似泰西「經典」（the Classics）之作。大唐詩人陸龜蒙曰：有經書必有緯書，經而不緯不能成幅。故而「經亦後人強名之耳，非聖人之旨明矣」！[6]經為聖人之旨，因孔子筆削古籍為六經，揭示宗旨，以授門徒：讚《易》占事、刪《詩》正情、序《書》導治、定《禮》《樂》以謹防，修《春秋》嚴法。六籍因孔聖而成經，夫子而後，六經成為儒家之經典，備受尊崇也。六經之名，初見之於《莊子·天運篇》：「丘治《詩》、《書》、《禮》、《樂》、《易》、《春秋》六經」，[7]而後有道：《詩》以道志，《書》以道事，《禮》以道行，《樂》以道和，《易》以道陰陽，《春秋》以道名分也。

漢武帝立五經博士，士子競利祿之途；誘以利祿，固非其

4　皇甫湜，〈編年記傳論〉，載《文苑英華》（北京：中華書局，1966）卷742，頁6b，第5冊，頁3876。
5　陳第，《尚書疏衍》，卷4。
6　陸龜蒙，〈覆友生論文書〉，《文苑英華》，第5冊，頁3556。
7　引自郭象注，《莊子注》，收入《四庫全書精華》，第24冊，頁156。

道,然經學因此而盛也。西漢學為官用,初以今文是尚,經今文尊孔,視為受命之素王,讖緯出焉,遂以讖決五經之義,妄自牽合,證驗災祥,學因術而驟變矣!王莽、劉秀屢出河圖洛書,以應天命之需。貌似神學,實則學為政用耳,豈孔聖所許?光武中興,興太學,好經術,及至後漢,經古文復起,重史實,棄神秘,奉孔子為先師,大師千餘人,門徒三萬,盛況空前,經學盛而經術衰矣。漢平帝始立古文,各守家法,而後有經今古文之爭矣。今隸古籀,文字有異;今文尊孔子,古文崇周公,解說各異。今文以六經出自孔手,古文則以夫子信而好古,述而不作。經今文明大義微言,經古文詳章句訓詁。今古相爭二百年,至乎漢末鄭玄康成,以博學高節,遍注群經,不拘家法,今古門戶之爭遂寢,經學因康成而極盛,儒教衰而儒學興,拜鄭玄之賜也。惟鄭學盛而漢學衰矣,要因漢亡之後,世亂道微,崇尚法術,佛道兩教,乘勢而起,以儒迂闊,故而漠視之也。南北朝分立,經學於佛道盛行之際,尚能抱殘守缺,殊不易也。楊隋一統,南朝併於北朝,而經學北併於南。經學復起於唐開皇之初,孔穎達《五經正義》,實由諸儒合編,孔氏居其功耳。義疏雖有可議,捨此別無證也。唐以明經取士,趙宋因循,謂之「墨義」。泊乎慶曆年間,群儒奮起,競釋經旨,以義理懸斷,多有新義,疑排亦復有之,故能遠邁先賢也。唐宋數百年間,經學由漢入宋;元明經義,相承無多異辭。明永樂學者胡廣,繼元人汪克寬、劉瑾兩氏,修成《五經大全》,可稱盛事。滿清以異族入主中國,尊崇經學如故,甚而「超軼前代」。[8]乾隆欽定《四庫全書》,以

---

8 皮錫瑞語,見《經學歷史》(台北:台灣商務印書舘,1968),頁60。

經部為首,詔刊十三經於太學,既敬且重,具見之矣。凡儒家名著皆可稱經,大唐已併三傳為九經,兩宋合四書,以成十三經。傳所以翼經,以傳附經,因其聖人之教深厚也。《論語》、《孟子》遂亦稱經矣。於此可見,儒經猶如泰西之「聖典」[9]也、「古典」也。[10]泰西之古典,內容紛雜,莫衷一是,而吾華六經、九經、十三經,經義亦極繁瑣,不離儒家要旨,為作史者所依傍者也。

經史關係,或曰《春秋》經也,非史也,蓋史直書其事,經借褒貶定是非。北宋蘇老泉言之最諦:「經不得史,無以證其褒貶,史不得經,無以酌其輕重」,經以道法勝,而史以事辭勝。[11]劉安則曰:「道猶金石,一調不更;事猶琴瑟,每弦改調。故法制禮義者,治人之具也,而非所以為治也。故仁以為經,義以為紀,此萬世不更者也」。[12]道可導史,而不必求道於史,《左傳》記事之史書,與《春秋》分行,然經史足以互惠。易詞言之,六經正人倫綱紀,《書》以道事,《詩》以達意,《易》以神化,《禮》以節人,《樂》以發和,《春秋》道義,乃不移之常道,定中夏之國基,所以鑒治亂而保安寧,明道而正俗也。太史公曰:「《易》著天地、陰陽、五行,故長於變;《禮》經紀人倫,故長於行;《書》記先王之事,故長於

9　Canon,具有宗教性質之正經之作。
10　The Classics,具有高價值之典籍之謂。
11　閱蘇老泉史論,載《三蘇先生文集》(明書林劉氏安正書堂刻本),卷3,頁1b。
12　劉安,《淮南子‧氾論訓》語,引自《中國哲學史資料選輯──兩漢之部》(台北:九思出版有限公司,1978),頁121。

政;《詩》記山川、溪谷、禽獸、草木、牝牡、雌雄,故長於風;《樂》樂所以立,故長於和;《春秋》辨是非,故長於治人。是故《禮》以節人,《樂》以發和,《書》以道事,《詩》以達意,《易》以道化,《春秋》以道義」。[13]然則,六經各司其職,惟《樂經》亡佚,僅存五經,故陽明曰:「五經亦只是史」。[14]鳳洲所謂,經乃史之言理者也,均不出蘇老泉之所言,亦即劉勰所宗之經也。蓋《易》教潔靜精微、《詩》教溫柔敦厚、《書》教疏通致遠、《禮》教恭儉莊靜、《樂》教廣博易良、《春秋》教屬辭比事,皆「帝王經世大法,太史守之,以垂訓後王」。史詳事實,由經正之,則事不失其本,文無害於理也。然則,六經原是王者之史也。王者之史,東周失守,「孔子閔王路廢而邪道興,論次《詩》《書》,修起《禮》《樂》,贊《易》十翼,因史記作《春秋》,以寓王法。六藝既歸儒家,而經之名始立」。[15]

民國張爾田,浙東之後勁也,有云:「六藝者,上古之通史也」。[16]先秦典籍以禮、樂、射、御、書、數為六藝,漢儒始以六經為六藝。[17]浙東馬浮更謂:經為常道,歷久彌新,故以道言曰經,以教言曰藝,經之道即藝也。然則,浮以六藝為聖人之

---

13 《史記》,中華標點版,卷130,頁3297。
14 王守仁,《王陽明先生傳習錄集評》,上冊,頁9a。
15 見《禮記・經解》,參閱《北堂書鈔》,見《十三經直解》(九江:江西人民出版社,1993),第二卷下,頁641。南海孔氏三十有三萬卷堂校注(光緒十四年重刊),卷95,頁2b。
16 語見張爾田,《史微》(台北:華世出版社,1975),頁10。
17 參閱錢鍾書,《管錐編》,第3冊,頁1182。

教，其教要旨，見於《論語》、《孝經》，尤以《孝經》為六藝之總目，浮曰：「六藝皆以明性道，陳德行，而《孝經》實為之總會」，[18]其言知其指歸矣。浮以六藝乃行道之根本，《詩》教通、《易》教敬、《書》教誠、《禮》教恭，《春秋》教治，《樂》教靜，合之則溫柔恭儉讓之德藝也。[19]若然，六經非復先王之政典，乃尼父之教義，儒行之實踐也。不僅此也，浮更謂：「六藝統攝一切學術」。[20]舊學既盡統攝於六藝矣，則「史學之名可不立也」，因「諸史悉統於《書》《禮》《春秋》」。[21]此言可乎？使史學源自六藝，泉源之點滴，數千年間，匯成浩瀚之史海，豈能盡而統攝之耶？史學之名，豈可不立歟？更有進者，浮曰：「六藝不唯統攝中土一切學術，亦可統攝現在西來一切學術」，[22]斯言甚壯，近乎晚清之西學中源說矣！浮謂自然科學可統攝於《易經》，[23]然則，何以統攝科學之此一古老名著，歷四千年而未能開出科學乎？《易》理難解，究是玄理而切於人事，未見可以統攝泰西之科學也。所謂「統攝於一心」者，生理之「心」（heart），固無分古今中外，能統攝一切，然運思之「心」（mind），義理不一，絕然異趣，中西各不能統攝也。科學一詞，舊籍所無，經由日譯「科學」（science）之舶來，意

18　馬一浮，吳光主編，《馬一浮全集》（杭州：浙江古籍出版社，2013），第1冊，頁178。
19　參閱馬一浮，吳光主編，《馬一浮全集》，第1冊，頁10-15，17。
20　馬一浮，吳光主編，《馬一浮全集》，第1冊，頁10。
21　語見馬一浮，吳光主編，《馬一浮全集》，第1冊，頁13。
22　語見馬一浮，吳光主編，《馬一浮全集》，第1冊，頁17。
23　馬一浮，吳光主編，《馬一浮全集》，第1冊，頁18。

指條分縷析,度量事物真情之專門知識,發自泰西。按中西文化各異,環境特殊,思維不同,吾華重實踐而輕玄思,故可資應用之天文、醫療,工藝,地震儀等,頗有所成,甚而優於當世之泰西,然而歐陸上承古希臘之思辨,開文藝復興之新境,至十八世紀,數理化等自然科學,日趨昌明,現代物理誕生於西歐,非象數可以統攝,乃不移之定論也。惟科學一元,放諸四海而皆準,當今中國之科學,橫植自泰西,且能并駕齊驅也。然文史之學,各有其文化特色,雖可旁採,然須縱承,伯林氏之「文化多元論」,[24]足稱定論。然則,六藝豈可統攝泰西之史學乎?諸民族記錄其國史,理解各異。即在泰西,埃及、兩河流域,赫梯王朝(the Hittites),以及猶太之史學源流,皆不盡相同,而古希臘之史學,猶早於吾華,自成傳統。竊謂史學之花,各開一枝,何須統攝耶?

中華史學,經史相依,史而無經,何以酌輕重?民國以後,史脫經自立,以為舊經有礙新史。然而舊經非一陳不變之道,按「先王之道,因時適變,為法不同,而考之無疵,用之無弊」。[25]張紳者,有明正統進士,有言曰:「史之為體,不有以本乎經,則不足以成一家之言,史之為言,不有以補乎經,則不足以為一代之制,故太史公之書,其體本乎《書》。司馬公之書,其體本乎《左氏》;朱子之《綱目》,其體本乎《春秋》;

---

24 參閱本書引言。
25 曾鞏,〈戰國策目錄序〉,《曾鞏集》(北京:中華書局,1984),上冊,頁184。

杜佑之《通典》，其體本乎《周禮》」。[26]史義原有所本，所謂經史相得益彰也。經史分離，有史無經，或視經為史料，則史猶糟粕，無魂魄矣。按泰西雖無經史之名，仍有經史之實，其哲學即其經也，惟其經典多元，有異於六經之道，然皆以此裁量史文，并無二致。中華新史，豈能無經乎？

回顧中華史統，《春秋》與史，關係最密。孔子據魯史而作《春秋》；春秋者，以天時紀人事之謂也，天時有其循環，以時記事，所謂「四時錯舉，名曰春秋」。[27]春秋者，亦編年史也，故以春秋為名之史冊，屈指難數也。魯史有事有文而無義，孟子因曰：「孔子懼，作《春秋》」，[28]蓋夫子憂周室之衰微，世衰政息、綱紀大壞，人欲橫流，變亂接踵，慮斯文之墜落，故筆削魯史而成《春秋》，明周王之當尊，啟王道之直，立大一統之法，以嚴謹之筆，警懼後世，誅亂臣賊子，強臣也、悍將也，以撥亂反正，義在其中矣。太史公曰：孔子鑒世衰道微，而次詩書，興禮樂，修《春秋》，以寓王法，幾為歷朝之公言，順之者昌、違之者亂也。孔子作經，以教萬世之意，無可疑也。閻若璩曰：「《春秋》固信史也」，[29]蓋視《春秋》為信史之成法也歟？漢武獨尊儒術，經遂為大一統之基，史家裁量之準則矣。

魏晉經名浸微，禪佛老當道，史別有其經矣。唐宋儒學復興，五經具在，史中有經，非盡舊經，引道入儒有之，宋明理學

26　張紳，〈通鑑續編序〉，載卜大有，《明刻珍本史學要義》，頁406。
27　章學誠語，見《章氏遺書》，卷2，頁47。
28　孟軻，《孟子》，楊伯俊譯注（香港：中華書局，1994），頁155。
29　閻若璩，《古文尚書疏正》，卷6上。

已非原儒。王應麟曰:「《通鑒》何以不續《春秋》?曰《春秋》,經也,《通鑒》,史也,經不可續也」。[30]可續之史,仍以不續之經為則也。章實齋曰:「六經皆史也,古人不著書,古人未嘗離事而言理,六經皆先王之政典也」。[31]先王之政典事也,應天道而切人事,公理有焉。孔子取之,刑繁就簡,謂之筆削,聖人未據立言之功也,故謂「古人之言,所以為公也」,[32]宗旨彰顯之矣。及周衰文弊,百家爭鳴,處士橫議,莫不矜於文詞言論,私據為己有,實齋有鑒於經說,流於空言道德,故謂六經乃三代之史,以史實經,經有史為之依托。太炎曰:「學誠以為六經皆史,史者固不可私作,然陳壽、習鑿齒、臧榮緒、范曄諸家,名不在史官,或已去職,皆為前修作年曆紀傳」,史公不以去官而輟作,班固繼父彪撰《漢書》,初未入蘭臺,故太炎曰:「雖私作,何所詈也」?[33]太炎無的放矢,實齋未嘗言史不可私作,謂經皆史,非謂史即經也。

　　章實齋曰:「二十三史皆《春秋》家學」,謂正史以《春秋》為其經也。又有言曰:「本紀為經,志、表、傳、錄,亦如《左氏》傳例之與為終始發明耳」![34]史以經為師,固無疑也!古來輒以經純史駁為說,竊謂以形體言,經皆史,猶謂經史皆簡冊也,然史言事,經言道,經史相資,豈不然歟?然事即道,道

30　王應麟,《春秋答問》,文淵閣四庫版,卷868,頁619。
31　章學誠,《詳注文史通義》,許德厚注,卷1頁1a。
32　章學誠著,倉修良編注,《文史通義新編新注》,頁200,
33　章太炎,《章太炎先生所著書國故論衡》(上海古書流通處印),中卷,頁45a-b。
34　章學誠,《章氏遺書》,第2冊,頁4。

即事，吾不謂然。史直述其事，善惡利弊，不得有遺，蓋「史之為書，所以傳信也」。[35]道有尺度，涉及行事之準則，史事據之以彰善癉惡也。魯春秋，事也；夫子懼世亂而修《春秋》，取經義以濟王道，以《易》卜吉凶，以《書》明治亂，以《禮》正行為，以《詩》以張美刺，以《春秋》道名分、嚴褒貶，無不以訓誡為式，六經言道之謂也。史公謂：孔子約《春秋》辭文，「去其繁重，以制義法，王道備，人事浹」。[36]劉子玄曰：「經猶日也，史猶星也」，[37]經史各有其用，互為本末，原非「尊經卑史之見」。[38]蘇洵曰：「經非一代之實錄，史非萬世之常法」，[39]言之最諦。經為萬世常法，引領一代之實錄。然經義非一陳不變，兩漢崇經，講究章句。魏晉一變而為玄學，重義理而不拘章句。唐代總結經學，兼及於史。兩宋再變為理學，出入朱陸之間。時至晚明，三變而為實學。黃梨洲有言：「學者必先窮經，然拘執經學，不適于用，欲免迂儒之誚，必兼讀史」。[40]經史之不可偏廢，昭然明矣！

　　東漢經史兼授，聖賢是尚，經史為導。王充主「實知」，

35　吳縝語，見吳縝，《新唐書糾謬》，線裝20卷，上中下3冊，卷10，頁10b。
36　司馬遷，《史記》，卷14，〈十二諸侯年表序〉，頁509。
37　劉知幾，《史通》，張之象刻本，卷6，頁8b。
38　語見張舜徽，《史學三書平議》，頁71-72。按子玄之喻，意在經史之作用，非尊卑也。故張氏所謂之「抵牾」，純屬誤解。
39　語見蘇洵，《嘉佑集箋注》，曾棗莊、金成禮箋注（上海：上海古籍出版社，1993），頁229。
40　語見《清史列傳》（台北：臺灣中華書局，1983）第9冊，卷68，頁3b。

明「知實」，有云：「聖人不能神而先知」，[41]儒學之神化，去矣！經素重於史，而充以史為重，頗多銳見，有云：「書亦為本，經亦為末，末失事實，本得道質」，意指經乃「玉屑」，不成為寶，且以「知經誤者在諸子」，[42]故曰：「五經之後，秦漢之事，不能知者短也」，[43]充明言史可補經之短也。歷代儒生多以王充非聖疑古，以錢辛楣之賢，猶視之為悖論。[44]吳主孫權，欲孫登、呂蒙輩讀《漢書》，以「習于近代之事」。[45]晉分典籍為四部，經史遂各為一部，經史雙修，尤銳意於史。經史並立，非盡分途而已，經之題材語言，見於史者亦多矣。以春秋為史書之名，亦屢見不鮮。晉後有例，劉勰曰：「《春秋》經傳，舉例發凡，自《史》《漢》以下，莫有準的，至晉鄧璨《晉紀》，始立條例」。[46]條例源自《春秋》義例，蓋史之有例，如國之有法，無法則是非莫準。[47]準則何在？其為經義乎？然則條例凡例之名，雖然不一，而其本質無二，史不離經也。經學於晉已盛，

---

41 參閱王充，《論衡》（台北：世界書局，1962），〈實知篇〉，下冊，頁528。
42 語見王充，《論衡》，〈書解篇〉，下冊，頁565-566。
43 語見王充，《論衡》，〈謝短篇〉，上冊，頁257。
44 見錢大昕，《潛研堂文集》，第4冊，卷27，頁420。
45 參閱陳壽，《三國志》（北京：中華書局，1965，1975），卷59，頁1363。
46 見劉勰，《文心雕龍》，卷4，頁2a-b。槐聚曰：「彥和之作，自經史以至方書、符、牒《書記篇第二十五》無不論列，卻題曰『文心』，而不曰『文筆』，足見『文』可概筆，而泛指一切有字之書，不計其用韻、翰藻與否，正如昭明題其書曰『文選』也」。見錢鍾書，《容安舘箚記》（北京：商務印書館，2003），第735則。
47 見劉知幾，《史通》，張之象刻本，序例。

大唐尊孔,升「先師」為「先聖」,太宗詔命孔穎達,編纂《五經正義》,更由顏思古考定,群儒校對,諸臣審訂,煌煌巨製,使南北分立之經學,殊途同歸矣。唐高宗將之頒行,遂為科舉明經之教材,此官府經學之濫觴,「學」又隨「術」而變矣。

　　唐太宗以史為興替之鏡,遂以國家之力,官修史書,啟官修之端矣。劉知幾名為史官,於公餘之暇,奮筆私撰《史通》,評史書優劣,不惜譏評前賢,激憤之詞有焉,惟小瑕不掩大瑜也。劉氏首發史學批判之先聲,[48]寰宇先行。子玄議論四經,尤其矚目。歷代純儒,每多斥其〈疑古〉、〈惑經〉兩篇,視之為苛刻,比諸申韓,以為子玄深於才學,而欠識也。斯乃舊儒偏見,不足為訓。劉氏〈惑經〉一篇,視《春秋》為史文,而評騭其缺失。有謂斯乃劉氏之惑,渠「不考經以糾傳,乃據傳以攻經」。[49]按《春秋》乃魯國舊史,聖人據史實,立名分、明禮義,定褒貶,為萬世立法,「書崩,書薨,書卒,而不書死,死者庶人之稱,庶人不得見於史,故未有書死者」。[50]錢大昕曰:非褒貶之所在,惟崩、薨、卒,顯以其位為之等,天子曰崩、諸侯曰薨、士人曰卒,非可逾越。蓋諸侯大夫弒逆之罪,雖不足庇其辜,然未嘗一日降為庶人,以庶人書之,非其實也。[51]斯亦即褒貶乃直書其事之謂歟?另書攻、書戰、書伐、書侵、書襲、書圍、書入、書滅、書救,以別戰爭之性質,價值判斷有焉。既明

48　吳縝,《新唐書糾謬》,序,頁1b。
49　許鐘,《史通贊義》(民國23年鉛印本),卷2,頁17b-18a。
50　錢大昕,《潛研堂文集》,第1冊,卷2,頁17。
51　錢大昕,《潛研堂文集》,第1冊,卷2,頁7-8。

名分之需,未掩戰事之真。陳壽之《志》曰:東征孫權、西征劉備之屬,朱熹悉以「擊」易之,一字之易,力求精嚴,春秋筆法也。是以書法屬詞,用字譴句,是非正邪有別;王霸之辨,以明仁義賞罰;尊卑有別,為尊者、親者、賢者諱也。夷夏有別,尊夏攘夷。奉天法周,於天下大亂之際,冀望有道,以恢宏固有之禮樂政教秩序也。孔子作《春秋》,定褒貶,意在秉筆直書,善惡自見,自有分寸,「褒貶若乖戾苛刻,是非疑例,安得謂聖修乎」?[52]後人寓褒貶於《春秋》,起於孟軻。孟子謂《春秋》者,所以令亂臣賊子懼也。《公羊傳》有名言曰:「一字之貶,嚴若斧鉞;一字之褒,榮若華袞」,蓋古人素重身後留名,不辱先人,故有所懼,非遠於事情也。夫子筆法,後人用之,猶如泰西以耶教義理,警策善惡歟?

　　劉子玄又曰:《春秋》未妥者,十有其二,諸如《春秋》稱晉國正卿趙孟為晉「人」,而不稱「卿」。齊鄭楚三國弒君,皆以病故,遂書曰「卒」,而不書「弒」。子玄疑之,因未盡符《春秋》自定之書法也。書法嚴謹,相攻曰攻,以大擊小曰伐,有罪曰討,天子親往曰征,不能假借也。應書「卿」而書「人」,當書「弒」而書「卒」,不違書法云何?子玄故以短尺宜補,非疑經義,實欲完善《春秋》書法也。子玄又以史官執簡,宜善惡均書,莫憚白圭之玷,勿為賢者諱,故而惑之也。子玄之書,固有史法、史意,惟就其內容而言,自以史評為重,歸之史評類宜也。余英時謂《史通》:「未能邁出撰史體裁的範疇」,余氏只見六家二體,而不見〈品藻〉、〈鑒識〉、〈直

52　語見陳澧,《東塾讀書記》,卷10,頁34b。

書〉、〈曲筆〉諸篇歟？

史官若懲羹吹虀，猶疑筆端，實錄何來？人為君父諱，因存名教之故，為賢者諱，因其有繼絕存亡之功，意不在掩滅事實，蓋弒也、卒也、皆死也，故以崩諱君王之死，固不能隱其死也。至於書「天王狩於河陽」，隱示天子巡狩，諱其為晉侯所召之不倫。書「元年春正月，公即位」，示魯桓公弒君，卻依然即位，喻即位之不當。按殷商之前不諱名，周猶不盡諱，秦皇漢高皆諱其名，此後相沿成習，史家亦習以為常，如李延壽撰南北史，易石虎石季龍，韓擒虎為韓擒武，馬遷、范曄、杜甫、蘇軾皆避其家諱，日久忌諱繁名，反亂春秋之義。[53]近人陳垣列舉史諱，多能解之，[54]然則「為尊者諱」之德目，未嘗廢信實也，蓋因諱其名，而未隱其實歟？斯乃名實兩全之史筆歟？竊謂可稱之為「諱而不隱」也。其例尚多，白樂天詠唐宮闈事，以漢皇諱唐皇，以「楊家有女初長成，養在深閨人未識；天生麗質難自棄，一朝選在君王側」，為奪兒媳不倫諱之也。及至晚唐，李商隱諱而無隱，有句曰：「驪岫飛泉暖泛香，九龍呵護玉蓮房；平明每幸長生殿，不從金輿惟壽王」，[55]明皇奪壽王妃事，已呼之欲出矣！義山〈馬嵬〉七律，諷貴妃之死，末句云：「如何四紀為天子，不及盧家有莫愁」，舊儒視為輕薄，然以莫愁寄慨，責備明皇也，諷嘆有味，沉痛警策，兼而有之，豈無戒慎之意歟？晚唐義

53　詳閱周密，《齊東野語》（上海掃葉山房石印），卷4，頁1a-6a。
54　參閱陳垣《史諱舉例》（北京：中華書局，1962）。
55　李商隱，〈驪山有感〉，《玉谿生詩集箋注》，清馮浩箋注（上海：上海古籍出版社，1979），第2冊，頁593。

山以事久時遠,不再諱之。至乎趙宋,楊萬里曰:「壽王不忍金閨冷,獨獻君王一玉環」,隱情畢露矣!時益遠矣,更無所忌也。宋太祖革柴周之命,黃袍加身,美其名曰:身不由己。太祖因具人望,故以仁義得之,恭帝禪位,兵不血刃,混一宇內,內外無患,史多稱之。陳摶老祖聞訊,大笑墜驢曰:天下定矣!即錢牧齋詩句所云:「最是王龍酣睡客,夢中失笑墮驢回」。正史所載,天命所歸,更無論矣![56]周恭帝堪比英皇詹姆斯二世（King James II）,皇位為其婿所篡,政權和平轉移,號稱「光榮革命」（The Glorious Revolution, 1688-1689）。趙氏奪權篡位,果亦「光榮」乎?司馬光《通鑑》曰:太祖勒兵入城,京城巡檢韓通夫婦,為軍士所殺,血債有焉。溫公雖稱頌宋祖仁義,並未諱言韓氏之死。溫公於恭帝宰相范質,前倨後恭,且稱萬歲,或稱其賢,然曰:「惜也,但欠世宗一死耳」,[57]斯亦春秋筆法也。為尊者諱,清人趙甌北已有言:「凡有忌諱皆不書,必待後人之追注,則安用作史耶」。[58]於今視之,能不謂然!史諱可以休矣!執史筆者,去古滋遠,古事難以徵信,宜探古人之用心,通其意而識其情,安用諱為?

　　舊史尊經,有正統一說。周既衰微,天下無王法,上陵下替,夫子以周為正統,立「褒貶之大體,為前修之揩拭也」。[59]統者,始也,政教之始也。所謂正統,「正者,所以正天下之不

56　參閱汪榮祖,《詩情史意》（台北:麥田出版社,2005）,頁133-140。
57　司馬光,《涑水記聞》（北京:中華書局,1989）,頁3。
58　趙翼,《陔餘叢考》,第1冊,頁112。
59　劉知幾語,見《史通》,明張之象刻本,稱謂,卷4,頁13a。

正也,統者,所以合天下之不一也」,[60]又謂「統者一也,一天下而君之王事也」[61],斯大一統之謂也。欲居天下之正,務必有德,以符天命,即「撥亂反正」之謂也。然而正統誰屬,莫衷一是。天下一統始於秦,秦既無德,何以正為?或曰史公秦楚之間月表,以秦承周之統矣!錢辛楣不以為然,有詩句曰:「子長史筆獨嶙峋,一字何曾獎暴秦」?[62]謂史公有深意在焉:「一曰抑秦,二曰尊漢,三曰紀實」:抑秦者,以楚匹秦也。尊漢者,以漢繼三代也。紀實者,楚覆秦封漢,主天下者不可沒,[63]故以項王入〈本紀〉也。史公抑秦尊漢,紀實自有主見也。

　　北宋大儒歐陽修,重春秋筆法,暢論正統。所謂正統者,正天下之不正,統合天下之不一。如何居天下之正?如何統而一之?須有德也,即《春秋》所謂,能「撥亂反正」者也。歐公觀史,正統有三:一曰居天下之正,而又能合天下於一者,如堯舜,夏商周,秦漢是也。秦雖暴虐,因「得周而一天下,故其跡無異禹、湯」,可稱正統不誤。王莽雖得漢,然「不自終其身,而漢復興」,則不可稱正統。二曰雖不得其正,而能統一天下,如晉隋是也。三曰雖居正而不能一天下,如東周、蜀漢是也。歐公因而有「三續三絕」之說:「正統之序,上自堯舜,歷夏、

60　蘇東坡語,見蘇洵、蘇軾、蘇轍,《三蘇先生集》(明書林劉氏安正書堂刻本),卷18,頁5b。

61　陳師道,《後山居士文集》(上海:上海古籍出版社,1984),下冊,卷7,頁3b。

62　錢大昕,《潛研堂詩續集》(台北:臺灣商務印書館,1968),卷10,頁129。

63　錢大昕,《潛研堂文集》,第5冊,卷34,頁543-544。

商、周、秦、漢而絕;晉得之而又絕,隋唐得之而又絕。自堯舜以來,三絕而復續,惟有絕而有續,然後是非公,予奪當,而正統明」。[64]歐公論正統,合道德與功業為一,以定王朝之地位,獨紓己見,[65]以理論史,可謂才藻富贍也。

歐公又有言曰:秦甚暴虐,然因「得周而一天下,其跡無異禹、湯」,故得正統。王莽雖得漢,因其「不自終其身,而漢復興」,可稱變統,而非正統。蜀漢固大漢後裔,未能一天下,亦不得以言正統。[66]溫公亦同此意,足見一統為正統之至要也。西晉陳壽,三國並書,以魏承漢,東晉襄陽人習鑿齒,博學能文,甚得桓溫賞識,於晚年病中著《漢晉春秋》,自漢光武迄晉愍帝,以王道為重,帝劉漢、偽曹魏、孫吳,有云:「今若以魏有代王之德,則其道不足;有靖亂之功,則孫劉鼎立。道不足,則不可謂制當年,當年不制於魏,則魏未嘗為天下之主;王道不足於曹,則曹未始為一日之王矣」,是以「以晉承漢,功實顯然,正名當事,情體亦厭,又何為虛尊不正之魏」?鑿齒臨終上疏,猶謂其尊晉也,蓋晉混一宇內,而清四海,乃司馬氏之功,而魏未嘗為一統天下之主,故習以晉繼漢也。[67]習以蜀漢為正,雖嚴儒家倫理,遂啟正統之爭,抑揚任情,各自其是。劉子玄宗漢黜

---

64 參閱歐陽修,《歐陽文忠公文集》,四部叢刊初編縮本195,第3冊,見卷59,〈原正統論〉,頁435-436。
65 參閱歐陽修,《新五代史》,第3冊,卷59,頁706;卷63,頁794。
66 參閱歐陽修,《歐陽文忠公文集》,第3冊,卷59,〈原正統論〉,頁435-436。
67 參閱〈習鑿齒傳〉,載卜大有,《明刻珍本史學要義》頁173-174。

曹,謂習以魏為偽,「定邪正之途,明順逆之理」,[68]然「《漢晉春秋》,以蜀為正統,其編目敘事,稱蜀先主為昭烈皇帝,至於論中語,則呼為玄德」,譏為「扞格無恆」也。[69]或曰習氏因「桓溫覬覦非望,鑿齒在郡,著《漢晉春秋》以裁正之」,[70]意在勸誡當時,蓋東晉桓氏執政,有謀帝位之心,故以此諷上云。然則,習氏之意在此,而不在彼也。陳壽生當司馬氏之世,《三國志》以曹魏繼漢,司馬晉繼魏。然而既帝魏矣,不曰《魏書》,而曰《三國志》,以魏、蜀、吳並霸,固無分軒輊也。錢辛楣曰:就書法言之,承祚蜀人,未嘗不尊蜀也,[71]情理兼顧之矣。然則以正邪分,豈不過歟?溫公《資治通鑑》,繫魏為紀,有其特識,未盡取儒家正統觀也。溫公以「昭烈之於漢,雖云中山靖王之後,而族屬疏遠,不能紀其世數名位」,[72]故以曹魏為紀。蓋魏之取漢,何異漢之取秦,秦之取周,晉之取魏,魏之取漢乎?漢既得正統,得漢之魏,得魏之晉,能不正乎?兩宋識者,於此無異議矣。北宋陳師道有云:自周而下,東周有位無一,齊晉有天下而無位,嬴秦新莽有統而為閏,魏、梁無其統而為偽,南北朝則上無所始,下無所終也。師道更有言曰:「始皇又合六國而為一,而學者不以接統,豈不已甚矣哉!以秦之暴,疾之可也,而不謂天下為秦,可乎?奪之其誰與哉」?[73]是亦以

68　劉知幾語,見《史通》,張之象刻本,卷7,頁13b。
69　劉知幾語,見《史通》,張之象刻本,卷4,頁16a。
70　周天游,《史略校箋》(北京:書目文獻出版社,1987),頁118。
71　錢大昕,《潛研堂文集》,第4冊,卷28,頁425。
72　參閱司馬光,《資治通鑑》,卷69,見論正閏。
73　陳師道,《後山集》(欽定四庫全書本),卷13,見〈正統論〉。

史實,糾正統論之舛也。及至南宋,朱夫子猶以王道不可假借,筆削《通鑑》而作《綱目》,褒貶一以春秋筆法,欲符聖人之旨,明大一統之義,故又以蜀漢為正統矣。非僅南宋朱熹,元初楊奐亦曰:「風烟慘澹駐三巴,漢爐將燼蜀嫠髮;欲起溫公問書法,武侯入寇寇誰家」?[74]諷溫公也。然而奐泥於王道,昧於現實,黜曹魏,而以晉承漢統,殊有違大一統之旨,自亂統紀耳。宋承中華之統,遼金孽牙其間,遂為三史,或有遼金為北史,猶如五代為南史之說,皆非一統之局,可稱「無統」矣,[75]聊備一說而已。蒙元宅土中國近百年,元世祖之輔政大臣,深通孔教,力崇儒術,行育賢之政,[76]欲以「華統之大,屬之我元,承乎有宋,如宋之承唐,唐之承隋、承晉、承漢也」。[77]大清皇朝亦以中華正統自居,乾隆自稱「春秋者,天子之事」,推崇《通鑑綱目》,以大清為歷朝之一,[78]自稱大一統之政權,即「為中華之主」,大清安能外於中華正統耶?[79]蒙元、滿清,雖非漢族,因一統之故,必以中國之正統王朝視之,寧可勿論?是知正統論者,攸關政權之正偽。何者正?何者偽?竊謂史家秉筆有二焉,

---

74　楊奐,《還山遺稿》(上海圖書館清抄本),見〈讀通鑑〉。
75　無統概念參閱張紳,〈通鑑續編序〉,載卜大有,《明刻珍本史學要義》,頁409。
76　閔計大受,《史林測義》,卷37,頁2b。
77　陶宗儀,《輟耕錄》,收入《筆記小說大觀》,第7編,〈正統辨〉,頁333。
78　見清高宗敕撰,《御批歷代通鑑輯覽》(台北新興書局影印四部集要版,1959),冊1,頁003。
79　詳閱汪榮祖編,《清帝國性質的再商榷:回應新清史》(中壢:中大出版社,2014)。

一曰「理想派」，以德位重於一統，唐宋而後，多斷之以道德，以夷狄、篡弒、女主為非統，溺於過時思維，不足為訓也。二曰「現實派」，以一統重於德位，符合「時哉宜哉，宜哉時哉」，歐陽、司馬兩公，已具言之矣。衡之史之運行，分合無常，而久分必合，此現實也。歷朝史氏，糾纏於正統論，乾嘉錢氏，已覺無味。錢以為黜王莽紀元，力存劉氏正統，無異妙手補天，殊不以為然也。[80]至於今日，中華為列國之一，各國莫不以正統自居，「合法政權」（legitimate regime）之謂也。能富國強兵者為正，得民心者為正，鮮以道德為正矣。合法與否，則以一統為要。分裂之國，各有國號；國號屢變，而一國之主權永續！合法之國號，居一國之正統，惟其能一統也。北宋、南唐，並立十有四年（960-974），終歸於趙宋之一統。蓋一統之國，臥榻之側，不容他人鼾睡！南唐後主，倉皇辭廟，降為臣虜，無可奈何，花落春去也。

經學盛於兩漢，然聖經不專為漢而立，後世尊孔讀經，歷數千年不絕，至兩宋而極盛。治經者，如程、朱、蔡、沈，大家輩出，名揚後世。史學與經學並起也。溫公《通鑑》，特重名分，固無論矣！宋祁、歐陽修輩，發秘府之藏，筆削舊書，歷時十有七年，刪定《新唐書》，「文省於前，而事增於舊」，[81]篇目亦有增減，講究義類凡例，以儒家倫理為褒貶，糾《舊唐書》敘事

80　參閱錢大昕，《潛研堂文集》，第1冊，卷2，頁19。
81　趙甌北語，見趙翼，《廿二史劄記》（台北：世界書局，1956），上冊，頁221。

之委縟,[82]春秋筆法有焉。按《舊唐書》成於五代凋敝之世,多據實錄詔令,雖多事實,失之繁瑣,又好惡過當,論贊多用儷語,文不稱事,詳略失當,非《新唐書》之比也。新書之志表,尤勝於舊書,蓋宋之興也,盛平日久,載籍漸出,採擇轉多故也。惟新書亦非完璧,歐陽作本紀與志表,祁撰列傳,兩公取捨不同,事增文省。新書若不省舊書之文,豈無疊床架屋之虞?若不增事,則新書何謂?所可議者,增省是否相宜耳。新書筆削雖未必盡善,事且有舛,文有支離之失,不似歐公筆墨之峻潔。劉元城欲正新書之失,不謂無故。吳縝糾《新唐書》之謬,既詳且備,舉凡以無為有,似實而虛,書事失實,自相違舛,年月誤差,載述脫漏,當書反闕,宜刪反存,義理不明,先後失序,編次未當,紀傳不相符合,不下四百餘則,巨細靡遺矣。吳縝祖述子玄,直言不諱,亦不免為後人所訑也。平心而論,《新唐書》之褒貶,未必盡符史實,然足與舊書并肩,新舊同入正史,並無不宜。錢辛楣雖謂吳縝所指摘者,未中要害,但所糾非無可取,惟憾其「快其胸臆」,「沾沾自喜」耳。李慈銘則謂吳縝「精審,故得者尤多」,「可采者甚眾」,「有功於史學甚大」,[83]吾從蓴客所言。《新唐書》病在多春秋大義,章太炎有言:「作史而存《春秋》筆削之意,本非所宜;其謬與《太玄》擬《易》相同。王通作《元經》,大書『帝正月』,傳為笑柄」,[84]歐公

82　參閱曾公亮,〈進新唐書表〉,載卜大有,《明刻珍本史學要義》,頁262-264。
83　李慈銘,《越縵堂讀書記》,上冊,頁297, 298。
84　章太炎,《史學略說上》,章氏國學講習會演講記錄第五期(1935年12月)頁35。

於唐本紀大書契丹立晉,亦若是,此學步《春秋》之失也。清儒陳澧嘗曰:「夫《春秋》所重者,固在其義,然聖人所謂竊取之者,後儒豈易窺測之?與其以意窺測,而未必得,孰若即其文、其事,考據詳博之,有功於經乎」?[85]豈不然歟?苟若拘泥於書法,刻意遵《春秋》大義,繼《綱目》微旨,則湯武不免篡弒,宋祖難辭篡周矣!宋祖以臣篡君,而韓通因護周君而死。歐公以善善惡惡自許,東坡詰以何不為韓通立傳?歐公默然無語也。[86]惟錢大昕別有所見,以為韓通之死,於宋太祖受禪之日,其時柴周已亡。周既亡矣,太祖受禪,不見於周史,韓通自無緣特見,乃前史舊例,非歐公之失也。[87]竊謂春秋書法,拿捏不易,難以謹守者也。至於歐公謂武肅王錢鏐「重斂民以事奢僭,下致雞魚卵鷇,必家至而日取」,[88]溫公記鏐「築海石塘,廣杭州城,大修台館,由是錢塘富庶盛於東南」,[89]所論迥異,有謂「歐陽因私怨誣之」,[90]若然則曲筆有焉。朱熹最嚴名分,持儒家道德至嚴,誠如近人饒宗頤所言:「其純以《春秋》書法為褒貶者,則朱子一人而已」。所謂《春秋》筆法者,君臣父子夷夏而已,「聖人之終事,天地之大義」,[91]乃儒家意識之呈現,非欲隱藏

---

85 陳澧,《東塾讀書記》(郡州勸學書舍仿番禺陳氏本刊,光緒辛丑1901),卷10,頁10a。
86 事見《野老記聞》,載顏中其編,《蘇東坡軼事匯編》(長沙:岳麓書社,1984),頁27。
87 錢大昕,《潛研堂文集》,冊2,卷12,頁178。
88 語見歐陽修,《新五代史》,第3冊,卷67,頁843。
89 司馬光,《資治通鑑》,第12冊,頁8726。
90 參閱張岱,《史闕》,下冊,頁520-528。
91 葉適,《葉適集》,第3冊,頁701。

事實也。「王霸之辨」，以德行辨，仁者王，以力假仁者霸。意在「尊王抑霸」，未嘗隱飾王霸之事蹟。孝行乃儒教之重鎮，扶蘇奉父命自裁，論者不一，劉克莊有詩句曰：「詔自沙丘至，如何便釋兵？君王令賜死，公子不求生」，[92]不解公子何以束手就死也。計大受亦不以為然曰：扶蘇不知詐之宜防，而「驟棄天下之重任，而受命自裁。嗚呼！其志可哀，其愚不足尚也」。後村、大受論史，未盡從儒說也。然則，今人殊不宜，以《春秋》筆法，概括舊史也。春秋筆法苟能「盡事物之情，達時措之宜，正以等之，恕以通之，直而行之，曲而暢之」，[93]豈不善乎？吳縝嘗曰：「史之要有三，一曰事實、二曰褒貶、三曰文采，有是事而如是書，斯謂事實，因事實而寓懲勸，斯謂褒貶，事實、褒貶既得矣，必資文采以行之，夫然後成史」。[94]足見據事褒貶，對事評價，而後書以美文，何異於泰西所重之「資料」、「解釋」、「書寫」歟？惟泰西嚴分「事實」（fact）與「證據」（evidence）之別，[95]事者，無序之陳跡也；證者，可以為據之事也。評估事實之意義與價值，而後演成證據，譬如石不能成橋，惟集石材與巧思，橋可造也。

　　褒貶尚有餘義，劉項相爭不下，相約以鴻溝為界，項王歸太公、呂氏於劉，而後中分天下，項王引兵東歸矣，然張良以養

92　劉克莊，《後村先生大全集》，四部叢刊初編縮本273，第1冊，頁124。
93　語見陳亮，《陳亮集》（北京：中華書局，1974），上冊，頁103。
94　吳縝，《新唐書糾謬》，頁4a。
95　英文所謂證據（evidence，非事實即證據，證據「須確定事實為真之謂」（make you believe the facts are true）。凡「記憶」（memory）或「證詞」（testimony），若未經證實，皆不足以言證據。

虎為患為由,勸劉乘機擊之,而漢王從之。馬、班、《史》、《漢》,皆直敘其事,議論寓於敘事。宋儒程、朱,秉春秋之筆,與孔聖神交心契,謂張良雖有儒者氣象,然以詐說漢王,「不義甚矣」!張良勸以術取,以權謀為尚,直如西士馬基維利,以智巧為「德」,即其所謂「為目的,可不擇手段也」(The ends justify the means)也。馬氏有言:欲君權之固,務必「勇猛如獅、精明如狐」也。[96]其慘刻少恩,何異申韓?清儒芋田氏姚祖恩,以子房促漢王背信棄義,極為「狠辣,視約誓如兒戲,千古此類至多」。[97]然則,所謂儒者氣象,乃理想之高標,罕見落實於青史也歟?朱晦翁知之,故而歎曰:「堯、舜、三王、周公、孔子所傳之道,未嘗一日得行於天地之間也」。[98]是知春秋之筆,乃夢筆也,雖夢寐求之,難以得之。所謂中華史學,即儒家史學,未盡然也。

西人習稱吾華舊史為儒家史學,貶義有焉,聲稱吾華舊史,以黑白判善惡,以善惡定是非,殊不可取也。英國史家普冷布不云乎:「司馬《史記》所書,道德多而史少也」,直指遷書乃道德之書,非史也。因謂中華史學,略無「歷史批判」(historical criticism)。[99]豈其然乎?經為儒家經典,固無疑也,惟史非經

---

96 原文:"A ruler, Machiavelli wrote, should be strong as a lion and shrewd as a fox," John Barker, *The Super-Historians*(New York: Charles Scribner's Son, 1982), p. 78.
97 姚祖恩(芋田氏),《史記精華錄》(上海:商務印書館,1933,1938),上冊,頁8b。
98 朱熹,《朱文公文集》,四部叢刊初編縮本228,卷36,〈答陳同甫書〉,頁579。
99 J.H. Plumb, *The Death of the Past*(London: the Macmillan Press, 1969), pp.

也。其間經史關係,殊非西師所稔知也。自漢武號稱獨尊儒術,至元帝好儒,引用儒生,委之於政,予西漢經師以解釋政教、法令、史事諸權。凡學術皆屬經學之分支,史學不能自外之也。然而史之由來,固早於經;史書之繁,亦勝於經,史豈即經耶?漢末經古文復興,一反經今文之重義輕事。及至三國,王充問孔之篇,已為人熟知,開魏晉疑經之風,導致史學離經而獨行,自成一科矣。[100]南朝劉勰,於佛道風行之世,雖亦崇道奉佛,仍視儒家經典,為「恆久之至道,不刊之鴻教」,[101]故而視太史公書,「愛奇反經之尤」也。然正見史公「實錄無隱之旨,博雅宏辯之才」,[102]能超越古式,而得事序。李唐嗣興,一統天下,佛道沁潤,經已非原經。劉子玄〈惑經〉之篇,指《春秋》書法,未盡妥善,筆法未見其宜,時而「略大存小,理乖懲勸」,當諱不諱,不諱而諱,時有張弛,繁省失衡,有違定體,所謂「尺有所短,寸有所長」也。後人虛美過甚,是以有惑也。子玄繼王充「問孔」之後,質疑聖經者也。[103]子玄就史文評之,以為「良史以實錄直筆為貴,而《春秋》記它國之事,必憑來者之辭,而來者所言,多非其實」。[104]以史論經,經所載多有不實。兩宋儒學極盛,經固未見稍衰,然主訓詁義理,窮經觀史,自成風氣。朱

22, 21-22.

100 參閱逯耀東,〈魏晉史學的時代特質〉,收入逯耀東,《魏晉史學及其他》(台北:東大圖書公司,1998),頁13。另參閱胡寶國,《漢唐間史學的發展》(北京:商務印書館,2003),頁30-49。

101 語見劉勰,《文心雕龍》,卷1,頁4b。

102 劉勰,《文心雕龍》,卷4,頁1b。

103 參閱劉知幾,《史通》,張之象刻本,卷13,〈惑經〉,頁9b-16b。

104 劉知幾,《史通》,張之象刻本,卷13,〈惑經〉,頁14a。

熹重經,未嘗輕史,以經為本,而後讀史也。其《通鑑綱目》,擬經之作也,王應麟曰:「綱效《春秋》,目效《左氏》,以經法為史法」。[105]然則,熹以《春秋》之義讀《通鑑》,以義理讀史,自謂:「凡觀書史,只有個是與不是,觀其是求其不是,觀其不是求其是,便見得義理」,[106]意在辨驗是非,明白義理,庶幾以自家義理,考覈治亂興替。義理何從得之?《春秋》垂褒貶之訓,仲尼身受,擬於史外傳心,以魯史寓王法,撥亂反正,遏人欲而存天理,非空言也。故而《春秋》之義,如胡安國所云:「春秋經世大典,見諸行事,非空言比」。「不言直書,而義自見」。[107]非貫穿百氏,熟稔經史,安能辨驗是非?安得不淪於世俗尋常之見歟?朱子有言:「今求義理,不於六經,而反取疏略淺陋之子長,亦惑之甚矣」![108]竊謂子長之書,史家之書而紫陽非是。王鴻緒曰:「紫陽氏之書,非史家之書也;史家之書,踵其文於勝國而筆削之,其用意寬,紫陽之書,合前史所書之事,而賞罰之,其用意嚴」,[109]所言極是。朱子理學大師,意在正統,摘錄志傳,所以示理亂得失,為後世法也。故紫陽之書,非舊史之樣版,謂之史中之經可也。張琦曰:「苟守經理,而不達權勢,則昧於當時之情形」。[110]史書錯綜互見,非道德之製作,

105 王應麟,《通鑑答問》(文淵閣四庫全書),686:619。
106 朱熹,《朱子全書》,卷66,冊25(明武英殿御制),卷6,頁59b。
107 胡安國,《經史鈔》(同治壬申旴南汲古書屋補刊刊),第12冊,春秋序頁1a。參閱脫脫等撰,《宋史》,第37冊,頁12913。
108 語見卜大有,《明刻珍本史學要義》,頁108。
109 王鴻緒,《史例議》,2卷(道光教慎堂刻本),卷1,頁8b.
110 張琦,〈陳壽三國志不帝蜀論〉,徐永隆編,《古今史論統編》,光緒石印本(瀋陽:政學書社,1902),卷6,頁2b.

蓋儒家義理，未必合乎時勢之實況也。

　　王鳴盛論及經史，則謂：「未通小學，不可說五經、《史》、《漢》」。[111]其意無論經史，必先通訓詁識字，而後經義始明，史鑒可通，文集能賞也。泰西近年有「後史」論者，謂古今有隔，文字難以掌握，以為語意（semantics）不穩，語法（syntax）難達原意，故無從傳往事之真云，或曰：史家知文獻之真意，乃無可推諉之職責。[112]然則，史家何以識文獻之真耶？吾華訓詁之學，可作利器。其精深之處，足令出於唇吻之「能指」（signifier），符合指事稱物之「所指」（signified）。史家由訓詁求敘事之精確，往事之真，未嘗不可致也。有清考據，以訓詁為尚，號稱樸學，於名物典章制度，探本溯源，雄冠前人。清儒以音韻訓詁，鈎稽疏通，訓譯詞句，尤以注疏十三經，成果累累，頗能破惑發覆，最為矚目。若陽武洪亮吉之《春秋左傳詁》，辨析入微，詞語多得確解。例如「某寇將至，乃溝公宮」，《詁》曰：「賈逵云，溝塹也」。如「庸勤親親，暱近尊賢」，《詁》曰：「《詩‧毛傳》，庸，用也，孫炎《爾雅注》，暱，親近也」。如「衛人侵邢，二禮從國子巡城，掖以赴外，殺之」，《詁》曰：「《說文》，掖，以手持人臂投地也」。如「終日而畢，鞭七人，貫三人耳」，《詁》曰：「據《說文》，軍法以矢貫耳也」。如「（文公）果得晉國，險阻艱難，備嘗之矣，民之情偽，盡知之矣，天假之年」！《詁》

111　王鳴盛，《十七史商榷》，頁138。
112　參閱Quentin Skinner, "Hermeneutics and the Role of History," *New Literary History*, 7（1975-1976）, p. 211.

曰：「按云，天假之年，益可知文公此時年齒，必非壯盛」，[113]更詁出言外之意也。戴震更深通此道，故知《尚書・堯典》「光被四表」一語，「橫」自「黃」得聲，而「黃」又自芨（古同「光」）得聲，故橫字異體可作桄，《爾雅》「光」訓「充」，故「光被四表」者，即「橫被四表」、「廣被四表」之意，始得正解。[114]然亦有誤讀之患，胡適攻乎子曰：「民可使由之，不可使知之」，為愚民張目，有違夫子原旨。不唔此句應讀如：「民可，使由之，不可，使知之」，[115]胡氏句讀之誤，謬以千里矣。郭店楚墓竹簡本作：「民可使道之，而不可使知之；民可道也，而不可強也」，似更近乎夫子啟迪民智之意，所謂草上之風必偃也。

顧亭林謂：能讀書之人，方可勘書，若「據臆改之，則文益晦，義益舛，而傳之後日，雖有善讀者，亦茫然無可尋求矣」！[116]亭林提醒古書不可妄改，足以為訓也。誤讀誤解，亦能糾而正之。斯即泰西所謂「原料批判」（source criticism）也。齊國宗室王孫賈，「事閔王，王出走，失王之處。其母曰：女朝出而晚來，則吾倚門而望；女暮出而不還，則吾倚閭而望；女今

113　參閱洪亮吉，《春秋左傳詁》（上海：上海古籍出版社，1994），頁101，108，109，113。
114　參閱徐子明，《胡禍叢談》（台北：民主出版社，1964），頁129；錢大昕，《廿二史考異》（台北：樂天出版社，1971），上冊，頁417。
115　參閱愛新覺羅・毓鋆，《毓老師講易經》（台北：奉元書院，2021），頁29-29。
116　顧炎武，《日知錄集釋》，上冊，頁441。

事王,王出走,女不知其處,女尚何歸」?[117]後人「以此為母望子歸,作兒女私情視之,失之遠矣」![118]按倚門倚閭,母以言激王孫賈也,不得齊王閔則不歸,故而王西莊曰:「予束髮好談史學,將壯,輟史而治經。經既竣,乃重理史業,……正文字、辨音讀、釋訓詁、通傳注,則義理自見,而道在其中矣」。[119]王氏所言:「正文字、辨音讀、釋訓詁、通傳注」,非僅治史之法,亦治經之法,經史均賴訓詁以通文也。「漢朝劉向、劉歆父子,校理秘書為《六略》,《世本》、《楚漢春秋》、《太史公書》、《漢紀》,皆列於春秋家。《高祖傳》、《孝文傳》,則列於儒家,足見初無經史之別。至李充、荀勖,定經史子集四部,「而經史始分」,惟經史各為一類,非謂經史分家也。集雖自為一部,文史亦不可驟分。專治經者,經中豈無史耶?專治史者,史中豈無經耶?更不聞陋史而榮經也。自宋儒講求心性,懼士人讀書氾濫無歸,以至於「呵讀史為玩物喪志」,謂「讀史使人心粗」,遂令十七史束之高閣,於是說經者日多,而讀史者日少,遂有「經精而史粗、經正而史雜」之見,趙甌北力駁此說,有云:「經與史豈有二學哉」?蓋「昔宣尼贊修六經,而《尚書》、《春秋》,實為史家之權輿」。甌北斷言,經史同源,本為一體之兩面也。[120]

　　《春秋》三傳:《公羊》、《穀梁》,強經就例,惡例多

117　事見劉向編訂,《新雕重校戰國策》(台北:臺灣中華書局,1969)卷13,〈齊六〉,頁1b。
118　鍾惺,《史懷》,卷4,頁10a。
119　王鳴盛,《十七史商榷》,序,頁1。
120　趙翼,《廿二史箚記》(台北:樂天出版社,1971),序頁1-2。

矣。漢武帝好《公羊》,漢宣帝好《穀梁》,皆立學官,《左傳》於曹魏正始中始立。東漢鄭玄治《春秋》,以《左傳》為主,魏晉而後,大行於世,《公》《穀》二傳式微,蓋因《左氏》詳述事蹟,殊少私例,歷久而彌新也。唐劉子玄謂:自古重《公》《穀》兩傳,而不得《左氏》之情,故云:「言傳者,當以《左氏》為首」,故撰〈申左〉之篇,曰左氏之長有三,得周典而傳孔教為將來法,其長一也;包攬它國,事事皆詳,其長二也;膺授經之托,上詢夫子,下訪其徒,所述摭實,能廣聞見,其長三也。[121]孔子因魯史遺文,而修《春秋》,惟《春秋》事略,史事未詳,[122]乃付實錄於丘明,「用使善惡必彰,真偽盡露。向使孔經獨用,《左傳》不作,則當代行事,安得而詳者哉」?蓋重史也。太史公曰:「魯君子左丘明懼弟子人人異端,各安其意,失其真,故因孔子史記具論其語,成《左氏春秋》」。[123]故左氏傳者,詳《春秋》所略之史事也。明儒羅欽順,以孔子作《春秋》,但舉大綱,左丘明見及原文,而修《左傳》。[124]《春秋》為經,《左傳》為史,經有經法,史有史法,各有所當,相得益彰也。日人津田視《左傳》敘事,以道德為因果,[125]未必盡然也。兩漢而後,《左傳》獨行,遂視左傳為經,

---

121　劉知幾,《史通》,張之象刻本,卷14,申左,頁2a-b,全文參閱頁1a-7b。
122　參閱汪榮祖,《史傳通說》(台北:聯經出版公司,1988),頁50。
123　閱司馬遷,《史記》(北京:中華書局,1975)第2冊,卷14,頁509-510。
124　羅欽順,《羅氏困知記》(萬曆刻本),卷2,頁4b。
125　津田左右吉,《左傳の思想史的研究》(東京:岩波書店,1958),頁557-568。評津田之作可參閱鐮田正,《左傳の成立と其の展開》(東

不知經出《春秋》,垂教樹法,《左傳》直書其事,乃《史》、《漢》前之史也。《左傳》不作,則二百餘年春秋戰國之行事,茫然闕如矣![126]

《左傳》未通行於秦漢之世,至乎千年之後,晉太康年間,出自汲塚,杜預注之,干寶視為修史之榜樣,由是奉為信史。《左傳》傳《春秋》,《春秋》為綱,極為簡省;[127]《左傳》為目,目詳十八萬字,而後綱舉,故而《左傳》非經,所以輔經也。惟自唐而後,即有疑左氏者,[128]豈不宜正視聽?顧炎武有言:「左氏之書,成之者非一人,錄之者非一世,可謂富矣,而夫子當時未必見也」。[129]然左氏之史,頗為群書所用,《呂氏春秋》、《韓非子》、《史記》諸書,皆引用之。《左傳》作者,或難具言,然事豐體美,人無異詞,雖屬編年,事有終始。呂祖謙不云乎:「雖數百年之事,皆可槩而見也」。見一代之升降,一國之盛衰也。[130]數百年間事,頭緒瞭然,如晉公子重耳在外

京:大修舘,1963)。
126　劉知幾,《史通》,張之象刻本,卷14,〈申左〉。頁5a-b。
127　Herbert Butterfield, the Origins of History, pp. 147-148. 白氏謂:《春秋》何其「乏味而無序」(dull and inconsequent)。
128　見錢基博,《經學通論》(台北:中華書局,1962),頁198。
129　顧炎武,《日知錄》,第1冊,頁70。近人童書業則謂:「《左傳》之主要作者似為吳起。吳起為衛左氏人而先仕于魯,學于曾子(曾參或其子曾申),且曾為季氏家臣」,見童書業,《春秋左傳研究》(上海:人民出版社,1980),頁288。最近有作者批評前說,仍以左丘明為主要作者,見胡念貽,〈左傳的正偽和寫作時代問題考辨〉,《文史》(1981),頁11, 28。
130　見呂祖謙,《左氏傳說》,通志堂木刻版(巴陵鐘謙均重刊),頁2b,1a。

十九年,歷經苦難,因能臣趙衰、狐偃之助,決策有智,得以返國,而後稱霸。晉侯賞賜從亡者,而介子推不言祿,祿亦弗及,晉侯悔之,子推寧隱而死,晉侯志其過,「以旌善人」,[131]故事極為動人。春秋多戰事,「多達四百八十三次」,[132]皆因爭霸而起。《左傳》敘戰役也,若城濮之戰,敘前因後果,歷歷在目。述晉楚互動之謀略,因趙衰獻策,晉侯狐疑,臨戰用計,晉退避三舍,所以報答楚恩、重德義也。楚將子玉,自雄而又輕敵,行軍急躁,而晉國之先軫、子犯,用計周密,楚驕橫而晉畏怯,故而楚師因驕而敗績也。左氏所述戰地,全景在目,間有閒筆,而無節外生枝之虞。[133]先秦戰事,因左氏而幸存人間,捨《左傳》,何從得知春秋戰國事耶?至於作戰心理,有怯而勝之說,所謂怯民使以刑必勇,勇民使以賞必死,民畏刑而勇,勇能侮敵,畏敵則侮我矣,亟言治軍當嚴,所謂「兵事以嚴終,為將者亦嚴而已矣」。[134]希臘斯巴達名將,亦有言曰:「士卒畏帥,甚於畏敵」,蓋畏帥使以刑也。治軍嚴明,乃金科玉律,中西心同理同也歟?[135]

《左傳》事詳文贍,歷代史家所重。劉子玄嘗舉《左傳》三長,《公羊》、《穀梁》五短之餘,更見左文之美,曰:「觀丘

---

131 事見左傳僖公二十四年,楊伯峻,《春秋左傳注》(高雄:復文書局,1991),上冊,頁417-419。
132 見沈玉成、劉寧,《春秋左傳學史稿》(南京:江蘇古籍出版社,1992),頁93。
133 事見左傳僖公二十八年,楊伯峻,《春秋左傳注》,上冊,頁458。
134 司馬君實語,見司馬光撰,伍耀光輯錄,《通鑒論》,頁28。
135 轉引自錢鍾書,《管錐編》,第1冊,頁193-194.。

明之記事也,當桓文作霸,晉楚更盟,則能飾彼詞句,成其文雅」。[136]韓愈有言:「《春秋》謹嚴,《左氏》浮誇」。[137]觀乎韓詩有句曰:「《春秋》三傳束高閣,獨抱遺經究始終」,頗有遠溯源流,重經輕傳之意,惟事不見於經,無傳何以知事?不推校傳文,經義何以置喙?經傳如同綱目,綱猶經也,目猶傳也,綱未可獨存者也。按仲尼修《春秋》,其傳付之左氏,傳所以翼經,安得束之高閣耶?《左傳》或有神怪、詭譎、暴亂之詞。然而顧炎武曰:「昔人所言,興亡禍福之故,不必盡驗;左氏但記其信而有徵者爾,而亦不盡信也」。[138]乾隆名家汪容甫曰:左氏之言天道、鬼神,卜筮,皆未嘗廢人事也。[139]晚清文廷式則曰:有「後人竄入,不能自掩其跡者」。[140]皆可謂持平之論,蓋世無盡信之史也。至於書法不可通處、有不可為例者,大抵後人附益,未必左丘明之文也。《左氏》翼經,固無可疑,《左繡》曰:「當時二百四十二年列邦事蹟,盡為秦燼,後之人欲通春秋之義,必觀其斷,欲觀其斷,必檢其案,《公》、《穀》風調,的系漢儒,《國語》冗而散,實不類。左氏筆則是彷彿萬一者,猶賴此篇之存」,亟言《左傳》與《春秋》之異趣,[141]左氏敘戰亂暴力,周室之瓦解,皆史實也,非經義也。誠如宋儒王應麟所

---

136 劉知幾,《史通》,張之象刻本,〈申左〉,卷6,頁9b。
137 韓愈,《韓昌黎集》(香港:商務印書館,1973),頁77。
138 顧炎武,《日知錄集釋》,第1冊,頁98。
139 汪中,《述學》(台北:廣文書局,1970),〈內篇〉2,頁2b, 3a.
140 文廷式,《純常子枝語》,卷1,頁11。
141 馮李驊,《左繡》,杜林合注(民國辛酉江陰寶文堂出版),序,頁2a-b。

言：《左氏》言事，不言義。[142]然而《左氏》雖不言義，因其翼經，義在其中矣。

　　清初常州莊存與及其甥劉逢祿，抨擊《左傳》，考證其偽。逢曰：「余年十二讀《左氏春秋》，疑其書法是非，多失大義，繼讀《公羊》及董子書，仍恍然於《春秋》非記事之書，不必待左氏而明。左氏為戰國時人，故其書終三家分晉，而續經乃劉歆妄作也」。劉謂：夫子口授大義，《公羊》為《春秋》經之正解，《左氏》非傳經之作也。劉歆改《左氏》舊文為傳，故史公所見，乃《左氏春秋》，而非《春秋左氏傳》也。[143]劉氏更以經義由夫子「竊取之矣」，故經不待事而著，[144]以左氏書為史而非傳也。及至道、咸之世，內憂外患，復清初實學以經世致用。《左傳》富史實，若是偽作，則先秦幾無史矣。陳澧有言：「憲章墳典、文獻經學、德行名言，皆出於孔子之前，賴有《左傳》、《國語》述之，至今得以考見，此左氏之功之大也」。[145]事關史之存廢，茲事體大，餘杭章太炎憂之，以史為國之魂魄，不可侮也，著五十萬言駁之，[146]不遺餘力。逢祿曰：「左氏記事在獲麟後五十年」，無以與孔子同觀魯史，故疑左氏非《論語》

142　王應麟，《困學紀聞》（光緒九年木刻版），卷6，頁14a-b。
143　劉逢祿，《左氏春秋考證》，載《續修四庫全書》（上海：上海古籍出版社，1995），第125冊，頁241。
144　劉逢祿，《左氏春秋考證》，頁252，另參閱頁250-256。
145　陳澧，《東塾讀書記》，卷10，頁4a。
146　見章太炎，《春秋左傳讀》，收入《章太炎全集》，第2冊，頁1-868。另參閱章太炎，《駁箴膏荒評》，收入《章太炎全集》，第2冊，頁810-863, 869-900。

之左丘明，未曾聞夫子大義；孟子以下，僅董生一人耳。[147]太炎質之曰：「若左丘明果有二人，何以自漢至唐，茫訾不省」？[148]故必先定左氏其人，遂考訂丘明本魯之左史，左氏其官，左氏即左史氏，氏丘名明者也，[149]繼而確定「左氏親見素王，則七十子之綱紀，《公羊》末師，非其比也」。孔子所言：「與左同恥」，則朋友也，非弟子也。「左氏未稱為傳，何害其為傳經乎？若左氏自為一書，何用比附孔子之《春秋》，而同其年月為」？[150]要之，左氏以事明義，非僅左氏書，豈能以多舉事實，而謂之非傳？左氏釋經之文，「科條數百」，非專務事實者，故《左傳》實六經之羽翼也。[151]反觀《公羊》，猶若百家小說，賣餅之流，非君子所尚也。《公羊》既失實，轉謂左氏失實可乎？若捨左氏，則無傳之可言矣！逢祿又謂：《春秋》非僅史文，有義在焉，左氏以史文視之，宜其失義。太炎駁之曰：《春秋》義經而體史，古者經史本非異業也，「稱之為史，無害麟筆之尊嚴，若謂《春秋》非史，非學者之評議也」。[152]孔子史學之宗，文獻無證，不敢撰次其事，若捨王官故府之書，而取決於聖門之一語，則苟率胸臆，妄造史狀者，皆得托其門戶」。[153]太炎之駁

147　劉逢祿，《左氏春秋考證》，頁252。
148　章太炎，《春秋左傳讀敘錄》，頁829.
149　章太炎，《春秋左傳讀敘錄》，頁57-59。
150　章太炎，《春秋左傳讀敘錄》，頁810, 811, 812。
151　參閱章太炎，《春秋左傳讀敘錄》，頁810-815, 821-822。
152　劉逢祿，《左氏春秋考證》，頁254，參閱章太炎，《春秋左傳讀敘錄》，頁825-826, 835-836, 837, 845-846.
153　章太炎，《春秋左傳讀敘錄》，頁827, 828。

劉也,巨細靡遺,直指逢祿「守其蓬心,誣汙往哲,欲以卷石蔽遮泰山」。[154]若太炎之言不虛,則「經稱仲尼,傳稱丘明」,可作定論。傳以實事著之,即史也。史若亡,國無以存也。

清季南海康有為,原名祖詒,號長素,求變法改制,又燃《左傳》偽造之說,較之逢祿,有過之而無不及。劉謂左氏雖有文采,不得聖人深意,非經傳也;康徑謂《左傳》乃劉歆偽作,又曰:「左丘明俱稱《國語》,然則左丘明所作,史遷所據,《國語》而已,無所謂《春秋》傳也。歆以其非博之學,欲奪孔子之經,而自立新說,以惑天下」。[155]劉歆何以偽造?康謂欲以魯隱公事,助王莽篡位。不僅此也,謂歆亦篡改《史記》,以篡奪儒教云云。[156]南海過激之言,意在政治,故不惜武斷,一至於此。[157]康氏因變法而享大名,影響所及,必有唱和者,謂康字字精準,兩漢之後,無與倫比。[158]錢玄同及其古史辨同道,從而斷《左傳》為劉歆偽作,[159]時人以左文奇譎,多稱道之。太炎殊不

---

154 章太炎,《春秋左傳讀敘錄》,頁815。
155 康有為,《新學偽經考》(光緒十七年廣州萬木草堂木刻版),第2冊,頁48b。此原版承周一良先生相贈。
156 日人評康《左傳》偽書說,見鎌田正,《左傳の成立と其の展開》,頁102-182。
157 參閱Young-tsu Wong, "Philosophical hermeneutics and Political Reform: A Study of Kang Youwei's Use of Gongyang Confucianism," in Ching-I Tu ed., *Classics and Interpretations: the Hermeneutic Traditions in Chinese Culture* (New Brunswick: Transaction Publishers, 2000), pp. 383-410.
158 參閱錢玄同,〈左氏春秋考證書後〉,載顧頡剛主編,《古史辨》(上海:上海人民出版社,1982),第5冊,頁4。
159 顧頡剛遲至1942年仍從康、劉偽造之說,參閱顧頡剛,《春秋三傳及國語之綜合研究》(香港:中華書局,1988)。

以為然,曰:「初南海康祖詒長素著《新學偽經考》,言今世所謂漢學,皆亡新王莽之遺,古文經傳,悉是偽造。其說本劉逢祿、宋翔鳳諸家尤恣肆。祖詒嘗過杭州,以書示俞先生,先生笑謂余曰:爾自言私淑劉子駿,是子專以劉氏為敵,正如冰炭矣」。[160]康章學術,確如冰炭;依章之見,史不可誣也。按《左傳》真偽,事關古史之存亡。太炎旁徵博引戰國至西漢文獻,印證偽造說之無稽,確定桓譚所謂:左氏於經,「猶衣之表裏,相持而成,經而無傳,使聖人閉門思之十年,不能知也」。[161]太炎護左,雖非首發,然考訂之詳盡,前無古人也。[162]渠晚年講學吳中,更謂「孔子之修《春秋》,其意在保存史書」,秦火之餘,「今日而猶得聞十二諸侯之事者,獨賴孔子之修《春秋》耳。使孔子不修《春秋》,丘明不述《左傳》,則今日之視《春秋》,猶是洪荒之世已」。左氏因孔子、《史記》,而具論其語也。[163]太炎謂《經》、《傳》之為書,「猶談、遷之《記》,彪、固之《書》,父子戮力,丸揉不分。」[164]其意《經》、《傳》關係之密,《經》中有《傳》,《傳》中有《經》也。然則、仲尼、丘

---

160 章太炎,《章太炎先生自定年譜》(上海:上海書店,1986),頁5。
161 章太炎,〈春秋左氏異議答問〉,載《章太炎全集》(上海:上海人民出版社,1986),第6集,頁252。太炎考證之精審,參閱全文,見卷1,頁247-266。
162 見李學勤,〈章太炎論左傳的授受源流〉,章念馳編,《先趨的蹤跡》(杭州:杭州古籍出版社,1988),頁33。
163 王乘六等記,《章氏國學講習演講記錄》(蘇州:章氏國學講習會,1935),〈經學略說下〉,頁51-52,54。
164 章太炎,《檢論・春秋故言》,《章太炎全集》(上海:上海人民出版社,1984),頁411。

明同為作者乎？惟《經》、《傳》一體而異能，《經》重義法，《傳》重實事。[165]太炎之護《左傳》，實欲信史不墜。劉師培以博學名世，廣征博引，識見超群，所見與太炎略同，力證《左傳》成書於先秦，西漢經今文家，若伏生、董生輩，均引用《左傳》不誤也。[166]太炎、申叔，駁劉歆偽造之說，鏗鏘有力，應可一錘定音矣。

孰料民國疑古風起，《左傳》又在當疑之列。明儒楊慎有言：「古之學者成于善疑，今之學者盡于不疑」，[167]民國疑古者反是，不疑而疑，拾零碎考古遺物，以攻排古籍，求之極深，驗之太密，以非所習見即不以為然，耳目未及，即不可信，於是古史多可疑也。疑古洪流，幾汎濫無歸矣！世風之下，儒家經典，斥為神話，茫茫遠古，幾無可信之事矣。疑古以《古史辨》為重鎮，延劉、康兩氏之餘緒，顧頡剛主其事，承康疑古之說，極尊南海，[168]以為上古無信史。唱和者有太炎弟子錢玄同，重彈劉歆竄亂《國語》，而成《左傳》之舊調。左氏真偽之爭，於是復起。域外學者亦參與其間，正反意見不一。瑞典高本漢，[169]通華文之傑出語言學家也，以文法分析考證，獨排眾議，以為《左傳》文法，近乎《國語》，然不盡相同，而文法絕非作偽者所

---

165 章太炎，〈春秋左氏異議答問〉，262-263。
166 劉師培，《劉師培全集》（北京：中共中央黨校出版社，1997），見春秋左氏傳答問，第1冊，頁308-319。
167 語見楊慎，《丹鉛續錄》，卷3。
168 引自Arthur W. Hummel transl., *The Autobiography of a Chinese Historian* (Lynden: Brill, 1931), pp. 44-45.
169 Bernhard Karlgren（1889-1978），瑞典漢學家，以現代比較方法研治中國古文字語言之先驅。

能，故確定《左傳》為真。高氏以《左傳》文法，有異於孔孟，不屬魯學，左氏或非「魯君子」歟？[170]高氏結論有二：一曰《左傳》出於秦火之前，斷非西漢劉歆偽作；二曰《左傳》文法，不同於漢，絕非漢人所造。高氏進而推測：《左傳》成書於西曆前三世紀之間也。[171]瑞典高氏以其專業，力證《左傳》非偽，他山之石，宜可以攻玉也歟？

然而仍有不從高氏所說者，惟多無足輕重也。[172]績溪胡適，語言之學遠遜於高氏，亦以高氏論證有欠精嚴，更以《左傳》文法近乎《國語》，為疑古之「新證」，[173]茫然無視高氏已有之結論：《左傳》絕非由《國語》竄改而成也。日寇入侵，《古史辨》七卷而止，疑古風潮稍息。戰後《左傳》讀本，學子習之不疑。[174]然而疑左之論，未盡風消雲散。近人徐仁甫，舊案重提，沿劉逢祿、康有為、錢玄同之說，謂有《國語》而無《左傳》，

170　高本漢，《左傳真偽考及其他》（太原：山西人民出版社，2015），頁95。高本漢文由陸侃如與趙聚賢譯出，初發表於《北大國學月刊》（1927），卷1，第6-8期，節本收入《古史辨》，第5冊，頁293-312。

171　約在468 and 300 B.C.E. 閱Bernhard Karlgren, "On the Authenticity and Nature of the Tso-chua n [Zuozhuan]," in *Gotesborgs hogskolas arsskrift*, 1926, 32,

172　駁高本漢文如Huang Xiao, "Keluoqulun《左傳偽考》駁議", 載《四川大學集刊》（1935）；Huang Ziyong, "Koluoqulun《左傳偽考》駁議", 載*Siwen*（1943），卷3，第10期，頁15-20；張西堂，〈左氏春秋考證序〉，載《古史辨》（1935），第5冊，頁263-92。

173　胡適，〈《左傳真偽考》的提要與批評〉，載高本漢，《左傳真偽考及其他》，頁113，另參閱頁114, 117-120。胡氏欲以英語納氏文法規範中文，以陳寅恪之見，乃「自亂統紀」、「認賊作父」者也。

174　見《春秋左傳讀本》（香港：中華書局，1965）。

重申劉歆竄入之舊說,謂高本漢之論,根本有誤。[175]然強弩之末,難穿魯縞。治左名家楊伯峻斷言:「偽經」之說,「穿鑿附會」,「《左傳》自《左傳》,《國語》自《國語》」,兩書風格,迥然異趣也,[176]可作定論。胡念貽總結真偽之辨,以劉歆竄亂為無據,可稱「任意顛倒」云。《左傳》文字絕佳,非《國語》之儔,更非劉歆所能編排也。誠然,以《左傳》卷帙之巨,孰能偽作?難以置信者也。[177]錢穆於二戰之前,考訂向、歆父子甚詳,亦論定劉歆偽經說之無稽。[178]何況章太炎、劉師培,早已證實《左傳》其書或有後人附益,然不偽也。[179]「疑古時代」已矣,莫再疑《左傳》為劉歆之偽作也![180]

《左傳》約十八萬言,為春秋時代之史,其中論及禍福興亡,記其信而可證者,亦有不盡可信者,[181]是固然也。左氏為《春秋》真傳與否,已非至要,要在《左傳》為先秦古史,真人實事,大都可考。如欲不信,則如太炎所謂:「既有左氏,具論

175　參閱其代表作,徐仁甫,《左傳梳證》(成都:四川人民出版社,1981)。
176　楊伯峻,《春秋左傳注》,上冊,頁44, 45。
177　見胡念貽,〈左傳的真偽和寫作時代問題考辨〉,《文史》,第11輯,頁13-14, 15-17。參閱沈玉成、劉寧,《春秋左傳學史稿》,頁368-370。
178　詳閱錢穆,〈劉向、歆父子年譜〉,收入《兩漢經學今古文平議》(北京:九州出版社,2011)。
179　參閱Young-tsu Wong, *Beyond Confucian China: The Rival Discourses of Kang Youwei and Zhang Binglin*(London: Routledge, 2010), pp. 99-106.
180　有關真偽之討論可參閱陳新雄、于大成主編,《左傳論文集》(台北:木鐸出版社,1976),內含高本漢、胡適諸公之作。
181　顧炎武,《日知錄集釋》,上冊,頁98。

本事，為之作傳，後世乃得聞而知之」。[182]蓋無《左傳》，先秦史可得聞乎？泰西「後現代論者」，斷言世無信史，識者視為「謀殺歷史」。[183]疑《左傳》為偽者，不啻欲「謀殺」先秦之史事也。

　　說經論史，宜知經通事理，以明是非；史述事變，以鏡得失，古來經史並重，所謂「直筆雖重董狐，史善志，必尊麟經」也。[184]明清以降，頗倡六經皆史之說，乾嘉尤盛，幾成共識，蓋因當時治經成風，以經為重，而治經者，又多空談性理，游談無根，而又尊經卑史，以經為精，以史為粗也。故而有人焉，倡經皆史說，欲以實學，救理學之空疏，以史學之實，濟心學之虛，庶幾經史比肩，意在重史，而非輕經也。經皆史，就文本而言，《尚書》、《春秋》皆史也。經非惟義理，亦文章之根本也。經義定褒貶，設是非之準則。是非定褒貶之正謬，褒貶之正謬，以定史之舛乖也。故而實齋亦云：「二十三史，皆春秋家學也」，[185]然則史亦經矣。

　　民國政體與社會驟變，以經為舊時代之「餘孽」，而鄙之、薄之，以史獨立於經外為得計。然而史而無經，經去義失，史

182　章太炎，《春秋左傳讀敘錄》，頁830。
183　參閱 Keith Windschuttle, *The Killing of History: How a Discipline is Being Murdere. by Literary Critics and Social Theories*,（Australia: Macleay Press, 1994）, and Richard Evans, *In Defense of History,*（New York: W.W. Norton, 1999）.
184　語見計大受，《史林測義》，序頁，2a。
185　語見章學誠，《校讎通義通解》，王重民通解（上海：上海古籍出版社，1987），頁8。

無精神,何來準則?史如失魂之蛻跡,真斷爛朝報矣!儒家倫理,舊社會之基石,非新社會之必須,固無疑也。孟子曰:「孔子,聖之時者也」,[186]因時制宜之謂也。視經義為不變之道,不知時者也。按天不變,道可變也,物不變,人猶變也。古之三綱五倫,非今所宜,實齋所謂「墨守固專家之習業,然以墨守為至詣,則害於道矣」,[187]誠不宜墨守瞽趣也。然儒教德目,多有不可棄者,仁者愛也,義者誼也,禮者所履也,智者術之原也,信者用之本也。自漢唐而後,經兩宋而至於明清,不以力勝仁,不以利傷義,不以權易信,不以才勝德,為無尚之宗旨。政雖秦政,儒術為政所用,素以王道是尚,而泰西只知有霸,而不知有「王」,王道一詞,譯為「國王之道」(the king's way),但知其形,而不知其意也。儒行更深植吾華人心,自立立人,甚而人溺己溺之胸懷,己所弗欲勿施於人之懷抱,世無義戰,以和為貴,以尊王黜霸,雙贏互惠為念,視為行為準則,皆吾華精神命脈之所在,力行之猶恐未逮,況盲然棄之乎?儒教之精華,應與諸子百家並尊,而取其長,所謂「諸子配孔也」。[188]於今四海比鄰,風教互通,西史豈無經耶?彼邦論史,豈無其經典在胸?泰西史學,未嘗無經,有其依傍之「古典」,鄰壁之光,豈無借照之處?〈小雅〉有云:「他山之石,可以攻玉」,豈不然乎?南

---

186 語見《孟子》,四部叢刊初編縮本(上海商務印書館,1922),〈萬章章句〉下,卷10,頁81。
187 章學誠,倉修良編注,《文史通義新編新注》,頁581。
188 參閱蕭公權,〈諸子配孔議〉,《跡園文錄》(北京:人民大學出版社,2014),頁153-155。

朝蕭統有言：「踵其事而增華，變其本而加厲」，[189]良有宜也。固本創新，為我所用，融會貫通，新經可成也。新經云何？以應時說適變，以誠信論是非，以理性識情偽，以公私定利弊，以王霸辨曲直，以雅俗評文野。然則，新經縱承博採，而非西經也。西史之經，見諸其「主體」論述；[190]若棄己經，而入於西經，主體既失，出於奴矣。依他不依自，何異以我心澆他人之塊壘耶？妄加附會，方枘圓鑿，必然貽笑大方也。天界人界有異，物可橫植，史必縱承，刻意橫植西學，猶如無根之浮萍，豈能久乎？朱夫子詩，〈觀書有感二首〉之一曰：「半畝方塘一鑑開，天光雲影共徘徊；問渠那得清如許，為有源頭活水來」，[191]苟非縱承，活水何來？竊謂以應然之經，明實然之史，史者事也，經者義也，承舊經之精華，棄其糟粕，典範因時而轉移，創化為新義。以新經義法，斷史事之輕重，辨是非之長短，斯其宜矣！苟史無義；何似無生命之陳跡，安得化腐朽為神奇耶？

189　語見蕭統〈文選序〉，見高步瀛，《文選李注義疏》（台北：中華叢書編輯委員會，1968），上冊，頁2。
190　Subjectivity，此指個人擁有自覺經驗，如觀點、感覺、信仰、欲望等。
191　朱熹，《御纂朱子全書》（文淵閣四庫全書本），卷66，頁65a。

以易釋史第四

　　不聞乎？三易之古，無以復加，夏因炎帝曰連山，殷因黃帝曰歸藏，周因文王曰周易。初民穴居野處，與鳥獸爭食，圖存而已。及群居初定，聰慧而有餘暇者，感天界之偉力，而有陰陽災變之思，遂將水火無情，歸諸神明，而後有宗教信仰。古來說《易》之書多如牛毛，而可取者少[1]。若視《易》為卜筮之書，斷吉凶，末派流於讖緯，荒誕無稽，棄之何惜？惟孔子闡明義理，推合於人事，易道始彰。春秋傳曰：禍福無門，唯人所召，故吉凶乃得失之象，「安危理亂之故，必本於履行得失，而吉凶之報象」，[2]所謂天命由人也。按《易》乃五經之源，為用甚廣，尚辭、尚變、尚象、尚占。設卦觀象，用以知來，而史藏往知變，用以人事，善易者不占也。聖人既出，觀天察地，見四季流轉，感萬物運行不息，周而復始，槿花晨榮而暮枯，有其規律，非神祇所能掌控者，於是「法此自然之象，而施人事」

1　參閱皮錫瑞，《經學通論》，卷1，頁43-44。
2　陸贄，《陸宣公集》（蘇州：蘇州書局，1876），卷12，頁4a。

焉。³天命之謂性,即此意也。命性心三位一體也,王充有言:「求索上天之意,何其遠哉」!⁴更曰:「是故王道立事以實,不必其驗;聖主治世,期於平安,不須符瑞」。⁵以充之見,自然之天,並無意志,故符命也、譴告也、感應也,皆應棄之,所以力駁皇權神授之說。非僅王充,尚有王符、仲長統、張衡諸家,無不駁斥天人感應之說,視為虛誕不經;無不輕神明,視五行說為無稽;無不重人事,而以史為鑒也。相傳孔子作十翼,為經注之祖,默察天人之際,不尚災異,而以和諧為重,孔門傳《易》,固無疑也。惟以天道察人事,以人事本於天道,然而朝代更替,不似暑往寒來之有序;人事禍福,未如月落日出之必然也。蓋易者,以天地之道,判萬物之情,人事之是非成敗,即阮步兵所謂:「天道未究,善惡未淳也,是以明天之道者不欲,審乎人之德者不憂」。⁶清初遺民錢澄之曰:「凡木盛於夏,而成于秋夏之間」,⁷並未以滿清之盛,如木之成也。蓋人事禍福無常,非如天界,消長之有時。人事雖然有變,然窮而未必能變,變未必能通也。惟變之概念,於是生焉。遠古希臘哲人⁸曰:

---

3 孔穎達語,見《周注疏》,《四庫全書精華》,卷1,頁1b;(台北:學生書局,2000),頁11。

4 語見王充,《論衡》,收入《新編諸子集成》,第7冊,〈譴告篇〉,頁146。

5 語見王充,《論衡》,收入《新編諸子集成》,第7冊,〈宣漢篇〉,頁189。

6 語見阮籍,《阮籍集》(上海:上海古籍出版社,1978),頁27。

7 語見錢澄之,《田間易學》,吳懷祺校點(合肥:黃山書社,1998),頁470。

8 Heraclitus of Ephesus(c. 535-c. 475 BC),猶早於蘇格拉底,智者之先驅

「萬物趨變」（panta rhei）；其變也，因兩元矛盾對立，而後融合，此泰西「羅格斯」（Logos）之微意也。易理之變與常，「事變矣，勢異矣，而一本於常，猶膠柱子而鼓瑟也」，[9]則統合於變，如表裏與心智之不可二分也。中西思維之異趣，可謂源遠流長矣。

《周易》主通變思維，所謂「易窮則變，變則通，通則久」。[10]《易》窮變知化，生生相息，周而復始，與時通變，故而又有「變經」之稱。周因殷禮，有所損益，以時為尚，惟變所適，所謂「時之義大矣哉」也！故《易經》應時，極其數，曲求真情，盡變化之道，非循環之決定論也。萬物之變不已，聖人憂一得一失，一治一亂，故觀變思通，重變通之道，得其道者，危可安，亂可治也。是以承學之士，莫不宗之，易理遂深入人心，中華史家之通變思維，其來亦云久矣。《易》啟人智慧，啟智以辨情偽，熊十力所以謂之「智海」也。作史者欲明察往事，善於鑒古知今，必啟其智也。是以歷代良史，莫不讀《易》，以啟智也。司馬遷受《易》於淄川人楊何，孔子而後八傳至楊。遷以《易》論史，其跡可尋，自稱：「《易》著天地陰陽，四時五行，故長于變」。[11]太史公書，原始察終，「夫易彰往以

也。
9　語見李覯，〈易論第八〉，收入李覯，《李覯集》（北京：中華書局，1981），頁41。
10　語見《周易》，四部叢刊初編001，易〈繫辭下〉第八，頁48。
11　司馬遷，《史記》，卷130，頁3289，

察來」,[12]「數往者順,知來者逆」,[13]往者,已過之行,居今上溯及古,史家之任也。《史記》起自黃帝,迄于漢武,意在「究天人之際,通古今之變,成一家之言。」[14]遷所優為者,泰西「通史」（general history）之謂也。遷曰:「見盛觀衰」,源自《易》之「天地盈虛」,「物極必反」之旨;又曰:「承敝通變」,即《易》之「窮則變,變則通」也。班固斷代為史,則以古今人表與十志通變。作史者常以易之否泰,論邪進賢退,邪盛正消,以及治亂之消長也。泰西論師,輒誤以為中華為「停滯之帝國」（Immobile Empire）[15],何其謬也？

《易》有言象數者,相傳伏羲畫八卦,象數八卦,三連六斷,各卦皆有七變,八八六十四卦,排列組合,豈非數學之源,科學之基？奈西漢儒生,焦延壽、京房、費直、高相諸輩,皆流象數於卜筮,以卦問天。焦、京師徒,更主陰陽災變之說,而京房《易傳》,一變師法,益趨異說。天道難測,前程難料,若求鬼神,惟有問卦,不免流於迷信,正與啟智相背矣。《春秋公羊》學興,牽曆入易,以異象卜吉凶,為政所用矣。王莽篡漢,光武興漢,更出〈河圖〉〈洛書〉,製作圖讖,預言王者之興,此讖緯所以興隆於漢也。[16]於今視之,何足道哉！

---

12 語見《周易》〈繫辭下〉第八,頁5。
13 語見《周易》〈說卦〉第九,頁53。
14 引自〈司馬遷傳〉,見班固,《漢書》,第9冊,頁2735。
15 法國作者Alain Peyrefitteis 原著 *L'empire Immobile, Ou, Le Choc Des Mondes: Récit Historique*, 出版於1989年。英譯本出版於1992年,書名即為 *"The Immobile Empire"*,妄指中華帝國之停滯也。
16 參閱鍾肇鵬,《讖緯論略》（台北：洪葉文化事業有限公司,1994）。

《易》之可貴，在言義理，即逸翁所稱，智慧之源，每為文人學士思想之泉源，使能辨明情偽，分辨是非，以天道明人事，影響人文，既深且遠也。孔子而後，戰國荀況〈天論〉，謂天人之分，各有分際，人不與天爭也。天道無親，天人之間，便無因果關係。漢初大儒講義理者，不乏其人：賈誼《新書》，董子《繁露》，淮南《鴻烈解》，韓詩《外傳》，以及〈太史公書〉，引申詮釋，皆以切人事言之，象數必與人事參合，方得易學之要，而史事皆人事也。

　　佛學入華之前，《易》乃吾華思辨之淵藪，固無疑也。《周易》變通之道，求諸仁義，德化天道，敬天而事人，確立仁義道德，以維人紀，而絕覬覦。既以仁義為重，遂視之為興衰成敗之由也。[17]張載有言：「天道四時行，百物生，無非至教；聖人之動，無非至德，夫何言哉」！[18]易之義理，最切於史，史家潛移默化，頓悟憂患意識，變革之思生焉，即《周易》所謂：「厚德載物」，「自強不息」，所以「明于憂患與故」也。此乃章實齋之視《易》為「先王之政典」，「與史同科之義」，「為王者改制之鉅典」也。[19]

　　太史公不以興亡之變，由於神力，而由人謀之臧否。[20]史遷

17　參閱何炳棣，〈華夏人本主義文化：淵源、特徵、及意義（下）〉，頁88-96。
18　語見張載，《張載集》（北京：中華書局，1978），頁13。
19　參閱章學誠，《章實齋文史通義》（上海：廣益書局，1916），甲集，內篇，頁1a, 2a；《評注文史通義》，卷1，頁1a, 2b。倉修良編注，《文史通義新編新注》，頁1, 12。
20　司馬遷，《史記》，第3冊，頁759。

以天文曆算視天，英國科技史家李約瑟，[21]以《周髀算經》、《淮南子・天文訓》、《史記・天官書》為據，謂「天運」大數，有其科學依據，有云：木星、土星、火星，每經516.33年會合，亦即《孟子》所謂五百年必有聖人出也。[22]是以五百年為一週期之說，非無端之預言，乃自然之規律也。史遷不云乎：「夫天運三十歲一小變，百年中變，五百載大變；三大變一紀，三紀而大備，此其大數也」。[23]遷或因政治需求，不免臆斷，湊合天變，以固君主之治。然其天文知識，非同小可。史公〈律曆〉〈天官〉兩書，後世史家雖承襲，惟才具稍遜耳。陳壽、魏收無〈天文志〉，沈約志而不詳。唐李淳風始拾墜緒，略繼龍門之舊軌也。

　　遷之天人之際，與董生天人感應之說，絕然異趣。由是觀之，遷之史觀益增重矣。史公字裏行間，不作神秘無稽之談，若謂蒙恬之咎，非因築長城，驚動地脈致禍，而因築城非百姓所急，竭民力過甚故也，[24]此以理性釋史，所以詘迷信也。史公又曰：善人伯夷，「積仁潔行如此而餓死」，反觀「盜蹠日殺不辜，肝人之肉，暴戾恣睢，聚黨數千人，橫行天下，竟以壽終」！[25]是亦天道何親之有耶？遷亦因護李陵而身腐，天道又何親耶！然則，史之所趨，實由人事，人重於事，所謂窮理知命

21　Joseph Needham（1900-1995），英國生化學家，歷史家、漢學家，以所著多卷本《中國科技史》（*Science and Civilization in China*）聞名於世。
22　朱維錚引李約瑟說，見朱維錚，《中國史學史講義稿》（上海：復旦大學出版社，2015），頁101。
23　司馬遷，《史記》，第4冊，頁1595。
24　參閱司馬遷，《史記》，第84冊，頁2570。
25　語見司馬遷，《史記》，卷61，頁2124。

也。國之興亡，人之禍福，[26]莫不取決於人之所為：上古虞、夏之興，由於仁慈。周、秦歷經艱辛，而後立國。[27]西秦之興，并六國而一天下，雖因秦地，形勢險要，更得助於能人異士之助，商鞅、張儀厥功尤偉也。[28]遷借李斯之言曰：秦穆公得五子，而霸西戎，孝公用商鞅，而國以富強，惠王用張儀之計，散六國之縱，使之西向事秦，昭王得范雎，蠶食諸侯，遂成帝業。[29]易辭言之，始皇一統天下，歸功於其先祖之善用人也。然則，《周易》尚變，窮變而通，實由人也。

秦亡之速，則又何解？太史公取賈誼之說曰：「秦王懷貪鄙之心，行自奮之智，不信功臣，不親士民，廢王道，立私權，禁文書而酷刑法，先咋力而後仁義，以暴虐為天下始」。[30]此以人之成敗，國之興亡，皆有賴於行事之善惡，而禍福則取決於德行。[31]故秦之亡也，亦人謀之不藏。史遷論劉項之爭，劉以弱勝強，項敗死烏江，亦皆歸因於人。霸王雖英雄蓋世，然「自矜攻伐，奮其私智而不師古，謂霸王之業，欲以力征，經營天下，五年卒亡其國」，豈天亡羽耶？非也，謬甚！[32]蓋羽未盡人事，與運命何涉？漢王奸詐梟雄，然適時謙恭，能集蕭何、張良、韓信輩之眾智，立法三章，智威並舉，順應民心，民惡秦而

---

26 司馬遷，《史記》（北京：中華書局，1975），第6冊，頁1990。
27 司馬遷，《史記》，第3冊，頁759。
28 司馬遷，《史記》，第8冊，頁2542。
29 司馬遷，《史記》，第8冊，頁2542。
30 司馬遷，《史記》，第1冊，頁283。
31 司馬遷，《史記》，第6冊，頁1990。
32 司馬遷，《史記》，第1冊，頁339。

思變,卒成帝業。[33]遷所昭示者:國之興亡,人之禍福,均取決於德行。[34]情同《左傳》所言:鄭、息兩國齟齬,息侯伐鄭,戰于竟,息師大敗而還,左氏謂息侯不度德、不量力、不親親,忘小犯大,不啻自取覆亡也。[35]泰西有「先發制人(Preventive war)」之說,乘敵不備,操制勝先機之謂。《易》坤卦有云:「履霜堅冰至」,履霜宜知堅冰必至,豈待冰至而受困乎?蓋事涉預謀與算計,息侯以小博大,息師雖然「先動」,未能制勝,固力不從心,要因不度德也。遷之易學,上承先秦,重義理人事。《史記》,以人傳史,重人事臧否,人本色彩之史學,於是奠定。二千餘年承學之士,綿延不輟也。[36]

　　班固《漢書・五行志》,[37]以象數說史之變,採劉歆〈河圖〉、〈洛書〉之說,視為天授神物,驗災異之說,何異神話?實為政用。假天道進諫也。董仲舒治公羊,推陰陽,主天人感應,以災異警示人君。天子受命於天,應天順命也。墨子有〈天志〉三篇,信天有意志,若不從天意,天降禍害,不見乎:「昔三代之暴王桀紂幽厲,此反天意而得罰者也」。[38]然則應天,乃

33　司馬遷,《史記》,第2冊,頁362;第6冊,頁2020。
34　司馬遷,《史記》,第6冊,頁1990。
35　事見楊伯峻編著,《春秋左傳》,上冊,頁78。
36　如趙翼所說,見《廿二史箚記》(台北:華世出版社,1977),頁3。
37　德國漢學教授閔道安(Achim Mittag)特別強調《漢書・五行志》之重要,認為「佔據漢書最中心的地位」。閔道安(Achim Mittag)此說見其論文:"Cultural Differences as an Inspirational Source of Historical Knowledge-Random Notes on Three Approaches to Chinese Comparative Historiography," in Huang/Rüsen eds., *Chinese Historical Thinking: An Intellectual Discussion*, p. 99.
38　語見墨翟〈天志上〉,孫詒讓,《墨子閒詁》,收入《新編諸子集成》

關鍵之所在也。向歆父子增飾此說,而有言曰:魯國因四國入侵而兵敗,而桓公仍輕忽內政,遭外敵輕視。依董子之說,桓公治國無道,故而天降禍于魯。桓公十四年,夫人有淫行,「不可以奉宗廟,桓不寤,與夫人俱會齊,夫人讒桓公于齊侯,齊侯殺桓公」。劉歆以此為「棄法度,亡禮之應也」。[39]所言以天災異象,以儆懼世人,示天人之糾葛,人不能有負於天也。班固從董、劉之說,以天象徵兆,示禍福吉凶,以天命侍奉天子,謂漢承堯運,以五行循環,證劉漢之正,若謂:漢帝與堯帝同屬五行之火德,故而有「漢帝本系出自唐帝」之系譜。[40]實則唐堯、劉漢,兩不相應也。班固赴白虎觀之會,漢章帝親臨主持,藉讖緯,言災異,說興亡,經學為之神化,以至於「五經之義,皆以讖決」。[41]意在鞏固皇權,政術考量,呼之欲出矣。《白虎通議》書成,呼應董生之說,以皇帝受天命而為人主,應符瑞定賞罰,亟言君權神授,倡言君權、父權、夫權、師道,三綱六紀。董說與班《書》,既欲以天命尊王室,又以釋天命自居,欲王室有所戒慎也。惟王室彌尊,皇權益大,誰奈君何?戒慎不免空言也。故而班書論及西漢衰亡,通變察源,未嘗以天象戒慎漢帝也。漢末四帝,庸劣荒淫極矣,而班固猶歌功頌德。[42]班以異象尊漢,固然得逞,唯以災變戒慎皇權,卻難如願。唐代劉知幾,「知幾」

　　（台北:世界書局,1972),第6冊,頁120。
39　見班固,《漢書》,卷27,頁1321。
40　班固,《漢書》,卷1,頁81-82。
41　皮錫瑞語,見皮錫瑞,《經學歷史》(北京:中華書局,1959),頁109。
42　班固,《漢書》,卷9,頁298;卷10,頁330;卷11,頁344;卷12,頁360。

一名取自《周易》：「子曰：知幾其神乎？君子上交不諂，下及不瀆」，[43]其名實相符，而於史學，尤具明眼慧識，直指班氏〈五行志〉，「釋災多濫」，更且「引書失宜」，「敘事乖理」，「古學不精」，[44]亟糾其謬。是以班書，未盡符易變之精義也。

　　東漢末年，賈逵、馬融傳古文經，以〈易傳〉授鄭玄，玄傳《易》於費直，[45]以傳附經，以禮注《易》，曰禮者，《易》之象也。玄旁採今文，一統經學，號稱鄭學，象數之學，廓清之矣。魏晉代興，以倫理、道德、心性，品評風貌才情，個人意識復振，遂使經史分途，文史合流，重人事而遠天意，尊才德而遠天命。曹魏王弼字輔嗣，撰《周易注》十卷，亟言象數之弊，幾盡掃之，而後闡明義理，使《易》道不多摻術數，而以釋人事為要務。弼因得與鄭玄並立學官，號稱北鄭南王。然王不同於鄭，王弼之學，融會老莊，出象入意，發玄儒合流之先聲，有謂弼得於老氏者深，而得於易者反淺[46]。弼釋《易》道，為宇宙「必由之理」，人事莫不循自然之理也。故弼以無為本，以有為末，自然為末，名教為末，舉凡禮樂刑政，日用倫常，皆自然規律之體現，即名教合於自然之謂，遂通於儒家之要旨也。然則王弼說易已有異於漢人之樸實，所謂「輔嗣易行無漢學」[47]也。正始何晏

43　語見《周易今注今譯》，頁404。
44　劉知幾，《史通》，張之象刻本，卷19，《漢書・五行志》錯誤第十，頁1a。詳閱頁1b-11b。另參閱頁12a-8a。
45　費直，西漢學者，字長翁，東萊郡人。直學習《易經》，擅長卜卦占筮，以彖、象、〈易傳〉解說上下經，號稱費氏易。
46　語見皮錫瑞，《經學通論》，卷1，頁24。
47　南宋趙師秀詩句，見於惠棟，《易漢學》序文，欽定四庫全書版。惠棟曾編《新本鄭氏周易》，有謂王應麟為鄭玄之功臣，惠棟乃王弼之功臣也。

附和王弼,參合老莊,並稱王何,為清談之士所推重。陳壽以何晏,與司馬宣王有隙,王弼說易,與王肅父子異,於王、何不無誣辭。錢大昕為之辯正,謂何有「大儒之風」,王、何雖好老莊,未嘗援儒入道,於儒何損?[48]晉宋佛學,附和道家,奉釋教者,兼講老易,而弼以《周易》談老莊,南朝諸儒以弼能闡佛,弼學所以盛也。弼宴雖雜以玄虛,然廢象數、明義禮,豈無功歟?鄭王雖並稱,易注之天下,王學得其二矣。梁武帝定大業,在位四十餘年,雖出身儒生而信道,而又捨道事佛,蓋江左高士,多皈依佛法,喜談玄理也。釋、道、易號稱三玄,玄盛而儒衰矣。玄學析理辯名,以玄理之胎,換義理之骨,預見兩宋理學之興也。東晉袁宏,以易解史,援玄入史,有謂:「道明其本,儒言其用」,天人感應,一變而為天人之理,「天地人物各以理應矣」。[49]陳壽亦受玄學,所撰《三國志》,以儒家倫理為尺度,本乎天理,順乎人情也。朝代興亡,政權遞禪,似有天命在焉,然已非天人感應為說,所從者,乃王弼天人和諧之說也,近乎泰西之「形而上學」(metaphyshics)矣,棄「神秘主義」(mysticism)矣。陳壽藉高堂隆語,以秦為鑒曰:「亡國之主,自謂不亡,然後至於亡,聖賢之主,自謂將亡,然後至於不亡」。[50]秦自謂不亡而亡,非因有違剛柔相濟、乖爭不作,諸多易理之旨歟?曹操「擅於運籌」,劉備「弘毅寬厚」,孫堅「勇摯剛毅」,是以國之興,因人君能主浮沉也。民為國本,國非民

---

48 錢大昕,《潛研堂文集》,卷2,頁26-27。
49 參閱袁宏,《後漢記》,四庫叢刊初編縮本。23,卷11,頁91。
50 陳壽,《三國志》,卷25,頁714。

不立,多見之於壽書列傳也。《三國志》民本思維,不異於《史記》,壽之筆下,董卓、袁術之「殘民不仁」,「嚴刑脅眾」,豈非史公〈酷吏傳〉之後勁歟?

南朝范曄蔚宗,世稱良史。蔚宗上承馬、班,尤重史遷。[51] 蔚宗謂喪國之由有四:「三代以嬖色取禍,嬴氏以奢虐致災,西京以外戚失祚,東都以閹尹傾國」,[52]言簡意賅。所撰《後漢書》,敘東漢之興亡,明源流始末,自許體大思精。曄謂西漢移祚,端因外戚干政,王莽藉天命篡漢,光武以圖讖符應謀中興,皆虛妄不實。曄謂劉秀光復漢室曰:「其王者受命,信有符乎?不然,何以能乘時龍而御天哉」?故而贊曰:「靈慶既咎,人謀咸贊;明明廟謨,赳赳雄斷」。[53]由此觀之,曄以《易》之物窮變生論史,明言「聖人不語怪神,罕言性命」。[54]蔚宗既尊儒貴德義,不取佛老,深信無鬼神滅,不取圖讖符應、陰陽五行,斷不「神化東漢皇朝」[55]也。范氏《後漢書》,文采風流,史論縱橫,發儒家道德節義,尊儒崇聖,又旁及異族,述羌患之始末,井然有序。後漢宦官致禍,因刑餘之人,有敏才者,宜能迷惑幼昏,巧飾亂政,東都之衰亡,勢所必至也。「彰往察來,而微顯闡幽」,[56]彰既往而能察來,必顯露細微、闡明幽隱也。曄庶

51　范曄,《後漢書》,卷49,頁1646-47。
52　范曄,《後漢書》,卷78,頁2537。
53　范曄,《後漢書》,頁86-87。范氏在〈獄中與諸甥姪書〉中有謂:「贊自是吾文之傑思,殆無一字空設」。
54　語見范曄,《後漢書》,卷82上。
55　語見龐天佑〈魏晉南北朝卷〉,吳懷祺編,《中國史學思想通史》(合肥:黃山書社,2003),第3冊,頁241。
56　語見〈繫辭下傳〉第六章,閱《周易今注今譯》,頁407。

幾能之,所言多實,略無怪誕,神秘之談。西莊謂蔚宗之死,由人構陷,死非其辜,因其恃才傲物,取憎群小,誣以重罪而受誅。[57]惟《南史》載,蔚宗自認涉案謀反,於獄中吟詩,有句曰:「雖無嵇生琴,庶同夏侯色」,引嵇康臨刑東市,索琴彈之,夏侯玄謀弒司馬師,事泄受誅,舉止自若而面不改色之典故,以夏侯自況,似非無辜。蔚宗欲效夏侯之視死如歸,及別妻妾,不免悲哀而涕也。[58]死年僅四十八歲,高才早逝,長使後人淚滿襟也。明人胡應麟曰:「蔚宗殁而史才絕」。[59]李慈銘亦謂:「斯良史之才,而陷逆臣之辟,事出曖昧,辭尤枝梧,史傳所書,顯由誣構」,故而「蔚宗此獄,揆之以事以勢,以情以理,皆所必無」。[60]范曄命途多舛,是否構陷,難言之矣,無涉運也。

沈約《宋書》,創符瑞志,不經無益,疣贅亦甚,識者皆知。惟災異說之所以未熄,蓋天道難測,有賴明主,令百靈順適也。其實有關人事,非關運命。魏收《魏書》,以天象測吉凶,意在觀天察時,以知興廢禍福,願人主畏天敬神,勿敢懈怠,旁借象數,實則術為政用耳。南北朝興替頻繁,又逢五胡亂華,而有夷夏之辨,又因佛道流行,儒學有復興之勢。新興之儒,繼漢末餘緒,不守章句,博古通今,以風雅通儒是崇。學者由訓詁通經義,識文字明語言,以知古人心志,名理兼備矣。劉勰有云:

57　閱王鳴盛,《十七史商榷》(南京:鳳凰出版社,2008),頁158。
58　李延壽,《南史》(北京:中華書局,1975),卷33,第3冊,頁852-853,敘范曄於獄中刑前情狀頗詳。
59　語見胡應麟,《少室山房集》,頁1290-734。
60　李慈銘,《越縵堂讀書記》,上冊,頁187。

「論如析薪,貴能破理」。[61]既貴理性思辨,虛妄之迷信,棄之必矣。沈約《宋書》有志,上括魏晉,未可以失於斷限為譏,因三國無志,所以補亡,用意殊善也。

　　唐繼隋而興,視圖讖玄言為穿鑿妄作,有違先王正典。孔穎達排除顧夷異說,承王弼玄理,撰《周易正義》,謂「夫易者,變化之總名,改換之殊稱」,實齋譽之為「明通」。[62]無他,孔氏賦《易》以人倫,明王道之新意,所「以正君臣父子夫婦之義,度時制宜,作為網罟,以佃以漁,以贍民用」,《易》遂為應憂患而通變之書矣。儒玄融合,復以儒為宗矣。柳宗元將《周易》與《論語》合璧,雖聖人復生不可得而斥也。[63]劉知幾評班固諸志曰:「抵牾者多」,而〈五行志〉「蕪累者尤甚」。子玄作〈直書〉之篇,以勇於直筆者,如「齊史之書崔弒,馬遷之述漢非,韋昭仗正於吳朝,崔浩犯諱於魏國」,比作「烈士殉名」,[64]視以天命奉迎當道者,不可同日而語也。《易》成正儒,與釋道相融,下開兩宋以理學論史,說又變矣。

　　宋儒說易,始於陳摶、邵雍一派,亦最為流行。雍字堯夫,以天地變化之規律,陰陽之消長,釋世道循環之軌跡,遠宗《易緯》象數,《易經》六十四卦,以示宇宙萬物之興滅,周而復始,至於無窮,近似希臘之「循環史觀」(cyclical view of

---

61　劉勰,《文心雕龍》,楊明照校注本,(台北:河洛圖書出版社,1976),〈論說第十八〉,頁131。
62　語見章學誠,《詳注文史通義》,許德厚注,卷1,頁2b。
63　柳宗元,《柳宗元集》(北京:中華書局,1981),第2冊,卷25,〈送僧浩初序〉,頁674。
64　語見劉知幾,《史通》,張之象刻本,卷7,頁4b, 5a-b。

history）。所著《皇極經世》即以元、會、運、世，道人世之消長生滅，謂三十年為一世，十二世為一運，三十運為一會，十二會為一元，一元為天地之終始，計一十二萬九千六百年，周而復始也。此一史觀，來自〈易傳〉，復卦喻文明之始，至泰卦而有萬物，至乾卦而登峰造極，然後漸衰漸落，至剝卦而解體，至坤卦而滅絕，然後復卦再起，循環如故也。古人輒以上古為盛世，以上古為「黃金時代」，[65]中外不二也。邵雍以堯天為極盛之聖世，自此盛極而衰，若謂「三皇春也，五帝夏也，三王秋也，五伯冬也」，[66]是以由夏殷至唐宋，如江河之日下，其所處之世，已臨剝卦之衰世，沒落深矣，豈非「生當堯舜之後，真如漫漫長夜，永無旦時」乎？[67]陳摶、邵雍，乃《易》外別傳。邵說自秦政以來，無論漢唐，皆衰世也，其有嫌於千年專制，不言而喻。邵之循環史觀，渺渺玄思，近乎哲學，惟跬步即止，譬如膠柱而調瑟，亦無踵事者增其華，而未能演為泰西之歷史哲學也。

歐、溫兩公，有志於史，皆以《易》理「物極必反」，釋五代之衰亂、北宋之太平也。宋代理學，以理氣探求天人，以理化史，以氣化史，謂史之興衰，有如天理之運行。《易》學增華理學，具見之矣！所謂「盛則必有衰，晝則必有夜，往者便有來」，[68]乃自然之理，絕無神秘可言也。兩宋理學，雖非修首

65　西方所謂Golden Age多指想像中既往之和平、富饒，愉悅時代。
66　參閱邵雍，《皇極經世書》（四部備要本），〈觀物內篇〉。
67　蕭公權語，見蕭公權，《中國政治思想史》（北京：人民大學出版社，2014），頁310。
68　程明道，〈入關語錄〉，程顥、程頤，《二程集》（北京：中華書局，1981），第1冊，頁148。

創,然歐公足稱先驅,謂〈河圖〉〈洛書〉,非聖人之言,通者變化無窮,而不通者則滯於象數,力斥以五德終始,釋王朝循環之謬。歐公視《易》為義理之學,止於人事,若謂:「盛衰之理,雖曰天命,豈非人事哉」![69]又云:「予述本紀,書人而不書天」,[70]立意甚明。後唐莊宗稱帝,歐公謂得之不易,卻因寵信伶人而失之,「身死國滅,為天下笑」![71]以歐公之見,莊宗興亡之驟,非天命也,乃人謀之不臧也。以為專修人事,鬼神之道可廢。[72]蓋天不參與人事,治亂在人,而不在天也。要之,治亂興衰,莫不決之於人理。何謂人理?綱常倫理是也。五代為「干戈賊亂之世」,即因「禮樂崩壞,三綱五常之道絕。」[73]既以禮義為治人之大法,「廉恥,立人之大節,蓋不廉,則無所不取;不恥,則無所不為,人而如此,則禍亂敗亡亦無所不至。」[74]往事能昭示後人,立心不可不公,考據不可不確,議論不可不明,自古亂亡之國,必因綱紀蕩然也。道德與治亂之間,歐公以為有必然之因果,故有「自古受命之君,非有德不王」[75]之定論。觀諸史乘,興亡之跡斑斑,誠如定庵所言:「無八百年

69　語見歐陽修,《新五代史》(北京:中華書局,1974),卷37,〈伶官傳〉,第2冊,頁397。
70　歐陽修,《新五代史》,卷2,〈司天考〉,頁59。
71　歐陽修,《新五代史》,卷37,〈伶官傳〉,頁397。
72　歐陽修,《居士外集》,參閱卷10,〈易或問〉。
73　歐陽修,《新五代史》,卷17,〈晉家人傳〉,第1冊,頁188。
74　歐陽修,《新五代史》,卷54,〈雜傳〉,第2冊,頁611。
75　參閱歐陽修,《新唐書》(北京:中華書局,1975),〈高祖本紀〉,卷1,第1冊,頁20。

不夷之天下」,[76]盛極必衰,勢所必然,因忘德而驕慢也。故欲避亂長治,務必順天愛民,然則,「善治其國而愛養斯民者,必立經常簡易之法,使上愛物以養天下,下勉力以事其上,上足而下不困。」[77]所謂民安而後治也。順天者,順天理也,非天命也。

顥、頤兄弟,世稱二程,北宋理學大師也。伊川《易傳》,師從胡瑗,[78]上承王弼,黜邵雍之象數,而以義理為歸宿,順性命而切人事,有云:「先天下而開其物,後天下而成其務,是故極其數以定天下之象,著其象以定天下之吉凶」,[79]所謂因象明理,由象知數,得其義也。二程以易釋史,蓋欲正尊卑之義。上施政以治民,民戴君而從命;下者順之;上者安之,則天下治矣!惟在上有聖賢之君,百姓在下,得以安寧,故世之治亂,俗之美惡,繫乎人君能否以中正之道,求天下賢才,賢才得以大用,繫乎讒邪不得間於其間。[80]程氏有鑒於變易乃常道,興亡習見,故必「隨時變易以從道也」,[81]因前儒或失意,後學或忘昧,別有救弊之意在焉。蓋人情習於安逸,惰於因循。然自古未嘗有久治而不亂者,見盛而慮衰,以防滿極,以圖永久,戒盛豈

76　語見龔自珍,《龔自珍全集》,頁68。
77　參閱歐陽修,《新唐書》,〈食貨志〉,卷51,第5冊,頁1341。
78　胡瑗(993年-1059年),字翼之,泰州海陵人,理學先驅,世稱安定先生,有宋初三先生之稱。
79　程顥、程頤,《二程集》(北京:中華書局,1981),第2冊,頁667。
80　參閱程頤,〈易序〉,收入《二程集》,第3冊,頁670。
81　語見程頤,參閱程頤,〈易傳序〉,收入《二程集》(北京:中華書局,1981),第3冊,頁689。

不宜哉？[82]程氏讀史，如清儒皮錫瑞所言：「程子之取王弼者，以其說多近理也。」[83]洞見興衰無恆，此《易》理也！然盛極而衰，非勢所必至，苟能見盛慮衰，知所戒慎，用賢不間，稽古而不泥于常，知所變革，合乎《周易》窮通之旨胡瑗二程易學「闡明儒理，李光、楊萬里又參證史事，《易》遂日啟其論端」。[84]易之為書，推天道以明人事，遂為定論矣。未必陷興衰之循環也，惟殊不易耳。

司馬光《資治通鑑》，以《易》說為底，不取王弼老莊玄妙之說，而切於日用，謂《易》者道也，道者萬物所由之途，聖人取諸胸臆，以仁義禮樂而成綱常，使尊卑長幼有序，庶無覬覦之心。[85]是以天子之職，莫大於禮，而禮即紀綱，紀綱既立，上下相報，國治家安矣。有謂「人君之德三，曰仁、曰明、曰武。仁者，興教化、修政治、養百姓、利萬物，而非嫗煦姑息，然後可以為仁矣。明者，知道義、識安危、別賢愚、辨是非，然後可以為明，非巧譎苛察之謂也。武者，惟道所在，斷之不惑，佞不能移，非強亢暴戾之謂，然後可以為武」。[86]溫公繼曰：「三者兼備，則國治強，闕一焉，則衰；闕二焉，則危；闕三焉，則亡；

---

82 參閱程頤釋「利涉大川」條，見《二程集》，第3冊，頁788。
83 皮錫瑞，《經學通論》，卷1，頁24。
84 皮錫瑞，《經學通論》，卷1，頁33。
85 司馬光易學，參閱吳懷祺，《易學與史學》（台北：大展出版有限公司，2004），頁149-156。
86 司馬光，《司馬溫公稽古錄》（上海涵芬樓景印明翻宋本原書），第3冊，卷16，頁84b。

自生民以來，未之或改也」。[87]溫公為帝王獻策，以史為鑒，述前史之興亡，著生民之休戚，人力有所不及者，如「水旱螟蝗」，無從歸諸於天，逆天必遭反撲，濫伐森林，不修水利，災禍隨至。然則，非天命支配人事，盡人力而聽天命也。治亂者，繫於君心，君心繫乎道德，是以人君之德行，繫乎興亡也。宋帝多能讀史，「宋高宗嘗與侍臣曰：讀《資治通鑒》，知司馬光有宰相度量，讀《唐鑒》，知范祖禹有台諫手段」。[88]帝王為國，「觀之上古，驗之當世，參之人事，察盛衰之理，審權勢之宜，去就有序，變化因時，故曠日長久，而社稷安矣」。[89]是知史之趨向，非由命定，而取決於人君也。設若史由命定，聽天由命，則資鑒何益也夫？

南宋朱熹，「學傳二程，才雄一世」[90]，集理學之大成，而以《易經》為本，若謂「易之為書，更三聖，而製作不同，若包羲氏之象，文王之辭，皆依卜筮以為教，而其法則異，至於孔子之贊，則又一以義理為教，而不專於卜筮也」。[91]然自秦漢以來，「考象辭者，泥于術數，而不得其弘通簡易之法。論義理者，淪于空寂，而不適乎仁義中正之歸，求其因時立教，以承三

87　司馬光，《溫國文正司馬公文集》，四部備要本，卷36，見〈作中丞初上殿札子〉。
88　范祖禹，《欽定唐鑒》（同治十年1871），音注序2a。
89　賈誼，《新書》，卷1，收入鄒賢俊、羅福惠、鄭敬高編，《中國古代史學理論要錄》，頁12。
90　楊萬里語，見《誠齋集》，四部叢刊初編縮本256，第5冊，頁981。
91　朱熹，《晦庵先生文集》，卷9，頁1a。

聖,不同于法則,同于道者,則惟伊川先生程氏之書而已」。[92]俗之淳漓有異,故其所以為教為法,不得不異,而道未嘗不同也。朱子甚稱程傳,以為發明經義,最為精審,謂自少讀程氏書,知「先生道學德行,實繼孔孟不傳之統」,[93]又謂讀明道書,「未嘗不慨然發嘆,恨此身之不生於彼時也」。[94]惟紫陽保守,主闡釋不離經意,雖本王弼之說,然不以老莊入《易》為然也。既不容「應謂」,亦不知有「當謂」,後人未嘗不可增飾之也。朱子「因時立教」一語,最為關鍵,以時論史之變,《易》之通變史觀,儼然可見。苟欲因時,不宜泥於象數卜筮,而應重義理也。紫陽曰:「孔子之《易》,非文王之《易》,文王之《易》,非伏羲之《易》,伊川《易傳》,自是程氏之《易》也」。[95]孔子之《易》,伊川《易傳》,皆重義理,能因時之故也。程氏主萬事一理,理一分殊,天理存之於史。朱熹揚二程格物窮理之說,窮理讀書,理存於古今事物,人人可以理說事,而後釋史。易道無咎,善於補過之謂,小過拂人,大過拂天,史筆糾過示威,偏禍延國,所以知興替也。紫陽以理說盛衰,樂此不疲,如謂:「古今天下,一盛必有一衰,聖人在上,兢兢業業,必日保治」。[96]蓋合符天理,始能保治;以道治天下,尊卑之治道,義理庶不空寂。朱熹以義理解史,以理氣說治亂興替,斑斑

92　朱熹,《晦庵先生文集》,卷9,頁1a。
93　朱熹,《晦庵先生文集》,卷7,頁4a。
94　朱熹,《晦庵先生文集》,卷6,頁6b。
95　朱熹,《朱子語類》(萬曆32年〔1604〕婺源朱崇沐重刻本),參閱卷67。
96　語見朱熹,《朱子語類》,卷72。

可考。然則，紫陽史學，由《周易》論天道、人道、天理，由理學融鑒史實。故不以仁義與詐力並舉，權謀與功利同列為然。熹撰《通鑒綱目》一書，即以「溫公論史漢名節處，覺得有未盡處，要因不合天理之正」，又謂：「建安以後，中州士大夫，只知有曹氏，不知有漢室」，視邪說橫流，如洪水猛獸，[97]亟欲宣揚天理之正，去人欲之邪，振一理之純粹，使人道合乎天道，所謂「歲周于上，而天道明矣，統正於下，而人道定矣」，欲正溫公《通鑒》之未逮也。未逮者，義不正，法不嚴也。[98]紫陽史筆長處，在於道義，行事出於道義，必是聖賢；行事出於權術，必為奸雄。若義不純，則流於臆說，褒貶予奪之弊有矣。故必「公其心以定予奪，明其心以辨正雅，大其心以盡人物之變」，[99]斯乃紫陽讀史閱世之要旨，固無疑也。王應麟有謂：「唐太宗以武德丙戌即位，而武氏已生於前二年，我藝祖受命之二年，女真來貢，而宣和之禍乃作於女真」，按周易乾卦云：「潛龍勿用，亢龍有悔」，蓋謂龍潛於淵時，應知有亢，危機已兆於極盛之日，宜如履薄冰，為政者能不謹小慎微歟？是知易理極深，足供讀史閱世者之鑒也。[100]

宋儒易學，多不言理數，而專言事者。李光字泰發自稱讀易老人，撰有《讀易詳說》，不以泥於象數為然，而以昌明人事為要，致意於當世之治亂，一身之進退，女真逼汴京，上奏宋帝

97　語見朱熹，《晦庵先生朱文公文集》（四庫全書本），〈後集〉，卷07。
98　參閱朱熹，〈資治通鑒綱目序〉，見卜大有，《史學要義》，頁715-717.
99　徐軾，〈史學要義序〉，卜大有，《史學要義》，頁4。
100　王應麟，《困學紀聞》，卷1，頁6a。

曰:「孔子作《春秋》不書祥瑞者,蓋欲使人君恐懼修省,未聞以災異歸之外夷也」。[101]南宋楊萬里誠齋,亦本伊川以人事說《易》,所撰《誠齋易傳》,窮十七年歲月,而後卒業,要旨雖本兩程,然多引史傳為證,說事粹然,糾捨人事而言天道之弊,自謂:「惟中能中天下之不正,惟正能正天下之不正,中正立而萬變通」,[102]見其指歸。全氏祖望跋《誠齋易傳》,「多以史事證經學,由為洞達。」[103]錢氏大昕,跋楊氏《易傳》曰:「譚古今治亂安危,賢奸消長之故,反覆寓意,有概乎言之,開首第一條論乾卦云:君德惟剛,則明于見善,決于改過,主善必堅,去邪必決,聲色不能惑,小人不能移,陰柔不能奸,故亡漢不以成哀,而以孝元;亡唐不以穆敬,而以文宗,皆不剛健之故也。嗚呼!南渡之君臣,優柔寡斷,有君子而不用,有小人而不去,朝綱不正,國恥不雪,日復一日,而淪胥以亡,識者謂惟剛健足以救之,誠齋此傳,其有所感而作歟」?[104]按誠齋視《易》為聖人通變之書,旨在窮理盡心,正心修身,明治亂安危,以躋身泰和,故曰:其道中和而已。竊謂誠齋言變,尤具特識,其所謂易與不易,不變者道也,變者法也,或曰:易者,四時更替,變動相移;不易者,位也,天上地下,父慈子孝,亦即「易以變易為義,而有不變者也」,[105]不異於泰西所謂「變」(change)

101　(元) 脫脫等撰,《宋史》,帝32冊,頁11337。
102　楊士奇《東里文集》,卷9語,見湛之編,《楊萬里范成大卷》(北京:中華書局,1965),頁52。
103　全祖望,《鮚埼亭集》,下冊,頁1032。
104　錢大昕,《潛研堂文集》,第4冊,卷27,頁401。
105　皮錫瑞,《經學通論》,卷1,頁2。

與「常」（permanence）也。所異者，誠齋有簡易之說。何謂簡易？曰：變能失控，故必有以馭之，使之中正；馭變之道，則求之於史。而泰西輒以變常為二元對立，兩相矛盾，故變多生亂，證諸西史，豈不謂然？

　　元明承兩宋易學，亦多以易理釋史。薛應旂者，理學家也，謂代代相傳，有所損益，三代固無論矣，井田古制，一變為郡縣，明經詞賦，一變為鄉舉里選，什一之征，一變為兩稅。是以恒而不窮，恒非一定，因時而變，即《易》曰：見機而作也。勢之所至，「漸而莫覺」，弗覺其成。及其成也，莫之能禦矣。[106]明儒吳繼仕謂：「易有二義，一曰變易，又曰交易；經，徑也，如徑路，無所不通，又訓常」。[107]明末國變，敗亡於清，士人緬懷故國，懷經世之思，多以史釋《易》也。明末詩人錢澄之號田間，引述誠齋《易傳》，以史證《易》，彰往知今，尋明亡之故，鑒往察來，寄望於德刑並用之治，化民成俗之世也。[108]

　　晚明衡陽王夫之號船山，持通變之思，論史饒有通識，目光所及，見古今因時不同，因勢而有變也。船山史論，擅揉易學，別有新見，著有《周易內傳》與《讀通鑑論》，謂義理不為小人用，而為君子所用也。《周易內傳》有謂：君子一介不取，知小民之艱難，人所共凜，如「諸葛孔明曰淡泊可以明志，冽寒之謂也；杜子美稱其伯仲伊呂，有見於此與」。[109]晚清湘人郭嵩燾箋

106　參閱向燕南，《中國史學思想通史明代卷》，第7章。
107　吳繼仕，《六經始末原流》，江日新編校（台北：中研院文哲所，2012），頁12。
108　參閱錢澄之，《田間易學》，頁174-175, 315-316。
109　語見王夫之，《周易內傳》（同治四年湘鄉曾氏族刊於金陵節署），卷3

船山《周易內傳》，有謂顧亭林以程氏易傳為精，仍屬一隅之談，船山有作，易道始明於天下也。[110]

王氏《讀通鑑論》有謂：「武侯之言曰：淡泊可以明志，誠淡泊矣，可以質鬼神，可以信君父，可以對僚友，可以示百姓，無待建鼓以亟鳴矣[111]」。船山既以易理，明諸葛之節操，亦以諸葛之節操，闡明義理，道不離器之謂也。船山談易，回顧自秦以來，先是雜占之說紛紜，繼有京房，虞翻曲引象術[112]，兼及象數，蓋象以見理，占以示學，合天性而切實用。漢易言陰陽災異，而趨利祿，王弼以道為斷，以義理黜災異，而宋儒去王弼之虛無，歸宿於聖學。唐宋說《易》者，所尚略同，東坡出入佛道，伊川純乎理事，橫渠周知兼體，而有「不疾而速，不行而止」[113]之神，船山識其「潔靜精微」，惜未見其詳也。朱子矯、王弼、程子之正，而不嫌于窮理盡心之枉。[114]船山演《易》之變遷，略似泰西正反合之說歟？船山鑒既往之利弊，以為占與學不可偏廢，自有所獲，以為象以見理，理之得失，以定占之吉

    下頁46b，溯寒者，水以清冽而寒也。另見王夫之《周易內傳》（濟南：山東友誼書社，1992），頁612。
110 語見郭嵩燾，《周易內傳箋》，收入《郭嵩燾全集》，梁小進編（長沙：岳麓書社，2018），第1冊，頁3。
111 王夫之，《讀通鑑論》（台北：中華書局，四部備要影印本），第1冊，卷10，頁15a。
112 眾數與象數皆易學術語，為易之組成要素。象指卦象，爻象，即卦爻所象之事物及其時位對立關係。數乃陰陽數。
113 語見張載〈大易篇〉，收入《張載集》，頁49。
114 參閱〈周易內傳發例注疏〉，蕭漢明，《船山易學研究》（北京：華夏出版社，1987），頁160-161。

凶,明憂患之故,而知懼,占微言以大義示學,以學為重,亦切實用,矯枉不過正也。[115]船山窮通變之理,審天察物而致用曰:「讀易者,所當惟變所適,以善體其屢遷之道」。[116]船山所謂:「變在常之中」,「常亦在變之中」,相輔相成,妙哉斯言。[117]

船山之所長,更能綜合舊說,別開新境,默察萬物之趨變,知天地之化日新。日新者,已非四季之循環,乃日新又新之謂,近乎泰西所謂:自古至今,日進無疆,以至於未來,即所謂「進步觀」(the idea of progress)是也。此觀不見於泰西上古、中古之世,而興起於歐陸啟蒙之後,蓋因近代科學精進,人類日趨佳境,一進向前,而不可返也。然而三百年來,烽火未嘗稍息,苦難有增無減,是以人間非皆日進,物質有進,而道德有退,即章太炎「俱分進化論」[118]之謂也。船山知變不隨人意,所變未能必正、必善也;惟其猶持樂觀,仍欲「遷善」,使無序之變,為有序之變,寄望於「大正」,使變而後能通也。[119]正善之道,不外乎人謀,慎始正終也。[120]按窮必變,變求通,即誠齋所言「糾」之所謂,亦即非由天命,善盡人事之意也。

船山慧眼,最稱特識者,知變由理勢,相隨而起,天下大勢,因時而趨,以理審勢,順而不逆,逆必屈折不前,順非追

---

115 參閱,〈周易內傳發例注疏〉,頁160-161, 164-165, 167。
116 見吳懷祺,《史學與易學》,頁176。
117 參閱許冠三,《王船山的歷史學說》(香港:活史學研究社,1978),頁10-14。
118 章太炎,〈俱分進化論〉,《太炎文錄初編》,收入《章太炎全集》,頁404-413。
119 船山言變通,參閱王夫之,《周易內傳》,卷5。
120 參閱王夫之,《周易內傳》,卷4,頁162。

古,而與時具新也。故曰:「順必然之勢者,理也;理之自然者,天也。君子順乎理,而善因乎天,人固不可與天爭久矣」。[121]不可與天爭者,惟應天之理,順勢而不可逆,逆勢強則折,勢弱則屈也。然則天理之辨,與泰西之「決定論」,貌同而心有異也。再者,船山身處季世,國脈危厄之際,明季東林先生顧憲成之名言曰:「風聲雨聲讀書聲,聲聲入耳;家事國事天下事,事事關心」,最能撼動人心也。船山以涇陽先生,學術最為純正,「見道明,執德固,卓然獨立」,[122]良有以也。船山關切吾華粹美之文化,或有淪澌隱滅之虞,遂有文化能興,亦復能亡之說,嘆曰:「嗚呼!天育之,聖粒之,凡民樂利之,不粒不火之禽心,其免矣夫!天運替,人紀亂,射生飲血之習,且有開之先者,吾不忍知其終也」![123]太昊以前,無異於禽獸世界,文去而質不留,食非其食,衣非其衣,食異而血氣殊,則返乎太昊以前,靡不獸矣,軒轅之前,蔑不夷矣。船山尋文化興亡之跡,由蠻荒而漸入文明,吾師跡園先生,謂之「石破天驚之論」,[124]豈不然乎?船山以為變通可期,通識可得,有言曰:「通識者,通乎事之所由始,弊之所由生,害之所由去,利之所由成,可以廣恩,可以制宜,可以止奸,可以裕國,而咸無不允。」[125]通識而

121　王夫之,《宋論》(北京:中華書局,1964),頁134。
122　語見王夫之,《搔首問》,收入《船山遺書》(上海:太平洋書店,1933),頁1b。
123　王夫之,《詩廣傳》(北京:中華書局,1965),卷5,頁155。
124　蕭公權,《中國政治思想史》(北京:中國人民大學出版社,2014),頁400。
125　王夫之,《讀通鑑論》,第3冊,卷22,頁10b。

後可以史為鑒，克躋太平之治；以史為鑒，有所借鏡，須知趨時，因「古今異時，強弱異勢，戰守異宜，利害異趣。據一時之可否，定千秋之是非，此立言之病，而溫公以之矣。」[126]溫公立言，病在未明時宜，不知古今之異，古法未可概之於今，此所謂「假竊」古法故也。古今道異，因時順之，必須趨時，趨時宜能察幾，《易》重「知幾」：幾者，能見事之微，見吉凶之先幾，凡亂有吉凶，先見得理，言之可信，乃為有益，而後盡人事、聽天命。船山曰：「《易》曰湯武革命，應乎天，順乎人，聖人知天，而盡人事之理。」[127]若不盡人事，隨意輕忽，必然失之。於此可見，船山以《易》解史，最重人事，究經世之大略，庶幾知得失之樞機，而後能避禍趨利也。是以史之為用，乃以往事作則者也。故其講義理，而重經世，以道衡史之得失，以術測禍福，以理守道，庶能測幾，以明吉凶。船山身處季世，關注興亡，然其以《易》理，詮釋綱常，別有所重，內諸夏而外夷狄，進君子而退小人，男位外而女位內，為三大貞，無不呼應《易經》所云：「天下之動，貞勝者也」。船山論史，亟言中國夷狄之禍，有言曰：「夷狄之勢，一盛一衰，必然之數也，當其衰而幸之，忘其且盛而無以禦之。」[128]船山於異族入主之後，嚴夷夏之防，其心昭然，故其論述，頗中夷狄在華盛衰之故，至於將女主與小人同列，貶斥婦人干政，亦在呼應易理，所重之綱常也。船山以易理論史，不待贅言矣。

126　王夫之，《讀通鑒論》，第3冊，卷26，頁14a。
127　王夫之，《讀通鑒論》，第2冊，卷20，頁1a。
128　王夫之，《讀通鑒論》，第2冊，卷20，頁24b。

清初史家萬斯同謂《易》理至精，儒者不道陰陽，「《易》本為人事而作」，[129]史者人事也。乾嘉章實齋，以易變釋史體之變，[130]視「《易》為王者改制之巨典」，[131]尊孔穎達之正解，以天道切合人事，超乎象數、義理之爭，斥讖緯愚民之說，蓋天道乃自然之理，非以「妖祥、讖緯、術數以愚天下也。」[132]易者，象也，象通於道，道不可見，見之於象，道在其中矣。形上之道，既不見諸形名，必由具體之象，以求抽象之道。斯即《易辭》所云：「形而上者，謂之道；形而下者，謂之器」[133]也。道不離形下之器，蓋「道出政教典章之先矣」。[134]象有「天地自然之象」，「人心營構之象」，而人象出於天象也。易象又包攬六藝，易象通於《詩》之比興，而《易辭》通於《春秋》之例，故而《易》以天道切人事，一如《春秋》以人事而協天道也。[135]實齋欲復六藝原貌，謂法制趨時而變，乃理勢之必然。就史學而言，千餘年來，紀傳一體，相承不輟。既固守程式，勿欲變通，遂為體例所拘，誠有憾矣！實齋新猷，取《易經》圓神方智之義，曰：「撰述欲其圓而神，記注欲其方以智也；夫『知以

129　萬斯同，《群書疑辨》，卷1，頁1a、3a。
130　參閱汪高鑫，〈《周易》與中國古代史學的通變精神〉，載《史學史研究》（2015年第2期），頁1-8。
131　章學誠著，倉修良編注，《文史通義新編新注》，頁12。
132　章學誠，《文史通義廬江何氏鈔本》（上海：華東師範大學出版社，2019），上冊，頁6。
133　語見《周易今注今譯》，頁388。
134　章學誠著，倉修良編注，《文史通義新編新注》，頁1。
135　參閱章學誠，《文史通義廬江何氏鈔本》，上冊，頁6-7, 12, 16, 18。

藏往，神以知來』，[136]記注欲往事之不忘，撰述欲來者之興起，故記注藏往似智，而撰述知來擬神也。」[137]竊曰《易》云：圓而神、方以知者，謂圓則無缺，略無滯礙也，而神者，深不可測，知者智也。唯能圓神，方能啟智，乃一事也。[138]而實齋以圓神方智，為史學兩大宗門，將圓神歸於著述。著述者，師法相承，自我運裁，時代之原創，如《史》《漢》之屬。方智則為比類，比類者，漢紀長編之類，無異記注。故實齋曰：「著述譬之韓信用兵，比類譬之蕭何轉餉，二者固缺一而不可」也。[139]兩者之體裁，主次有異，史才不一，圓神方智，各展所長，各取所需，足以互補，兩者未可偏廢也。

實齋分天下之書為比次、考索、獨斷三類，謂「三者各有所主，而不能相通」。[140]竊謂三者，未必不能相通，比次所以整齊史料，考索所以確證史實，而後能有獨斷之見，別出心裁，自為經緯，圓神、方智皆有焉。泰西史著，不朽之作，莫不三者具備也。實齋所謂具獨斷之著述，無疑即今人所崇，具創見之作也。實齋化腐朽為神奇諸金句，多發前人所未發，啟後學於未來。具獨斷之著述，方成名山偉業也。實齋此一明識，足為著述典範，自稱「為後世開山」，[141]宜也。反觀近人著述，輒合散篇、斷章為一書，章不相扣，篇無呼應，聞見猥陋，近乎比次之書，去圓

136　實齋引自〈繫辭上傳〉第十一章，閱《周易今注今譯》，頁384。
137　章學誠著，倉修良編注，《文史通義新編新注》，頁36。
138　參閱〈繫辭上〉第十一章，閱《周易今注今譯》，頁384。
139　章學誠著，倉修良編注，《文史通義新編新注》，頁633, 669。
140　章學誠著，倉修良編注，《文史通義新編新注》，頁256。
141　語見章學誠著，倉修良編注，《文史通義新編新注》，頁817。

神、方智，亦云遠矣！

　　鄉友吳懷祺有言：據事直書，是非已互見矣，而復有皇權神授之天命史觀，非直筆與曲筆相抗乎？遂有吳氏「典型二重性」之創見。[142]竊思皇權神授，即董仲舒以來天人相應，五德終始之論，乃應皇權之需，識者皆知，不足以言史觀也。史識與時俱增，五行漸衰，勢所必然。歐公視災異為牽強附會，遷就曲取，非關學術，有謂：「蓋自漢儒董仲舒、劉向與其子歆之徒，皆以《春秋》《洪範》為學，而失聖人之本意，至其不通也」。[143]清儒趙翼亦曰：「五行之理，則另出於〈圖〉〈書〉，唐虞之前，〈圖〉〈書〉自〈圖〉〈書〉，《易》卦自《易》卦，不相混也。後儒以陰陽五行理本相通，故牽連入于《易》中，而不知《易》初未嘗論及此也」。[144]是知《易》不言五行，永叔、甌北所言，擲地有聲，足破董、劉之偽，然則「二重性」如何落實？按談《易》者，「辯論滋多，義理益昧」，此辛楣之所以不敢言《易》也。[145]直筆乃吾華所尊，慎重其事，故由宰相主其事：「宰相一人專知撰錄，號為時政記，每月封送史館」，[146]敬其事也。李唐官修成制，容有弊端，踏步故跡，師法成規，故而多因襲而少創新。然南、董之骨，遷、固之識，遺風猶在，史職依然

142　吳懷祺，《中國史學思想史》第3版（北京：北京師範大學出版社，2016），頁138。
143　參閱歐陽修，《新唐書》（北京：中華書局，1975），第3冊，卷34，〈五行志一〉，頁872。
144　趙翼，《陔餘叢考》（北京：中華書局，1963，2012），第1冊，頁4。
145　錢大昕，《潛研堂文集》，第5冊，卷36，頁566。
146　顧炎武，《日知錄集釋》，上冊，頁426。

崢嶸，作史者鮮不通《易》，以《易》釋史，以古驗今，法古求治，見善而修，見過知懼，知朝代興亡成敗之跡，而興亡之理，端在民心之向背。故勤於載記，以資鑒為重也。史若不實，「何以貽鑒今古」乎？[147]

147　語見劉昫等撰，《舊唐書》（北京：中華書局，1975），〈令狐德棻傳〉，卷73，第8冊，頁2597。按劉昫以宰相監修，並無秉筆之實，張昭遠、賈緯、趙熙等人皆參與其事。

史有專職第五

　　中華史學源淵流長,凡「南面君天下者,咸有史官,以記言行」,所謂「君舉必書也。」[1]「君舉必書」,蓋因君王言行,關係重大,錄其言行,必巨細靡遺,善惡備載,是以自古以來,「左史記言,右史記行。」清初王士禎,號漁洋山人,引《唐六典》所載:起居郎兩員,「掌錄天子之動作法度,以修記事之史」;起居舍人兩人,「掌天子之制誥德音,以修記言之史。」朱明一代,左右兩史,合為一官。[2]崇禎帝於元年召對,特命記注官兩人,輪值記注,翌日發抄疏奏,宣付史館。[3]相傳倉頡乃古帝王之史官,是以吾華史官,其來亦云久遠矣。

　　吾華重史,起源甚早,文字之前,已傳結繩記事,蓋知往事之易逝,而欲存其跡也。書契之後,即有史官。殷商史官,已有

---

[1] 曹劌曰:「君舉必書,書而不法,後嗣何觀」,見《國語韋昭注》,卷4,頁109。參閱魏徵等撰,《隋書》(北京:中華書局,1975),〈經籍志〉,第4冊,頁904。

[2] 閱王士禎,《池北偶談》(北京:中華書局,1982),上冊,頁17。

[3] 乃瞿式耜親見。見瞿式耜,《瞿式耜集》(上海古籍出版社,1981),頁17。

稽可徵。甲骨所載,多占卜狩獵之屬,記事未詳。周克殷商,知殷鑒不遠:「周雖舊邦,其命維新」,「宜鑒於殷,駿命不易!命之不易,無遏爾躬。」[4]周之太史與太卜、太祝並列,記事之外,旁及祭祀卜筮,星曆、策命諸事,原屬天人相應之學,與公卿同服。後世各朝,興亡疊見,以史為鑒,史官之重責大任,日見增重。初有左右史,言事分職並重。別有外史,受畿內王命,採民俗於外。何謂太史?太者大也,為史官之長,太史所掌甚廣,朝綱國故之外,天文律曆,以至於卜卦祝禱,無不錄之也。後世史官,惟記人事,史官所記曰書,《尚書》乃《虞書》、《夏書》、《商書》、《周書》之通稱。司馬遷《史記》,原稱《太史公書》。《漢書》、《後漢書》皆稱書。子長、孟堅、陳壽、范曄,名為史臣,實同私修。唐後開館,出自眾手,《隋書》署名魏徵等撰,顏師古、孔穎達,皆參與其事。唐初修梁、陳、齊、周、隋,五代史志,皆非一人之作,實皆官修矣。劉子玄極不為然,故曰:「古之國史,皆出自一家,魯之丘明、漢之子長;晉齊之董狐、南史,咸能立言不朽,藏諸名山,未聞藉以眾功,方云絕筆。」[5]惟大勢之所趨,終傳統之世,莫可挽矣。

漢武設蘭臺,為著述之所,章、和兩帝而後,圖書盛於東觀,即修史之所也。談、遷父子,以文史、星曆為務,號稱太史公。太史公位居丞相上,此位乃朝會立處,在人君左右,便於記

---

4 見吳闓生,《詩義會通》,蔣天樞、章培恆校點(上海:中西書局,2012),頁221,222。
5 劉知幾,《史通》,張之象刻本,卷20,頁11b。

載言行，非爵秩之位也。[6]宰相之位，一人之下，位高權重，能制生人，而史官則兼制生死，生者愛惜名譽，豈無生前身後，褒貶之慮？以此而言，或曰史官之權，猶重於丞相耶？有云亂臣賊子，謷嗟榮辱，未必有懼。東海徐鉉有句曰：「日覺儒風薄，誰將霸道羞；亂臣無所懼，何用讀春秋。」[7]然而賢士仁人，能不懼《春秋》之筆，而有所戒慎歟？

人君設有史官，欲知治亂興替，以古為法戒，史官之制，遂延續不絕也。史官秩尊權重，掌管冊籍，凡王國之書，天下計書，以及侯國之志，先上太史，副上丞相。史官托付之重，自知之也。南宋國史院編修呂祖謙，世稱東萊先生，有言曰：「史官者，萬世是非之權衡也。禹不能褒鯀，管、蔡不能貶周公，趙盾不能改董狐之書，崔氏不能奪南史之簡，公是公非，天下莫之能移焉。」[8]國朝有史，朝代輪替，而史未嘗間斷，足見吾華以史為重，史官負以古戒今之重任，有利於興利除弊也。史之為用，豈不大矣哉！

泰西古無史官，近世偶有之，無足輕重也。約當十五世紀，意大利應新君之需，初設史官。[9]波蘭與匈牙利之新君，曾任命史官。及至十八世紀，正值乾隆之世，俄羅斯與英格蘭，各有

---

6 參閱于慎行，《讀史漫錄》十四卷，萬曆刻本，卷3，頁22a。
7 彭年序，《徐公文集》，四部叢刊集部（上海涵芬樓據黃堯圃校宋本景印），〈觀人讀春秋〉，卷2，頁2b。
8 語見卜大有，《明刻珍本史學要義》，補卷之五，頁589。
9 參閱Gary Ianziti, *Humanist Historiography under the Sforzas*（Oxford: Oxford University Press, 1989）.

史官百餘人。德國公爵，[10]亦曾聘哲人萊布尼茲[11]為史官，意大利西西里國王，曾聘哲人維柯為史官，法蘭西王，曾聘哲人服爾泰[12]為史官。然而泰西史官，無論性質、目的、規模、以及持續之長久，皆不能與中國同日而語也。何況西師每下視史官，以為官府雇吏，惟命是從，所作史書，何異「教條」（well-indoctrinated）？史官又有為政權「作偽」（well-invented past）之虞也。[13]何來信史？西風鼓動於外，域內亦有鄙薄史官者，若謂：唐太宗定史官之制，沿襲直至清末，史館受命政權，欽定史書，必為統治者之「應聲蟲」、「傳聲筒」而已矣。[14]按吾華以史官修史，西史出自私家，截然異趣。彼邦私撰，一家之私見；吾華之官修，乃一代之公論。官府重史，有其要旨。史官之設，數千年而不衰，自有其持久之故。北魏秀才柳虯有云：「古者人君立史官，非但記事而已，蓋所以為鑒誡也。」[15]史官記朝代興亡，為人君資鑒，知所慎戒，曉以興亡之故，方能振興避衰。設

10　Duke of Hanover, Hanover王國於拿破崙時代後，恢復喬治第三之領土，經由「維也納會議」（Congress of Vienna）同意，於1814年10月建立。

11　Gottfried Wilhelm Leibniz（1646-1716），啟蒙時代著名德國數學家與自然科學哲學家，著名之邏輯學家，學問淵博。

12　Francois-Marie Arouet de Voltaire（1694-1778），啟蒙時代法國多產作家、史學家、哲學家，作品涵蓋多領域，落筆幽默，以批評天主教聞名，倡言論與宗教自由，主張政教分離。

13　W.J.F. Jenner, *The Tyranny of History: the Roots of China's Crisis*（London & New York: Penguin Books, 1992），pp. 5-12.

14　見朱維錚，〈歷史編纂學：過程與形態〉，朱維錚，《朱維錚史學史論文集》（上海：復旦大學出版社，2015），頁41。

15　見令狐德棻，《周書》（北京：中華書局，1971），第3冊，頁681。另見柳虯，〈上周太祖書〉，《文苑英華》，第5冊，頁3555。

若記載不實,何以借鏡?豈非自欺乎?史官之責殆矣!苟所言不實,成敗興衰之跡,隱而不彰,安能以古鑒今?人君何以為戒?若刻意作偽,或歌功頌德,前車之鑒,何從得之?宋人呂中有言:「讀史讀治,而不讀亂,故前車覆轍,後來並轡而不悟」,見軌跡而不避,是後車又覆之矣!故而「善可以法,惡可為戒,資其益於治道,通百代之高抬貴手之耳。」[16]使不善惡具載,安得以為法戒乎?作偽也,曲解也,高抬貴手也,何利於政權耶?史官之用意,盡失之矣。故劉子玄曰:「善惡必書,斯為實錄。」[17]明陳沂亦曰:「古之記者,善不厭詳,惡不厭略,過小而罪微,不足以垂戒者,略也;遷史以後,詳略可見,近世多譽而少懲,畏其人,非耳。」[18]史可信賴,方克有用,所謂「臣子愛其君,存其真不存其偽也。」[19]不有信史,何來可資之鑒?此所以「史之建官,其來尚矣。」[20]雖然,史官所作,未必盡善,唯有善者存之,未伸者疏而通之,詭僻亂真者,矯而正之,缺漏未明者,予以詳解,蕪詞穢篇,無所采焉,如是而已。至於史禍,因直筆而起,例如南董,奉同英烈,視為典範。且直筆未必致禍,班固之死,非因史禍,而因竇憲征伐匈奴,居功自傲,陰圖謀反,漢和帝誅憲,孟堅因牽連入獄而死也。子玄雖謂:崔浩

16　呂中,《宋大事記講義》,《文淵閣四庫全書》,686:194。
17　見劉知幾著、浦起龍釋,《史通通釋》,卷14,頁193。
18　陳沂,《石亭文集》12卷,嘉靖四十四年序,卷7,頁2a。
19　語見張廷玉等編,《明史》(北京:中華書局,1974),〈公鼐傳〉,第19冊,頁5716。
20　語見陸深,〈歷代史官建置〉,卜大有輯,《明刻珍本史學要義》,頁20。

續成魏史,「無隱所惡,而刊石寫之,以示行路,浩坐此夷三族。」[21]然浩非因史致禍,而因拓跋燾南寇汝潁,浩密謀異圖而被誅,河北大族,多遭夷滅。[22]高允助浩修史,謂史之大體,未為大違,浩因私欲,敗其廉潔,不為無罪,而允亦未因史致禍也。范曄因涉彭城王劉義康謀反案,為宋文帝所殺,類此史官之死,皆未因崢嶸史筆,而致禍也。

　　一朝之史,視為大典,必斟酌前史,辨別異情,取捨殊意,蓋有國者,莫不以史為重也。史官詳記國之大事,所謂「古之史官,必廣其所記,非獨人君之舉;周官外史,掌四方之志,則諸侯史記,兼而有之。」[23]荀悅曰:「備置史官,掌其典文,紀其行事,每於歲盡,舉之尚書,以助賞罰,以弘法教。」[24]吾華懼史筆中絕,奇謀異行,沒而弗現,故藏書於金櫃石室,以金為櫃,以石為室,慎重其事也。蓋簡冊乃修史之器,非此無以刊削成編也。故唐國子監祭酒令狐德棻曰:「如文史不存,何以貽鑒今古?」[25]是則收羅務盡,雖水火無情,兵連禍結,然文獻收藏之富,仍足以傲世。史書之名稱繁多:「史遷曰書,班固曰志,蔡邕曰意,華嶠曰典,張勃曰錄,何法盛曰說。名目雖異,體統不殊,亦楚謂之檮杌,晉謂之乘,魯謂之春秋,其義一也。」[26]

21　劉知幾,《史通》,張之象刻本,卷12,頁14b。
22　佚名,《四千年史論驚奇》(光緒宣統間鉛印本),卷7,頁4b;焦竑,《焦氏筆乘》,卷2,頁56。
23　魏徵等撰,《隋書》,第4冊,頁981。
24　語見范曄,《後漢書》,卷62,頁2062。
25　語見劉昫等撰,《舊唐書》(北京:中華書局,1975),〈令狐德棻傳〉,卷73,第8冊,頁2597。
26　劉知幾,《史通》,張之象刻本,卷3,頁2b-3a。

歷代興朝，修勝國之史，勝國之史，成於後朝。唐修《隋史》，元修《宋史》，明修《元史》，持續不斷者，垂二千餘年矣。

　　史官之職，事關治亂興替，以覆轍為戒，蓋「自昔王業盛衰，君道得失，史冊盡在，燦然可徵」，[27]故軍國政要，人君言行，冊命啟奏，均付史官，由宰相主持。凡天下計書，由副丞相掌之。西漢修史之所，尚非官署，《太史公書》可稱一家之言，誠如朱希祖所言：「史署起於後漢東觀，史官起於後漢著作郎」，[28]漢明帝始置著作郎，掌國史於蘭臺，蘭臺後遷南宮之東觀。洛陽東觀，圖書之富藏，毋庸多求書於四方矣。《漢紀》成書於東觀，故南北朝改稱《東觀漢紀》。東觀與蘭臺，既為修史之所，遂為史舘之別稱。曹魏稱史官為著作郎，孫吳稱太史令。此後史官名稱雖異，已成定制，史官遂為專職矣。東晉康帝司馬岳，以武陵王領秘書監，史事更為增重。兩晉史官如華嶠、陳壽、陸機、干寶、孫盛，皆稱美才。齊、梁有修史學士，陳朝因之。北魏設置著作局，宰相兼領修史。隋以大臣監修國史，煬帝置起居舍人二員。唐初因之，增起居郎二名。唐代官修規模擴大，宰相監修，以兩府之臣，上呈時政記、起居注、日曆，由群儒撰之，史出眾手矣。《隋書》撰於盛平之世，魏徵主其事，諸臣分任，研摩至深。唐以大臣領局修史，定制不復易矣。大唐任用有當，調度得宜，官修之弊，瑕不勝瑜也。

　　《隋書》〈經籍志〉，遙承班書〈藝文志〉，備載古今書

27　語見陸贄草奏，載《陸宣公集》，卷12，頁10b，參閱卷13，頁9b。
28　朱希祖，《史館論議》（台北：學生書局，1978），頁38-39。另參閱葉時，《史官》，卜大有輯《明刻珍本史學要義》，頁14-16。

籍,見其盛衰存廢,足資後人考究。鄭樵謂〈經籍志〉:「極有倫類,而本末兼明,惟〈晉志〉可以無憾,遷固以來,皆不及也。」又有言曰:「觀〈隋志〉所以該五代、南北兩朝,紛然淆亂,豈易貫穿,而讀其書,則了然如在目。」[29]溫大雅於唐武德初,創《大唐創業起居注》,開起居注之先例。房玄齡撰高祖太宗實錄,各二十卷,此後歷朝皇帝載記,皆稱實錄。貞觀年間,置起居郎,侍天子於玉階之下,延首聽聞,凡策命、奏章、封拜、蠲免均列記錄,以備史官撰述之需,[30]所謂「古之王者,世有史官,君舉必書,所以慎言行,昭法式也。」[31]大唐之後,諸史承風,多出官修。宋制有監修國史一人,以宰相任之,元豐官制,別置國史實錄,元祐復置國史院。南宋國勢不振,而學術精微。史館於紹興間,併為實錄院,宰相與翰林學士,同修國史,史統未衰。宋孝宗召李燾、洪邁修五代史,皆奉京朝,不兼他職。王應麟編《玉海》,慎採史料,成書二百餘卷,包羅萬象,為唐宋類書之魁也。南宋群儒,勤於學問,讀書有見,著述亦有漢唐所不及者。元以脫脫總裁宋史,以紹皇朝之統。明初宋濂,領起居注,復為總裁,以勳臣或官高者一人監修。[32]歷代史官修史,至清季而止,歷時久遠,史統未嘗稍輟也。趙宋已有十七史,朱明增新舊五代史,宋、遼、金、元,新元史為二十四史。

29　語見卜大有,《明刻珍本史學要義》,頁234,235。
30　參閱黃定宜,《考辨隨筆》,道光丁未冬月刊本,卷1,頁16-17。
31　見班固,《漢書》,〈藝文志〉,冊6,頁1715。
32　歷代史官建置,參閱陸深,《儼山外集》,卷29,頁1b-5b。陸氏尚提及女史官如漢之班婕妤、唐朝之上官婉兒、蜀國之花蕊夫人等,泰西古代似無女史也。

今合《明史》、《清史稿》，遂有煌煌二十六史，號稱正史。其中司馬遷、班固、陳壽、范曄、李延壽、歐陽修，出一家之手，別具風格，餘書多由史官分任，出諸眾手，文字益繁，偶而不免浮爛也。一朝之史，卷帙浩大，汗青難期，合眾力以成偉業，似亦無可奈何也歟？

左右史官分職，應實際之需，一旦匯為實錄，則言行莫再分矣。後人以《尚書》記言，《春秋》記事，實齋、太炎，先章、後章，均以為誤。實齋曰：「事見于言，言以為事，未嘗分事與言為二也。」[33]一言蔽之，史官據實直書，方克有用。或不免曲筆，穿鑿紆曲，捏造尤為大忌，作偽或可欺人於一時，斷不能垂之久遠也。史官多飽學之士，擁有舉國圖書、志乘，四方之事，皆由史官職掌，[34]撰述之利，無以復加矣。然而官府，雖得天獨厚，亦「難乎具載也。」[35]有謂：「宿儒處士，或私有記述，以伸其志，賴之以證史官之失」，[36]其中不乏佳作。蜀漢譙周之《古史考》，即私作也，頗糾馬遷之失。南北朝諸史，名為官修，實多私撰。唐代劉子玄，雖列史官，志不得伸，退居杜門，成其《史通》。至於民間之私撰，無與官府，謂之野史。「野史雜說，多有得之傳聞，及好事者緣飾，類多失實。」[37]稗

---

33 章學誠，《文史通義新編新注》，倉修良編注，頁21。參閱章太炎，〈略論讀史之法〉，載《制言》（1939年6月），期53，頁1。
34 陸深，〈歷代史官建置〉，卜大有輯，《明刻珍本史學要義》，頁27。
35 孫甫語，見其《唐史論斷》，685: 645。
36 晁公武，《郡齋讀書志》（揚州：廣陵古籍刻印社，1987），卷6，頁12b。
37 語見洪邁，《容齋隨筆》（台北：大立出版社，1981），上冊，頁52。

官野史，資料不全，聞見有限，往往因利而徇私，因怨妄逞胸臆，故所作稍遜色。雖然，亦有頗可取者，趙萬年《襄陽守城錄》一卷，[38]敘南宋開禧二年，荊襄都統趙淳，守襄陽事。萬年以幕客述親歷事，如淳因焚樊城，而憂悸成疾，以及守將突圍諸事，正史皆失載。趙淳《宋史》無傳，〈宋寧宗本紀〉所記襄陽事，亦極簡略。野史補遺，豈不善哉！又如明季光、熹之間三案，國史失載，而野史書之，可以補闕，誠所謂：「野史猶有直道存焉。」[39]明人楊慎有言：小說筆記雖多詆訛，亦可證正史之誤。[40]再者，歷朝私家藏書之風，久而不衰，藏書數萬卷者，屈指難數也。藏書家未必能讀，然多能參稽善本，勤於校勘。[41]按正史可訂野史之謬，野史亦可正史之闕，所謂正史不載，野史未必沒之也。

　　史官直書，人君或有忌憚。著作郎趙泉與車敬，直書苻堅寡母，以將軍李威為男寵，苻堅怒罪史官，因趙、車已死而作罷。[42]然通達明君，能識大體者，亦不乏其人。齊高帝蕭道成，年十三受《禮》、《左氏春秋》，敬重禮教，移風易俗，塞奢侈之源，渠有言曰：「使我臨天下十年，當使黃金與土同價」，並命史官，「述其過惡」，無所忌諱。齊高明主，不嫌史官勸過，

38　此卷編入《粵雅堂叢書》。
39　清初錢澄之語，見《田間文集》，頁212。
40　楊慎，《楊慎庵文集》，卷47，頁30b。
41　參閱錢大昕，《潛研堂文集》，第4冊，卷25，頁372。
42　參閱周一良，〈魏晉南北朝史學與王朝禪代〉，《周一良學術論著自選集》，頁314。

規其失也。⁴³《唐書》〈鄭郎傳〉,有「天子不觀史」⁴⁴之說,蓋人君不自閱史,史官庶無後顧之憂也。趙宋史官,錄本進呈,不免有諱避之虞,故歐陽修上疏曰:「乞不進本」,曰:事關「聖朝典法,此乃臣之職事,不敢不言。」⁴⁵范祖禹亦曰:「人君得以觀史,而宰相監修,欲其直筆,不亦難乎」?又曰:「任【史】臣以職,而宰相不與史事,則善惡庶乎其信也。」⁴⁶明人郭大有曰:「昔唐太宗,自欲觀史,褚遂良執不與見」,⁴⁷蓋良不欲君王干預實錄,不令佞臣執筆,因「史非董狐久矣!而直筆猶存于後世者,以人主無觀道耳!觀道一開,顧慮生焉。⁴⁸房玄齡監修國史,唐太宗問:人主何以不能觀史官所記耶?玄齡曰:「史官不虛美,不隱惡,若人主見之必怒,不敢獻也。」太宗謂己非常人,無非欲知「前日之惡,為後來之戒」,何妨呈覽?諫議大夫朱子奢,依然上疏規勸,謂此例若開,後之人主,未必聖賢,若「飾非護短」,令史官「希風順旨,全身遠害」,或諂媚權貴,寒暑筆端,將無信史可言矣。太宗執意欲觀,史官不得已而上覽,見及玄武門事,太宗謂房玄齡曰:史官不必隱諱,因其

---

43 程至善,《史矼》(明末葉刊本),卷2,頁23a;參閱李延壽,《南史》,卷4,頁113。
44 語見歐陽修,《新唐書》,第16冊,頁5069。
45 語見歐陽修,《歐陽文忠公文集》,卷12奏議。
46 范祖禹,《欽定唐鑒》,卷6,頁2a。
47 郭大有,《評史心見》(萬曆十四年刊本)卷5,頁8b。唐劉肅《大唐新語》記曰:太宗謂褚遂良曰:「朕有不善,卿必記之耶?」遂良曰君舉必書,「設令遂良不記,天下之人皆記之矣!」語見《歷代小說筆記選》(唐)(香港:商務印書館,1959),頁16。
48 邵寶,《學史》(文淵閣四庫全書),688:405。

事如「周公誅管、蔡以安周」，可直書其事也。[49]唐太宗以周公自解，乃無當之曲解，強為之說耳。故范祖禹曰：「苟非得罪于天下而殺之者，己之私也，豈周公之心乎？」[50]宋人存而傳疑，清人陳堯松，以詩句諷之曰：「蓋世雄才數世民，三代之後直斯人；猶餘憾事留千古，只為周公誤此身！」[51]由此觀之，太宗奪位，謀害兄弟，雖欲自解，其事究未能隱晦，憾事流傳千古，史官未嘗失載也。故明末史家張岱號陶庵，有言曰：「宣武門事應匿者也，此而不匿，更無可匿者矣！」[52]豈不然哉？豈不然哉！惟太宗自取觀之，畢竟有礙史臣載筆之職，傳示後人，或飾非護短，順旨以全身，青史何所信乎？

　　史官難為，劉子玄言之甚諦：「世事如此，而責史臣不能申其強項之風，勵其匪躬之節，蓋亦難矣。」[53]事如「孫盛紀實，取嫉權門，王邵直書，見讎貴族，人之情也。」[54]韓愈答劉秀才論史書曰：「為史者，不有人禍，則有天刑」，[55]昌黎之懼，昭然可見也。[56]然柳宗元不以為然曰：「以退之之智，而猶懼如此」，「則唐之史述，其卒無可托乎」？又曰：「凡居其位，思

49　司馬光，《資治通鑑》，第9冊，頁6203。參閱黃永年，《舊唐書與新唐書》（北京：人民出版社，1985），頁20-21。
50　范祖禹，《唐鑑》，文淵閣四庫全書，（台北：商務印書館景印），685：481。
51　陳堯松，《史餘》（上海圖書館藏本），20卷，卷15，頁9b。
52　語見張岱，《史闕》，〈序〉，頁2。
53　語見劉知幾，張之象刻本，《史通》，卷7，頁4b。
54　語見劉知幾，張之象刻本，《史通》，卷20，頁12a。
55　韓愈《答劉秀才論史書》，卜大有輯，《明刻珍本史學要義》，頁51。
56　參閱韓愈，《韓昌黎集》，頁70-71。

直其道,道苟直,雖死不可避也。」柳謂退之所舉史禍,亦多不實。孔夫子、左丘明、司馬遷、班固、范曄、崔浩皆非因史致禍也。故子厚願退之莫喪其志,何莫激勵史官風骨,寄語有云:「宜守中道,不忘其直。」[57]「中道」者,不狂不狷也。中道亦今所謂客觀歟?客觀直書,不直不得中道,若直書而自以為是,固執不讓,未必可稱客觀。退之志衰,子厚氣壯非退之可及也。吾感而有句曰:「史禍從來別有由,司遷身毀為陵謀;昌黎應覺真相在,子厚何須辯不休。」韓愈曾據韋氏《順宗實錄》三卷,修史五卷,自謂:「比之舊錄,十益六七,忠良奸佞,莫不備書,苟關于時無所不錄。」[58]韓書宮禁內事,事貶詞直,不避宮市之弊,不避內官之惡,韓文公何懼乎直筆耶?抑子厚一言激之乎?史官任褒貶重任,亂臣賊子,能不視若仇讎?史官固宜威武不屈,富貴不淫也!韓愈復於元和十三年(公元818年),奉召撰〈平淮西碑〉,得罪親貴,改由段文昌另撰,然後人皆知有韓碑,而不知有段碑,所謂:「千載斷碑人膾炙,世間誰數段文昌?」[59]韓以直勝段,然亦有論者,謂昌黎欲避史禍,實非史才,淮西碑因失實而踣,故有段文舉改撰之舉云。《順宗實錄》因不稱而廢,由韋處厚續之,「使退之而任史,其禍變當有甚

---

57 柳宗元,《答韓愈論史官書》,卜大有輯,《明刻珍本史學要義》,頁54-55、56。柳宗元,《柳宗元集》(北京:中華書局,1979),第3冊,頁807-909。
58 韓愈,《韓昌黎文集校注》(上海:上海古籍出版社,1986),〈進順宗皇帝實錄表狀〉,頁599。
59 參閱羅聯添,《韓愈》(台北:河洛圖書出版社,1977),頁60。

此者。」⁶⁰惟韓愈未嘗因史致禍,其貶潮州也,因諫佛骨故也。泰西學人亦有賈禍者,英哲羅素因反戰而入獄,法國史家布洛克,⁶¹因抗納粹而死於獄中,皆非因史致禍也。

大唐武周篡位,女主主政,酷吏肆虐,防範既嚴,殺戮殊甚,行事多不義,始有時政記,由宰相撰之,實事未必書,所書未必實,能不為之隱飾掩蓋。雖月送史館,史可信乎?惟國史失記,仍有能言之士,別記之矣。蓋防謗不可勝謗,莫能禦之。武后似亦自知之,故留無字碑,任由後人評說也。唐文宗賢不如先人,亦謂實錄「何妨一見,以誡醜言」,起居郎不得不進之,⁶²已無房玄齡之諍言矣。人主以「誡醜」為說,堅持「何妨一見」,應非新鮮事,有賴史官之膽識耳。然亦有帝王,知難柅天下之筆,何莫尊重史官,自成佳話。宋太祖嘻戲,彈雀於後苑,初謂臣不能訟陛下,尋曰:史官當書之,並賜金帛慰之。⁶³遼帝狩獵於秋山,熊虎傷死數十人,韓家奴書於冊,帝命去之,家奴書之如故,帝見之欣然曰:「史官當如是」!⁶⁴家奴,遼之史官也,「欲遼聖宗知古今成敗,而以《五代史》與《貞觀政要》,同譯以進,惟以其編有足以備人主勸誡而不復計,不以通好之故

60　佚名,《四千年史論驚奇》,卷8,頁6b。
61　Marc Bloch(1886-1944),法國安娜學派(the Annales School)開創人之一,專長泰西中古社會史,著作宏富,尤以 *Feudal Society*(封建社會),(Chicago: the University of Chicago Press, 1968)一書聞名於世。
62　事見劉昫等撰,《舊唐書》,第14冊,頁4493。
63　參閱茅元儀,《青油史漫》(崇禎刻本),卷1,頁16b。
64　脫脫,《元史》(北京:中華書局,1974),冊5,頁1449。

存忌諱,蓋亦謂修雖宋臣,史則五代,而天下萬世之書也。」[65]遼太子洗馬劉輝,於壽隆二年上書曰:史筆秉天下之大公,存天下之大信,示天下之大勸,雖宋歐陽修編《五代史》,附遼於四夷,仍請以趙氏初起事蹟,詳附於《遼史》,遼君嘉所言。[66]清康熙帝詔修明史,有云:「史書永垂後世,關係甚重,必據實秉公,論斷得正,始無偏頗之失,可以傳信後世。」[67]類此君王,不忌史官直書,足供楷模。

　　孔子臨川知往者之難留,史官豈不自知?若能徵信當世,垂諸將來而不謬,何其幸也。惟嚴春秋大義,直書其事,無所忌諱,懸鵠甚高,豈不難乎?何況文獻有闕,異說叢出,定論維艱也。史官仍以直書求全,視為清標,以風骨自許,雖未必能至,而心向往之也。蓋信史不能責備,中外不二。所能為者,但求直不必盡耳。何以言之?文獻既不足徵,「多聞闕疑,慎言其餘。」[68]疑者闕之,闕而待訪,慎之至也。章實齋謂闕疑有三:有一事兩傳,而莫衷一是者;有舊著其文,而今亡其說者;有慎書見聞,而不解者。苟不闕疑,其弊有十:一曰後人無由辨正,二曰有礙史體,三曰混亂視聽,四曰事目均失,五曰篇目具亡,六曰存錄難以復得,七曰心事難明,八曰類例不清,九曰難杜請

65　計大受,《史林測義》,卷31,頁12a。
66　參閱脫克托等撰,《遼史》(北京:中華書局,1977),卷104,〈劉輝傳〉。另見計大受,《史林測義》,卷31,頁12a。
67　引自劉承幹,《明史例案》,卷1,頁2a.
68　語見朱熹,《四書集注》(掃葉山房藏版),《論語・為政》,卷1,7b。

謁,十曰筆削失平。[69]闕之有所不足,疑之庶不武斷。史家求直難盡,唯有闕疑戒慎,避免誣衊而後已。

中華史官,所能為者,亦求直不必盡耳,未可以不能盡而難之也。史官不畏強梁,勇於直書者,不乏其人。劉子玄曰:「烈士殉名,壯夫重氣,甯為蘭摧玉折,不作瓦礫長存。若董之直書,不避強禦;韋、崔之肆情奮筆,無所阿容。」[70]明萬曆進士王志長亦曰:「為史者知有法,而不知有其身,頭可斷,而手不可易,有死而已,繼之者亦然,所以謂之信史。春秋之時,齊有太史之簡,晉有董狐之筆,此意尚存,蓋自古相傳之法也。」[71]劉、王兩氏所言,何其壯也!董狐書法不隱,南史直筆不諱,傳為千古美談,典型猶在。誠然,史官非皆南、董,惟莫不奉為典型,以探奧賾之府為榮,引麋猥穢史為恥,莫妄自菲薄之史官,所在多有也。史官典型既在,時有殉道者,不以為異,所謂「身可殺,而筆不可奪,斧鉞有敝,筆鋒益強,威加一國,而莫能增損汗簡之半辭。」[72]詞語甚壯,以命相搏,以盡其職,史官之風骨,固不可小覷也。[73]唐初李延壽,以崇賢舘學士,參與修史,以史官執簡,良直為要,嘗記裴松之,注陳壽《三國志》,鳩集傳記,廣增異聞,晉帝覽之曰:「裴世期為不朽矣」,[74]更因其

---

69 三例十弊說,詳見章學誠著,倉修良編注,《文史通義新編新注》,頁982, 982-983。
70 劉知幾,《史通》,張之象刻本,卷7,頁5a-b。
71 王志長,《周禮注疏刪翼》,收入《四庫全書》,卷5。
72 語見呂祖謙,《增批輯注足本東萊博議》,卷2,頁20a。
73 參閱汪榮祖,《史傳通說》,頁269-270。
74 李延壽,《南史》(北京:中華書局,1974),卷33,頁863。

良直故也。大唐進士吳兢，貫通經史，以其才堪論撰，詔值史舘，協修國史。兢逢武三思、張易用事，不得志而欲私撰唐書未成。玄宗登基，張說罷相，詔兢赴舘撰錄，久之貶荊州司馬，仍以史草自隨，使者取書，得六十餘篇，捐華摭實，敘事簡練，以奮筆直書見長，終遂其志。兢嘗與劉知幾撰定《武后實錄》，或以《春秋》之例，本紀應稱中宗，事屬武后，猶如黜王莽，以存劉氏之補天妙術也。惟辛楣不以虛稱年號，而無實者為然曰：「武氏之篡，唐祚之中絕，非後人之筆，而得存之也。」[75]兢以實為貴，不從俗流，辛楣以為有見。兢且不以情改辭，不以情徇公，故世稱今之董狐。[76]吳兢畢生以史官自任，不顧威迫，不避艱困，鍥而不捨者，垂三十年，卒年八十。其子呈《唐書》未定稿，約八十餘卷，洵良史也。孫盛作《晉春秋》，直書其事，權臣桓溫，威迫索改，諸子拜盛，號泣稽顙，請為百口計，盛大怒不許，諸子遂私改之云。[77]南宋袁樞猶謂：「吾為史官，書法不隱，寧負鄉人，不可負天下後世公議」也。[78]吳兢之無懼，孫盛之怒，袁樞之自許，皆史官之風標也。

或有人曰：「班固致受金之名，陳壽有乞米之論」，[79]皆無實據。謂壽以私怨，詆諸葛父子。孔明誅馬謖，而壽父為馬謖參

75　錢大昕，《潛研堂文集》，冊1，卷2，頁20。

76　參閱宋祁，〈吳兢傳〉，載卜大有，《明刻珍本史學要義》，頁254-255。

77　事見張岱，《夜航船》，劉耀林校注（杭州：浙江古籍出版社，1987），頁333。

78　語見托克托等，《宋史》，〈袁樞傳〉，（北京：中華書局，1977），第34冊，頁11935。

79　事見令狐德棻等，《周書》，卷38，〈柳虯傳〉，第3冊，頁681。

軍坐案,故壽為亮立傳,謂亮治世之良才,管蕭之亞匹,惟將略非長,無應敵之才云云。[80]陳壽品第孔明,短於將略,所見與世俗有異,頗遭物議,竟誣以私怨。然觀乎壽〈上諸葛亮集表〉,以及〈武侯傳〉,推為「命世之傑」,尊亮不遑多讓也。竊謂亮六出祁山,無功而卒於軍中,不免有將略非長之說。惟以西蜀一隅,以抗中原,固非易事也。亮以王業不偏安,竭股肱之力,鍥而不捨,歷時八載,繼之以死。觀其〈出師表〉所云:「鞠躬盡瘁,死而後已」,誠可謂行無愧於言矣。南宋陸游謂:「出師一表真名世」,良有以也。街亭首戰,馬謖違亮節度,捨水上山,為魏將張郃困而大敗,頓失先機。亮揮淚斬馬謖,雖親必罰,公而無私,號令嚴明,軍紀肅然。然其用兵有欠果敢,魏延勇猛而善養士,欲異道循秦嶺而東,子午谷而北,會亮於潼關,直取長安,而亮拒之,謹小慎微故也。亮雖敗司馬懿,殺大將張郃,有勝仗而無勝局;雖以木馬流牛,濟運糧之不足,屯田於敵境,步步為營,作長久之計。惜天不假年,未及耳順,而卒於五丈原。大唐杜甫有句曰:「出師未捷身先死,常使英雄淚滿襟」,豈不謂然!蓋因武侯事必躬親,自校簿書,罰二十以上皆親覽,不亦勞瘁乎?然則,相國未達位分之體,而又不知為國珍重,自毀長城,是亦亮之所短歟?後人不見其短,但見其長,自亦有故,亮忠貞體國,以丞相之尊,內無餘帛,外無盈財,廉潔自持有如此,史所罕見也。唐宋以來,仰慕者亦云多矣。明人羅貫中撰《三國演義》,以借東風、空城計,神化孔明,亦事出有因也。

　　承祚《三國志》,史裁雖簡,而備載高貴鄉公講學事,絕不

80　見房玄齡等撰,《晉書》〈陳壽傳〉,第7冊,頁2137-21238。

顧忌司馬氏之所惡,帝魏而不忘推崇蜀國人倫,「此其所以為良史也。」[81]史官心術誠有邪正,行文必有工拙,見識亦有深淺,更有膽怯阿世之徒,虛美隱惡之輩。然斯乃失職、失德之史官,無關宏旨也。更可言者,如南宋汪藻所言,凡供報不實者坐之,史官縱不畏德,能不畏法乎?要之,史官取信於後世,必正是非之實,欲無毫釐之差也。[82]吾華史官所記,難能毫釐不失,然重青史良直,表委婉於丹青,目睫之外,兼窺千里,何稍遜於泰西之「皇家載記」(Royal Annals)哉?

蒙元入主中國,依舊詔修前史,以為後世之鑒。元仁宗以翰林待制歐陽玄,兼國史院編修,修泰定帝、明宗、文宗、寧宗,四朝實錄,總裁《遼史》、《金史》、《宋史》三史,「論讚表奏,皆玄屬筆。」[83]朱明代興,洪武以元順帝翰林宋濂,據實錄編修《元史》,上自太祖,下迄寧宗,成一代之典百餘卷,自稱「史法相沿于遷、固,考前王之成憲,周家有鑒于夏、殷,蓋因已往之廢興,用作將來之法戒。」[84]蒙元出自朔漠,用夏變夷,成一統之基業,宜知其盛衰之故,國雖滅而史不滅也。明嘉靖進士薛應旂,致力於宋、遼、金、元四史。凡可以為法,可以為戒者,皆直書備錄。遼、金、元雖為夷狄,入主中夏,開舘設局,

---

81　李慈銘,《越縵堂讀書記》,上冊,頁201。參閱羅振玉編,《明季三孝廉集》(乙未孟夏1919版),〈居十〉,頁3a。
82　參閱汪藻,〈進宋編年書劄子〉,載卜大有,《明刻珍本史學要義》,頁530。
83　語見宋濂,〈歐陽玄傳〉,載卜大有,《明刻珍本史學要義》,頁289-290。
84　參閱宋濂,〈進元史表〉,載卜大有,《明刻珍本史學要義》,頁290-293。

設胡漢著作郎,參與者百餘人,修撰日曆,編纂起居注。中華史官制度,繼承不輟,史統未嘗稍斷也。明人回視宋元世代不遠,大都相類。《書經》有言:不可不監于有夏,亦不可不監于有殷,宋元固明之夏殷也。[85]

晚明錢牧齋號虞山,東南祭酒,素以史學自任,曾任史官於萬曆年間,以國史為己任,有意於朱明一朝之事,嘗謂:「虞山尚在,國史猶未死也」,虞山之國史,明史是也。牧齋以史官自命,深感國史「失于考核」,心有戚戚焉。[86]虞山亡國之痛,既以國史為己任,欲以「鐘漏餘年,竟日書載筆之役」,庶幾文獻得全,訛誤得正,信史可望,情見乎詞也。牧齋有志於明史百卷,絳雲藏書樓失火,「西京舊記,東觀新書,插架盈箱,蕩為煨燼。」[87]其沮傷無奈,見諸與李映碧論史書曰:「萬卷五車,化為焦土。始自知衰遲庸劣,天不復假我以斯文。」自恨自解之情,溢於言表。雖然,猶未棄著史初志,有待於來者:「東壁圖書,尚在維揚、淮海間,金鏡未隳,珠囊有待。」[88]牧齋年屆古稀,依然「優遊載筆,詮次舊聞,以待後之歐陽子出,而或有採取焉」,[89]聊「慰頭白汗青之恨。」[90]牧齋降清,而心縈故國,欲存其史,雖鍥而不捨,未能卒業,慮史未成,而身將死,故殷

---

85 參閱薛應旂,〈宋元通鑑序〉,載卜大有,《明刻珍本史學要義》,頁529-530。
86 錢謙益,《有學集》,卷14,頁687。
87 錢謙益,《有學集》,卷39,頁1367。
88 見《錢牧齋全集》,冊7,頁490。
89 錢謙益,《有學集》,卷38,頁1311。
90 錢謙益,《錢牧齋全集》,冊7,頁490。

殷盼望來者,能繼其遺志也。

有清一代,異族入主,開館修史如恆,盛況未稍衰也。康熙探花、翰林院編修徐乾學,以學優識卓名世,開館總裁《明史》之柄,又奉詔修《大清一統志》,「開局洞庭山,延常熟黃儀、顧祖禹,太原閻若璩」,更「延攬名家萬斯同、顧祖禹」,以及德清胡渭分纂。[91]徐氏廣採私家著作,吳梅村之《綏寇紀略》,王世德之《崇禎遺錄》,皆以資取捨。清初遺民懷念故國,以史論政,言辭過激,不免抵觸時政而入罪。然文字獄未可概論,康熙有言:「雖有忌諱之語,亦不治罪[92]」。乾隆設舘,修《御批通鑑輯覽》,以中華史統自居。乾隆進士邵晉涵,以博學著稱,尤長史學,主持《四庫全書》史部之編修。清代地方大員,多開幕府,主修方志,故而各省通志,層出不窮,參與者多碩學巨子。章學誠於方志學,用力最多,因有憾於「今之方志,猥瑣庸爛,求於史家義例,似志非志,似掌故而又非掌故,蓋無以譏為也。」[93]按方志久以山川形勝、物產為主,實齋欲以方志為史志,胸懷古之郡縣志,猶如周封建,列國史官之記,乃一方之掌故,具史家義例,豐富人物掌故,風土民情,以為國史羽翼,庶幾增大史學也。[94]實齋欲別出新裁,或可更上層樓,縣志、府志、通志而外,別立八志:華北志、華南志、華東志、西南志、東北志、西北志、新疆志、西藏志,每志有都邑篇、鄉村篇、財

91　見《清史列傳》,卷68,頁15b。
92　語見《清聖祖實錄》(北京:中華書局,1986),卷16,康熙4年8月己巳條。
93　章學誠著,倉修良編注,《文史通義新編新注》,頁1005。
94　參閱章學誠,《文史通義廬江何氏鈔本》,下冊,頁643, 646。

政篇、生態篇、人文篇、科技篇、習俗篇、風雅篇、社交篇、時空篇、信仰篇，各志皆有特色。以中國疆域之廣袤，一省可比歐陸之一國，惟此新方志，方得以展示地方史特色，以備國史之需也。

民國史家柳詒徵，有史權之說，[95]見其特識。北宋蘇軾，已有天、君、史官，三權定天下是非之論。[96]是非不察，烏足以言事耶？蓋天有定禍福之權，人君有賞罰之權，而明賞罰於後世者，史官之權也。蘇轍亦曰：「史官之權與天、與君之權均」也。[97]近世更有史權重於相權之說，[98]所言皆甚壯也。史官以千秋偉業自任，據官府之富藏，良史非不可求也。中華之有史官，深知國不可無史，青史不可成灰，不因艱巨而縮手。自秦漢至明清，數千年間，正史綿延不絕，誠史界之盛事也。歷代以官修為主，亦多私家著史，崔浩、孫盛、柳虯之作，皆能傳世。[99]魚豢私撰《魏略》，「可謂獨步一時，其後西河龜龍，馮翊車頻，敦煌劉昞《秦紀》、《梁書》，先後標錄，皆承豢之遺風也。」[100]野史囿於鄉曲見聞，家傳揚善隱惡，難儕官修之信實，然好學深思者，自能辨之，未嘗不能補官修之闕也。泰西罕見史官，史書多出私手，中西異軌，各有短長，不宜偏言之也。近世西潮東

95　柳詒徵，《國史要義》，頁19-35。
96　蘇洵、蘇軾、蘇轍，《三蘇先生文集七十卷》（明書林劉氏安正書堂刻本），卷45，頁3b。
97　蘇轍，〈論史官助賞罰〉，卜大有輯，《明刻珍本史學要義》，頁48-49。
98　葉夢珠，《讀史偶評》（清抄本一冊），林序。
99　見諸《魏書》、《南齊書》、《北史》、《晉書》諸史。
100　魚豢，《魏略輯本》，張鵬序，山東大學丁山藏書，卷25，頁2a。

來,史幾皆私作,出於學院,史官不再,大勢之所趨也。然三千年史官所作,汗牛充棟,豈能誣為官府喉舌,而鄙之歟?

尺幅千里第六

　　泰西史家擅長疑古,崇尚信史,輒謂吾華信古之無當。顧頡剛聞風響應,以為古史多不可信,大開疑古之風。實則吾華疑古,早已有之,孔曰:「多問闕疑,慎言其餘。」[1]孟曰:「盡信書,則不如無書」,[2]屈原天問,王充問孔,皆不以師古為然。王充有言,載於竹帛,而有虛妄者,其例有四:一曰傳書:「吳王夫差殺伍子胥,煮之于鑊,乃以鴟夷橐,投之于江,子胥恚恨,趨水為濤,以溺殺人。今時會稽、丹徒、大江、浙江,皆立子胥之廟,蓋欲慰其恨心,止其猛濤也。」洎乎明季,猶有崇禎孝廉李碻感嘆:「聞自鴟夷人去後,至今漁笛泣江風。」[3]吳王投子胥于江是實,煮子胥于鑊,殊可疑也;立廟感其忠烈是實,子胥驅水為濤,虛也。王充以理性思維,見其虛妄,無人能死後驅濤,子胥人也,故而所書「驅水為濤」者,必是虛妄之

1　語見朱熹,《四書集注》,《論語・為政》,卷1,頁7b。
2　孟軻,《孟子》,楊伯俊譯注,頁325。
3　李碻又名李天植,見其石門懷古,載羅振玉編,《明季三孝廉集》蜃前,頁14b。

詞也。[4]二曰傳語:「文王飲酒千鍾,孔子百觚」,惟人之胸腹均等,千鍾百觚,何人能之?此乃以聖人盛德,增飾誇誕之詞也。[5]三曰:「儒書稱堯舜之德,至優至大,天下太平,一人不刑。又言:文武之隆,遺在成康,刑錯不用四十餘年。」堯舜文武,雖稱盛世,豈能一人不刑?刑錯不用?不僅不能,堯伐丹水,舜征有苗,而周成王之時,有淮、夷、徐、戎四國篡亂,豈能兵寑不施乎?[6]所謂一人不刑,一兵不用,乃儒家溢美堯舜、文武,唯恐不渥,而失常理之說詞也。四曰:「詩曰維周黎民,靡有孑遺」,周宣王逢大旱,民受其災,詩人傷之。大旱有之,無孑遺一人,豈其然哉?[7]類此四例,譽之不增不快,毀之不益不愜,事增之謂,世俗之常情也。至若飾虛之行狀,斬蛇夜泣之類,記人之言,必有以文之,皆史臣之文也,王充知之稔矣。後之執筆者,能不疑之?實錄亦未必盡實,蓋史有冤錯假案,有疑亦有懸,故後人發前人之覆,習見不鮮也。輕言吾華舊史,泥於信古,故無信史,乃想當然耳,豈其然哉?

　　劉知幾子玄,以孔子傳疑,孟子盡信書,不如無書;荀子信信疑疑,有言:「遠古之書,其妄甚矣」;又曰:「史之不直,代有其書。」[8]去古愈遠,事愈雜駁不足信。宋人周密《癸辛雜識》序言歎曰:「信史以來,去取不謬,好惡不私者幾人?而舛偽欺世者,總總也。」王安石讀史云:「自古功名亦苦辛,行

4　王充,《論衡》,〈書虛篇〉,頁37, 86。
5　王充,《論衡》,〈語增篇〉,頁75-76。
6　王充,《論衡》,〈儒增篇〉,頁78。
7　王充,《論衡》,〈藝增篇〉,頁84。
8　劉知幾,《史通》,張之象刻本,卷13,頁9a;卷7,頁6a。

藏終欲付何人？當時甚黯猶承誤，末俗紛紜更亂真。」[9]所傳非粹美，憂功名事蹟，難如實入史，懼史之失真也。荊公有感而發，蓋宋賢多詆安石，晚明王夫之更斥之為「小人」，蓋小人「有必為，無必不為」，安石欲有所為，為之不成，故「喜怒橫行，而乘權以行」，故「允為小人」也。[10]于慎行則曰：王荊公雖非小人，「但以小人之機數，而欲成君子之事功」，大奸似忠之謂也。[11]乾嘉學者更謂：安石「陽慕周公，陰效新莽」，時人「不責其效新莽之尤，而責其行周公之法」，[12]詆毀甚矣！荊公因變法得罪，若以奸臣視之，殊有失史筆之公，是非之正也。明萬曆進士鍾惺有言：史家與史實，「互在存亡疑信之中」，史之所載，半是今人之發舒，非古人之心境，[13]亦疑史之不實也。蘇轍曰：「由數千歲之後，言數千歲之前，其詳不可得矣。」[14]明黃恩彤曰：「欲于千載下，忖度千載上之人之用心，其失也鑿。」[15]元理學家劉因則有句曰：「記錄紛紛已失真，語言輕重在詞臣；若將字字論心術，恐有無邊受屈人」，[16]慮史臣寒暑筆端也。所言者，皆今人知古之難也。

9　見王安石《讀史》七律前四句，收入王兆鵬、黃崇浩編選，《王安石集》（南京：鳳凰傳媒集團，2006），頁87。
10　王夫之，《宋論》，頁116-117。
11　于慎行，《讀史漫錄》，齊魯版，頁418。
12　吳裕垂，《歷代史案》，頁218。
13　見鍾惺，《史懷》，鄒序。
14　語見蘇轍，《古史》（臺北：故宮博物院景印，1991），頁2a。
15　語見黃恩彤序文，載于慎行，《讀史漫錄》（濟南：齊魯書社，1996）卷首。
16　劉因，《靜修先生文集》，卷12，頁1a。

泰西後現代史論，疑史至極，謂文字不足以為古人代言，學界視為「反史。」[17]東晉袁宏，已發「反史」之先聲，有云：「今之史書，或非古之人心，恐千載之外，所誣者多，所以悵快躊躇，操筆恨然者也。」[18]明代李卓吾之論，不僅疑史，亦復疑經，不惜顛覆傳統，卓吾何遜於泰西之後史氏乎？卓吾雖難容於其世，依然巍巍自負，與摯友焦竑書曰：「自古至今多少冤屈，誰與辨雪？」故其「讀史時真如與百千人作對敵，一經對壘，自然獻俘授首，殊有絕致，未易告語。」[19]操筆能辨雪者，捨卓吾其有誰歟？不愧大明之狂士也。明人宋存標有金句曰：「善讀書者，莫如用疑」，用疑始「能深思靜悟，恍然勃然，無數鬚眉，意氣拂拂，從紙上會我，實持鑒以照之，不恨我不見古人，亦不恨古人不見我也。」[20]

　　中華史統，疑古者多，故重考據。史公考信，考而後信，還其真相，不可無也。王充抨擊虛妄，更見求真之切，其道宜「徵諸子之異聞，加以探賾索隱，然後辨其紕繆」，[21]必不能使古人生面，為俗眼所曲。故真者，還其本色之謂也。考據為治史之本，漢學之家法，其來久矣！蜀漢譙周，以舊典考訂《史記》之

17　"anti-historical"，語見Jacques Léonard, "L'Hisorien et le philosophe. A propos de Surveiller et punir; naissance de la prison," in Michelle Perrot ed. *L'Impossible et le nuage*,"（Paris: Seuil, 1980）, pp. 10, 12-13.
18　見袁宏，《後漢紀序》，四部叢刊初編縮本023，〈序文〉，第1冊，頁13。
19　見李贄，〈與焦弱侯〉，載李贄，《李氏焚書續焚書》（京都：中文出版社，1971），頁374。
20　宋存標，《史疑》（清初刻本），第1冊，自序，頁6b-7a。
21　劉知幾語，見《史通》，張之象刻本，卷20，頁9b-10a。

誤,撰《古史考》二十五卷,蜀中治經史者不少,惜多湮滅,不如魏吳,惟譙周有名於後世也。南北朝雖尚玄理,不廢名物訓詁。考訂之風,至李唐尤盛,凡山河形勝,各地方言,南北殊俗,皆銳心核實;若有異說,不以相戾而不錄,所以異聞能廣也。顏師古考訂《漢書》,核古本之曲,訂傳寫之誤,歸其真正,稀釋難以識者。劉知幾才識超群,洞悉細微,指「班氏著志,抵牾者多,在於五行,蕪累尤甚。今輒條其錯謬,定為四科曰失宜、乖理、多濫、不精,又於四科之中,梳為雜目,類聚區分,編之如後。[22]及至兩宋,考據益盛。司馬光《資治通鑑考異》,揭史料取捨之緣由,考定史事年月,陳壽《三國志》,未記周瑜之死,而光考定:按《江表傳》,瑜與策同年,策以建安五年死,年二十六,瑜死時年三十六,故知在今年也。[23]光遇事同文異者,擇詳備者錄之,互有詳略者,則左右采之,取此捨彼者,則明所捨為何,證驗者為何,無從驗證者,則以事理推之,無以考其虛實是非者,則兩存之。故光之考異,意在辨正謬誤,以袪將來之惑。光於修史之餘,別撰考異,折衷求實,可謂「精審矣。」[24]

歐陽修勤於文獻,於古籍古史,查核不餘遺力,擅長辨偽考析,尤能以考古數據,參驗三館之藏,鑒別金石、彝器之釋文。歐公善辨文獻,落筆審慎,撰《新五代史》,用心尤深。修嘗

---

22 劉知幾,《史通》,張之象刻本,卷19,《漢書・五行志》〈錯誤第十〉,頁1a。
23 司馬光,《資治通鑑考異》,四部叢刊初編縮本043,頁18, 19。
24 永瑢、紀昀等撰,《武英殿本四庫全書提要史部》,第2冊,卷45,頁16;卷47,頁57。

與曾鞏商榷書稿，不惜「重頭改換，未有了期」，[25]歷時三十餘年，而後定稿，審慎極矣。《舊五代史》成於宋初，由宰相薛居正主其事，僅一年有餘，書已告成。蓋因書出眾手，又多編錄前朝文獻，宜其速成也。薛書原版失傳，後輯之本，應非原貌，然其為五代實錄之匯編，固無疑也。[26]惟尚有遺闕，故湘人陶岳，晉名將陶侃後裔，撰成《五代史補》五卷，以實薛書缺漏事跡也。歐陽新史，既多訂正，而文體簡省，不見贅句，約減舊史之半，而事則增補，拜後出文獻之賜也。趙翼曰：「歐史博采群言，旁參互證，則真偽見，而是非得其真，故所書事實，所紀月日，多有與舊史不合者；卷帙雖不及薛史之半，而訂正之功倍之。文直事核，所以稱良史也。」[27]吳越錢氏詆毀之，謂歐公「有才無行，並說其盜甥一事」，[28]語涉譭謗，事因歐書十國世家，頗訾吳越之故也！何損歐公為良史耶？按世無不可批評之書，《史記》名垂千古，萬世表率，而蘇轍詆之為「疏略而輕信」，因戰國「辯士各自著書，或增損古事，以自信一時之說，

25　語見歐陽修，《歐陽文忠公文集》，第6冊，〈至和元年與澠池徐宰〉，頁1215。

26　薛書失傳，清邵晉涵輯本，以及重輯之經過詳情，參閱陳尚君，〈舊五代史重輯的回顧與思考〉，《中國文化》，第25-26期合刊（2007年秋季號），頁6-15。另參閱陳垣，〈舊五代史輯本發微〉（節錄），陳樂素、陳智超編校，《陳垣史學論著選》（上海：上海人民出版社，1981），頁425-427。

27　趙翼，〈歐史不專據薛史舊本〉，杜維運校，《校證補編廿二史劄記》（臺北：華世出版社，1977），卷21，頁454。

28　詳見尤侗，《艮齋雜說》，卷2，頁41。

甚者或世俗相傳之語，以易古人舊說」，[29]意指史遷輕信也。轍撰《古史》正之，焦竑為之序曰：「讀子由古史，益犁然有當于心，其自言上古三代之遺意，史公之所未喻者，于此而明，戰國君臣得失之跡。」[30]史公誠多有未喻者，然瑕不掩瑜，無損其為良史也。

　　南宋李心傳，世稱秀巖先生，有史才，通故實，以《建炎以來繫年要錄》與《建炎以來朝野雜記》兩史書聞名，所著《舊聞證誤》更展現其考證常才，先條列北宋之史可疑者，而後據實駁正。張芸叟《畫墁錄》記曰：宋太祖招太原宰相郭無為于崇政殿，心傳按國史考得崇政殿，于太宗太平興國八年五月始得名，太祖時仍稱講武殿，[31]以正殿名之誤植也。宋翰林學士葉夢得記曰：國初開寶六年，取士二十六人；汪瑞明記曰：及第百二十七人。心傳考得：「葉公所云，專指進士，汪公並諸科言之，是以不同也」，[32]此考定人數異同之故也。葉夢得記曰：「開寶後，命中書樞密皆書時政記，以授史官。」心傳考定：「景德三年五月丙午始置時政記，至大中祥符中，又命直送史官，故非始於開寶後也」，[33]此糾夢得記時之誤也。司馬光《涑水記聞》曰：「（宋）真宗既與契丹和親，王文正公問于李文靖公。」心傳據

29　見蘇洵、蘇軾、蘇轍，《三蘇先生文集七十卷》，卷70，頁12b。
30　焦竑，《焦氏澹園續集》（萬曆辛亥刻本），卷1，頁7a。
31　李心傳，《舊聞證誤》，唐宋史料筆記叢刊（北京：中華書局，1981），卷1，頁1。
32　李心傳，《舊聞證誤》，卷1，頁3。
33　李心傳，《舊聞證誤》，卷1，頁6。

國史曰：契丹事平于景德元年，李文靖久已亡故，[34]此正溫公記時之誤也。心傳正誤，至於細微，可謂推見至隱矣。故清人謂心傳，「決疑訂舛，于史甚為有神，非淹通一代掌故者，不能為也。」[35]

南宋洪邁《容齋隨筆》五筆，包羅萬象，考訂史實尤多，讀之頗能增廣見聞，啟益心智。唐史有載，肅宗、憲宗用中人（宦官）主兵柄。洪邁據唐劍南節度副大使張敬忠撰〈唐平蠻碑〉文，考定唐明皇於開元間，已遣內侍高守信征討南蠻，而《新、舊唐書》均失載也。[36]洪邁能以實物，正簡牘之誤，可稱難得。李唐一代，風俗罕見於正史，洪氏以白居易題詩，考定揚州盛況，絕非如兩宋之衰落也。[37]洪氏又自唐詩，考定明皇以朔方節度史張齊丘為宰相，時間舛誤，不下三十年也。[38]《資治通鑒》載：李宓伐南詔兵敗，曰「宓被擒。」《舊唐書》載：「（宓）馬足陷橋，為合羅鳳所擒。」《新唐書》載：「宓敗死于西洱河。」洪邁據高適〈李宓南征蠻詩〉，考定李宓未嘗被擒或敗死，而生還於長安也。當時「盡危急，師非勝歸」，而李宓未必敗死。邁曰：「詩人之言未必皆實，然當時之人所賦，其事不應虛言」也。[39]更可貴者，洪氏博覽，不以今意解古語。按今意能

34　李心傳，《舊聞證誤》，卷1，頁12。
35　紀昀、永瑢等撰，《武英殿本四庫全書總目提要》，第2冊，「舊聞證誤」條。
36　洪邁，《容齋隨筆》，上冊，頁2。
37　洪邁，《容齋隨筆》，上冊，頁122。
38　洪邁，《容齋隨筆》，上冊，頁13, 42。
39　洪邁，《容齋隨筆》，上冊，頁57。

誤解古語也。今人以「無甚高論」，為言論不足採，而漢文帝所說：「卑之毋甚高論，令今可行也」，謂不作高蹈之高論也。又如今解「曉人不當如是」，為教人不當如是，而古意乃「明白之人，不當如此乎」？又如今人謂，「年登七秩」，為年歲七十，然古人以十年為一秩，古語七秩僅為六十歲。今意阿堵為錢，寧馨兒為佳兒，然晉宋之間，「阿堵」猶言「這個」，寧馨猶言「若何」，語助之詞耳。[40]類此真所謂「事以代殊，文緣人異」也。[41]今意古語反是。後知未必能明，宜知泰西所謂，以今論古之謬也。

　　西儒有云：語言文字無定詁，今意未能盡解古語。然良史如洪邁者，自能因識字而察語言之變化，辨古語於史境之中，稔知古今之異也。若然，正解何難？例見南宋名家王應麟，所撰《困學紀聞》，考訂史實，闕者補之，偽者正之，糾《史記》之誤頗多，諸如年代之確定，事實之差錯，行文之矛盾，論證之疑點，與夫傳聞之失，[42]釐清之功厥偉。西漢賈誼於〈過秦論〉有云：「秦孝公據郁函之固」，宋王應麟慧眼如電，直指其誤，謂郁函時屬晉國，而非秦國所有，[43]孝公何據之有？此正地理之誤也。要之，應麟紀聞，通達舊史文本，考訂細緻，校勘異同，撿出疵繆，提出質疑，指點迷津，如鑿石之出清泉，有助史實之考定也。清代陳其元，初讀《史記》，不解何以屢言以千金為

40　洪邁，《容齋隨筆》，下冊，頁723；上冊，頁11, 50。
41　語見徐栻，《史學要義敘》，卜大有輯，《史學要義》，頁1。
42　參閱王應麟，《困學紀聞》，卷11，頁6a-24b。
43　王應麟，《困學記聞》，卷11，頁6。

富，千金安得稱富？及知「戰國時以一鎰為一金，漢時以一斤為一金」，[44]千金者，千斤之重也，疑竇始釋。吾華考據，意在闡幽，通識文字，方克於不疑處有疑也。陳垣有言：「考證貴能疑，疑而後能致其思，思而後能得其理。凡無證而以理斷之者，謂之理證。」[45]文證之外，尚有理證，不可忽也。考據自漢唐以還，未嘗少衰，經兩宋至乎明清，臻於成熟。秦焚《詩》《書》，世所皆知，而清儒劉大櫆疑之，撰〈焚書辨〉駁曰：《詩》《書》之焚，「不在於李斯，而在于項籍；及其亡也，不由於始皇帝，而由于蕭何」，蕭何僅收律令圖書，而秦博士所藏《詩》《書》，載先王之道，獨不愛而惜之也。[46]大櫆能於細微處著眼，一新耳目，亦可謂推見至隱矣。

舊史之實錄，未必皆實，蓋事出有因也。北宋《神宗實錄》因政爭而屢改，元祐所修，盡書臨川之過，以明神宗之聖；紹聖重修，糾元祐「竄易增減，誣毀先烈」，徽宗三修，高宗四修，莫不以政見寒暑其間，雖由范仲淹議定，終難以信實傳世也。[47]故而明嘉靖進士王世貞號鳳洲，有志於明史，知當筆之士有私好，若無所考而書之，勢必無當。鳳洲彙集史料，極重考核，能揭前朝之隱諱，訂勝國之曲筆，存無證之疑，補未盡之遺。明開國功臣有六國公，二十八候，其中有永嘉侯朱亮祖。《明實錄》

44　陳其元，《庸閑齋筆記》（北京：中華書局，1989），頁74。
45　陳垣，《通鑑胡注表微》（瀋陽：遼寧出版社，1997），頁76。
46　參閱劉大櫆，《劉大櫆集》（上海：上海古籍出版社，1990），頁25-26。
47　參閱田志光、王柚程，〈兩宋史家的修史觀及其時代特徵〉，《史學史研究》（2019年第4期），頁25-27。

載洪武十三年，永嘉侯鎮廣東，所為多不法，洪武以亮為功臣，不下吏，未幾以兵卒，其子遹從父征伐，先卒。鳳洲博覽，得見《御製壙志》曰：「胡惟庸不法，使鎮嶺南，作為擅專，貪取尤重，歸責不服，已非一時。朕怒而鞭之，不期父子具亡，就葬已責之地」，是知亮祖，因鎮嶺南傳貪，死於廷杖，[48]實錄諱之曰，以兵卒，殊不實也。私記更多失實。《枝山野記》有云：韓林兒不足有為，朱元璋更號大明，意謂更國號於韓林兒亡國之前。鳳洲考定有誤曰：明太祖初奉韓朝之龍鳳正朔，韓亡國五年後，朱元璋始登大位，始更號曰大明也。[49]《震澤紀聞》謂：明太祖既得天下，問誠意伯劉基，何以教嫡孫守天下，劉授計於鐵匣，至靖難之變，建文帝開匣，見袈裟剃刀，遂為僧而遁。鳳洲疑之，考定曰：「誠意卒于洪武八年，時皇太子無恙，而又二年建文君始生，何得預云為嫡孫計乎，此誤尤可笑！」[50]尤可笑者，乃事後之編造，姑不論建文為僧，全屬虛幻，想當然耳之謂也。

　　建文遜國，或稱靖難，為明史一大疑案。太祖四子，燕王朱棣，據燕京自雄，以清君側為名，爭奪皇位，歷經三年，於建文四年（1402）六月十三，攻克應天府，建文帝朱允炆，蹤影無尋，朱棣遂登基為明成祖。成祖奪嫡，後人不忍建文之禍，悲誅戮之慘，因而眾說紛紜，莫衷一是：建文自焚於堯城乎？遠揚於

48　王世貞，《弇山堂別集》（北京：中華書局，1985），第1冊，〈史乘考誤〉，頁370-371。
49　王世貞，《弇山堂別集》，第1冊，〈史乘考誤〉，頁375。
50　王世貞，《弇山堂別集》，第1冊，〈史乘考誤〉，頁376。

海外乎？入寺為僧之說，言之最為灼灼，謂正統五年（1440），有僧人年逾九十，自稱建文。鳳洲辨之曰：建文生年為洪武十年（1382），不應九十餘也。野史且有建文流落江湖之說，鳳洲曰：「恐皆好事者附會語也，大抵建文出亡與否，不可知」也。[51]既查無實據，而欲神其事，無異憑空捏造，易為精於考史者所識破也。明儒方孝孺，因靖難而死，永樂帝有詔，凡收孝孺片言者論死。《成祖實錄》記云：「上指宮中煙焰，謂孝孺曰：此皆汝輩所為，如罪何逃？孝孺叩頭祈哀，上顧左右曰：勿令死，遂收之。」蓋永樂命史臣，重修實錄，故有斯語，此乃實錄不實之例也。[52]皇家相殘，畢竟慘劇，竟蹈玄武門骨肉相殘之覆轍。明之燕王，功高不賞，同於唐之秦王。明太祖豈不知強藩之有隱患，卻不能未雨綢繆，幾同唐高祖之過也。惟隋文帝五子同母，以為無嫡庶紛爭，猜忌之憂，而五子仍不能壽終，蓋勢鈞位逼，雖骨肉至親，難不以死相搏也。明初江左文人，多彰燕王之惡，謂割孝孺之舌於殿陛，掛其皮於朝門，誇誕之言，焉能盡信？明英宗將立，張太后大漸，問大學士楊士奇、楊榮、楊溥待辦大事，三楊陳三事之一曰，乞馳方孝孺之禁。太后默然未答，三楊以已受顧命出，《憲章錄》亦因此說。然鳳洲疑之曰：張太后遺詔，其中未聞有此三事，實錄亦遺而不載，而《方孝孺集》，至成化始出也。[53]正統十四（1449）年，也先犯邊，使英

51　王世貞，《弇山堂別集史》，第1冊，〈史乘考誤〉，頁388-389。
52　轉引自劉承幹，《明史例案》，卷3，頁9b；卷4，頁3b。張岱詳記方孝孺案之慘，即朋友為方死者有873人之多，見《史闕》，下冊，頁743-745。
53　王世貞，《弇山堂別集》，第1冊，〈史乘考誤〉，頁411。

宗親征者王振，乃司禮監宦官，陷帝於敵，是為土木堡之難。振惡名昭彰。鳳洲考其人曰：永樂末年下詔，學官乏功績者，許自願淨身入宮訓女官，獨王振官至太監，為東宮局郎，英宗即位，居中得寵，掌司禮監，[54]是知王振由教職入選，補遺不捐其細微也。故作史者，凡涉及皇家隱私，朝廷忌諱，每多旁考，即使實錄，亦未能輕信。概而言之，實錄隱晦小瑕，稍究即明，不足以掩大瑜也。史不可盡信，蓋諱飾、誇飾、泄憤、愛奇，在所難免。正需訓練有素之史家，知實錄有諱，家乘虛美，回憶有誤，野史附會，虛實相間，故惟有博採群集，相互校勘，而後考異、考索、考訂，糾謬駁舛，核其虛實，俾無疏漏，庶無遺誤。勤於考訂，巨細靡遺，先賢之所長，理清之功，未可沒也。

　　辨偽亦古人之所長，冊書多因秦、項之火失傳，西漢詔收書之令，雜有偽書，自在意中。劉向父子而後，王充《論衡》，意在「詮輕重之言，立真偽之平」，以為「虛妄顯于真，實誠亂于偽，世人不悟，是非不定，紫朱雜廁，瓦玉集糅。」[55]充之辨偽思想，昭然若揭矣。隋之顏師古，唐之劉知幾，宋之司馬光，皆有辨偽之作。明儒少室山人胡應麟，於萬曆年間，辨別偽書，特具慧眼，致力於「抉誣摘偽」，饒有統系，有謂：「凡贋書之作，情狀至繁，約而言之，殆十數。」[56]一曰「有偽作于前代，而世所率知者」，二曰：「有偽作于近代，而世所惑者」，三曰：「有綴古人之事而偽者」，四曰：「有挾古人之文而偽

54　王世貞，《弇山堂別集》，第1冊，〈史乘考誤〉，頁414。
55　語見王充，《論衡》，下冊，〈對作篇〉，頁575。
56　語見胡應麟，《少室山房筆叢》，〈四部正訛上〉，頁290。

者」,五曰:「有傳古人之名而偽者」,六曰:「有蹈古書之名而偽者」,七曰:「有憚于自名而偽者」,八曰:「有恥于自名而偽者」,九曰:「有襲取于人而偽者」,十曰:「有假重于人而偽者」,十一曰:「有惡其人,偽以禍之者」,十二曰:「有惡其人偽,以誣之者」,十三曰:「有書本偽人補之,而益偽者」,十四曰:「有非偽而曰偽者」,十五曰:「有非偽而實偽者」,十六曰:「當時知其偽,而後世弗傳者」,十七曰:「有當時記其偽,而後人弗悟者」,十八曰:「有本無撰者,後人因近似而偽託者」,十九曰:「有本有撰人,而後人因亡逸而偽題者。」[57]洋洋大觀,豈僅十有九數而已?偽作之故,誠多矣哉!泰西所謂之「抄襲」(plagiarism),即襲取於人而作偽者,奪人之美,學界之奇恥大辱也。

　　去古愈遠,文獻愈不足徵,蓋圖書亡於兵燹、劫火者,不知凡幾,而幸存者、未必盡善,故辨偽求真,考據求信,其事不易,而素為吾華所重,學力、功夫之所在也。唐柳宗元辨偽,或據史實,或以文辭,或依思想,或由校對,或按比讀,方法已甚熟稔。[58]唐大曆間,啖助、趙匡師弟,首發《春秋左氏傳》真偽之辯,疑左傳為後學偽託。至乎趙宋,文獻辨偽,更見蔚然成風。歐陽修質疑《易傳》繫辭諸篇,直指非聖人所作,視子夏詩序為偽託,再疑《周禮》,非出周公之手。歐公而外,辨偽有成之宋儒,著錄者三十餘人。疑古風尚之盛,可以概見。元明兩代繼風,宋濂、胡應麟諸輩,繼往開來,闡發辨偽宗旨,據眾說而

57　胡應麟,《少室山房筆叢》,〈四部正訛上〉,頁290-291。
58　參閱柳宗元,《柳宗元集》,第1冊,頁99-116。

獨抒己見。胡氏《四部正訛》一書，尤稱辨偽學之冠冕，下開有清一代，文獻辨偽之盛業。姚際恒《古今偽書考》，萬斯同《群書疑辨》，享譽士林久矣。趙甌北《陔餘叢考》，於史書之原委、所本、書法、編次、互異、抵牾、疏誤、失當、得失、敘法、失檢、失實、繁簡多所考訂。近人張心澄，合姚際恒偽書考，宋濂《諸子辨》，胡應麟《四部正訛》，三家辨偽之作，編著《偽書通考》，明古籍辨偽源流，通貫歷代之考辨，惟辨偽之緣由類別，多採自胡氏之書耳。[59]明清之際顧炎武，世稱亭林先生，撰名著《日知錄》，考辨經史子集，辨証偽書，不下百餘種也。[60]

辨偽之餘，尚有辨誣，世皆以宋金和議，冤殺武穆，歸罪於秦檜，視為千古罪人。明隆慶進士于慎行號穀山，為檜辨誣，謂事出高宗意也。康王南渡稱帝，既都臨安，自知恢復不易，已有棄汴之心；和議既成，豈願迎回兩宮？徽欽不歸，高宗皇位無虞矣。有此私情，豈待檜教之哉！何況高宗自認：「媾和之策，斷自朕志」？[61]然而元翰林侍讀學士郝經，仍有句曰：「卻許邦昌為紀信，渾將秦檜作程嬰；甘心江左為東晉，長使英雄氣不平。」[62]自南宋至今，岳墳之前，檜之跪像，任人辱之，千古之罪人歟？抑千古之冤人歟？按傳聞既出，駟馬難追，歷史記憶，

59　參閱張心澄，《偽書通考》（臺北：宏業書局，1975），頁1-18。
60　據近人考證，超過前所列舉之八十八種，或九十一種，見佟大群，《清代文獻辨偽學研究》，國家清史編纂委員會研究叢刊（北京：人民出版社，2012），上冊，頁229。
61　于慎行，《讀史漫錄》，卷13，頁7a；齊魯版，頁460。
62　郝經，《陵川集》（四庫全書），見卷15，〈龍德故宮懷古〉一十四首。

未必真實,然已深入人心矣,史家辨誣矯妄,殊不易也。清代歸安楊以真鐵山,解宋初斧聲燭影疑案,追索傳抄之渲染。文瑩《湘山野錄》有謂:「燭影下有不勝之狀」,李燾《建炎以來編年長編》,易「不勝之狀」為「避遜」,易太祖「引斧戳室」為「引斧戳地」,顧太宗曰:「好做好做」,易為「好為之」,並增「大聲」兩字。陳逕於「好為之」後,增「俄而帝崩」一言,再繫之以「宋後母子托命之語」,遂成太祖為弟所弒之說。鐵山比對文獻,徹究原委,揭虛妄渲染之跡,釋疑斷案,以明傳訛之由,證實太祖早有傳位於弟之意,既然如此,太宗又何必效魯桓公之事乎。[63]惟傳聞不歇,以謠為真,因其事吸人眼球之故也。

　　清朝建國之前,治史考信,已頗完備。錢謙益牧齋,晚明東南祭酒也。槐聚有言:「牧齋談藝,舞文曲筆,每不足信。」[64]惟牧齋於史,頗求信實,嘗曰:「史家之難,其莫難于真偽之辨乎?」[65]於其時之學風,頗有微詞,以為學者不究實,猶如「蟪聲而蚋鳴」,而宜發洪亮之蟬聲也。牧齋主以史料為貴,辨偽以求信實,細心以校正文字,闡釋以察始末。由是觀之,牧齋於晚明,已奠樸學實事求是之基矣。牧齋所著《國初群雄事略》,尤見其考據之功力,於時、地、人、事四者,多所辨正,頗有所得。牧齋見及褚遂良所書〈故漢太史司馬公侍妾隨清娛墓誌銘〉,以太史公省略為太史,即斷定此碑為拙劣之偽造,曰:

63　楊以真,《歷代史學存精》,卷4,頁8b.
64　錢鍾書,《談藝錄》,頁386。
65　錢謙益,《有學集》,卷14,頁686。

「聞道紬書如太史，何妨石室貯清娛。」[66]牧齋又據《太祖實錄》，指《元史》所書，陳友諒於至正二十年（1360）五月，弒其主徐壽輝而自王，乃閏五月之誤。[67]明玉珍稱帝於重慶，因其主徐壽輝為陳友諒殺害，據《明實錄》，玉珍已於癸巳十一月，歸漢陽徐壽輝。牧齋考證壽輝，雖於壬辰之春，攻陷漢陽，然翌年五月，已為元將收復，至丙申之冬，壽輝始以漢陽為其國都，距玉珍歸壽輝，已三年矣，故實錄所書不實也。[68]《元史》載丙申年，「寇陷淮安」，人事皆不明。牧齋據《太祖實錄》與王齔《詩序》考定：淮安鎮南王，為徐州芝麻李之故將趙君用所殺而城陷；翌年，趙君用據淮而王，並考定君用失淮，約在戊亥之間。[69]至乎壬寅之年，元將李察罕帖木兒陷山東，江南震動，朱元璋遣使通好，惟《太祖實錄》謂：元遣使通好，而「上不之答」，語焉不詳，顯有隱諱。牧齋乃據劉辰《國初事蹟》，發其隱曰：元朝回報元璋之「通好」，賜以榮祿，遂因察罕之死而未果。牧齋以察罕之死，關係重大，因元璋視察罕為棟樑，棟樑既傾，知元已不可為矣，故牧齋曰：「吾以為察罕一死，天意灼然歸我明矣。」[70]

　　牧齋頗能於考證中，見微知著，若謂察罕不死，朱元璋或受平章之命，圖元朝富貴，則無朱明皇朝矣！關係亦云大矣！由是論之，察罕之死，偶然也，史因而改觀矣。元璋娶郭子興養女馬

66　錢謙益，《牧齋初學集》，卷17，頁600。
67　錢謙益，《國初群雄事略》（北京：中華書局，1982），頁83。
68　錢謙益，《國初群雄事略》，頁113。
69　錢謙益，《國初群雄事略》，頁16。
70　錢謙益，《國初群雄事略》，頁34。

氏，朱因得以代郭為王。《太祖實錄》謂：郭與其妻張氏，「以女妻上。」牧齋考定：郭子興之次夫人亦張姓，賞識朱元璋，以女妻之者，乃次張夫人，而非正張夫人也。牧齋因曰：「次夫人獨能知帝，又以其女相托，則當時周旋側陋，次夫人之功多矣。」[71]牧齋更以實錄，糾《皇明本紀》所載之誤。彭、趙兩姓稱王之年，應在癸巳之冬，而非壬辰，蓋自徐州逃往濠梁之時，因「二姓雖草草僭王，亦當在元兵解圍之後，而不在自徐奔濠之日。」[72]《實錄》載彭大之子早住，偕趙奔濠，彭早住於甲午年，為趙吞併而死。牧齋考定，早住於丁酉年尚存，並據淮安稱王，死者乃彭父而非彭子。牧齋進而證實，己酉年攻陷盱泗者，即彭趙之濠兵，而《元史》誤繫之於張士誠，寇「揚州條」之下。牧齋曰：「是時，士誠方起高郵，攻揚州，其兵豈能邊及盱泗哉？」[73]牧齋糾人、時、地之誤，不僅考核細密，發覆糾謬，正《實錄》之失，亦復不少。牧齋考證之精，識見之銳，於此見之矣。

　　錢牧齋詩人也，以詩證史，時而可見。張士誠、士德兄弟，據有常熟，元末之雄豪也。按《洪武實錄》，士德于丙申之秋，為中山王徐達，設伏擒之。明太祖為徐達所製〈武甯（徐達諡號）神道碑〉，所記不異，應是不爭之事實。然陳基〈癸卯二月二十日舟中望虞山有感〉詩云：「一望虞山一悵然，楚公曾此將樓船；間關百戰捐軀地，慷慨孤忠罵寇年；填海欲銜精衛石，驅

71　錢謙益，《國初群雄事略》，頁47。
72　錢謙益，《國初群雄事略》，頁49。
73　錢謙益，《國初群雄事略》，頁53。

狼願借祖龍鞭;至今父老猶垂淚,花落春城泣杜鵑。」[74]牧齋讀之,頓感疑惑。詩人云:楚國公張士德,率樓船大戰而死,非中伏被擒。陳基乃士德幕中人,而此詩又作於癸卯年,渡江舟中,目睹七年前之沙場,觸景感發,絕非無稽之虛構。然畢竟孤證,牧齋遂於宋文憲《鑾坡後集》所載,〈梁國趙武桓公神道碑〉得知:武桓乃徐達麾下前鋒,趙德勝之諡號,碑文曰:「丁酉六月戊辰,取江陰;秋七月丙子,攻常熟,張士德出挑戰,公麾兵而進,士德就縛。」據此證明,確有一戰,牧齋遂斷定《實錄》有誤,不免興嘆:「夫史家異同,必取衷於國史,而國史多不足信,至如開國元勳之碑,出自御筆,傳諸琬琰,非他金石之文,所可倫儗,而猶或未免於傳疑。史家之難,豈不信哉!」[75]國史有誣,自宜旁採私撰,私撰亦未可盡信,唯有善辨異說,疑其事而避不經之言耳。劉辰謂:張士德被俘,「不食而死」;陳基祭文亦謂:「能厲聲罵賊,而不能與之俱生;能視死如歸,而不能食不義之食。」不食而死,固無疑矣。惟不知何年何月?牧齋自王逢詩句:「翼然東昆邱,蘭撩暎疏綺」,推定士德歸葬於昆山,[76]又自陳基詩文得知:陳基、錢用曾參佐士信,鎮守杭州,參與淮陰軍事,既知趙君用於丁酉之冬仍據淮陰,而於己亥七月見殺,因而考定:降元之張士誠部,奪取淮陰,「當在亥子之間。」癸卯年之安豐大戰,劉福通敗亡,實乃宋王韓林兒由盛而衰之關鍵。牧齋再由陳基〈官軍發吳門狼山觀兵〉詩所云:「淮

---

74 詩見錢謙益,《國初群雄事略》,頁158-159。
75 錢謙益,《國初群雄事略》,頁161。
76 錢謙益,《國初群雄事略》,頁165。

海父兄爭鼓舞,將軍恐是漢金吾」,駁《月山叢談》所記:「士誠遣其將呂珍為前鋒攻安豐,而自以大兵繼之」,所言不實。[77]蓋以大兵繼之者,乃張士信而非張士誠也。牧齋考史,以詩證史,綿密有緻,不愧為詩人史家。陳寅恪知牧齋甚稔,箋證元白詩、錢柳詩,見重於世,以詩證史手法,至於尺幅千里之妙境,青出於牧齋之藍也。

滿清入主中原,華夏文化未衰實盛,清初顧炎武,擅訓詁校勘,詳慎音韻文義,通小學而後治經,明音韻而典制名物。亭林自謂:「讀九經自考文始,考文自知音始。」[78]正文字、辨音讀、釋訓詁、通傳注,治史之法,不異於治經,皆有助於究版本、校史文、闡釋字句,洞察事蹟,曉天文地理、職官名物諸事,庶免臆決影附,武斷經義,有乖信史也。經康乾盛世,考據辨偽,根基益固。學者乘儒學昌明之際,有意正六經,祛偽書,明辨真偽,不偏一家,不尚浮華,故有實學之興也。乾嘉錢大昕實事求是,以為武曌篡唐,亦不能不立本紀,蓋「唐祚之中絕,非後人之筆,得而存之也。」[79]新國紀元,乃古來良法,不能因人而異也。乾隆修纂《四庫全書》,不無政治意圖,然收集之勤,舉凡重典要籍,莫不得以善存,功亦大焉。

泰西史壇,當中國嘉慶之前,尚乏考信,至乎嘉道間,始以「外考證」(External criticism)治史,查證資料,以確定文

77　錢謙益,《國初群雄事略》,頁180。
78　顧炎武,〈答李子德書〉,《顧亭林詩文集》(香港:中華書局香港分行,1976),頁76。
79　錢大昕,《潛研堂文集》,第1冊,卷2,頁20。

獻之真;以「內考證」（Internal criticism），檢視內文誤舛。及至德國史家蘭克，得以語文考辨，廣用檔案史料，而享大名者也。[80]伯倫漢（班漢姆），[81]亦德意志人，綜合蘭克史學方法，編著《史學方法論》一書，長篇巨製，[82]詳論史學概念、性質、甄別、分類、篡改、考訂、編撰、校勘、綜觀、解釋、敘述，以及史料收羅，辨其真偽，極為詳備。五四而後，國人未能多讀蘭克書，而於其方法論，經伯氏轉述，頗有師法者，[83]以為泰西考證，優於乾嘉也。[84]他山之石，誠可攻玉，惟吾華考據淵源，遠流長於泰西。泰西考證，初發自克拉頓紐斯，渠生於康熙二十九年（1690），[85]其書之成，已是乾隆十七年（1752）矣。[86]此後百年，始有英人路易士[87]之論述，已是咸豐二年（1852）矣![88]克、路兩氏，為泰西史法之先驅。克氏晚於大唐子玄千餘年，路氏亦晚出於乾嘉之實齋。平心而論，克、路兩氏，論證經緯，絕

---

80 見Evans, *In Defense of History*, p. 16.
81 Ernst Bernheim（1850-1922），猶太族裔德國教授，史學方法大師。
82 Ernst Bernheim, *Lehrbuch der Historischen Methode und der Geschichts philosophie*（New York: Burt Franklin, 1914,1970）.
83 民國史家如姚從吾、陸懋德等於北大、清華、輔大、台大等校，講授史學方法，皆以班漢姆名著為據。
84 陸懋德，《史學方法大綱》（上海，1945），頁42-43, 52-53, 59。
85 Johann Martin Chladni（Chladenius）（1710-1759），德國哲學家、史學家，為「詮釋學」（Hermeneutics）奠基者之一。
86 J. M. Chladenius, *Allgemeine Geschichtswissenschaft*（Leipzig, 1752）.
87 Sir George Cornewall Lewis, 2nd Baronet（1806-1863），英國文人、政治家，於1862年英國內閣辯論是否干預美國內戰，極力主和聞名。
88 G.C. Lewis, *A Treatise on the Methods of Observation and Reasoning in Politics*（1852）.

非劉、章之儔也。及乎嘉、道、咸、同年間,蘭克始有大成,其語文考証之學,興於中歐,而傳播四海。[89]蘭克謂:求取信史之道有三:一曰真偽之辨,須知史料多偽,或因博名,或因愛國,或因黨見,或因教義,或因競逐,或因仇視,而有偽件竄鑿其間。依蘭克之意,辨偽之道,宜知偽從何來,知其所來,而後朔其緣由,則偽可辨矣。後人潤色、篡奪之處可顯,隱藏秘聞可揭也。二曰外考證,研究語意,問文體格式,是否符合時代?有無偽造痕跡?比對史料,以甄別真偽。三曰內考證,以原始抄本,發見內竄之文字,扞格之內容,比勘而後考定何時?出於何人?[90]德國史家以語文考訂史料,校勘誤謬,正句讀之誤,推定史料之價值,開泰西史學之新境。[91]其盛為時百有餘年,自有借鏡之處。然不可或忘吾華以訓詁治史,辨偽考信,疏通經史,已千餘年矣。

　　歷代學者,稔知載籍浩瀚,傳鈔未必推實,設若相承不察,必然沿誤,故須考究事實,以求信史。按吾華文字特性,異於泰西,漢字或因形似而誤,或因音近有舛,皆不容揣測,故而校勘維艱,有謂校書難盡,如掃落葉也。既知難矣,未嘗縮手。治經考史,以通訓詁為先,訓詁又稱小學(即文字學),為考據之重鎮,無論章句典章,素重形、音、義之校勘,取文本自校、互

---

[89] 德文原文"Die Gewifsheit der Geschichte," 見Bernheim, *Lehrbuch der Historischen Methode*, p, 189.

[90] 參閱Bernheim, *Lehrbuch der Historischen Methode*,第4章,第1-2節。中文版參閱陳韜譯,《史學方法論》(臺北:臺灣商務印書館,1967),頁219-282。

[91] 參閱Bernheim, *Lehrbuch der Historischen Methode*, p. 450.

校、他校、對校,進而探究史源,以正本清源。由識字而得正解,使鉤棘難通之處,渙然冰釋。文字而外,音韻、金石,亦有助於闡明義理,考史務必鍥而不捨也。

前清承宋明遺風,考據、輯佚、校勘、版本、辨偽,方法嚴謹,精益求精,舉凡考異、志疑、辨疑、商榷、箚記之類,內涵宏富,至乾嘉而極盛,有樸學之稱。文獻之整理、引證、考核、注釋、疏通、評審,涉及版本校勘、輯佚、辨偽、訓詁、音韻、文字諸學。王念孫父子,尤擅此道,於文字辨析至為精微。陳澧曰:時遠而有訓詁,「詁者古也,古今異言,通之使人知也」,故訓詁之功使古今如旦暮,[92]言之甚諦。訓詁考據,或有餖飣繁瑣之弊,此乃用之不善,非器之不利也。乾嘉考據,正文字,審字形,明正轉,貫古紐,考釋異同,卒獲正解,兼及內外考證,又何遜於西法耶?

乾嘉考據之盛,別有其故。或謂清儒因畏禍,而埋首古紙堆,非必然也。[93]蓋晚明心學,流於靜坐澄心,束書不觀,清儒以為空疏,而有所作為也。顧炎武亭林,為清初大儒,後學閻若璩、朱彝尊,皆捨空談,而講實學,志在回歸經典,復經文之原貌,奉行無徵不信,孤證不立,未詳則闕,莫作臆測,考據之風遂盛也。考訂名物制度者,勤於目錄,校謬如仇,辨偽如訟,注釋求詳,輯佚務盡,推見至隱,冰釋疑義,鉤棘難通。《尚書》〈盤庚〉有云:「遲任有言曰:人惟求舊,器非求舊」,《孔

92　陳澧,《東塾讀書記》,卷11,頁1a。
93　參閱郭康松,《清代考據學研究》(武漢:崇文書局,2001),第2章。

傳》謂「汝不涉，是不貴舊」，太炎斥之為紕繆可笑。[94]瑞典漢學家高本漢英譯為：「Chi Jen has said : In man one seeks such of old standing; in utensils one does not seek old ones but new」，庶幾得之。[95]蓋「舊」一字兩義，前者久也，老宿也，《管子・牧民》有云：不恭祖舊，則孝悌不備，而後者則為新舊之對稱也。

　　文獻考證，應知古今異時，言語有別，以今語說古，未必適切，足以誤解古人，能辨古之情偽，方稱識古。明人楊慎曰：「凡觀一代書，須曉一代語；觀一方書，須通一方言，不爾不得也。」[96]乾隆進士阮元，號芸臺，將「聖人之道，譬若宮墻，文字訓詁，其門徑也；門徑苟誤，跬步皆歧，安能升堂入室乎？」[97]南皮張之洞字香濤，有名言云：「由小學入經學者，其經學可信；由經學入史學者，其史學可信；由經學史學入理學者，其理學可信；以經學史學兼詞章者，其詞章有用；以經學史學兼經濟者，其經濟成就遠大。」[98]故凡訓詁、音韻、名物，所需之書，《四庫全書》莫不備錄也。學問自小學始，豈不然歟？史學門徑，非訓詁不足以通文義，乾嘉治史者，莫不能以訓詁入手，鑒別史料，糾舛正誤，以考定釐清群籍也。

94　章太炎，《太炎先生尚書說》，諸祖耿整理（北京：中華書局，2013），頁90。

95　Bernhard Karlgren, *The Book of Documents*（Stockholm: reprinted from *the Museum of Far Eastern Antiquities*, Bulletin 22, 1950），p. 21.

96　楊慎，《丹鉛續錄》，《文淵閣四庫全書》855，頁170。

97　阮元，《揅經室集》（北京：中華書局，1993），上冊，頁37。

98　張之洞撰，范希增補，《書目答問補正》（上海，上海古籍出版社，2001）。

有清一代,考據有成者,諸如顧炎武、孔廣森、段玉裁、王氏父子、戴東原輩,何止百餘家?能糾前人之謬者,不知凡幾。集考據之大成者,其為錢大昕乎?大昕號辛眉,所著《廿二史考異》,以其訓詁長才,自《史記》至《元史》,取其可疑者,逐字逐句以求正解,定字形音義之正,示形、音、義之互通,指陳誤訛衍缺,可稱巨細靡遺。若謂:既知古文「夷」「遲」互通,故知「陵夷」與「凌遲」,兩詞可互通也。《史記・陳杞世家》有言:「惠公立,探續哀公卒時年而為元,空籍五歲矣。」辛眉曰:「籍」宜從「藉」,借義為「長」,[99]謂「空長五歲」,文義始通,訓詁之效也。《史記・晉世家》有言:「且言何以易之」?原注:「出言不可輕易」,辛眉考定,「易」非去聲,宜讀平聲,借義為「移」,意謂「其言不可移」,[100]訓詁之效也。《史記・孔子世家》載,孔子「作《春秋》據魯親周故殷」,原注誤讀,不知所云,而辛眉有正解曰:「據魯謂以《春秋》當新王也,親周故殷,謂新周故宋也」,[101]訓詁之效也。《史記・酷吏列傳》有云:周陽由「與汲黯俱為忮,司馬安之文惡,俱在二千石列,同車未嘗敢均茵伏」,索隱解作汲黯與司馬安兩人,與周陽由同乘一車,「不敢與由均茵軾,謂下之也。」[102]辛眉指此解非是,因周陽由重汲黯,而輕司馬安,不得已與安同車,引以為恥,故所謂忮也。然則此句應作「與汲黯俱,忮司馬安之文

99　錢大昕,《廿二史考異》,上冊,頁109。
100　錢大昕,《廿二史考異》,上冊,頁113。
101　錢大昕,《廿二史考異》,上冊,頁124。
102　司馬遷,《史記》,第10冊,頁3135-3136。

惡，俱在二千石列，同車未嘗敢均茵伏」，文義方安。辛眉曰：「謂黯、安二人皆畏由，不敢與均，失之遠矣。」[103]於此可知，訓詁能正句讀之誤，亦樸學家所謂：「讀書必先識字」之微意也。辛眉功力，亦見諸其觀察細微，羲之傳有云：「（王）又遺尚書僕射謝安書」，辛眉作案語曰：「羲之任會稽內史日，謝安未為僕射，出為都督豫州刺史，鎮歷陽，薦任有政績，上表請入朝，因留京師。署僕射事，羲之與尚書，蓋在入朝署僕射事時也」，[104]糾稱謂不合時之謬。又如謂「子長書每篇稱太史公，皆自稱其官，非他人所加，亦非尊其父也。」[105]錢大昕精於訓詁，博學精審，故能於可疑之人、地、年月，一一考定，於爭議之處，敢於乾綱獨斷也。於此亦見古人嚴於稱謂，求其雅正，若述劉邦，必因時稱沛公、稱漢王、稱高祖。若始終以高祖稱之，則謬矣！辛眉精於文字校勘，審慎通達，自史漢至金元，所涉甚廣，可稱包羅百代。於二十四史之官制、地理、氏族，以及邊疆民族，反覆校勘，糾正疏舛。更於解釋名物，復原錯謬之書。《考異》一書，可稱史書文本研究之冠冕也。

　　辛眉考異，可解泰西所謂史無達詁之疑義。歐陸論師有謂：文本之外，一無所有，而文本難得解人，況文字常伏危機，吹毛求疵，每成大戾，故信史難言之也。辛眉以訓詁解文本，何難駕馭之耶？《漢書》〈項籍傳〉，有言：「瑕丘公申陽者，張耳嬖

103　錢大昕，《廿二史考異》，上冊，頁174-175。
104　見錢大昕，《諸史拾遺》（嘉慶12年嘉興郡齋版），卷1，頁16。
105　錢大昕，《廿二史考異》，上冊，頁133。

臣也」，孟康曰：「瑕丘縣之老人也，姓申名陽。」[106]辛眉指其誤曰：「公非老人之稱，春秋之世，楚縣令皆僭稱公，楚漢之際官名多沿楚制，漢王起沛稱沛公。」[107]漢景帝七國之亂，齊未嘗反，而《史記》〈吳王濞列傳〉曰：將軍欒布擊齊有功，以為史公誤筆，辛眉見及「齊雖未反，而濟南、淄川、膠東、膠西，皆故齊地，史言擊齊，謂擊齊地之反者耳！」[108]非謂擊齊王也。錢氏又曰：「元朔中，睢陽人狃反，人辱其父，而與睢陽太守客，俱出同車，狃反殺其仇車上，亡去」，[109]睢陽非郡，不得有太守，必為淮陽之誤。[110]《宋史》〈王祜傳〉，記祜「知襄州，湖湘平，移知潭州。」錢謂：王祜知襄州，時在開寶二年，而宋太祖平湖湘，早於乾德元年，其間相差六年，故「祜知襄州必在用兵嶺南之時，而史誤以為湖南耳。」[111]《宋史》太宗六年九月，「以趙普為司徒」，錢謂：司徒三公皆非宰相，司徒兼侍中，始得入府視事為相，故〈太宗紀〉，書司徒而不書侍中，「蓋未通于官制矣。」[112]《元史》〈世祖本紀〉有言：十五年「十一月行中書省自揚州移治杭州」，錢謂：「本紀所云十五年自揚州徙杭州者，乃行御史台，非行中書省，蓋傳寫誤耳。」[113]於此可見，

---

106 班固，《漢書》，第7冊，頁1809, 1810。
107 錢大昕，《廿二史考異》，上冊，頁301-302。
108 錢大昕，《潛研堂文集》，冊2，卷12，頁161-162。
109 班固，《漢書》，第8冊，頁2215。
110 錢大昕，《廿二史考異》，上冊，頁314。
111 錢大昕，《廿二史考異》，下冊，頁2267。
112 錢大昕，《廿二史考異》，下冊，頁2009。
113 錢大昕，《廿二史考異》，下冊，頁2599-2600。

錢大昕博學慎思，明察秋毫，慧眼洞悉細微。凡文本有誤者，即細微處，亦多能正之也。辛眉之功力，見諸訓詁，有言曰：「夫窮經者，必通訓詁，訓詁明而後知義理之趣」，[114]而訓詁自《爾雅》始，通《爾雅》而後識字，非識字不足以言明道。按字義音韻，為治經史之本，猶渡江之舟楫，登樓之階梯也。

　　《元史》成書於明代，錯謬甚多，後學訂正之，雖有其人，如解縉、朱右、汪輝祖，然茲事體大，未易董理也。錢氏以重修元史為己任，嘗謂：「和林舊事編成後，更與何人質異同」？[115]大有把臂無人，唯我獨行之氣概。辛眉於元史，用力最勤，功夫最深，成就約有四端：一補立傳、世系、典章、以及史事之脫漏。二糾列傳重出，敘事重複，音譯舛訛，為之校訂補闕。三正《元朝秘史》文字之俚鄙，所涉之荒誕，為之考訂，以補《元史》之遺漏。四評《聖武親征錄》、《元統元年進士題名錄》、《元典章》、《長春真人西游記》，以及金石碑刻之類，剴切中理，確有推見至隱之識也。錢氏治元史，原有完整方案，雖未竟成而廢，然已考訂者，可稱豐碑，發近世西北邊疆研究之先聲。錢氏傳世之《元史藝文志》與《元史氏族志》，考證之嚴謹，為清末民初治元史者，多所依傍，稱道不已。[116]錢氏「精思博識」，學亦深廣，於史書鑽研之深，考究之精細，務求信實，誠不世出之大家。陳寅恪許為「清代史家第一人」，[117]實至名歸

114　錢大昕，《潛研堂文集》，第3冊，卷24，頁344。
115　錢大昕，《潛研堂詩集》，卷6，頁92。
116　參閱王記錄，《錢大昕的史學思想》（北京：社會科學文獻出版社，2004），第6章。
117　陳寅恪，〈李德裕貶死年月及歸葬傳說辨證〉，《金明館叢稿二編》，頁

也。

　　王鳴盛號西莊,亦以考據名世,所撰《十七史商榷》,若含《舊唐書》與《舊五代史》,則所商榷者,應作十九史,另附考《資治通鑒》,《資治通鑒記事本末》,《史通》諸書,涵蓋至廣也。歷代正史,難免「竹素爛脫,豕虎傳訛」,未必史者之咎。西莊有志精校,發脫字衍文,商榷編次之義例,究竅蒙滯礙,疏通難解,欲知成書過程,檢視敘事得失,辨析記載異同與見聞離合,參照群書,折衷求是,頗能發覆見真,饒有成就也。西莊曰:《史記》〈秦始皇本紀贊〉,取自賈誼〈過秦論〉,中下二篇,〈陳涉世家贊〉,則取自上篇,[118]謂〈武帝本紀〉,由褚少孫補寫,所補者盡封禪事,西莊斥為「率意補之,真妄人耳。」[119]西莊曰:沈約《宋書》,載謝靈運父瑍,生而不慧,祖父玄謂親友曰:「我乃生瑍,瑍那得[不]生靈運。」[120]《晉書》〈謝玄傳〉所記,亦復如此,而李延壽合宋、齊、梁、陳四朝撰《南史》,不以為然,曰「我乃生瑍,瑍兒何為不及我。」西莊考定,延壽妄改,「使妙語頓成鈍語」!訓詁未精之故也。西莊因而論斷曰:「南北朝事,斷不可獨依李延壽也。」[121]惟延壽記梁元帝徐妃淫亂事甚詳,而姚思廉《梁書》后妃傳則失載,故

26。日人內藤亦盛讚錢大昕,為清代史學之創立者,見內藤虎次郎,《支那史學史》,頁438;內藤虎次郎,《中國史學史》,頁265-266。
118　王鳴盛,《十七史商榷》,頁9。
119　王鳴盛,《十七史商榷》,頁14。
120　沈約,《宋書》(北京:中華書局,1974),第6冊,頁1743。
121　王鳴盛,《十七史商榷》,頁359。

謂《梁書》「不及《南史》」也。[122]西莊又考定：「《晉書》引《左傳》誤脫」，「〈王導傳〉多溢美」，「合傳不拘忠奸」，「南史、宋、齊紀，書法不同」，「《南史》〈王宏傳〉，自相違反」，「《新唐書》糾謬」，「《新舊唐書》官制，皆據開元六典」，「王通隋唐兩書皆無傳」，「歐陽修《新五代史》脫文誤字。」王鳴盛考據史書編撰，及其內容，貢獻良多也。

乾嘉考據尚有異軍突起之崔述，崔氏號東壁，乾隆時舉人，有謂考訂上古文獻，距古越近，越為可信，是即泰西「原始材料」（primary sources, or first-hand materials）之謂也。伯倫漢不云乎：「史料可為佐證，有其價值，端賴文獻近於史事也。」[123] 吾華典籍，莫古於六經，故東壁信六經，而疑後人注疏，以《毛詩》為例，「其書晚出，其徒之附會者過多，雖無所傳者，亦必揣度而為之說，或強取傳記以實之，而有所傳者，亦必增飾其說，別出新意，以勝於三家，其說乖謬特甚。不知漢晉諸儒，何以盡棄三家，而獨取《毛詩》也？」[124]即使秦漢去古未遠，亦多不可據者。[125]然則，「世益遠則偽者益多，而亦益難辨。」[126] 崔氏之說，豈非顧頡剛「層累說」之濫觴乎？頡剛以古史乃層累而成，發生之序次與排列，恰是一個反背。[127]顧自認學承崔

122　王鳴盛，《十七史商榷》，頁353。
123　語見伯倫漢，《史學方法論》，陳韜譯本，頁243-244。
124　崔述，《崔東壁遺書》，第3冊，〈讀風偶識卷之一通論詩歌序〉，頁10。
125　崔述，《崔東壁遺書》，第1冊，〈考信錄提要〉卷上，釋例頁11。
126　崔述，《崔東壁遺書》，第3冊，〈無聞集〉卷之三，頁9。
127　語見顧頡剛，《自述：走在歷史的路上》（台北：遠流出版公司，

述,胡適於民國十年,購得《崔東壁遺書》,顧於讀畢《考信錄提要》,驚詫其所引「打破沙鍋紋到底」之諺語,而「大痛快」,[128]欣然認同也。[129]顧氏賞識崔述,別有淵源。康長素著《孔子改制考》,為求政改,而武斷古史,斷言「上古茫昧無稽」,顧氏甚佩其觀察之明銳,深表敬意,而憾太炎正統觀之具「黨見」,更少敬愛矣。[130]太炎非保守信古者,稔知史家精力,容有不逮,後人考而正之,不亦宜乎?故曰:「疑古者流,其意但欲打破歷史耳」![131]度太炎之意,史乘非不可疑,疑所當疑也。頡剛於長素之後,依從海歸之胡適。胡氏信泰西科學,以上古皆不可信,顧以胡氏勇於裁斷,而服其「有眼光,有膽量,確是一個有能力的歷史家。」[132]顧頡剛所倡,疑古辨偽,經五四之反傳統,蔚然成風。顧氏疑古,更勝於崔氏康氏也。古書既無可信,六經亦偽,直欲將「漢學和宋學一起推翻。」[133]若然,中華史學所剩餘幾耶?

民國以後,傳統考據,不絕如縷,惟尚有能繼舊學者,餘音繚繞,彌足珍貴。餘杭章炳麟號太炎,精於訓詁,讀《尚書‧康誥》,見「周公初基作大邑于東國洛四方民大和會後甸男邦采衛百工播民和見士于周」,即知東國洛,必為東都洛陽之誤,按基

      1989),頁99。顧氏自述原載《古史辨》第一冊卷首。
128 語見顧頡剛,《自述:走在歷史的路上》,頁11。
129 語見顧頡剛,《自述:走在歷史的路上》,頁87。《顧頡剛日記》,(台北:聯經出版公司,2007),民10年1月25日,第1冊,頁94。
130 見顧頡剛,《自述:走在歷史的路上》,頁53。
131 章太炎,〈歷史之重要〉,《章太炎全集》,〈演講集〉下,頁493。
132 顧頡剛,《自述:走在歷史的路上》,頁70-71。
133 顧頡剛,《自述:走在歷史的路上》,頁91。

者謀也。而「百工播民和」,應斷句為「百工播,民和」,「見士於周」,士訓為事,乃「是時初謀作雒,百工播告,而人民應和,其勇於趨事可知。」[134]太炎見《尚書·酒誥》有云:「今惟殷墜厥命我其可不大監撫于時」,《書經集傳》曰:「我其可不以殷命之失,為大監戒以撫安斯時乎」[135]?太炎以訓詁考定,監者鑒也;撫當為㒞,㒞與模型同義,規範也,法式也。故「監㒞猶言鑒形爾,偽孔本既偽為撫,因讀撫於時為句,說為撫安天下,於是非徒失其句讀,文義亦前後不屬矣」,[136]故句讀應為:我其可不以殷命之失,而有鑒於規範法式之謂歟?《尚書》多道德訓誡,故集釋循此得解,太炎精通小學,方能得句讀之真解也。太炎不以唯有考古,方能重建信史為然,曰:「今人以為史跡渺茫,求之於史,不如求之於器。器物有,即可證其必有,無則無從增其有無。余謂此拾歐洲考古學者之吐餘也。」章氏金句曰:「器物不能離史而自明,如器物有秦漢二字,知秦漢二字之意義者,獨非史乘所昭示耶?如無史乘,則無從知秦漢二字為何語也。」[137]蓋出土文物,乃西土所謂「無聲之證言」(the mute witness),難窺底蘊。是即海寧王觀堂所云:考古固然重要,文字記錄斷不可少,所謂「二重證據」法也。觀堂雖倡二重證據,

---

134　章太炎,《太炎先生尚書說》,頁125。高本漢即為句讀而誤譯,見 Karlgren, *The Book of Documents*, pp. 38, 39.

135　《書經》,卷4,頁29b。

136　章太炎,《章太炎全集古文尚書拾遺定本》(上海:上海人民出版社,2015),頁300-301。

137　章太炎,〈論經史實錄不應無故懷疑〉,《章太炎全集》,〈演講集〉下,頁578。

仍以文字為主,考古為輔,古書兼得實物印證,豈不善乎?按考古出土非僅器物,尚有簡牘帛書,雲夢睡虎地出竹簡千餘枚,山東銀雀山出竹簡七千餘枚,有《孫子兵法》十三篇、《孫臏兵法》十六篇,含文五篇,尚有《漢武帝元光元年曆譜》。長沙馬王堆出土《帛書老子道德經》五千言,吳簡尤多達三百萬字,蔚為大觀。簡牘帛書,一如孔壁古經、汲塚竹簡,皆彌足珍貴之「有聲」史料也。

太炎目睹西潮東來,知中西文化有異,迎接西學,中體不應有失,中西兩學並存,暗合西士伯林之「文化多元論」也。[138]太炎見白話通行,而古典日疏,感嘆今後國人,皆曰識字,實皆不識字也。蓋不通小學,不足以言識字,不通訓詁,不解經典雅言,理辭多躓,難通古義。古書難讀,舊學安託?西學盛而舊學衰,太炎以主次失調為慮,不免有千秋之憂也。[139]按中西語文絕異,泰西列國,各有母語,語從音發,各自異文,而中國六書,自先秦至晚清,方言雖繁,而書同文,即異族入侵,亦習漢字而後漢化。漢字穩定而具彈性,故晚清之文言,猶秦漢之古文。及五四西化,白話通行,古文漸不可解。然欲登中國文化寶藏之彼岸,古文乃登岸之寶筏,不深解古文,即無緣於寶藏也。

---

[138] 詳閱汪榮祖,〈章太炎對現代性的迎拒與文化多元思想的表述〉,頁145-180.

[139] 英國史家有同情之感:中國「以泰西文學為創作模式,幾與中華古典斷裂之矣」(creative writing in China was modelled upon the literature of the west and had little connexction with the Chinese classics),見Geoffrey Barraclough, *An Introduction to Contmporary History*(New York: Penguin Books, 1984), p. 263.

義寧陳先生寅恪，上承傳統考據，旁採西學，早年留學歐洲，即於家書中言及：「如以西洋語言科學之法，為中藏文比較之學，則成效當較乾嘉諸老，更上一層。」[140]觀乎義寧生平學術，大都考據文章，疏證、箋證、考釋，糾正謬誤、考求本事、別條異說、對勘互證、增訂補遺，讀書必先識字，已見乾嘉樸學遺風。惟陳氏去乾嘉百有餘年，乾嘉諸老未能運用之外文，而陳氏獨通一、二十種外語，作為治史工具，故其成就，發沉覆、燭隱晦，不愧民國史壇第一人，勢必超越乾嘉諸老，略無繁瑣餖飣之弊也。義寧考定《三國志》所載，「無潤神」即地獄神，以窺知「釋迦之教頗流行於曹魏宮掖婦女間。」[141]又如自語意與對音，探得「當時民間比附印度神話故事，因稱為『華佗』，實以『藥神』目之。」[142]再如從佛經流布，論證其與小說文學之關係。[143]吾師蕭先生公權因謂：義寧陳氏之考據，見微知著、因近及遠之手法，頗有「尺幅千里之妙境」，[144]真吾華考證藝術之高峰也。

　　無錫錢先生鍾書號槐聚，舊學深邃，而又熟練西文，精通西學，而釋中西之義，通彼我之懷，兩情相得，能不暢乎？於舊學廢棄之際，撰就《管錐編》巨著，行文古奧典雅，以中學為體，

140　見陳寅恪，〈與妹書〉，載《學衡》第20期（1923年8月），《文苑》，頁19。
141　見陳寅恪，〈魏志司馬芝傳跋〉，載《金明館叢稿二編》，頁82。
142　見陳寅恪，〈三國志曹沖華佗傳與佛教故事〉，載《寒柳堂集》，頁160。
143　汪榮祖，《史家陳寅恪傳》，頁102-104。
144　別見蕭公權，《跡園文錄》，頁246。

上承傳統訓詁，以西學為用，旁採鄰壁之光，正前人之舛謬，踵事增華，真近世飄零之碩果，寂寞華林之暮鼓晨鐘也。其考證之精微，略舉數例，供三反之思。《左傳》名篇有云：「莊公生，驚姜氏」，槐聚廣引舊訓，以杜注牾通逜，逆生，則產必難為是，更引莎士比亞戲中王子自言：「生時兩足先出母體」，西人所謂「breech presentation」，即牾生也。[145]《左傳》哀公三年有云：「無備而官辦也，猶拾瀋也」，洪北江訓為：「說文瀋汁也，春秋傳曰：猶拾瀋也。釋名云：宋魯人皆以汁為瀋。」[146] 槐聚更博引詩文，以廣訓覆水難收之義諦，更引泰西《舊約》有云：「水潑於地，收拾不起」（As water split upon the ground which cannot be gathered up again）。[147]訓詁博及古今中外，嘆為觀止矣。

　　陸機《文賦》千古名篇，李善之注，多有未妥，而近人陳世驤更強作解人，舛誤益多。Achilles Fang《文賦》英文譯本，雖較近正，仍未盡會原意，引用者多所附會，誤以為《文賦》乃賦文之作也。槐聚曰：《文賦》意在教人作文也。作文須寫內心之所想，狀所象之物，而後得稱「逮意」，涉及意念、文字、事物三事。按文字必顧及意念，意念必符合事物，正與泰西「思想」、「符號」、「指事」之說，不謀而合。英國詩人勃朗甯[148]詠造藝曰：「緣物生意」（The things shall breed the thought），

145　錢鍾書，《管錐編》，第一冊，頁167-168。
146　洪亮吉，《春秋左傳詁》，頁358。
147　錢鍾書，《管錐編》，第1冊，頁245-246。
148　Robert Browning（1812-1889），英國詩人，亦擅寫詩劇。

亦能相通。「居間而通意物之郵」（The mediate word），意旨更相符合。若文不逮意，得心未必應手。物了然於心，固已不易，了然於口於手，則更難矣！類此「有心無手」，或「心手相乖」之憾，亟言成文之難，亦多見於西方之談藝也。[149]槐聚考得《文賦》正解，如撥雲霧而見青天。陸曰：「或操觚以率爾」，錢謂不可讀作貶詞，而指文之易成也。陸曰：「或含毫以邈然」，錢謂呫筆構思，並非贊詞，喻作文之難也。陸曰：「在有無而僶俛，當淺深而不讓；雖離方而遯員，期窮形而盡相」，李善釋文須知方圓規矩，錢謂非是，實喻文須膽識，勉勵作文者，勇於嘗試，離方圓以窮形相，庶能突破陳規而超越之，於無法中見有法，乃精益求精之術，寄妙理於豪放之外，亦西方論文之常語也。至於陸曰：「誇目者尚奢，愜心者貴當；言窮者無隘，論達者唯曠。」錢謂皆在闡明如何作文，奢者，鋪張繁縟也。徒炫目而不能鬜心，愜心則適如所期盼，寡詞約言，而能窮形盡相，暢達其旨，故曰曠而無隘也。陸曰：「要詞達而理舉，故無取乎冗長。」錢謂有著落矣，蓋文繁理富而無主旨，則泛論無歸，故「立片言而居要」，為一篇之警策，「必待茲而效績。」[150]陸曰：「雖愛而必捐」，李善注曰：「言佗人言我雖愛之，必須去之也。」槐聚謂誤讀矣！應作「語雖得意，必忍痛刊落者也。」陸知「庸音」賴「嘉句」以存，「嘉句」亦須「庸音」烘托，益其所偉，若綠葉之扶牡丹也。泰西名家論詩，亦有

149　錢鍾書，《管錐編》（三）（北京：三聯書店，2001），頁557。另參閱〈錢鍾書覆汪榮祖書〉（1982年8月12日）。
150　錢鍾書，《管錐編》（三）頁577, 578, 580, 582。

此體會，作文不宜通篇皆佳，可以烘雲托月，寶石鑲邊為喻也。鴻筆巨篇，不妨工拙相間，如江河之挾泥沙俱下，落實《文賦》「濟於所偉」之旨。至於短韻小文，似一杯之水，則以淨潔無渣為尚；否則妍媸相混，必累良質，不能濟偉，適滋玷穢，索然面對矣。若欲作不成，意固難釋也。文既作矣，雖斐然成章，仍不副預期，怏怏若有所失，蓋人之才能有限，而文之材質無涯也。飲河僅能滿腹，為文不能盡美，終感「恒遺恨以終篇」也。槐聚妙喻文士遺恨，猶若英雄之壯志未酬；兒女善懷，莫遂戚戚同心。西人談藝，亦以求全盡善，為寶志長恨之端。錢謂斯情，正《文賦》所嗟歎者也。槐聚尚有說曰：文機之利滯，非作者所能自主，「應感」者近似靈感，即神來之筆也。所謂「來不可遏，去不可止。」誠陸機所謂：「非余力之所戮」，天成而人偶得之而已。[151]陸機《文賦》，慘澹經營作文之用心，未可淺嘗，而需甚解。槐聚發覆，重見陸機自道行文之甘苦，抽思《文賦》嘔心瀝血之微意。有謂：「陸文若排沙簡金，往往見寶。」[152]槐聚得力於傳統訓詁之修養，有借照西方經典之能耐，故能考釋入微，發為定論，探驪得珠，即此之謂也。

　　金華何先生炳棣，生於五四前夜，所受幾皆西式教育，戰後赴美，學習西史，學成之後，改治中史，初以泰西社科理論，確定明清以降人口與社會流動諸問題，卓然有成。積學既深，三省其學，終覺訓詁考據，勝於理論也。何氏為學，選題嚴謹，擅於搜證，深思熟慮，辨析細密，由微見著，見諸其《東方搖籃》一

151　錢鍾書，《管錐編》（三），頁594-595, 597-598, 600, 601。
152　語見劉慶義，《世說新語》，頁140。

書。[153]原書於一九七五年，以英文撰成，至今尚無譯本，華文讀者，知者似尚不多也。大凡起源問題，皆屬至要，而考據文明之起源，尤為艱巨，蓋所涉專業甚廣，諸如自然環境、農業、家畜、陶器、青銅器、語文、社會、宗教，皆須攻而克之。何氏選此難題，必須自修諸多學科。所得結論明確：中國自有其自身之文明起源，而黃土為其文明之搖籃。常言道：文明始於兩河流域，中華文明乃泰西之「次文明」耳。此文明西來之說，甚囂塵上，其來久矣。雖言之鑿鑿，既無實證，亦無理據。皙人言之，舉世風從，中外學者信之不疑。國學泰斗章太炎，亦視為當然，且為之張目曰：「方夏之族，自科派利克（Albert Étienne Jean-Baptiste Terrien de Lacouperie），考見石刻，訂其出於加爾特亞（Caldea）；東踰葱嶺，與九黎三苗戰，始自大皐，至禹然後保其志。」[154]方夏者，吾華也；科派利克者，法國漢學家也，今譯拉庫伯里；加爾特亞者，今譯卡耳迪亞，地處兩河流域，即古文明之搖籃也。非僅章氏以為然，名家如劉師培、蔣智由、黃節，以及日人白河次郎、國府種德諸家，皆附和拉庫伯里之說。[155]人類文明，源自兩河之說，似乎久已定論，幾無人疑之。何先生獨疑之，因而深探中華文明之起源，驗證西來說之非。何氏負此艱

---

153 詳閱Ping-ti Ho, *The Cradle of the East: An Inquiry into the Indigenous Origins of Techniques and Ideas of Neolithic and Early Historic China, 5000-1000 B.C.*（Hong Kong: The Chinese University of Hong Kong Press; Chicago: The University of Chicago Press, 1975）.

154 章太炎著，徐復注，《訄書詳注》（上海：古籍出版社，2000），頁217-218。

155 參閱朱維錚，姜義華編注，《章太炎選集》（上海：上海人民出版社，1981），頁198。

巨,饒具氣魄,渠且處一流學府,名師如雲,相互切磋,有以致之。果然憑藉科學、考古、訓詁,互為驗證,提出土生起源之結論。吾華農業,並非始自華北濕潤之遊耕制、砍燒制,而發源於半乾旱之高原,及其河岸台地,能「自我施肥」之黃土沃壤,為村落定居之耕種制度,行三年輪耕之制,正合文獻所載,一年菑田、二年新田、三年畬田,足可相互印證。何氏考定農業、陶器、青銅三大實物,皆有異於兩河之農業。何氏更舉餘姚河姆渡之遺址,長江中游七八千年稻作之發掘,足證印度為亞洲水稻原生地舊說之難以成立。因而考定:中華為稻作之搖籃,未稍遜於兩河流域也。[156]泰西亦以陶器源自近東,而何氏以山東日照,史前陶器之逆鐘螺旋鳥紋,證實與中亞彩陶,截然異趣。江西仙人洞,桂林岩洞所出陶器,約有萬年之久,至仰韶而大放異彩。是知吾華彩陶,與西亞約略同時,陶器亦中國之土產,落實陶器多元之說。[157]青銅素為西來說之力證,謂自巴比倫而埃及,而印度,而後中國,脈絡清晰。惟安陽殷墟青銅,雖然晚出,然其技高量大,難稱青銅之初階。何氏曰:兩河平原無礦,銅在千里之外,而商代三城,原有銅礦,供應無虞。更就冶鑄技術而言,中

---

[156] 何氏初發表中國農業起源英文論文於美國史學旗艦期刊,為「首發論文」(the leading article):Ping-ti Ho, "The Loess and the Origin of Chinese Agriculture," *The Amercan Historical Review*, Vol.LXXV, No.1(October, 1969), pp. 1-36. 同年出版中文論著,《黃土與中國農業的起源》(香港:中文大學出版社,1969)。可供讀者詳閱。

[157] 參閱何炳棣,〈中國文化的本土起源:三十年後的自我檢討〉,《當代傑出學人文史科技公開演講文集》(香港:中文大學出版社,2004)頁61-67。此文另見何炳棣,《讀史閱世六十年》(北京:中華書局,2012),頁395-414。

國古代,「多範直接澆鑄法」,與泰西之「失蠟間接澆鑄法」,迥然不同。湖北曾侯乙墓,所見之編鐘,精美絕倫,即由商周之法鑄成。故而考定:吾華青銅,自河南外射,而非由外引入者也。歐亞草原之鄂爾多斯(Ordos)青銅,亦未早於鄭州二里頭之銅冶。泰西學者已有定論:鄂爾多斯青銅工藝,由商周北疆,傳入西伯利亞,再西傳至俄屬中亞。內蒙朱開溝遺址所見,源於長城沿綫之蛇紋鬲,為青銅出現最早之地,更可為證。[158]何氏於論證三大物質之餘,配合語言、文字、數字、天文、干支,以及人文與宗教之精神因素,考證詳盡,華夏文明之原生,固無疑矣。何說一出,震驚西方中心論者,引發論辯。何氏據理雄辯,鍥而不捨,至乎難者無言而後止也。

何氏初以西方社會學理治史,之後驀然回首,覺理論華而不實,流於空談,意興大減,以為史學要義,莫貴乎史料之多而豐,治史以內證為重,而所依賴之工具,無非字源學、文字訓詁學。故對訓詁考證,更具熱忱。作史者,以章句排比,逐字深鑽,細嚼其義,而後以宏觀視野,解釋史事,無須旁借西方學理也。尋古書歧出之處,若以西理飾之,點綴門面,其方法之謬,更不可取也。史學貴訓詁探索,章句原義,深究歷史背景,斯其宜矣。何氏入於西,而不為西途所迷,終感理論之虛無縹緲,難能符實,而訓詁之扎實可貴,誠顛撲不破者也。訓詁乃中華史學之瑰寶,史家何炳棣經驗之談,更可驗證之也。何先生嘗謂予曰:史家於運關公大刀之際,必先具吳女繡花針之巧藝。大刀

---

158 詳閱何炳棣,〈中國文化的本土起源:三十年後的自我檢討〉,頁67-84。

者,宏觀之學理也;綉花針者,微觀之訓詁也。何氏憑藉科學數據與考古資源,以文字訓詁之良技,考定史事,終成名山之業也。

何氏晚年,考證上古思想史,斷定《孫子兵法》,為幸存最古之私人著作,約成於吳王闔閭三年(公元前512年),早《論語》五十有餘年。孫武與孔子同時,而老子晚於孔墨。何氏據文字與帛書,論證《老子》上承《孫子》,以老子「將欲取之,固先與之」,使民無知無欲,乃上承孫子「愚士卒之耳目,使之無知;易其事,革其謀,使人無識;易其居,遷其途,使人不得慮」,御士卒若驅羊群。何氏力證孫老倒置,實反千載之覆。孔子有云:「民可使由之,不可使知之。」商鞅亦有言:「民不可與慮始,而可以樂成。」秦用商鞅,嚴刑峻法,而墨者已先入秦,為秦所用,惟墨學陳義甚高,漸而消沉,然專制集權之洪流,已難抵擋之矣。[159]類此皆愚民之道,帝王南面之術,以何氏之見,皆源自孫、老。[160]要之,何氏重譜先秦思想,以「宗法因子」為說,歸宿於君主專權,以明吾華思想制度之特色,有異於泰西家庭私有之制,與夫民族國家之形成。中西文化各異,歷史進程,固不相同是也。

金華何先生,南人北相,望之森嚴,即之也溫。其治學也,結合泰西實證方法,與吾華訓詁考據相印證,膽識與細密同工。謂其「才大如海」,孰云不宜?邇來泰西,頗以「文字學」治史,校勘文書,比較互證,力求文本之真,即吾國「小學」之所

---

[159] 詳閱何炳棣,《何炳棣思想制度史論》,頁331-384。
[160] 詳閱何炳棣,《何炳棣思想制度史論》,頁185-252。

長也。唐宋明清以來,史家行之久矣。然中西文字、音形絕異,訓詁「以形索義、因聲求義」之法,泰西無之,而為禹域治學之利器。漢語既為表意文字,字形為重,自字形探索詞義,音形結合,互為參照,詞義可解。[161]誠如船山先生所言,訓詁之學不可忽也。奈民國以後,棄舊迎新,欲仿遠西文法,義寧陳氏斥為「認賊作父,自亂其宗統也。」[162]績溪胡適,力倡以白代文,異代而後,晚清以上文獻,遂難卒讀矣。無錫錢氏,獨能上承前清箚記,更上層樓。[163]金華何氏,以西學與傳統訓詁互證,「密合有如此者。」[164]中華歷代史家,考據辨偽,網羅古籍,比較異同,鍥而不捨,於典冊流別,務必求信,成果極為豐碩,何氏能踵事者也。

　　泰西以宏觀理論考史,吾不如也。惟吾華取徑有異,重本性明情,以真才實學是尚,不以抽象理論為要。泰西引以為傲之歷史哲學,終未能如科學之精準,往往昨是而今非,淪為玄思蹈虛。就史論史,中西孰長孰短,難言之也。就考證而言,先賢功夫之密者,細如繡花,非泰西可儔。國人往往寧取外來之實證,而捨傳統之訓詁,不亦惑乎?考證之為用,以成書為鵠的,若不能成書,則止於作者之碎語,何以史為?泰西拼音文字,語

161　參閱陸宗達、王寧,《訓詁方法論》(北京:中國社會科學出版社,1983)。

162　語見陳寅恪致劉文典長函,收入《陳寅恪書信集》(北京:三聯書局,2001),頁158-165。

163　參閱艾朗諾,〈脫胎換骨──《管錐編》對清儒的承繼與超越〉,載汪榮祖編,《錢鍾書詩文叢說》(中壢:中央大學出版社,2011),頁211-225。

164　語見何炳棣,《何炳棣思想制度史論》,頁5。

言不穩，義無達詁，故而主「後現代主義」者，高唱史無定論，事無真相之說，較泰西兩說皆是之「歷史相對論」，[165]尤有過之。不知置泰西實證史學於何地？吾輩何莫反躬自省，珍視先人考信大法及其成果，千餘年累積之家藏，取之不盡，用之不竭，必能息百喙之爭鳴，解百年之聚訟，定牴牾之是非，斷異辭之折衷，豈可擁寶山而不自知耶？

考據舊學，不絕如縷，不意天涯尚有芳草，吾友程君平山，生於文革，出身北大，執教南開，成《竹書紀年考》三巨冊，約二百萬言，猶見乾嘉考據之後勁。按西晉之初，出土汲塚竹書，十卷古本，荀勖和嶠輯成《竹書紀年》，起自夏商，至於戰國，魏之編年史也。東晉徐廣，錄有《汲塚紀年》，大唐張昌齡，有《古文紀年新傳》。宋元之際，古本若存若亡，至明僅存二卷，即今本也。明清以還，輯古本之佚，辨今本之偽，考校版本，時而有之。有謂竹書非汲塚原書，疑經明人竄亂者也。[166]清儒陳逢衡，撰《竹書紀年箋證》，引證廣博，頗能補經傳之闕者。徐文靖撰《竹書紀年統箋》，雖有疑處，然以為「援據精博，薈粹經史，真必傳作也。」[167]然《紀年》之價值，久無定論。平山究未竟之業，力求完備，考論版本、源流、亡佚、真偽，及其價值。程君更釐清汲塚主人之身分，竹書卷數與字數，流傳之經過，校勘與注釋，古本之性質，今本之成書，與夫今古版本之異同。要

---

165 Historical relativism，史學之一理論，即史無一成不變客觀真相之說，因史家之主觀因素影響史事之解釋，而時代亦將左右史學家之思維。
166 永瑢、紀昀等撰，《武英殿本四庫全書提要史部》（臺北：臺灣商務印書館，2000）第2冊，頁49-51.
167 李慈銘，《越縵堂讀書記》，上冊，頁144。

之，程君之考據，承古風，繼傳統，求證輯佚，語詳義豐，研究之勤，功夫之深，近年所罕見者也。[168]青年峻拔如程君者，尚有幾人？吾有厚望焉。

168　參閱程平山，《竹書紀年考》（北京：中華書局，2013），上中下三冊。

馳騁古今第七

　　古既往矣,何從得知?唯以文字述之。中西皆然也。子玄曰:述古以敘事為先,西師則曰:「史乃敘事之子。」[1]泰西敘事,「覆之」(recounting)、「述之」(descriptive)、「辨之」(explanatory)、「解之」(interpretive)、「辯之」(argumentative)、「證之」(justifictory)、「敘之」(narrative),而吾華以述古一詞,盡之矣。述古非僅記事,記事但記發生之事,述古更釋發生之故。故述古者,絕非柯林伍德所謂之「剪貼史學」(scissors and paste history)也。述古方法,泰西於近世始有專論,而劉知幾子玄,早於七世紀之大唐,已具述之矣!

　　泰西近世,以為分析勝於敘事,因分析更見史實之價值,平鋪直敘殊不足為訓,故宜以結構取代事件,取法量化統計,無妨圖表林立,史書讀如社會科學報告,更無論結構與運作之流行

---

[1] 原文:"History is the child of narrative," 語見Burns, ed., *Historiography*, vol. 4, p. 305.

矣。[2]美國史界,盛行以模式建史,[3]馬克思之經濟模式,以及安娜學派,[4]以數字治史,[5]以生態平衡,經濟作物,人口變動,視為最底層之史,其上為社會結構,再上為思想文化,最上為宗教政治,而下層決定上層,而上層影響下層,極為有限。最高層之史,遂被擱置,甚而消失。歷史統計學,固有利於人口學、社會流動、投票行為諸課題,以為史學可立於磐石之上,然效果未符期待。以三十年之人口史研究,雖見人口之升降,未見升降之真因。以統計處理資料,多多益善,惟所費不貲,所得殊微。歷史動態,既難有科學之解釋,亦有礙於史學之本質。欲將史學科學化,強作解人,徒勞無功也歟?另有大師如史賓格勒,以生物之有生死,論文明之興亡。[6]湯恩比以「退縮」、「回歸」、「再

2　斯通指法國之「結構主義」(structuralism)與美國社會學家「巴森之運作主義」(Parsonian functionalism),見Lawrence Stone, "The revival of narrative," *The Past and the Present*,・p. 78。另參閱François Furet, From Narrative History to History as a Problem," in *Diogenes*(Spring,1975), pp. 106-123.W. H. Dray, Narrative versus Analysis," in Burns ed., *Historiography*, vol. 4, pp. 343-346.

3　斯通指美國史學界的科學風:一群人建立資料庫,用電腦處理資料,然後建立典範模式,然往往以模式帶史,又無法驗證,閱Lawrence Stone, "The revival of narrative", *The Past and the Present*, p. 77.

4　法國安娜學派(the Annales),俗稱年鑑學派,奈年鑑最為此派所輕,名不符實,故宜音譯。

5　斯通引安娜學派主將拉杜瑞之言曰:「歷史若不能量化,即不足以稱為科學」(history that is not quantifiable cannot claim to be scientific." (Le Roy Ladurie, *The Territory of the Historian*, p. 15),見Lawrence Stone, "The revival of narrative," *The Past and the Present*, p. 77。

6　Oswald Arnold Gottfried Spengler(1880-1936),德國歷史哲學家,兼治數學,科學、藝術,以歷史有機論名世。最主要著作為二卷本《西方之

生」、「崩裂」、「瓦解」、「滅亡」,為各文明必經之歷程,歸納為「挑戰與反應」之說,以理論帶史,以玄理擾史,皆忘史以敘事為貴矣。

英國史家斯通,有鑒於此,撰文呼籲:「敘事之再生」,[7] 不以經濟決定論為然,深感社會科學化史學之無當,謂古來史家,莫不以敘事為尚。取結構而忽敘事,重分析而輕敘述,史其殆矣。於人口、食物、氣候、供求、價格等物質基礎之外,更應重視價值、理念、習俗,群體文化,個人之意志也。史家宜想古人之所想,知古人之起居,毋忽感覺、情緒、行為、價值、心態,而類此莫不有賴於敘事。[8]蓋政治之決策,戰役之勝負,關涉文明之興衰。惟斯通欲再生之敘事,非古代大事紀之再現,而是有主題、有論點,講究風格、韻味、警策之敘事。[9]要之,斯通所貴者,融理解與解釋於敘事之中,蓋分析不能無敘事,述古之佳者,必有分析,[10]故頗以法國安娜學派,述論日常生活史為然也。[11]至於讀者難忍統計數字,敘事適於閱讀,尚係餘

沒落》(*Der Untergang des Abendlandes*),出版於歐戰後之1918與1922年。論史賓格勒之簡明佳著,參閱H. Stuart Hughes, *Oswald Spengler: A Critical Pioneer Estimate of Spengler's Decline of the West and the Influence of This Philosophy upon History* (New York: Charles Scribner's Sons, 1962).

7　Lawrence Stone (1919-1999),閱Lawrence Stone, "The revival of narrative: Reflections on a new old history," in Lawrence Stone, *The Past and the Present* (Boston, London & Henley: Routledge & Kegan Paul, 1981), pp. 3-44.

8　Stone, "The revival of narrative," *The Past and the Present*, pp. 85-86.

9　Stone, "The revival of narrative," *The Past and the Present*, pp. 74-75.

10　斯通有言:"No narrative history avoid analysis altogether," 見Stone, "The revival of narrative," *The Past and the Present*, p. 5.

11　Stone, "The revival of narrative," *The Past and the Present*, pp. 87-88.

事，史書非僅為專家而作也。英國伯克（Ulick Peter Burke），以社會史名世，既謂舊敘事之不足取，亦以結構之能「反史」（unhistorical）。既不欲廢社會科學之法，而冀望於流暢之敘事風采，而敘事不尋因果，而求意義，理解重於解釋。[12]如此敘事，不僅可明史事，且增文采，伯克之說，可補斯通之不足矣。

有謂：「史者介於敘事、價值與實證之間」，又有言曰：史之要務，敘事而已矣，[13]誠哉斯言。按敘事乃文字之組合，作者之異趣，見諸文字之組合，實證不廢評價也。蓋敘事出自文筆，書寫實事，實事其骨，文筆其肉，敘事若欠文筆，何異有骨而無血肉耶？敘事與分析之辯，爭論無已，欲求其合，惟分析施於敘事之中，分析與敘述，非可以兩分法為說也。竊以為述古人、古事於時空之中，以理性之思維，考而後信，見其因果蛻變之跡，其跡顯而人事明，事據足而演繹暢，闡釋審而敘事美矣。譬如吳女織錦，綿密無隙，圖像完好也。畢竟述古亦出自作手，往事已矣，有如無計數之陳跡，無緒之塵沙，散落處處，如何披沙揀金，筆補造化，化無解為可解，以成有序而悅目之史篇，捨作手何與？

述古先以技藝，確證史實，而後以妙筆書之。妙筆不免修辭，史家每視修辭如糕上之糖衣，點綴而已，而英國史家赫克斯

12　閱Peter Burke, "History of Events and the Revival of Narrative," in Peter Burke ed., *New Perspectives on Historical Writing*（University Park: The Pennsylvania State University Press, 1991）, pp. 233-248。斯通實首發此義，其文見Lawrence Stone, "The revival of narrative," *The Past and the Present*, pp. 74-96。

13　參閱Hughes, *History as Art and as Science*, pp. 68,69.

特則以為：修辭非糖衣，乃與糕相融之奶油。[14]然則，修辭乃文筆之所必需者也。惟述古者，以後見之明述之，未必恰如當時人之見。泰西敘事，講究環環相扣，不宜無端抽刀斷水，庶幾前後呼應，一氣呵成。竊憶嘗閱吳楚材之《綱鑑易知錄》，據正史而旁參雜傳，以「綱」列事實，以「目」述姻緣，時而有「批」，以引述名家評論。西晉八王，骨肉相殘，北胡內侵，永嘉南渡，為一大變局。《綱》曰：永嘉元年，秋七月，以琅邪王睿，都督揚州諸軍事，鎮建業。冬十一月以王衍為司徒。辛未五年（311）春三月，太傅東海王越卒。五月，琅玡王睿遣兵擊江州刺史華軼，斬之。十一月睿以周顗為軍諮祭酒。丁丑（317）春三月丞相睿即晉王位，以王敦為大將軍，王導為揚州刺史。戊寅大興元年（318），春三月，（琅邪）王（睿）即皇帝位。夏四月加王導驃騎大將軍，開府儀同三司。十一月以王敦為袁州刺史。庚辰三年（320）冬十二月，以譙湘丞為王州刺史。辛巳四年（321）秋七月，以戴淵都督司豫，劉隗都督青徐，諸軍事，王導為司空，錄尚書事。壬午永昌元年（322）春正月，王敦舉兵反，譙王丞、甘卓移檄討之，敦分兵寇長沙。三月敦據石頭，殺驃騎將軍戴淵，尚書僕射周顗，甘卓還襄陽。夏四月，敦還武昌，敦兵陷長沙，湘州刺史譙王承死之，五月敦殺甘卓。閏十一月帝崩，司空王導受遺詔輔政，太子紹即位。癸未肅宗明皇帝太寧元年（322）夏四月，敦移屯姑孰（江南太平府），自領揚州

14　J. H. Hexter, *Doing History*（Bloomington & London: Indiana University Press, 1971）, p. 68. 原文：“Rhetoric is ordinarily deemed icing on the cake of history, but our investigation indicates that it is mixed right into the batter.”

牧,以王導為司徒。六月立皇后庾氏,以庾亮為中書監。甲申二年六月,加司徒導大都督,揚州刺史,督諸軍討敦,敦復反。秋七月,至江寧,帝親征破之,敦死眾潰。乙酉三年(325)秋閏七月,明帝崩,司徒王導、中書令庾亮、尚書令卞壼,受遺詔輔政。所述僅羅列事實,即泰西所謂「所發生之事也」(what happened)。「如何發生」(why happened)?則見之於「目」,曰:司徒王衍說東海王越,以弟澄為荊州都督,從弟王敦為青州刺史,「荊州有江漢之固,青州有負海之險」,兩人在外,而吾居中,足為三窟。東海王越卒,以後事付王衍。石勒敗越軍,執王衍等殺之。《綱鑑》引胡致堂評論,為「批」語曰:「王衍為三公,不聞匡正之策,方且陰營三窟,既不得免,尚且飾高情為遠論」,卒證窟之為虛也。時中原大亂,士民多南渡避難。睿至建業,以王導為謀主,吳人不服,導使睿示威儀,名士紀瞻、顧榮、賀循等見之,拜於道左。導說睿收江左賢俊,讓以接士,引士望以結人心,循、榮、庾亮等百餘人,遂願出仕,江東歸心焉。江州刺史華軼及豫州刺史裴憲,皆不從,睿遣王敦、甘卓等擊華,殺之,憲奔幽州。南渡名士游宴新亭,舉目有山河之異,因相流涕,王導變色曰:當戮力王室,何止楚囚對泣耶?時賢視導,管夷吾也。及晉愍帝為劉聰所害,凶聞至建康,百官請睿上尊號,初不許,紀瞻勸以不宜揖讓救火,王卒為之改容。周嵩上疏謂,應先雪大恥,神器始安,由是忤旨,出為新安太守。王即帝位,是為元帝,命王導升御林共坐,導固辭乃止。立太子紹,紹與庾亮、溫嶠等,為布衣之交,帝聘亮妹為紹妃,使亮侍講東宮。王導作輔,顧和誡曰:「寧使漏網吞舟,何緣採聽風聞,以察察為政邪?導咨嗟稱善。」元帝始鎮江東,王敦與從

第導，同心翼戴，帝亦推心任之，敦總征討，導專機政，群從子弟，布列顯要，時人為之言曰：王與馬共天下。後敦恃功驕恣，帝畏而惡之，乃引劉隗、刁協等為腹心，稍仰王氏之權，導亦漸見疏外，導能任真推分，澹如也。而敦益懷不平，隗為帝謀，以元帝叔父譙王丞，為湘州刺史，至武昌以震懾方面。又以戴淵鎮合肥，劉隗鎮淮陰，名為討胡，實備王敦。敦欲與隗，戮力王室，隗答以「魚相忘於江湖，人相忘於道術，竭股肱之力，效之以忠貞」，敦與帝益為疏忌。祖逖聞敦與劉、刁等構隙，知內難將至，恢復大業無望，憂憤而死。王敦果於永昌元年（322），舉兵武昌，稱劉隗佞邪讒賊，以清君側為名也。元帝親率大軍，誅討大逆。敦遣參軍樂道融，往邀刺史甘卓，道融反而數說王敦遞狀於卓，卓遂決議討敦。卓軍至武昌，人皆奔散，敦遂攻取長沙。元帝徵戴淵、劉隗入衛，劉隗與刁協，勸帝盡誅王氏，帝不許，王導率宗族待罪。周顗見帝，言導忠誠，明導無罪，帝納其言，以導為大都督伐敦，是以大義滅親也。敦至建康，帝命協、隗、淵、導、顗等，分道出戰，皆大敗。協為人所殺，隗奔後趙，敦收顗並淵，殺之。顗字伯仁，王導流涕曰：「吾雖不殺伯仁，伯仁由我而死，幽冥之中，負此良友。」元帝駕崩，明帝繼統，敦謀篡位。帝畏王敦之逼，以郗鑒為外援，使鎮合肥，敦忌之。鑒遂與帝，謀討敦矣。帝以王導領軍，使溫嶠、郗鑒，分督諸軍。敦病篤，使王含、錢鳳率水陸五萬，奄至江寧南岸。帝率諸軍，掩其未備，大破王含於越城。敦聞含敗，盛怒而卒，敦黨悉平。敘事既竟，《綱鑑》引賀善贊，「批」曰：明帝即位三

年,獨能奮發剛斯,躬殄大憝,可謂明也矣已。[15]

《綱鑑》述古,節錄正史,記言記行,綱舉目張,簡要不繁,「綱」列事實,「目」述原委,「批」發議論,文、事、義三者,兼備之矣!所敘晉室南渡一節,井然有序,清晰可讀,王導角色,尤為醒目。義寧陳氏論王導之功業,譽之為民族之功臣,蓋導於孫吳舊壤,籠絡江東士族,結合南人北人,一統內部,共禦外侮故也。[16]義寧表出吳地有強宗豪族,晉雖滅吳,仍不免以「綏靖政策」應之。陳敏據有江東而不能守,即此之故也。馬、王能共江左半壁江山,即《綱鑑》所述,因吳郡紀瞻、顧榮、賀循等士族之英,歸心故也。近人田氏餘慶,魏晉史之名家也,取「王與馬,共天下」一語,釋東晉政治,由於強宗豪族,導致臣強主弱,形成門閥干政之局,西晉東海王越,已由王衍聯絡江東士族矣。田氏謂衍之三窟說,非消極求免,而別有霸圖,衍志未遂,而成於王導,所言饒有新見也。睿偕導南渡,坐鎮江東,籠絡士族,穩定局勢,表王導之功業,一如義寧所言。惟庾亮貴為外戚,卞敦位列方侯,於蘇竣之叛,坐觀勝負,既不能明正典刑,反而寵祿以報,故而臣光曰:王導無政之責也。[17]豈如王西莊所言:溢美王導過甚歟?田氏更謂:王敦之叛,意在廢明帝,代以東海王越子冲,然敦亦有自立之圖謀,雖云推測之詞,可備一說。王敦構亂,王導際遇之艱難,《綱鑑》已言之

---

15 參閱吳楚材,《綱鑑易知錄》(臺北:新興書局,1958),卷3,頁192-220。

16 詳閱陳寅恪,〈述東晉王導之功業〉,《金明館叢稿初編》(北京:三聯書店,2001)頁55-77。

17 詳閱司馬光撰,伍耀光輯錄,《通鑑論》,頁83。

矣。惟田氏有異議曰：導實通敦，[18]以彰門閥之強，若謂：琅玡王氏之後，潁川庾氏，譙郡桓氏，陳郡謝氏，相繼而出，終南朝之世，豪族與皇室共天下之局，未嘗了也。[19]竊以為：臣強主弱，未可極端言之，就《綱鑑》所述，皇權雖然不張，餘威猶在，王敦之敗，可以為鑒，王導「大義滅親」，護皇權之志，昭然若揭，不可小覷，按自秦漢以至明清，閹宦政治、外戚政治，以及門閥政治，時而有之，然三千年之皇權政治，終不廢江河萬古流也。

　　史家敘事，網羅舊聞，採擇文獻，宜辨虛實，疑者闕之，信者取之，區分雅俚，以避蕪雜，庶免掛一漏萬也。書寫集諸家之長，繁簡適中，議論出於敘事之間，宜能「不虛美，不隱惡」，燦然可觀，而後成篇，方稱良直。中華上古，書於竹簡，至東漢末年，易竹為紙，自此書寫，便捷多矣。魏晉以降，文章以淫麗為宗，往往辭藻沒義，繁華失實，流宕忘返，既無益於勸獎，又不免疵謬。故史不能「虛設」，虛有其表之謂也；不宜「厚顏」，隱晦得失之謂也。宇文泰迎戰高洋，及見其軍盛而罷兵，曹操歎劉備英略，遷都以避關羽之鋒，凡懼敵輕敵，出言不遜，皆厚顏之謂也。不可假手者，人主詔敕，而責臣下之謂也。務避自戾，始則褒崇，旋又貶黜，是非變於俄頃，莫衷一是之謂也。又切忌一槩，頌成湯也，知商之興；諷幽王也，知周之將亡，若

18　王鳴盛已有此見，見其《十七史商榷》，頁283。
19　田餘慶，〈釋王與馬共天下〉，《東晉門閥政治》（北京：北京大學出版社，2005），頁1-23。

王皆聖王,臣皆賢臣,則善之與惡,無分懸殊,黑白一槩矣。[20] 子玄所指五謬,無不憑虛,若入國史,行之於世,示人以不信,非復史書矣。

泰西有云:吾華有史事,而無史釋。彼輩不知,子玄早已有言:「史之稱美者,以敘事為先,至若書功過,記善惡,文而不麗,質而非野。」[21] 敘事不廢分析,以生花之筆,覆述陳跡,而後闡明,既可感人,又能警世,敘事之功效也。臧榮緒有言:「史無裁斷,猶起居注耳」,不作解釋,何以裁斷?南朝何之元亦有言:「事有始終,人有業行,本末之間,頗宜詮敘。」[22] 詮敘何意?兼具泰西所謂之「敘述」(narrative),「解釋」(interpretation),「描述」(description),「闡明」(explanation),「辯解」(argumentation)諸義。劉知幾則以「敘事」一詞概之。子玄曰:「言媸者其史亦拙;事美者其書亦工」,[23] 所言甚諦。言媸史拙,中西不二,載文不媸,必拒浮訛飾詞,力主樸實可信。言成軌則,書之竹帛,實而無華,以成不刊之作也。事美史工,尤見特識,蓋世無奇事異聞,良史縱有偉辭,何從落筆?幾無用武之地,等同巧婦難為無米之炊也。惟居今觀古,奇人異事,無代無之,亦不乏驚心動魄之變局,作史者,何慮無美事耶?既有美事矣,所敘何事為要?明人陸深嘗曰:「史所可志,其最有三,一曰都邑、二曰氏族、

20　參閱劉知幾,《史通》,張之象刻本,卷5載文,頁4a-7b。
21　劉知幾,《史通》,張之象刻本,敘事,卷6,頁8a。
22　姚思廉,《陳書》(北京:中華書局,1974),第2冊,卷34,頁467。
23　劉知幾,《史通》,張之象刻本,〈敘事〉,卷6,頁9b。

三曰方物。」[24]都邑者，泰西之「城市史」（urban history）也；氏族者，泰西之「民族史」（ethnic history）也；方物者，泰西之「物質生活史」（history of material life）也。此三大史，自成範疇，所著專書，難以數計矣。清儒錢辛楣約為三端：「曰輿地，曰官制，曰氏族。」[25]輿地者，「歷史地理」（historical geography）也；官制者，「制度史」（institutional history）也，氏族者，「宗族史」（clan histoy）也，皆當代專史之大宗，著作已多如過江之鯽矣。

　　議題既備，事何以敘？曰敘行動，知發生，明情況，文麗而非野。不麗者，不事雕琢之謂也；非野者，具文采之謂也，庶幾「使人味其滋旨，懷其德音，三復忘疲，百遍無斁。」文不雕琢，始見文采，宜能「微顯闡幽，婉而成章，雖殊途異轍，亦各有美焉。」[26]幽婉者，即劉勰所謂「隱秀。」勰謂：「隱也者，文外之重旨者也；秀也者，篇中之獨拔者也」；苟「篇中乏隱，等宿儒之無學，句間鮮秀，如巨室之少珍。」至於「或有晦塞為深，雖奧非隱，雕削取巧，雖美非秀。」[27]是則隱也、秀也，相反相成，文約而理盡，字省而事見於句外，庶令「讀者望表而知裏，捫毛而辨骨，睹一事於句中，反三隅於字外，晦之時義，不亦大哉」![28]司馬遷述漢高拜蕭何為相，派「相國衛」五百人，

24　語見陸深，〈論作史義例〉，收入卜大有，《明刻珍本史學要義》，頁35。
25　錢大昕，《潛研堂文集》，第3冊，卷24，頁360。
26　劉知幾，《史通》，張之象刻本，卷6，頁8a-b.
27　劉勰，《文心雕龍》，卷8，頁8-9。
28　劉知幾，《史通》，卷6，頁14a-b。

乃因韓信誅後，帝疑何之舉，不一言道破，即隱秀之筆也。史之美者，不尚繁衍，而宜含蓄，尤忌麗靡，以免「虛假練飾，輕事雕彩」，[29]此理中西不二也。希哲亞里斯多德有云：「以尋常之語，直表所思，略加雕飾，不宜誇大，是為簡明。」[30]西人更常言道：捨贅字冗句，惟簡約是尚。[31]子曰「辭達而已矣」，[32]亦此意也。然則史筆之高雅，有賴敘事之言簡意賅也。吾華舊史，往往重出，既見於紀，又見諸傳，詳略拿捏不易。是故簡約為尚，意在省文，要能詳略適中。何謂適中？王鳴盛曰：「或謂史貴詳，或謂史貴簡，二者皆不盡然。必也詳其所當詳，簡其所當簡，乃可謂良史也」，[33]徒求卷帙之繁，難以檢索，行文艱深，反令事跡不明。史不可備載，王鴻緒曰：「攻佔無大勝敗，政令無大興革，用人無大得失者，槩削而不錄。」[34]劉子玄以漁獵者為喻，謂漁夫得魚，一筌必收；獵人網鳥，一目而止。漁夫一筌，獵人一目，史者亦宜「取其所要，不過一言一句耳。」斯亦陸機「片言居要」之謂也。苟能如此，「庶幾駢枝盡去，而塵垢都捐」，去華存實，涅而不淄，始得文約之微意也。[35]約貴能賅，賅者，首尾弗遺也。要之，史約而意完，繁簡有當，是非不繆，慎於增事，備言而廣記，敘事之準則，豈不然乎？

29　劉知幾語，見《史通》，張之象刻本，卷6，17b。
30　引自Sir Ross, *Aristotle*（New York: Barnes & Noble, 1964）, p. 274.
31　Joseph M.Williams, *Style: Ten Lessons in Clarity and Grace*（Illinois: Glenview, 1981）, p. 11.
32　語見朱熹，《四書集注》，《論語・衛靈公》，頁5a。
33　王鳴盛，《十七史商榷》，頁54。
34　王鴻緒，《史例議》，卷1，頁1a。
35　參閱紀昀，《史通削繁》，卷2，頁9b-10a。

吾華敘事，素重顯晦之道，周詳而不纍贅，備悉而不猥鄙。劉子玄曰：「顯也者，繁詞縟說，理盡于篇中；晦也者，省字約文，事溢于句外。……夫能略小存大，舉重明輕，一言而巨細咸該，片語而洪纖靡漏，此皆用晦之道也。」行文言簡意賅，此非中外史家，所期望者耶？默存先生曰：「欲避直言說破，而隱曲其詞」，[36]亦即清初李光地所云：「文章要曲，用筆曲，便使其中林巒澗壑，不可窺測。」[37]故「筆曲」者，莫直言道破，絕非誣屈事實之謂也。觀乎古今中外史學名家，皆得隱秀之旨，禹域之馬、班，英倫之吉本，法蘭西之米希爾，德意志之蒙森，[38]莫不行文簡要，而別有弦外之音。故言之於文，而能行遠。至乎近世，史家猶謂：「史以文傳」，已有憾於文筆之衰弱也。[39]要因晚近史家，重謹嚴而忽修辭，故而行文「細瑣、枯燥、乏味」也。[40]

　　耶魯名師蓋彼得，[41]倡史體之美曰：「史家之藝術，端在風格乃爾」，[42]謂史筆之真與美，非魚與熊掌之不可兼得。所謂華

36　錢鍾書，《談藝錄》（1984），頁564。

37　李光地，《榕村全集》（臺北：立新書局，1969），頁3602。

38　Theodor Mommsen（1817-1903），德國古典學者，史學家，考古學家，法學家，新聞學家，亦曾參政。其《羅馬史》（*Roman History*）為現代史學研究之典範，因而於1902年獲得諾貝爾文學獎，並曾被提名為普魯斯學院院士。

39　見Travelyan, *The Recreations of an Historian*, p. 60.

40　John Higham, *History: Professional Scholarship in America*（New York: Harper Torchbooks, 1965）, p. 68.

41　Peter Joachim Gay（1923-2015），德裔美國史學家，耶魯大學「講座教授」（Stering Professor of History）

42　原文："Style is the art of the historian's science " Gay, *Style in History*（New

實並茂，舒卷自如也。史學固以求真為本，不廢美文雅辭，何莫將「科學之培根，文學之莎翁，並肩齊舉之也。」[43]良史欲求雅言，必工文也。或云：文史有緣，宛如「難分之孿生姊妹」（literature and history are twain sisters, inseparatable）。[44]良史工文，因有古典在胸，若不綴古測事，猶如「深閨女兒，遙說長安壯麗，雖極口張揚，終不親切」也。[45]順理因時，形諸雅詞，史文既工，遂有名篇絡繹也。惟史筆非即文筆，有云史家難得，端因文士多而史才少也。史家若效文士縱筆，華詞麗句，「虛加練飾，輕事彫彩，或體兼賦頌，詞類俳優」，則「文非文，史非史」矣！[46]泰西論師亦嘗言：文學歌詩皆有規劃，而史無之，因知其來，而不知其去也。[47]

史文之病，子玄約為四端：以祥瑞，表盛德，一也；以尋常之事，載之簡策，不惜辭費，二也；官吏遷除罷黜，俸祿多少，具之史牘，殊不足觀，三也；為人立傳，無足輕重之事，敘之無遺，不嫌其煩，四也。[48]四病之外，別有五難：「煩而不整，一難也；俗而不典，二難也；書不實錄，三難也；賞罰不中，

York: Basic Books, Inc., 1974）, p. 217.

43 語見Gay, *Style in History*, p. 185.
44 George M. Trevelyan, *History and the Reader*, National Book League Third Annual Lecture（London:Cambridge University Press, 1945）, p. 14.
45 語見施鴻，《史測十四卷》（光緒28年知聖教齋叢書），序頁1a。
46 語見劉知幾，《史通》，張之象刻本，卷6，頁17b。
47 薩特語："History is made without knowing of its making"，見Jean-Paul Sartre, *The Problem of Method*（*Critique de la raison dialectique*）, translated by H. Barns（London: 1963）, p. 29.
48 參閱劉知幾，《史通》，明張之象刻本，卷5，頁9b-14b。

四難也;文不勝質,五難也。」[49]擬古不類,是為至難。子玄所言,得筆法要領,亦從簡之意,以繁為病也。蓋史違樸實,則離事益遠,故宜文約而事豐也。子玄又有言曰:「文之與史,皎然異轍,故以張衡之文;而不閑於史,以陳壽之史;而不習於文」,[50]所說甚是!即以東坡之工文,亦嘗自云:史非當家可作也歟?蓋文人習氣,暗於史裁,故有「文人不可與修志」[51]之說,蓋慮華勝於質,詞腴於意也。魏晉崇尚儷體,劉勰雕龍,文學之冠冕,千古之絕唱也。入唐而後,舊習猶在,史筆亦「修短取均,奇偶相配」,以駢文作史,讀之蕪累,浮華不實,有云如玉冠面,失其面矣!惟槐聚不以為然,曰:「古文意貧詞肥者夥矣」,故以奇偶掎摭利病,未云其可,「以為駢體說理論事,勿克盡意、快意者,不識有《文心雕龍》、《翰苑集》,而尤未讀《史通》耳。」[52]溯自六朝至五代,文尚駢麗,喜好華詞,一變漢儒淳樸之風。《晉書》修於唐初,承六朝靡麗遺風,劉子玄喻為壯夫粉黛,高士綺紈。惟子玄行文,亦不免四六對偶,略見習尚,至唐猶未衰也。惟觀乎子玄謂史文麗淫,「多無詮綜之識,連章累牘,罕逢微婉之言。」[53]然則,過不在駢對,而在於事沒於文,但見儷辭,罕見實事故也。唐前《晉史》不下十有七種,以舊籍緒繁寡要,遂命房玄齡等重撰新書,未盡棄舊籍,亦未能

49　袁山松語,見劉知幾,《史通》,明張之象刻本,卷8,頁6a。
50　劉知幾,《史通》,明張之象刻本,卷9,頁2a。
51　語見〈書姑蘇志後〉,載章學誠著、倉修良編注,《文史通義新編新注》,頁1059。
52　錢鍾書,《管錐編》,第4冊,頁1474。
53　劉知幾,《史通》,明張之象刻本,卷9,頁2b。

捨短取長，刪「死非其辜」之〈司馬敦傳〉，又刪「文武兼資」之〈何楨傳〉，筆削多不及義，尤非所宜。更可議者，孫盛、習鑿齒兩陽秋，未見徵引，而效六朝對偶綺麗遺風，四六排偶，以聚博為功，未除糞餘糠秕，大傷史體，君子嗤之。余嘉錫有定論曰：「唐修晉書，惟以臧榮緒一家為主，並取瑣言雜記，所載雋語異事，散入其中，求足以供名士之清談，備文章之漁獵而已。」[54]

儷體為史，至宋已罕見。史務紀實，語從其實，史貴不謬，言語近真，殊不宜「虛加練飾，輕事雕彩」，子玄所見，郡記譜牒，務求矜誇，以虛譽為實錄，傳聞多失，不可信也。故曰：「華而失實，過莫大焉」，[55]而「文約而事豐，此述作之尤美者也。」[56]文約者，非僅節省筆墨，意在「略小存大，舉重若輕，一言咸該，片語靡漏。蓋謂省其當省，增其當增，而後事美，書亦工也。」蘇洵有言：「事以實之，詞以章之，道以通之，法以檢之」，[57]言之備矣。清初潘耒號次耕，嘗參修明史，有言曰：事豐則可信，「去取出入，皆有明徵，不徇單詞，不逞臆見，信以傳信，疑以傳疑。」[58]王鳴盛曰：「考期事蹟之實，俾年經事緯，部居州次，記載之異同，見聞之離合，一一條析無疑。」[59]

54　余嘉錫，《四庫提要辯證》，上冊，頁135。
55　劉知幾，《史通》，張之象刻本，卷6，頁3a，17.
56　劉知幾，《史通》，張之象刻本，卷6，頁10b。
57　語見蘇洵，《嘉佑集箋注史論一》，頁229。
58　潘耒章，《國史考異》（臺北：廣文書局，1978），閱〈潘耒序〉。
59　王鳴盛，《十七史商榷》序，頁1。

然則,「好學深思,心知其意,是作史之本」,[60]豈不然乎?章實齋亦謂:文士不宜修史,非謂史可無文,蓋其謂「文士撰文,惟恐不自己出,史家之文,惟恐出之於己。」[61]蓋出之於己,言之無徵,難取信於後人。[62]是即槐聚所謂:文可言虛,而史必證實也;證實必然有據,故不出諸於己;文可言虛,以張聲勢,惟恐不自己出。史筆如項王叱吒,摺伏千人;吐血數升,毀脊骨立,子玄期期以為不可,因求諸人情,必無可能之事也。故史筆異於文筆,主客有別,非謂史可文庸,而事可陋也。是知馬遷以降,良史敘事,尚「文質相稱」,文者筆也,質者事也,文所以說事,事雖多變,而文不能陳陳相因,亦不可以同為常,以異為違,不能因異辭,而妄其事也。文筆宜美而無華,華有浮詞,去浮而後質實,庶無繁瑣之弊矣。子玄有云:「論史之煩省者,但當求其事有妄載,言有闕書,斯則可矣。」[63]史文誠宜簡而且備,疏而不漏,恰如實事,斯乃著作之楷模也。歷史敘事之忌繁瑣,因碎而不順,雖學富五車,必如西諺所云:「博而雜亂」(encyclopdic farrago)。 中西史文,皆以暢達為要,宜如行雲流水,而非一窪死水。惟兩地敘事方式略異,泰西重事,事之因果機緣,畢見於筆端,[64]而吾華重意,尚言外之筆。梅聖俞謂歐陽修曰:「能狀難寫之景,如在目前,含不盡之意,見於言外,

---

60　鐘惺,《史懷》,卷5,頁1b。
61　章學誠著、倉修良編注,《文史通義新編新注》,頁405。
62　語見章學誠,《文史通義廬江何氏鈔本》,上冊,頁135。此函刊本無。
63　劉知幾,《史通》,明張之象刻本,卷9,頁8a。
64　參閱Paul Ricouer, *Time and Narratve*, transl. by K. McLanghlin & D. Pellauer(Chicago: University of Chicago Press, 1984), pp. 54-64, 74-75.

然後為至矣！」[65]敘事以意盡為難也。史載文，亦載言，《史記》記項羽見秦皇出行，狂曰：「彼可取而代之」；漢高功成，狂曰：「乃公居馬上得之，安事詩書」？皆口語親切，能傳其神，惟後之作者，視為文人筆墨，無所取也。劉子玄不云乎：自漢以降，載言無足觀焉！妙俏之筆，難以為繼也。

修史之要有二，一曰紀年有序，以見人物、制度、事件之遷移，與夫因果連接。二曰居今觀古，通覽全域，窮其真相，以瞻望未來。[66]大唐子玄，則言敘事題材，其別有四，曰：「才行、事蹟、言語、贊論。」[67]才行關涉人物，事蹟即事件也；贊論者，史評也。作史者，亦宜知義，章實齋以事、文、義為三要，三者環環相扣，與考訂、詞章、義理相應，而尤以義理為至要。實齋此見，睿識明通，所著《文史通義》旨歸，即欲合考據與文辭，而通之於義也。孔子曰：「其義則丘竊取之矣。」[68]孟子曰：「其事則齊桓晉文，其文則史。事、文、義三者具備，始其宜矣！」班彪謂太史公書，「善述序事，辯而不華，質而不俚，文質相稱，蓋良史之才也。」[69]西士亦謂：「敘事若無分析，則能見者甚微；史實分析，倘無佳筆敘事，則事倍功半」矣，[70]分

65　見歐陽修，《六一詩話》，載何文煥，《歷代詩話》（北京：中華書局，1981），上冊，頁267。
66　閱Savoie Lottinville, *The Rhetric of History*（Norman: University of Okalahoma Press, 1976）, pp. 43-44.
67　劉知幾，《史通》，張之象刻本，卷6，頁11b。
68　朱熹《四書集注》，卷4，《孟子·離婁下》，頁13b。
69　語見范曄，《後漢書》，卷40上〈班彪傳〉，第5冊，頁1325。
70　原文是"Historical narration without analysis is trivial, historical analysis without narration is incomplete," 見Gay, *Style in History*, p. 189.

析所以求義也。實齋自稱性情近乎史學，故於家書中曰：「吾於史學，蓋有天授」，[71]自負之語，出自家書，或不足為外人道也。實齋特重史德，而史德不盡同於文德，故分而論之也。然則，文可為史用，而史難能為文用也。約而言之，史文有三要：一曰言簡意賅，二曰立言雅正，三曰察古今有異。此三要，放諸四海，皆準者也。

　　縱觀浩瀚古籍，其中頗多陳陳相因，猶如屋上架屋，甚是蕪累！蓋因守理太拘，必隨人步趨，而鮮知變通。即馬遷之敘事，亦多沿用先秦文獻，增刪而已，如荊軻刺秦王事，取自《戰國策》。原文曰：「燕太子丹質于秦，亡歸，見秦且滅六國，兵已臨易水，恐其禍至，太子丹患之。」史遷改寫曰：「秦王之遇燕太子丹不善，故丹怨而亡歸。歸而求為報秦王者，小學力不能。」及見秦蠶食諸侯，「太子丹患之。」原文曰：「謂其太傅鞠武曰，燕秦不兩立，願太傅幸而圖之」，史遷曰：「問其傅鞠武」，原文曰：「武對曰：秦地遍天下，威脅韓、魏、趙氏，則易水以北，未有所定也。」史遷於「威脅韓、魏、趙氏」與夫「易水以北」之間，增「北有甘泉、谷口之固，南有涇、渭之沃，擅巴、漢之饒，右隴、蜀之山，左關、殽之險，民眾而勢厲，兵革有餘，意有所出，則長城之南，易水以北，未有所定也。」由此可見，《史記》敘荊軻刺秦事，頗取《戰國策》文而增刪之，固無疑也。及刺秦不果，《左傳》曰：「左右既前斬荊軻，秦王目眩良久」，《史記》則曰：「於是左右既前殺軻，秦

71　章學誠著、倉修良編注，《文史通義新編新注》，頁817, 823。

王不怡者良久」,[72]取用亦無可疑。是知太史公用先秦文獻,引之、裁之,視為當然,讀者不以為異也。《漢書》襲取《史記》原文更多,實齋有言:「使孝武以前不用遷史,豈將為經生決科之同題而異文乎?必謂孝武之後,為固之自撰,則馮商、楊雄之紀,劉歆、賈護之書,皆固之所原本。」[73]兩晉而後,用前人文字,更所在多見。蓋文有定製,詞有定施,後人沿用,不避形似,苟義例精審,剪裁得宜,變化自出,不嫌因襲。何況古人,不注所本,增刪舊文,非意圖抄襲,蓋據他人文字為己有,讀者望之即知,故習以為常,未嘗有意隱匿之也。實齋嘗言:「鄙著《通義》,凡意見有與古人不約而同者,必著前人之說,示不相襲」,[74]誠非前賢可及,惟實齋亦未能盡然,自謂:「著作之體,援引古義,襲用成文,不標所出,非為掠美,體勢有所不暇及也,亦必視其志識之足以自立,而無所藉重於所引之言,且所引者,並懸天壤,而吾不病其重見焉。」[75]所謂志識者,行文之主見,自有主見,古文為我所用,不足以言掠美也。

　　子玄〈因習〉之篇,有云:「用使周秦言辭,見於魏晉之代,楚漢應對,行乎宋齊之日,而偽修混沌,失彼天然,今古以之不純,真偽由其相亂。」[76]點出敘事有因循之病,勿刻意模仿古人,而不知變通,若秦漢言辭,見於魏晉,意熟辭陳,則如

72　司馬遷,《史記》,第8冊,頁2528, 2535。
73　章學誠,《文史通義新編新注》,倉修良編注,頁202。
74　見與陳鑒亭論學,載章學誠著,倉修良編注,《文史通義新編新注》,頁718。
75　章學誠著,倉修良編注,《文史通義新編新注》,頁223。
76　劉知幾,《史通》,張之象刻本,卷6,頁2b。

「裴少期譏孫盛，錄曹公平素之語，而全作夫差亡滅之詞，雖言似《春秋》，而事殊乖越者矣！」[77]《左傳》有言：叔孫為衛侯前驅射殺，衛侯「枕之股而哭之。」東晉孫盛撰史，言及魏帝曹髦既弒，亦謂司馬孚「枕之股而哭之。」撰史用典，求雅反而失真。陳壽《三國志》蜀書裴注，引世語：「請〔劉〕備宴會，備覺之，偽如廁潛遁」，赫然仿《史記》劉邦赴鴻門宴故事。皇叔行事，擬其高祖，豈不謬乎？牛弘《周書》，仿古作文，動采經典，以至於文雖雅正，事近虛無，此劉子玄所以亟言追效昔人之謬也。

州郡廢置無恒，名稱古今有異，沿用舊名，轉致茫然。人亦因地而有異，生於荊州者，習於楚語；若越江北上，歷時一世，輒以他鄉為故鄉矣。自古以來，地望錯亂，亦所在多見，中古以降，因重門第，邑里相矜。出身寒微者，虛引郡望為己邑，李姓必稱隴西也。偽託望族，氏族可驗，而邑里難詳，無可偏考。百家譜牒，多有偽作，莫可辨矣。子玄致憾曰：「凡此諸失，皆由積習相傳，寖以成俗，迷而不返。」[78]實齋亦曰：「六朝習尚，爭以郡望相高，紀傳用之，全乖史法。」[79]作者多踵厥非，積習相傳不已也。

班固因襲史遷，時隔百年，豈能語同一理？皇甫謐全錄孟堅之語，又多懸隔，豈可云同？文字因時遷而意變，以古語說今，

77　劉知幾，《史通》，張之象刻本，卷6，頁2b.
78　語見劉知幾，《史通》，卷5，頁14b；卷9，頁5a。史家陳寅恪曾考證李唐皇室冒認隴西李氏，可資參照。
79　章學誠，《文史通義廬江何氏鈔本》，下冊，頁476。

不免有舛。因襲之謬，子玄推見至隱矣。故而清修明史，知「前人之成書，其久行於世者，但可用以參觀，未可據為篤論」，[80] 不以陳說為定論也。雖然，敘事俯拾沿襲，無所抉擇，陳說何貴之有？然若刻意求異，以詭奇鳴高，所論必苟，勢必失真，有違撰述之良法美意也。

子玄有〈模擬〉之篇，有云：「述者相效，自古而然」，[81] 師法前人，意在學步，然亦步亦趨，不亦謬乎？以仿古為高者，宜知時代之所尚，上古詞義艱奧，戰國以譎誑為宗，漢魏而往，承江左餘風，崇尚駢體，唐宋之後，字多增飾，古文益趨穩定矣。史官運筆，固宜避俗語鄙句，若刻意以仿古為雅，遣詞害意，有失當時實況，則殆矣乎？時既遷移，情必有異也。此子玄所以亟言模擬之弊，史事與時俱變，若用語仿古，何異刻舟求劍？過於模仿，貌似古人，而義例不免浮汎也。故而實齋，欲「臨摹撫跡以追神」，而後由我奮筆變化之，庶幾文如其事也。[82] 槐聚先生則有言：「記事仿古，未必行事師古」，因而「借古申今，非對不發；典故縱切，事跡失真，抽黃對白，以紫亂朱，隔靴抓癢，隔霧看花，難徵情實，轉滋迷惘」，[83] 豈不謂然？

泰西史家仿古，十八世紀之英倫，亦有例可尋。吉本《羅馬衰亡史》，三百餘年迄今，盛名不衰，所書羅馬憲政，為暴君所

80　見〈徐健庵修史條議序〉，劉承幹《明史例案》，卷2，頁5a。
81　劉知幾，《史通》，張之象刻本，卷8，頁1a。
82　參閱章學誠，《文史通義廬江何氏鈔本》，下冊，頁473。
83　參閱錢鍾書，《管錐編》，第1冊，頁220, 276；第4冊，頁1420。

毀,凱撒大帝,經二十年浴血內戰,於艾克提姆(Actium)一戰而勝,遂一統羅馬,轄四十四精銳之師,兵強馬壯,地方均歸其中央管轄,而議會無能,議員諂媚,舉國視其為主子,愛戴其一人,平民竊喜,貴族屈辱,學士自屈。[84]吉本之敘凱撒,亟仿古羅馬史家塔西圖之文筆,塔氏曰:凱撒於久經戰亂之局勝出,行「三頭馬車」(triumvir)之「執政」(Consul),因其愛護平民,受民膜拜,以饋贈,博取軍隊之效忠,以廉價美食,博取庶民之擁戴。於是貴族安逸,議員喪志,競赴利祿之途,無暇法律之廢弛。國人願以獨裁保安全,自甘淪為凱撒之奴矣!各地不論貪婪亂法、暴力陰謀,悉聽強人節制矣。[85]吉本敘及此事,仿塔西圖之跡,昭然若揭。耶魯名師蓋彼得曰:吉本之世,史家仿古,尋常之手法,不足怪也。[86]惟吉本才大如海,自幼誦讀古籍,不自覺而舊典化於胸中,形諸文字,真能踵事增華者也。吉本善用文字,史以文傳,馬、班亦若是也。後人摹仿前人筆意,蘊涵自如,譬如木莖非長,若生高山之上,猶可臨百仞之淵,亦西諺所謂,立巨人之肩,始可望遠也。要之,仿古未嘗不可,若無才具駕馭,畫虎不成,反類犬也。

西方史家述古,每喜偉其事,盡其意。希羅作手,尤重戰紀。希羅多德之《史記》(*The History*),敘波斯之戰也。[87]

---

84 詳閱Edward Gibbon, *The History* of *Decline and Fall of the Roman Empire*(London: The Folio Society, 1997), vol.1, pp. 78-79.
85 詳閱Tacitus, *The Histories,* Book 1, Chapter 2.
86 閱Peter Guy, *Style in History*, p. 24.
87 希氏有云:"All these forces, and whatsoever others might be added to them, could not together equal this single one," 語見希氏《史記》,pp. 477-478。

雅典修昔底德名著，[88]敘雅典與斯巴達之戰，長達二十七年之久。[89]修氏躬逢其事，細述所見，文筆瞻雅。所敘戰事，如臨實景，於今讀之，猶能動容，誠不朽之作也。羅馬史家李維，沒齒難忘者，[90]「第二次彭尼克之戰」，[91]故以十章篇幅敘之也。泰西古代戰紀所重者，動員布陣，攻城掠地，勝敗與善後，與夫英雄之形象，殊有異於中華也。吾華奉尊王黜霸之旨，重人道和平，深知戰爭，殺人如麻，使錢似水，得不償失。《周易》有言：「龍戰於野，其道窮也。」[92]窮而後戰，以戰為不得已之手段也。老子曰佳兵不祥，孔子曰軍旅末學，劉子曰：「兵者兇器，財用之蠹，而民之殘也。」[93]先賢皆曰：兵非所尚。不戰而勝，善之善者。即使用兵，意在禁暴討亂，貴伐謀而賤殺戮：「夫將者，以謀為本，以仁為源，謀以制敵，仁以得人。」[94]方

88　Thucydides（c.460-c.400 BC），希臘雅典將軍史家，其史書敘紀元前五世紀斯巴達與雅典之戰爭，泰西史家因其書寫客觀公正、勤收材料、分析因果、不尚神力，而稱之為「科學史家之父」（The father of scientific history）。

89　Thucydides, *The Pelopenisian War*, p. 13.

90　原文是："I am about to describe the most memorable of all wars-the war waged by Hannibal and the Carthaginians against the Roman people." Livy, *A History of Rome, Selections*（New York: The Modern Library, 1962），Book 21, p. 207。

91　The Second Punic War, 218-201 BC，紀元前三世紀，西地中海兩大強權，羅馬與迦太基，三戰之二爭勝十七年，轉戰於義大利、西西里、薩丁尼亞、北非諸地。

92　南懷瑾、徐芹庭注譯，《周易今注今譯》，頁37。

93　劉勰，《劉子集校》，頁222。

94　劉勰，《劉子集校》，頁224。

略重於騎射，且以誠為重，因誠能敵百年之詐，[95]迥然異於泰西之尚武，睚眥必報，重交刃，逞奇譎，好征服也。春秋戰國之際，兵事迭起，記其事而不尚武。孟子有春秋無義戰之說，蓋知兵凶戰危也。[96]楚晉戰于邲，晉師敗績，楚莊雖霸，不炫武功，故拒築武軍京觀，明止戈為武之義。[97]司馬遷之敘戰也，尚意志、決心、英武、智慧、正義，而鮮及博鬥之細節。呂祖謙號東萊，有言曰：不記攻城掠地，伏屍流血，獻俘奏凱，覺其不值耳。所謂勇與怯，吾華亦異於泰西。東萊曰：大怯者，義所必校而不敢校；大勇者，雖能校而不欲校，[98]與泰西以眼還眼，以牙還牙，睚眥必報，中西何其相背也？馬遷所記戰事，皆不得已而為之者。[99]儒者以為：唯有聖王，征伐暴君，始可以言戰也。[100]馬遷敘項羽破釜沈舟，見其決心。當楚軍擊秦於鉅鹿也，「楚戰士無不以一當十，楚兵呼聲動天，諸侯軍無不人人惴恐。」[101]項羽之英武，士卒之奮勇，具見之矣。然即以楚霸王之勇，亦有垓下之敗，自刎於烏江。吾華武將幾皆凶終隙末，以悲劇收場也。

---

95 參閱呂祖謙，《增批輯注足本東萊博議》，卷1，頁8a-b。
96 漢晁錯《言兵事疏》云：「雖然，兵，兇器；戰，危事也。故以大為小，以強為弱，在俛仰之間耳。」
97 楊伯峻，《春秋左傳注》，上冊，宣公12年，，頁717。
98 呂祖謙，《增批輯注足本東萊博議》，卷2，頁2b-3b。
99 司馬遷，《史記》，第4冊，頁1240。
100 參閱司馬遷，《史記》，第10冊，頁3122-3123；Watson, *Ssu-ma Ch'ien, Grand Historian of China*, p. 145。
101 司馬遷，《史記》，第1冊，頁307；Watson, *Records of the Grand Historian*, p. 77。

韓信之將才，當世無雙，而功高不賞，卒受戮於鐘室。[102]劉禹錫詠〈韓信廟〉詩曰：「將略兵機命世雄，蒼黃鐘室歎良弓，遂令後代登壇者，每一尋思怕立功」，[103]亟言功高不賞之悲情也。淮陰侯之死，前車之鑒，後世復有立功之人耶？李廣驍勇善射，戰功累累，竟因失道，不願受辱而自盡，[104]何其悲夫？漢武征伐匈奴，揚威漠北，太史公不以其武功為榮，而以窮兵黷武，勞民傷財為憾，大漢所以由盛而衰也![105]南朝山中宰相陶弘景，有詩句曰：「夷甫任散誕，平叔坐論空；豈悟昭陽殿，遂作單于宮」，謂胡人南下牧馬之際，時賢王衍、何晏輩猶空談玄理，不習武事也。自此至乎趙宋，尤重文輕武，俗語稱「好鐵不打釘，好男不當兵」，武將多出貧賤，有異於泰西之多出貴族，而歷代名將，多無善終，幾無如泰西戰神凱旋，奉為英雄，萬民崇拜之風光也。其弊也，雖知好戰必亡，未悉忘戰之危也。及乎近代，中國屢遭外敵入侵，割地賠款，屢見不鮮，史家雷海宗因有「無兵文化」[106]之歎。中華非無兵也，不尚武也。中西史家，敘戰事之異趣，豈偶然哉？

吾友牛津史家侯斯特（Michael Hurst），嘗下問曰：泰西敘

---

102 司馬遷，《史記》，第8冊，頁2625；Watson, *Records of the Grand Historian*, pp. 194-195。
103 劉禹錫，《劉禹錫集》（上海：上海人民出版社，1975），頁220。
104 司馬遷，《史記》，第9冊，頁2876；Watson, *Records of the Grand Historian*, p. 270.
105 參閱陳其泰，《史學與中國文化傳統》（北京：學苑出版社，1999），頁137。
106 雷海宗，《中國文化與中國的兵》（長沙：岳麓書社，1986），頁170。

事史家,可稽者約有千餘人,展露風格之名家,亦可以百數,而中國史官,所知者如司馬遷、班固、劉知幾、司馬光、章學誠,寥寥數人,而罕見特色,何也?吾謂不然,中華史學,傳統悠久,內容豐富,不稍遜於泰西也。史家之多,亦不遑多讓也。清朝紀昀、永瑢等編《四庫全書總目提要》,史部所載,分門別類,多達二千餘種,作者豈少於千餘人耶?更可言者,班固受竇憲之累,死於獄中,女弟班昭女史,修史於東觀,續成《漢書》,甚得鄧綏太后之賞識,才華不亞於父兄也。[107] 泰西古代若有女史,吾不知也。至於中華史官,或不如泰西之多彩,自亦有故。蓋因泰西列國,政情各異,語文習俗不同,而中國自嬴秦至大清,乃一統之天下,史統延續不輟,所謂「以興朝而修勝國史者,唐修隋史,元修宋史,明修元史」,[108] 清續修明史,「務在秉公持平,不應膠執私見為一偏論。」[109] 秦漢以還,閱兩千餘載,無慮千家,正史相繼不輟,未嘗間斷也。歷代諸史皆有所承,貌似一致,然亦多筆削,各自成家。泰西史家有學人,有僧侶,有軍士,有教師,以及息影之官員。中華史家雖多士人,然亦有僧侶,有儒將,有教席,以及解甲歸田之官員,非皆在朝之史官也。正史雖多陳陳相因,然亦有風格者,不聞乎:「史遷之高潔,孟堅之典贍,蔚宗之華茂,陳壽之簡勁,李延壽之雅馴,

---

107　參閱朱維錚之考證,見所著《班昭考》,收入朱維錚,《朱維錚史學史論集》,頁132-168。
108　語見王橫雲(鴻緒),劉承幹,《明史例案》,卷2,〈史例議上〉,頁30b。
109　康熙語,見劉承幹《明史例案》,卷1,頁4b。

歐陽五代史之爽朗。」[110]諸史風格有異，各自成家，何可疑乎？

《史記》述古，創紀傳一體，為後世立範，兩千年不稍衰也。夾漈有言：「使遷不作，班、范以來皆無作矣！」[111]馬遷一家之言，變左氏編年為本紀、世家、表、書、列傳。本紀天子之事，世家諸侯之事，列傳人臣之行狀，表者標記時事，以統其時，志、書、典、略、說、錄，名雖有殊，其實一也。全書包攬甚廣，舉凡禮樂、刑法、律曆、郊廟、食貨、天文、藝文、五行、百官、輿服、地理，無所不包。紀傳之體，班、范繼志，相承不輟。是以馬遷首創之義例，勒成一家之言，自成家數，足稱「豪傑特起之士」矣。[112]本紀述大事之梗概，其詳散見於列傳，所謂以傳釋紀也。以一人為傳主，或合多人為一傳。一事分見多傳，以人物之輕重，而定主次之詳略，故無辭費之虞。史公行文，通篇連貫，首尾相應，敘人物布局均衡，情節生動，刻畫細微。行文妙處，疏蕩而有奇氣，刻畫人物，尤能見其神態。述魏公子信陵君，矯魏王之命，使朱亥以鐵錐擊斃魏將晉鄙，領魏軍十萬，逐秦存趙，事成魏軍返魏，公子與賓客留趙，以避魏王之怒。及秦攻魏，魏王往請信陵君，公子應命救魏，率五國之兵破秦軍，威震天下。秦王患之，施反間計，以毀公子，魏王久而信之，公子謝病不朝，以酒色為樂，四歲而卒。秦聞公子死而攻魏，卒虜魏王，屠魏都大梁。史公述此經過，將信陵君矯命存

---

110 語見王橫雲，劉承幹，《明史例案》，卷2，〈史例議上〉，頁34b。王鴻緒，《史例議》，卷1，頁20a-b。
111 鄭樵，《夾漈遺稿》，文淵閣四庫全書，1141-520。
112 語見陸深，《儼山外集》，卷29，頁9a-b。

趙,返魏破秦,其間情節,婉轉曲直,錯綜而有節奏,摹情寫景,令人神往也。史公論項羽雙重性格,「有似兩手分書,一喉異曲,則又莫不同條共貫,科以心學性理,犁然有當」也。[113]遷書鉅鹿之戰,項王沉舟破釜,九戰絕秦軍甬道,而大破之,筆力萬鈞,使當年情景,宛如目睹。鴻門宴一事,驚心動魄,引詩鬼李賀入勝,以其奇想發為詩句曰:「方花古礎排九楹,刺豹淋血盛銀罌」,渲染宴會之豪放,將驚心動魄之一幕,神筆橫出,曰:「日炙錦嫣王未醉,腰下三看寶玦光,項莊掉鞘攔前起,材官小臣公莫舞,坐上真人赤龍子。」[114]詩人據史公所述,增飾驚心動魄之一幕,並為沛公命不該絕,以後知之明,別作一解也。惟於今讀之,史公鴻門宴一幕,縱橫之筆,有礙事理歟?沛公如廁,久而不歸,走二十里,而項王范增,略無覺察,若無耳目然,何可信乎?或云漢主,先有脫身之計,復得內應:「陳平私縱于外,項伯排解于內」,不難安返灞上矣。[115]項伯與張良有舊,而陳平終去楚歸漢,思過半矣。然而沛公屯兵灞上,勢弱不足與項王抗,項王殺之何為?范增先見之明,想當然耳。竊思史公或以後見之明,欲偉其事,以彰顯關鍵之一刻,如繫千鈞於一髮,神來之筆也。史公妙筆,誠如明人茅坤所言:「讀〈遊俠傳〉即欲輕生,讀〈屈原〉〈賈誼傳〉,即欲流涕,讀莊周魯仲連傳,即欲遺世,讀〈李廣傳〉,即欲立鬥,讀石建傳,即欲俯

---

113 語見錢鍾書,《管錐編》,第1冊,頁275。
114 見李賀,〈公莫舞歌〉,載《李長吉集》,卷2,頁9b-10a。
115 參閱吳裕垂,《歷代史案》(成都:巴蜀書社,1992),頁92。

躬,讀〈信陵〉、〈平原君傳〉,即欲養士。」[116]再者,遷敘項羽之勇,不掩其愚,班師東歸,鴻溝誤信,落難烏江,猶不醒悟,仍謂天亡我也!述劉邦帝業,不掩其詐。繪聲繪影,動人心魂。然非憑空虛構,而是遙想人物,設想言詞,知其性向,傳其心聲,神其行事也。馬遷史筆之健,能活古人於既死,讀之能不入勝耶?

　　史公又擅於因人見事,述商鞅行止,兼敘秦之變法;述李斯言行,兼敘西秦之興亡;述陳勝(陳涉)揭竿而起,兼敘亡秦之首義[117];述韓信之將略,兼敘滅楚興漢之由,與夫功高震主,鳥盡弓藏之悲劇;述陸賈所言:「馬上得天下,不能馬上治天下」,兼敘漢家政權之所以興[118];述管仲所言:「倉廩實而知禮節,衣食足而知榮辱」,[119]兼敘庶民之生計。類此以人傳史,甚合紀傳之旨也。史公更以敘事表意,若以酷吏,表庶民之悲苦,明治民,不在酷刑,而在教化與知恥。按劉漢繼承嬴秦,秦法未除,酷吏猶存,貪腐與虐民,難以細表也。[120]馬遷敘酷吏橫行,實揭漢武尊儒其表,法術其實也。[121]武帝尊儒,確實虛有其表,腰斬之刑未除,法治仍酷。至乎成帝,劉向說以禮樂教化,以教化為治,刑法助治耳,其間輕重自明,然往往捨所重,而急所輕

116　語見茅坤,《茅鹿門先生文集》(欽定四庫全書本),卷3。
117　司馬遷,《史記》,第6冊,頁1964。
118　司馬遷,《史記》,第8冊,頁2699。
119　司馬遷,《史記》,第10冊。頁3255. 另參閱Watson, *Records of the Historian*, p. 336.
120　司馬遷,《史記》,第10冊,頁3154。
121　吳見思,《史記論文》,頁73。

也。蓋帝耽女色燕樂,屏棄忠良,政歸外戚,劉向傳經心違,終不得志。向卒十有三年,王莽篡漢矣。

　　《史記》敘事之美,且多信實,亦見敘事之真,固無疑也。安陽考古,可證〈殷本紀〉之序列可信,所述夏事,亦應有據。槐聚先生曰:「史遷載筆之慎」,[122]豈不謂然?或有人焉,驟然貶之曰:「子長《史記》,全是激憤,雜以遊戲」,[123]豈其然哉!史遷運筆之奇,敘事議論兼備,風格獨具,後世之典範,賞音者多,誠不朽之偉業也。史公更首創合傳之例,老、韓合而述之,人或不解,道家法家,兩不相關,何以合傳?史公自稱:老子道虛,「辭稱微妙難識」,「韓子引繩墨切事情,明是非,其慘絕少恩,皆原於道德之意,而老子深遠矣。」[124]老子深遠,故多不識其無為其表,少恩其裏也。南宋黃震言之頗諦,若謂:「清靜無為,其勢必不足以治;及其不治,其勢必不得不以法繩之,勢慘刻不道,尚復何疑?」[125]惟錢大昕謂兩氏「似同而實異」,乃「史公微旨。」[126]胡適謂道家為「極端放任主義」,[127]則誤解甚矣!何炳棣攻堅先秦思想,確證《老子》所言,乃君人南面術也。[128]然則,貌似異而情實同,同歸於刻薄寡恩,僅剛柔有別耳,所謂類相聚也。酈生、陸賈合傳,兩氏皆說客也,「然

122　錢鍾書,《管錐編》,第1冊,頁253。
123　語見尤侗,《艮齋雜說》(北京:中華書局,1992),卷2,頁35。
124　司馬遷,《史記》,卷65,頁2156。
125　黃震,《黃氏日抄》,卷51,頁12a。
126　錢大昕,《廿二史考異》,上冊,頁136。
127　胡適,《中國哲學史大綱》(上海:商務印書館,1947),頁52。
128　何炳棣,〈中國思想史上一項基本性的翻案:老子思想源於孫子兵法的論證〉,《何炳棣思想制度史論》,頁243。

酈以負氣鼎烹,陸以委蛇壽考」,[129]可稱同質而異趣也。樊、酈、滕、灌四將,皆從漢高征戰,史公合而論之,同歸一事,而主次有序,四人之中,以樊噲最勇,故以噲先登,以明主次也。林琴南謂史公合傳,能於複中見單,「令眉目皎然」也。[130]由此可知,遷之合傳,非任意為之也。列傳之外,有表可稽,「眉目非表不著,又其中有交推而旁見者,尤必以表觀之」,[131]故而一表在手,往事之要領,雖蛛絲馬跡,歷歷在目矣,表之為用也,亦大矣哉!

歐美近世史家,亦作合傳,惟意趣未必盡同。卡萊爾與彌爾[132]合而論之,成為一書。彌爾者,卡老之小友也。卡老初識小彌,即愛此修長文雅之青年,過從甚密,魚雁往返不輟。惟卡老富詩情,文學家也,而彌爾重理性,邏輯家也,終因理念與性情相左,老少竟成陌路。卡老名作《法國革命史》,[133]初出未久,彌爾急不及待,直指此書乃詩作,非史書也,不啻譏卡史誤入歧途。卡老見之,其恨可知。及彌爾名著《自由論》問世,卡老投畀豺虎,以惡報怨,謂彌書大言弗作,非「大事修訂」(mutalis mutandis),無足輕重。拙匠運斤之譏,言在意外也。惡惡相

---

129 錢塘苧田氏姚祖恩語,見《史記精華錄》,中冊,頁18a。
130 語見林紓,《畏廬論文》(上海:商務印書館,1926),頁13a-b。
131 見〈全謝山移明史館帖子二〉,載劉承幹,《明史例案》,卷7,頁22a。
132 John Stuart Mill(1806-1873),英國哲學家、政治經濟學家,古典自由主義者,於社會學說與政治理論,多有貢獻,稱為十九世紀英語世界最具影響力之哲學家,力主個人自由,反對國家與社會無限制之控制。
133 Thomas Carlyle, *The French Revolution, A History*, Complete and Unabridged (New York: the Modern Library of the World's Best Books, n.d.)

報,每況愈下,事緣卡老以英國殖民美洲牙買加(Jamaica),為上帝之所賜,且不以奴隸制度為忤,驟觸彌爾自由之怒,撰文痛批奴隸,乃罪惡之淵藪,譴責卡老所言之邪惡。惡言如此,老少友情,落花流水春去也![134]此一書兩傳,別見思想之歧義,詩情與哲理之矛盾,保守與進步之兩不相容,以至於良友,竟成陌路,情誼變為仇讎,言之痛切也。伯林所撰《維柯與侯德》(Vico and Herder)合傳,演人文世界,文化各自獨立自主,無分高下優劣,不宜以己度人之義諦,自維柯而侯德,一脈相承,表文化多元之說也。《透納[135]與比爾[136]》,傳美國史學之兩雄,作者以透納之邊疆理論、比爾之經濟決定論,合而論之,啟以經濟釋史之新境。兩氏貌似不同,實多相類,蓋出於同源,所論要旨,疑皆來自洛里亞,意大利之政經學家也。[137]予亦曾撰康章合

---

134 參閱Emery Neff, *Carlyle and Mill, An Introduction to Victorian Thought*(New York: Octagon Books, 1974), pp. 8, 11,16-19, 31, 32, 40, 41, 43, 45. 另參閱Richard Garnett, *Life of Thomas Carlyle*(London: Walter Scott, 1887), pp. 57, 75, 139, 159.

135 Frederick Jackson Turner(1861-1932),曾任美國哈佛大學教授,以「邊疆理論」(Frontier Thesis)聞名於世,認為邊疆之向西開拓,影響美國之民主性格,至深且巨,直到1890年代。

136 Charles Austin Beard(1874-1948),曾任美國哥倫比亞大學史學教授,以美國開國者,主要考慮經濟因素而非哲學原理,最具影響力之作,即《美國憲法之經濟解釋》(*An Economic Interpretation of Amerian Constitution*(New York: Macmillan,1913, 1935)。

137 Lee Benson, *Turner and Beard, American Historical Writing Reconsidered*(New York: The Free Press, 1960), pp. vii, viii, 3. 參閱Achille Loria, 1857-1943,著有《社會之經濟基礎論》(*The Economic Foundations of Society*, London: Sonnenschein 1904)。

論，證南海餘杭，思想異軌，皆非舊時代之殿軍，同為新時代之先驅也。[138]由是觀之，合傳之作，別有比較史之意趣歟？

班固繼遷而起，繼父志撰《漢書》，起高祖之興，終於王莽之誅，妹昭續成八志，馬驢通天文，補天文志。注《漢書》者甚多，補缺拾遺，以司馬彪之詳實、華嶠之準當，有名於世。歷代論馬、班者，史不絕書，揚馬抑班，甲班乙馬，無不有之。論者各持一端，似無定論，其實各具特色。班《書》綜述西漢故事，開斷代史先河，良史之稱，應無愧色，誠如實齋所謂：「遂為後世不祧之宗焉。」又曰：「固《書》因遷之體，而為一成之義例」，[139]言事精煉該密，堪稱朝代史之典範也。廿六史之中，南北史、五代史，不以分裂而分述興亡，未多殊於斷代為史也。班《書》最能「慎核其事，整齊其文。」十志取法《史記》八書，規模更大，內容益富。載一代之制，記政經社會、典章制度、因革損益、學術淵源變遷，諸事具備之矣。太史公所創，十表八書，明制度沿革，上下古今，年經月緯，蓋典章制度，非綜述不為功。至乎陳壽，三國無志，范曄年表皆略。此後作者，多引范書為例，故表志幾付闕如也。時至北宋，歐陽修作宰相，方鎮諸表，稍復馬、班舊軌，繼踵者有杜佑《通典》，溫公《通鑒》，是知歷朝斷代為史，而通史終不可廢也。

班《書》敘事有序，文亦典雅，漢武之前，多襲史遷原文，

138　參閱汪榮祖，《康章合論》（臺北：聯經出版公司，1988；北京新星出版社，2006；北京中華書局，2008）。英文版見Young-tsu Wong, *Beyond Confucian China: The Rival Discourses of Kang Youwei and Zhang Binglin*（London: Routledge, 2010）。

139　章學誠，《文史通義》，頁13。

刊落增補皆有之，亦多剪裁潤飾。[140]班固上承史公，豐縟密緻過之，奇絕則未逮也。雖云：「詞必己出，未有剿說雷同，而能成一家言者也。」，[141]然而班隨馬規，斟酌前史，辨正得失，始成一家言也。班《書》多錄文獻，司馬相如〈子虛〉、〈上林〉諸賦，絕妙佳辭，雖無關勸誡，書之史策，非無關宏旨，豈無益於稍窺時代訊息歟？賈誼萬言《新書》，董生《賢良三策》，引而錄之，得以留傳後世，亦云有功矣。班固議論，崇漢尊儒，新莽雖立，不稱紀而稱傳，陳勝、項羽諸輩，亦不復稱紀，此與史遷異趣者也。班亦不取合傳，人各一傳，雖語偶不詳，時而繁贅無當，然行文雅實，不失為正史之翹楚也。歷代師法史漢者，相傳不輟，常言道：「遷文直而事覈，固文贍而事詳。」子長直言無隱，孟堅隱約，褒貶不爽。馬、班齊名，自古而然也。杜牧有句曰：「高摘屈宋豔，濃薰班馬香。」錢牧齋亦云：「由二史而求之，千古之史法在焉，千古之文法在焉。」[142]班固之後，正史書寫，競法《漢書》，莫不尊奉紀傳體裁也。敘事墨守成規，奉若「科舉之程式」矣。等而下之者，聚前人所述，全文照錄，編而次之，劉子玄謂之「非復史書，更成文集」矣！[143]今人輒以論文集為史書，匯集單篇，雖旁證博採，意見叢出，而略無立言宗旨，罕見統系，難稱一家言之專著也。

　　馬、班以後，良史有陳壽，壽字承祚，所撰《三國志》，多

140　語見趙翼，《校正補編廿二史劄記》，頁25。
141　錢大昕語，見《潛研堂文集》，第4冊，卷28，頁424。
142　語見錢謙益，《錢牧齋全集》，第6冊，〈再答蒼略書〉，頁1310。
143　劉知幾，《史通》，張之象刻本，卷5，頁6。

能臣豪傑，讀之忘倦，又能洞見得失，務尚簡潔，司馬溫公喜其高簡有法，朱九江許其「自來史才之潔，無以尚之。」[144]明人朱明鎬，亦以簡潔為承祚之長：「紀事簡質，有良史風」，然不掩其短，謂務求簡潔，難知原委，文采亦稍遜，而又「不志曆學、不傳烈女、不權高士」，而於「家乘國志」，亦「未及廣采」，更指「陳壽作志，傳周瑜則以周瑜為始謀，傳魯肅則以魯肅為始謀，傳諸葛亮則以諸葛亮為始謀，三人同詞，莫適為主。」[145]明鎬道破承祚短處，可稱明察秋毫矣。至於承祚所謂將略非孔明之長，人多疑壽曲筆。蓋自詩聖杜甫，盛贊孔明：有句曰：「伯仲之間見伊呂，指揮若定失蕭曹」，以亮之將略，尤勝於伊、呂、蕭、曹，推重至矣，豈將略非長耶？更無論《三國演義》誇大其事，神乎其技，深入人心也。惟明末舉人徐枋號俟齋，有言曰：壽諷亮「將略非長」，乃「文人鋪敘，抑揚之法，史中多用此等語，以為婉轉沉吟之致，又何足深怪乎」？[146]陳壽豈欲神其人而偉其事乎？乾嘉錢大昕，更為壽辨誣曰：「故於傳末，載其【亮】文集目錄篇第，並書所進表於後，其稱頌蓋不餘遺力矣。」[147]觀諸陳壽，以亮與管仲、蕭何匹配，誠如錢氏所言，承祚甚是稱頌孔明也。吾人固不必以成敗論亮，惟六出祁山，無功而返，將略有所不逮，毋庸諱言之歟？

　　壽紀魏而傳蜀，以曹魏為正統，稱漢曰蜀，輒為舊儒所嗤。

144　語見朱次琦，《校刊朱九江先生論史口說》（廣州寶經閣：光緒26年刻本），頁1a。
145　朱明鎬，《史糾》，頁9a。
146　徐枋，《居易堂集》（上海：華東師範大學出版社，2009），頁229。
147　錢大昕，《潛研堂文集》，第4冊，卷28，頁425。

習鑿齒《漢晉春秋》，起漢光武帝終晉愍帝司馬鄴，《三國》尊蜀漢而抑魏吳，欲以昭烈為正統也。唐代子玄有言：「論王道，則曹逆而劉順；語國祚，則魏促而吳長，但以地處函夏，人傳正朔，度長挈短，**魏實居多**。」[148] 是以中原為中國，以居中原者，為正統也。然則，以蜀為正，未免泥於成見，不可取也。清初尤侗號艮齋，有云：名曰《三國志》，實為曹氏作紀，帝魏而臣吳蜀，若不分作三史，有壞史法。[149] 宋儒黃震以「《三國志》書蜀入寇，竊弄史筆，謂賊為帝，而謂帝為賊，且黜漢之號，而蜀其名，嗚呼！不知蜀之名，其何所據乎？蜀者地之名，非國名也」[150] 詆壽亦甚矣！按陳壽三國，成於晉武受魏禪之初，安得不以魏為正乎？斯乃理勢之必然也。蓋分久必合，晉必繼魏，殊合朝代更替之史法也。大昕畢竟有見，以壽不偽魏，饒有膽識：「引魏以匹二國，其秉筆之公，視南、董何多讓焉」，況且敘事可信，[151] 錢稱壽良史，宜也。

　　范曄字蔚宗，所著《後漢書》，名列四史，敘事簡而不漏，富有文采，其〈獄中與諸甥侄書〉曰：自造後漢，其雜傳論，「皆有精義深旨」，循吏諸緒論，「筆勢縱放，實天下之奇作。」[152] 明季尤侗，斥為「大言不慚。」[153] 曄之自負，古所罕見，惟別具青眼者，能識泰山，同光名士李慈銘，有言曰：「范

148　劉知幾，《史通》，明張之象刻本，卷4，頁14b。
149　尤侗，《艮齋雜說》，卷2，頁36。
150　黃震，《黃氏日抄》，卷48，頁481a。
151　錢大昕，《潛研堂文集》，第3冊，卷24，頁356。
152　見范曄，《後漢書》，附錄2b。
153　尤侗，《艮齋雜說》，卷2，頁36。

氏此言，自詡非過」，更曰：「蔚宗所著論，在崇經學，扶名教，進處士，振清議，聞之者興起，讀之者感慕，以視馬、班，文章高古則勝之，其風勵雅俗，哀感頑豔，固不及也。具斯良史之才，而陷逆臣之辟」，[154]惜其才也。後漢史作者頗多，華嶠、袁宏諸輩，不下六家。范書晚出，有謂多取自華嶠《後漢》，嶠史已佚，無從對比，惟劉子玄曾見嶠書，有言曰：「嶠言辭簡質，敘致溫雅，味其宗旨，亦孟堅之流亞歟？爰泊范曄，始革其流，遺棄史才，矜衒文采，後來所作，他即若斯。」[155]子玄雖重嶠輕曄，然直指兩氏文辭絕異，足雪竊取之嫌矣。范曄《後漢書》，為名世之作，已有定論。南朝沈約有言：曄「當以意為主，以文傳意；以意為主，則其旨必見；以文傳意，則其詞不流」，[156]蓋文能增重史也。范曄《後漢》，綜攬諸家載記，自成一家之言，所作序論與贊，有度外之識，尤重風教，意精旨深，近乎泰西之文化史也。[157]范曄文筆超群，敘事詳備，人物眾多，別增〈烈女〉、〈宦者〉、〈黨錮〉、〈文苑〉，〈獨行〉、〈方術〉、〈逸民〉諸傳，東漢一代之風尚，燦然可觀矣。曄述方術，雖有不經，然不書〈五行志〉，力矯班固之失，見其明識。南朝范縝，著《神滅論》，謂人生如花樹同發，隨風而散，亡神安在哉！何異今之無神論者？五行終始之說，仍見諸《宋書》、《魏書》，以應政權之需，然已非史學之主流矣。

154　李慈銘，《越縵堂讀書記》，上冊，頁187。
155　劉知幾，《史通》，張之象刻本，卷4，頁4a。
156　詳閱沈約，《宋書》，第6冊，頁1830。
157　參閱汪榮祖，《史傳通說》，頁129；龐天佑，《中國史學思想史魏晉南北朝卷》（合肥：黃山書社，2003），頁232-259。

馬、班紀傳風行，後人多擬史漢，相傳不輟，謂之正史，左氏編年遂寢。然非無繼志者，荀悅以左氏之例，撰寫《漢紀》，起高祖迄王莽，事不出班《書》，然省班《書》之繁，言簡事詳，惟鮮見補闕，略加潤飾而已。東晉袁宏，覺後漢諸史雜亂，讀之欲睡，不能竟篇，故而繼荀氏《漢紀》，以編年自撰《後漢紀》。袁慕荀才智經論，通曉古今，更篤以名教，弘敷王道。惟荀、袁編年兩紀，未見通行，至乎南宋，幾已絕跡。朱明黃姬水，得南宋王銍輯本，而後刊印問世。王銍合編為《兩漢紀》，有言曰：「荀、袁二紀，於朝廷紀綱、禮樂刑政，治亂成敗、忠邪是非之際，指陳論著，每致意焉，故其詞縱橫放肆，反覆辯達，明白條暢，既啟告當代，而垂訓無窮，其為書卓矣。」[158]兩漢史事，紀傳編年并行，殊為可觀。

晉太康元年，得汲塚竹簡本《竹書紀年》，紀三代王事，以編年相次第，文意大似《春秋》、《左傳》，編年古史，於焉復見於東晉。南朝史家，多取編年，故史書多以春秋為名。晉人避晉文帝太后之名諱，易春秋為陽秋，孫盛陽秋，即此之謂也。南朝官府失守，博達之士，游談處士，各有所見，自為一書，不避陋巷怪談，體例既不編年，亦不紀傳，謂之雜史，《越絕書》，《吳越記》，《楚漢春秋》，《齊梁事跡》，《大業拾遺》，皆是也。永嘉之亂，皇綱解紐，中原新立朝廷，或奉正朔，或竊名號，時人各採舊聞，各有載記，謂之霸史，《蜀李書》，《燕書》，《秦書》，皆是也。

---

158 王銍，〈兩漢紀後序〉，載卜大有，《明刻珍本史學要義》，頁484-485。

古來出仕者，各有分職，書於名策，宋、齊而後，其書益多，謂之職官。君臣父子，六親九族，進止有儀，上古典章雖備，惟秦火而後，搜尋維艱。漢興定朝儀，節文漸具，此後相承，聚其既存，謂之儀注。懲罪惡，齊不軌，而有刑法，上古已有之。秦法苛虐，漢初蕭何定律，後漸增益，晉初刪訂律令，後梁有《梁科》，後齊有刑典，後周有《大統式》，隋有《刑法志》，錄其可存者，謂之刑法。人君之外，上自公卿諸侯，下至群士，均有史臣，相繼而作，載筆之士，不棄怪誕，刪採其要，不在正史，謂之雜傳。禹別九州，定其山川，條其物產，記郡國地志，民物風俗，亦史官之職，謂之地理書。氏姓之書，其來已久，定系世，辨昭穆，魏晉品評人物，郡書、家傳、別傳、合傳、自傳、高士傳，以表士族之先賢，貽贈後人。[159]雜傳盛於兩晉，幸存者僅千餘卷。作者多出寒門，以才學入選。齊、梁益重士族門第，令高門壟斷，凡大姓、郡姓、州姓、縣姓，皆有記錄，謂之譜系。[160]餘如目錄、考史、別傳、高僧傳、地方誌、家史、逸史，亦雜史之謂也。及乎隋興，史書多達八百七十餘種，量大而體繁也。歐陽永叔立偽史，以前世僭竊之國為鑒，重正統故也。於此可見，**魏晉南北朝，載籍之富，類別之多，鬱乎盛哉**！

　　史學至兩宋而登峰造極，名家輩出，雕版問世，圖書大為流

159　雜傳因品評人物而興，詳閱胡寶國，《漢唐間史學的發展》，頁142-147。另參閱逯耀東，《魏晉史學及其他》，頁10-11。
160　參閱魏徵等撰，《隋書》（北京：中華書局，1973），〈經籍志〉，頁913-914。

通,文風之盛,前所未有也。唐修史有三舘,宋合三館為一,並在崇文院中,修撰各朝實錄。祥符中修《冊府元龜》千卷,雖多輯錄正史,惟是時《通鑑》未出,諸史浩瀚,《元龜》加以類次,便於閱覽。王欽若、楊億輩,皆功不唐捐者也。編修院修國史會要,史館領日曆局,以宰相為監修,日曆局歸編修院。[161]組織有序,慎重其事也。日曆者,以事繫日,以日繫月,凡詔令刑政,莫不備載,足供修史之需也。

龐大類書,出自眾手,《太平御覽》,含西京至六朝諸史,《文苑英華》,含西晉迄三唐之文,《太平廣記》,含汲塚至五代之野史。南宋洪邁,南渡之後,承乏修史,成九朝實錄,上起太祖太宗,至乎徽、欽兩帝,據各朝自記,見兩百年間,文物典章之盛,俾後世史官之需。[162]宋龍圖閣直學士,汪藻字彥章,因建炎改元以來,三十年無日曆,故乞修之,謂國不可無史,故不可一日無書也。日曆修而實錄成,以備一代政典,不可不撰,其故有五:有所傳於來世,一也;一代典章不可殘缺,二也;千載之後,能見禍福功過,三也;法不弛,事不墮,條懿行邪佞,四也;莫顛倒黑白,君子不受誣,五也。[163]是知天下大事,莫重於政事,專修日曆,務求其備,乃史之所以為用也。

兩宋史學蓬勃,北宋諸家述古,大放異彩。歐陽修字永叔,撰《新五代史》(原名《五代史記》),有鑒於五代文章陋鄙,

161　參閱歐陽修,《歸田錄》(北京:中華書局,1981),頁45-46。
162　參閱洪邁,〈宋史九朝實錄〉,載卜大有,《明刻珍本史學要義》,頁514-515。
163　詳見汪藻,〈乞修宋日曆書〉,載卜大有,《明刻珍本史學要義》,頁515-519。

而史官之職,廢於喪亂,傳記小說,多失其傳,事跡不完,而雜以訛謬也。五代英豪奮起,是非勝敗,其跡未明,興廢之際,豈無謀臣之略,辯士之談,若不立文字,遂泯滅無傳於後世。[164] 故而永叔網羅遺聞,未必殆盡,然其極重史證,參照考古,留意當代文獻,[165]以《春秋》自負,以文章名世。[166]歐書取法《春秋》,書法嚴謹,如敘戰事,分用征討攻伐,以別正偽善惡。褒貶之間,毫不假借。書寫文直義貶,字省事豐,庶幾行文風雅。蓋歐公史家,亦文豪也。相形之下,薛書史料也,非史書也。元佑校書郎陳師錫,謂歐史曰:「五十有餘年間,興廢存亡之跡,奸臣賊子之罪,忠誠義士之業,不傳於後世,來者無所考焉。惟廬陵歐陽公,慨然以史自任,蓋潛心累年而後成書,其事跡實錄,詳於舊記,而褒貶義例,仰師《春秋》,由遷、固而來,未之有也。」[167]楊士奇謂此書,「義例之精,史漢不及」,[168]蓋「仰師《春秋》」故也。端因五代亂世,須以夫子之治法,以正亂君,故褒貶甚嚴,託意甚高,每卷後論,莫不稱嗚呼,因事事可嘆也。[169]傅青主亦有言曰:「五代史歐公極其筆力鋪敘之,

---

164 參閱歐陽修,《新五代史》,卷38,冊2,頁406。
165 參閱旅美劉子健半賓先生,論歐陽修英文專著:James T.C. Liu, *Ou-Yang Hsiu: An Eleventh-Century Neo-Confucianist*(Stanford : Stanford University Press, 1967), pp. 101-102.
166 楊慎以永叔五代史本學《史記》,學乎其上,僅得其中,見氏著,《楊升庵文集》,卷47,頁10a-b。
167 陳師錫,〈五代史記序〉,載卜大有,《明刻珍本史學要義》,頁271。
168 語見楊士奇,〈跋五代史〉,載卜大有,《明刻珍本史學要義》,頁272。
169 參閱歐陽玄,〈歐陽傳〉,卜大有,《明刻珍本史學要義》,頁275-

波瀾瀠洄處亦可觀。」[170]趙甌北應之曰：歐公「文直事核，所以稱良史也。」[171]錢謙益亦曰：「《五代史記》之文，直欲袚班禰馬」，[172]「綽有太史公之風」，以為馬、班而後，惟有歐公，謂公乃「有宋之韓愈也。」[173]按韓愈以文載道，其道乃儒道，足見牧齋視歐公史學，乃儒家之典範也。歐公誠欲「勸善懲惡，昭示後世」，[174]善惡斷以儒家倫理，即儒家正統之見，未必直筆信史。所謂信史，要能不虛美，勿隱惡。按歐公尊孔崇儒，乃時代使然，有宋繼五代衰世，意在重振儒風，故重勸戒，以示後世。歐筆具《春秋》筆法，未必作繭自縛。其論正統也，謂居天下之正，合天下於一也。正統無他，宜據史跡，因勢而有所異同也。秦王以力一天下，棄先王典禮，雖云不德，不可廢其正統，猶如不能因桀紂，而廢夏商之統也。東晉「以宗室子，自立于一方」，既不能一統，德無可述，未可與東周，同日而語也。[175]歐公亦不以後梁為偽，謂梁君雖賊亂，然「彼有梁之土地，臣梁之吏民，立梁之宗廟社稷而能殺生賞罰，以制命于梁人，則是梁之君矣，安得云偽哉」！然則曹魏、東晉、後魏，亦豈偽哉！[176]歐

276。

170 語見傅山，《霜紅龕集》（太原：山西人民出版社，1984），下冊，頁843。

171 趙翼，《廿二史箚記》（臺北：世界書局，1956），下冊，頁285。

172 錢謙益，《再答蒼略書》，《錢牧齋全集》，第6冊，頁1310。

173 錢謙益，《有學集》，卷38，頁1310.

174 歐陽修，《歐陽文忠公文集》，卷108，頁829。

175 參閱歐陽修，《歐陽文忠文集》（四部叢刊初編），第3冊，卷59，《正統論七首》，頁435-41。

176 歐陽修，《歐陽文忠文集》，第1冊，卷16，〈或問〉，頁148。，

公以《春秋》大義，斥末世亂象，然五季承唐啟宋，不可不深論之也。歐公之論興亡也，縱橫恣肆，情見乎辭，宜為傳世之佳作也。歐史最可取者，屏棄漢儒災異之說，不言天象、五行、祥瑞之說，重人事而輕天命。[177]歐公亦不斷代，而以時為序，又別創〈義兒〉、〈死節〉、〈死事〉、〈伶官〉諸傳，以同類為傳，或可稱之為「群傳」也。錢大昕所謂：「《五代史》，歐公自立新意，諸傳名目，多與列史異。」[178]王鳴盛則病歐公，不取斷代故轍，不以五代各自為史也。[179]竊謂五代為時不過半紀，各朝以類相從，匯為一編，孰曰不宜？王氏嘗自謂：「作者當隨時變通，不可泥古」，[180]豈不然哉？

歐公名列唐宋八大家，文采斐然，或謂「以駢麗辭藻之文，與紀載之書不相宜也。」[181]劉子玄《史通》，寧取質樸，不取文雅，甚而不避俚詞口語，以存實錄。竊謂未必盡然，史筆固不宜文宗屈原、宋玉，妄作寓言，然而雅正非必虛無，捨棄滓穢，避免淺俗，雅致未必失實也。歐公縱橫辭藻，妙筆生花，簡嚴生色，文采增益敘事，何不相宜之有？蓋「言之無文，行而不遠」也。[182]文能顯微闡幽，潤色以詞，史若藉文以傳，始免市儈記簿之譏，惟不宜抑揚過情耳。王羲之、獻之父子皆以書法名世，

177　見歐陽修，《新五代史》，冊3，卷59，頁706；卷63，頁794。
178　錢大昕，《潛研堂文集》，第3冊，卷18，頁258。
179　王鳴盛，《十七史商榷》，頁675。
180　王鳴盛，《十七史商榷》，頁464。
181　章學誠，《章實齋先生讀書箚記》（臺北：文華出版公司，1968），頁52。
182　語見郭丹編，《十三經直解》（南昌：江西人民出版社，1993），第3卷上，《左傳》襄公二十五年，頁511。

子固不如父,然《晉書》謂:「獻之骨力遠不及父,而頗有媚趣」[183],則抑之又太過矣!故中西史家,多逞才而不使氣,得以平心論述也。薛書詞直難巧,宜乎平弱,而《新唐書》、《新五代史》,考證稍遜,文筆典雅,以私撰入於正史,且為正史之上品,絕非偶然也。觀乎泰西史家,文勝於質,而享大名者,亦云多矣。

四史之後,紀傳已成定體,惟荀悅《漢紀》,袁宏《後漢紀》,裴子野《宋略》為編年,雖稱良史,未行其道。五百餘年後,司馬光《資治通鑑》,網羅諸家,以定取捨,博而能約。博者,博觀遍覽,庶無偏漏;約者,棄沙存金,擇善而取。《通鑑》鴻篇巨製,大放編年異彩。惟《通鑑》名為編年,兼取紀傳之長。溫公主其事,得三館密閣收藏之便,御府物資之利,統籌、取材、編撰、考異,莫不親與其事,盡其心力矣。飽學之士,劉攽、劉恕、范祖禹,從而助之。三人合力,儲積見學,鑒別見識;學富沉潛,擅於考索;高明獨斷,能見別識。屬文見才,自始至終,首尾一氣呵成,筆力未見稍衰,文章醇厚,如出一手。溫公點染、整理之功,不可沒也。張岱曰:「司馬溫公作《資治通鑑》,草稿數千餘卷,顛倒塗抹,無一字潦草,其行己之度,蓋如此。」[184]溫公窮十九年之日力,完成此書。全書「體例謹嚴,前前後後脈絡分明,長於敘事,詳而不蕪」,[185]得皇帝賜序嘉名之榮幸,不愧為巨製偉構,不朽之名著。《史記》,

---

183　(唐)房玄齡等撰,《晉書》,第7冊,頁2106。
184　張岱,《夜航船》,頁332。
185　語見柴德賡,《史學叢考》(北京:中華書局,1982),頁188。

《通鑑》，漢宋兩司馬，史壇秋色，可稱平分之矣。

《通鑑》千年通史，以資鑒為主題，亟言「興邦之遠略，善俗之良規，匡君之格言，立朝之大節」，[186]上起三晉，下迄五季，敘一千三百六十二年事，篇幅之長，敘事之美，不稍遜於英國吉本之《羅馬衰亡史》也。而吉本以一己之力，窮千年之史，不免虎頭蛇尾。溫公編年之新猷，為帝王資鑒，不謂無故。蓋人主繫國家之安危，興亡之關鍵。然則「國之治亂，盡在人君，人君之道有一，其德有三，其才有五。」[187]道一用人，三德乃仁、明、武，五才曰創業、守成、凌夷、中興、亂亡。有此戒慎，趙宋昇平可久矣。[188]溫公述古，意在資鑒，為政者之借鏡，故「專取關國家盛衰，繫生民休戚，善可為法，惡可為戒者，為編年一書。」[189]既為帝王資鑒，自以政軍為重，罕見社經學術，泰西於近代之前，亦視史書如政書，及至蘭克，所書仍皆政治史，洎乎二十世紀，經濟、社會、文化史，始見風行。《通鑑》之作，固有時代背景，然亦足備後人閱史之需。蓋至趙宋之世，正史已稱浩繁，溫公嗜史，自稱「獨于前史，粗嘗盡心，自幼至老，嗜之不厭。」[190]故能「研精極慮，窮竭所有，日力不足，繼之以夜。遍閱舊史，旁採小說，簡牘盈積，浩如煙海，抉擇幽隱，校計毫

186　王盤序語，載司馬光，《資治通鑑》，第1冊，興文署新刊資治通鑑序，頁31。
187　語見司馬光，《司馬溫公稽古錄》，第3冊，卷16，頁83a。
188　參閱司馬光，《司馬溫公稽古錄》，第3冊，卷16，頁83b-87b。
189　參閱司馬光，《資治通鑑》，第13冊，〈進書表〉，頁9607。
190　司馬光，《資治通鑑》，進書表頁9607。

鰲」，[191]勒成一編，如其〈進書表〉所云：「刪削冗長，舉撮機要，專取關國家興衰，繫生民休戚，善可為法，惡可為戒者，為《編年》一書。」一卷在手，千年在目，便於閱覽參照有如此也。

司馬溫公，正宗儒者，述古論史不泥於理，實事求是，以南朝承西晉，陳亡繼之以隋，以魏晉繼漢唐。於正統正閏之說，自有主見，未必因北宋受周禪之故也。溫公落筆謹慎，舊史稱隋煬帝弒其父，事屬傳聞，故而不錄，惟書文帝「上崩」，所謂「以疑示疑」也。[192]更可稱頌者，溫公摒棄陰陽五行，鬼神迷信之說，亦不信釋道，頗具泰西啟蒙精神歟？《通鑑》敘事精美，見諸赤壁淝水諸戰，行文流暢，情節生動也。[193]敘淝水之戰，風聲鶴唳，草木皆兵，意像生動也。謝安臨戰之鎮靜，勝後難掩之喜悅，情景躍於紙端，讀之忘倦。溫公書寫戰爭，時、地、人三者，井然有序，「所載兵法甚詳，凡亡國之臣，盜賊之佐，苟有一策，亦具錄之」，[194]重戰略、戰術之運用，而不削於廝殺之細節也。

以《資治通鑑》卷帙之龐大，豈無舛誤？先賢糾謬、補正之作，亦云多矣，正誤補缺，豈不善哉？蓋無關宏旨也。溫公以勤伸詘，若非大謬，亦事屬小眚，無足挂齒，蓋史出人手，寒暑筆端，容或有之，中外不二也。至於帝魏寇蜀之屬，時過境遷，可

191　司馬光，《資治通鑑》，進書表頁9607。
192　宋人劉羲仲語，見氏著，《通鑑問疑》，卷686，頁11。
193　參閱司馬光，《資治通鑑》，第3冊，頁2084-2095。
194　語見顧炎武，《日知錄集釋》，下冊，頁590。

置勿論。《通鑑》通史也，受限於編年，敘事略有礙也。或當略未略，或應書未書。朱熹素重編年，仍覺「一事之首尾，或散出於數十百年之間，不相綴屬，讀者病之。」[195]楊萬里亦有言曰：「見事之肇於斯，則惜其事之不竟於斯，蓋事以年隔，年以事析，遭其初，莫繹其終；攬其終，莫志其初。」[196]宋徐夢莘《三朝北盟會編》，起自徽宗政和七年，迄於高宗紹興二十一年，上下四十五年事（公元1117-1151），敘宋金和戰，詮次本末，夢莘在袁樞之前，已發敘事本末之先聲，惟莘引證繁複，甚而全錄原文，都二百五十卷，而略無論斷，故以莘書為編年，而以袁樞為首創也。

樞病敘事不暢，著《通鑑記事本末》，分《通鑑》內容，為二百三十九題，貫穿始終，盡其本末，以便讀者，「其部居門目，始終離合之間，又皆曲有微意，於以錯綜溫公之書。」[197]吾華史體，編年紀傳，典志之外，又有本末一體矣。本末者，取自《禮記》：「物有本末，事有始終」，既有緣起，復有終結，敘事有主次先後之謂也。章學誠曰：紀事本末，師法《尚書》，而以《史記》義例，通左氏裁制，庶可救紀傳之弊，故袁體之優越，以「本末之為體也，因事命篇，不為常格，非深知古今大體，天下經綸，不能網羅隱括，無遺無濫，文勝於紀傳，事豁於

---

195 朱熹，〈跋通鑑紀事本末〉，載卜大有，《明刻珍本史學要義》，頁414。
196 袁樞《通鑑記事本末》，四部叢刊初編，史部（上海：商務印書館縮印宋刊本，1936），第一冊。楊萬里〈通鑑記事本末敘〉，頁1。
197 朱熹，《晦庵先生文集》，卷2，頁4b。

編年,決斷去取,體圓用神」,[198]於左、馬而外,分事之脈絡為門類,諸事為標題,各詳始末,盛衰升降,合而視之,經緯清晰,理亂大勢,瞭若指掌,更便於知往鑒來也。紀傳敘人,編年有序,本末事明,誠「兩體之外,別立一家」也。[199]本末新體有其創意,非盡承《尚書》之餘緒也。袁樞錯綜溫公舊編,敘一事之始末,前後瞭然,惟可議者,只見光曰,不見樞曰,樞豈無所見乎?繼袁而作者,不乏其人。高士奇《左傳紀事本末》,陳邦瞻《宋史紀事本末》、《元史紀事本末》,谷應泰《明史紀事本末》,李有棠《遼金紀事本末》,劉仲敬《民國紀事本末》,體例略有異同,未出袁樞津崖,罕見增華。郭居仁字允蹈,號湛溪,撰《蜀鑒》,述親歷金元戰禍之始末,目擊蜀中殘破,蜀民流亡荊湘,湛溪亡命之餘,敘蜀禍本末,以為永鑒。湛溪揭一總題,每事各標總題,一如袁體,每事有綱、有目、有論,又如朱子綱目,兼以考證附之,所記皆戰守勝敗之跡,尋用兵故道,於地形險易,考證精核,書末二卷,則敘西南夷始末。[200]郭書夾敘夾議,旁及江左淪陷之憾,四庫列為紀事本末體,宜也。及至明末清初,馬驌有《繹史》百六十卷,自上古以迄秦末,各列標題,分類編次。馬氏自稱:「紀事則詳其顛末,紀人則備其始

---

198 章學誠,倉修良編注,《文史通義新編新注》,頁38-39。
199 紀昀、永瑢等撰,《武英殿本四庫全書總目提要》,第2冊,卷49,頁93。
200 參閱郭允蹈,《蜀鑒校注》(北京:北京圖書館出版社,2010)。別有《四庫全書》本、《守山閣叢書》本、《叢書集成》本。後兩本已署作者為郭允蹈。

終。」[201]書分五部：一自開闢至黃帝，二自大禹平水土至周室東遷，三自魯隱公攝位至春秋遺事，四自三卿分晉至秦滅亡，五為外錄，記天官、律目、月令、地誌、名物、制度。書後有世系圖表，於袁體別有所創，卓有成效。[202]馬驌於古事，兼采互觀，明理亂之由，觸目瞭然，考辨真偽，的是佳作。清初李清讀《繹史》，贊賞有加，謂勝古人者有四：一曰別創體制，二曰咸具譜牒，以圖佐表，三曰記述靡舛，記人敘事首尾疆畔，四曰文長旨盈。[203]竊謂驌於袁體，有所精進，然猶未脫舊書新編之窠臼。按袁體於漢武伐匈奴，光武中興，黃巾之亂，赤壁之戰，王安石變法諸題，淺嘗即止，未能暢所欲言，推見至隱也。踵事者又墨守成規，未能上盡層樓，更上樓也。宋元以後，踮步未積，蓋奉前人矩矱，未知變通，故而難致千里，細流未成江海，早發之花，未能盛開也。清雍乾間李鍇，以《繹史》為底本，撰成《尚史》百七卷，貌似宏編，幾皆錄用舊文，剪裁串聯而已，語非己出，拾馬驌翰藻，攘臂據為己有，徒勞無功之謂也。吾華六家二體，或謂僅《尚書》，《春秋》兩家，久成主流，兩宋已臻巔峰。記傳以《漢書》為正，編年以紫陽《綱目》為正，曰：「劉氏綜合諸家，定為二體，以未見綱目，故以班、荀當之，而自宋以後，則不出班、朱兩派矣！」[204]唐進士皇甫湜，曾有言曰：「今之作者苟能尊紀傳之體制，同《春秋》之是非，文敵遷、固，直如

---

201 語見馬驌，《繹史》，卷首。
202 參閱馬驌，《繹史》，劉曉東等點校（濟南：齊魯書社，2001）。
203 見李清〈繹史序〉，載馬驌，《繹史》卷首。
204 許鐘，《史通贅議》，頁3a-4b。

南、董，亦無尚矣！」[205]既無尚矣，此袁體之所以未能光大歟？故而於西學東來之前，本末體之新境，未能大開大合也。

近人金毓黻謂：「樞所創紀事本末之法，實與近世新史之體例為近。」[206]近世新史之體，即泰西慣用之法。專論一題，無所依傍，唯記事之始末，議論縱橫，而章節之間，環環相扣，動輒一二十萬言，稱為專書，規模非袁體可及也。按泰西上古多編年，罕見紀傳，其唯東羅馬之普盧塔赫[207]乎？所著《希羅列傳》（*Parallel Lives*）為希羅名人之合傳，附以說詞雅言。普氏有謂：史家若言事而不言人，則不見成事之人性善惡，故以傳為要，以實前人敘事之失，非僅因事見人，亦能以人見事也。[208]泰西紀傳，後繼乏人，近世則大傳風行，以一書寫一人，盡其人之生平，言行之得失，影響之深淺，可稱巨細靡遺，即本末之體也。其敘人也，分析入微，長篇巨帙，自生至死，具見之矣。法帝拿破崙佳傳之多，屈指難數。有作者焉，集前人之眾說，而後敘法帝之性格、生涯、成敗，既見其英雄氣概，亦見命運之多舛。全書取材浩博，涉及行事之潛在動機，旁及四十餘年歐陸舊事。法帝為知識之巨人，乃道德之侏儒，作者獨抒己見，史識有焉。此作也，文長七百餘頁，敘事詳盡，而又甚可讀也。[209]

---

205 皇甫湜，〈論編年紀傳〉，卜大有，《明刻珍本史學要義》，頁40-41。
206 金毓黻，《中國史學史》（北京：中華書局，1962），頁192。
207 Plutarch（AD 46-after 119），希臘人，史家、作家、教士，入籍羅馬後改名 Lucius Mestrius Plutarchus.
208 參閱Plutarch, *The Age of Alexander, Nine Greek Lives*, translated by Ian Scott-Kilvert（London: Harmondsworth, 1973）, p. 252.
209 詳閱Frank McLynn, *Napoleon: A Biography*（New York: Arcade Publishing,

當代泰西傳記,汗牛充棟,已於史外,別成一類矣。史家執筆作傳,不敘人物之一生,而以人論史,因人命題。若以列寧為說,要在俄國革命,應知其何以勝出?自當揭其思想,究其作為,明時勢之所取,人心之所向,方知何以力克群雄,贏取革命之勝利也。[210]

南宋鄭樵,專主會通,以《史記》為正,兼采歷代諸史,敘事之規模,遠邁前人,書志為二十略,自稱「百代之憲章,學者之能事,盡於此矣!」[211]其書包攬氏族、天文、地理、都邑、植物、藝文、器物,堪稱百科全書。章學誠因而有〈申鄭〉之篇,謂樵能廣取遺文故冊,「別識心裁」,自成一家言也。[212]然則,樵之《通志》,無異別史,而有異於杜佑《通典》,馬氏《通考》之為政書矣。[213]新會梁啟超,更以宋之鄭樵,唐之劉知幾,清之章學誠,並肩而立,鼎足成三。[214]惟金毓黻因樵「語多襲舊」,故謂非劉、章之儔。[215]惟樵自稱《通志》,「雖曰繼史遷之作,凡例殊途,經緯異制,自有成法,未蹈前修」也。[216]樵貴一家言,故曰:「人心之不同猶人面」,史家敘事,有其主見,方稱自得之書。馬遷《史記》,自得之書也,後人「假遷之

1997).

210　參閱Donald Treadgold, *Lenin and His Rivals, The Struggle for Russia's Future, 1898-1906*(London: Routeledge, 1955,2017).

211　語見鄭樵,《通志》(上海:商務印書館,1935年),總序。

212　章學誠,《文史通義》,頁134。

213　參閱張舜徽,《史學三書平議》,頁200。

214　梁啟超,《中國歷史研究法》,頁161。

215　金毓黻,《中國史學史》,頁249。

216　鄭樵,《鄭樵文集》,見〈上宰相書〉,頁38。

面,而為己之面」,即非自得之書矣。[217]班固以一朝為史,失會通之旨,而後人追隨不已,「致周秦不相因,古今成間隔」,雖得馬面,而無其實矣。樵之揚馬抑班,要在會通。樵謂班固:「經既苟且,史又荒唐」,[218]則言過其實矣!樵「劇罵孟堅,使之容足無地」,[219]胡應麟殊不以為然也。蓋紀傳、編年、表志,各有所長。馬班優劣,歷來論者,互有異同,惟多右馬而左班,是遷多創造,而固因循故也。鄭樵《通志》,深於探索,密於典章,申會通之旨,遙應泰西制度史家,堪與劉、章相侶也。日人內藤更以《通志》之識,出於《史通》之上云。[220]竊謂鼎足而三,雖非虛言,然未必相當。若擬劉如魏,擬章如吳,擬鄭如蜀,三家鼎立,略見其強弱矣。

　　蒙元以異族入主中原,自耶律楚材「進用文臣,尊孔子,崇道學,建書院,校儒生。中原經濟之士,咸樂為用,文教誕敷,由來久矣。」[221]史院、史官依舊,元十三朝十五帝,皆有實錄,計五百餘卷。元亦依例,修前朝之史。元修《金史》,贍而不蕪,《遼史》簡略平庸,猶可瀏覽。《宋史》成於至正五年(1345),史料宏富,卷帙浩繁,略見凌亂失衡,論者病其脞蕪,詳北宋而略南宋,亦非小眚,而引用前修,未暇互證,往往悉聽其舊,失諸輕忽。評議人物,是非不公;蘇東坡傳不言

217　鄭樵,《鄭樵文集》,見〈上宰相書〉,頁37。
218　語見鄭樵,《通志》,總序。
219　語見胡應麟,《少室山房集》,頁1290-753。
220　內藤虎次郎,《支那史學史》,頁287;內藤虎次郎,《中國史學史》,頁181。
221　吳裕垂,《歷代史案》,頁248。

其善，王應麟、黃震兩老高風峻節，碩學師表，《宋史》故意掩抑，尤可致憾！《宋史》文字，錯謬偏多，有謂二十一史，「《宋史》校刊最劣。」辛楣考異，「所糾正者，亦僅其梗略耳。」[222]明柯維騏《宋史新編》，雖去蕪矣，筆不勝文，多見節錄舊史，未云可取。蒙元開館，修撰遼、金、宋史，繼史學既有之統系，上承遼、金、宋三朝之法統，確定蒙元一統中國之地位，延續政統、道統、史統有焉！[223]所昭示者，異族如契丹、女真、蒙古，無不與漢族爭中國之天下，而為中華之主也。

元修史書，以馬端臨之《文獻通考》，最稱詳贍謹嚴，上繼大唐杜佑《通典》，巍巍巨著，乃罕見之制度史也。此書含田賦、錢幣、戶口等二十四門，敘事本諸經史，旁考歷代會要，百家傳記，取其信而可證者。論事則先取奏疏，別覽近儒評論，兼閱名流燕談，稗官野記，覃思精研，而後參以己意，以定史傳是非。[224]此書苦心經營，歷時二十餘年而成，洵屬良史。馬端臨以班固斷代為史，宗旨不侔，而紀傳則有六便：免重複，均類例，便詮配，平是非、去牴牾、詳鄰事。至於其長，約而有二，曰：具剪裁，立家法。[225]馬端臨述典章制度，亦重會通之旨，蓋制度沿革，非會通不可，斯皆承通史之家風也。

222　語見李慈銘，《越縵堂讀書記》，上冊，頁311-312。
223　見Hok-Lan Chan（陳學霖）, "Chinese Official Historiography at the Yuan Court: the Composition of the Liao, Chin, and Sung Histories," in John D. Langois, Jr. ed., *China under Mongol Rule*（Princeton: Princeton University Press, 1981）, pp. 57, 105-106.
224　馬端臨，《文獻通考》（上海：商務印書館，1935），第一冊，自序。
225　章學誠，《文史通義新編新注》，倉修良編注，頁238-239。

元人胡三省,勤注《通鑑》,於音義之訓釋,文字之校訂,疑點之疏通,事實之補充,用力勤劬。三省為亡宋遺民,緬懷故國,懷切膚之痛,故而隱居著書,考證之餘,發皇心曲,寄託微意於其間。顧炎武曰:胡注於「遼滅金,金破宋」之後,所缺之字,為「元滅金取宋,一統天下」,若非諱而不書,則鏤版時鏟去,以隱其忠憤。以意求之,所謂「理校」之法也。[226]然北方儒士,久經異族主政,異族好儒崇禮,則夷夏之辨,別有解說矣。近人陳垣因謂:三省「生平抱負,及治學精神,均可察見。」[227]

歐陸於元明之際,史出僧侶之手,史學受制於神學,無多進展。歐洲於十三世紀,始知計時,[228]至十五世紀,文藝復興,史學始由中古轉入近代。[229]泰西擺脫神學羈絆之際,已是中國大明之世。明萬曆舉人胡應麟字元瑞,酷嗜藏書,於史別有會心,嘗曰:「史有別才,而運會所鍾,時有獨造也。」元瑞「獨造」,甚可羨佩,蓋能超越前人也。司馬溫公嘗言:唐三百年,鉅公間出,遂無一人足與陳壽、范曄為伍。胡應麟應之曰:「寧知歷宋迄明,而二書之懸揭自若也」,[230]蓋陳壽、范曄,皆運會所鍾之別才,而胡氏盛讚陳、范,視為繼踵馬、班之健者。壽嘗謂諸葛將略非長,頗遭訾議,而應麟為之辯白曰:斯乃因未詳顛末之故,按陳壽「雖蜀漢遺民,而實晉之編戶」,能不顧及司馬懿

226　陳垣,《通鑑胡注表微》,頁12。
227　語見陳垣,《通鑑胡注表微》,小引。
228　參閱Robert Burton, *The Anatomy of Melancholy*(London: Dent Everyman's Library, 1964), p. 19.
229　參閱Breisach, *Historiography*, pp. 153-170.
230　胡應麟,《少室山房集》,頁1290-715。

與諸葛亮，兵爭仇敵之事乎？乃「不得不迂迴其筆」也。壽志簡資，而亮傳獨「紆徐鬱茂，備極敷腴」，[231]故壽之處境，史家之運會，應麟辨之詳矣。應麟尤揄揚范曄，若謂：「范曄後漢一書，彬彬瞻縟，軌轍馬、班，無論六代諸人，蓋歷唐宋以迄勝朝，宗工鉅匠，名世迭興，而史筆寥寥自若也。」王鳴盛讀范《書》〈黨錮傳〉，陳蕃「推明忠義心事，悲憤壯烈，千載下讀之，凜凜猶有生氣。」[232]范曄自許體大思精，天下奇作。應麟然之，有謂：「以今較之，良為不誣」，[233]推崇備至矣！

錢謙益號牧齋，以詩文名於世，號稱東南祭酒，更以史職自任，深感國史、家史、野史，多「以臆胸為信史」，「俗語流為丹青」，力主「經經緯史」，謂治史者，宜潛心靜氣，窮經讀書，庶幾「經緯精詳，次第具在」，始得「返經。」經文在胸，推之四史，遍覽餘史，參以子書集錄，譬如舟之有舵，方可涉川也。[234]博求文獻，編撰長編，審慎考證，潤飾文章，此實齋所謂：「學問為銅，文章為釜」，[235]無銅不成釜也。牧齋有志於明史，擬修百卷，因年邁體衰而未成，所撰《國初群雄事略》，可略窺其史筆。此書為朱明開國之史，約成於天啟年間，取長編體例，自謂此書「仿司馬遷楚漢月表之意。」觀其內容，群雄之編

231　胡應麟，《少室山房集》，頁1290-712, 713。
232　王鳴盛，《十七史商榷》，頁205。
233　胡應麟，《少室山房集》，頁1290-714, 734。
234　參閱錢謙益，《錢牧齋全集》，第5冊，〈有學集〉，頁784；第2冊，〈初學集〉，頁1115-1116。
235　語見實〈齋與邵二雲書〉，見章學誠著，倉修良編注，《文史通義新編新注》，頁677。

年史也。群雄者,韓林兒、郭子興、徐壽輝、陳友諒、明玉珍、明昇、張士誠、方國珍也。官府人物,則有擴廓帖木兒、陳友定、李思齊、納哈出、察罕、何真、何榮也。計共十五人,人各一篇,事蹟本末具在,有如本紀,獨無朱元璋。元璋事蹟,附見於滁陽王,蓋因元璋出身寒微,初非獨樹一幟之英豪,尊重史實故也。牧齋自謂:「漢祖天授,不諱受命於牧羊;光武中興,聊復稱帝於銅馬」,[236]不諱言大明開國之祖,曾托命於郭子興也。子興既死,官書諱言元璋奪權,而牧齋錄《太祖實錄》,別引《天潢玉牒》曰:「滁陽王卒,遂並其兵。」又自記曰:「至正十八年戊戌七月,右丞相郭天爵謀叛,誅之。」[237]天爵者,子興之子,所以見殺,非奪權而何?牧齋秉筆,諱而不隱之手法也。元末天下大亂,群雄並起,始作俑者,乃韓山童、韓林兒父子。牧齋以大小明王,所建之宋國為卷首,重史實也。惟其高抬滁陽王之位,以下接元璋之帝業。牧齋視反元者為賊,獨於元璋之反元,書曰:「大明太祖高皇帝起兵」,[238]更以元璋發跡之初為「(皇)上」,而諱其名號,所以尊禮明也。然有「(滁陽)王乃召(皇)上曰」之筆,殊為不倫。斯乃尊當朝之正統,不得不爾,識者自易見之,是亦雖諱而不隱也。牧齋著史,先作長編,彙聚史料,考其真偽,偶作按語,然後點煩,「凡字經點者,盡宜去之。」[239]故點煩者,刪繁而後成書,以求文之潔美也。

---

236 錢謙益,《國初群雄事略》(北京:中華書局,1982),頁1。
237 錢謙益,《國初群雄事略》,頁58, 60。
238 錢謙益,《國初群雄事略》,頁8。
239 子玄語,見劉知幾,《史通》,張之象刻本,卷15,頁1b。

昔賢襲用前人所記，多不明出處，而牧齋所錄，注釋甚明，而其所取既廣，而皆上乘，諸如《太祖實錄》、《高皇帝御製文集》、《廟碑》、《元史》、《庚申外史》、《秘閣元龜政要》、《明氏實錄》、《天潢玉牒》，高岱《鴻猷錄》，陶宗儀《輟耕錄》，俞本《紀事錄》，劉辰《國初事蹟》，王逢《梧溪集》，祝允明《九朝野紀》，陸深《平胡錄》，童承敘《平漢錄》，葉子奇《草木子》，楊慎《滇載紀》，楊維楨《詠史樂府》，瞿祐《歸田詩話》，以及碑銘、序文、縣誌、書函，種類具備。國史、家史、野史，排比疏通，穿針引線，綱舉而後目張，剪裁之功，昭然可見。群雄雖分見各篇，其間關係犖然。群雄無不因小明王而起，以紅巾為號，莫不有驥可索，諸如陳友諒因弒徐壽輝而王，徐壽輝因妖僧彭瑩玉而王，脈絡具在，遂免編年復出之繁。朱明開國史料，因牧齋引錄，而流傳於後世，厥功偉也。

　　牧齋史筆，不出舊史規範，深信史不離經，經史一體。經者，超越時空之道，而史乃載道之器，尊儒家義諦也。牧齋史觀，辨忠奸，講仁義，是固然也。牧齋讀史，崇尚馬、班，尤尊史公，因史公敘事生動，而無損信實，文筆傳真，兼能傳神。牧齋於人、時、地，力求正確，考據亦精。牧齋因降清而感愧，以史官自任，以國史為使命，所以表忠義也。暮年遭遇國變，益感國可亡，而史不可滅，意在經世致用也。絳雲降火，圖書灰燼，牧齋年邁，明史未成，力不從心矣！然而衷情猶在，有待來者，成其未卒之業。民國史家陳寅恪，嗜愛牧齋詩文，善於以詩證史，箋證風格，其來有自乎？

　　中華史學，尚有學案一體。案者，查考也。王充有言：「案

聖賢之言，上下多相違」，故學案乃考鏡學術之謂也。[240]餘姚黃宗羲梨洲，撰有宋明兩學案，為世所重。《明儒學案》撰於康熙年間，論及明儒學派，師弟傳授，以及淵源流別，自方孝孺至許孚遠，凡生平思想，均能概括要旨。梨洲著眼於理學，「真能發先儒之所未發」也。[241]所著頗具特色，不專注一家之說，不論一派學術，而為之分門別派，以窮理盡心，一本萬殊也。且於主張之來龍去脈，犁然了然。先哲之說，雖言人人殊，義理無窮，然非亂絲難理，約之在我，各有宗旨。今人所謂問題意識者，以為史非僅敘事，更求問題之解決也。[242]斯亦受近世科學之影響，蓋科學不講敘事，惟求解決問題。[243]然而史學非科學，若以問題取代敘事，依梨洲之見，譬如「丸之走盤，橫斜圓直，不可盡知；其必可之者，是知丸不能出於盤也。」[244]梨洲之宗旨，自成其「寧鑿五丁之間道，不假邯鄲之野馬」也。[245]梨洲以劉宗周為開篇，以崇仁學案為開端，以姚江學案為大宗，以蕺山學案為後

---

240 朱鴻林將學案解作方案，未必是，按「方案」乃現代名詞，案字原無方案一義。參閱氏著"Confucian 'Case Learning': The Genre of Xue'an Writing," in Charlotte Furth, Judith T. Zeitlin, and Ping-chen Hsiung, eds., *Thinking with Cases: Specialist Knowledge in Chinese Cultural History*（Honolulu: University of Hawaii Press, 2007）, pp. 24-73.
241 黃宗羲，《明儒學案》（臺北：臺灣中華書局，1970），第1冊，〈發凡〉，頁1a。
242 參閱David Hackett Fischer, *Historians' Fallacies*, p. xv.
243 參閱Allan Megill, "Recounting the Past: Description, Explanation, and Narrative in Historiography," in *the American Historical Review*, vol. 94, no. 3（June, 1989）, pp. 627-653.
244 黃宗羲，《明儒學案》，第1冊，〈發凡〉，頁1a。
245 黃宗羲，《明儒學案》，第1冊，〈原序〉，頁1a。

勁，學者遍及大河上下，大江南北者，二百餘人，分列學派，不取門戶之見。凡立案之明儒，貴有自得之學，先述其學行，「深淺各得，醇疵互見，要皆功力所至，竭其心之萬殊者，而後成家」，[246]繼而選各儒所作，言行並載，鉤元提要，參照學行，使「一代學術源流，瞭若指掌」，[247]見其宗旨，此功夫之所在也。至於梨洲之《宋元學案》，未及成篇，由全祖望續修，多達百卷，由明儒上朔宋元，而宋元繼先秦以迄李唐，六經源流，端緒有焉。學案者，梁任公稱為學術史，亦即泰西之「思想史」（intellectual history）也。

　　學案之外，尚有經史問答、讀史筆記之類。讀史筆記，雖簡短而隨興，然而糾謬正誤，鉤沉發覆，潛思探奧，發舒心得，信其所信，疑其所疑，辨正精竅，真知睿見時而有焉，功效不容小覷也。例不細舉，南宋晁公武之《郡齋讀書志》，博攬群書，立四十類，史類有正史、編年、實錄、雜史、偽史、史評、傳紀，收錄書目亦多。每列一書，摘取大旨。敘子長，兼及其因貧不能自贖之心曲。敘孟堅，駁「受金鬻筆」之說。敘蔚宗，謂其擬班固有愧。敘陳壽，譽其「高簡有法。」敘《晉書》，謂由房玄齡，於唐貞觀年間，據九家舊作監修而成，兼及《晉書》雜出眾人之手，時尚駢麗，不免淫佚也。劉子玄謂《晉書》，多採「詼諧小辯，或神鬼怪物」，[248]非聖不法，頗能切中其弊也。

　　魏收字伯起，所撰《魏書》，子玄謂之「世薄其書，號為穢

246　黃宗羲，《明儒學案》，第1冊，〈原序〉，頁1a-b。
247　莫靖，《重刻明儒學案序》，黃宗羲，《明儒學案》，第1冊，頁1a。
248　語見劉知幾，《史通》，張之象刻本，卷5，頁2b。

史」，又謂：「收諂齊氏於魏室，多不平，既黨北朝，又厚誣江左，性憎勝己，喜念舊惡。甲門盛德，與之有怨者，莫不被以醜言，沒其善事。」[249]宋儒晁公武亦指為褒貶肆情，收金滅惡，難拒為豪門作佳傳，以公事市私情，虛美過實，坐謗史鞭，配入甲坊，造鎧甲，以至於有致死者也。斯乃「詭異謬妄之言」，謂《魏書》「黨北朝，貶江左，時人嫉之，號為穢史」，[250]訛之甚矣！於是眾口喧然矣。惟范祖禹謂：「魏收修史，博訪百家譜狀，搜采遺軼，包舉一代始終，頗為詳悉。」[251]明太倉朱明鎬，雖訛《魏書》，仍許魏收「頗有史裁，四夷之傳，不襲舊文，十志之中，無溢前代。」[252]全祖望謂：收以中原喪亂，譜牒遺帙，所以不憚繁瑣，庶幾宏長舊聞，「未可以穢史竟黜其言」。[253]乾嘉學者趙紹祖亦謂：「其人品固無足道，然自一代才也。若果謬戾如是，當時何以專以史囑之」？[254]趙翼謂收仕北齊，例舉細事，以收書「趨附避諱，是非不公，真所謂穢史也」，然亦謂：李延壽修北史，多本魏收，因收修史在北，「卷帙俱在，足資採輯」，而魏澹《魏書》，義例雖正，實多本收《書》。[255]壽史且多褒語，未嘗視之為穢史也。清《四庫提要》逕自為收平反，謂其恃才輕薄而遭忌，遂群起攻之。故曰：「平心而論，人非

249　劉知幾，《史通》，張之象刻本，卷12，頁15a-b。
250　參閱晁公武，《郡齋讀書志》，卷5，頁2a-b, 3b, 4b, 5b, 8a。
251　范祖禹，〈後魏書目錄序〉，載卜大有，《明刻珍本史學要義》，頁223。
252　見朱明鎬，《史糾》，頁16。
253　全祖望，《鮚埼亭集》，下冊，頁1006。
254　趙紹祖，《讀書偶記》（北京：中華書局，1997），頁67。
255　趙翼，《廿二史箚記》（臺北：世界書局，1956），上冊，頁164，169。

南、董,豈信其一字無私,但互考諸史,證其所著,亦未甚遠於是非,穢史之說,無奈已甚之詞乎?」[256]余嘉錫不以為然,曰:「提要猶拾收之遁詞」,又謂「提要此篇,持論既短,考證尤疏,空言爭辯,殊為可已,而不已也」,[257]更有憾於李延壽,褒多而貶少,謂收何足以「遊尼父之門,……追蹤班、馬」乎?[258]按魏收之時,南北分立,齊周對峙,天下三分,故而書法有異也。隋文帝惡收書,以東魏為正統,魏澹故而別撰《魏書》,矯收之失,以西魏為正,澹《書》已佚,義例之外,或多沿收書。《北史》多從魏收本文,對照三書,「修改點竄之跡,瞭如指掌。」[259]諸家褒貶不一,要因魏收限於體例,以江左為偽晉,宋、齊、梁皆為島夷,且時而諱本國之惡也。近人周一良,有鑒於收《書》,「訛毀者眾,而鑽研者少」,故撰長文,指陳其書非全無瑕疵,然能網羅事跡詳盡,得以傳世,非無故也。蓋魏收行文工緻,其書多據國史,宜能持平,所謂魏收盡取范《書》,誣而不實也。周先生評述魏收史學,最詳且正,終得持平之論。[260]前人論收失實,或因其人持才傲物,不顧細行,鄙視同儕之故歟?

　　晁公武復有言曰:荀悅《漢紀》,改紀傳為編年,「辭約事該」;袁宏《後漢紀》,去後漢之贅,「因參擄紀傳以損益之,

256　永瑢、紀昀撰,《武英殿四庫全書提要》,卷45,頁48b,冊2,頁25。
257　余嘉錫,《四庫提要辨證》,上冊,頁172。
258　余嘉錫,《四庫提要辨證》,上冊,頁174。
259　余嘉錫,《四庫提要辨證》,上冊,頁163。
260　詳閱周一良,〈魏收之史學〉,收入周一良,《魏晉南北朝史論集》,頁256-292。

比諸家號為精密」；司馬溫公《資治通鑒》，不採「俊偉卓異之說。」[261]公武許吳縝糾謬其長，正《新唐書》之誤，四百餘條，然評「縝不能屬文，多誤，有詆詞」，指縝書「初名糾謬，其後改稱辨證，實一書也。」[262]公武謂縝不能為文，無奈太過。一偏之見，不足為據也。詆縝之言，其來有自，蓋北宋歐陽永叔，以其名望之隆，嘗譏縝年少輕狂，不無影響也。章實齋不以惡詞為然，嘆曰：「甚矣！人心之偏，而從善服義之公，難望之於晚近也！」[263]

校讎攻辯之作，散見於集部，頗有可觀。洎乎明清，實事求是，蔚然成風。不意民國以後，西風之下，承襲舊法考辨者，已寥若晨星矣。屈指可數者，約有楊樹達《漢書窺管》，[264]陳直《漢書新證》，[265]吳恂《漢書注商》，[266]錢穆《先秦諸子繫年》，[267]呂思勉《呂思勉讀史札記》，[268]汪宗衍《讀清史稿箚記》。[269]然類此諸作，漸成絕響矣！時至今日，能上承傳統，旁採西學，獨抒卓見者，惟錢氏鍾書也。錢先生能於文革之後，以

261　參閱晁公武，《郡齋讀書志》，卷5，頁11b-12a, 16b-17a。
262　晁公武，《郡齋讀書志》，卷7，頁13a-b。
263　章學誠著，倉修良編注，《文史通義新編新注》，頁548。
264　楊樹達，《漢書窺管》（上海：上海古籍出版社，1984）。
265　陳直，《漢書新證》（天津：天津人民出版社，1959）。
266　吳恂，《漢書注商》（上海：上海古籍出版社，1963）。
267　錢穆，《先秦諸子繫年》（上海：上海商務印書館，1935）。錢書博覽文獻，考證精詳，惟未取考古資料，不免有失，如考訂孫武、孫臏為一人，山東銀雀山出土文物，立證錢說之誤。是知王國維二重考證法之可取也。
268　呂思勉，《呂思勉讀史札記》（上海：古籍出版社，1982）。
269　汪宗衍，《讀清史稿箚記》（香港：中華書局香港分局，1969）。

典雅古文撰《管錐編》，中西兼采，舊文新義，嘆為觀止。然奉行西化者，輒以錢著無統系而輕之。陳寅恪亦以舊體述史，而胡適以為「不高明」也。[270]新學當道，而新學即西學，陳、錢尊而不重，胡適之、傅孟真，既敬且重，舊史傳統，不絕如縷也歟？

回顧吾華舊史，敘事述古，淵源流長，作者既多，各具風格，鬱鬱乎盛哉！述古者，心眼不可不高，不高則依文牽義，不能自主。今人馳騁古今，古既遠去，滄海桑田，事過景遷，古人已非今人，古事亦非今事，是知古今異時，時異情亦異也。史家索求真相，要能悉古之情偽，以今日之語，敘往事之變遷。體會親切，感受深遠，方能居今思古，跨越時空，通貫相承之因果，追尋渺渺往事，知所取捨也。苟能察古人深意，未嘗不能識古於異代。子玄有言：「工為史者，不選事而書，古言無美惡，盡傳於後；若事皆不謬，言必近真，庶幾可與古人同居，何止得其糟粕而已」？[271]又曰：「凡為史者，苟能識事詳審，措辭精密，舉一偶以三反，斯庶幾可以無大過矣。」[272]所言極是，蓋良史所為，見諸筆削之才，鑒裁之識，雖出主觀，非隨心所欲，自有規範，何至於偏勃而失真歟？西師曰：「以情緒之自我，成為窮究之自我」，[273]鄰壁之光，堪借照焉。周氏金壇，有「史

270　胡適，《胡適日記》，手稿影印本（臺北：遠流出版公司，1990），頁539。

271　劉知幾著，浦起龍釋，呂思勉評，《史通釋評》，頁181。

272　劉知幾，《史通》，張之象刻本，卷5，頁12b。

273　利科所謂："what I shall call an investigative ego from a pathetic ego," 語見 Ricoeur, *History and Truth,* trans. with an introduction by Charles A. Kelbley（Evanston: Northwestern University Press, 1965），p. 31. 其謂情緒之自我，不可取也；而窮究之自我，大可取也。

腴」一說,「以其可以潤我身心,脂我手眼,使無艱澀于思途,窒礙于指腕」,[274]亦大有益於述古也。總而言之,述古要能「奇而不詭,深而不刻,步變摛徵,窮源叩本,撟古今舛謬以反之正。」[275]行文設身處地,知人論世,多聞闕疑之餘,能於文外想見古人古事,發思古之幽情,明思廣智,得其要領,皆吾華良史所優為者也。述古之書,非文集也。匯諸文為一集,是為文編,而史書宜有宗旨,章節之間,西響東應,層層相因,獨抒卓見之謂也。竊謂吾華編年、紀傳之形式,無須沿襲,然述古良法,大可以新理參舊理,舊理必復伸也。先賢敘事,素重文勢規模,起承轉合,儼然有序,筆健而不麗,抑揚開合,隱顯緩急,文省而意深,簡古而警策,知常知變,舊史非千篇一律也。敘事議論,昔日基於綱目,不難易綱目為新理,而後兼採泰西之長,舊史庶變新貌,自得自立之歷史敘事,斯其宜矣。

再者,述古宜能取精用宏,「師範億載,規模萬古,為述者之冠冕。」至於一事兩說,古今有隔,是非無定,難作定論,何妨從缺。苟無可敘之事,勉強敘之,「雖筆墨雕飾,焉能持久」?[276]蓋徒逞辭藻,言之無物,若無異聞奇事可述,「而責史臣顯其良直之體,申其微婉之才,蓋亦難矣。」[277]述古體裁繁多,二體之外,尚有會要、十通、學案、考異、隨筆、雜史。鮮

---

274 周金壇,《史腴》二卷(上圖編號453397-98),頁1a。
275 宋存標,《史疑》,第1冊,見〈宋存楠序〉,頁5b。
276 英國史家埃爾頓語,原文是"Unless the substance is good, the appearance, painted even an inch thick, will not lease," 見Elton, *The Practice of History*, p. 109.
277 見劉知幾,《史通》,張之象刻本,卷5,頁12b, 14b。

為人知者,尚有楊以任之《讀史》,楊氏以史實之喜怒哀樂,分為四集,一曰「集快」,如柳公權勸諫唐文宗,用賢臣,黜佞臣,取忠言,明賞罰,又如韓世忠阻金軍渡江,設伏大儀鎮,大破金兵。二曰「集恨」,如屈原離騷,懷恨沉江,荊軻刺秦王,不中而身亡,秦王追殺太子丹,卒滅燕國。三曰「集膽」,如霍去病擊匈奴,甘英遠至黑海,西望大秦。四曰「集識」,如劉邦識張良,西漢以興,如劉秀破銅馬叛軍,以興東漢,又如班超使西域,建功邊疆。[278]楊以仁既言之矣,然而翻閱史冊,快事少而恨事多也。蓋「快者可以無言,而恨不可以無言。」[279]設若此言為真,則非恨事多,而快事少也,蓋因言與不言之別耳。而言多言少,皆出自主觀,然則快、恨、膽、識,古今之間,因時移思異,豈無異趣在耶?竊以為士人遭讒害之恨,莫過於唐末宰相柳璨,渠乘梁帝朱溫屠臣之際,譖殺裴樞等七大臣於滑州之白馬驛。史稱「白馬清流」[280]之禍,慘烈極矣!李振屢試不第,投靠朱溫,出任後梁大臣,助柳璨為虐,竟然曰:「此輩自謂清流,宜投於黃河,永為濁流。」柳璨害人致死,卒為朱溫所殺,璨臨刑呼曰:「負國賊柳璨,死其宜矣!」人之將死,其言亦善歟?至於千古快事,莫過於康熙大帝之收復臺灣也。康熙於月明中秋之夜,衣錦袍,登樓賞月宴客,聞施琅捷報,興奮之餘,賜其錦袍於琅,並作五律一首曰:「島嶼全軍入,滄溟一戰收;降帆來

---

278 參閱楊以任,《讀史四集》不分卷4冊(乾隆42年龔氏世錦堂刻本),見序文。
279 楊以任,《讀史四集》,見〈集恨題詞〉。
280 參閱《舊五代史》,〈梁書‧李振傳〉。

蜃市,露布徹龍樓;上將能宣力,奇功本伐謀;伏波名共美,南紀盡安流」,詩序述及賞月、捷報、賜衣,於收島之將士,尤推崇備至,書之於卷上,裱褙贈施琅。[281]琅之榮寵極矣!帝詩所謂:「伏波名共美」者,視施琅若建功東漢之馬援也。「伏波」之名,別有平定海疆之意歟?清帝遣水師,渡洋越海,征服台澎,海疆平定,干戈不再,其欣喜之情,溢於言表。而其欣喜,不僅開疆闢土,遠人降服,文德大修。統一大業既成,男耕女織,九壤同風,沿海芸芸蒼生,得以安身立命,享太平繁榮,其快何如耶?

吾華述古,體裁多矣!紀傳者,紀陳其事,分見諸傳,傳以列事。史漢以傳釋紀,相互援證,合志書於一書,備見一代之事。統而閱之,可窺全豹,人物之多,不遺庶民,西史所罕見之也。泰西史書,記事本末,議題明確,然直敘主題,動輒數十萬言,甚或百萬言。惟直書其事,巨細靡遺,難以節外生枝,詳略未必有當,而以難窺全貌為憾耳。

敘事之餘,別有注疏,以增色文本。中華注疏,以名物訓詁為主,多稱集解,東漢後期已有之。中古以後,稱傳曰注,「蓋傳者轉也,轉授於無窮;注者流也,流通而靡絕」,意在開導明義,有益於後學。亦有人焉,正文之餘,旁存細字。類此自注,班固已有之。至於才短力微,集眾史之異辭,以求附驥尾,時而

281　李光地,《榕村語錄續語錄》(北京:中華書局,1995),卷2,頁704。台灣內屬之本末,參閱拙著Young-tsu Wong, *China's Conquest of Taiwan in the Seventeenth Century Victory at Full Moon*(Singapore: Springer, 1917).

有之。[282]後儒多以己意作注,以上符作者,故而注疏,不可小覷也。惟注釋宜慎,務避「注疏愈煩,經義愈晦之弊。」[283]注疏宜遵軌轍,勿以雜說攻擊本文、詆訶前人,庶免誤入歧路。注疏宜博,而莫以言辭撟利也。陳壽銓敘可觀,事多誠正,劉勰譽之為「文質辨洽」,[284]而子玄因其簡要,而詈壽「不習於文。」[285]劉宋裴松之,博覽群籍,以壽史失在簡略,遂廣收舊文,博采遺逸,鳩集傳記,搜羅殆盡,糾繆正誤,並存異說,務求周延,廣增異聞,而有所折衷,批評得失,而有所論辯,撰成《三國志注》,以增陳《志》之略,乃注家之冠冕,智周而鑒遠矣。劉子玄謂裴《注》,「喜聚異同,不加勘定,恣其擊難,坐長煩蕪」,[286]貶抑過甚也。裴《注》或兩說並存,或細為駁詰,剷道聽塗說與街道巷議,庶免異辭疑事,遠誣千載也。[287]其煩蕪也,未可厚非也。清人紀昀,以裴《注》為重,歸納其善:「一曰引諸家之論,以辨是非;一曰參諸書之文,以核訛異;一曰傳所有之事,詳其委曲;一曰傳所無之事,補其闕佚;一曰傳所有之人,詳其生平;一曰傳所無之人,附以同類。」[288]紀昀所言,甚諦也。裴《注》考辨之功,博覽之廣,識見之明,方法之精,與

282　參閱劉知幾,《史通》,明張之象刻本,卷5載文,頁8a-b。
283　汪康謠,《菉漪園集》(崇禎甲戌序),卷1,頁30a。
284　語見劉勰,《文心雕龍》,卷4,頁2a。
285　語見劉知幾,《史通》,明張之象刻本,卷9,頁2a。
286　劉知幾,《史通》,明張之象刻本,卷5,頁8b。
287　參閱劉知幾,《史通采撰》,卷5,頁2a-3b。
288　紀昀、永瑢等撰,《武英殿本四庫全書總目提要》,第2冊,卷45,頁16。

夫毅力之堅，昭然判矣！微裴《注》，魏、蜀、吳三國事，多語焉不詳，莫名究竟也。子玄謂之煩蕪，豈不悟寧詳勿略之旨歟？章實齋曰：「裴松之之依光於陳壽，非緣附驥，其力不足自存也」，[289]豈不悟注疏乃史學之大國乎？明理達事於訓詁，況裴氏增廣其事，豈不善哉？裴子駰注《史記》，集前人之注為注，增廣見聞，則非乃父之儔。《世說新語》，傳聞逸事，幾皆實事，乃史之羽翼，劉孝標之注，述理疏論，補闕訂誤，留傳後世，為史家所重。蒙元胡三省注《通鑑》，博引諸說，論斷是非，揭溫公未發之旨，亦君實之功臣也。注疏之功，比之著書，未遑多讓也。然則，古人作注，多能網羅舊聞，補缺正誤闡明隱約。於此可見，先賢所謂注疏，未盡同於泰西之「腳注」（foot-noting）也。彼注標明出處，別列於文末或文後，而我注雜入正文，或訓解，或補闕，或自述，較之泰西腳注，更具考證之功效也。

朔自海通以來，國人景慕西方敘事，五四更倡全盤西化，於是今人述古，皆尊西體。無可諱言，泰西作者扣緊史實，明其世代，主題意識顯然，論述既展，由章節而謀全篇。既成之篇，章節之間，井然有序。[290]西體之長，可補袁樞之短也。然而中西各有志趣，皆有可取之長。三千年之述古傳統，既豐且富，豈可棄之如敝履耶？吾華述古，最忌率爾操觚。顧亭林有言：「不讀其人一生所著之文，不可以作；其人生而在公卿大臣之位者，不悉一朝之大事……；不悉一方之地形土俗，因革利病，不可以

289　章學誠，《詳注文史通義》，許德厚注，卷2，頁17a。
290　參閱Paul Weiss, *History: Written and Lived*（Carbondale: Southern Illinois University Press, 1962）, pp. 95-102.

作」,[291]善哉斯言!以彼之長,補我之短,斯其宜矣!

291　顧炎武,《日知錄集釋》,上冊,頁457。

實錄無隱第八

　　史學以求真為要，客觀為重，中外皆是。吾華有實錄之稱。實錄者，勿取委巷之言，辨真偽，宜知別擇之嚴。吾華實錄一詞，初見楊雄《法言》。君舉必書，由近侍錄人君之言行，存為實錄。晉汲塚《穆天子傳》，即周天子內侍所錄之王命，雖嫌零落，實發後世起居注之先聲。朝廷有號令、律令、甲令、法令、章程、儀法、品式、制度，錄之藏於官府，謂之舊事，即今文獻之謂也。載籍以實錄為名，則始自周興嗣之《梁皇帝實錄》。唐宋以後，歷朝以實錄為帝王史傳之底本。一朝之史既成，底本漸遭湮帙，幸存者甚少，僅《明實錄》較全，為治明史者所樂用。《清實錄》不立臣工傳，視為編年，異於前朝紀傳。[1] 類例不明，曷以言史？太炎則謂，實錄貴當時所記，不宜追修積滯，時久失憶而貽誤也。類此所謂實錄，難稱史書，乃史料耳。

　　實錄亦可作為揄詞，如班固之稱譽馬遷：「服其善敘事理，辨而不華，質而不俚，其文質，其事核，不虛美，不隱惡，故謂

1　語見柳怡徵，《柳怡徵史學論文集》，見〈述實錄例〉，頁579。

之實錄。」[2]劉勰因謂太史公書「實錄無隱」也。明儒何喬新引伸之曰：「敘游俠之談，而論六國之勢，則土地甲兵，以至車騎積粟之差，可謂辨矣，而莫不各當其實，是辨而不華也。敘貨殖之資，而比封侯之家，則棗栗漆竹，以至籍藁鮐鮆之數，可謂質矣！而莫不各飾以文，是質而不俚也。」史公冠伯夷於列傳之首，文直事核，知不虛美也。陳平有謀，而不諱其盜嫂受金，張湯薦賢，而不略其酷，知不隱惡也。[3]《史記》之稱實錄，以可得之史料，撰成紀傳，廣包不遺，史以人傳。雖難言所述皆實，然近人考古，頗能印證史公之所記也。太炎以為史公已盡其職，讀者自可分辨虛實也。[4]諒太炎不以《史記》為虛也。竊謂太史公書，大多夯實不虛，後人明辨，旁借考古資料，糾舛補闕，臻於完善，不亦宜乎？

劉子玄曰：「良史以實錄、直書為貴。」[5]是以實錄者，亦善惡必書之謂也。錢大昕不云乎：「良史之職，主於善惡必書，但使記事悉從其實，則萬世之下，是非自不能掩，奚庸別為褒貶之詞。」大昕回看舊史，亟言實錄者，不取詞章之工，誇曜筆墨，不宜囿於聞見，不宜採訪弗該，或怵於權勢，空疏措大，予奪失當，而宜實事求是，博涉群書，補亡訂誤也。[6]

實錄未必盡實，所錄未必皆真。明王世貞博覽，洞察國史，

2　見班固，《漢書》，見〈司馬遷傳贊〉，卷62，頁2738。
3　何喬新，〈諸史〉，載卜大有，《明刻珍本史學要義》，頁386。
4　章太炎，〈史學略說下〉，章氏國學講習會講演記錄第六期（蘇州：章氏國學講學會，1936），頁14.
5　劉知幾，《史通》，張之象刻本，卷13，見〈惑經〉，頁14a。
6　錢大昕，《潛研堂文集》，第3冊，卷18，頁261, 262, 362。

野史，家史，各有真偽，嘗曰：「雖然國史，人恣而善蔽真，其敘典章，述文獻，不可廢也。野史人臆，而善失真，其徵是非，削諱忌，不可廢也。家史人諛，而善溢真，其贊宗閥，表官績，不可廢也」，[7]所言甚是。惟典章殘缺難全，或因不足記，或因故失載，或毀於兵燹，或因忌諱之故，太炎有云：「唐書記太宗閱牆之變及開國功業，雖據實錄，不無自定之嫌。明初靖難之變，建文帝無實錄可據。」[8]然則，實錄何從求信歟？是知文獻有限，史料不全。人有陰陽之患，客觀難求。西哲有言：客觀雖稱要旨，不可強求，更無從求全責備也。[9]然則，史家何以得真相之全乎？

　　實錄非僅事也，文與義兼而有之。文也義也，屬有情之天，難免無纏綿之意興，高低之領悟也。文者，錄事之器也；義者，文之所傳也。史家之文，果盡而不悖乎？夫子之義，果放諸四海而皆準乎？殊有疑也。史文「或隔卷異篇，遽相矛盾；或連行接句，頓成乖角。」[10]史義既明善惡，奈何「夫子修春秋也，多為賢者諱。」[11]史實斷之於人心，敘事操之於作手，不宜芥子必書，更忌泰山不載。清進士裘璉字殷玉曰：「作史務求可信，凡事之不近人情，鮮不為偽。」[12]何謂不近人情？有違常情之謂

7　王世貞，《弇山堂別集》，第1冊，見〈史乘考誤〉，頁361。
8　章太炎，《史學略說下》，頁12。
9　參閱Thomas Nagel, *The View from Nowhere*（Oxford: Oxford University Press, 1986）, p. 5.
10　劉知幾，《史通》，張之象刻本，卷6，〈浮詞〉，頁6a。
11　劉知幾，《史通》，張之象刻本，卷13，〈惑經〉，頁11a。
12　裘璉，《橫山史論》一卷（民國甲寅初夏孫氏鉛印本），頁17a。

也,何況人有情緒,情有好惡,揮毫之際,難免悱憤,故而質疑為艱,而理有未逮,何從求信?殊不易也。然則,所錄未必可信也,直書其事何謂也?實錄云乎哉!

然而史家以求真為天職,中外皆是。唐代吳縝曰:「有是事而如是書,斯為事實。」[13]如實所書,希臘史家盧心,[14]已有「敘事如其實」之說。[15]泰西入啟蒙時代,以理性求真,以為真相可求!蘭克名言:「如實直書其事」,[16]以為既往之真相,可以照樣復原,古人古事,得以重見天日於筆墨之間。或曰蘭克未必自信如此,渠為良史,豈不知史有剪裁與夫裁斷,安能複製往事耶?且蘭克之信念,來自其宗教信仰,認為經「上帝之手」(hand of God),操控內心深處,得以深入古人古事,得以知古如神也。[17]其實,蘭克所倡,非擬史學如科學,意在借檔案之富,重建如實之史,所謂實證派史學是也。擬史如科學之真者,別有其人,法國史家古郎茲,[18]樂觀之餘,確信歷史真相不

13　吳縝,《新唐書糾謬》,20卷,〈序〉,頁4a。
14　Lucian of Samosata(c. 125-after 180),亞述(Assyrian)修辭學家,以「說笑風格」(tongue-in-check style)聞名。他常諷刺迷信、宗教活動、卻相信「超自然」(the paranormal)之偉力。
15　"Laying out the matter as it is",引自Beverly Southgate, *History: What and Why*(London & New York: Toutledge,1996), p. 12.
16　英譯原文「我只想敘述真正發生之事實」(I desire simply to relate the facts as they actually occurred),語見Leopold von Ranke, *History of the Latin and Teutonic Nations,* G. R. Denuis transl.(London: G. Bell & Sons, Ltd. 1915), p. vii.
17　參閱Hughes, *History As Art and As Science*, p. 8.
18　Numa Denis Fustel de Coulanges(1830-1889),法國史學家,所著《古代城邦》(*The Ancient City*)1864年問世,因其淵博之知識,據希臘與拉丁

僅可得,且可如自然科學之精確,其嘗宣稱:「莫贊賞我之所說,因非出我口,而史實由我口而出也。」[19]牛津史家泰勒[20]亦云:「秉筆之際,真相乃吾唯一之忠誠。」[21]苟有此忠誠,直書其實,史家求真,宜無慮矣![22]德人韓培爾倡之尤力,英人貝雷更直言,歷史即科學也。然而事與願違,歷史與科學,異轍而不同道,擬之極不倫也。泰西近年,「後現代」理論驟起,更直言史無達詁,欲盡棄現代所遵奉之「知識」(Knowledge)、「理性」(Rationality),與夫「真理」(Truth),竟指「歷史非實存,乃語文所建構者」,[23]語意多變,有欠穩定,事實或非實,昨是或今非,難能客觀,遑論公正客觀!影響所及,「實證史學」,曾風從一時於泰西,而後史氏視為「以論帶史,掩飾史料,變造證據」,[24]故而不堪一顧,更遑論科學之史也。史書既

原手材料,而成一巨著。

19　原文:"Do not applaud me, he said one day to an enthusiastic audience, it is not I that I speak to you but history that speak through my mouth",事見G. P. Gooch, *History and Historians in the Nineteenth Century* (Boston: Beacon Press, 1959), p. 202.

20　A. J. P. Taylor (1906-1990),英國歷史學者,專長歐洲近代外交史,從事電視教學,聽眾達百萬人。以其學術嚴謹,文字極佳,故有「當代麥考雷」(the Macaulay of our age)之美譽。

21　原文是"When I write, I have no loyalty except to historical truth," 語見A.J.P. Taylor, *Politicians, Socialism and Historians* (New York: Stein & Day, 1982), p. 21.

22　語見A.J.P. Taylor, *Politicians, Socialism, and Historans* (New York: Stein & Day, 1982), p. 20.

23　參閱Jenkins, *On What is History?* p. 107.

24　原文:"the skewing sources to fit arguments, the withwholding of documents, the fasification of evidence," Jenkins, *Re-thinking History*, p. 45.

難以盡實,而史家所見不一,孰是孰非?真相莫辨也。然則「史何須求真乎」?[25]於是有言曰:莫言「歷史真相」,但言「敘事真相」足矣![26]按史家代言往事,往事無序,史家序之,豈無主見?惟盡代言之責耳。[27]是以史難盡而不污,唯有相對之真相,多元之本質。歷史求真之夙願,幾如秋風落葉,隨風而逝也歟?史家難具「無色之客觀」(value-free objectivism),不免「各言其是」(ideological relativism)。[28]流風所及,晚近之泰西史家,多以真相為懸鵠,視為「高貴之夢想」,[29]可望而不可及,心想往之,而不能至也。

歷史真相難求,中西皆然。劉子玄嘆曰:「嗟乎!必于史職求真,斯乃特為難遇者也。」[30]中華典籍莫早於《尚書》,劉子玄謂:「《書》之所主,本於號令」,[31]故所載皆謨、訓、誥、

---

25 原文:"why do we need truth",語見Jenkins, *Re-thinking History*, p. 34.

26 Donald Spence, *Narrative Truth And Historical Truth: Meaning And Interpretation In Psychoanalysis*(Boston: WWW Norton, 1984), p. 27.

27 有謂「代言唯能關切所代言之既往世界」(Representation is only concerned with the world as it is or was),又謂「代言不涉及意義」(Representation is indifferent to meaning),方無價值判斷,見Peter Munz, *The Shapes of Time: A New Look at the Philosophy of History*(Middle Town: Wesleyan University Press, 1977), p. 210.

28 參閱Chris Lorenz,"Historical knowledge and Historical Reality: A Plea for Internal Reaslism," *History and Theory*, vol. 33, no. 3(October, 1994), pp. 325-326.

29 "The noble dream",參閱Charles Beard, "That Noble Dream," *The American Historical Review*, Vol. 41, No. 1(Oct. 1935), pp. 74-87, 86. 另參閱Novick, Peter. *That Noble Dream*.

30 劉知幾,《史通》,張之象刻本,卷9,頁5a。

31 劉知幾,《史通》,張之象刻本,卷1,頁1b。

誓、命之類,言簡義奧。子玄以「其詞簡略,推者難詳,缺漏無補,遂令後之學者,莫究其源流,猛然靡察,有如聾瞽」,故以十疑質之。[32]東晉袁宏,深感「今之史書,或非古人之心,恐千載之外,所誣者多」,故而「悵怏躊躇,操筆恨然者也。」[33]劉宋裴松之,以碑銘虛偽,行是人非,真假相蒙,自貴鄙俗而無愧色,虛偽無已。[34]王安石疑紀錄不實,引以為忤,有詩自歎。蘇轍疑史之不實,有云:「由數千歲之後言數千歲之前,其詳不可得矣。」[35]明人黃恩彤亦曰:「欲于千載下,忖度千載上之人之用心,其失也鑿。」[36]更有人言曰:「數千百年之登場者,編貫之,更聚數千百年之觀場者,同異之,作者、述者,互在存亡疑信之中,即有語言狀貌,誰屬之?即有神情意度,誰紀之?而況深謀密計,噯事昧情,跳人耳目之表者乎?大抵鉤描繢藻,古人借之以不死者居半;感憤發舒,借古人以自寫者居半。」[37]明初方孝孺亦有言曰:「同時而仕,同堂而語,十人書之則其事各異!」[38]明末黃宗羲則曰:「記事之書雜出,或傳聞之誤,或愛憎之口,多非事實。」[39]戴名世有言:「以數十百年之後,追論前人之遺跡,其事非出於吾之所親為記,譬如聽訟而兩造未列,

---

32 劉知幾,《史通》,張之象刻本,卷13疑古,頁1a-9a。
33 見袁宏,《後漢紀》,卷首,〈後漢紀序〉。
34 沈約,《宋書》,參閱卷64。
35 語見蘇轍,《古史》,頁2a。
36 語見黃恩彤序文,載于慎行,《讀史漫錄》,齊魯版,卷首。
37 見鍾惺,《史懷》,鄒序。
38 方孝孺,《遜志齋集》,在《四部叢刊初編》323,卷5,頁178。
39 黃宗羲,《黃宗羲全集》(杭州:浙江古籍出版社,2012),第10冊,頁460。

只就行道之人,旁觀之口,參差不齊之言,愛憎紛紜之論,而據之以定其是非曲直,豈能以有當乎」?[40]有清詩人史家趙翼號甌北,中庭坐月,偶感月之大小,乃因眼光各自不同之故,「始知眼光異,塵根有殊性;譬若長短視,遠近相去复。」[41]此雖詩感,落實事無定詁,所見不一。乾嘉實齋曰:「千載而後,安能盡識古人之意,必欲證實,轉至臆說橫生。」[42]何況文能害意,擬非其倫者乎?及至晚清,郭嵩燾疑史之失真有四:「或蔽于耳目之見聞,或牽于流俗之毀譽,或以一人之愛憎,而一二欲之流傳,又加以附會,或以一事之得失,而人生平之大端,反為之曲飾」也。[43]然則,作史者,何以處之?曰:切莫當疑不疑,不疑而疑也。一朝發千古之覆,不亦快哉!然宜慎思明辨,放得推見至隱也。糾前人舛誤,澄清補缺,謂之翻案。然翻案不能輕易為之,立異鳴高,故意尋蠹,穿鑿附會,淪為糟粕,古人所謂「理未易明」也。試舉近例為說,陳寅恪不就中古史所長之職,有談話筆錄,長達萬言,[44]深藏於廣州檔案舘,一旦問世,自是鐵證,義寧風骨,卓然不群,莫不為之動容。惟蔡美彪之訪談,更見底蘊,按筆錄既出汪籛之手,內容大抵不誤,然未必皆是陳氏口吻,其中有所抑揚也。揚者,陳氏因理念不合,而不稍假借;

---

40 見戴名世,《南山集》(臺北:華文書局,1970),卷1,〈史論〉,頁97-98。

41 趙翼,《甌北集》(湛貽堂藏版),丁編,卷41,頁20a。

42 章學誠,《章氏遺書》,第2冊,頁60。

43 見郭嵩燾,《郭嵩燾日記》(長沙:湖南人民出版社,1981),冊1,頁508。

44 見汪籛筆錄「對科學院的答覆」,載陸鍵東,《陳寅恪的最後20年》(北京:三聯書店,1996),頁112-113。

抑者，汪籛之失言，邀師北上，師問其故，並詢及其學，生以師未能從馬克思之說，作階級分析為憾。直言無忌，令師不悅，怒曰：既如此，何必相邀？生知失言，然師已怫然，再難轉圜矣。見諸陳氏謂向達曰：「年逾花甲，乃遭逢蒙之射」，可見其中隱情矣。猶憶黃萱女士曾謂予曰：「師曾考慮北上」，顯因逢蒙之射，而無果也。汪籛隱此關鍵，稍減無功而返之過也。義寧非排馬說，而不以獨尊馬說為然，故非因反馬而不就所長之職也。義寧未曾與當局決絕，事後出任政協常委，[45]略見之矣。檔案記錄，近乎實錄，若僅就表象理解，引申義寧以不就職為決絕，不免偉其事，神其人矣！由是一葉知秋，欲知實錄底蘊，令其盡而不汙，亦云難矣！

　　吾華素知，直筆不易，信實維艱，然而未曾喪志，務實而已。歷代史家，尋往事，求實錄，欲史如「明鏡之照物」，雖不能至，盡力求之耳。使不能如杜預注《左傳》所謂：「盡而不汙」，或能「直言其事，盡其事實，無所汙曲」，[46]即直未必盡也。盡何以難致？唐劉子玄已言之：見聞不周，採擇異說，真偽相亂，麗詞失實，追撰浮訛，引書之誤，後人穿鑿，虛益新事，好聚寓言，喜出異同，朱紫不分，隱晦虛美，矯飾厚誣，藏否在我，揮毫悱憤，飾非文過，諛言諂主，[47]無不有礙信史也。已恨

45　參閱王維江訪談蔡美彪，2017年12月13日。
46　楊伯峻注，《春秋左傳注》，上冊，頁870。槐聚先生譯「盡而不汙」為 "the whole truth and nothing but truth," 意益暢明，見錢鍾書，《管錐編》，第1冊，頁163。
47　參閱劉知幾，《史通》，張之象刻本，卷4，頁10b；卷5，頁1a-b, 2a, 3a-b, 4a-b, 7a；卷6，頁2b, 3b；卷7，頁5b, 6a；卷13，頁9b, 10a

真相如隔簾幕，簾幕更被高牆遮。然則，唯有直不必盡耳？有謂：「書法不隱，直書其事」，不取隱惡塗飾，善惡必錄，是非必記，如是而已。子玄有去偽存真之法曰：尊直筆，黜曲筆，盡其在我而已。

　　子玄見識敏銳，無目睫之虞，所言史法，可作求信之南針，堪參照焉。是知史非不可實，非不可信，端賴良史之筆力如何耳。西師之謂史法，乃由驗證而理解往事。理解云何？曰：綜合之、分析之、演繹之、歸納之。[48]法國名師布洛克，不亦云乎：史家以其技藝，據文獻而定史實，觀察入微，繼之以嚴謹之批判，理性之分析，同情之理解，客觀信史猶可得之也。[49]吾華求真，顛簸不破之良法，亦所在多有，諸如疑古、闕疑、解蔽、參驗、素心，不以舛訾而廢全書也。史家能優為者，損益史實，擇其雅者，而後直書其事，論述暢達也。欲臻此境界，有賴技藝，技藝由學而得，學如越劍，經淬礪而後利，故學有深淺也。才出天賦，自有短長，識有高低，真相之多寡，客觀之程度，無不取決於才學也。

　　求信之踐步，起自疑古闕疑。古今中外，疑古辨偽，習以為常，吾華更其來有自也。《孟子‧盡心篇》所言：「盡信書不如無書」，早已耳熟能詳矣。無證則闕，誠萬世不移之名言也。信信，信也；疑疑，亦信也，當以理度之。楊朱有言：「三皇之

48　參閱Burns, ed. *Historiography*, vol. 1, pp. 43-44.
49　參閱Marc Bloch, *The Historian's Craft: Reflections on the Nature and Uses of History and the Techniques and Methods of the Men Who Write it*（New York: Vintage Books, 1964）, pp. 48-138. 此書雖是作者遇難前之未成稿，卻於戰後風行歐美。

事,若存若亡,五帝之事,若覺若夢,三王之事,或隱或顯,億不識一,當身之事,或見或聞,萬不識一,目前之事,或存或廢,千不識一」[50],至哉言乎?馬遷以太古之事,文不雅馴,即黃帝事,薦紳先生亦難言之也。至於野史增飾,家傳附會,傳聞不實,聳人聽聞。好學深思者,不為所惑,唯有闕疑而不書矣。[51]史有闕文,猶如長河斷流,不得見一瀉千里之盛景也。吾華史家,自孔子史公以下,三千年矣,習知史有疑處,莫衷一是,故絕不臆擇,疑古闕疑,中華素奉為圭臬者也。有疑釋疑,解惑之道,端在參驗解蔽。參驗一詞,出自韓非,有云:「今乃欲審堯舜之道於三千歲之前,意者其不可必乎?無參驗而必之者,愚也;弗能必而據之者,誣也」,[52]是知未經參照互觀驗證,而作定論,非愚即誣,殊不可取也。趙甌北參驗「史漢不同處」,揭「南史與齊史互異處」,「北史書法與周隋書不同處」,「新舊書互異處」,「金元二史不符處。」甌北檢視各史優劣,特色,進而糾舉舛誤、失檢、疏漏、抵牾之處,更評繁簡得失,比對異文,雖皆小眚,功力見之矣。何謂解蔽?荀子曰:「聖人知心術之患,見蔽塞之禍。」[53]按心術有患,由於「意底牢結」(ideology),乃信史之大患也。[54]蓋牢結之意識,必生

---

50 魏文煌,《石室私鈔》(萬曆十四年序),卷1,頁45b。
51 參閱王鴻緒,《史例議》,卷2,頁27a-28b。
52 見王先謙,《韓非子集解》(北京:中華書局,1983),見〈顯學篇〉,頁457。
53 王先謙,《荀子集解》(北京:中華書局,1983),見〈解蔽〉,頁816。
54 原文是"history seep into every nook and cranny of history," 見Jenkins, *Rethinking History*, p. 24.

偏見，以偏見為是，蔽塞生焉。解蔽之道，要能「探賾索隱，致遠鉤深。」[55]抑又不止心術之患，尚有人禍之懼，蓋「唯聞以直筆見誅，不聞以曲辭獲罪」也。[56]方孝孺有言：「或有所畏而不敢直書，或有舊恩故怨，而過為毀譽，或務奇玄博，而信傳聞之辭，或欲駭人之視聽，而駕為浮辨。」[57]劉子玄不畏人禍，言之最壯：「寧為蘭摧玉折，不作瓦礫長存。」[58]呂祖謙亦云：「身可殺而筆不可奪，鈇鉞有敝，筆鋒益強；威加一國，而莫能增損汗簡之半辭。」[59]劉、呂兩家，皆欲樹史官之風骨，伸直書以彰實錄者也。泰西論師有言：中華史學，因受制於「意見氣候」（The climate of opinion），諸如以史稽興亡，以史勸戒，且以名教、道統、正統自許，皆不免掩遮真相。彼言如此，彼豈不受制於「意見氣候」耶？史家不論中西，因「意見氣候」之故，縱無「有心之過」，難免「無心之失」也。[60]然則，良史務必「去情」（dispassionate），蓋「情者是非之主，而利害之根」，[61]忘愛憎利害之情，苟能「愛而知其醜，憎而知其善，斯為實錄」，[62]庶免意底牢結之患，以定是非曲直之正。史家參研之功，非可唐捐，端其心術，以其技藝，無非考訂、闡明、校

55　語見劉知幾，《史通》，張之象刻本，卷7鑒識，頁8b。
56　語見劉知幾，《史通通釋》，頁95。
57　語見方孝孺，《遜志齋集》，在《四部叢刊初編》323，卷5，頁178-179。
58　劉知幾，《史通通釋》，頁93。
59　呂祖謙，《增批輯注足本東萊博議》，卷2，頁20。
60　參閱汪榮祖，《史傳通說》，頁17-20。
61　語見劉勰，《劉子集校》，頁11。
62　劉知幾，《史通》，張之象刻本，卷13，頁11a。

正,真相多少可得也。法哲利科,[63]有嘉言曰:歷史仍有其客觀性質,「史家殊無自卑之理由也。」[64]

良史以求真為務,北宋曾鞏字子固號南豐,有言曰:良史者,「其明必足以周萬事之理,其道必足以適天下之用,其智必足以通難知之意,其文必足以發難顯之情,然後其任可得而稱也。」[65]南豐洞見良史之素質,有此素質,得以平心述也。曾鞏自撰《隆平集》二十卷,記宋太祖至英宗,五代君臣事跡,欲明名臣良士,善言行事,軍國勛勞諸事。鞏素以史學見稱,剪裁俊潔,筆力甚高。有謂此書非出鞏手,然李心傳直言:「曾子固隆平集」,[66]心傳證誤精審,必不誤也。惟鞏書未成而罷,南宋陸游曰:「南豐元豐中還朝,被命獨修《五朝史實》,許辟其屬,遂請秀州崇德縣令邢恕為之。用選人已非故事,特從其請,而南豐又援經義局辟布衣徐禧例,乞(陳)無已檢討,廟堂尤難之。會南豐上〈太祖紀敘論〉,不合上意,修《五朝史》之意浸緩,未已,南豐以憂去」,[67]徐禧挾怨兩度攻鞏,神宗又閱之不悅,

---

63 Jean Paul Gustave Ricœur(1913-2005),著名法國哲學家,以結合「現象學」(phenomenology)與「詮釋學」(hermeneutics),聞名於世,著作涉題廣博,專書之外,論文不下五百篇,舉世閱讀、討論不已。學術之外,頗多社會與政治交流,在其母國尤多,巴黎於其百年誕辰以一街道名其名,以為紀念。

64 閱Paul Ricoeur, *History and Truth*, pp. 21, 25. 利科稱此之謂:「分析的理性企劃」(rational enterprise of analysis)。

65 曾鞏,《曾鞏集》(北京:中華書局1984),見上冊,〈南齊書目錄序〉,頁187。

66 李心傳,《舊聞證誤》(北京:中華書局,1981)頁14。

67 陸游,《老學庵筆記》(西安:三秦出版社,2003),頁242。

尋曾鞏因丁憂而去。去而不回,則因宋初置編修院專掌國史,後廢院并入史館,非罷鞏修史也。[68]惟良史未竟成,殊有憾也。

劉勰有云:「析理居正,唯素心乎」?素心何意?清河間紀昀曰:「陶詩有聞多素心人句,所謂有心人也。」[69]素心何以致之?《壇經》有云:「無念」、「無著」之謂也。無念者,無妄念也。無著者,不執著於事物之念,[70]方能正心,而後真理入焉。西人所謂:不為個人之好惡,群體之偏見,詮釋之歧義,信仰之異所蔽,[71]近乎素心矣。惟心未必素,子玄見之曰:「夫人識有不燭,神有不明,則真偽莫分,邪正靡別。」[72]然則又奈何?素心不同於心術,心術有邪正,素心無雜念,蓋因人生於世,受制於世情,耳濡目染,身受不疑,視為當然,而卒難辨之矣。故史氏最忌者,以今人之是非,論斷古事之曲直,評騭古人之高低。蓋今之是非,所示者今也,非古也。是以惟有素心,方能出於今,而入於古。即法儒阿隆[73]所謂:「深入他人意識」之謂也。[74]英哲柯林伍德則曰:史學有賴於「史證」。史證者,史

68　參閱余嘉錫,《四庫提要辨證》,上冊,頁256-264。余氏辨之甚詳。
69　見劉勰,《文心雕龍》,卷4,頁3,眉批。
70　閱釋智海,《六祖壇經箋注》(高雄:慶芳書局,1961),頁27-28。
71　Walsh, *Philosophy of History, An Introduction*, pp. 99-103.
72　劉知幾,《史通》,張之象刻本,卷20,頁1a。
73　Raymond Claude Ferdinand Aron(1905-1983),法國哲學家兼社會學家,以1955出版之《知識人之鴉片》(*The Opium of the Intellectuals*)一書,聞名於世,書名典出馬克思視宗教為鴉片,而阿隆視馬克思主義為戰後法國知識人之鴉片也。
74　原文:"the historian tries to penetrate the consciousness of others",Raymond Aron, *Introduction to Philosophy of History*(Boston: Beacon Press,1962), p. 85.

家據之,而為心證之助者也。柯氏曰:「歷史之知,必經由心證裁定。」[75]柯氏之心證,要能反思,思維則有賴於邏輯推理,欲理解既往人物,宜知其所處之境遇,能設身處地,想見其人,所謂「史家宜具同情之認同,再思古人之所思而後述之也。」[76]柯氏垂注心智,而忽人心。夫心智者,行事之南針也;人心者,行事之動力也。人心各異,飄渺難知,劉勰所謂:「藏情隱形,未易測也。」[77]蓋人善飾偽,潛念隱智,難能虛己相推。況今古不一,安得以我心知他心哉?況古今有隔,安能以今人之心,度古人之心耶?或曰:史家再思古人之所思,未必真知古人之心,是亦「想像之理解」(imaginery understanding)耳。惟想像之理解,仍出自我見,安知即古人之真情實思耶?然則,再思其意云何?[78]按再思者,史家之思也,既往之事,漫而無序,如零碎之記憶,唯有史家,以其博學深思,不悖史證,而後成史。而再思絕非空想,必據「史證」(historical evidence)而思也。[79]明人郭大有曰:「學者之評人物,當觀其時之難易,勢之順逆,天命

---

[75] 原文:"It is the affirmation of something based upon evidence, that is, historical knowledge",見Collingwood, *The Idea of History*, p. 257.

[76] 閱R. G. Collingwood, *The Idea of History*, revised edition(Oxford & New York: Oxford University Press, 1994), pp. 282-301. 對柯林伍德史學思想精確闡釋,可閱Dray, *History as Re-Enactment: R. G. Collingwood's Idea of History*. 另參閱Todd, *History as Applied Science,* p. 227. 此書作者認為歷史理解不僅要學習而且要體會(historical understanding is not just a matter of learning, but also a matter of experiencing),因而呼應柯林伍德之說。

[77] 語見劉勰,《劉子集校》,頁129,130。

[78] 參閱Gardiner, *The Nature of Historica Explanation*, p. 132.

[79] Collingwood, *The Idea of History*, pp. 249-256.

人心之去留,向背如何,昧此妄議,亦非定論。」[80]義寧陳氏亦有言曰:「古事今情,雖不同物,若於異中求同,同中見異,融會異同,混合古今,別造一同異俱冥,今古合流之幻覺,斯實文章之絕詣,而作者之能事也」,[81]東西心理攸同,其嗅如蘭歟?義寧所言,可補柯氏再思之說也。作史者,深解往事,必明一代原委,今人以七秩為七十,而白居易年六十二,有詩云:「已開第七秩,飽食仍安眠。」洪邁考定,古人以十年為一秩,[82]故香山謂之開七秩也。古人之生理,不異於今人,然因時空之變,風俗有異也。史家知古人之異,異代有隔,略馳想像,可知其異同也。明人有言:「夢中神魂飛越,至千萬里不能隔,千百世如彈指」,[83]心智無隔,得以跨越時空,縱橫今古,而後落筆,分而析之,有條不紊,井然有序,卓然可成佳篇也。晚近中西互通,更有文化之隔,殊不可以橘論蕉,故有「跨歷史」與「跨文化」之義諦,無非欲開相互理解之契機也。[84]苟失之一偏,不足以通人事,若能互通兼具,知性達情,析理居正,則近乎素心矣。既具素心矣,苟能「順性命之理,通幽明之故,盡事物之情」[85],史事之真,庶幾可求乎?

80　郭大有,《評史心見》,卷4,頁28a。
81　陳寅恪,《金明館叢稿初編》,見〈讀哀江南賦〉,頁234。
82　洪邁,《容齋隨筆》,上冊,頁11。
83　徐日久語,《徐子卿先生論文別集》五卷(明崇禎庚辰序),卷4,頁25b。
84　"transhistorical,cross culture",參閱Rex Martin, *Historical Explanation: Re-enactment and Practical Inference*（Itheca & London: Cornell University Press, 1977）, p. 233.
85　語見程顥、程頤,《二程集》,第2冊,頁582。

劉子玄有才、學、識,三長之說,史家兼有三長,信史可求,實錄有望矣。惟三者兼備不易耳。明隆慶皖人詹景鳳曰:「該核在學,刪去在識,宣敘在才。才自天成,非可力致,學則可以力求,識非見道明即高,終涉過當。」[86]所言有當,惟尚有餘義,故而章實齋云:「主義理者,拙于辭章;能文辭者,疏于證實,三者交飢而未見有已也。義理存乎識,辭章存乎才,證實存乎學,劉子玄所以有三長難兼之論也。」[87]朱文公則曰:「夫有學無才,猶愚賈操金,不能殖貨;有才無學,猶巧匠無梗枏斧斤,弗能成室。」[88]竊謂才者,天賦也,德國史家蒙森有言:「史家乃生而致之,非學而能之也。」[89]蒙氏才華洋溢,所著《羅馬史》,博及地理,史料詳盡核實,文辭精密深邃。其書於1902年獲文學諾獎,以史學獲此殊榮之第一人也。蒙氏以為良史,以文才為重,夫子自道也。然與英國史家艾克頓[90]所見相左,艾曰:「史家非出自天賦或博學,乃出自方法。」[91]艾氏崇方法,學而可致,文才非首要矣。蒙、艾而後,英倫史家愛爾

86　詹景鳳,《詹氏性理小辨》,卷30,收入《四庫全書存目叢書》,第112冊,頁396。
87　章學誠著,倉修良編注,《文史通義新編新注》,頁224。
88　語見朱熹,《資治通鑑綱目》(欽定四庫全書本),序例。
89　原文:"Historian is not trained, but born; not educated, but self-educated."
90　John Emerich Edward Dalberg-Acton(1834-1902),習稱Lord Acton,英國天主教史學家,作家,亦曾參政,以「權力勢必腐敗,絕對權力必然絕對腐敗,而偉人幾皆惡人」(Power tends to corrupt, and absolute power corrupts absolutely. Great men are almost always bad men)之金句,聞名於世。
91　原文:"Method, not genius, or elegance, or erudition makes the historians."

頓,[92]則謂「良史或天授,惟真史家,乃養成之也。」[93]其所謂真史家者,由學院養成之也。愛氏以積學為重,文才次之。泰西史家於才、學、識三者,各有所好,蓋三者具備,求之中西,皆可遇而不可求也。

子玄三者並重,苟無俊才碩學,識從何來?惟明敏之識,方能窺探幽深,求索隱微,方克有成。識而無學,則知今而不知古,學而無才,則泥古而不知今,此三者必須兼備,而兼之維艱也。而宋人楊萬里曰:三長有所不足,史書之規模,應別具「氣、體、法。」氣者,當如孟子之養氣,無氣則弱;體者,當如周公之定治道,無體則雜;法者,當如孫子之治軍,無法則散。[94]明人胡應麟意猶未盡,別求公心與直筆。[95]乾嘉實齋,又倡史德,直言而不曲筆之謂,求心術之正也。惟心術必敬以恕,所謂敬者,攝氣不縱,則心平矣,恕非寬容,而能設身處地,千古同情也。蓋「不知古人之世,不可妄論古人文辭也。」[96]作史者直言不諱,落實於公心,雖云勢利所趨,曲筆易而直筆難,畢竟直筆人敬,曲筆人恥。有為者,自有其明智之抉擇也。故子玄有言:「虛詞捐實,小人以為信爾,君子知其不然」,[97]君子

92　Sir Geoffrey Rudolph Elton(1921-1994),德裔英國政治史家,專精都鐸(Tudor)王朝史,曾任劍橋大學近代史講座教授。

93　原文:"Good historian may be born, but true historian are made."

94　楊萬里妙語,記其大意,楊氏《誠齋集》(四部叢刊初編252-257),未檢得原文。

95　胡應麟,《少室山房筆叢》,頁127。

96　語見史德,見章學誠著,倉修良編注,《文史通義》,頁136。

97　語見劉知幾,《史通》,張之象刻本,卷20,頁10a.

者,明智之士也。清人楊鍾寶更有「史膽」之說,若謂:「甚矣!論古之難也,非博綜載籍,貫穿義理,而欲于千古以下,論列千古以上,未有得其要領者,故恃論古之識,尤恃論古之膽」,唯有「論古之膽,能於人所共疑,而獨定其案。」[98]洎乎清修明史,具體而微曰:「搜采欲博,考證欲精,職位欲分,義例欲一,秉筆欲直,持論欲平,歲月欲寬,卷帙欲簡。」[99]博而無疏漏,精而無抵觸,分則有序,直伸公道,平服人心,寬則無疵,簡則耐讀。所言均能力行,盡而不污,必可期待。史學畢竟以真實無訛為尚,史者求真,唯有鍥而不捨耳。

吾華舊史,徵信之法,亦云多矣:考訂、觀察、查證、覆案,皆是也。人雖有情,若經深度之理解,理性之分析,足以去情。苟能循史實之所趨,連貫而疏通之,紛雜之往事,雖如野馬,非不能駕馭之也。依西士利科之見,主觀有二,曰「查證之主觀」也、「情緒之主觀」也。[100]史家重證去情而已矣。

98　楊鍾寶,《讀史偶得》(道光九年刻本),卷1 曹楘序,頁1a-2a。
99　語見劉承幹,《明史例案》,卷4,頁6b。
100　"investigative subjectivity, passionate subjectivity," 見Ricoeur, *History and Truth,* p. 30, 31.

推果知因第九

　　因果於物質之學，幾無疑議。蘋果下墜，地力引之。花林有霰，因月照之。火燭生烟，明鏡成鑒，事理之常。秋濤既起，錢塘大潮，天象地勢所致也。種瓜得瓜，種豆得豆，事所必致。故而天界之因果，可以普及，屢試不爽者也。然而人事之盛衰、禍福、榮辱，莫不難料，善未必善報，惡未必惡報，斯皆難以預知之人間。故曰：「心智之學」（Geisteswissenschaft），獨特複雜，人界因果難斷，殊有異於「自然科學」（Naturwissenschaft）之因果論也。

　　西師有將史學科學化者，韓培爾倡之尤力，欲以天界之「因果法則」（covering causal law）施之於史學。韓氏雖名重一時，然人界有異於天界，心物迥異，難能同軌一輒也。荷蘭史家約翰惠澤加（Johan Huizinga）有云：「歷史思維，有其目的在焉。」[1] 目的云何？「決定論」也。黑格爾之唯心哲學，馬克思之唯物史觀，皆視歷史進程具有既定之終局，必然之歸宿，即決

1　原文："Historical thinking is always teleological," 語見Stern, *Varieties of History*, p. 293.

定論之謂也。此論取決於單一之因,人之所思所行,皆由此因而出,有此因必有其果。然則,何異於天界之因果歟?惟史之趨向不定,何從得知其終局乎?人事既不可預測,又何來不移之法則?其法則又何從驗證之耶?故而波柏氏,[2]視決定論為大戾,以為泯滅個人,伸張集權,抨擊決定論,不遺餘力。波柏氏斷言:史無定法,故無因果律可言。[3]英國俄裔思想史家伯林,亦力駁「歷史必然」之說,舉凡全體論、形上論、機械論,莫不以形上之學,約束自由之意志。既以命定為說,意願、議論、判斷、價值,是非、對錯、褒貶,皆不足道也。故伯林氏視必然之說,為「有害之說」,蓋人無不存在於其自身之道德,美學、宗教準則之中。一言以蔽之,人界有異於天界也。[4]史乃人界事,若有歷史法則,無乃「偶發之折射。」[5]人間多偶然,難同天界之必然。泰西之「實證派」(Positivists),一承哲人休姆人性相通之說,以行事相同,而視其因果相循,猶如自然法則。是說也,亦有違史之特性。人界之情緒、貪婪、戀權,東海西海雖同,各人運思與動靜有異,人之自由意志,如何法則之耶?於是

2　Sir Karl Raimund Popper(1902-1994),英國奧裔哲學家,以最具影響力之「科學哲學」(philosphy of Science)家,聞名於20世紀。
3　K. R. Popper, *The Poverty of Historiciam*(London: Routledge, 1963), p. 11.
4　"mutatis mutandis, necessary change, reduce history to a kind of physics, teleology, dangerous dogamas". 參閱Isaiah Berlin, "Historical Inevitability," in *Four Essays on Liberty*(London: Oxford University Press, 1969), pp. 41, 47, 49, 53, 55, 58, 63, 74, 76, 81, 89, 91, 106.
5　原文:"The entire historical process is a refraction of historical law through the accidental," 語見Leon Trotsky, *My Life*(New York: Charles Schribner's Sons,1930), p. 422.

歷史偶發之說,又甚囂塵上矣![6]以戰爭而言,起因多端,然論者背景各異,意識不一,所擇之因,價值判斷有焉!無論政見,或道德判斷,莫不出自主觀,說如「陰謀論」、「勝國正義」,皆一偏之見,豈可輕易相從?泰西「決定論」[7]與「自由意志論」[8]之辯,終無了局,難有定論。然則,歷史因果尚可言乎?

史事乃個別事件,其因果難能普及,一事之因果,未必他事之因果,然而無可疑者,史非孤立,事事之間,環環相扣,其間關係,豈無邏輯可尋、因緣可說乎?若僅列事實,若始皇崩而地分,非史也,因略無因果關係,邏輯鏈接。始皇崩,趙高亂政,項、劉起兵,而後地分,是固然也。惟歷史因果,乃單一事件之因果,非他事件之因果。[9]何況不僅述事,亦復述心,人心何有所思?何有此欲?何出此圖?非盡理性,亦非僅自主。舉凡思慮、意圖、籌劃、策略,非可眼見。至於「心態因果」(Mental

---

6 柯林伍德即有異議,有「起因相對論」(the relativity of causes),多元起因涉及責任歸宿,尤見之於戰爭之起因,則有主觀選擇矣,參閱 Collingwood, *The Idea of History,* p. 149。「偶然說」,參閱自由派之異義,Karl Popper, *The Open Society and Its Enemy*, vol. 2, p. 197; Karl Popper, *The Logic of Scientific Enquiry*(London: Routledge, 1959), p. 248.

7 原字Determinism,宇內任何事物,莫不受制於法則之學說,無論自然界或人文歷史,全由其因所決。

8 原字Free will,個人不受制於運命,而能自我主導。然則與決定論截然異趣,惟自由意志未盡能不受先天遺傳與後天教養之影響。論者多以為自由意志論與決定論,皆非全然也。

9 西師有云:「歷史敘事獨一無二,自成其學」(historical explanation is *sui generis*, with its own logic and procecure),語見Gardiner, *The Nature of Historical Explanation,* p. 113.

causation），[10]如何求之？西晉八王之亂，司馬氏骨肉相殘，成都王穎收陸機兄弟死之，妄殺當世奇才，華亭鶴淚，不復可聞，豈僅因孟玖譖機有二心於長沙王之故？成都王殺陸心思，可得聞乎？自亦子非魚，不知魚之樂歟？人非魚，安知魚之樂？王之怒殺賢士，文獻有闕，果為何因，不復知之矣！

歷史因果，畢竟難以精確，或模棱兩可，或失之武斷，若隨興言之，更不足取信矣！[11]甚者，有謂以因果釋史，史其殆矣！史家何莫勤於敘事，因果忘之可也。[12]是耶？非耶？觀乎古今中外，史實相襲，溯因求果，勢所必然，因果之說，未嘗絕書！史事固然獨特，其間有無形之索，令事事相因，[13]故史著之佳者，貴能呈現因果關係也。英師卡爾有言：史者前後通貫，井然有序之因果學也。[14]惟史事獨特，一事之因果，難以及於其餘。晉武帝太康元年（280）滅吳，一事也。然非無因之孤立事件，究其因而可知：司馬晉兵力益盛，而吳主暴虐，吳人窮困，此其時也。吳雖有江淮之險，不如西蜀劍閣之山高谷深，此其地也。晉羊祜有遠略，王濬作船七年，有備而來，此其人也。此時、地、人之因素，僅就晉滅吳而言，非如科學法則，可複製於他事也。

10　詞見Gardiner, *The Nature of Historical Explanation*, p. 114.
11　參閱Louis Gottschalk, *Understanding History*（New York: Alfred Knoff, 1954）, p. 223.
12　參閱G. J. Renier, *History, Its Purpose and Method*, p. 181.
13　若謂："a causual connexion is similar to an invisible string which ties facts to one anoter," Gardiner, *The Nature of Historical Explanation*, p. 71. 另參閱p. 79.
14　參閱Carr, *What is History?* pp. 113-143.

人事既多且繁，宜存相關者、棄無關者，相關之中，何者為「深層之關鍵因」，[15]難言之矣。蓋史家觀點有異，意趣不同，唯一之因，豈可得哉？因既不同，果自有異。王濬功大賞輕，憤抑而已。鄧艾、鍾會，平定蜀漢，厥功至偉，鄧因讒受押入檻，鍾見鄧擒，決意謀反，密泄而死，兩人功高身死，其因其果，有異於韓信之功高不賞，岳武穆之莫須有也。

中華成語，多由歷史經驗而來，雖不能蓋全，可蓋者頗廣，略同有效之通則矣。例不細舉，略舉四則。一曰：「生於憂患，死於安樂」，有逸樂之因，則有亡國之果。蓋安樂易生驕奢，驕奢易惰，惰則易招禍亂也。唐明皇開太平之世，不思憂患，「殫耳目之玩，窮聲技之巧」，[16]遂有龍輿西遁，生靈塗炭之禍也。安樂不忘憂患，則無虞憂患，憂患而猶安樂，必死於安樂，古人所謂「宴安為鴆毒」也。究之實際，憂患未必能生，安樂未必即死，故非鐵律法則，然而憂生樂死，屢見不鮮，謂之通則，雖無法則之嚴謹，仍由經驗纍積而得，雖不精準，庶幾近之。二曰：「暴徵橫斂，必招民變」，雖然未必，然暴政之因，導致革命之果，屢見於中外史乘也。三曰：「板蕩識忠臣」，國有難，非必有忠臣，然亦不乏其人也。老氏有言：「禍兮福之所倚，福兮禍之所伏」，禍福倚伏，豈云必然，惟亦層出不窮，屢見不鮮，多能感同身受者也。四曰：「得人心者得天下」，唐德宗有內相陸贄，事多與之謀，獻替良多，贄有言曰：「自秦漢暨于周隋，其

15　"fundamental causes of deep-rooted forces," 語見Gardiner, *The Nature of Historical Explanation*, p. 103.

16　司馬光語，見司馬光撰，伍耀光輯錄，《通鑑論》，頁117。

間將歷千祀,代興者非一姓,繼覆者非一君,雖所遇殊時,所為異跡,然失眾必敗,得眾必成。」[17]得眾者,得民心也,不得民心者失天下,觀覽舊史,雖未必盡然,幾成通則。由是觀之,歷史通則,含有相通之因果,有助於釋史。史事層層相因,知其所以相因之故,其間因果關係,以理性思維衡之,釋其故而推見至隱,見因而知其果矣。[18]義寧論史,多有假說,非顛簸不破之真理,能深窺戶庭,考證細密,非輕易立論,視為可據之通則可也。

泰西最樂道者,莫過於「地理決定論」也,[19]以為人事,莫不有地理之因。希臘亞里斯多德即曰:歐陸之民,所以勇武,乃地理環境所致也。東亞之民所以怯弱,亦地理環境所致也。古希臘人,品質至高,更拜環境優越之賜也。此地理決定人種優劣之說,泰西沿用不衰,至乎法國孟德斯鳩,仍以英勇之人,產自嚴寒之地;溫暖之鄉,必出狡猾之徒。即使大哲如康德[20]者,亦嘗試以地理特徵,解釋人格特質。直至近代,德國地理學家李特

17　陸贄,《陸宣公集》,卷12,頁11b。
18　參閱Maurice Mandelbaum, "Casual Analysis in History", *Journal of the History of Ideas*(1942), p. 39.
19　Geographical determinism,視社會發展決之於自然偉力,而社會內部之影響消失殆盡矣。
20　Immanual Kant(1724-1804),德國大哲學家,主「超驗主義」(transcendentalism),謂知識出於可感之事物與夫了解事物之理智,缺一不可。其說於純粹經驗與內生意識兩不相偏,可稱折衷論,影響深遠。

爾[21]與洪保德，[22]視地球為一有機之體，世人順之，始得和諧。英國生物學者達爾文[23]物競天擇之說，萬物無不因適應環境而存，否則滅亡，其說影響至為深遠。美國女士森普爾，[24]受達爾文之說，於上世紀之初，論定人類活動，幾皆由大地所控制。此說復導致亨廷頓，[25]氣候決定文明之論。[26]之後，地理決定論，牽連種族主義與帝國主義，駁議時出，其論漸衰。法國拉布蘭克，[27]遂有折中論，以為人文風格，乃地理因素之反襯。大略言之，山川形勝，可定一國之興衰；資源豐瘠，可定經濟之消長，其間因果關係，當無所置喙矣。西諺輒曰人定勝天，然洪水、地震、氣候異變為患，史不勝書，於科技昌明之今日，人猶未能盡勝天也。觀乎天災不絕，自然之天，雖非必然因素，影響人之禍福，亦云浩烈矣！

21　Carl Ritter（17791859），德國地理學家，視為近代地理學奠基者之一，晚年為柏林大學講席教授。

22　Friedrich Wilhelm Heinrich Alexander von Humboldt（1769-1859），地理學家兼自然學家，倡浪漫主義哲學與科學。

23　Charles Robert Darwin（1809-1882），英國生物學家兼地質學家，以創生物演化論於世。其以所有物種來自同源。嚴復譯演化論，歸結為物競天擇，適者生存，言簡意賅。

24　Ellen Churchill Semple（1863-1932），渠於美國早期地理學之發展，貢獻良多，尤著力於人文地理，成為美國地理學會首位女會長。

25　Ellsworth Huntington（1876-1947），20世紀初執教於美國耶魯大學，以研究經濟成長，經濟地理學，以及環境決定論聞名，曾被選為美國生態學會與地理學會會長。

26　參閱C.A. Mills, *Climate Makes Men*（New York: Harper, 1947）。

27　Paul Vidal de la Blache（1845-1918），法國現代地理學與地理政治學之奠基者，認為一地區之生活方式反映由地區型塑之經濟、社會、意識，以及心理認同，是所謂「生活形態」（genre de vie）。

吾華載籍，人受制於地之說，因地制宜之見，亦常有之。清人沈日富謂：殷商遷都有三，皆因黃河決堤之故。沈曰：「仲丁時亳都有河決之患，遷都于囂，亶甲遷相（今豫之安陽內黃），祖乙遷耿，盤庚復遷于亳」，皆因河決之害，故屢遷以避之。[28] 水患是因，遷都是果，非地理決定論而何？北宋有靖康之難，訂城下之盟，或曰：趙宋混一宇內，仍襲五代都汴之陋，「雖曰奸人誤國，然非都汴之失，亦何止如是之易哉？」[29] 蓋曰汴都無險可守，易於淪陷，康王南渡，歸因於汴都之故歟？

　　當代生態危機，環境史已成顯學，蓋有濫用資源之因，必致生態惡化之果。甚而或將危及人類之生存，能不關注歟？中華古代，已有誡曰：「毋竭川澤，毋漉陂池，毋焚山林」，[30] 庶免「構木為台，焚林而田，竭澤而魚」也。[31] 明初劉基更有特識，謂取用萬物，無異「天地之盜」，宜能「善盜」也。[32] 善盜庶能取之不盡，用之不竭也。濫伐森林，非善盜也。有此因而有水土流失、洪水汎濫之果。泰西晚近有「文明侵蝕自然」之說，[33] 謂人類不能善盜，破壞生態，後果不堪設想，豈非劉基之憂乎？明之亡於清也，或曰：萬曆皇帝高枕內宮數十年，不問朝政，處

28　沈日富，《讀史微言》（上圖清抄本），無頁碼。
29　汪玠，《史億》（同治戊辰木刻版），見〈汴都論〉，頁12b。
30　高誘注，《淮南子》（臺北：世界書局，1972），卷8，〈本經訓〉，頁113。
31　高誘注，《淮南子》，卷5，〈時則訓〉，頁71。
32　見劉基，《鬱離子》，清光緒元年（1875）湖北崇文書局刊本（臺北：新文豐出版社，1985），冊21，卷下，〈繭絲〉，頁265。
33　參閱R.G. Collingwood, *The New Leviaathan*（Oxford: Oxford University Press, 1942）, p. 291.

變亂而不驚,如冢中枯骨,國豈能不亡乎?權奸誤國,黨同伐異,冒餉賄賂,階級矛盾,地主剝削,欺壓百姓,皆是亡國之因也。然若由生態環境視之,朱明自天啟以後,天趨酷寒,至崇禎年間,天災頻傳,北方有乾旱之苦,南方有水災之患。米脂大旱,尤為浩烈。即江浙富饒之鄉,亦物產銳減,物價飛漲,斗米千錢,餓殍遍地,人竟相食,[34]以至於人口銳減。[35]饑荒而後,瘟疫肆虐。民不堪命,變亂蜂起,亡明之秦晉流寇,非饑民即逃兵,而所謂逃兵,亦因饑而亡命者也。[36]史家談遷,[37]親歷其境,有此知言:「夫人無智愚,俱于利害之間,忍饑則死,為盜

---

34 參閱《陝西通志》,載《景印文淵閣四庫全書》,史部,311冊,卷47,頁533-685。

35 參閱Parker, "Crisis and Catastrophe: The Global Crisis of the Seventeenth Century Reconsidered," p. 1059. 另參閱Jack A. p. Goldstone, "East and West in the Seventeenth Century: Political Crises in Stuart England, Ottoman Turkey, and Ming China," *Comparative Studies in Society and History*(1988),vol. 30, no. 1(1988), pp. 105-107. 作者將十七世紀中國與其他各地作比較研究,發見該世紀政治危機之共同點。但另一學者認為,德川日本亦農業大國,並無明代中國之經濟困境,閱William S. Atwell, "A Seventeenth-Century 'General Crisis' in East Asia?" *Modern Asian Studies* 24, 4(1990), p. 671-673. 惟與明相比,德川實不足以稱農業大國也。此文作者於另一文中,自認比較研究,尚須深入國別史之研究,始有意義,見William S. Atwell, "Some Observations on the 'Seventeenth-Century Crisis' in China and Japan," in *Journal of Asian Studies,* XLV, 2(1986), pp. 223-237.

36 《崇禎長編》,《明實錄》附錄(臺北:中央研究院歷史語言研究所,1967),卷45,頁34。

37 談遷生平,參閱楊永康,〈談遷生平行事考〉,《史學史研究》,總124期(2006年12月),頁73-75。

則生」也，[38]亦時人吳甡所謂：「致盜由荒」也。[39]蓋自天啟至崇禎，八年之間，陝西大旱不雨。推究天象，氣溫驟降之故，端因千年一遇之「小冰期」（Little Ice Age）作祟，大氣聚水過少，既冷又乾，寰宇皆是，時人不知之也。吳偉業觀天象異變，歸咎於「前人之餘殃」，人謀之不臧，絕不知斯乃自然現象，氣候異變，非人力所能禦者也。《明史》所載「恆寒」，恰與「小冰期」相應。自萬曆三十六年至四十五年（1608-1617），氣溫驟降，湖北桃杏遲開七至十天，華北生長季節，遲約兩月，又逢北旱南澇，[40]糧食減產，生民飢矣！明人不知冰期肆虐，可以亡其國也。陳鶴有記：崇禎聞平陽失陷，謂廷臣曰：「朕非亡國之君，事事皆亡國之象」，[41]未知天候之象也。帝死煤山，有遺言曰：「朕涼德藐躬，上干天咎，然皆諸臣誤朕。」[42]崇禎僅見亡國之表象，而未悉天變之真相，所謂「上干天咎」，豈知所云？明亡之故誠多矣，氣候決定論，未必盡是，然小冰期之肆虐，實屬空前，速朱明之亡，固無疑矣。[43]天寒之因，而有明亡之果，

38　談遷《國榷附北游錄》（臺北：鼎文書局，1978），卷91，頁5564。

39　見戴笠，《懷陵流寇始終錄》，收入《續修四庫全書》（上海：古籍出版社，1995），冊441，卷4，頁158。

40　江南水旱災，造成嚴重饑荒與疫病，及其悲慘後果，參閱馮賢亮，《明清江南地區的環境變動與社會控制》（上海：上海人民出版社，2002），頁184-88。

41　陳鶴，《明紀》（臺北：中華書局，1966），卷57，頁17。

42　張廷玉等，《明史》，卷24，頁335。

43　參閱汪榮祖，〈氣候與明清代興〉，季羨林、週一良、鄧廣銘編，《紀念陳寅恪先生誕辰百年學術論文集》（北京：北京大學出版社，1989），頁333-336。

其間因果,未可小覷歟?

清末有獨醒主人者,有獨見曰:地勢為有形之險,而人才乃無形之險,有形之險常存,而無形之險,不可長恃。地險人險兼備,險之至也。徒有地險而無人險,終以險敗,更引史事曰:「昭烈有劍閣而抗曹,李勢有劍閣而降晉;唐祖得秦隴而即以王,劉裕得秦隴而不能守;孫策以江東造厥家,叔寶以江東廢厥祀。」是說也,人險重於地險,故又曰:「項氏之亡,不亡於去關中,而亡於去范增;蜀漢之興,不興於得荊州,而興於得諸葛。」[44]有形之地險,萬古不變,固然重要,而人險更見其重,蓋人險有賴於稟賦意志,可遇難求也。要之,人險之說,由人之良鄙,以決事之成敗也。

人險者,人文現象也,人理也,非物理也,故無「因果法則」(causal law)可循。歷史因果,自亦無普遍法則可尋也。若有之,其為「因果通則」(causal generalization)乎?通則者,條列諸例,總結大勢,而後得之,有異於鐵律法則也。歷代興亡,其間因果,錯綜複雜,時有通則可尋。孟子見史之「一治一亂」,[45]以尼父仁政為說,以史為證:「三代之得天下也以仁,其失天下也以不仁,國之所以廢興者亦然。」[46]蓋仁政是因,得民心是果,得民心者,得天下也。夏桀、商紂之亡,因其荒淫無道;湯武革命,因其順天應人。荀卿「水舟說」,亦若

44　閔獨醒主人(錢桂笙),《東社讀史隨筆》(光緒年間刻板,民國文明書局複印)上卷,頁3b-4a。

45　語見楊伯峻譯注,《孟子譯注》(香港:中華書局分店,1994),頁154。

46　楊伯峻譯注,《孟子譯注》,頁166。

是。先秦諸子以下，莫不謂然。賈誼過秦，以仁義為說，謂秦之亡也，因仁義不施，人主失道，百姓怨望之故。然則，過秦之因，亦可過漢、過隋、過唐、過宋、過明、過清歟？若以此說為通則，泛論亡國之君，皆因荒淫無道；開國之主，莫不英武仁義。斯乃以偏概全，漫漶不清，似是而非之論矣。此非因果論斷，乃道德論斷也。中華以儒立國，儒教雖未必行於王政，卻深入人心。仁義之說，耳熟能詳，士人論史，胸懷儒家倫理，尚春秋筆法，遵尼父之旨，善善惡惡，將繁瑣之因果，約為簡略之褒貶，習以為常。史官職志所在，未可騎牆模棱。惟道德高標，往往不符現實，有誤通則。秦興未尚仁義，秦亡豈因仁義？漢唐以下諸王朝，其興亡也，難以仁義為說也。楚霸王之敗，豈因天亡？李廣難封，豈無聖主？太史公知之最稔，故曰善人未得善報，而盜賊長壽；操行不規者，富貴不絕，更無論暴政可以得天下也。[47]唐太常博士柳冕因謂：「《春秋》尚古，而遷變古。」[48]是知遷之所述，未盡以道德為說也。唐之亡也，諸侯強而王室弱，其事顯然；唐弱而久不亡，因諸侯維持，然則「唐之弱者，以河北之強也，唐之亡者，以河北之弱也」，[49]因為果，果為因，所論極妙，亦甚諦也。

英國史家卡爾[50]曰：史有偶然，若「埃及豔后之鼻稍短，

47　參閱司馬遷，《史記》，卷61，頁2124。
48　見柳冕，〈答孟判官論宇文生評史官書〉，頁101。
49　語見文廷式，《純常子枝語》，卷5，頁4b.
50　Edward Hallett "Ted" Carr（1892-1982），英國史學家，外交家，國際關係理論家，治蘇聯史成果頗豐，主「實證」（empiricism）史學，其《何謂歷史》（*What Is History?*），尤聞名於世。

羅馬帝國或將面目全非云。」[51]豔后之美貌,偶然也,卻有關帝國之運命。惟卡氏又曰:偶然亦有其因,既有「多層」(multiplicity),亦有「階層」(the hierarchy of causes)。[52]定因之先後、輕重、主次,連而貫之,可成有序之因果矣。蓋史事之因,亦云多矣,如拉丁語所謂:「餘事皆等」(ceteris paribus)也。故須列其序而董理之,於萬緒之中,辨其主次,以區別必然之因,或然之因,以及非必然之因也。然後於敘事之中,列諸因之先後,以見因果之主次。明英宗土木堡之變,皇帝被俘,史所罕見,由果推因,其序略為:漠北蒙古崛起,也先侵凌邊疆,謀寇大同,宦官王振攬權,勸帝親征,鄺埜、王佐勸阻未果,因帝年少,受制於王振,政由振出也。交戰之際,王振輜重未至,缺水乏糧,行伍已亂,兵士逃逸。及戰不利,未即疾馳入關,撤軍不由正道,不由紫荊關入,因振必欲經其故地,改由蔚州入關,以至於御駕困於土木堡,上皇受縛矣!究帝俘之故,要因親征,親征未必潰敗,潰敗之故,則因邊地薄弱,武備廢弛,一旦交鋒,糧草不繼,潰不成軍矣!由此可見,土木之變,諸因層層,處處涉及王振,振洵為必然之主因,固無疑也。至於也先之豪強,輕開邊釁,番氓買馬,適逢風雪彌天,雖不無關係,未必帝俘必然之因也。

---

51 "Cleopatra's nose, had it been shorter, the whole face of the world would have been changed",法國數學家巴斯卡(Blaise Pascal)之名句,為其《靜思錄》(*Pensees*,Thoughts)一書中之偶感,史家常引以為歷史偶然因素之例。

52 原文:"The study of history is a study of causes," Edward H. Carr, *What is History?*(New York: Alfred A. Knopf, 1964), pp. 113,117.

因果既非先定,亦非偶然。史家若仍以偶然為說,而不問原委,怠惰有焉。今以理性探究因果,偶然之說,可以熄矣。法國哲人阿隆,以偶然為常態之突變,而突變亦有其故。然則,史亦因果之學也。歷史因果,無妨由內在理路董理。史之論斷,唯自人之所為,由其心態考之耳。史乃精神之學,涉及動機,因果須問個案。所欲問者,所擇之因,合理也歟?所得之果,大勢之所趨歟?史家憑「後見之明」(retrospective),觀覽前史,何莫「倒果索因」(regressive),以已定之果,推見前因。強秦其亡之速,乃既成事實,何以致之?曰始皇之暴,一也;胡亥之愚,二也;趙高之詐,三也;子嬰之降,四也;似皆有故,似是而非,欲問諸因序列何如?「諸因位階安在」(hierarchy of causes)?舊史未聞其詳也。強秦祚短,人謀之不臧,信哉!以始皇之餘烈,即無雄主,中智主政,帝業可續。奈胡亥愚不悟趙高之詐,趙高指鹿為馬,顛倒是非,無所不止,而有沙丘之謀,矯詔弒兄奪權,若丞相李斯不從趙高,詭計猶不得售也。李斯智謀超人,輔成秦皇帝業,明知高謀,可以亡國,卻負安危存亡之托。斯知兄弟相爭,危及社稷,初不願與謀,終難拒高之利誘威逼,淪為同謀,以偽詔立胡亥為太子,並以始皇偽書,賜死扶蘇。趙高既得計,二世受愚弄而不察,李斯雖從高之謀,仍難免一死。高以內侍拜相,荒謬極矣!及山東亂起,高竟弒帝,欲自立而未果,子嬰即位,不及三月,沛公已入咸陽,卒為項羽所殺,秦亦亡矣![53]此乃秦亡之故,環環相扣,昭然可見也。是以秦之亡也,二世之愚,有亡國之君;趙高之詐,有亡國之臣;君

53　參閱司馬遷,《史記》,卷87,〈李斯傳〉,頁2548-2563。

臣皆亡國之要因也。後人論之者眾,更有以李斯為主因者,謂秦有天下,非李斯之功,而速秦之亡,如燒詩書,事不師古,誤聽趙高,殺扶蘇而立胡亥,則斯之為力烈矣![54]晚唐羅袞直言:亡秦者「李斯也」!何也?曰:「及始皇外崩,奸臣謀亂,又不能于此時制變,為存秦之計,卒使趙高得行其謀,胡亥極其惡,子嬰孤死於蒼黃之地。始皇失賢嗣,遂暴惡于後世,嬴氏之鬼以不血食者,李斯之故也。」以袞之見,李斯既知高之奸謀,應赴蒙恬大軍,立扶蘇為君,討國賊,以固社稷。斯不出此,耽祿畏害,以至於有亡國之禍也。[55]斯之罪,因懼譖而從謀,是矣!崇禎舉人徐枋則曰:「夫高之得恣其志,由于立胡亥,而立胡亥,由于斯之聽高,聽高而卒以殺其身,夷其族,而並以弒秦之君,卒亡秦之天下。」[56]罪要在斯也。諸家分析因果,鞭辟入裡,豈不然哉。竊謂:李斯助秦,凡事皆決於法,刻削無恩,雷厲風行,無可借代,而參與沙丘密謀,助高為虐,豈不知枉法亂制,奈因「一念重利祿之心為之也。」[57]二世既立,斯責高玩法弄權,未免晚矣!不免為高所害,受腰斬之酷刑,夷三族,亦謂浩烈矣!斯非作法自斃,乃枉法自斃也。臨死以伍子胥自許,豈不有愧?此羅袞所以將秦亡之故,歸罪於李斯也。蘇東坡以為根本之因,乃自商鞅以來,秦法嚴苛,扶蘇為秦人所愛戴,蒙恬將

54　計大受,《史林測義》,卷6,頁3a-b。
55　羅袞,〈秦論上〉,李昉等編,《文苑英華》(北京:中華書局,1966),第5冊,卷753,頁3945。
56　徐枋,《居易堂集》,上冊,頁228。別見羅振玉編,《明季三孝廉集》,居十,2b。
57　于慎行語,見《讀史漫錄》,齊魯版,頁28。

三十萬人,而不敢復請而受誅,蓋知始皇鷙悍,荊軻之變,侍兵莫之能救,足為前鑒。李斯知臣子不敢復請,故無所忌憚,料扶蘇蒙恬必不敢反也。[58]惟李斯之智,縱不能力挽狂瀾,必不應自亂法紀,與高同惡相求,違法密謀,有此非常之舉,便有非常之果,為私利而非公義,從虐殺而禍及己身,亦惡因致惡果之謂歟?

史家甌北有言:趙高本趙國公子,痛趙為秦所滅,為復仇自宮入秦,類勾踐事吳故事,殺秦子孫,而亡秦之天下云。[59]詩人歐陽軒,有詩詠之曰:「當年舉世欲誅秦,哪計為名與殺身!先去扶蘇後胡亥,趙高功冠漢諸臣。」[60]言之灼灼,若其可信,則滅趙是因,亡秦是果,而因果之關鍵又在趙高矣!宋人鄭樵則謂秦亡於詩廢,蓋詩可紓抑鬱之氣,有助於君民和諧。周之衰也,禮廢而詩不廢,故民哀而不離。秦衰詩廢,民怨極而亡秦矣。[61]此別具視野,深層之思,足見秦亡,其故誠多。約而言之,始皇之烈,二世之愚,趙高之詐,李斯之誤,扶蘇之孝,蒙恬之忠,皆無可挽之情勢,因既深植,果必至矣,似無迴旋之餘地也歟?楚霸王項羽,雄視諸侯,終失天下,其故亦不一。或謂其不王秦地而東歸,自失樞機之地。司馬溫公不以為然,曰:項羽以力王諸侯,無禮不義,「欲以一夫之力,服億兆之心,才高者見

58　蘇軾,《東坡志林》(揚州:廣陵書社,2011),下冊,卷1,頁81b-83a。

59　事見趙翼,《陔餘叢考》,卷41,第3冊,頁905。

60　歐陽軒,《月到山房詩》,見錢鍾書,《容安舘箚記》,第773(一)趙高。

61　參閱吳懷祺編,《鄭樵文集》,頁22-23。

疑，功大者被絀，推此道以行之，雖得百秦之地，將能免于敗亡乎？」[62]然則，項王「事起秦餘，身終漢始」，[63]可勝而敗，歸之於人謀之不臧，亦「人險」之不足歟？

陸士衡太康之英，才華橫溢，系出名門，親歷亡國之痛，作〈辨亡論〉，亟論興亡因果。東吳人才鼎盛，「謀無遺諝，舉不失策」，又據山川之險，控荊吳形勢，沃野千里，財豐兵強，周瑜黜曹操於赤壁，與魏、蜀鼎足而三，遂固帝業，此所以興也。東吳之亡，或曰：吳、蜀唇齒相依，蜀既滅矣，吳豈能獨存？士衡曰：西蜀不與吳之存亡。劉玄德揮師東下，吳將陸遜，士衡之祖，於蜀漢彰武二年（222），以三萬之眾，東西同捷，俘虜蜀軍以萬計。然而晉於咸寧五年（279），司馬炎大舉伐吳，翌年滅吳，吳主孫皓出降，晉朝一統，改元太康。吳能抗蜀，而不能抗晉，其故安在？陸士衡曰：「太康之役，眾未盛乎曩日之師，廣州之亂，禍有癒乎向時之難，而邦家傾覆，宗廟為墟，嗚呼！人之云亡，邦國殄瘁，不其然歟？」[64]依士衡之見，東吳之亡，非無眾將可戰也，非無利器可用也，非無山川險阻可持也，何以亡為？人謀之不臧也。元首孺弱，賢士不再，失先王經國之長規，忘慈和以結士民之愛戴，黔首之志瓦解，何從共赴國難乎？是亦「人險」之失守也。士衡由亡推因，良史之筆也。作史者，回顧往事，錯綜複雜，難窺其因，要能於所見之果，推見其因，驗證不誤，斯其宜矣。使吳人好謀善斷，據長江之天險，未必亡

62　司馬光，《司馬溫公稽古錄》，第2冊，卷12，頁81a-b。
63　語見劉知幾，《史通》，張之象刻本，卷2，頁8a。
64　陸機，〈辨亡論下〉，《陸機集》（北京：中華書局，1982），頁132。

國也。雖有地險,而無人險,畢竟難以持久,士衡之說諦矣!

展覽舊史,歷朝之興亡也,因果不難見之。三代之盛,因其德治;姬周享國近四百年,分封建藩,以諸侯為屏障,邦基所以固也。東周王官失守,禮樂崩壞,諸侯競逐,而有春秋戰國之亂世。論者多以平王東遷致衰為說,而乾嘉崔述以為謬,曰:「國之盛衰在德不在勢,周之所以不振,由其無賢聖之君,不以遷都故也。」[65]秦鑒諸侯爭霸,亂亂不已,眾盼一統,遂變封建為郡縣,因果相繫也。明人汪必東有言:「周末封建已有裂解之勢,秦乘勢郡縣之耳。」[66]郡縣之制,撥亂之果也。秦滅六國,六國無不欲為秦之為也。始皇既死,強秦弱主,而有宦官趙高之誤國,乃有亡國之果也。嬴秦行法,棄德治如敝履,淪為暴政。暴政為因,而有強秦速亡之果。漢鑒秦亡,封諸劉為王,而後有七國之亂,因亂而復歸秦政矣。武帝獨尊儒術,董仲舒以教化為務,然外好仁義,而內多欲,以至於儒術其表,嚴刑峻法其實,吏治極為慘刻,腰斬酷刑未廢,甚而有「腹誹」論死之法。腹之所藏,如何得驗,凡所惡者,皆可誣陷殺害,無以自白。漢武又窮兵黷武,連年征戰,國耗民敝,役繁盜起,百姓不安,且嗜怪誕,耽佛好仙,親方士,求不死之藥。又有巫蠱之禍,誤信江統讒言,置戾太子於死地。漢武如是明君,何至於築思子台而感悔?立少子弗陵,因懼母后干政,誅其母鉤弋夫人,慘不忍聞也。昭帝七歲繼位,權臣霍光輔政,權傾天下,昭帝早崩無嗣,昌邑王承統淫亂,霍光廢立,自行天子事。宣帝繼位,忌憚

65　崔述,〈無聞集〉,《崔東壁遺書》,第3冊,卷2,頁1。
66　汪必東,《南雋集文類》,卷3,頁13a;卷5,頁11a。

權臣，不敢親政。霍光既死，以帝王之禮，葬於茂陵，然霍氏一門，功高震主，卒有滅族之禍。班固尊漢，責霍光「黯於大理」，增「顛覆之禍」，族誅其宗族，哀之而不惜之，似罪有應得也。然而異代之後，司馬光雖云霍光久專大柄，不知避去，然謂非徒霍之自禍，宣帝亦釀以成之，不念霍之忠勤，夷滅其族，少恩也歟？[67]哀之亦復惜之也。權臣干政之因，而有元帝信任宦官之果。因用宦官抑權臣，而有閹人干政之果。成帝因宦官之禍，而有任用外戚之果。哀帝即位，大權旁落於宦官，外戚有難，而後有王莽之篡漢。故自漢宣以來，君王昏庸相隨，權臣相繼內爭，因果相循，昭昭明矣。惟朝代衰亡之故，未必彰顯於既亡，或已見先機於未衰。大唐德宗，尚稱太平，然衰亡之因已著。德宗貪鄙昏孺，捨賢臣李泌、陸贄，而用奸邪盧杞、裴延齡，力不足而欲削藩，終有朱溫篡奪之禍。朱溫收刮財富，既不知犒軍給餉，又荒淫好殺，終不免為其親子所弒也。因果相循，幾如冤冤相報矣。

　　宦官干政，導致衰亡，歷代屢見不鮮，蓋因宦者出入宮禁，侍候顏色，與人主相親，浸潤既久，漸涉刑賞之柄，而亂政也。十常侍之禍，肇東漢之亡。唐明皇壞太宗舊制，與宦者議政，進退人事。肅、代兩帝，仍蹈覆轍，憲宗之後六帝，竟皆為宦官所立，驕橫極矣！文宗有心除之，反遭其殃。相國崔胤謀誅宦官，宦者韓全誨挾昭宗遁鳳陽，崔招朱溫攻鳳陽，遂令朱溫坐大，卒滅大唐。洎乎朱明，宦禍益甚，明亡於宦官，遺民已多言之，閹

67　參閱司馬光撰，伍耀光輯錄，《通鑑論》，頁36-37。

人攬權之甚，黃宗羲有謂：「有宰相之實者，今之宮奴也！」[68]何以至此？趙翼甌北曰：「有明一代宦官之禍」，「至劉瑾、魏忠賢，已不減於東漢末造。」明帝成祖「設東廠偵事，宦官始進用」，至正統以後，掌兵、經理、營造，無處無之。宦官權勢之大，附從者漸多，以至於賄賂公行，戕賊善類，益發肆無忌憚矣。何以至此？甌北以為，幼主為閹人所欺，政局之所以濁而不清也。[69]閹人常為衰亡之因，因其與帝常相左右，而帝權無尚，庸主、幼主之大權，最易旁落於宦官也。宦官出身寒微，不習詩書，有權難不濫用，亂政之果必也。

學術盛衰蛻變，亦有因果。兩宋理學，壓抑個性，而有明中葉之後，個性之突發，理學史觀漸寢。弘治舉人祝允明號枝山，不憚禮法，譏刺程、朱，臧否人物，所見多有異於先賢，若謂湯武非聖，管、蔡為忠之類，以為孰忠孰奸，取決於孰王孰寇也。嘉靖進士王世貞號鳳洲，推崇枝山之說，視為「是非之宗匠。」鳳洲予奪古人，異於時流，藺相如完璧歸趙，人皆稱美，而鳳洲不予信。蓋因陽明心學之起，求個性與思想之解放，反理學之風潮，勢所必然。[70]既有其因，必有其果。王學左翼，放誕恣肆。萬曆閩人李贄號卓吾，獨立特行，左翼之急先鋒也。其說於其時，足以驚世駭俗，若謂是非難定，以孔子之是非為是非，是無是非也。即孔子復生，豈無今是昨非之感？故而獨排眾議，直言

68　黃宗羲，《明夷待訪錄》，收入《黃宗羲全集》（杭州：浙江古籍出版社，1985），第1冊，頁9。
69　參閱趙翼，《廿二史劄記》，下冊，頁509-511。
70　明中葉史學思想之轉變，參閱楊艷秋，〈明中後期的史學思潮〉，《史學史研究》（2001年6月），頁36-44。

不可以一時之是非,斷萬世之是非,故不宜以孔子之是非為當今之是非。卓吾嘗曰:是非如歲時,晝夜更替不相一也。昨日之是,今日非矣,今日之非,後日又是矣,雖夫子復生,不知將作何是非耶?至於視秦始皇為千古一帝,視祝文君為善擇佳偶,視儒家主流為異端,縱口橫筆,大異時流,不避斧鉞,事同董狐、南史,而情殊異。卓吾不以公認之是非為是非,亦不以其一己之是非為是非,似已具不拘一格之自由義諦矣!贄非孤雁單飛,與王畿、何心隱、羅汝芳、焦竑諸輩為友,志同道合,鄙視規範,譏詆時賢,行止不受拘束,其來有自,非偶然也。然而有反叛之因,復有衛道者反彈之果。卓吾死後,生祠「即拆毀,棄其像於溝壑」,[71]境遇可想而知也。李贄知不容於世,所作自稱「藏書」,留待後人,更稱「焚書」,不欲示人之意昭然。惟其書終不可藏,更未焚之。事見焦竑、劉東星、祝世祿、耿定力諸輩之序文![72]於今視之,卓吾所種之因,未結善果,然青史不遺,鴻爪留痕,彌足珍貴。卓吾之因果論,不出一治一亂若循環之說:盛極必衰,衰極必盛。曰:「治之極而亂之兆也」,「亂之終而治之始也。」所謂盛衰相替,乃必然之勢,近乎泰西之「歷史決定論」也,即歷史之果,取決於其因,非人之意志可以左右也。惟卓吾未盡廢人,其《藏書》以人傳史,亟言人宜能應時順勢。若謂苻堅肥水之戰,東晉危如累卵,王導、謝安無敢僥倖,因勢利導,因時之政,卒延晉祚。[73]若姑且玩忽,勢仍不可擋也。然

---

71 語見王夫之,《搔首問》,頁2a。
72 參閱李贄,《藏書》卷首序文。
73 參閱李贄,《藏書》,第4、5冊,〈循環論〉,見卷1,〈世紀總論〉。

則必然之餘，猶有偶然在焉。人或能挽瀾，未可知也，惟殊不易耳。

縱觀中華史乘，秦漢盛極而衰，列國割據，經數百年久分之後，而於隋唐復合。唐末經五代半世紀之分，又合於宋元明清。久分能合，衰久又能復盛，自有其底蘊乎？以西史而言，分裂百年，其勢既成，無從復合，羅馬帝國既分，歐陸漸成列國之勢，無可逆轉矣！故泰西論師，視中國之久分必合為「奇跡」（miracle）也。觀諸近史，列強爭霸，大國興衰，大英帝國盛極而衰，不復有再盛之望。北美之盛，無與倫比，已逞分裂之象，不免見衰也。吾華經百年屈辱，終於崛起，復興可待。中西史事，情勢不同，興衰之因果，亦有其異趣在焉。有因必有其果，果乃因之所致，因非其因，則其果必異，似無可疑也。

泰西史家或謂：因有偶然，戰爭勝敗之因，尤多偶然。強勝弱，事屬尋常，近乎必然；弱勝強，亦不罕見，多屬偶然。按諸中西史乘，古有亞述王國，圍耶路撒冷，志在必得，不意因軍中染疫而撤重圍。設若疫病不起，耶城必破，則燒殺奸掠，難民出逃，均不免矣，更無論後續之西史，又將如何？或將面目全非也。[74]德國敗亡於二戰，要因征俄之役，因嚴冬困於俄都之郊，全軍覆滅，可勝而為慘敗，以至於降伏。使希特勒不入侵蘇俄，而劍指地中海之東，直搗敘利亞、黎巴嫩，佔領中東油田，既

---

74 詳見William H. McNeill, "Infectious Alternativs: The Plague That Saved Jerusalem, 701 B.C." in Robert Cowley, ed., *What If? The World's Foreost Military Historians Imagine What Might Have Been*（New York: Berkley Books, 1999）, pp. 1-14.

得戰略優勢,德軍勝卷在握,固無疑矣。[75]不僅征俄之戰,舉凡慕尼黑危機,突襲珍珠港,德國對美宣戰,盟軍諾曼地登陸,日本原爆,皆歐亞戰局關鍵之因,其因即有其果,其因若異,其果迥異,勝敗易位,不無可能。即德日有可勝之因,亦足令今人驚心動魄也。[76]別有可能之結局,皙人所謂:「若不是,則又如何」?(what if),固有違既成之事實,卻不乏違實之思,非盡臆想作戲,而欲思量細節,發潛在之因果,知非必若是,或亦有助於讀史者之深思歟?蓋史事曲折,時勢略異,成敗或因而大不同也。

泰西樂此臆想,吾華實亦有之。清儒吳裕垂號燕堂,以強秦未必祚短,蓋有其不亡之道也。曰:「夫以始皇開國之宏規,誠得公子扶蘇而嗣之,寬以濟猛,文以收成,與儒生誦法孔子,收括遺書,表六經而徵四皓,薄稅收而黜刑名。更張者數載,休養者數載,陶淑者又數載,禮樂教化之隆,胥將拭目而俟也。」[77]豈不謂:若秦異轍而行,扶蘇當道,寬以濟民,未必二世而絕嗣也。蘇轍亦曰:「秦得其勢,而不免於滅亡,蓋治天下在德不在勢,誠能因勢一立法,務德以扶勢,未有不安且治者也。使秦既一天下,與民休息,寬徭賦、省刑法、黜奢淫、崇儉約、任忠

75　詳閱John Keegan, "How Hitler Could Have Won the War, the Drive for the Middle East," in Robert Cowley, ed., *What If? The World's Foremost Military Historians Imagine What Might Have Been*, pp. 295-310.

76　詳閱Dennis E. Showalter, Harold C. Deutsch, Editors, *If the Allies Had Fallen: Sixty Alternate Scenarios of World War II*(New York: Skyhorse Publishing, 2012).

77　吳裕垂,《歷朝史案》,頁83。

良，放遠法吏，而以郡縣治之，雖與三代比隆可也。」[78]易詞言之，秦若行儒而不行法，何至於亡之速也。竊謂秦亡，非亡於秦制；若善用秦法，或可不亡。觀乎「刑者相半於道，而死人日成積於市」，[79]嚴刑峻法，殘酷如此，非濫用法術云何？更無論失期當斬，逼叛於大澤矣。至於指鹿為馬，濫用權威，亦云極矣！秦政演為暴政，豈無不速亡之理乎也？使秦帝善用秦政，天下唯秦，始皇傳至萬世，非無可能也。若然，則真千古一帝，無朝代遞禪之中國矣！然則，秦行郡縣絕非速亡之由，蓋君有專制之權，故危由在上者胡亥、趙高啟之也。劉、項興起，項復封建致敗，劉承秦制而漢，西漢分封宗室，而有七國之亂，又經社稷三絕，王莽篡國，漢卒復興，郡縣之制，終不可廢也。漢後各朝，西晉分封，而有八王之亂；南北朝分裂數百年，又一統於隋唐。唐設節度使，而有安史之亂，亂後一統，蓋無六國世業之故也，其中因果，犁然可見。周之封建，諸侯根深枝繁，幹弱枝強，必成尾大不掉之勢，故而強藩競霸，春秋戰國遂縱橫數百年之久。若無始皇一統，中華將如歐陸之列國也歟？

　　楚霸王力拔山兮氣蓋世，而功敗垂成，人多惜之，不免臆測其成功之機緣也。明末詩人李騰蛟號咸齋，有言曰：「使羽入關，不燒秦宮室，而都關中，以蜀分王三秦將，而以楚封懷王，令腹心大臣左右之，俾齊、趙、韓、魏諸君，各復其國，而舉豐沛數郡，以王沛公，與諸國錯處，則犬牙之勢成，羽雖未能即兼天下，於以制漢有餘也。漢為羽所制，則諸國皆羽所樹，必德羽

78　蘇轍，《古史》，頁83b。
79　語見司馬遷，《史記》，卷87，頁2557。

而憚之，無有與羽爭天下者。」[80]奈羽背道而馳，遂令漢王坐收漁人之利也。咸齋之意，謂羽若復封建，則大事可成。宋人黃震則謂，羽未嘗有爭天下之志，滅秦意在復立諸侯，故分王後即歸彭城，和漢東歸，身為天下盟主，「不知漢之心不盡得天下不止也」，[81]所說甚蒂。因郡縣之勢已成，封建必不可行也。羽不知因勢稱帝於關中，以號令天下，以至於楚宮滅絕也。然則，羽有可勝之由，實因誤信分封，而全盤皆輸也。惟明儒陳確不謂然，認為羽不修仁義，雖「雄居關中，其亡自若也。」[82]楚若勝漢，國史有楚、唐，而無漢、唐矣！又若屈原不沉而適樂國，介子推不自焚而受祿，違實之論，徒資想像耳。猶如援不必然之事，破已然之事歟？恢詭之談，備覽而已。

　　詩家最富遐想，杜牧有名句云：「折戟沉沙鐵未銷，自將磨洗認前朝；東風不與周郎便，銅雀春深鎖二喬」，若無東風，曹瞞可勝，周瑜失妻，則無三國矣！此亦「若不是，則又如何」之謂也。元代詩書畫大家趙子昂孟頫別有一解曰：「龍虎相爭欲相啗，鸞鳥緞翾將安逃，不見當時老諸葛，獨聘醜婦何其高？」[83]若非美色造孽，則全無影響矣！司馬溫公，惜玄武喋血，貽譏後世，有言曰：「曏使高祖有文王之明，隱太子有泰伯之賢，

80　文見李騰蛟，《半廬文稿》，卷1，收入豫章叢書，別見周秋生選注，《江西古文精華叢書史學卷》（南昌：江西人民出版社，1996），頁282。
81　黃震，《黃氏日抄》，卷46，頁2a。
82　陳確，《陳確集》，上冊，頁164。
83　趙孟頫〈題二喬圖〉，見趙孟頫，《松雪齋文集》（臺北：台灣學生書店，1970），卷3，頁129。

太宗有子臧之節,則亂何自而生矣!」[84]王昭君出塞,名家如庾信、杜甫、白居易、李昱、曹雪芹諸輩,皆有吟詠,多著墨於琵琶之怨,紅顏薄命之說,而南宋史家鄭樵別作一解曰:「巫山能雨亦能雲,宮裏三千杳不聞;延壽若為公道筆,後人誰識一昭君」?[85]相傳畫師因私怨作畫,誤導元帝,命昭君出塞和親,下嫁單于,因而名聲大嘈。設若畫師不徇其私,則昭君深藏宮中,佳麗三千,或難露頭角,安知有落雁之美人歟?巫山能雨能雲,點出兩可之偶然。人或有云:古希臘因美人海倫而戰,而大漢以昭君結親求和,何屈辱如此?溫公有言:「帝王之御夷狄,服則懷之以德,叛則震之以威」,[86]固未以和親為然也。元詩人楊維楨號鐵崖,詠楊太真絕句云:「萬花叢裏澤初承,紫磨金搖不自勝;義髻早知無死所,不如生不負青陵。」[87]白氏長恨歌,諱玄宗奪壽王妻;然而雖諱不隱,世皆知之也。戰國宋康王,奪韓憑美妻何貞夫,且令韓苦役;築青陵臺,鐵崖借此諷之。何氏不忘舊情,韓憑死后,墜臺殉情。鐵崖因而想像:太真馬前死,君王救不得,莫如效何氏之殉情,以感動後人,斯亦違實之思,不免借「後知之明」(hindsight),開釋局中之迷目。類此因果倒置,想像易位,安能破不可破之論,移不可移之說?殊不能更易歷史巨輪既定之轍也。蓋大勢所趨,浩浩蕩蕩,斷非偶然可以為

---

84 語見司馬光,《資治通鑑》,第9冊,唐紀7,高祖武德9年,頁6012-6013。

85 鄭樵,〈昭君解〉,《鄭樵文集》,頁5,別見《夾漈遺稿》,文淵閣四庫全書,第114冊,頁507。

86 司馬光撰,伍耀光輯錄,《通鑑論》,頁22。

87 楊維楨,《楊維楨詩集》(杭州:浙江古籍出版社,2010),頁356。

說；見偶然而不問原委，史家之怠惰也。

　　人事之因果，不似物理，一定之因，未必有一定之果，因果繁複多元，作史者各有所見，主次不一。通觀吾華史策，最重興亡，而興亡之因果，雖亦多端，然歸根結底，以獨醒主人所謂之人險，視為首要，人定之意顯然，恰與泰西之地理決定論，亦即地險之說，絕然異趣也。

疏通致遠第十

　　現代歐洲，喜以哲理釋史，史論為之煥然一新。名家黑格爾，以史為理性之發展，其精神在於自由之完成。史由理導，黑氏以心論史者也。馬克思則以唯物論史，號稱唯物史觀，馬氏以物論史者也。英國史家湯恩比，則以反應挑戰之成敗，論人類文明之興亡，湯氏以論帶史者也。科學興於近代歐陸，學界以科學為尊。惟科學乃無情之天下，物理有普世之標準，而史學乃有情之天下，政教、律法、習俗、好惡不一，價值觀有異，難定一準。美國史家費雪，[1]謂史有「道德謬誤」，[2]因價值涉及道德之故也。俄裔英人伯林亦謂：史家易受制於價值，而價值不一，易囿於一偏，自以為是，多出於無知，難作公斷，遑論正義也。[3]欲求客觀信史，何其難歟？

1　David Hackett Fischer（1935-），布朗岱大學（Brandeis University）教授，著作宏觀、微觀兼備，更深究史學利弊，有《史家謬誤》（*Historians' Fallacies*）一書，為史家「診脈」之作也。

2　"The moralistic fallacy"，見David Hackett Fischer, *Historian's Fallacy*（New York: Harper and Row, 1970）, p. 78.

3　Isaiah Berlin, "Historical Inevitability," pp. 81, 96-97.

吾華論史，上古有頌，乃宗廟之正歌，祭祖以頌美德，義必純美。以頌為誦，名同實異，誦美聖王之德，非古頌之意，頌體遂變。秦王銘石，自頌功德，孟堅頌美竇憲，史岑頌美鄧后，皆是也。馬融以頌作賦，蔡邕以序為頌，曹植生頌，陸機功臣頌，善惡兼施，亦頌之訛體也。唱拜為贊，與頌互稱。經義未明，則賴贊以明之，孔子所以贊《易》也。相如贊荊軻，則以人物作贊文。遷《史》班《書》，以贊為褒貶，以頌為史論。[4]史氏議論，始於左氏君子曰，遷有太史公曰，而後「班固曰贊，荀悅曰論，東觀曰序，謝承曰詮，陳壽曰評，王隱曰議，何法盛曰述，楊雄曰撰，劉昞曰奏」，是知「其名萬殊，其義一揆」，皆「論者所以辨疑惑、釋凝滯」，[5]皆史論是也。作史者廣集異說，效經學家解經之法，於敘事中發議論也。議論紛紜，或考辨史體，或品評舊聞，多以儒家經典為規範，以道德為史論之準繩，自有其價值觀在焉。

吾華以儒教論史，月旦人事，歷久不衰，自稱傑思，無一字虛設也。徐庶奔母，為孝行之例；程門立雪，為親師之例；韓元善則為睦族之例，皆以德行為鏡也。西師謂之「儒教史觀」，頗不以道德論史為然，有曰：史家以道德褒貶史事，「反史」（a-historical）有焉。[6]雖然，泰西亦自道德論史，基於基督倫

4　參閱劉勰，《文心雕龍》，卷2，頁11a-12a。
5　劉知幾語，見《史通》，張之象刻本，卷4，頁1a-b。
6　"a-historical" 者，意謂："More a narrative of morality than a narrative of history," 見Plumb, *The Death of the Past*, p. 22; Earl H. Prichard, "Traditional Chinese Historiography and Local History," in Hayden White ed., *The Uses of History: Essays in Intellectual and Social History*（Detroit: Wayne State

理,而吾華則基於孔聖。疑道德裁判,有礙客觀者,知否若無道德,何以斷是非對錯耶?蓋道德之為用,可定往事之是非,可為斷案之仲裁。蘇老泉有言:「賞罰者,天下之公也,是非者,一人之私也。位之所在,則聖人以其權,為天下之公,而天下以懲以勸。道之所在,則聖人以其權為一人之私,而天下以榮以辱。」[7]非吾華有此言,泰西名師亦若是。英國史家艾克頓爵士有言:「評價史上人事,道德乃是唯一公平之準則。」[8]惟泰西教義各異,價值多元,褒貶多有歧義。英國之「自由黨」(the Whig)與「保守黨」(the Tory),論史準則迥異,莫衷一是,遂有相對主義之說。泰西道德準繩不一,而吾華之褒貶,則有源自六經之共同準則,視六藝明智,得天人之理:「聖人所以統天地之心,著善惡之歸,明吉凶之分,通人道之心,使不悖于其本性者也。」[9]參酌可否,以見是非得失,道統趨於一致。故禹域作史,罕見離經背道者,莫不欲「與班、左並馳,董、南齊轡。」[10]要之,苟無準則,所論以何為當?異說叢生,莫知適從矣。所可慮者,有意之曲解,而非無心之錯失。無心失察,易於糾之;有意曲解,則令高貴之道德,淪為叵測之私見。戴震東

University Press, 1968), p. 201; Edwin G. Pulleyblank, "Chinese Historical Criticism: Liu Chih-chi and Ssu-ma Kuang," in Beasley and Pulleyblank eds., *Historians of China and Japan*, p. 143.

7 蘇洵,《嘉佑集》,頁162。
8 原文:"It is the office of historical science to maintain morality as the sole impartial criterion of men and things," 轉引自Butterfield, *The Whig Interpretation of History*, p. 114.
9 班固,《漢書》,卷81,〈匡衡傳〉,頁3343。
10 語見宋約,〈宋史志序〉,載卜大有,《明刻珍本史學要義》,頁194。

原所言之「同然」,略同泰西之「共識」(concientious)。中國不取泰西之「法」(law),而以「理」(reason)代法;理者,眾皆曰是,不易之謂,即存乎其人,人心之所同然者也。未臻同然,謂之「意見」(opinion),[11]尚不足以言理也。[12] 禹域以理論史,理者心之「同然」,即泰西所謂之「超標準」(super-standard)也。「同然」固非鐵律,亦非相對之價值,而自有其規矩也。既中理矣,更以學識增益不足,觀時之難易,形勢之順逆,視人心相背而動,庶避意見之偏勃,黜情欲之干擾,而後可以權衡人事矣。[13]若不中理,私見謬論,無所取也。船山不云乎:「論史者有二弊焉,殉於道而非道之中,依於法而非法之審。褒其所不待褒,而君子不以為榮;貶其所不勝貶,而奸邪顧以為笑」,[14]有此二弊,史論殆矣!

　　實齋史德之說,可解此惑。實齋曰:「史文不能不籍人力以成之,人有陰陽之患,而史文即忤于大道之公。」[15]史德之德,固不離儒家德目,如不誹君父,不背名教,然更重心術,要因人有陰陽之患,故史家必正心術。按心術一詞,古已有之,若鬼谷子曰:得心肝脾肺腎五氣之一,「乃有其術,術者,心氣之道所由舍者」,故而「知類在竅,有所疑惑,通於心術,心無其

11　戴震語「意見」,恰與英文"opinion"之意相符。
12　語見戴震,《孟子字義疏證》,上冊,頁3a。
13　參閱錢謙益,〈汲古閣毛氏新刻十七史序〉,《錢牧齋文鈔》(臺北:廣文書局,1972),卷2,頁1。錢與毛子晉函中曰:於舟中草此序文,「老生常談,迂腐滿紙,未足增冊府之光也」,見錢謙益,《精校評注錢牧齋先生尺牘》(九思齋藏版),頁38a。諒係自謙之辭乎?
14　王夫之,《讀通鑑論》,第3冊,卷末,〈敘論三〉,頁3。
15　見章學誠,《文史通義》,〈內篇〉,卷3,頁1b。

術,必有不通。」[16]心何以得通,術何以得正?曰情正、氣平、不惑、以及勿驕激也。以心術論史,實齋之前,元人揭傒斯已發先聲,直言修史當以心術為本。[17]實齋更演正心術為史德,善善惡惡,揚正而不隱邪,直筆有焉;褒善而掩惡,曲筆有焉。心術貴有所養,故曰:「必通六義比興之旨,而後可以講春正月之書」也。[18]心術不正,必有誇大、附會、武斷之弊。心術既正,史家採擇事實,抒己所見,交互比對,陳得失利病,契而不捨,貴能破理,析理細微,可擬莊周《齊物》,王充《論衡》,斯其宜矣。史論勿刻意求異,自亦莫曲己認同,但求直筆,精益求精耳!

漢晉之間,東晉干寶博學多才,著《晉紀》,首創總論,綜述西晉一代之興亡,溯自高祖司馬懿之「雄才碩量」,世宗司馬師之「承基」,太祖司馬昭之「繼業」,世祖司馬炎之開國立基,「遂享皇極。」及至懷帝承亂得位,受制於強臣;愍帝奔播,徒居虛名,卒不免降辱國傾。干寶觀晉之興也,「仁以厚下,儉以足用,和而不馳,寬而能斷」;及其衰也,國政移於亂人,禁兵散於四方,傾擾三十年,「河洛為墟,戎羯稱制。」大勢既去,不可救矣。[19]斯乃西晉一代,興亡之總論也。南朝裴子

---

16 鬼谷子,《鬼谷子全集》(西安:西安交通大學出版社,2015),冊4,頁244。

17 揭傒斯《元史》有傳,參閱周少川,《中國史學思想通史・元代卷》(合肥:黃山書社,2002),頁60。

18 章學誠,《詳注文史通義》,許德厚注,卷3,頁2b。

19 干寶《晉紀》已軼,相傳評論切中,總論見於《昭明文選》,卷49,收入鄒賢俊、羅福惠、鄭敬高編,《中國古代史學理論要錄》,頁62-67。

野,松之曾孫,所撰《宋略》,沈約自稱弗逮,子玄故曰:「由是世之言宋史者,以裴略為上,沈書次之。」[20]實齋未聞子野史筆文才,可駕休文(沈約字)而上,[21]惟《宋略》已軼,無從驗證,約屈己之言,未必盡實也。

《南史》論劉宋之興也,世祖劉駿「才藻甚美,雄決愛武,長於騎射」[22];開國武帝劉裕之節儉,文帝劉義隆之寬恕,及至第六帝劉子業,凶殘暴虐,為明帝劉彧廢弒,而明帝昏縱,信鬼神而多忌諱,又好誅殺,甚而翦落宗族,遂令「邊鄙蹙迫,人懷苟且,朝無綱紀」,財用不足,民不堪命,劉宋遂亡矣。裴子野謂廢、明兩帝,前後不及十載,而敗壞如此,故謂社稷之修短,「非天時,亦人事也。」蓋山岳之崩,因有朽壤之隙,「宋氏之成敗得失,著乎行事」也。[23]干、裴兩家行文,已見駢體。何氏《梁典》,卷末附以「總論」,四六益發艷麗,欲「歷究前書,詳觀往行。」回顧南朝史事,以「布政之善惡,驗其黜陟,識其主之是非。」梁之興也,端因「齊季昏虐,政由群小,朝宰被無辜之誅,藩戚懼淫刑之害。」梁武帝蕭衍,「舉荊雍之師」,「取鄂、郢若拉枯」,遂定鼎金陵。梁武才思便捷,「藝業之美,無以比倫」,「濟濟多士,于斯為盛。」惟「御民之術,未為得也。」要因罔卹民瘼,兆民苦於徵求,倉庫既空,賦稅益

20　劉知幾語,見《史通》,張之象刻本,卷12,頁10b。
21　章學誠著,倉修良編注,《文史通義新編新注》,頁467。
22　李延壽,《南史》,第1冊,卷2,頁55。
23　參閱裴子野,〈宋略總論〉,李昉等編,《文苑英華》,第5冊,頁3947-3949。

重，是以「民不堪命，轟然土崩」矣。[24]侯景亂起，梁武困死臺城！何之元總論蕭梁之興亡也，曰：「高祖撥亂除殘，反身招於禍亂，世祖復讎雪恥，翻手命於寇讎，敬皇繼祀而鼎移，後嗣紹基而祚徙。」[25]福兮禍兮，難言之也。猶可說者，蕭氏父子文采風流，詩筆崢嶸，而幾皆身隕非命，抑「文籍滿腹，何救社廟之墟」歟？[26]文人浮華，不可為政，況又流連於釋老乎？苟若基業根深葉茂，源廣流長，七寶樓臺何驟然倒塌耶？〈總論〉三篇，皆以政權之覆滅，其來有自，固非朝夕之故也。[27]唐李延壽之論梁武，更具體而微：「為國之道，不可獨任，而帝留心俎豆，忘情干城，溺於釋教，弛於刑典。既而帝紀不立，悖逆萌生，反噬彎弧，皆自子弟，履霜弗戒，卒至亂亡。自古撥亂之君，固已多矣，其或樹置失所，而以後嗣失之，未有自己而得，自己而喪」者也。[28]梁武興亡，亦云奇矣！其後簡文帝蕭綱，敏睿受制於侯景，亦為賊所弒。元帝蕭繹，手不釋卷，著述頗豐，詩筆罕匹，運籌將略得宜，侯景授首，天下遂定。奈猜忌矯飾，謀之不善，遂令北虜乘釁，因江陵城陷而遇害。悍將立蕭方智為敬帝，卒為陳霸先所篡也。

　　西晉八王之亂，引五胡亂華。胡人內遷，而後有漢化之論

24　參閱何之元，〈梁典高祖事論〉，李昉等編，《文苑英華》，第5冊，頁3949-3950。
25　何元之，〈梁典高祖事論〉，頁3951。
26　李延壽語，見《南史》，第1冊，卷8，頁251。
27　參閱周一良，〈魏晉南北朝史學著作的幾個問題〉，《周一良學術著作自選集》，頁293-294。
28　李延壽，《南史》，第1冊，卷7，頁226。

述。匈奴之劉,氐之苻,羌之姚,拓跋之魏,皆以中國自居。苻堅博學多才,符丕聰慧好學,符登好讀史傳,慕容寶崇尚儒學,異族之主,亦博綜經史。尼父所謂:入於中國,則中國之也。拓跋魏入主中原,「自河以北,逾于大漠,悉為其有,子孫稱帝者百有餘年,左袵之盛,未之有也。及孝文嗣世,乃貶戎狄之俗,修帝王之政,崇儒雅、興禮樂,其風聲文采,蔚然可觀矣。」至於重德行純正,勝於非常之才,蓋過人之才,不患不知,故以門品為要,歷代相因不輟,益知孝文帝,漢化之深也。司馬溫公亟言,拓跋魏之崇儒,「所遺多矣,其為仁也,不亦微乎?」所行不異漢唐帝王。惟溫公觀察入微,惜魏孝文赦肆州老殘,以攬有司之法,有「尤非人君之體也。」[29]於此可以略見,異族入主中國,莫不漢化,惟胡化亦不免有之,胡漢交融,增益中華文化之論述也。

　　隋唐一統,中華文化風采益增,大唐盛世,卒有《史通》巨作,獨占鰲頭。《舊唐書》成於五季亂世,趙宋一統之後,宋祁、歐陽永叔,官修《新唐書》,宋撰列傳,歐撰本紀、志表,以散體易舊書之駢體,文簡而意賅,上追馬、班。別作論贊,欲匡五代之澆漓,尊儒教,重氣節,主正統,不取災異祥瑞、天命五行之說,若謂:「自托于妖祥,豈其欺惑愚眾,有以用之歟?」[30]以「帝王之興,必乘五行者,謬妄之說」,「昧者

29　參閱司馬光,《司馬溫公稽古錄二十卷》,第3冊,頁26b;司馬光,《資治通鑑》,第6冊,齊紀4,永明11年臣光曰,頁4338。

30　參閱歐陽修,《新五代史》,第3冊,卷59,頁706;卷63,頁794;卷67,頁844。

之論」,[31]而統之以德為正,然不溺於非聖之曲學,正視不德之統,以符合朝代更替之事實。歐公之論贊,「自成偉業」,[32]因其論唐高祖,綜說唐三百年之大勢,倍見氣魄。歐公將中宗、武后、睿宗、玄宗合而論之,亦別有識見,要因武、韋女主,興替之故,自宜通而論之。義寧之撰〈記唐代之李、武、韋、楊婚姻集團〉[33]一文,即此意也。歐公撰「新五代史」,議論縱橫,極有深意,春秋筆法,昭然若揭。〈義兒傳〉,歎五代人倫之敗壞也;〈馮道傳〉,哀廉恥之喪盡也;〈死節傳〉,贊亂世之忠臣也。歐公史論,「無一字苟作」,[34]固非空言道德,而欲救時正風,揭時代之昏暗,以示五季之真相也。陳寅恪曰:歐公「撰五代史記,作〈義兒〉〈馮道〉諸傳,貶斥勢利,尊崇氣節,遂一匡五代之澆漓,返之醇正。」[35]歐公史論,義寧陳氏稱譽有加也。

趙宋史學益趨繁榮。史家陳寅恪曰:「華夏民族之文化,歷數千載之演進,造極於趙宋之世。」[36]史學乃文化之精華,於宋為盛,無可疑者。西師亦有言曰:「史學乃文化之過程」(The historical discipline is a culrual porcess)。[37]泰西所謂文化,乃心

---

31 參閱歐陽修,《歐陽永叔集》(國學基本叢書本),冊3,頁10-11;冊7,頁54。
32 王鳴盛,《十七史商榷》(南京:鳳凰出版社,2008),頁467。
33 文見陳寅恪,《金明舘叢稿初編》,頁266-295。
34 趙翼,《廿二史劄記》,卷21,頁287。
35 陳寅恪,《寒柳堂集》(北京:三聯書局,2001),見〈贈蔣秉南序〉,頁182。
36 陳寅恪,《金明舘叢稿二編》,頁277。
37 語見Johann Huizinga, *Men and Ideas*, trans. James Holmes & Hans von Marle

靈智慧理性之結晶,如文學、史學、藝術、哲學、科學之屬,略同吾華之經史子集。彼亦以文化創造文明,文明與野蠻相對應,亦略同吾華夷夏之辨也。兩宋為漢文化之盛世,遼金勢盛,亦不免漢化也。司馬溫公史論,見於《通鑑》「臣光曰」,別見於《稽古錄》及其文集。所論有據,無非儒家綱紀名分之說,君臣之道,君子之行,兼及理性之道德觀。溫公論項王之敗亡也,因「逞其私心,而人莫敢違,安行無禮,忍為不義,欲為一夫之力,服億兆之心。才高者見疑,功大者被絀」,故雖擁眾百萬,擅天下之勢力,即使不歸楚而王秦,亦難挽回。溫公以人品行事,議論項王之敗,儒者之見,昭然矣。溫公亦以儒觀,盛讚「光武以仁厚之德,濟英傑之志,昆陽之役,驅烏合之眾,掃滔天之敵,使海內幡然變而為漢。」復漢之後,「獨能取拔忠厚之臣,旌循良之吏,拔於草莽之中,寘諸群公之首,宜其光復舊物,享祚久長」[38]也。雖然,溫公論及光武之誅司徒韓歆曰:「惜乎以光武之世,而韓歆用直諫死,豈不為仁明之累哉!」[39]溫公直言光武帝不能容韓歆,未嘗諱言之也。光武晚年,信奉讖文,用以決疑,桓譚諫以仁義正道,直言讖之非經而觸帝之怒,以譚「非聖無法,將下斬之,譚叩頭流血,良久乃得解」,譚忽忽不樂而病卒。[40]細看光武史論,拒諫飾非,咄咄逼人。奈何溫

(Princeton: Princeton Uiniversity Press, 1984), Vol. 1, p. 22.

38　司馬光撰,伍耀光輯錄,《通鑑論》,頁54。司馬光,《資治通鑑》,第2冊。〈漢紀三二〉,建武元年,臣光曰,頁1285。

39　參閱司馬光,《司馬溫公稽古錄二十卷》,第2冊,頁112a-b;司馬光,《資治通鑑》,第3冊,〈漢紀三五〉,建武15年,臣光曰,頁1385。

40　事見范曄,《後漢書》,卷28上,頁961。

公所見,盡是雍容厚德之宏觀形象也。

溫公論智伯之亡,引出才德之辨,「才德全盡,謂之聖人;才德兼亡,謂之愚人;德勝才謂之君子,才勝德謂之小人。」[41]聖人可遇難求,唯有用君子,去小人耳。溫公以德論人,有其分際,若蒙恬濟始皇之暴,謂之不仁,然恬明人臣之義,斯亦足稱。[42]班固稱漢武帝雄才大略,「尊洪業而有三代之風」,褒之極矣!而溫公則謂孝武曰:「異於秦始皇者,無幾矣!」[43]儒家以魏武才勝於德,而溫公則謂,其「英威明略,過絕于人,驅策賢豪,糞除奸宄」,更謂「魏取天下于盜手,而非取之于漢室也。」[44]溫公為曹氏說項,膽識自見。蓋知小人有才,未必大惡,而正統之論,難以貫徹也。溫公「以為苟不能使九州合為一統,皆有天子之名,而無其實者也」,故而質疑以道德判正邪,「但據其功業之實而言之。」然則,「不得不取魏、宋、齊、梁、陳、後梁、後唐、後晉、後漢、後周年號,以紀諸國之事,非尊此而卑彼,有正閏之辨也。」[45]尊奉正統,有宋一代之所尚,溫公弗從時流,主「借年紀事」,獨抒卓見曰:正閏非所敢知,迂叟真不迂也。玄武門之變,千古血案,史未絕書。《新、舊唐書》,皆為太宗潤飾,而蘇東坡視為曲筆,謂「殺兄弟事,

---

41　見司馬光,《資治通鑑》,第1冊,〈周紀一〉,威烈王23年,臣光曰,頁14。

42　見司馬光撰,伍耀光輯錄,《通鑑論》,頁16。

43　司馬光撰,伍耀光輯錄,《通鑑論》,頁34。

44　見司馬光,《司馬溫公稽古錄二十卷》,第2冊,頁81b-a,102b,118b。

45　司馬光,《資治通鑑》,第4冊,〈魏紀一〉,文帝黃初2年,臣光曰,頁2187-2188。

難以欺後世。」⁴⁶宋大臣孫甫,引寧王李憲讓太子之言曰:「時平則先嫡長,世難則歸有功」,⁴⁷太宗即有功者,言下之意,自喻也。溫公則以「喋血禁門,推刃同氣」為惜!謂「曏使高祖有文王之明,隱太子有太伯之賢,太宗有子臧之節,則亂何自而生矣!」⁴⁸光猶以太宗為「群下所迫」,不得已也,同情有焉。有謂太宗殺建成、元吉,比周公之誅管、蔡,北宋范祖禹字夢得,不謂然曰:以管、蔡叛周,而建成元吉未得罪於天下,則「殺之者私也,豈周公之心乎」?故謂「太宗之罪著矣」!⁴⁹夢得宗理學,其儒家史論,勝於溫公也。明人于慎行,謂「建成之死,非太宗殺之也,高祖殺之也」,蓋質高祖無所作為,未能防患於未然也。慎行曰:高祖可奪秦王兵權,封之大國,以全秦王而不為。高祖亦可使建成辭潛邸,退就藩維,以全建成而不為。兩不為也,以至於秦王百戰功高,不能禮讓其兄,亦不願處功高不賞之險境,⁵⁰不免骨肉相殘,流血五步矣。于氏設想當時之情境,人際之互動,高祖掩耳盜鈴,內而禪之,而慎行予太宗以同情之理解,別有所見,舊日史論,固非儒家一言堂也。

理學盛於南宋,朱熹儼然宗師,察理因革,以綱常為天理,著《通鑑綱目》,黜曹魏而以蜀漢為正統,非因趙宋南渡之故,實以儒教倫理為重也。紫陽論史,欲為《通鑑》立義,以經義論興衰,以春秋筆法,褒貶人物。惟春秋之義,必探賾索隱而後得

46　見蘇洵、蘇軾、蘇轍,《三蘇先生文集七十卷》,卷40,頁15a。
47　孫甫,《唐史論斷》,卷685,頁646。
48　司馬光撰,伍耀光輯錄,《通鑑論》,頁109。
49　范祖禹,《欽定唐鑒二十四卷附考異一卷》,卷1,頁7a。
50　于慎行,《讀史漫錄》,齊魯版,頁208-209。

之，桐城方望溪有言：「諸經之義，可依文以求，而春秋之義，則隱寓於文之所不載，或筆或削，或詳或略，或同或異，參互相抵而義出於其間。」[51]戴東原亦有言曰：「讀春秋者，非大其心，無以見大道之大；非精其心，無以察大義之精。[52]吾華傳統史家，相傳重儒家義理，習於褒忠貶奸，然依近人饒宗頤之見，純以《春秋》書法著史者，僅朱熹一人而已。[53]蓋史家不當以春秋書法為史法也。

　　北宋胡寅字明仲，《春秋》學家安國之子，人稱致堂先生。時值金人陷汴京，亟欲南渡之高宗撥亂反正。寅讀司馬《通鑒》，覺事雖備而立義少，因作《讀史管見》，書成於紹興乙亥（1155）。致堂史論，多以經義明史實，存天道、抑人欲，尊王絀霸。胡大壯曰：「伯父用《春秋》經旨，尚論詳評，是是非非，治亂善惡，如白黑之可辨」，[54]所言是也。朱子謂胡寅之議論，為范祖禹《唐鑒》所不及。太倉張溥，則謂朱熹《綱目》，多本胡寅，乃《綱目》之嚆矢也。[55]按致堂以史為案，以經為斷，具見之於其「管見。」司馬遷嘗有言曰：六國如能以信義相親，西秦雖然強暴，安得而亡之哉？致堂不以為然，謂六國之君，不聽子思、孟軻，仁義正理，競效計策，以攻佔為務，而

51　方苞，《方望溪全集》，頁41。
52　見戴東原〈《春秋究遺》序〉，載戴震，《戴震集》（上海：上海古籍出版社，1980），頁196。
53　饒宗頤，《中國史學上的正統論》（香港：龍門書局，1976），頁56。
54　胡寅，《讀史管見》（康熙53年古並居刻本），30卷，〈胡大壯序〉。《讀史管見》（長沙：岳麓書社，2011），第1冊，頁3。
55　胡寅，《讀史管見》，〈太倉張溥序〉。

計策戰功,皆出秦下,為秦所併宜也。或曰秦滅六國,以暴易暴也。致堂謂六國:「彼獲功利,負氣勢,赫奕一時者,與野馬塵埃,飄蕩滅息久矣,而仁義正理,根植人心,出於子思、孟軻之口者,未嘗亡也。」[56]胡氏以六國,既不知仁義,雖親何用?其中委曲,極盡理要。致堂以經義明史實,燦然可見也。秦一天下,一夫作難,而宗廟墮,賈誼曰:「仁義不施,而攻守之勢異也。」[57]致堂亦不云然,曰:「秦以詐力取,既得之,必無能施仁義之理……直言仁義不施可矣。」[58]致堂又謂項羽生於戰國,唯知攻伐爭鬥,「不聞先王仁義之事,目不睹先王禮樂文化。」[59]唐「太宗天資長於智勇,短于仁義者也」,致堂繼曰:「太宗苟有見乎湯、文、孔子之事,其居秦王府,俊乂如林,爪牙具在,又密邇君父,夫豈與夏臺、羑里、陳蔡之危相似哉!」[60]王莽篡漢,不容於儒家倫理,胡致堂視莽為欺天、欺人之巨奸,嗤莽托於正,以售其不正,所以「以勞弊精神,困苦天下,征財斂怨,泥古召亡。」[61]致堂斥孔光、劉歆,視為助桀為虐之徒。孔光「稱莽功德,可比周公」,何其謬也。劉歆為莽之國師,實乃漢之亂臣,向之賊子。[62]漢光武滅王莽,致堂視為

56　胡寅,《讀史管見》(長沙:岳麓書社,2011),第1冊,頁17。
57　語出〈過秦上〉,見賈誼,《賈誼集》(上海:上海人民出版社,1976),頁3。
58　胡寅,《讀史管見》,第1冊,頁22。
59　胡寅,《讀史管見》(康熙53年古並居刻本),卷1,頁26a。
60　胡寅,《讀史管見》,第2冊,頁611。
61　胡寅,《讀史管見》,第1冊,頁93。參閱胡寅,《讀史管見》(康熙53年古並居刻本),卷3,頁2a。
62　胡寅,《讀史管見》,第1冊,頁89,93。參閱胡寅,《讀史管見》(康

「長者」,稱頌光武、嚴子陵,君臣之道,誠「能駕馭人才,表正風俗」也。惟光武既早受《尚書》大義,「何乃蔽于讖文」?讖文非孔孟之道,為光武「莫大之惑」焉。[63]致堂復以儒德,評隲班固史筆,雖司馬遷而後,無與抗者,然長於文而短於德,更急於進,為竇憲賓客,卒坐大案,死於獄中。[64]曹操不仁,自言「以道馭之」,而史官竟張大之,致堂質問:「不知孟德所謂道者,何道也?挾持人主,廢弒皇后,誅荀彧,殺孔融、崔琰之徒,何謂以道御之也。」然而操雖尚詐不誠,才智足以成其霸業。[65]由是觀之,致堂以理闡史,以史證理,事疑以情度之,情疑則以理證之,亟言:「中國之為中國,以有仁義也」,[66]斯乃理學家史論之典範也。明朝華亭知縣朱直,評胡氏管見最力,謂以寅之刻酷,漢唐以下無完人矣![67]朱直直言:「論古人事,必胸中實有見地,又必就其時,審其勢,作我當其境,詳為斟酌,平心靜氣而出之,庶古人之善,不為埋沒,不善不為瞞過,何得將聖賢道理,只做大帽子壓人,說來說去,究竟是一空殼,毫無實濟」,[68]所言甚是!清人紀昀,亦以胡寅史論,「傷於深刻」,而「不近人情。」[69]劉體信字述之,前清遺老也,為寅解

熙53年古並居刻本),卷3,頁26a。
63　胡寅,《讀史管見》,第1冊,頁101, 104-105, 115。參閱胡寅,《讀史管見》(康熙53年古並居刻本)卷3,頁37a, 42b, 49a, 53a。
64　胡寅,《讀史管見》(康熙53年古並居刻本),卷4,頁16b。
65　胡寅,《讀史管見》(康熙53年古並居刻本),卷5,頁25b, 26a。
66　語見胡寅,《讀史管見》(康熙53年古並居刻本),卷8,頁7b。
67　朱直,《綠萍灣史論初集》(清抄本),無卷頁,上圖34438182。
68　語見朱直,《綠萍灣史論初集》,抄本無頁碼。
69　永瑢、紀昀等撰,《武英殿本四庫全書提要史部》,第2冊,卷89,頁

說曰：「致堂先生，生當南宋，正值聖教凌夷，倫常乖舛，人心變幻，忠佞混淆，目擊心傷，痛切言之，不覺大聲疾呼。紀文達公昀，生當我朝全盛之時，聲名文物，倫教綱常，正修明之時，自覺其言之太苛。」[70]陳寅恪曰：胡致堂之史論，南宋之政論也，誠哉斯言。宋儒周密嘗謂：致堂史論，「極意譏貶秦氏（檜）」[71]或謂胡之義理，勝於范祖禹，惟胡氏以政論為史論，不免拘泥於虞、夏、商、周，孔、顏、思、孟，崇王黜霸，不多審時度勢，時而窒礙難行，所論是非，不免好為高論，不揆事勢，不近人情之譏也。道出史論反映時代，處不同之世，懷抱各異也。

南宋呂祖謙東萊，有佳言曰：「史，心史也；記，心記也。」[72]蓋謂理觸動心，心者理之反映。理猶萬物之元氣，無所不在也。東萊以理論史，極重《左傳》，非因「左氏鋪敘好處，以十分筆力，寫十分人情」，[73]而因左氏敘事，略乏儒者氣象，故而據事博議，闡述胸中至理，以「天下之理，固眩于求，而真於遇也，理有觸於吾心，無意而相遭，無約而相會，油然自生。」[74]以鄭伯克段為例，君子曰：「潁川考叔純孝也，愛其母，施及莊公；《詩》曰『孝子不匱，永錫爾類』，其是之謂

825。

70　劉體信，《萇楚齋隨筆續筆三筆四筆五筆》（北京：中華書局，1998），頁24。劉後改名聲木。
71　周密，《齊東野語》，卷6，頁6b。
72　呂祖謙，《增批輯注東萊博議》，卷2，頁46a。
73　呂祖謙，《左氏傳說》（巴陵鐘謙均重刊通志堂木刻版），頁4a。
74　呂祖謙，《增批輯注東萊博議》，卷3，頁31a。

乎？」[75]東萊不以為然，疑莊公誘段於逆，情似以鉤餌誘魚也，曰：「教之以叛而反討其叛，莊公之用心亦險矣！」猶泰西「誘導入罪」（induce one into guilt）之謂也。受欺者身害，而欺人者心死，東萊正以心，誅莊公也。然東萊之道德譴責，並非定論，以儒教而言，莊公聽穎考叔之言，而母子和好如初，天性復萌，未得以欺天下後世為說也。若謂段無負於莊公，亦云過矣！東萊欲發左氏未發義諦，於此見之矣。

東萊論春秋戰事，見其心思，若謂：「君子之用兵，無所不用其誠，世未有誠而輕敵者。」[76]晉楚邲之戰，楚莊王率軍，進攻鄭國，晉景公命荀林父救鄭，而戰於邲，楚敗晉師，終雪城濮之恥，要因晉淪於「循常襲故」，而楚能「厲精為治」也。莊王克鄭，復其社稷，善能「持勝」，而晉之中軍佐荀林父，下軍佐欒書見楚師，即欲斂軍避之，中軍佐先縠，剛愎不仁，以惡言激楚之怒，不設備而為楚所乘，而元帥荀林父不能制之，自亦有罪，故而邲戰之敗，因將帥之情不一，浮躁不協，「不能降心相從，所以致敗。」[77]楚人伐宋以救鄭，宋襄公與楚戰於泓，襄公不擊敵於未濟，且謂「不重傷、不擒二毛」；楚軍渡河擊之，宋師敗績。[78]襄公兵敗身死，為後世笑。左氏以宋君不量力而妄動，意指兵力不足，而東萊則謂不在兵甲，而在於宋襄，驟然以信義之師自許，妄稱古道，愚而不能料事者也。[79]清帝乾隆讀

75　事詳楊伯峻編著，《春秋左傳注》，上冊，頁10-16.
76　呂祖謙，《增批輯注東萊博議》，卷1，頁8a。
77　呂祖謙，《左氏傳說》，卷6，頁1a-2a, 4a。
78　楊伯峻編著，《春秋左傳注》，上冊，頁397-398。
79　呂祖謙，《增批輯注東萊博議》，卷3，頁13b-15a。

之，亦謂：「愚而好自用者，莫如宋襄。」[80]宋襄似非孤例，漢王劉邦力不如項羽，漢軍攻陳餘，欲以術取勝，廣武君李左車獻奇襲糧道之計，餘自稱義軍，竟視車計為詐謀詭計而不用，卒為韓信擒殺也。臨陣以仁義資敵，唯儒家文化有之。泰西言兵，視為詭道，若謂：「兵道以力與詐為勝，[81]中西截然異趣也。」呂氏《東萊博議》，理學家之史論，近乎泰西之唯心史觀。東萊復有「大事記」上續《春秋》之作，始於周敬王，下迄五代，天不假年，修至漢武帝征和二年而絕筆。呂用古之策書遺法，以《春秋》經傳相附之例，務存古意解題，書法精審，議論剴切。朱熹嘆服呂氏大事記，視為史策之奇作也。泰西之「大事記」（chronicle）僅羅列事實，遜東萊多矣。

　　兩宋史評尚多，可得而言者眾，具見四庫總目。范祖禹因參與撰修唐史，隨手錄其心得，編為《唐鑑》，自高祖至昭、宣之史事，頗多論斷，東萊為之作注。評說唐史者尚有宋仁宗進士孫甫，於嘉祐元年撰成《唐史論斷》，論斷可作龜鑑者九十二篇，司馬光為之作跋，歐陽修、曾鞏推重之。孫稿至南宋紹興年間，始有蜀中雕版。呂夏卿成《唐史直筆》，呂因助歐公撰《新唐史》，博採眾說，貫穿唐事，折衷整比，尤重譜系，於舊史闕誤錯謬，多有評說。劉恕助溫公撰《通鑑》，專攻魏晉以後史事，考證精審，恕子劉羲仲，錄恕與光往復論難三國、南北朝事，成《通鑑問疑》一書，論及恕以蜀漢比東晉，擬紹正統，嘗與溫公力爭未果也。宋眉州人《三國雜事》，評說三國事，能獨抒己

80　見清高宗敕撰，《歷代御批通鑑輯覽》，第1冊，頁0136眉批。

81　Hobbes 語原文："force and fraud are two in war are two cardinal virtues."

見，如謂孔明寬待法正，荀彧爭曹操九錫，諸葛亮和東吳為王道之正，而非權宜之計，多異前人之說，所論醇疵互見。南宋孝宗淳熙進士葛洪，評說歷代史事凡有所見，隨手記之，得二十六篇，曰《涉史隨筆》，多大臣遺事，以為是非應順乎人情，更當斷以獨見，能以時勢立論，主張宜重相權，庶免宦官之弊云。南宋孝宗進士曹彥約，闡述宋太祖、太宗、真宗三朝之寶訓，旁證經史，以為法戒，成書曰《經幄管見》。李燾撰《歷代通鑑博議》，所論多三國六朝攻守之道，謂兵弱不能致富強，自強須修人事，功業由變通致之，不無為南宋孝宗立言之意。宋理宗進士呂中撰《宋大事記講義》，自宋太祖至徽、欽兩帝，論斷政事制度沿革，百官賢愚，歷朝弊政，所論新舊黨爭，與《宋史》列傳之見，不盡相同。錢時於理宗嘉熙二年，出《兩漢筆記》，取兩漢書舊文，附其論於文下，論多不稍假借，若評蕭何不收六經，責陸賈不知仁義，蓋以道義自矜也。然亦有持平之論，若謂封建必不可復，井田已不可行，董生對策，道之大在心，而不在天也。李心傳之《舊聞證誤》，多論北宋史事，先列條文，而後決疑訂舛，無論制度沿革，歲月參差，姓氏錯謬，旁徵博引，以定是非，見其淹通也。王應麟南宋理宗淳祐進士，撰《通鑑答問》，自周烈王以迄漢元帝，出入溫公《通鑑》與朱子《綱目》之間，評騭不諱，以至於刻，若謂漢無真儒云云。麟以漢文帝除鑄令，仁及天下，舊儒多不以為然，竊謂有深意在焉。至於麟力除虛妄，若云漢高白帝子事，極應刊削，豈不然歟？

　　理學經元至明復盛，元初陳櫟撰《歷朝通略》，論歷代興亡得失，每代一篇，自伏羲至南宋寧宗而止，所論以紫陽史學為宗。明弘治武英殿大學士丘濬之《世史正綱》，繼《通鑑綱目》

而作,張大朱熹之說,講究春秋大義,取褒貶書法,匡正名教,更因蒙元異族入主,重夷夏之辨,不廢正統之論。明繼元而興,漢家正統失而復得。丘書據方孝孺釋統之意,自始皇至洪武,著世變之由,申《春秋》大義,亟言綱常,立君臣之義,父子之倫。惟邊患未除,華夏之防猶嚴,統之明正,不容輕忽也。[82]少室山人胡氏曰:「丘文莊之續史綱也,紫陽之法有所局焉,未竟者,引而申之矣,有所蓄焉,未發者,曲而體之矣。其矛盾之小者,其符節之大者也。故吾常謂:《春秋》之後有朱氏,而《綱目》之後有丘氏也。」[83]終明之世,推崇文莊者有如此!雖然,明代史論已出異義,王學左派不從主流,李贄尤見激切,所撰《藏書》,宣稱始皇乃千古一帝,足令純儒驚愕也。卓吾非孤鳥單飛,旅伴多矣。萬曆進士胡直號廬山,質疑孔孟之說,不稍假借。孔曰湯武革命,順天應人,而廬山謂:武王伐紂自為,非如儒家所謂為天下利,實承其先世篡奪之志,與宋儒劉敞所謂,周有天下之論,截然易趣也。[84]秦皇漢武,好大喜功,宋儒尤貶損之,然清人吳裕垂與洪亮吉,為之辯解,謂始皇於生靈塗炭之戰國,應運而生,築長城,設險守國,因時制宜,罷封建,置郡縣,見其開國之宏規也。故裕垂不以秦祚不永,而輕議雄才大略之主也。又謂漢武,汎舟海上,非為求仙,而演水戰,以震懾朝鮮云。若不出師征伐,四夷侵凌,中國不安,故而宋儒議漢武追

82　丘濬,《世史正綱》(文昌郭氏家塾仿明刻本,1935),自序。
83　胡應麟,《少室山房筆叢》,頁136。
84　參閱胡直,〈疑論〉,載周秋生編注,《江西古文精華叢書史學卷》,頁246-248。

擊匈奴,有憾於宋之賂寇偷安,以至於康王南渡,航海避敵也。以漢武謀國之深遠,隱喻宋人誤國之甚。[85]於此略見,中華史論繽紛,固非儒門一家言也。

明末舉人王夫之,字而農號薑齋,人稱船山先生,盡棄漢儒神秘之說,曰:「漢之初為符瑞,其後為讖緯,駁儒以此誘愚不肖,而使信先王之道,嗚呼!陋矣!」[86]直指騶衍五德為「邪說」,斥為「妖妄不經」,欲盡廢古今虛妄之談。學宗程、朱,言崇徵實,義必切理,數千年中國之治亂,依船山之見,以道相承之治統無多也。漢之亡也,其間中興,庸暴之君相繼,久而復失也。[87]魏晉乘機「竊天下」,[88]而漢、唐、宋諸朝,皆因「相激相詆」,而浸敗浸亡。[89]何謂正耶?何謂統耶?船山以為:「正統之論,始於五德,五德者,鄒衍之邪說,以惑天下,而誣古帝王以徵之,秦漢因而襲之,大抵皆方士之言,非君子之所齒也。」[90]宋儒以理論史,近乎唯心,船山謂「理依于氣」,雖云「理勢合一」,而理者,必順從勢也。且「勢相激而理隨以易」,[91]蓋理者,因乎勢;勢者,因乎時,唯物微意有焉。[92]

有謂古中國、巴比倫、印度、希臘、羅馬,以至於西洋中

85　參閱吳裕垂著,《歷代史案》,頁83-85,109-110。
86　王夫之,《讀通鑑論》,第1冊,卷3,頁19b。
87　王夫之,《讀通鑑論》,第1冊,卷10,頁1a。
88　王夫之,《讀通鑑論》,第1冊,卷1,頁1a-b;卷末,〈敘論一〉,頁1a;〈敘論二〉,頁2b。
89　王夫之,《讀通鑑論》,第1冊,卷10,頁1b。
90　王夫之,《讀通鑑論》,第2冊,卷16,頁9b。
91　王夫之,《讀通鑑論》,第1冊,卷1,頁1b。
92　然與泰西之「唯物主義」(materialism),頗異其趣,未能相提並論也。

古，論及歷史，莫不以循環為說。泰西至其「啟蒙時代」，始有進步史觀云。宋代理學家，法古從王，稱美三代之治，然而晚明船山，已主趨時更新，所謂「世益降，物益備」，謂上古之世，人與禽獸無異，故「以古之天下，而未可概之今日者」也。[93]船山曰：昔人言必稱堯舜，「奉堯舜以為鎮壓人心之目標，我察其情，於緇黃之流，推高其祖，以樹宗風者無以異」，[94]已有日進不息之認知，進步觀念有焉。

　　船山史論尤精，晚年參駁古今，「於累朝治亂興亡得失之故，製作輕重之原，反覆推究，洞察無遺。」[95]有云：「郡縣之法，已在秦先」，秦建「郡縣之制垂兩千年，而弗能改矣。」[96]蓋「因其時而酌其宜，即一代而各有弛張」，[97]雖聖人不能易，斯乃「大事因緣」也。[98]船山之前，汪必東已有言：「封建之裂，周自裂之」，非秦之功，而秦法既行，若以此黜始皇，「是因噎而廢食矣。」[99]必東之前，唐代柳宗元曰：廢封建勢也，秦革之為制，公之大者也。[100]船山同時之徐枋，則有言曰：「聖人

93　王夫之，《讀通鑑論》，第3冊，卷末，頁5b。
94　王夫之，《宋論》，頁115。
95　語見《船山公年譜》，清光緒癸巳（1893）木刻版，上冊，序，頁2a，行述，頁4a。
96　王夫之，《讀通鑑論》，第1冊，卷1，頁1a。
97　王夫之，《讀通鑑論》，第3冊，卷末敘論4，頁5a-6b。
98　參閱何炳棣，〈國史上的大事因緣解迷〉，《何炳棣思想制度史論》（臺北：聯經出版公司，2013），頁331-383。
99　汪必東，〈封建郡縣論〉，《南雋集文類二十卷》，卷3，頁13a, 13b。
100　參閱柳宗元〈封建論〉，見《柳宗元集》（北京：中華書局，1979），頁69-75。

之制不可復，而亡秦之法必不可易」，適時會而已。[101]按西漢、西晉封王，唐設藩鎮，輒招干戈，生民如草芥。以史為鑒，因時制宜，封建豈可行乎？然而南宋胡寅，以其信仰駁之曰：夏商三四百年，周八百年，而秦二世而亡，不待比較矣，故而憾宗元有惑，[102]寅未悟數千年皆秦制也。寅宗理學，有此駁議，不足為異也。船山之世，顧亭林、黃梨洲，癩專制之痕，欲寓封建於郡縣，然船山直言，封建不可復也。秦國祚之短有故，因「天下初定，人心未靖」，[103]又復「托國于趙高之手，雖中主不足以存，況胡亥哉！」[104]西楚霸王，凶忍殘暴，剛愎自用，「蹈秦車之覆轍」，自速其亡耳。[105]漢初有秦前車之鑒，故而封諸侯，然封建若「將滅之燈，餘一焰」[106]耳，三代舊制，終不能復也。後世怨始皇私有天下，然歷朝莫不「私其子孫以長存」，郡縣豈可廢哉？船山史論，豈不近乎泰西之「進步觀」乎？晚清康有為，借泰西演化之論，成三世說，亦進步觀也。[107]近世論史，惟進步是從，寄理想於未來，不再遙望遠古，視之為黃金歲月也。

　　船山論人，最為嚴正。李陵兵敗，北降匈奴，太史公謂其「食乏而救兵不至」，不得已而降敵。同情之心，溢於言

101　徐枋「封建論上」，見羅振玉編，《明季三孝廉集》，居九，頁1b。
102　胡寅，《讀史管見》，第1冊，頁19。
103　王夫之，《讀通鑑論》，第1冊，卷1，頁2b。
104　王夫之，《讀通鑑論》，第1冊，卷1，頁3a。
105　計大受，《史林測義》，卷7，頁3a。
106　王夫之，《讀通鑑論》，第1冊，卷2，頁24b。
107　參閱Youwei Kang, & Lawrence G. Thompson. *Ta T'ung Shu: The One World Philosophy of Kang Yu-wei*（London：Allen & Unwin, 1958）.

表。[108]馬遷浣滌降敵者之汙，船山不以為然，視史公「挾私以成史。」[109]宋儒頗重光武，以為德業在漢高之上。明儒不以為然，茅元儀謂光武「忠厚開國，亦得其形似爾」，更曰：「君諱道弛」，「上下千古，污私所好。」[110]然而晚明船山，復以漢光武為尊，謂其起兵南陽，於天下割裂聚鬥之際，因民心思漢而興，以智力定王莽，詘群雄而後收海內，經百戰而得天下，其難甚於漢高也。光武又明於治道，「即位未久，修郊廟、享宗祖，定制度、行爵賞」，繼漢之正統，規模宏遠。船山曰：「三代而下，取天下者唯光武獨焉」，又曰：「自三代而下，唯光武允冠百王矣。」船山雖以光武，「造讖楊之讖」為惑眾，仍為之解說曰：以「光武之明，且恐非此而無以動天下」也。[111]光武而後，船山最尊宋太祖。船山曰：宋祖之得天下也，「兵不血刃，而三方夷，刑不姑試，而悍將服，無舊學之甘盤而文教興，染掠殺之餘風，而寬仁布，是豈所望于兵權乍攏，寸長莫著之都點檢哉？」[112]宋祖黃袍加身，而就帝位，權不重，望不隆，學不夙，恩不洽，難逞兵威，豈敢誅夷勳舊，以智慧輕儒素，以苛法督吏民乎？政寬士悅，民安而國穩也。船山更以太祖最能知懼，蓋「懼以生慎，慎以生檢，檢以生慈，慈以生和，和以生文。」[113]中華帝制，儒家其表，法家其實，失之嚴苛，惟趙宋最為寬厚，

108　司馬遷，《史記》，卷109，〈李將軍列傳〉，頁2877-2878。
109　王夫之，《讀通鑑論》，第1冊，卷3，頁25a。
110　茅元儀，《青油史漫》，卷1，頁18a-b。
111　參閱王夫之，《讀通鑑論》，第1冊，卷6，頁10a, a-b, 13b, 14b,15a, 21a。
112　王夫之，《宋論》，頁2。
113　王夫之，《宋論》，頁3。

端因宋祖知懼也。船山識其人，通其志，詳其理，達其情，辨析精微，洞察細微，殊有見地，船山史論之所以可貴也。

甲申之變，京師淪陷，上皇殉國，滿族入主中原，士子「幾夜中庭看北斗，一回長嘆一潸然。」[114]崇禎孝廉萬壽祺，題〈甲申〉詩曰：「甲申三月十九日，地坼天崩日月昏，皇帝大行殉社稷，樞臣從逆啟城門，梓宮夜泣東華省，廟主朝遷西寢園，身是我君雙薦士，北臨躃踊喪精魂。」[115]船山身經亡國之痛，故於種姓感觸最甚，深感中原無主，異族必乘虛而入也。突厥、吐蕃、契丹、遼、金、元，皆是也。[116]中原漢族與邊疆異族間之和戰交融，其來有自。秦漢匈奴之間，時而征伐，時而稱臣，擾攘久矣。晉室南渡，北方匈奴內侵，自稱劉淵，國號曰漢，或稱北漢，以繼統兩漢也。東晉習鑿齒，越魏繼漢，尊蜀漢而繼兩漢，似與北漢爭統。及至南北朝分治，政權禪讓，乃實力之轉移，各自以正統自居。南稱北為「索虜」，北稱南為「島夷」，尊己黜彼，皆欲爭中國之正統也。李唐雖稱臣突厥於一時，國威終能鎮懾四夷，且有包容之量，視夷狄猶中國之民，所謂王者之於天地，無不養也。中國者，原指屬地之中，洛陽為天下之中，此古中國也。[117]揚子問道，以「中于天地者為中國」，而不以地域族類，辨華夷也。蓋華夷之辨，察其趣向，在乎於心也。中州之人，戾乎禮義，形華而心夷；異域之人，行合禮儀，形夷

114　見李天植哭忠烈皇帝詩，載羅振玉編，《明季三孝廉集》，〈蟹後〉，頁17b。
115　詩見羅振玉編，《明季三孝廉集》，〈隰詩〉卷3，七律，頁4b-5a。
116　參閱王夫之，《讀通鑑論》，第2冊，卷20，頁25a。
117　錢鍾書，《容安舘箚記》，626。

而心華，是以仁義忠信，分辨華夷也。[118]然則，居地之中，普天之下，禮義所披，文化所及，即中國也。劉子玄曰：「標榜南朝，咸曰島夷，則江東皆草服不化之民也歟？」[119]李延壽父子修南北史，尊北輕南有故，錢大昕曰：「唐高祖受禪於隋，隋又受禪於周，周又受禪於魏。且唐之先世，仕於西魏及周，居八柱國之一，故唐初史臣，大率偏袒北朝。」[120]延壽身為唐臣，受制於書法之正，勢必右周而左齊。唐初史臣，大率偏袒北朝也。惟延壽先祖曾仕於齊，豈無故國之思？故而分述南北，寫八代正史，頗能得中，文省事增，剪除蕪蔓，不作歧視言辭，洵良史也。晚清李蒓客，依孔子所謂，名從主人，物從中國，因曰：「宋、齊、梁稱魏為索虜，魏稱宋、齊、梁為島夷，此當日諸國君臣之妄也，皆不知春秋之義者也。」[121]中國域內，夷夏殊倫，種姓有別，自有夷夏之辨，然胡漢民族，因文化交流而同化，種姓之界，經歷史而融合，自成「歷史民族」也。[122]所謂「舜東夷，文王西夷，惟其德耳」，「夷狄入中國，則中國之」，「夷狄進至于爵」，「中國亦新夷狄」也。范祖禹曰：人君視夷狄，「或以仇疾而欲殄滅之，或愛悅而招來之，是兩者皆非也。何則？彼雖夷狄，亦猶中國之民也。」[123]唐順之亦曰：「所謂族類者，非必以華夷為界也，小人之害君子如犬馬，不與我國類也，至於人居

118　錢鍾書，《容安館箚記》，百十二，722上。
119　參閱劉知幾，《史通》，張之象刻本，卷5，頁11a。
120　錢大昕，《潛研堂文集》，卷12，冊2，頁171-172。
121　李慈銘，《越縵堂讀書記》，上冊，頁113。
122　章太炎語，詳閱拙撰Wong, *Beyond Confucian China*, p. 58。
123　范祖禹，《欽定唐鑒》，卷6，頁9a。

中國,有何華夷之分,惟以才德為尚耳。」[124]

　　船山於明清代興之際,重啟夷夏論述,不以文化,而以地理辨夷夏,謂地異則氣異,氣異則習異,習異則蔑不異也。然而又曰:夷狄入漢地者,未有不亡之者,若謂:「拓跋氏遷雒而敗,完顏氏遷蔡而亡,游鱗於沙渚,嘯狐於平原,將安歸哉!」胡虜在華,無百年之運也。何以故?豈非夏域能變夷乎?則以地域變夷,與以文化變夷,殊途同歸耳,用夏變夷一也。船山謂夷狄不能效先王之道,視為有竊聖人之教,幾同沐猴而冠。[125]竊謂斯言差矣!船山貴夏賤夷,保類衛群,要因明亡之痛,自稱「亡國遺民」,[126]故視胡虜同叛臣寇賊,甚至猶如禽獸,[127]又見范文程、李光地諸儒,委身事敵,而敵人又是異類,更增感慨,意見不免嚴厲,一時激憤之辭也。船山豈堅持政權不容異族侵僭乎?異族政權,史非罕見。吳三桂僭號衡州,囑船山勸進,船山婉拒而遁入深山。[128]吳周稱帝,固非異族政權,船山不亦視為僭越乎?是其所愛之國,實乃朱明也。晚清革命志士,亦視滿清為韃虜,而欲驅逐之。餘杭章太炎,斷辮反滿,言辭之嚴厲,不遜於船山也。惟太炎排滿,亦一時之政論,以政論為排滿之所需耳。清廷既屋,太炎即倡五族共和。蓋禹域各族,經三千年之同化,自成一「國族」(nation-state)也。太炎固知,滿清不外於中國,

---

124　唐順之,《兩晉解疑》(借月山房叢鈔),第5冊,頁2b。
125　參閱蕭公權,《中國政治思想史》(台北:聯經出版公司,2022),下冊,頁103。
126　語見《船山公年譜》,下冊,頁29a。
127　王夫之,《詩廣傳》,頁82。
128　事見《船山公年譜》,下冊,頁28b。

遼、金、元皆中國之朝代也。古之夷夏之防,已往矣!古時無近代立碑劃界之事,禹域乃中華勢力所及之地也。大唐劉知幾,早已有言:「金行版盪,戎羯稱制,各有國家,實同王者」,不以其亂華,而比諸群盜。[129]傅孟真謂:子玄「此論謬甚,杞伯變於夷,猶貶子爵,況夷狄之主,亂華之酋。五帝三皇有大統,華夷有大防。」[130]孟真仍以舊日華夷之防為念,所見反不如唐賢子玄。傅氏素以國族自豪,愛國之深,眾所周知,卻不悟列強環伺,域內之多民族,若再辨夷夏,正授列強以分裂之柄也。孟真愛國,適足以害之乎?所謂「知古不知今,謂之陸沉」[131]也歟?處今之世,莫再道夷夏之辨,唯有華洋之辨也。古羅馬帝國既潰,蠻族入侵,經千年,而成泰西列國之勢,國族之間,視同寇仇,爭戰不已。現代列國之勢既成,始有國界,中國遂為神州大地之國名,參與列國之林矣。

　　上述可以略見,中華史論之要旨矣。竊謂中華史論,頗能疏通致遠,其名稱亦云多矣,曰「史筌」、「史昫」、「史斷」、「史餘」、「史逖」、「史緯」,「史評」、「史例」、「史說」、「史義」、「史談」、「史懷」、「史疑」、「史括」、「史發」、「史折」、「品藻」、「闕疑」、「考誤」、「博論」、「膚見」、「管見」、「鏡古」、「論古」,名多異而實同,無不議論史實,評點人物,敘而述之,《四庫》統歸於史評。吾華史評雖多,瑕瑜互見。固不乏說理明暢,行文雅致之

129　劉知幾,《史通》,張之象刻本,卷4,頁13b。
130　語見《傅斯年眉批題跋輯錄》,第3冊,頁152。
131　語見王充,《論衡》,上冊,卷12,頁257。

作,或折衷諸說,獨抒己見;或以韻語,概括事之始末,簡明有味;或仿讞獄之法,據案斷事;或刪繁補闕,不計細瑣。然亦不無持論未中,標新立異之說,若不以項羽弒義帝、屠秦宗族為暴,而謂羽才美,亙古無倫云云。謂王導虛有聲望、贊譽武后,謂其善保賢臣,以及咎武穆不知進退之類。又若無端猜測,謂李陵雖降敵,必將報漢,而漢寡恩云;謂李林甫若在,安祿山必不反云,皆無可取者。至於剿襲舊文,號稱暗合,更不可取矣。惟識者皆知,史出後人之手,拘泥於文義,往往知其一,而不知其二,難窺全豹,甚且虛張故事,陋更甚矣。故明萬曆進士劉應秋,以為史必細心推求,方能揭隱示微。田橫五百壯士,為主蹈海自裁,史稱美談,而應秋疑之曰:「或者五百人聞橫死,而逃匿遠引,使者無以報命,遂以死稱,而史臣記之,好事者,又為薤露之歌,以實之,不過欲張大其事耳,若信以為誠然,則陋矣。」[132]張大田橫尚有餘義,傅孟真流寓臺灣,以「歸骨于田橫之島」自許,並未自裁也。閻錫山避難臺北,有太原五百完人之說,更立碑於圓山,仿效田橫故事,然並無太原完人之事實。刻意張大,造假言虛,如此史論,可置勿論!故船山「寧為無定之言,不敢執一以賊道」,[133]亦吾華闕疑之良法也。泰西後史論者,輒以往事原貌,斷不可復,故無真相可言。原貌隱約難窺,惟史家職責所在,雖撿得一鱗片爪,旁敲側擊,舉一反三,鍥而不捨,未嘗不能推見至隱,未必不能略見其真相也。[134]譬如東坡

---

132 劉應秋,《劉草堂說史》,卷2,頁6b。
133 王夫之,《讀通鑑論》,第三冊,卷末,敘論4,頁6b。
134 有云「不全非必失真」(incompeteness does not imply absence of truth),

模影,於燈下自見頰影,就壁模之,不作眉目,見者失笑,知為東坡也。[135]東坡頰影,知為東坡;徐妃半面,知為徐妃。觀察入微者,真可以偏知全也。

吾華史論多有深意,非深考,無從得之。黃老主無為、惡刑名。太史公老、莊、申、韓合傳,非隨意合之,因申韓之學,本於黃老,道光進士黃恩彤所謂:老子《道德經》所言,將欲奪之,必固與之,清淨無為,乃以退為進之計,實為「兵刑縱橫諸家之鼻祖。」[136]近人金華何炳棣,以申韓慘礉少恩,其實原於道德,何氏更以《孫》為鼻祖,論證《孫》為《老》源,視孫子兵法為現實之「行為主義」,影響所及,不僅及於法家之慘核寡恩,亦及於道家之愚民策略,謂「皆君人南面之術。」[137]無可諱言,中央集權,乃中華分而必合,較能長治久安之故也。

披覽三千年國史,秦祚雖短,而後有四百年之大漢;隋祚雖短,而後有三百年之大唐。秦之合也,歷經春秋戰國,越四百年之分;隋之合也,歷經三國南北朝,又四百年之分。羅馬帝國分而不合,蓋久經分裂,復合不易,統一維艱也。惟中國分久必

語見James Connelly,"History: A Thing of the Past?", in William Sweet ed., *The Philosophy of History: A Re-examinaation*(Hampshire: Ashgate, 2004), p. 33.

135　蘇軾有云:「傳神之難在目顙。顧虎頭云:『傳形寫影,都在阿堵中。』其次在顴頰。吾嘗於燈下顧自見頰影,使人就壁模之,不作眉目,見者皆失笑,知其為吾也。」見〈傳神記〉,載《經進東坡文集事略》,四部叢刊初編縮本206,卷53,頁305。

136　見于慎行,《讀史漫錄》,齊魯版,頁15-16。

137　詳閱何炳棣,〈中國思想史上一項基本性的翻案〉,《何炳棣思想制度史論》,頁217-251。

合,西師視為奇跡,豈非無故?漢唐國祚之永,則因動亂之後,人心思治也。

義寧陳氏,論隋唐政治革命,有名論曰:「凡操持關中主權之政府,即可以宰制全國。」[138]關中之重要,大唐名臣陸贄已有言:「舉天下不敵關中,則舉重取輕之意明矣」,蓋因「秦嘗用之以傾諸侯,漢嘗固之而定四海」,[139]無他,因有山河形勝,宅田之腴,乃豪勇財用之地也。明人于慎行亦見之曰:「秦漢之時,天下富庶,多在關中」,既有六國後人實之,又移山東豪傑於茂林。王莽、董卓之亂長安,五胡亂華,紛擾百年,關中豈能不衰乎?[140]陸氏重王業之本,于氏重經濟,而陳氏重政治,惟政經實不可分也。以關中之富饒,亂平之後復蘇,事所必至,更因地勢險要,秦漢而後,復為隋唐中樞重鎮,非氣數可為說也。五季分裂半紀,趙宋一統天下,民欲寧,政用乂,興文教,享國三百餘年。惟遼金之勢已成,皆欲為中國之主,德化之隆,南宋諸君,非可匹敵也。異族入主,「所以為中國者,以禮義也,所以為夷狄者,無禮義也」,[141]即夷狄入於中國,則中國也。前有五胡之雄長中原,而皆融合於中原文化,後有遼金,復有元清蒙滿兩朝,均開大一統之局,儼然中國之盛世。元世祖混一寰宇,江南父老痛子弟之淪亡,亟言蒙古殘忍,史臣信以為真,登諸簡冊,未悉蒙軍入臨安,封府庫,財物無所取,謂之仁義之師也。

---

138 陳寅恪,《唐代政治史述論稿》(北京:三聯書店,2001),頁237。
139 陸贄,《陸宣公集》,卷11,頁9a,另參閱頁12a-b。
140 于慎行,《讀史漫錄》,齊魯版,頁27。
141 語見皇甫湜,〈東晉元魏正閏論〉,李昉,《文苑英華》,卷756,頁3a;第5冊,頁3958。

蒙元進用文臣，尊重孔子，文教誕敷，中原士夫，樂為所用。錢大昕得見《元統元年進士提名錄》，其中蒙古色目各二十五名為右榜，漢人南人各二十五名為左榜。錢氏曰：「元自延祐設科，賜進士五十有六人，嗣後遞有增加，無及百人之額者，是科增至百人。史家以為科舉取士，莫盛於斯者也。」[142]蒙元科舉取士，鐵崖有句曰：「宮錦裁衣錫聖恩，朝來金榜揭天門；老娥元是南洲女，私喜南人擢殿元」，[143]略見元代科舉之盛，恩及南人，足見漢化之行也。元亡死節之士，不可勝數，忠臣義士，非僅蒙裔。參政趙資死之，蜀人謂之三忠之一，江州總管李黻、泰州知府李齊，先後殉節。城破官員不屈而死，士民自焚而死者，甚夥也。[144]蒙元遺臣，遁跡山林，不仕新朝，恢復之心未泯者，亦大有人焉。尊賢養士之報，元帝得之，何遜於漢帝耶？所謂「崖山以後無中國」，荒誕不經之說也。滿清尊儒，尤勝於蒙元，康、雍、乾乃中國之盛世。乾隆有言：所謂設險以守國，不知「有德然後險可守，無德則險適足以速其敗。」[145]清帝以儒家德行為要，豈可疑哉？滿清主中國近三百年，億萬生民，猶識先王德化者，滿族漢化之功效也。當今禹域之內，遂有多族之中華民族矣。

　　是以史論欲疏通致遠，宜知理未易明，非深究細考，無從探得底蘊也。三千年國史之分久必合，夷夏和戰，爭奪中國之天

142　錢大昕，《潛研堂文集》，第3冊，卷28，頁446。
143　楊維楨，《楊維楨詩集》，頁360。
144　參閱吳裕垂，《歷代史案》，頁263-266。
145　清高宗敕撰，《歷代御批通鑒輯覽》，第1冊，頁0317。

下,以及胡漢文化之融合,漸成中華之歷史民族。此乃要旨,論史者不可輕忽也。

彰善癉惡第十一

　　彰善癉惡，為中華史學所重。《尚書》已有言：「彰善癉惡，樹之風聲。」《列子》有云：「彰善癉惡，崇教化，移風俗。」懲惡勸善，善可為法，惡可為戒，是非不謬於聖人，誠《春秋》之要義也。中華史統，多依經義立言，歷代不輟。明弘治進士，禮部尚書羅欽順曰：「孔子作《春秋》，每事只舉其大綱，以見意義，其詳則具見於史，當時史文具在，觀者便見得是非之公，其後史文亡逸，惟聖筆獨存。事詳於《左傳》，左氏曾見國史，故其修傳，皆有來歷，雖難以盡信，終是底案。」[1]是謂孔聖筆削，原有史文歟？若然，所佚之文，左氏傳之，詳其始末，以補孔子未竟之業也。獨存之聖筆，雖言簡詞晦，義在其中矣，其義即儒家倫理也。孟子不云乎：「孔子成《春秋》，而亂臣賊子懼。」[2]錢大昕疑之曰：「將謂當時之亂賊懼乎？則趙盾、崔杼之倫，史臣固已直筆書之，不待春秋也。將謂後代之亂賊懼乎？則春秋以後，亂賊仍不絕于史冊，吾未見其能懼也。」

1　羅欽順，《羅氏困知記》，下篇，卷2，頁4b。
2　見楊伯俊譯注，《孟子譯注》，〈滕文公章句下〉，頁155。

故錢氏以《春秋》，乃「述王道、為後王法，防其未然，非刺其已然也。」[3]晚清李慈銘更有言曰：「今之自符講《春秋》之義者，尚拾紫陽之餘唾，是夏蟲之語冰矣」，[4]吾謂然也。自秦漢以迄晚近，亂臣賊子，絡繹不絕，春秋大義，信乎難言之矣！然以儒家倫理，為作史者衡量之規矩，則無疑也。史若不彰善癉惡，何以樹之風聲耶？

近世科學昌明，文史之學，亦欲如科學之「無顏色」（colorless），故而多不以彰善癉惡為然，視儒家以道德論史，為一偏之見，難稱信史云。[5]按「彰善癉惡」，無異泰西之「道德裁判」（moral judgement），以「意底牢結」，[6]褒貶歷史，客觀云何？故而西師惡之，影響所及，吾華亦多有呼應者，[7]亟言史家述之、釋之、論之、評之可也，何必以道德「斷之」耶？其說有四：一曰：道德準則不一，而準則因時而異，因地而異，名為以道德為是，無乃自以為是。二曰：史家宜多理解，而少裁判，何莫如法蘭西所謂：「惟理解可也」（tout comprendre c'est tout partonner）。三曰：史家人也，非神也，即使聖賢，不免偏頗，何不據事直斷？四曰：道德裁判無用，因讀者自有其分寸，史家應謹守本分，毋庸越俎代庖也。泰西基督文明，唯神有「最後裁判」（the Last Judgment）之權，因謂：人何德何能，裁判

---

[3] 錢大昕，《潛研堂文集》，第1冊，卷7，頁77。
[4] 李慈銘，《越縵堂讀書記》，上冊，頁156。
[5] 汪榮祖，《史學九章》，頁135-162。
[6] 意底牢結（Ideology），作為政治、經濟、或政策基礎之思想、理念或信仰。
[7] 朱維錚，《中國經學史十講》，頁21。

人耶?其說備矣。惟竊以為:史家既具有素之學養,乃非常人也,豈不可作「專業之裁判」(professional judgment)耶?史家推理求解,以判既往之曲直,不稍假借,「待人處事,可以直諒,待把古人紙上評,且莫動情,動情則謬矣。」[8]道德因時、因地,未必盡同,然基準永在,史家即欲曲筆,豈不難哉!

西師多不以道德裁史為然,惟其承學之士,不乏樂於此道者。上古希羅、修昔兩氏,勤錄見聞,罕作評騭,遑論裁判。然普盧塔赫[9]者,處希羅交替之世,輒以道德論人處世。羅馬史家李維,則以道德之興替,斷羅馬之盛衰。觀其所著編年,或榮其主,或唱凱歌,或記狩獵,褒貶皆有焉。至乎啟蒙時代,名家如吉本、伏爾泰輩,亦以道德教訓,為史家之職責。及乎近世,泰西列強,殖民擴張,弱肉強食,血浪滔滔,史家罄竹難書也。美國史家普里斯庫,[10]以勤搜文獻,敘事精確生動,而聞名於世。閱其西班牙殖民史,直言征服墨西哥、秘魯之奸詐、貪婪、殘暴,道德裁判,觸目皆是,然為之辯解曰:征服者之暴行,去古已遠,未可以今見評之也。更有甚者,征服者摧毀阿茲特克(Aztecs)與印加(Incas)兩大文明,卻解作「先進」征服「落後」,以弱國之地,自當授柄於強國,為無可豁免之代價!普氏

---

8 語見C.V. Wedgwood, *Truth and Opinion: Historical Essays*(London: Collins, 1960), p. 49.

9 Plutarch(AD46-AD 119),希臘哲學家、史學家,成為羅馬公民。傳記作品 *Parallel Lives*,記亞歷山大、凱撒等偉人,另有文集*Moralia*,收錄六十餘篇講稿與短文,要以道德為說。

10 William Hickling Prescott(1796-1859),美國著名史家,著有*The History of the Conquest of Mexico*(1843),以及*A History of the Conquest of Peru*(1847)等專書。

視征服墨西哥,為上帝之恩賜。[11]新陸史家,善惡顛倒,自以為是,莫此為甚也!教士學者帕克,不容普氏漠視殘暴,斥其乃道德之懦夫,依強欺弱之輩耳。凡崇武力,不尚正義,即「暴政」(tyranny)之謂也。[12]史家怯於癉惡,有違天職。德國史家德羅伊森[13]直言:史學之有道德力度,猶如自然界之有法則也。[14]英國爵士艾克頓(Lord Acton),大史家也,逕謂史乃道德之學,甚賞其先賢牛津史家胡勞德[15]所言:「意見、態度,皆可變也,學說亦有興衰,唯道德規範,勒碑刻銘,永恆長存者也。」[16]艾克頓平生名言絡繹,尤為世所知者,若謂:「史必嚴是非,是與非必明辨之也。」[17]英人史密斯者,[18]更應之曰:「善哉!歷史

---

11 William Hickling Prescott, *The History of the Conquest of Mexico*(1843), vol. 1, p. 425.
12 Theodore Parker, *The Collected Works of Theodore Parker*(Trübner, 1879), vol. 5, p. 150. 另參閱p. 86.
13 Johann Gustav Bernhard Droysen(1808-1884),德意志新史學之先驅,素重歷史偉人,以《亞歷山大大帝傳》名世。
14 參閱Burns, ed., *Historiography*, vol. 1. P. 45.
15 James Anthony Froude(1818-1894),英國史傳作家,撰有文豪史家卡拉爾傳。因處英國天主教牛津運動之世,願作教士,但對英教教義有疑,以小說諷之,因而不再以教士為生涯矣。
16 原文:"Opinions alter, manners change, creeds rise and fall, but the moral law is written on the tablets of eternity",見Lord Acton, "Inaugural Lecture on the Study of History, in *Lectures on Modern History*(New York: Meridian Books, 1961), p. 40.
17 原文:"History does teach that right and wrong are real distinction," 引自Lord Acton, "A Lecture on the Study of History," in *Lord Acton Lectures on Modern History*, p. 40.
18 Goldwin Smith(1823-1910),英國史學家,安格魯薩克主義者(Anglo-

道德，乃治亂世之寶典也。」[19]美國史家莫特雷，[20]文辭俊美，力主道德入史。論及西班牙國王菲利普二世（Philip II, 1527-1598），國勢雖盛，然連年徵兵，窮兵黷武，欲平荷蘭之叛，雖經八十載，無以阻荷蘭之獨立，而傷亡六、七十萬人，至為慘烈也。莫氏斥菲王以神自居，鄙視民意，恣意妄行，貪腐成患，謀殺他君，屠新教徒，踐踏人性，戰火所至，了無人烟，視之為「皇家之罪魁」（royal criminal）也。莫氏癉惡之甚，不負史學之正。[21]及至二十世紀，湯恩比以基督道德，論古裁今，痛斥以色列侵巴勒斯坦地，驅逐其子民，無異當年納粹之屠猶裔也。湯氏之譴責，饒有膽識，雖激發爭議，史家風骨有焉。德國史家邁尼克，[22]素以歌德古典人文自豪，亟癉希特勒之惡，斥之為魔，然所以致惡之故，因德意志「國族失德」（immoral nationalism）之故也。優美之歌德古典，為金權所侵蝕，嘆道德之淪喪，正義之墮落也。[23]邁氏經歷德國浩劫，回顧前塵，知禍

Saxonism），活躍於英國與加拿大，亦曾執教於美國。

19　原文："A sound historical morality will sanction strong measures in evil times; selfish, ambition treachery, perjury,…"，引自Hans Meyerhoff, *The Philosophy of History in Our Time: An Anthology*（New York: Doubleday1959）, p. 225.

20　John Lothrop Motley（1814-1877），以治荷蘭史聞名，所著《荷蘭共和之興》（*The Rise of the Dutch Republic*）尤足稱道，子明先生謂之行文恣肆，名山之業也。莫氏亦擅長外交，於美國內戰時折衷交涉，以防止歐洲強權之干預。

21　John L. Motley, *History of the United Netherland*, Vol. 5, pp. 74-75, 79.

22　Friedrich Meineche（1862-1954），德國史家，二戰時持反猶觀點，贊成納粹侵略波蘭，戰後生逢德國亡國大難，歸罪於希特勒及其納粹政權，蓋有以史為鑒，自省之意在焉。

23　Fredrich Meineche, *The German Catastrophe: The Social and Historical*

之由來，以癉惡為史家之天職。是則道德規範，乃人倫之所憑藉，豈可不顧？謀殺即謀殺，辜負即辜負，殘暴與偏執，亦復如此，泰西史家，亦不能自外於道德裁判；不然，史任安得敬重？[24]彰善癉惡，亦西土之所尚乎？

惻隱之心，是非之辨，善惡之別，中外皆有之。惟泰西自中古而後，神學式微，列國紛爭，語文各異，信仰與價值不同，論史遂多異趣，初以天界之理，可以放諸四海，終知人理分殊也。基督教義，深入泰西人心，有異於禹域之史學，幾無宗教色彩可言也，而其世俗理念繁多，盛於近代，「唯心」（Idealism），「唯物」（Materialism），「國族主義」，「自由黨」，「保守黨」，「實證主義」（Pragmatism），「相對主義」（Relativism），意識形態牢結，價值迥異，眾說紛紜，莫衷一是。譬如觀山，山形固定，觀者移步，山景隨之，非即東坡所云：「橫看成嶺側成峰，遠近高低各不同」[25]乎？只此廬山，而所見面目皆非也。故而西人彰善癉惡，所見不同，往往難有定論。雖然，所見多異，畢竟難能見善不彰，見惡不癉也。人文有其價值，若無道德意識，則人道殆矣！[26]

Influences Which led to the Rise of Hitler and Germany（Boston: Beacon Press, 1950），pp. 13, 24, 26.

24 語見Henry Steele Commager, *The Search for a Usable Past and Other Essays in Historiography*（New York: Alfred A Knopf, 1967），p. 311.

25 蘇軾，《蘇軾選集》（濟南：齊魯書社，1981），閱〈題西林壁〉，頁86。

26 有謂：「欲除價值於人文之外，殊非人道之舉」（trying to eliminate all relation to values from the human sciences is an inhuman task），見Tzvetan Todorov, *The Morals of History*, tansl. by Alyson Waters（Minneapolis:

中華以儒家倫理為主，道德意識，頗具共識，而此共識，至明清猶未衰，且更趨一致，幾人人遵奉之也。史家有此共識，秉筆有所遵循，而為評史之準繩也。更可言者，吾華長於鑒識，瞭然「識有通塞，神有晦明」，故知「物有恆準，而鑒無定識」也。[27]有此鑒識，詮釋得中，鉤深致遠，是非、利害、善惡，俱明之矣。儒家褒貶，無礙史家之鑒識也。舊史非教條，而以真人實事，以示道德古訓，作為治亂之鑒也。《春秋》筆法，是亦「史家重道德，而不失實錄之原則」歟？[28]按聖人立法，非盡出一己私意，而本於禮。三代之盛，歸於禮，禮廢而周衰。東坡有言：夫子「一斷于禮，凡《春秋》之所褒者，禮之所與也；其所貶者，禮之所否也。何謂禮？記曰：禮者，所以別嫌明疑，定猶豫也。」[29]然則，《春秋》之意，立法嚴明，以公以恕，「作史者第據事直書，使其功罪互見，不必深文過詆，既不沒其功，使人知勸，又不隱其罪，使人知懲，庶春秋之義合」也。[30]春秋之義，善惡無隱，謂之直書，遂令天下後世，奉為規

　　　　University of Minnesota Press, 1995），p. xviii.
27　劉子玄語，見《史通》，張之象刻本，卷7，頁8a。
28　楊聯陞語：「史家敬載籍之真，誠實以道德激勵」（an honest attempt on the part of the historian to encourage morality while respecting the principle of truthful record," 見Lien-sheng Yang, "The organization of Chinese Official Historiography: Principles and Methods of the Standard Histories from the T'ang through the Ming Dynasty," in Beasley and Pulleyblank eds. *Historians of China and Japan*, p. 32.
29　蘇洵、蘇軾、蘇轍，《三蘇先生文集》七十卷，卷12，頁5a-b。
30　語見王昆繩與徐立齋學士論王威寧書，載劉承幹，《明史例案》，卷8，頁10a。

矩。荀子頌經讀禮,以儒為經,經訓為常,斯乃恒常之道也。胡大壯之言曰:「後聖明理以為經,紀事以為史,史為案,經為斷史論者,用經義斷往事者也。」[31]史氏遂能以經義,秉公論斷是非,庶免偏頗之失也。然則,以道德褒貶,並非輕言黑白也。褒貶亦有直筆,即當褒則褒,當貶則貶,不為冤屈,所謂「直書其事,褒貶自見」者,自有其客觀尺度,絕非「漫為頌堯非桀,老生常談。」[32]數千年間,神州大地,偶分而終合,書同文,政教合一,問學雖有異見,而同尊德性。朱文公道問學,陸象山尊德性,非泰西「兩分法」(dichotomy)可以為說。熹尊德性,兼道問學,元儒吳澄曰:謂熹偏於道問學,「未溯熹之淵源耳」,[33]蓋問學本諸德性,朱子道問學,不廢尊德性也。所謂「博文以約禮,明善以誠身一也」,故「博文不以約禮,問學不以尊德性」,乃俗學也。[34]《易》曰:「天地之大德曰生」,生者乃人類萬物共同之德,各得生道,生生仁也,以遂其生。故而精神與物質水乳交融,有異於兩分法,其來亦久遠矣。儒學風行華夏三千年,有既定之價值,歷代史家,秉筆直書,知儒家人道,乃自然之理,順之則吉,逆之則凶,未可違也。故而褒貶之際,自有一把尺也。吾華思維,天人和諧,有異於泰西之兩元對立,故斷不能以泰西「兩分法」解之也。所謂漢宋之別,各自一偏。漢重訓詁,宋主義理,亦自一偏,訓詁明,而後義理明,豈

---

31 胡大壯序,見胡寅,《讀史管見》(長沙:岳麓書社,2011),頁3。
32 章實齋語,見章學誠著,倉修良編注,《文史通義新編新注》,頁654。
33 鐵山語,見楊以真,《歷代史學存精》,卷5,頁11a。
34 焦竑語,見《焦氏筆乘》,卷4,頁143。

可偏廢哉！

　　史遷以〈封禪書〉，貶漢武之荒奢，以〈河渠書〉，褒漢武之勵精圖治，既彰其善，亦癉其惡也。司馬溫公，褒文景之世，「家給人足，幾致刑措」，而貶漢武「喜淫侈，慕神仙，宮室無度，巡游不息，窮兵於四夷，嚴刑而重賦，跡其行事，視秦皇何遠哉！」[35]彰文景之善，癉漢武之惡也。歐陽永叔，究心史學，追慕馬、班，敘事挾省靜之筆，不作褒貶過情之論，因知得失決於片言，是非定於一句，極宜審慎，方能尋史之跡，知其形勢；雖以褒貶、彰是非，無礙直書其事也。歐公所述五代十國，於「五十三年之間，易五姓十三君，而亡國被弒者八，長者不過十餘歲，甚者三四歲而亡」，[36]五季實況，可以想見矣。歐公更有感於「世道衰、人倫壞，而親疏之理反其常，干戈起於骨肉，異類合為父子」，[37]而作〈義兒傳〉。所敘實事，議論謙和，而義在其中。馮道四朝老臣，有違不事二姓之旨，有云：「契丹滅晉，道又事契丹」，「周滅漢，道又事周」，「道視喪君亡國，亦未嘗以屑意」，「道前事九君，未嘗諫諍。」歐公既秉《春秋》筆法，亦具理解之同情，故謂馮道：「為人能自刻苦為儉約」，為大臣「持重鎮物，事四姓十君，益以舊德自處。」直言：「當世之士無賢愚，皆仰道為元老，而喜為之稱譽，人皆以為，契丹不夷滅中國之人者，賴道一言之善者」，又曰：「道既卒，時人皆共稱歎，以謂與孔子同壽，其喜為之稱譽蓋

35　司馬光，《司馬溫公稽古錄》，第2冊，卷12，頁96b。
36　歐陽修，〈本論〉，《歐陽文忠文集》，第3冊，卷59，頁433。
37　歐陽修，《新五代史》，第2冊，頁385。

如此。」[38]由是觀之,未因褒貶而失真,蓋褒中有貶,美中有刺也。歐公敘馮道答耶律德光問:「何以來朝」,曰:「無城無兵,安敢不來」?敘事言簡意賅,情見乎辭,意在言外也。歐公以尊德聞名,謂其「滿腔道德之義憤」,[39]豈其然哉!奈何乾嘉巨子錢大昕、王鳴盛諸輩,皆以歐之《春秋》筆法為病,實齋雖以「五代史文筆尚有可觀」,仍貶之為「只是一部弔祭哀挽文集」,譏之為「村學究之《春秋》講義」,[40]出語誇大,言過其實甚矣!異代之後,史家陳寅恪,深賞歐公「貶斥勢利,崇尚氣節,遂一匡五代之澆漓,返之純正。」[41]彰善癉惡,樹之風聲,日久而不廢,今昔中外皆如是,作史者安可輕言棄之耶?

---

38 參閱歐陽修,《新五代史》,第2冊,頁612-615。

39 "filled with moral indignation," 見James T. C. Liu, *Ou-yang Hsu: An Eleventh-Century Neo-Confucianist*(Stanford: Stanford University Press, 1967), p. 109.

40 章學誠,《章實齋先生讀書箚記》(台北:文華出版公司,1968),見〈信摭〉,頁20。

41 陳寅恪,《寒柳堂集》,收入《陳寅恪集》(北京:三聯書店,2001),見〈贈蔣秉南序〉,頁182。

會萃諸錄第十二

　　天界現象極有規律，月出於東山之上，徘徊於牛斗之間，舉世同觀，絕無異同；地心有引力，普世皆知，此乃科學之定理，舉世無異議也。然而史乃個別事實，特殊現象，絕不能屢試不爽，罔論預測，故與科學截然異趣也。老子所謂「物壯則老」是也，然謂「兵強則滅」，未必然也。苟以天界之「鐵律」（the covering law model），施之於人界，誤謬甚矣！[1]史學無與科學定理，無有包攬殆盡之法則，惟猶可於浩瀚史事提煉泰西所謂之「綜合」（generalization）。謂有「標簽綜合」（labeling generalization），若「史前世界」、「荷馬希臘」、「古典歐洲」、「儒教中國」之類，僅以時代分類，大而化之，無足輕重；別有「有序綜合」（regular generalizationl），如「官逼民反」，時而可見，然民反未必官逼，有序而未必循槼也。西土史家固知，綜合之維艱也。[2]竊謂輕下定語，如謂西漢務利，東漢

1　參閱Dray, *Laws and Explanation in Histoy*，有關歷史敘有異於科學普遍法則之討論，pp. 1-21.
2　閱Wright,"On the Uses of Generalization in the Study of Chinese History," p.

務名，唐人務利，宋人務名，浮泛不經，似是實非，實屬「偽綜合」（false generalization）也，胡適斥為「胡亂概括」，[3]豈不然哉？

泰西所謂「綜合」，吾華謂之「統論」，萬曆學人胡應麟有云：「會萃諸錄，統論尤詳密可喜也。」[4]何謂統論？會萃纍積之經驗，所得之論，有異於科學之通則，未必皆然也。[5]按通則能普遍概括，屢試不爽，可稱「法則」（law），而史學之統論，有類「綜合」，無科學精確之語言，不免疏而漏也。然而人事未必全無規律，雖無從歸類，成為法則，一事未嘗不可概論另事，可謂「近似法則」（law-like），[6]非全然無據，足資參照，作史者所可取也。泰西有統論曰：「權力使人腐化，絕對權力，使人絕對腐化」，[7]亦有言曰：「革命而後，反革命隨之」，雖非必然，並不罕見，有史可證也。南宋史家李燾嘗曰：「地廣而

36。

3　胡適，《胡適選集書信》（台北：文星書店，1966），見〈致羅爾綱〉，頁87。

4　胡應麟，《少室山房筆叢》，頁24。

5　西師辨史學「統論」（generalization）與科學定理之異，可參閱C. Behan McCullagh, *Justifying Historical Description*（Cambridge: Cambridge University Press ,1984），p. 130.

6　語見Gardiner, *The Nature of Historical Explanation*, pp. 62, 93.

7　原文："Power corrupts, absolute power corrupts absolutely"，意謂權力增加，道德式微。語出英國天主教史家艾克頓爵士（Lord Acton），見於其致克雷頓主教（Bishop Mandell Creighton）1887年4月5日函，收入J. N. Figgis and R. V. Laurence eds., *Lord Acton, Historical Essays and Studies*（London: Macmillan, 1907）。

後國富，人眾而後兵強」，[8]雖非必然，何嘗無據？謂之統論可也。錢大昕曰：「事久則議論易公，世近則見聞必確」，[9]蓋事久理明，始有公論；世近見聞既廣，搜羅較全，事更明確。劉勰有言：「述遠則誣矯如彼，記近則回邪如此」，[10]蓋述遠，文獻難徵，故易誣矯；記近，人情世故，故易回邪。集公正之議論，正確之見聞，匯為一說，未必盡然，難稱定論，乃統論也。要之，史之統論，雖非顛簸不移，不足以言千古定論，萬世普及之說，乃薈萃個別史實，以示類見，不無總結之效也。哲人金岳霖有言：普及與個體，兩者圓鑿方枘，不相容也，故金先生所謂「歷史總結」，[11]即少室山人所謂之統論，有異於普世之科學定理也。

　　史家面對浩瀚之史料，如麻之事實，披沙露金，將類似之經驗，概而括之，作一綜論，統而論之，宜避空泛。有云：戰國之世，說客橫議，「以說聳動權臣，大約不出生、死、富、貴四字」，[12]雖多中肯綮，未免失之簡略也。若「考其所以亡國之由」，綜合「秦以暴虐、漢以外戚、東京以宦寺、晉室以清虛、隋以奢暴、李唐以藩鎮」，歸結於統論曰：「皆不知有仁義而已矣！」[13]各朝亡國之象有異，而同歸於不知有仁義，未盡然也。

8　　李燾，《六朝通鑑搏義》（文淵閣四庫全書），卷686，頁106。
9　　錢大昕，《潛研堂文集》，第3冊，卷24，頁356。
10　劉勰，《文心雕龍》，卷4，頁3a。
11　語見金岳霖，《知識論》（北京：商務印書館，1983），頁754。
12　鍾惺，《史懷》，卷4，頁16a。
13　明不著撰人，《古史通略》（杭州刊本，1488），頁14a-b。

又有統論曰：「未有去仁而興，積仁而亡者」，[14]是耶？非耶？呂祖謙有言：「讀史先看統體，合一代綱紀、風俗消長治亂觀之，如秦之暴虐，漢之寬大，皆其統體也，其偏勝及流弊處皆當考」，斯其宜矣。呂氏所謂統體，可通其自謂之「大綱」，[15]亦即可取之統論也。春秋鄭國侵陳，不發於所懼之宋、衛，而發自所忽之鄭，呂氏統論之曰：「天下之事勝于懼，而敗于忽；懼者福之原，忽者禍之門也。」[16]能不謂然？於此可見，吾華統論出自吾史，泰西綜合亦復出自西史，蓋中西史事有異，以彼論我，往往無稽。以西史之古代、中古、近代，統論中史之分期，起迄難斷。以西方觀點，中國無哲學之為物。吾華合久必分，分久必合，而泰西分久必不合也。興亡盛衰，一治一亂，中華文化運作如此，域外未必如此也。苟以西史統論中史，勢必捍格不入。以泰西「封建社會」（Feudal Society），統論秦漢以來郡縣之制為「封建」，[17]無異指鹿為馬，其謬甚矣！歐陸以其中古為「黑暗時代」（the Dark Age），亦有人焉，謂西潮東來，中國始出中

---

14 陳師錫，〈五代史記序〉，卜大有，《史學要義》，頁269。
15 呂祖謙，《東萊呂太史別集》（杭州：浙江古籍出版社，2008），卷14，第一冊，見〈讀史綱目〉，頁561。
16 呂祖謙，《增批輯注足本東萊博議》，卷1，頁11。
17 Mark Bloch, *Feudal Society*（London: Routledge, 2014）。此書述西歐自9至13世紀之封建社會，含領主與隸屬之關係，封地之淵源，貴族與騎士之風度，政法與教會之組織，以及封建社會轉入近代民族國家之進程，論述精彩，學界譽為此題最佳之作。讀此書，可知西歐封建與周封建絕然異趣，更不見之於秦漢以迄於明清之中國也。

世紀云，豈其然哉？[18]德人魏復古，[19]以「東方專制」（oriental despotism）統論中國帝制，以水利控制人倫，為極端專制之根源，[20]以此論概括專制，疏於事實之佐證，美國漢學家牟復禮，[21]以長文駁之曰：魏氏以一偏之見論中國，失之遠矣。[22]大哲黑格爾有統論曰：「中國人僅視史為事實，既無意見，亦無思維」，[23]豈其然哉！外人不識中國事，妄作統論，徒成笑柄。既不能落實，無可取也。

司馬遷論漢高祖，誅殺功臣，事跡斑斑，可作「功高不賞」之統論，其義諦所示，人臣受君厚賞，處尊位，享盛名，君必有懼，臣禍必至也。蓋君非自讓大位，無以償之也。唐太宗曰：「疾風知勁草，板蕩識誠臣」，謂忠貞之士，雖處逆境，志不稍移，史不乏其人也。陶淵明易名曰潛，以明潛龍不用於劉宋，陸

18	參閱朱維錚，《走出中世紀：從晚明至晚清的歷史斷想》（香港：中和出版社，2013）。
19	Karl August Wittfogel（1896-1988），德裔史家，漢學家，原德國共產黨人，二戰後成為反共大將。
20	參閱Karl A. Wittfogel, *Oriental Despotism, A Comparative Study of Total Power*（New Haven & London: Yale University Press, 1964）.
21	Frederick Wade "Fritz" Mote（1922-2005），師從蕭公權先生，為美國漢學家之翹楚，執教普林斯頓大學（Princeton University）近半世紀。著作專精於元、明兩朝史。
22	Fritz Mote, "The Growth of Chinese Despotism: A Critique of Wittefogel's theory of Oriental Despotism as applied to China," In *Extrmus*, vol. 8, no. 1（August, 1961）, pp. 1-41.
23	Hegel, *The Philosophy of History*, 135. 原文為"History among the Chinese comprehends the bare and definite facts, without any opinion or reasoning upon them."

秀夫厓山蹈海,與君王同盡,史閣部殉國揚州,陳臥子抗清被俘,掙脫鐐銬,投河自盡,皆亂世之忠貞也。疾風之勁草,可稱有效之統論也。惟板蕩之際,非必忠臣,疾風之下,非皆勁草。文天祥曰:「時窮節乃見,一一垂丹青」,亦復如是,時窮未必節能見也。國之將亡,非必外侮,往往因內亂,而招外患也。明儒鍾惺即曰:「從古亡國之禍,皆臣市其君,豈可獨歸于強鄰哉」![24]西晉有八王內爭,而後有五胡亂華。以近史言之,蘇聯解體,要因聯盟分崩離析,葉利欽[25]市其君戈巴契夫,[26]未可盡歸之於強鄰壓境也。鍾惺之統論,竟驗之於晚近矣。明儒于慎行讀史,有云:「自古以來,夷狄猾夏,必有華人教之,不但闌出邊關,為之謀主,即夷入中國,亦有此一等人也。」[27]檢點古今往事,利之所在,必有奸民,漢兒城頭罵漢人,例不勝舉,皆有效之統論也。宋人李綱曰:「自古中興之主,起於西北,則足以據中原,而有東南;起于東南,則不能據中原,而有西北。」于慎行曰:「此千古不易之形也。」[28]于氏而後,中國一統,多自北而南,罕見北伐可成大業,此為有效之統論歟?通觀國史,朱明雖北伐定鼎,仍定都北京,以延國祚。晚近國民革命軍北伐,功敗垂成者,未能畢其功於一役,而又定都於南京也。北重南輕

24　鍾惺,《史懷》,卷4,頁16b。
25　Boris Nikolayevich Yeltsin(1931-2007),蘇聯解體後於1991至1999為俄羅斯總統。
26　Mikhail Sergeyevich Gorbachev(1931-2022),蘇聯最後一任總書記,為蘇聯之終結者,西方稱頌其終結蘇聯之功,而獲諾貝爾和平獎,歐美愛之,而俄人恨之也。
27　于慎行,《讀史漫錄》,卷10,頁25b;齊魯版,頁364。
28　于慎行,《讀史漫錄》,卷13,頁6b;齊魯版,頁406。

之勢，猶難改也。至於分久必合，胡漢和戰，民族經由漢文化而融合，卒成今日之華族。此大一統形勢之所趨，亦可統而論之也。

乾隆進士趙翼號甌北，頗能薈萃諸錄，歸納統論曰：漢初二十餘將相，惟張良為韓相之子，餘皆出身布衣，甌北因曰：「漢初布衣將相之局」，蓋因秦漢變局，「四海鼎沸，草澤競奮」，布衣奮起之故，雖販夫走卒，亦可因功名而登將相也。[29] 甌北見及「王莽之敗」，由於民生政策，既招怨於內，又招怨於外，內外之怨，具結之矣，更無端制禮作樂，然「製作未畢，而身已為戮矣。」因而統論之曰：「人但知莽之敗，由于人心思漢，而不知人心之所以思漢，實莽之激而成之也。」[30] 史稱武則天好殺，所謂「武后之忍」，惟甌北見后「知人善任，權不下移」，而統論之曰：「不可謂非女中英主也。」[31] 甌北之統論，尚有「《史記·律書》即兵書」，「《三國志》書法」，「《宋、齊書》帶敘法」，「《魏書》多曲筆」，「《舊唐書》原委」，「歐史書法謹嚴」，「《宋史》各傳回護處」，「《明史》立傳多存大體。」趙翼統論史事，擅長歸納事實，頗似西法，泰西學人所以賞識之也。[32] 近人喜以甌北與辛楣、西莊相比，其實三公各有所長，毋庸論長說短也。

近似之事，往復重現，屢見不鮮，燕子去而復返，雖非必

29　趙翼，《校證補編廿二史箚記》，頁34-35。
30　趙翼，《校證補編廿二史箚記》，頁71-72。
31　趙翼，《校證補編廿二史箚記》，頁412-417。
32　Beasley & Pulleyblank, *Historians of China and Japan*, p. 7.

然，畢竟似曾相識燕歸來也，似已「近乎法則」（law-like）
矣。越王勾踐平吳，「范蠡遂去，自齊遺大夫文種書曰：飛鳥
盡，良弓藏；狡兔死，走狗烹。越王為人，長頸鳥喙，可以共
患難，不可與共樂。」[33]韓信助漢王得天下，有謂「漢并天下，
皆信利也」[34]功成而後身死，信曰：「果如人言，狡兔死，良狗
烹；高鳥盡，良弓藏，敵國破，謀臣亡。」[35]魏將鍾會克蜀，姜
維降與會交好，維謂會曰：定蜀功高震主，以韓信見誅於功成，
文種不從范蠡，汎舟五湖，伏劍而死，欲會效陶朱公悠游絕跡，
以全功保身，會不能聽，而與姜維俱死矣。[36]事非盡同，終不脫
功高不賞之魔咒也。例不細舉，宋之岳武穆、今之孫立人，史不
絕書。兔死狗烹，豈不近乎法則乎？惟人皆知弓藏之懼，然多履
盛不止，蓋榮利難忘，而忽於保身也。然則，近乎法則，而猶未
能盡之歟？

　　戰國魏王，割地事秦，為秦所愚，終於亡國，是猶抱薪救
火，燕雀處堂，歷代屢見不鮮，亦略似法則矣。楚避秦之鋒，屢
遷其都，不數年而為秦兼并。所以遷都者，畏敵也，畏敵怯戰，
未有能幸存者也。然則凡遷都，國即不永乎？東晉、南宋、南明
皆是也。千餘年來，凡遷都者，幾皆不永，亦近乎法則也。孟子
有言：「入則無法家拂士，出則無敵國外患者，國恆亡。然後知
生於憂患，而死於安樂也。」[37]吾華憂患意識源遠流長，作《易

33　司馬遷，《史記》，卷41，見〈越王勾踐世家〉，頁1746。
34　黃震語，見《黃氏日抄》，卷46，頁24b。
35　司馬遷，《史記》，卷92，見〈淮陰侯列傳〉，頁2627。
36　事見陳壽，《三國志》，卷44，頁1067。
37　楊伯峻，《孟子譯注》，頁298。

經》者已有憂患矣,讀《易》者能無憂患乎?深知安不忘危,存不忘亡,治不忘亂也。[38]蓋操心知危,其慮也深,而後能達。其後晉文與勾踐,皆窮而後霸。[39]西秦有六國之憂,而始皇卒滅六國而控宇內。及始皇沒,二世任用奸佞,淪於逸樂,「驪山未畢,復作阿房」,[40]窮盡民力,山東兵起,而卒亡國。柳河東敵戒所謂:「秦有六國,兢兢以強;六國既除,訑訑乃亡。」[41]訑訑者,傲慢自得之謂也。後晉莊宗,報先父之仇,「方其係燕父子以組,函梁君臣之首,入于太廟,還矢先王,而告以成功,其意氣之盛,可謂壯哉!及仇讎已滅,天下已定,一夫夜呼,亂者四應,倉皇東出,未及見賊而士卒離散,君臣相顧,不知所歸,至於誓天斷髮,泣下沾襟,何其衰也」![42]朝代興亡,革命易姓,霸權起落,屈指難數。盛極而衰,勢所必然,大似興亡有期,〈易傳〉所謂「日中則昃,月盈則食」也。類此史證,層出不窮,統而論之,如《尚書》所謂:「滿招損,謙受益」,豈不然乎?荊平王有臣伍子奢,得罪於王,王招奢之子胥,胥不入,王殺胥父兄,胥奔入吳,誓報家仇。胥乘荊伐蔡,胥領吳兵六千入荊,荊王已死,胥「鞭捶笞平王之墓而數之」,[43]以洩憤也。司馬遷有記曰:「申包胥走秦告急,求救于秦,秦不許,包胥立

38　參閱李覯,《李覯集》,頁51。
39　吳越事詳見李步嘉,《越絕書校釋》(武漢:武漢大學出版社,1992)。余嘉錫以《越絕書》為戰國時人所作,原係兵家之書,非一人一時所作。見余嘉錫,《四庫提要辨證》,上冊,頁378。
40　語見司馬遷,《史記》,卷6,見〈秦始皇本紀〉,頁292。
41　見柳宗元,《柳宗元集》,第2冊,頁532。
42　歐陽修,《新五代史》,第2冊,卷37,〈伶官傳〉,頁397。
43　李步嘉,《越絕書校釋》,頁16。

于秦廷,晝夜哭,七日七夜不絕其聲,秦哀公憐之,曰:楚雖無道,有臣若是,可無存乎?乃遣車五百乘救楚擊吳。」[44]類似乞求外援之事,亦屢見於後世,滿清入關,南明隆武帝,復明心切,黃宗羲有《日本乞師記》一卷,雖不見著錄,然《海外慟哭記》一卷,收入《國學叢刊》,知實有乞師之事也。鄭氏欲借一旅,以助恢復,東洋援兵因故未出。[45]戊戌政變,康有為亡命海外,乞求外援救光緒,有句曰:「痛哭秦廷去,誰為救聖君。」[46]國共內戰,蔣介石兵敗山倒、風雨飄搖之際,宋美齡急赴白宮求援,杜魯門不僅拒之,甚且辱之,[47]義寧有句曰:「可憐漢主求仙意,只博胡僧話劫灰。」[48]申包胥乞師秦廷,後人效之不已,幾無得逞者。秦廷之哭,亦可取之為統論歟?凡近乎法則之說,即可為有效之統論矣。

春秋時代,列國並立,魯襄公二十六年,有云:「雖楚有材,晉實用之。」[49]統論之曰:「楚才晉用」,屢見於史。秦穆公用戎才由餘、宛才百里奚、宋才蹇叔、晉才丕豹、公孫支。

---

44 語見司馬遷,《史記》,卷66,見〈伍子胥列傳〉,頁2177。
45 陳燕翼,《思文大紀》(台灣文獻叢刊111),頁144。劉勝木,《莨楚齋隨筆續筆三筆四筆五筆》(北京:中華書局,1998),頁155-156。
46 〈戊戌八月國變記事詩〉,見《康南海先生詩集・上》,收入蔣貴麟主編,《康南海先生遺著彙刊》(台北:宏業書局,1976),第20冊,卷之四,頁279。
47 杜魯門憶道:「1948年余時任總統,宋來美求施捨(handouts);羅斯福曾邀其入住白宮,余不許,毫不以渠為意也。」見Merle Miller, *Plain Speaking:An Oral Biography of Harry S. Truman*(New York: Berkeley Publishing Corporation, 1974), p. 288.
48 陳寅恪語,《陳寅恪集》,見〈詩集〉,頁67。
49 語見楊伯峻編,《春秋左傳注》,頁1120。

秦孝公用魏人商鞅變法，秦惠王用魏國張儀，散六國之從，秦昭王得魏國范雎，蠶食諸侯，秦遂成帝業。及至晚清，美國律師蒲安臣，[50]來華駐節，離職時，奉清廷之命，出使美國，於同治七年與美簽約，予中國以最惠國之貿易協定，不預中國內政，以平等地位，使兩國人民相互安全來往，自由遊歷、貿易、居住，並允自由移民，是亦「晉才楚用」之謂也。晉才楚用為有效之統論，良有以也。

戰國時代，秦攻趙都邯鄲，趙王遣平原君趙勝，赴楚求救。勝選門客同往，有毛遂者，自薦願往，勝初疑毛不能，毛力爭而後如願。既至秦廷，日久不抉，毛遂按劍而上，以利害說之，竟與楚王歃血為盟而歸，平原君以毛遂為上賓。[51]毛遂自薦，自是佳話。惟李白上書韓荊州，引三千門客有毛遂，「使白得脫穎而出」，未能如願也。後世重他薦，或由科舉，自隋唐以來，歷時久矣。王士禎曰：「在九卿時，薦舉人才甚多，率不令人知之」，卻授人以柄，有「冒竊居功者」，士禎「一笑置之」，[52]蓋其推薦，出之於公，而非出之於私也。康熙下詔，薦舉博學鴻儒，薦者百七十四位。[53]雍正再詔天下，保舉博學鴻才，至乾隆元年，「詔集已至百七十餘人，親試闕下。」[54]儒門謙遜，罕見

50　蒲安臣（Anson Burlingame, 1820-1870），美國律師，外交官，出使中國（1862-1867），後赴美代表中國，完成1868年之《蒲安臣條約》（*Burlingame Treaty*）。
51　事見司馬遷，《史記》，卷76，見平原君列傳，頁2366-2367。
52　王士禎，《分甘餘話》（北京：中華書局，1989），頁41-42。
53　王應奎，《柳南隨筆》（北京：中華書局，1983），頁64。
54　趙慎畛，《榆巢雜識》（北京：中華書局，2001），頁167, 207。另參閱劉廷璣，《在園雜誌》（北京：中華書局，2007），頁36-37。

自薦,毛遂自薦幾成笑柄也。更有囑他人代薦,自隱其跡,虛偽可哂。日軍侵華,兵臨首都,南京北臨長江,四戰之地,新敗之餘,無從防守,而蔣介石以首善之都,中山陵寢之地,不能不死守,唐生智奮起自薦,結果全軍潰敗,死傷枕籍,日寇又大肆屠城,至為慘烈。[55]唐將軍自薦,貌似英勇,然昧於形勢,進退失據,演成慘劇,有愧於毛遂矣。然而自薦,泰西習以為常,以毛遂自薦為當然,且以此為豪,有當仁不讓之意,不愧為泰西有效之統論也。

周惠王十五年(前662)魯莊公薨,庶兄慶父還魯,仲孫湫歸,曰「不去慶父,魯難不已」,又曰:「難不已,將自斃」,[56]所謂「多行不義,必自斃」也。觀乎中外史乘,不義自斃者,亦復不少,然多行不義者,未必自斃。羅馬之凱撒,大權獨攬,集權力與尊榮於一身,卻於稱帝時,因獨裁而為人所弒,凱撒亦羅馬之慶父也。英國文豪莎士比亞(William Shakespere),於《亨利六世》(Henry VI)劇作,為凱撒哀也。德酋希特勒,發動二戰,遍地烽火,前所未見,屠猶裔六百萬,慘絕人寰。德國初勝後敗,希特勒仍不罷手,德軍遂有「慶父不死,魯難無已」之感,欲除之而不果,慶難不已,以至於蘇軍毀柏林而入,希自斃於地窖,舉國亦相隨而亡矣![57]。國共內戰,毛澤東以蔣介石為慶父,有言:「慶父不死,魯難未已,戰

55　李宗仁口述,唐德剛撰寫,《李宗仁回憶錄》(台北:遠流出版公司,2010),下冊,頁629-631。
56　楊伯峻編,《春秋左傳注》,上冊,頁1157。
57　參閱Trevor-Roper, *The Last Days of Hitler* (New York: Macmillan Company,1947).

犯不除,國無寧日。」慶父未死,其國已亡。蔣既失國,久而老死於海島。回看中外史冊,類慶父者,時而有其人也,而慶父之難不已,罕不自斃也。

齊公孫無知殺襄公,公子小白奔莒,齊人誅公孫,小白先入臨淄,即位稱齊桓公,以管仲為仲父,「九合諸侯,一匡天下」,霸業成矣。桓公問鮑叔,「姑為寡人祝乎」?鮑叔奉酒而起曰:「祝吾君毋忘其出,而在莒也」,[58]此春秋之莒也。戰國燕國大將樂毅,合四國之兵伐齊,齊閔王亡逃,僅以身免,匿于莒。樂毅屠七十餘城,臨淄盡降,唯莒與即墨未下。即墨令田單,以讒言去樂毅,設詐大破燕軍,收復七十餘城,迎太子為襄王於莒,入臨淄聽政,封田單為安平君,[59]襄王不忘在莒之艱也。孰料蔣介於海島金門,刻有巨幅石碑曰:「毋忘在莒」!欲效田單復國,奈蔣所在之莒,海島是也,身猶在莒,安能忘之耶?毋忘在莒者,乃復國之後,勿忘既往之苦難也。蔣氏誤用統論,引喻失義,殊可哂也。

商君變法,刻薄少恩,[60]荊公曰:「今人未可非商鞅,商鞅能令政必行」也。[61]荊公因變法而受辱,謂其生性執拗,聽信小人,欲求富國,反而誤國、病國,熙寧變法,終於無成。清人黃

58　劉向,《新序》,《四庫全書精華》(台北:古今大典文化事業有限公司,2000),第17冊,〈雜事第五〉,頁476,481。
59　劉向,《新序》,第17冊,見〈雜事第三〉,頁465-466。另參閱司馬遷,《史記》,卷81,〈田單列傳〉,頁2454。
60　司馬遷語,見《史記》,卷68,頁2236。
61　王安石,《臨川先生文集》(四部叢刊初編)199-201,第2冊,卷32,頁213。

釗讀史，嘗有統論曰：「千古能變法者，其人必不純，而其純者必不敢變法。」[62]黃氏以人品論變法，晚清康長素變法，屢遭詆毀，謂其武斷、專橫、作偽，亦以其人品不純說之。戊戌變法不成，六君子死難，長素亡命，更生海外。變法失敗，豈因人品之故乎？其故安在？或可積累細看，明察時勢，自帝制中求之。揆度四千年之國史，罕見變法，而變法無成，亦可稱有效之統論也。然而變法無成於中國，未必無成於外國，明治維新，振興日本；羅斯福新政，挽經濟大蕭條之狂瀾。是知會萃諸錄，以求統論，尚需顧及體制異同，人事因緣也。歷史究非物理，未可以公理法則衡之。船山有言：人間事「不可以一時之可否，定千秋之是非。」[63]統論者，可以一時之可否，或可定千秋之是非，然未必然也。

62　黃釗，《史晌》（道光五年廣州刻本），卷1，冊4，頁15b。
63　船山語，見王夫之，《讀通鑒論》，第3冊，卷26，頁14a。

經世致用第十三

　　吾華學宗實用,鄙視無用之學。章學誠有言:「學為實事,而文非空言。」[1]史之為用,「神交萬古,不出戶庭」,[2]此思古之幽情也。「見賢而思齊,見不賢而內自省」,[3]此有關人倫世道,勸善蓄德之效也。治國者以史為鑒,以往日興亡,得失利弊,為前車之鑒,有益於治道,近乎泰西所謂「治國方策」(statecraft)也。趙、韓、魏三家分晉,智伯身死,國亡地分,為天下笑。趙襄子臣張孟談曰:持國之道,往古有聞,臣主不能均權,若蹈覆轍,無力回天,因曰:「前事之不忘,後事之師。」[4]斯言也,遂成名言。讀史所以汲取既往之教訓,為來者之借鏡也。其實,史能經世致用,中外皆然。古羅馬人西賽羅有言:「歷史教人生活」,乃行動之典範也。[5]古希羅史家,所

1　語見史釋,章學誠,《文史通義新編新注》倉修良編注,頁271。
2　劉知幾語,見《史通》,張之象刻本,卷11,頁1b。
3　劉知幾語,見《史通》,張之象刻本,卷11,頁1b。
4　語見《戰國策》,四部備要本,卷18,頁4a。
5　原文 "Historia vitae magistra". Cicero(106-43 BCE),羅馬學者、政治家,於後羅馬共和時代扮演重要角色,著作包含修辭、哲學與政治,被視

以好古，因史可為日後之引導也。[6]五世紀而後，史家幾成教師爺，習以德行，褒貶人物，記取歷史教訓也。[7]西洋中古，史為宗教所用，中世紀之後，約當十六世紀，馬基雅維利撰《翡冷翠市史》（Machiavelli, *History of Florence*），亦貴史能資鑒也。馬氏謂執政者，宜重智輕德，為達目的，可不擇手段。其說何遜於商、韓乎？歐陸史學，當晚清之際，始見典範之轉移，自「資鑒模式」（exemplary mode）移至「發展模式」（genetical mode）。[8]然「資鑒模式」，未嘗盡失。法國院校於十九世紀，仍以品德與愛國，為歷史教育之宗旨。[9]史為彼邦教育必選之科目，固無疑矣。教研之外，無論入仕、外交、經商，史皆不可或缺也。國際交涉，尤賴史以知彼，蓋國情各有淵源，惟自史中求之也。政壇言論，出語輕重，有賴史識之貧富。人事之升遷，史識亦有助焉。故而當今英國劍橋史家柏爾克（Ulick Peter Burke）有言曰：今人之德智，仍可以史為榜樣也。

　　史於泰西近世，更為政治所用，蓋列國紛爭，國族主義激

　　　為羅馬首屈一指之演說家與散文家。
6　　參閱M.L.W. Laistner, *The Grater Roman Historians,* p. 75.
7　　參閱Charles William Fornara, *The Nature of History in Ancient Greece and Rome*（Berkeley: University of California Press, 1983）, pp. 107-198, 117-118.
8　　Jorn Rüsen, "Crossing Cultural Borders: How to Understand Historical Thinking in China and the West," *History and Theory* 46（May, 2007）, pp. 190-193.
9　　Pim den Boer, *History as a Profession: the Study of History in France, 1818-1914*（English translation, Princeton: Princeton University Press, 1998）, p. 165.

揚，列強相互爭雄，以史宣揚國威，重塑往事，**觸發愛國熱情，所以自我尊貴也**。德國「普魯士學派」（the Prussian School），以普魯士解放其日耳曼族，謀國家之統一，以豐功偉業而自傲。此派史家，遂以頌揚國族主義為務。[10]所出史書，多榮己虐他，貶法蘭西之無能，而褒德意志之偉大。[11]法國史家則反是，歌頌法蘭西之榮耀，視法國大革命，啟世界史之黎明云。[12]英國史家，亦不遑多讓，以橫行四海，日不落國而自傲，更以環宇鷹揚為榮，且自稱舉世之救星。[13]有鑒於濫用史事，而有「史為史而史」（history for history's sake）之論，主史唯求真，不為他用，史家必須抑制感情，以理性治史。甚者，矯枉過正，以為史之所以無用，因史不能重演，故無從資鑒，何以致用乎？大師黑格爾斷言：「歷史所昭示者，官民皆無可得益，更無論人事可由史所定也。」[14]處科技大用之近世，史既無用，棄之何惜？學科竟遭輕蔑，一至於此。惟歷史無用之說，並非定論，史畢竟非僅象牙塔內事，「史為公用」（the public use of history），以應當代之

10　J. G. Droysn，晚年致力於14卷《普魯士政治史》（*Geschichte der preussischen Politik*）之寫作，卷帙浩大，未完篇而辭世，政治偏見已著。

11　H. von Sybel著《法國革命史》（*Geschichte der Revolutionszeit 1789-1800*）（Stuttgart, 1882），共4大冊，煌煌巨著，偏見叢出。

12　見諸Francois Mignet, *Histoire de la révolution française*（1824），此法國人之法國革命史，議論多而事實少也。

13　英倫大史家麥考雷（Thomas Babington Macaulay）文采洋溢，黨見殊深，若謂解放世界而得之自由乃經由英國之「光榮革命」（the Glorious Revolution）而締成。

14　原文："what experience and history teach is this-that people and governments never have learned anything from history, or acted on principles deduced from it,"閱Hegel, *The Philosophy of History*, p. 6.

需，[15]有助今人知古，庶免史盲，史之功效，欲蓋彌彰也。英國史家湯恩比，於二戰期間，受聘英政府情報局，為其政府效力，學以致用也。戰後大學科目，出現「應用史學」，[16]非為養成專業史家，而在培訓外交使節、政府官員、公司顧問，以實用為務也。近年都市史、環境史、環球史之流行，可稱新興經世之學，以應世變也。

泰西往昔治史，喜追尋規律，以歷史哲學自豪，而今風尚驟變，重視文化研究，「宜以文化為經緯，分而析之，毋庸尋求法則，惟求史中意義。」[17]釋出之意義，若不得其用，則意義又安在耶？

經世致用，尤為中華史學之要義，以史為鑒，布政教而齊法度，深信不疑，以為學有用則盛，無用則衰。史書鼻祖《尚書》，即以敬德保民，為君王之鑒，〈無逸〉篇有云：「君子所其（期）無逸，先知稼穡之艱難，乃逸，則如小人之依。」[18]數

15　參閱W. Palmer, *Engagement with the Past: the Lives and Works of the World War II Generation of Historians*（Lexington, Kentaky, 2001），p. 303.

16　原文"Applied history"，用既往之知識應當代之需，尤在於內政與外交之「決策」（policy-making）。應用史學與「大眾史學」（public history）關係密切。大眾史學多著力於遺跡保存、檔案管理、口述歷史、博物館學、影視諸領域。此學於1970年代在北美逐漸學院化矣。

17　參閱Cliffford Geertz, *The Interpretation of Culture*（USA：Basic Books, A Division of Harper-Collins, 1973），p. 5: "I take culture to be those webs,and the analysis of it to be therefore not an experimental science in search of law but an interpretive one in search of meaning." 此文作者為人類學家，其文化論說頗為泰西主流史家所重視，而多采用。

18　瑞典高本漢譯「無逸」為"no pleasurable ease"，甚諦。見Bernhard Karlgren, *The Book of Document*, p. 56. 參閱《書經》（上海：商務印書館

千年後,清帝雍正,題「無逸」一匾於圓明御園以自戒,又建「多稼如雲」景點,以示遊樂不忘稼穡之艱辛。[19]歷代史家,有鑒於朝代興替,尤具「見盛觀衰」之憂患意識。朱熹以經為先,於史中求理,以史察古今、驗得失,以為當世之用也。晚明亭林、梨洲諸家,有鑒於心學空談誤國,力倡實學,史以致用,蔚然成風。明遺民萬斯同,精於史學,清初入明史局,別撰《明史》四百餘卷,一以儒家德行,為褒貶人物之圭臬,更以史為鑒,檢視典章之得失,以吏治弗清,民事不明為慮,以宦官竊柄,危及宗廟為戒。[20]乾嘉考據,非僅閉門稽古,白首窮經,未忘經世之志也。錢大昕、王鳴盛諸家論史,兼及國計民生,尊史鑒古。章學誠集經世之大成,史以通經而明道,經世所以明道,故史於時有所補也。實齋有言曰:史家必求當代典章,「以切於人倫日用」;若「昧于知時,動矜博古,譬如考西陵之蠶桑,講神農之樹藝,以謂可禦饑寒,而不須衣食也。」[21]史學經世,非空言著述,務須嚴謹,於典章制度,尤需詳備,酌量加注,輔以風土人情之文,又當效《後漢書》〈列女傳〉,而不限於貞潔節烈,無論閨秀才婦,道姑仙女,皆宜入史,庶幾有所裨益於風教也。[22]實齋以學問經世,文章有補於時,固無疑也。

藏版),卷5,頁10b-11a。

19　參閱汪榮祖,《追尋失落的圓明園》,鍾志恆譯,雙語版(北京:外語教學與研究出版社,2010),頁153。

20　參閱萬斯同,《明史》(上海:上海古籍出版社,2008),卷391,頁238;卷405,頁373。

21　語見章學誠著,倉修良編注,《文史通義新編新注》,頁271, 272。

22　參閱章學誠著,倉修良編注,《文史通義新編新注》,見〈與甄松年書〉,頁840-842, 845-848。

史可經世，經亦若是。無可諱言，曲解經義，為政之用，古已有之。為政者以學為術，經作術用，其來有自。上自董生天人感應之說，西漢〈河圖〉〈洛書〉，陰陽五行，下迄康南海孔子改制，皆曲解經義，為政所用之例也。漢武「罷黜百家，表彰六經」，[23]名重儒術，其實仍行刑法，意在尊君，伸張君權，以張大帝王南面之術也。及至漢元帝，始柔仁好儒，任太子時，有鑒於以刑名繩下，大臣因譏刺為罪而誅，諫宣帝勿持刑太深，宜用儒生，而宣帝作色，以為漢家自有制度，奈何純用周政德教，是古非今，不達時政，甚不以太子為然，幾欲廢之。[24]宣帝者，武帝之曾孫也，仍不欲踐儒也。元帝繼統，雖好儒術文字，然優柔寡斷，以至於主德不明，外戚宦官用事，雖有小治，而無濟於大事。成帝喜燕樂，沉湎女色，太學有儒生三千，競利祿之途耳。劉向傳經心事違，而其子劉歆，與張禹、孔光輩，號稱儒者，以通經為賢，實圖富貴，亂經阿諛，卒擁戴外戚王莽篡漢也。要之，歷代帝王，名為尊孔崇經，且開經筵勸講，多口惠而實不至，實重刑法，而輕禮樂，於儒家治道而言，本末倒置。紫陽所謂孔子之道，未嘗行於天地間，非虛言也。帝制法多而儒少，故以經術為治術，徒具虛名耳。若謂孔子乃治術之工具，[25]經學為帝王之「政治學說」，[26]皆過甚其詞矣。所謂「儒教中國」，似是而實非也。以儒說史，亦僅見表象耳。曲學雖求售於一時，學

23　班固語，見《漢書》，卷6，頁213。
24　閱班固，《漢書》，卷8，頁277。
25　見朱維錚，《中國經學史十講》，頁19。
26　見朱維錚，《中國經學史十講》，頁2。

不隨術而驟變也。經學非盡可術取，士子潛心聖賢經書，崇正學、迪正道，虛心涵泳其中，靜居篤行，孝悌忠信，猶如草上之風，有移風易俗之效也。經學非即儒學，然兩者亦非涇渭之分。經為史用，史重經義，其來有自。史為政用，固非罕見，惟史乃事也，作偽造假，或能矇騙一時，欲蓋必然彌彰。唐太宗以帝王之威，猶未能掩玄武門血案於後世也。約而言之，古人古事，存於竹帛，史之為用，供後人披覽，神交古人，瞭然古事，所以知古也。苟刻意曲筆，誣忠義、抑正順而誤來者，則又何為？明人魏禧所謂：「讞古人之獄，或洗垢而索其瘢，或剒肉成瘡痏」，[27]不啻施酷刑於無告之古人，遺曲筆於後世，罪莫大焉！

章實齋曰：「史學所以經世，固非空言著述也。」[28]何以經世？曰：詳近略遠，持世以救偏也。[29]史若無用，何異船山所云：「玩物喪志」乎？人有記憶，所以知所從來；人若失憶，無以立身。詩人朱彝尊有句曰：「共眠一舸聽秋雨」，[30]憶及往事也。國若失憶，昧於傳統，喪失認同，則無以立國。章太炎以國有史，如家有家譜，若「不看家譜，不認識其同姓，族誼又何由而敦？不講歷史，昧於往跡，國情將何由而洽？」故曰：「不讀史書，則無從愛其國家。」[31]欲知時勢之來龍去脈，更應讀史。

27　見魏禧，《魏叔子文鈔》（道光刻本），見　宜振史論序，11a。
28　章學誠，《詳注文史通義》，許德厚注，卷5，頁15a。
29　實齋曰：「史部之書，詳近略遠」，章學誠著，倉修良編注，《文史通義新編新注》，頁885。實齋曰：「慎於治偏，則可以無弊矣」，同書，頁229。
30　朱彝尊，《朱彝尊選集》（上海：上海古籍出版社，1991），頁252。
31　章太炎，《章太炎全集》，〈演講集下〉，頁490。

然則，史乃國族記憶之延長也。今之思維、習俗、理想，皆自古來，猶如繁枝之有根，根枯則無繁枝矣。因古而知今，史遷不云乎：「居今之世，志古之道，所以自鏡也，未必盡同」，[32]蓋讀史所以明智也。為政者，更宜知其國史，讀史知興替，所以知所進退也。英國政界巨子邱吉爾，[33]官拜首相，公餘治史，蔚然有成，故能洞悉先機，決策明準，救英倫於危亡之秋也。泰西有史不可重演之說；然則，何來前車之鑒乎？竊謂：史實古今有異，未能如實重演，然不無近似之事，豈無可鑒之處？古今人物之言行，前人之成敗利鈍，後人習之，增知益智，足資借鏡。偉人事跡，更涉及家國大事，光彩奪目，故偉人傳記，人所嗜讀，此泰西大哲培根所以有：「讀史令人聰敏」[34]之說也。知古所以知今，雖不足以知來，猶可視為前導。史之為用，尚能陶冶心情，發思古之幽情，一卷在手，馳騁今古，神交古人，古道照顏色，心胸視野，均為之開闊，豈不亦可為己用耶？

　　常言道：「夫前車覆，後車戒；前事之失，後事之鑒。」故劉知幾曰：「史之為用，其利甚博，乃生人之急務，為國家之要道，有國有家者，其可缺之哉！」[35]此所以清儒所云：中國以史

32　司馬遷，《史記》，第3冊，卷18，頁878。
33　Sir Winston Leonard Spencer Churchill（1874-1965），歷任英國首相（1940-1945; 1951-1955），為保守派帝國主義者。邱吉爾多才多藝，能畫能寫，也能著史，曾獲諾貝爾文學獎。
34　培根名言之全曰："Histories make men wise; poets, witty; the mathematics, subtle; natural philosophy, deep; moral, grave; logic and rhetoric, able to contend." 載 *The Collected Works of Sir Francis Bacon*.（1837）.
35　語見劉知幾，《史通》，張之象刻本，卷11，頁1b。

為治天下之書也。[36]《尚書》教人「疏通致遠」，致用之微意見之矣。周有殷鑒，漢以秦為鑒，唐以隋為鑒。歷朝莫不鑒前朝之得失，以明理亂之故，統論之曰「殷鑒。」至於鑒古之道，先博考往事，知其情偽，取前人治法，旁參諸家，明辨是非，而後胸有定見，則可用世矣。吾華不尚空談，蓋「儒者之學，在乎明理以致用，詩書執禮，皆經世之言也。」[37]經世之史學，既記華夏，亦記四夷，既著功勳，亦表賢能，知廢亂之由，明權變與策謀，詭說與話術，古訓是式。明張宇初《道門十規》有云：「修齊治平，富國強兵，經世出世之術，互有之矣。」「經世」與「出世」對稱，所謂經國濟世也。自秦漢以來，儒教漸入人心，士人縈心時政，書生勇於針砭時弊，具有報國安民之志。太史公之〈李斯傳〉，述趙高事十之八，要在垂戒「人君戒不可有持祿之臣，人臣不可持爵祿之心。」[38]按斯以丞相之尊，為爵祿之故，聽從趙高，而亡嬴秦故也。唐太宗有言：「大矣哉！蓋史籍之為用也。」[39]史官之職責，即以資鑒為重也。宋神宗引詩經云：「商鑒不遠，在夏后之世」，命龍圖閣學士司馬光，論次歷代君臣事跡，賜其書名曰資治通鑒，以備御覽，[40]故曰人稱之

36　語見清人施鴻，《史測十四卷序》，頁1a。
37　錢大昕語，見《潛研堂文集》，第4冊，卷25，頁373。
38　明季徐枋語，見〈書李斯傳後〉，載羅振玉編，《明季三孝廉集》，居十，頁2b.
39　語見李世民〈修晉書詔〉，載房玄齡等撰，《晉書》，第10冊，卷尾〈修晉書詔〉，頁3305。
40　參閱宋神宗，〈御製資治通鑒序〉，卜大有，《明刻珍本史學要義》，頁307-309。

為帝王之學也。[41]溫公自謂:「專取關國家興衰,繫生民休戚,善可為法,惡可為戒者,為編年一書」,所以「監前世之興衰,考當今之得失。」[42]船山先生亦有言曰:「鑑者,能別人之妍媸而整衣冠,尊瞻視者,可就正焉。」[43]不出唐太宗之名言:「以銅為鑒,可正衣冠;以古為鑒,可知興替,以人為鑒,可明得失」[44]也。

宋代理學昌盛,主正心誠意,然亦有主功利者,斥空談心性。王荊公變法,倡言富國強兵,儼然經世之大儒也。主功利者尚有李覯、陳亮、葉適。南宋朱熹,講求「存天理,滅人欲」,欲挽頹風以救世,然踵事者重內聖,而不求外王,修身與治平,遂成異轍矣!明人焦竑曰:「史者所以明夫治天下之道也,三代之作非獨載其行事,蓋並其深微之意而傳之。」[45]陸王心學,益趨空談,清初顧炎武、王夫之、黃宗羲,有鑒於心學之空虛,復大倡實學,致用之學,更上層樓矣。

史學致用,三千餘年中華,未嘗稍衰。柳虯之言曰:「漢魏以還,密為記注,徒聞後世,無益于當時」,[46]史為後世之鑒明矣。人主設經筵,讀史所以讀治,通百代之興衰,法善戒惡,冀

---

41 內藤虎次郎,《支那史學史》,頁256;內藤虎次郎,《中國史學史》,頁158-159。

42 司馬光,〈進資治通鑒表〉,載卜大有,《明刻珍本史學要義》,頁310,312。

43 王夫之,《讀通鑒論》,第3冊,卷末〈敘論〉4,頁7a。

44 語見吳兢,《貞觀政要》,收入文淵閣四庫全書,卷2,〈論任賢〉,頁20b。

45 焦竑,《焦氏澹園續集》,卷3,頁31-32。

46 柳虯,〈上周太祖書〉,李昉等,《文苑英華》,卷690,頁3555。

有益於治道也。漢元帝與京房之對話，既見於言，復見於實踐，皆以豎刁趙高為戒，蓋莫蹈覆轍而致亂也。是以史有訓曰：「任賢必治，任不肖必亂。」[47]自古以來，學士上書，策士獻策，輒引史為證。晉獻公應荀息之計，以玉石寶馬，賄賂虞國，假道虞國伐虢，虞國大臣宮之奇，勸阻不聽，晉滅虢三年後，回師滅虞也。[48]三國荀彧，以「晉文（公）納周襄王，而諸侯景從，（漢）高祖東伐，為義帝縞素而天下歸心」，[49]故彧以「奉主上以從人望」為史例，獻策曹操，奉迎獻帝，定都許昌，「挾天子以令諸侯」，拜史鑒之賜也。司馬昭用滅虢取虞之計，使魏先定巴蜀，水陸順流而下吳地。至乎太康元年（公元280），王濬果以七十高齡，帥戎卒八萬，方舟百里，鼓噪而下，兵臨石頭城，吳帝孫皓出降。唐人劉禹錫懷古，有句曰：「王濬樓船下益州，金陵王氣黯然收」，[50]惟益州早定，王濬樓船，自武昌而下也。士人即使不在其位，雖無經世權責，仍有學以致用之志。姬周滅商而興，以殷商為戒也。太史公司馬遷著《史記》，其意亦在「稽其成敗興壞之理」，讀史自鏡，以備世用也。唐杜佑之撰《通典》也，非經國禮法程制不錄，「博采異同，歸于實用。」[51]宋儒尤主「通經致用」，固無疑也。

47　班固，《漢書》，卷75，頁3161-3162。
48　滅虢取虞事在春秋魯僖公五年（前655年），見楊伯峻，《春秋左氏傳注》，上冊，頁307.
49　見陳壽，《三國志》，卷10，頁310。
50　劉禹錫，《劉禹錫集》，頁214。
51　章學誠，《章氏遺書》，第2冊，頁64。參閱〈李翰通典序〉，載杜佑，《通典》（上海：商務印書館，1936），卷首。

溫公居今觀古，知既往之盛衰，為今世之借鏡，以前代之得失，為人主成敗之鑑，而撰《資治通鑑》。明人薛應旂撰《宋元通鑑》，王宗沐撰《宋元資治通鑑》，承風溫公也。薛、王之撰宋、元史也，亦重治亂、存亡之道，知綱常不張之禍害，與夫人才進退之有關大局。論者或詆薛、王兩書，編次無當，不辨虛實，失之草率。惟其意在致用，而不在學也。[52]薛、王名從溫公《通鑑》，以元為正統，實師紫陽《綱目》，故謂宋之亡也，因內小人，而外君子之故也。殷鑑不遠也歟？溫公《通鑑》，洎乎五代；南宋續修，李燾止於北宋、李心傳止於高宗一朝。元明兩朝，固有作者，荒陋不足以言續鑑。乾隆湖廣總督畢沅，好學不倦，聚集名家，窮二十年歲月，成《續資治通鑑》百有三卷，畢氏因案籍沒，書稿散佚，後由馮集梧補刻成書，都二百二十卷，廣采補闕，考異直書，固然優於前修，惟鈔撮之功多，而剪裁熔鑄之功少，遠非司馬書之儔，難稱一家言，溫公之後，未見來者也。

人君回顧前朝興亡，心有戚戚焉，無不欲明治亂之故。欲究其故，有賴於史。夏亡殷興，殷以夏為鑑；周興殷亡，周以殷為鑑；借古人得失，為今之鑑也。前車之覆，必有智者鑑之，莫敢輕忽之也。宋初石介，人稱徂徠先生，謂商湯以夏桀為鑑，故不敢為桀；唐以隋為鑑，故不敢為隋之暴也。宋繼唐而興，可鑑者莫過於唐，故而撰石氏《唐鑑》，成書五卷，以為最可鑑者有三，曰：「女后預事」，曰：「閹宦用權」，曰「奸臣專

---

[52] 參閱錢茂偉，《明代史學的歷程》（北京：社會科學文獻出版社，2003），頁183。

政。」[53]略觀兩宋政情,幾無此三事,可謂鑒唐之慎矣。范祖禹專治唐史,於協撰《資治通鑑》之暇,別撰范氏《唐鑒》,所舉唐事可鑒者,亦云多矣。唐高祖不明,致使兄弟不容,血染玄武門。太宗「誅其親者,謂之定內難,逼父而奪其位者,謂之受內禪,此其閨門無法,不足以正天下,亂之大者也」,[54]可鑒一也。太宗既滅突厥,諸戎入華,四夷冠帶,遂啟戎狄亂華之端,可鑒二也。太宗親征高麗,以天下之眾,困於小夷,無功而返,可鑒三也。高宗內牽嬖陰,外劫讒言,以無忌之親,一旦誅斥,國祚移於武后,可鑒四也。玄宗變太宗之制,寵信宦官,浸干國政,源頭一啟,末流不復可塞,可鑒五也。天寶之亂,天子獨與其所愛脫身,委其子民於敵手,君自失其國,可鑒六也。肅宗急欲復唐,外結戎狄以求援,致使諸胡縱掠,內與宦官密謀,以至於亂,可鑒七也。代宗賞罰無章,善惡不明,不通下情,讒巧得行,有功者不自保,無罪者懼見誅,恩加於人,而人不親,信示於人,而人愈疑,紀綱敗壞,恩威不立,可鑒八也。德宗之世,百吏競為刻剝,民不勝困,以致大亂,可鑒九也。穆宗以後,政權下移,朝無公政,士無公論,牛僧孺、李德裕,兩黨相爭,不憂國之不治,只恐黨之不進,可鑒十也。唐自明皇肅宗以來,尊寵宦官,德宗委以禁兵,文宗以後,天子由禁兵所立,豈能不亡,可鑒十之一也。僖宗、昭宗之世,唐以其戎狄之人,疑而不信,外而不親,有震上之勢,而無朝廷之助,是以不競於汴,而

---

53 參閱石介,〈唐鑒序〉,載卜大有,《明刻珍本史學要義》,頁491-493。

54 范祖禹,《欽定唐鑒》,24卷附〈考異〉1卷,語見卷24,頁11a。

全忠吞噬諸鎮,滅唐而後已。自古忠誠者不見信,而所信者不忠,豈有不亡者乎?可鑒十之二也。[55]范祖禹以兩百九十年之唐史,列出所可鑒者,洋洋大觀,蓋最可鑒者,莫過於致亂之由,或變生於內,或閨門無法,或亂作於外也。安史之亂,尤稱浩劫,亂後藩鎮相互攻伐,中央政令不行,卒有朱溫之篡唐也。宋興於五代大亂之後,養民以仁,德澤從厚,刑罰從輕,權歸朝廷,既無藩鎮擅兵,刑辱又不及士子,不誅大臣,幾無內侍之患。趙宋頗能鑒唐之失,不蹈前朝覆轍。范氏唐鑒,可稱有為而作也。范有「唐鑒公」之稱,豈不宜乎?雖然,使鑒之過當,則別有他患,宋鑒唐藩鎮之禍,而有強幹弱枝,重文輕武之弊,非即靖康難作,武穆蒙冤之由來乎?蓋治亂無常,殷鑒過與不及,掌握不易也。總覽三千年之國史,亂世少而治世多,而泰西歐陸,罕見百年之盛平,亦吾華多能以史為鑒之故歟?

真德修字景元,以史論政,上書南宋寧宗,謂漢宣帝嘗因水災肆虐,鹽價高漲,民間艱苦,囑員巡視郡國,減天下鹽價故事,警策宋帝官吏營私圖利,導致物價飆漲,民不聊生,百姓不勝其困,小民無錢買鹽,只能淡食,又逢水災,應效漢帝恤民之苦,有云:「陛下愛民之深,慮民之至,不減漢宣。」[56]景元以史為鏡之意昭然,又借鏡唐德宗於安史亂後,修養生息,生齒大增,生財有道,因德政而育人才,育人才而有土地,有土地而生

---

[55] 參閱范祖禹,《欽定唐鑒》,卷1,頁4b;卷3,頁8a;卷6,頁6b;卷7,頁10a;卷8,頁3a;卷10,頁12a;卷11,頁5b;卷12,頁3b, 15b;卷19,頁2b;卷22,頁1b, 4a;卷24,頁4a,10b。

[56] 真德修,《西山先生真文忠公文集》,四部叢刊初編縮本268,第1冊,卷5,頁115-116。

財，蓋有鑒於南宋財政昏瞶，民生困頓，官吏「科斂日興」，猶如「民賊」，故望「聖明之主、忠君之臣」，「亟思其本而改圖之」，[57]趙宋誠能以李唐為鑒也。南明彭孫貽因曰：「作史當如布帛菽粟，可施於日用，始足為萬古之常經」，[58]史尚致用，言之至矣。

南宋呂祖謙有「蓄德致用」之說，以為「多識前言往行，考跡以觀其用。」[59]身處季世者，更宜尋興亡之理，以為時用。胡三省注釋《通鑑》有言：「因事之得失成敗，可以知道之萬世無弊，史可少歟」？[60]清初學人，有志於史，痛明之亡也，力求學以致用。觀古察今，研求政經，軍事律法，醫學等實用之學。船山曰：「所貴乎史者，述往以為來者師也。為史者，記載徒繁，而經世之大略不著，後人欲得其得失之樞機，以效法之，無由也，則惡用史為？」[61]船山《讀通鑑論》、《宋論》兩書，議論縱橫，自先秦至於兩宋，究數千年興亡之理，是非得失之故，以資後世之鑒，非僅為君王資鑒也。黃宗羲號梨洲，學出浙東，上承呂祖謙、陳亮、葉適，力主務實有用，事功合一，下至萬氏兄弟，全祖望，邵廷采，以至於章實齋，莫不以史為重，意在經世，史以致用為尚也。文獻珍藏，所以存證，為後世之用也。梨

57　真德修，《西山先生真文忠公文集》，第1冊，卷5，頁113-114。

58　語見彭孫貽，〈茗香堂史論〉，收入《續修四庫全書》（上海：上海古籍出版社），卷450，頁497。

59　語見黃宗羲，《宋元學案》（台北：河洛圖書出版公司，1975），中冊，〈東萊學案〉，卷51，頁47。

60　語見黃宗羲，《宋元學案》，下冊，〈深寧學案〉，卷85，頁16。

61　王夫之，《讀通鑑論》，第1冊，卷6，頁12a。另參閱戴名世，《南山集》，頁97。

洲嘗有言曰:「二十一史所載,凡經世之業,亦無不備矣。」[62]章學誠則謂:史以經世為重,因史切人事而不尚空言,曰:「三代學術,知有史而不知有經,切人事也;後人貴經術,以其即三代之史耳。近儒談經,似於人事之外,別有所謂義理矣。浙東之學,言性命者必究于史,此其所以卓也。」[63]欲切人事,必不能求古捨今,必不能談心性而捨人事。故實齋力言:「不知斯義,不足以言史學。」[64]按宋人曹彥約已有言:「經史垂文,有用之高抬貴手,邦治民之要,盡在是矣!」[65]清初許贊亦有言:讀史須知「國家之理亂,君德之盛衰,人品之邪正,政治之得失,禮樂之興廢,制度之沿革」,[66]無非經世致用之意也。易辭言之,讀史要能經世也。自古以來,史學經世之微義,已多見之。時至現代,新會梁啟超號任公,受西學影響,有謂清學乃「經世致用」之學也。任公將經世與致用並用,經世致用遂成習語,中華傳統史學之核心價值,更彰彰若是矣。[67]

蒙元遺民胡三省注《通鑑》,所鑑者,不乏以古喻今之例:以唐文宗患朋黨事,喻宋神宗之新舊黨爭;[68]以唐齊王擁兵不救

62　黃宗羲,《黃梨洲文集》(北京:中華書局,2009),頁316。參閱趙爾巽,《清史稿》,卷43,頁13105。
63　章學誠,《文史通議》,見〈浙東學術〉,頁52。
64　章學誠,《文史通議》,見〈浙東學術〉,頁53。
65　曹彥約,《經幄管見》四卷(文淵閣四庫全書),686:45。
66　陳允錫,《史緯》,許贊曾序文。
67　參閱朱維錚,《史學史論集》(上海:復旦大學出版社,2015),閱〈史學史三題〉,頁12-20。
68　陳垣,《通鑑胡注表微》,頁24。

壽春,喻元軍之陷襄陽;[69]以梁武韋叡之救鍾離,大敗魏軍,喻襄陽因無韋叡之將略而不守;[70]以後周高彥儔,因蜀主孟氏不食而殉,喻「婦人志節如此,丈夫多有愧焉者。」近人陳垣,更發胡注微意曰:三省以周高太夫之殉國,喻南宋楊太夫人之殉厓山也。[71]胡注以晉武帝善待吳主孫皓,殊不謂然曰:「孫皓之兇暴,斬之以謝吳人可也。」陳垣則謂:胡氏有此言,「蓋有鑒於金海陵王之兇暴,僅遇害而未正典刑也」之故。[72]胡氏發皇心曲,「陳古證今」,意在致用也。讀史感慨今事,因有「古今一轍」[73]之處,如梁武帝天監十五年(516),垣議邊將聚財,而無防寇之心。胡注曰:「自古至今,守邊之兵,皆病于此」,知胡氏所處之時,不異於蕭梁,凡守邊之兵,日久則懈,懈則一擊而潰,不可收拾矣,[74]此古今一轍也。後晉出帝,寵倖大臣馮玉,胡注謂:君用亂臣,可以亡國,而陳垣則謂:「此為賈似道言之也。」亡國之君臣,亦古今一轍也。[75]三省遭亡國之痛,讀史至契丹入侵大梁,執後晉出帝而去,帝與太后自稱臣妾,嘆曰:「臣妾之恥,惟〔後〕晉、〔劉〕宋為然,嗚呼痛哉!」胡氏身經南宋之亡,今古同情,感觸特深耳。三省為宋之遺民,孤忠憫識,存於其史書之中,昭然可見者也。

69　陳垣,《通鑑胡注表微》,頁138-39。
70　陳垣,《通鑑胡注表微》,頁129。
71　陳垣,《通鑑胡注表微》,頁289-90。
72　陳垣,《通鑑胡注表微》,頁110。
73　"historical parallelism",今事與古事有近似者之謂也。
74　陳垣,《通鑑胡注表微》,頁129。
75　陳垣,《通鑑胡注表微》,頁306。

蒙元入主中原,順帝至正六年(1346),因朝綱已馳,人心將變,遂「命左右二司,六部吏屬,于午後講習經史」,[76]知史可為鑒也。明之亡也,多歸罪崇禎,惟清人劉自越有言:明失天下別有故,曰:「天下之勢,無以綏之則不靜,無以養之則不和,不靜不和,變生其間,雖有人力,亦不能為之挽。何者?勢由於數世之積漸,而其壞,遂至於莫可救也」,[77]以敗亡之故,由來已久,非一人一事之故。是知經世致用,非徒托空言,而宜出自文證與理據也。

明朝自洪武以後,漸趨守成,至乎正統年間,由盛轉衰,嘉靖朝之清瀾釣叟,有鑒於皇朝由盛而衰,立志師法溫公,著《皇朝資治通記》,以大明一朝為鑒,欲究皇朝致衰之故,有謂:史鑒「為當世借前箸籌,挽回祖宗之盛」也。閱世變之亟,所以冀能挽瀾也。其道有四:一曰:因邊患而思昔日之兵強馬壯;二曰:歸澆漓之風俗於純美;三曰:見財政之廢弛,而懷當年之豐足;四曰:王振弄權,禍及國命,鑒宦官之勢熾,而紀綱之宜伸張也。[78]清瀾釣叟,經世之論,察當前之衰弊,原朱明開國之隆盛,以冀去衰振興,亦「前事之不忘,後事之師」之謂也。

南明國勢危殆,士子渴望中興,錢謙益上疏,望明廷取法晉元帝之恭儉,慎小謹微,此晉祚之所以再光也。牧齋亟盼南明猶能中興,「比靈斯周宣王、漢光武。」具體言之,師韓世忠屯兵

76　顧炎武,《日知錄集釋》,上冊,頁418。
77　劉自越,〈莊烈帝論〉,載周秋生編注,《江西古文精華叢書史學卷》(南昌:江西人民出版社,1996),頁311-312。
78　參閱陳建,《皇朝資治通記》,自序。

之法，專任武將，「固淮東以拱金陵」；效葛亮治蜀、王猛治秦，用管仲尊君國治之法，以振綱紀。[79]牧齋求諸前史，明體以適用，即通經史以致用之謂，故曰：「史者，天地之淵府，運數之勾股，君臣之元龜，內外之疆索，道理之窟宅，智胥之伏藏，人才之藪澤，文章之園圃」也。按治亂興亡之良方，捨史何由？牧齋更以世局比作棋局，而史乃棋譜云：「以神州函夏為棋局，史其為譜；以興亡治亂為藥病，史其為方。」[80]此見別見於詠棋詩，《後觀棋絕句六首》之一云：「寂寞枯枰響沉漻，秦淮秋老咽寒潮；白頭燈影涼宵裏，一局殘棋見六朝。」[81]六朝殘棋在目，南明之金陵，風雨飄渺，當何以自處耶？牧齋曰：「善讀史者，如匠石之落材，如海師之探寶，其可以礫肘而量，畫地而取乎？」[82]牧齋友朋，多同聲唱和，黃梨洲曰：「經術所以經世，不為迂儒，必兼讀史。」[83]南明之世變亟矣，倍感史學致用之迫切，而前史取之不盡，用之不竭也。牧齋論史，致用為要，豈待言哉？

　　錢牧齋東南文豪，目睹異族入主，執政中原，因怯而降，心有未甘，多藉詩文述志，以表心跡。舊史多譏漢武，屢伐匈奴，窮兵黷武，襲亡秦之遺跡。牧齋獨許楊雄所云：「孝武深惟社稷之計，規恢萬載之策」，一勞永逸，雖「運府庫之財，填廬山

79　錢謙益，《錢牧齋全集》，見第8冊，〈矢愚忠以裨中興疏〉，頁809，810，811。
80　錢謙益，《有學集》，卷14，頁681。
81　錢謙益，《有學集》，卷1，頁33。
82　錢謙益，《有學集》，卷14，頁681。
83　見趙爾巽，《清史稿》（北京：中華書局，1977），第43冊，頁13105。

之鑿,而不悔也。」蓋因牧齋生見胡騎南下,神器易手,特感漢武窮追虜廷之有遠略也。[84]是亦借漢武之胸懷,澆牧齋之塊壘歟?牧齋於萬曆年間,曾任史官,以國史為己任。國史者,有明二百五十餘年之史事也。牧齋晚歲,歷盡艱辛,衷曲尤深,欲以一己之力,獨成國史百卷之艱巨,蓋有鑒於國之將亡,而國史猶「失于考核」,心有戚戚焉,[85]亟欲以其餘年,保存文獻,糾正訛誤,牧齋〈與侯月鷺書〉有云:「不肖老矣,頭童齒豁,一無建樹。惟此三寸柔翰,忝竊載筆,不用此表揚忠正,指斥奸回,定公案於一時,徵信史於後世,依違首鼠,模棱兩端,無論非所以報稱知己,取信汗青。」[86]故「援掇禪藻釋典」,沉湎於佛,以求解脫,更表彰忠臣志士,稍感慰藉耳。嘗與木陳和尚書曰:「一字一句,流出心腑,所以徵信史傳汗青。」[87]惜絳雲樓失火,富藏成灰,自稱「焚書之後,幾無篇紙」,[88]損失可謂慘重,有志未能竟成也。牧齋雖屆古稀,猶寄望於來者。[89]牧齋詩文超群,多有寄託,經世微意,固不待言。嘗曰:「詩本以正綱常,扶世運,豈區區雕繪聲律,剽剝字句云爾乎。」[90]正綱常名

---

84 參閱黃孝紓輯補,《牧齋有學集佚稿》(三),見〈漢武帝論〉,頁1-3。
85 錢謙益,《有學集》,卷14,頁687。
86 錢謙益,《錢牧齋全集》,冊7,頁233。另見錢謙益,《精校評點錢牧齋先生尺牘》,頁43b。
87 錢謙益,《精校評點錢牧齋先生尺牘》,頁70a。
88 見錢〈與石林上人書〉,閱錢謙益,《精校評點錢牧齋先生尺牘》,頁67b。
89 錢謙益,《錢牧齋全集》,冊7,頁490。
90 錢謙益,《有學集》,卷19,頁831。

教者,重忠孝節義;欲扶世運者,必欲經世濟民也。然則,吟詠雅事,亦有為而作也。牧齋暮年,逢明清鼎革之巨變,目睹明室之亡,隱居荒村,未能如陳子龍之從容赴義,有違儒家倫理,內疚有焉。晚清文廷式謂:史貴直筆,以為虞山背明,失其守,其辭必屈,故即令絳雲樓不毀,明史得成,「盍足觀乎」?[91]惟虞山雖降清,心存明室,且圖恢復,史家陳寅恪已箋之矣,未必不能直筆也。近人郁達夫,以新文學家名世,而擅舊詩詞者,有七絕曰:「虞山才力軼前賢,可惜風流品未全;行太卑微詩太俊,獄中清句動人憐」,[92]亦致憾其品學未能兼備也。牧齋於「不順事二姓,而又皈依三寶之人」,「尤道之津津。」[93]牧齋以朱明遺民,遁跡空門,澆塊壘於詩歌遐思,亦欲有所寄託,固深信國雖破,而史不可成灰歟?

　　牧齋於晉末僧人釋慧遠,推重備至,蓋慧遠大師,雖入佛門,仍懷忠君愛國之心,殊令牧齋敬愧,自覺「遠公心事于千載之上。」[94]雖居千載之下,面對明室危殆,不異晉室,千古同情,思及晉帝蒙塵,遠公憂之,「唱義軍之先聲,望乘輿之反正,何其義之壯,詞之直也」!惟慧遠能「整皇綱」,「扶人極」之「深心弘願」,牧齋心響往之,而不能至也。故而「回環展讀」,不禁「涕泗橫流」也。[95]槐聚先生於牧齋心情,領悟至

91　文廷式,《純常子枝語》,卷35,頁27b。
92　郁達夫,《郁達夫詩詞箋注》,詹亞園箋注(上海:上海古籍出版社,2006),頁196。
93　錢鍾書,《管錐編》,冊4,頁1266。
94　錢謙益,《有學集》,卷42,頁1427。
95　錢謙益,《有學集》,卷42,頁1428。

深，故有言曰：牧齋亟亟發明慧遠心事，表揚其忠貞，正欲托古喻今，「慧遠書晉紀元，陶潛不書宋年號，悠悠千載，至錢氏而始比同。此無他，生世多憂，望古遙集，雲萍偶遇，針芥易親。蓋後來者，尚論前人往事，輒遠取而近思，自本身之閱歷著眼，於切己之情景會心，曠代相知，高舉有契。」[96]銳見通識，古事時事，相互映發，極能益知啟思也。

借古諷今，亦以史為用之例也。名為說古，實在諷今，以近似之往事，諷當前之政治、社會、文化。此非吾華獨有，西方之「歷史借喻」，[97]即此之謂也。英王亨利四世[98]篡理查二世[99]之位，而有「玫瑰之戰。」[100]英倫作史者於明萬曆二十七年（1599），論及英王亨利，因諷其篡位，不容於王，因而繫獄，此泰西之文字獄也。吉本名著《羅馬帝國衰亡史》，明寫羅馬帝國，暗諷大英帝國，故有云：「克魯齊[101]與柯林伍德之前，吉本已知歷史乃當代史矣。」[102]吉本未必蓄意借羅馬舊事，暗諷大英，應知時代有異，人情世故，非可同日而語也。若以羅馬政

96　錢鍾書，《管錐編》，冊4，頁1266-1267。
97　原文 The allegorical approach to history，作者借歷史比喻，以傳達其深藏之道德或政治觀感之謂。
98　Henry IV（1367-1413），英國皇帝，在位自1399至1413.
99　Richard II（1367-1400），英國皇帝，在位自1377年至1399年被逐。
100　原文 The Wars of the Roses，第15世紀，約於1455與1487間，英國為爭奪皇位之內戰。
101　Benedetto Croce（1866-1952），意大利唯心哲學家，史學家、政治家，著作含哲學、史學與美學
102　原文是 "Long before Croce and Collingwood, Gibbon knew that all history is contemporary," 見Roy Porter, *Gibbon, Historians on Historians*（New York: St. Martin's, 1988）, p. 161.

情,為大英之借鏡,則不無可能。吉本借古諷今與否,難以斷言,而北美學者,攫取吉本要義,評說國家重賦,外交鬆弛,軍隊無力,踐踏傳統,政教矛盾,通貨膨脹,聲色犬馬,貪腐失控,福利臃腫,中產階級巧取豪奪,以林林總總羅馬帝國衰亡之跡,借喻美國類似之衰象,以為警惕也。[103]借古喻今,盛行神州,源遠流長,非泰西可比!史家身處帝制,諱其行跡,其來久矣。[104]有謂馬遷《史記》,借始皇本紀,諷武帝之好大喜功,號稱獨尊儒家,實行法術,[105]慮漢武蹈祖龍之覆轍也。而又有云:史遷「〈平準書〉是譏人臣橫斂,以佐人主之欲,〈貨殖傳〉是譏人主好貨。」[106]是耶?非耶?唐代詩鬼李賀,欲以張良自期,有句曰:「三十未有二十餘,白日長飢小甲蔬;橋頭長老相哀念,因遺戎韜一卷書。」[107]孰料長老未遇,戎韜未得,而行將就木,卒年未及而立,痛惜何極!漢卿之功業,賀不得酬,前人典型,千古鑒之,讀史者心魂相照映也。唐李商隱詠〈茂陵〉曰:「玉桃偷得憐方朔,金屋修成貯阿嬌」,[108]以漢武服玉桃求長生不老,金屋藏嬌,諷唐武宗之好仙、好色也。李商隱詠〈陳後宮〉曰:「從臣皆半醉,天子正無愁」,[109]以無愁天子李後主,

---

103 閱Peter P. Witonski, *Gibbon for Moderns: The History of the Decline and Fall of the Roman Empire with Lessons for American Today*(New Rochelle: Arlington House Publishers, 1974)。
104 參閱錢鍾書之分析,見氏著《管錐編》,第4冊,頁1266-1267。
105 李方叔,〈師友讀書記〉,載卜大有,《明刻珍本史學要義》,頁106。
106 趙訪,〈讀貨殖傳〉,載卜大有,《明刻珍本史學要義》,頁113。
107 李賀,《李長吉集》,卷1,頁15b。
108 李商隱,《玉谿生詩集箋注》,上冊,頁264.。
109 李商隱,《玉谿生詩集箋注》,上冊,頁14。

諷唐敬宗之遊幸無度，狎昵群小，擊毬酒酣，卒為中官所弒也。歐陽修撰《五代史》，明說後唐明宗「仁而不明」，[110]暗諷宋仁宗之「上下相徇」歟？明說周世宗為人明達英果，議論偉然，「虛心聽納，用人不疑」，[111]實欲為宋仁宗立明君之典範歟？歐公記「白馬之禍」，朱溫弒宰相裴樞諸人，而後君子絕跡，小人當道，遂致李唐之覆亡，[112]明說唐因朋黨而亡，暗諷北宋黨爭之禍歟？[113]蘇洵撰〈六國論〉，明論六國媚秦，暗諷北宋賄賂契丹。有云：「六國破滅，非兵不利、戰不善；弊在賂秦，賂秦而力虧，破滅之道也。」[114]洵亦以先秦史實，諷北宋之賂遼歟？洵子蘇軾號東坡，論及留侯，亟言張良之「忍」，若謂：「人情有所不能忍者，匹夫見辱拔劍而起，挺身而鬥，此不足為勇也；天下有大勇者，卒然臨之而不驚，無故加之而不怒，此其所持者甚大，而其志甚遠也」，[115]亦因北宋政爭，互不相容，借古諷今歟？蓋其時舊黨復辟，欲盡棄荊公新法，東坡暗諷新舊皆不宜逞匹夫之勇歟？[116]東坡另撰〈商鞅論〉，明刺商君，暗諷荊公變法。荊公有詩詠〈謝安〉云：「謝公才業自超群，誤長清談助世

110　歐陽修，《新五代史》，第1冊，卷6，頁66。
111　歐陽修，《新五代史》，第1冊，卷12，頁126。
112　參閱歐陽修，《新五代史》，第2冊，卷35，頁375, 382。
113　參閱歐陽修，《歐陽修全集》，卷17，〈朋黨論〉，頁297。
114　蘇洵，《嘉佑集》，《四部叢刊初編縮本》，199，卷3，〈六國〉，頁10。
115　蘇軾，《經進東坡文集事略》，四部叢刊初編縮本205，卷7，〈留侯論〉，頁43。
116　參閱朱維錚，《中國史學史講義稿》（上海：復旦大學出版社，2015），頁272-273。

紛;秦晉區區等亡國,可能王衍勝商君」?意謂謝安固然鶴立,惟輕法重玄,清談誤國,以秦任商鞅而亡,不悟秦任商鞅而興也。更無論「口中雌黃」之王衍,豈優於政令必行之商鞅乎?荊公有詠〈商鞅〉詩云:「自古趨民在信誠,一言為重百金輕;今人未可非商鞅,商鞅能令政必行」![117]荊公感同身受,以商鞅變法,喻熙寧變法,借古喻今,豈不謂然?至於荊公詠〈賈誼〉詩曰:「一時謀議略施行,誰道君王薄賈生?爵位自高言盡廢,古來何啻萬公卿」,[118]謂賈誼雖英年早逝,不可謂不遇明主漢文帝,然而歷代公卿王侯,得明主見聽者,能有幾人?言外之意,遇或不遇,端視謀議之能否施行乎?荊公雖以賈誼、商鞅自況,且遇明主神宗,無奈變法猶難貫徹也。力言西秦之富強,乃孝公十年勤修政刑之故,殊非商鞅「流血刻骨之功」;鞅之苛政,「見疾于民」,實致亡之因,故「漢以來學者恥言商鞅」,以為「用商鞅、桑弘羊之術,破國亡家者皆是也。」[119]司馬光《資治通鑑》才德之論,似為新法諸公所發,名實之說,為荊公而發,蓋荊公乃溫公之政敵,思過半矣![120]溫公有云:愚人尚差勝小人,蓋因小人挾才為惡,如虎添翼,而愚者智不能周,力不能勝,猶乳狗搏人也。乳狗易制,而伏虎難制也。[121]熙寧變法,有君子小人之說,豈以「小人」諷王介甫歟?溫公述唐文宗,患牛李黨爭曰:「去河北賊易,去朝廷朋黨難」,而發議論曰:「朝

117　詩見王安石,《王安石集》,頁74,79。
118　詩見王安石,《王安石集》,頁84。
119　蘇軾,《經進東坡文集事略》,卷14,〈商鞅論〉,頁83-84。
120　張須,《通鑑學》,頁106-107。
121　參閱司馬光,《資治通鑑》,第1冊,〈周紀〉,臣光曰,頁14-15。

中之黨且不能去，況河北賊乎。」胡三省注曰：「溫公此論為熙、豐發也。」[122]然則，溫公明斥唐代黨爭，暗諷王安石也。明皇室朱權，封寧王，太祖之十七子也。靖難之役，為燕王劫持，朱棣即位成祖，迫害寧王，王遂寄情於文史，明斥唐「太宗始以劫父，而謀其君位，殺兄而自立，故其子孫之傳，雖歷十有九代，為人所殺者十有一焉，豈無天道之報乎」？[123]明刺昔之秦王，暗諷今之燕王歟？呼之欲出矣！時至晚清，逢三千年未有之變局，郭嵩燾號筠仙，舉唐德宗之用竇參、裴延齡，宋神宗之用王安石，以行新法，即孟子所謂：「惟大人為能格君心之非」，曰：「辨君心之非者，亦辨之所用之人，所行之政而已矣。」[124]筠仙讀史，經世之志，於此盡見之矣。

歷代臣工獻策，於奏疏之中，多引史為說。清人章屺望，憾黨錮之禍不絕，「唐宋皆同其禍，至明季而尤甚焉，昏主凶侍，固不足責，然程子有言，亦吾黨有以激成之也」，蓋黨人自以為：「抗立名節，嫉惡如仇，固足以維持風尚，惜未知危行言遜之義耳！」[125]昏主名士，輒自以為是，古為今用，然積習難改，故而覆轍屢蹈也。德國大哲黑格爾，因謂：歷史教訓不可學也，然桑塔亞納，亦泰西之名哲，[126]斷言不習歷史，失誤勢必

122　司馬光，《資治通鑑》，第11冊，頁7899-7900。
123　朱權，《通鑑博論》（明初內府刊黑口本），卷1，頁52a。
124　郭嵩燾，《養知書屋遺集》（台北：藝文印書館仿光緒十八年年木刻本），第13冊，〈讀孟子〉，頁10b, 11a-b。
125　語見章屺望，《讀史管窺》（清抄本），無頁碼。
126　George Santayana（1863-1952），著名哲學家、散文家、詩人、小說家，原籍西班牙，成長於美國，雖自認為美國人，然持有西班牙護照。四十八歲時「與陽春有約」，辭哈佛大學教職，回歸歐洲。

重演。[127]予謂歷史經驗,非不可學,不易學耳。蓋近似之事,古今之間,未必盡同。楚霸王弒義帝而敗,朱元璋弒韓林兒,卒成帝業,形同而情異也。荀悅曰:「夫立策決勝之術,其要有三:一曰形,二曰勢,三曰情。形者,言其大體得失之數也;勢者,一時之權宜。進取守成,其勢不同,進取宜寬,守成宜嚴也;大勢之所趨,或不可挽;若有可救而用謀,則敗露必矣!情者,言其心志可否之意也。故策同事等,而功殊者,三術不同也。」[128] 明人于慎行字無垢,慧眼卓識,大發形、勢、情之義諦,謂不能知鑒者,因不得其法也。曰:「天下之事有異情而同形者,當曹操伐吳,則降者亡而戰者勝;及魏鼎既成之後,則戰者敗而守者全。何也?前之形未成而後之勢已定也。」[129]勢明易圖,而以未見之形為難;只知其勢,未見其形,殊難定奪。無垢曰:「天下之事,有同事而異功者」,[130]春秋晉文公圍曹,欲脅之於曹墓,曹人懼而入之。然而,燕國攻齊也,燕軍盡掘城外齊塚,激怒齊人,而敗燕軍;同一事也,成敗迥異如此。[131]又曰:六朝正統在南,五代正統在北,形勢相似。正統在南,文物生殖俱盛。正統在北,兵戈擾攘,而實業空虛。[132]蓋情勢不同,後果有異也。

127　"Those who cannot remember the past are condemned to repeat it",原文見 George Santayana, *The Life of Reason* or *the Phase of Human Progress*, vol. 1: *Reason in Common Sense*(New York: Charles cribner's Sons, 1905), p. 284,
128　　語見荀悅《前漢紀》,四部叢刊初編縮本021,第1冊,〈高祖紀〉,頁15。別見司馬光撰,伍耀光輯錄,《通鑒論》,頁16。
129　于慎行,《讀史漫錄》,萬曆木刻板,卷5,頁11b。
130　于慎行,《讀史漫錄》,萬曆木刻版,卷6,頁16a。
131　事見洪邁,《容齋隨筆》,上冊,頁224-225。
132　于慎行,《讀史漫錄》,萬曆版,卷10,頁31a;齊魯版,頁371。

若不明情勢有異,未得其利,先遭其殃。天下之事,有始料未及者,「其始未嘗不利,後稍變遷也。」馬援平定叛羌,於是關西有羌,於是關中有氐,於是中國有匈奴,揆事之始,未嘗不利,而五胡亂華之禍,非預見之變也。[133]又曰:「天下之事各自有機,以古裁今,只見其泥耳。」漢武帝欲立幼子弗陵,慮主少母壯,而殺鈎弋夫人,孝武以呂后為戒,未辨情同事異也。呂后強勢干政,漢高有以啟之,而鈎弋乃昭帝庶母,秉《春秋》大義,不得稱后,母后安得與政耶?使武帝以史為鑒,以鈎弋如呂雉,謬以千里矣。

　　元魏敬宗,為爾朱榮所立,欲效王允之誅董卓,而以為允未赦涼州餘黨而致禍,故誅榮,而榮之族人,握兵如故,卒遇禍矣。之後三帝,相繼遇弒,蓋王允以「不赦生亂」,而敬宗以「不除生亂」,勢雖同,而時不同,讀史者殊不可泥也![134]蓋斯亦「勢同情異」之謂也。齊國田單,「收城中千餘牛」,「束兵刃于其角,而灌脂束葦于尾,燒其端;鑿城數十穴,夜縱牛,壯士五千人隨其後,牛尾熱,怒而奔燕軍」,燕軍大駭敗走。[135]南宋水賊邵青起事,仿效田單火牛陣,朝廷派王德進剿,德知變,認為「古法可一不可再」,以靜制動,萬箭齊發,火牛受傷驚恐反奔,「賊眾殲焉,青自縛請命,德獻俘行在」,[136]王德遂一舉敉平叛亂。同以火牛拒敵,事隔千年,而得失懸殊,亦事同勢異

133　于慎行,《讀史漫錄》,齊魯版,頁158。
134　于慎行,《讀史漫錄》,萬曆版,卷6,頁29b;齊魯版頁186。
135　司馬遷,《史記》,卷82,〈田單列傳〉,頁2454。
136　事見脫脫等撰,《宋史》,第33冊,〈王德傳〉,頁11449。

之謂歟?是知讀史,宜沉機觀變,「酌其宜而行之,刻舟求劍,執筌索魚,君子不取焉。」[137]惟乾隆帝讀之有疑,謂火牛事,或由史家「過為文飾」之言也。[138]要之,先賢讀史,深知資鑒,宜慎,非不能也,是不易耳。

王船山哀明之亡也,痛心疾首,故其史論,往往羼雜政論。太炎有言:「船山史論,常以宋事影射明事。後之讀史者,往往以此矜誇。夫作詩有寄託,發感慨,原無不可。然非所語於讀史也。」[139]按船山借古諷今,欲「取古人宗社之安危,代為之憂患」,「取古昔民情之利病,代為之斟酌」,而後為今興利除害也。[140]是猶出於今,而入乎古,史者之素心有焉。船山論赤眉之亂,「掠食而飽,掠婦女而妻,馳聚喧呶,行歌坐傲」,光武出世,「不十年而天下晏然。」船山評之曰:「史不詳其所以安輯鎮撫」之法,使後世無徵也。[141]船山痛明末民變,狂瀾難挽,以至於國破家亡,憾光武鎮撫之法未行,顯而易見者也。船山曰:「府兵者,猶之乎無兵也」,[142]以至有武氏之禍,豈無暗諷明代衛所,猶如府兵之無兵耶?船山評晚唐諸臣,「自相朋比」,「以異己相傾之徒,為雌雄不並立之敵」,[143]豈無諷明末黨禍之

137　劉應秋,《劉草堂說史》(道光癸巳來鹿堂刻本),卷2,頁3a。
138　見清高宗敕撰,《歷代御批通鑒輯覽》,第1冊,頁0256眉批。
139　章太炎,《論讀史之法》,〈制言〉,53期,頁10。
140　王夫之,《船山遺書全集》(台北:中國船山學會,1972),第15冊,《讀通鑒論》,〈敘論四〉,頁8559-8560。
141　王夫之,《讀通鑒論》,第1冊,卷6,頁12b-13a。
142　王夫之,《讀通鑒論》,第2冊,卷20,頁32a;另參閱第3冊,卷22,頁14b-15a。
143　王夫之,《讀通鑒論》,第3冊,卷26,頁10b-11a。

慘烈乎？船山最嚴種姓之界，貴華賤夷，有云：「夷狄之勢，一盛一衰，必然之數也。當其衰而幸之，忘其且盛，而無以禦之」，[144]或亦有感於滿族入主，嘆神州變色之故歟？船山明論唐太宗自貞觀以後，突厥漸衰，吐蕃方興，契丹繼之，暗諷滿清之崛起歟？船山《宋論》書尾有云：「漢唐之亡，皆自亡也，宋亡則舉黃帝堯舜以來，道法相傳，人禽紀別之天下，而亡之也。是豈徒徽、欽以降之多敗德，蔡、秦、賈、史之挾奸私，遂至於斯哉？其所由來者漸矣」，[145]以兩宋亡於異族，故而華夏相傳之道法，亦相隨而亡矣！朱明之亡，亦復如是，略「人禽紀別」，以自晦其跡也。清儒劉聲木，卒於民國，讀船山書有感曰：「吾觀國朝之易社為屋，何以異是」？[146]是知劉氏借船山諷今，乃遜清遺老之心境也。余嘉錫號狷翁，謂船山《讀通鑑論》與《宋論》，「往往陳古刺今，針對時事而發」，即《尚書引義六卷》，亦猶是也。[147]民國史家陳寅恪，亦擅借古諷今，曾以李懷光之叛，暗喻張學良之劫持蔣介石也。[148]抗日既勝，復有內戰，憂時局之危，哀殺戮之慘，義寧有句曰：「厭讀前人舊史編，島夷索虜總紛然；魏收沈約休相誚，同是生民在倒懸」，[149]古意今情，呼之欲出矣！

144　王夫之，《讀通鑑論》，第2冊，卷20，頁24b。
145　王夫之，《宋論》，頁260。
146　劉體信，《萇楚齋隨筆續筆三筆四筆五筆》，頁96。
147　余嘉錫，《四庫提要辨證》，冊1，頁30-31。
148　陳寅恪，《金明館叢稿二編》，見〈論李懷光之叛〉，頁317-319。此作距西安事變不到一年，參閱汪榮祖，《史家陳寅恪傳》（北京：北京大學出版社，2005），頁65。
149　陳寅恪，《陳寅恪集‧詩集》（北京：三聯書局，2001），頁78。

借古喻今，古今相照，驀然有感，期有可通，庶免無端影射。若肆意攻訐，則等而下之矣！借古喻今，易涉時政，觸當局之怒，招嫉惹禍，時而有之。韓昌黎所謂史禍，史不絕書也。至於文字之獄，刻意挑剔，冤屈亦不罕見。至於王允以《史記》為謗書，有云：「昔武帝不殺司馬遷，使作謗書，流于後世」，因允有憾於蔡邕也。邕曾於東觀事，撰補後漢紀未成，會董卓當權，慕邕名高，威迫相從，不得自匿，及董卓誅，邕不經意而嘆，竟觸王允之怒，付廷尉治罪，邕乞「黥首刖足，續成後史，以成一代大典」，允遂以史公謗書為說，視邕為「佞臣」，不許執筆，邕死獄中，後允悔之，已無及矣。[150]然則，允謂史公謗書，乃不經之說，後人已多闢之。裴松之曰：「史遷紀傳，博有奇功于世，而云王允謂孝武應早殺遷，此非識者之言。遷不隱孝武之失，直書其事耳，何謗之有？」[151]按孝武弊政，先已見諸司馬相如之文，桓寬之論，不待史遷書之也。史公豈不知怨謗君父，明教所不許耶？[152]章學誠以裴說為然，謂太史公如事直書，自有戒心，故欲藏之名山，以傳諸後人，何謗之有？[153]然則，子長謗君之說，「非惟不知史遷，且不知著作之體矣。」[154]錢大昕曰：「以謗書短之，不知史公著述，意在尊漢，近黜暴秦，遠承三代，于諸表微見其旨」，又曰：「史家以不虛美，不隱惡為

150　事詳范曄，《後漢書》，第7冊，卷60下，〈蔡邕傳〉，見頁2003-2006。
151　語見陳壽，《三國志》，第1冊，卷6，〈董卓傳〉裴注，頁180。
152　見章學誠著，《文史通議校注》（台北：頂淵文化事業公司，2002），頁221。
153　章學誠著，倉修良編注，《文史通義新編新注》，頁657。
154　章學誠著，倉修良編注，《文史通義新編新注》，頁455。

良，美惡不揜，各從其實，何名為謗」耶？[155]後人誠宜知古人之心，史公發憤感慨，或不免有言外之意，然怨而不亂，絕非曲學阿世者，謗君之說，可以休矣。清人姚祖恩芋田謂：子長於張釋之、馮唐列傳，有「自悼之微情」，[156]按張、馮諫漢主，「法太明，賞太輕，罰太重」，尊長者而不拜嗇夫。馮唐尤觸諱犯忌，直諫漢文帝，請赦雲中守魏尚，不亞於史公為李陵明心跡，而遷竟遭奇禍也！芋田感慨之深，未可隱藏之歟？[157]

晚近有哈佛大學艾理森教授，借古喻今，以「修昔底德陷阱」為說。[158]希臘史家修昔底德，敘希臘城邦之戰，因新興之雅典（Athens），挑戰當道霸權斯巴達（Sparta）之故。所謂陷阱者，後世因爭霸，而陷入戰爭者，不下十有五起。艾理森有鑒於史，慮中國崛起，挑戰美國霸權，而再蹈覆轍也。吾不以艾說為然，蓋明儒于慎言有言：事雖同，而情勢皆異也。事同者，新舊霸權也，莫不強軍黷武，開兵費無底之洞，財源不濟，勢必蹈兵兇戰危之覆轍。[159]所異者，今非昔比，核子大國，有互滅之虞，

---

155 錢大昕，《潛研堂文集》，第3冊，卷24，頁352, 353。
156 姚祖恩，《史記精華錄》（長沙：商務印書館，1938），卷5，下冊，頁1a-4a。
157 參閱姚祖恩，《史記精華錄》，卷5，下冊，頁4a。
158 原文 "Thucydides Trap," 見Graham Tillett Allison, "Avoiding Thucydides's Trap," *Financial Times*（*London*）*, August 22, 2012*. Thucydides wrote of these events: "It was the rise of Athens and the fear that this inspired in Sparta that made war inevitable." 另參閱Robert Gilpin, *The Origin and Prevention of Major Wars*（Cambridge: Cambridge University Press, 1898）.
159 參閱Paul Kennedy, *The Rise and Fall of the Great Powers*（New Haven: Yale University Press, 1987）.

豈能交戰？況且艾理森所據，惟泰西數千年之史乘，以霸為尊，新霸挑戰舊霸，爭霸不已，遂墜戰禍陷阱者，屢見不鮮。而吾華尊王黜霸，而西人絕無王道概念，此中西文化之異，艾氏有所不知也。王道之義，其來尚矣！約而言之：霸道之為霸，惟我獨利，而王道互利雙贏。苟能互利，共存共榮有焉，凡圓顱方趾，豈不樂利？王道之行也，陷阱之說，可以休矣！

史蘊詩心第十四

　　槐聚先生有云：「祇知詩具史筆，不解史蘊詩心。」史蘊詩心，固不可不解也。史詩異趣，蓋因「史必證實，詩可鑿空」，故而「詩而盡信，則詩不如無耳。」[1]史雖難盡信，而必求其信。詩尚美感，故不忌虛幻，詩心史筆，異趣有焉。然則，兩者尚能會通否？槐聚曰：詩雖「虛而非偽，誠而不實」，謂詩歌之真，非事物之真，故不可視詩之虛語，為史之質言也。虛語吟風弄月，而質言不容捕風弄月也。以前朝典故，書後代史事，猶如詩之用典，以虛語為實事，謬在其中矣！因古今事例有異，未能如詩之隨興。是以史縕詩心，可以增美史筆，若以詩語為史，釋詩往往鑿空，有傷詩體風雅，槐聚言之極諦：「詞章憑空，異乎文獻徵信，未宜刻舟求劍」也；又曰：「苟有人焉，據詩語以考訂方輿，丈量幅面，並舉漢廣於河之證，則癡人耳。」[2]誠如西師所云：「或可視史為詩，卻不可視詩為史也。」[3]泰西以

1　錢鍾書，《談藝錄》，頁363。
2　參閱錢鍾書，《管錐編》，冊1，頁96, 98, 95, 96-97。
3　原文："Yet, while history was poetry, poetry was not history", Peter Gay, *Style*

「詩」（Dichtung）與「真」（Wahrheit），相仇亦復相暱，故槐聚復有言曰：詩可虛而史求真，既有分際，仍可互惠。史家何莫借詩論史，以史賞詩，吟詠古詩，暢談舊史乎？

泰西之「詩史」（epics），以詩體述事，以詩篇傳史，名篇絡繹，有云：一國之詩史，乃國史之精髓，人文精神之象徵。詩貴詠唱，發為宗教之歌，靈魂之音，形諸文字，而顯現精神面貌，故希哲亞里斯多德[4]曰：詩能思辨，勝於史也。史家探究人心，有賴於詩，欲知人達世，亦有賴於詩。詩既有助於洞悉人性，而詩心乃神思之母，故曰史蘊詩心，能增益直感也。直感云何？讀史之震懾與共鳴也。詩感多由直感，懷想往事，發其心聲，以表所見現實，而後落筆成篇，饒有真情銳識也。英國卡萊爾有言：史有賴於科學，而與詩更密不可分。詩心可探索生命之奧秘，掌握時代之脈搏，提升想像之能力。想像與同情，皆解史之所必需。更有論者曰：史乃真人實事之詩，而詩之引人入勝，更遠勝於演義，蓋因「詩心之大，能揭史之面紗，得見事之真與美」，謂之「詩般之史」云。[5]要之，詩心既富情愫，感發敏銳，能窺及人事之深層，敘事方稱入木三分，豐約有當，悅目可讀也。史家苟無詩心，易沉湎於浩瀚之史實，彷徨無歸，下筆索然無味也。此卡萊爾所以譏伏爾泰之書，何異「有序之庫藏貨

---

  in History.（New York: Basic Books, 1974），p. 175.
4 Aristotle（384-322 BC），古希臘古典時代之哲學家，柏拉圖（Plato）弟子，獨創一派，自立學統。
5 原文 "poetico-historical," 另參閱Louis M. Young, *Carlyle and the Art of History*（New York: Octagon, 1971），p. 112. p. 113: "poetry's great function is to reveal the truth and beauty of the reality behind the veil of appearance."

色也」[6]。是以史家欲敘事之美，求詩般之史，必具詩心是也。按史求真，詩尚美，兩者兼，始其宜矣。瑞士史家布克哈特[7]有言：詩之莊嚴遠勝於史，而純美如清泉，足以潤目醒心，讀史能見其隱也。布氏又謂：「詩乃古老之史，遠古之神話，皆披詩之外衣」，[8]古希臘之史詩即史也。史乃詩之形式，詩之高峰，[9]史與詩皆歸宗於文學。布氏繼曰：詩心窺探人性，「遠勝於史筆，詩人才智，高於史家。」[10]詩有益於史，大矣哉！詩與史相反而實相成。布克哈特由衷之言，德國史家蒙森應之曰：「史家宜具神悟之才」，[11]神會妙悟，莫愈乎詩，豈非吾華所謂：「禪道惟在妙悟，詩道亦在妙悟」乎？[12]妙悟者，即迦陵先生所謂之「感

---

6 原文："like goods in a well-kept warehouse," Young, *Thomas Carlyle and the Art of History*, p .18.

7 Jacob Burckhardt（1818-1897），瑞士文化藝術史家，泰西視之為文化史之締造者，其著作重現「文藝復興時代」（the age of the Renaissance），厥功至偉。

8 英譯："It〔poetry〕is itself the most ancient form of history, for the most part, mythology comes to us in poetic garb)," 德國原文："die Geschichte ist und bleibt mir Poesie im größten Masstahe," Jacob Burckhardt, *Briefe*（1929），vol. 1, p. 208.

9 原文是："die Geschichte ist und bleibt mir Poesie im größten Masstahe," Jacob Burckhardt, *Briefe*（1929），vol. 1, p. 208.

10 原文："Die Poesie leistet mehr für die Erkenntnis des Wesens der Menschheit," Burckhardt, *Briefe*, vol. 7, p. 52; Burckhardt, *Reflections on History*, pp. 107-108.

11 原文："the divinatory gift of the historian"，語見Hugh Trevor-Roper, *History and Imagination*（Oxford: Clarendon Press, 1980），p. 20.

12 嚴羽著，郭少虞校釋《滄浪詩話校釋》（北京：人民文學出版社，1983），第12頁。

發」也。[13]詩道之空靈婉約，正可為史家神會之助歟？

　　吾華舊詩，車載斗量，其中不乏詠史之作，非徒逞辭藻意象，亦多諷喻評議。述古詩篇，始於班固，孟堅以詩敘孝女緹縈故事，甚得直書其事之要旨。史傳載詩賦，誠可取也。陶潛詠刺客荊軻，大似《史記》本事之詩化。盧子諒以古詩敘藺相如完璧歸趙，負荊請罪故事，無異讀史也。杜甫之詩篇，世稱史詩，讀杜詩猶如讀唐史也。天寶失政，明皇貴妃艷事，見諸老杜之〈麗人行〉。唐皇啟邊釁，勞民傷財，見諸老杜之〈兵車行〉。安史之亂，天子奔蜀，王孫流離，見諸老杜之〈哀王孫〉。更可觀者，杜公撰〈石豪吏〉一首，有云：「暮投石壕村，有吏夜捉人；老翁逾牆走，老婦出門看，吏呼一何怒？婦啼一何苦？聽婦前致詞：三男鄴城戍，一男附書至，二男新戰死。存者且偷生，死者長已矣！室中更無人，惟有乳下孫。有孫母未去，出入無完裙。老嫗力雖衰，請從吏夜歸。急應河陽役，猶得備晨炊，夜久語聲絕，如聞泣幽咽。」[14]詩中史意畢見，道盡戰亂之苦：「嗚咽悲涼，情致淒絕。」詩情寓於敘事，可作中唐社會史讀也。又宋真宗問唐時酒錢幾何？眾莫能對，丁謂（966-1037）引杜詩〈逼仄行〉有句曰：「街頭酒價長苦貴，方外酒徒稀醉眠；速宜相就飲一斗，洽有三百青銅錢。」是知唐時酒錢三百文，誠如真宗喜曰：「子美詩可謂一代之史也。」[15]杜公所詠之事，史冊失

13　參閱葉嘉瑩，《詞學新詮》（北京：北京大學出版社，2008年）。
14　蕭滌非主編，《杜甫全集校注》（北京：人民文學出版社，2014），頁1288。許淵沖之英譯甚佳，足資觀覽，見許淵沖，《杜甫詩選》（北京：中國對外翻譯出版有限公司，2014），頁72-75。
15　語見張岱，《史闕》，下冊，頁498。

載，於此可見，詩筆可補史筆之不足也。

宋徽宗趙佶以帝王之尊，精擅書畫，自創瘦金一體，驚艷千古。明人有句曰：「上皇朝罷酒初酣，寫出梅花蕊半含；惆悵汴京春去後，一枝流落到江南」，[16]以上皇所畫半開之梅，喻大宋頓失半壁江山，流落江南之一枝梅，豈非南宋乎？詩情詠梅，史意自在其中，借詩說史，其妙無比也。詩人刺君王奢淫亡國，名篇絡繹。金陵乃六朝古都，歷經滄桑，劉禹錫有詩曰：「臺城六代競豪華，結綺臨春事最奢；萬戶千門成野草，只緣一曲後庭花」，[17]以陳後主〈玉樹後庭花〉，點出臨春、結綺、望仙三閣，與三貴妃飲酒賦詩，以至於為隋所滅，後庭花遂成亡國之音矣。杜牧亦有句曰：「商女不知亡國恨，隔江猶唱後庭花。」至乎趙宋，王荊公仍有句曰：「至今商女，時時猶唱，後庭遺曲」也。[18]王者因奢亡國，時而有之，蓋以為豪奢可以重威，而昧於奢侈足以罷敝天下，即李商隱所謂：「歷覽前朝國與家，成由勤儉破由奢」也。[19]

禹域之內，士人自幼識字、讀書、學對，無不能詩，亦稔史事，故詠史詩，多不勝數。所謂詠史，非僅詠古人古事，亦詠今事而有史意者。時光流轉，稍縱即逝，時事轉眼成史。宋人計敏夫撰《唐詩紀事》，綜一代之詩，亦一代之事也。[20]楊鍾羲晚號

16　趙有同絕句，見沈德潛，《明詩別裁》（上海：上海古籍出版社，1979），頁61。
17　劉禹錫，《劉禹錫集》，見〈臺城〉，頁219。
18　見荊公〈桂子香詞〉，王安石，《王安石集》，頁141。
19　李商隱，《玉谿生詩集箋注》，上冊，頁147。
20　參閱計敏夫，《唐詩紀事》（上海：上海古籍出版社，2008）。

聖遺居士，撰《雪橋詩話》，以詩為經，以史為緯，窺有清三百年之盛衰，治術與人才之升降消長，略見之矣。沈曾植字子培，博學多才，序之曰：「匪獨言詩而已，其與聖賢群輔，惇誨師儒，裒帶都人，英賢姓氏，奠系本牒，徵事解題，昭然若親見之，若並遊盛世而聞其謦欬。」[21]雪橋說詩其表，記事其裏，足補大清史事之遺也。

　　詠史有述古與懷古之分，論史與評史之別。按中華詩法，約有三義，即賦、比、興是也。賦最宜述古，長於「直書其事，寓言寫物。」[22]比與興引喻興感，最宜抒懷。詩人觀風察勢，借古諷今，傷今懷古，莫不相宜。若以真知灼見，觀古察今，驟然有得，史論高下深淺，出入其間矣。歷代士人，崇儒黜法，視始皇為暴君，尤恨其焚書坑儒也。詩聖李白，不羈之才，別有所見，以「秦王掃六合」開筆，唯有天子之劍，能上決浮雲，下絕地紀，故秦劍一出，東方諸侯，西來臣服。雄吞六國，一統天下，車書同軌。始皇雄圖，英明決斷，「收兵鑄金人」，收天下兵器，鑄成十二銅像。大勢既定，函谷東開。始皇謀略超群，虎視鷹揚，震懾四海，東登琅邪，縱目遠望，豪氣干雲，又南登會稽，刻石記功，「刑徒七十萬，起土驪山隈。」唯欲長生不老，求不死之藥，「連弩射海魚，長鯨正崔嵬」，「茫然使心哀」也。徐福舟載秦童，樓船一去不返，終於「但見三泉下，金棺

21　序見楊鍾羲，《雪橋詩話》（北京：北京古籍出版社，1989），第1冊，頁3。

22　鍾嶸，《詩品》（北京：中華書局，1991），頁10。

葬寒灰」也。[23]太白此詩，詩情縱橫，雷霆萬鈞，極張祖龍之聲勢，然亦不無微詞，史意甚崢嶸也。秦皇功過難定，明季孝廉遭遇國變，恥城下之盟，有詠史詩，感始皇建長城，明夷夏，重尊攘之可敬，而後世經儒橫說，皆不原其情而以為罪，不免嘆息：「祖龍而有知，其氣殊未平。」[24]近人感念秦皇書同文，成一統之局，遺澤後世，以至於今，其過難掩其功歟？

太史公視項羽為帝王，故稱〈項羽本紀〉。劉子玄謂之「僭盜」，[25]未免失之於泥。楚霸王美人駿馬，生離死別，功敗垂成，極具悲劇英雄之本色，贏得千古同情，豈不為然？晚唐樊川居士杜牧，於《題烏江亭》詩曰：「勝敗兵家事不期，包羞忍恥是男兒；江東子弟多才俊，捲土重來未可知。」[26]牧之憾羽不歸，惜其未能捲土重來也。北宋王荊公，不以小杜為然，詩曰：「百戰疲勞壯士哀，中原一敗勢難回；江東子弟今雖在，肯為君王卷土來？」[27]未必也！宋人李綱之句曰：「拔山蓋世霸圖空，卻歎當時雖不逝；帳中美人身姓虞，悲歌起飲聊踟躕」，[28]極見英雄末路之悲涼。李清照號易安居士，宋詞大家，項羽寧死不歸，易安為之動容，有句曰：「生當做人傑，死亦為鬼雄；至今

23　全詩見李白，《李太白全集》（北京：中華書局，2015），第1冊，〈古風五十九首〉其三，頁111。
24　羅振玉編，《明季三孝廉集》，《蠶園詩・前集》，頁6b。
25　語見劉知幾，《史通》，張之象刻本，卷4，頁13a。
26　杜牧，〈題烏江亭〉，見杜牧，《樊川文集》（上海：上海古籍出版社，1978），頁72。
27　王安石，《王荊文公詩箋注》，李壁箋注，高克勤點校（上海：上海古籍出版社，2010），〈烏江亭〉，頁1279。
28　李綱，《李綱全集》（長沙：岳麓書社，2004），頁121。

思項羽,不肯過江東。」[29]趙宋南渡,罕見英雄,所以令易安欽慕羽也。有謂此詩,乃借古諷今之作,蓋易安不滿高宗君臣,偷安江左,故發為歌詞,以刺當世也。[30]宋理學家劉子翬號屏山,則疑若不欲渡江,來到江邊何為?既至江邊矣,何不渡江?曰:因羽失道問路,曾為農夫所紿,故而有疑,恐亦為亭長見紿,更受奇辱!何莫慷慨赴死也。[31]元人尹廷高號六峰,儒學教授,取屏山筆意,得句曰:「多疑難逞拔山雄,失道陰陵計已窮;更恐艤舟人見紿,不緣無面見江東。」[32]底事云何?令杜子美「舟人指點到今疑」也。[33]明人徐積有句云:「八百兒郎淚如雨,此時上馬復何言,虞兮虞兮奈何汝。」[34]清人朱彝尊則曰:「美人罷舞餘春草,駿馬悲鳴自朔風;萬歲來遊還此地,千秋霸業有誰同」,[35]多表哀情,為之悼傷者也。項羽氣魄心境,詩家心情不同,感發不一,是以所見各異也。詩鬼李賀,獨以騅為主角,騅乃項王坐騎,日行千里,所向無敵,羽臨死不忍殺之,轉贈亭長,騅豈無失主之悲?詩家感而發之曰:「催榜渡烏江,神騅泣

---

29 李清照,《重輯李清照集》,黃墨穀輯校(北京:中華書局,2009),見〈夏日絕句〉,頁86。
30 參閱何廣棪,《李易安集繫年校箋》(台北:里仁書局,1980),頁98。
31 劉子翬,《屏山集》,收入《四庫全書》,集部4,別類3,卷4。
32 句見尹廷高,《玉井樵唱》三卷(兩淮馬裕家藏本),卷上〈項羽〉。
33 句見〈詠懷古跡五首〉之二,楊倫輯,《杜詩鏡詮》(台北:台灣中華書局,1969),下冊,卷13,頁27b。
34 傅璇琮等主編,《全宋詩》(北京:北京大學出版社,1995),第20冊,頁7570。
35 朱彝尊著,葉元章、鐘夏選注,《朱彝尊選集》(上海:上海古籍出版社,2018),頁81。

向風;君王今解劍,何處逐英雄?」[36]於此可見,詩家論史,議論紛紜,非史家可望項背也。

赤壁之戰,史中大事,元好問觀圖吟詩,以「馬蹄一蹶荊門空,鼓聲怒與江流東」,想見戰前氣勢。惟曹阿瞞,不識孫郎乃人中之龍,視同庸弱之劉琮,兵至出降,不料「疾雷破山出大火,旗幟北捲天為紅」,火燒連環船,曹軍大敗虧輸而歸。遺山於千載之後,猶感「至今圖畫見赤壁,彷彿燒虜留餘蹤。」遙想東坡之游赤壁,感慨「得意江山在眼中,凡今誰是出群雄?可憐當日周公瑾,憔悴黃州一禿翁。」[37]蘇子有公瑾之才,早歲欲為江山之雄,而今流落黃州,歲月蹉跎,已成飄零一禿翁矣。詩人懷古傷今,萬象山河依舊,世事久已滄桑。當年固一世之雄也,而今安在哉!詩情刻畫史意之深,史筆往往難及之也。

諸葛孔明,鞠躬盡瘁,死而後已,儒家奉為典型。復經《三國演義》之渲染,軍師神機妙算,聲譽流傳民間,幾成神人矣。諸葛大名非自明清始,唐代詩聖杜甫,詠蜀相詩多首,敬之、仰之,而又惜之,推崇備至,若《詠懷古跡》五首之五:「諸葛大名垂宇宙,宗臣遺像肅清高;三分割據紆籌策,萬古雲霄一羽毛;伯仲之間見伊呂,指揮若定失蕭曹;運移漢祚終難復,志決身殲軍務勞。」[38]老杜謂亮,早歲〈隆中對策〉,定天下三分之局,眼光遠大,策略精確,媲美古之賢臣伊尹、呂尚,而其指揮

---

36 李賀,《李長吉集》,卷2,頁3a。
37 全詩見陳沚齋選注,《元好問詩選》(台北:遠流出版公司,1990),頁133。
38 楊倫輯,《杜詩鏡詮》,下冊,卷13,頁28b。另見蕭滌非主編,《杜甫全集校注》,頁3856-3857。

若定,更令漢初名相蕭何、曹參,黯然失色,推崇之重,不稍遜於三國演義也。老杜頌揚孔明之後,宋元以降,仰望者更多。陸放翁應之曰:「出師一表真名世,千載誰堪伯仲間」,[39]又曰:「出師一表千載無,遠比管樂蓋有餘。」[40]南宋詞家後村先生,謂杜甫以三代之佐相,許亮聖明如此,謂杜子美所發,「考亭南軒,近世大儒,不能發也」,[41]揄揚不遜於杜公也。宋元民間,更奉亮為偶像,見諸平話、小說、戲曲,視為曠世奇才也。雖然,詩人亦有微詞者,元末會稽楊維楨號鐵崖,疑亮之將才,有云:「梁父吟,臥龍起,中山王孫移玉趾。自比管與樂,不比齊晏子。帝子崩,賊未庭,牛馬走餉,龍蛇走兵。魏司馬,十日不到長安城。馬參軍,殺以釁鼓莫謝先帝靈。坐令巾幗婦,寢食問鬥升。歌梁父,西日傾,西風為我生火聲」,[42]諷孔明不及先帝之明也。蜀主拔擢魏延為大將,且謂馬謖不可大用,而孔明不用魏,而委馬為先鋒,致有街亭之失,功敗垂成,王業無望。鐵崖呼應陳壽所謂:將略非亮所長,恰與世俗所見相左也。現代詩人陳風起,別有異想,有句曰:「如何不按永安詔,早把江山自取來」?[43]質亮何不取而代之?永安之詔,應有玄機,以孔明之智,必不出此。亮若自取,大業未必能成,而失忠君之名,後世

---

39 見放翁〈書憤〉,收入陸應南選注,《陸游詩選》(台北:遠流出版公司,1992),頁148。
40 句見放翁,〈游諸葛武侯書臺〉,陸應南選注,《陸游詩選》,頁105。
41 劉克莊,《後村詩話》(北京:中華書局,1983),頁180。
42 楊維楨,《楊維楨詩集》(杭州:浙江古籍出版社,2010),見《梁甫吟》,頁161。
43 劉學銘主編,《當代論史詩萃》(北京:大眾文藝出版社,1997),見詠諸葛亮,頁107。

將如何視之耶！

　　西晉滅吳之戰，劉禹錫字夢得，中唐詩人，有詩句曰：「王濬樓船下益州，金陵王氣黯然收；千尋鐵鎖沉江底，一片降旛出石頭；人世幾回傷往事，山形依舊枕寒流；今逢四海為家日，故壘蕭蕭蘆荻秋」，[44]敘晉師順江而下，直取吳都之經緯。詩人詠史，以山川形勝為背景，道出當年征吳之役。詩中之史，有事、有景、有情，倍增興亡之感，更別寄垂戒之意，極堪玩味也。夢得另有金陵懷古一詩，雖詠六朝，實弔古傷今之作。夢得以為，六朝興亡，無關山川形勝，莫蹈亡國遺轍，繫乎人也。白香山〈讀史五首〉，[45]元微之〈楚歌十首〉，[46]大抵類此。楚歌所謂：「各自埋幽恨，江流終宛然」，萬千感懷，情見乎詞。詩本多情，無須刻意求真，借史抒情，別有境界也。明人何焯字屺瞻，曾曰：「題云詠史，其實詠懷」，清人沈德潛號長洲，亦曰：「詠古人，而己之性情懷抱俱現」，而史家多不露情，惟詩筆可以和盤托出也。

　　西晉左思字太冲，有〈詠史八首〉，其四曰：「濟濟京城內，赫赫王侯居。冠蓋蔭四術，朱輪竟長衢。朝集金張館，暮宿許史廬。南鄰擊鐘磬，北里吹笙竽。寂寂楊子宅，門無卿相輿。寥寥空宇中，所講在玄虛。言論準宣尼，辭賦擬相如。悠悠百世後，英名擅八區。」此首詠揚雄字子雲，一代文豪於俗世之中，

44　劉禹錫，《劉禹錫集》，見〈西塞山懷古〉，頁214。

45　白居易，《白香山詩集》，四部備要集部（上海：中華書局），據汪氏一隅草堂校刊，卷15，頁15a。

46　元稹，《元氏長慶集》，收入《四庫全書精華》，第27冊，見〈楚歌十首〉，頁264。

潛心學術,生活簡樸,「寂寂揚子宅」,正與「赫赫王侯居」,相映成趣,然「悠悠百世後」,「英名擅百區」者,文豪也,而非王侯也,意謂文學足以不朽,而官場榮華富貴,則如過眼雲煙耳。其六曰:「荊軻飲燕市,酒酣氣益震。哀歌和漸離,謂若傍無人。雖無壯士節,與世亦殊倫。高眄邈四海,豪右何足陳。貴者雖自貴,視之若埃塵。賤者雖自賤,重之若千鈞。」此首詠荊軻,痛飲燕市,風瀟易水,慷慨赴難,至為悲壯,不異史書所載,而言外之意,諷王公豪強之可鄙,揄揚壯士豪情,尊鄙輕重之準則,見諸吟詠。其七曰:「主父宦不達,骨肉還相薄;買臣困樵采,伉儷不安宅;陳平無產業,歸來翳負郭;長卿還成都,壁立何寥廓;四賢豈不偉,遺烈光篇籍;當其未遇時,憂在填溝壑;英雄有迍邅,由來自古昔;何世無奇才,遺之在草澤。」此詩詠西漢四賢,主父偃窮困受辱,朱買臣擔柴,妻子引以為恥而求去,陳平少貧住陋巷,相如與文君私奔歸里,家徒四壁,道盡人情冷暖,奇才淪落草澤,留下千古憾事。其八曰:「習習籠中鳥,舉翮觸四隅;落落窮巷士,抱影守空廬;出門無通路,枳棘塞中塗;計策棄不收,塊若枯池魚;外望無寸祿,內顧無斗儲;親戚還相蔑,朋友日夜疏;蘇秦北遊說,李斯西上書;俯仰生榮華,咄嗟復彫枯;飲河期滿腹,貴足不願餘;巢林棲一枝,可為達士模。」[47]此首詠士人窮途求售,仰望富貴,亟言世態之炎涼,書生不遇之可悲,世間豈無奇才?然命途多舛,棄之草澤為恨耳。左思〈詠史八首〉自傷生不逢時,與古人同情,敘事之

---

47 逯欽立,《先秦漢魏晉南北朝詩》(北京:中華書局,1983),卷12,晉詩:左思〈詠史八首〉。

外，旁參比興，以詩情述當時世情、以感性敘人事，殊可補舊史之所忽略者也。

玄武門之變，秦王李世民以藩王奪嫡，為初唐一大變故，史家多以《春秋》筆法書之，詩人亦不遑多讓。南宋范成大，號石湖居士，有詩曰：「嫡長承祧有大倫，老公愛子本平均；只知世上尋常理，爭信英雄解滅親」！石湖質高祖之餘，於佐命大臣房玄齡輩，亦不稍寬解：「佐命諸公趣夜裝，爭言社稷要靈長；就令昆季尸神器，未必唐家便破亡。」[48]唐室非秦王繼統不可耶？未必然也。朱熹素以心術論人，譴責太宗「殺兄劫父代位」，[49]罪大惡極。元代詩人楊維楨曰：若唯秦王能成大業，而高祖因讒相阻，復有謀害秦王之流言，然則本事可作：「春宮酒吐血一升，元武門前伏兵起；長林射落雙飛鴻，將軍一箭回天功；扼吭太芽滅巢嗣，吭乳小兒啼乃死；凌煙閣，鄂國公，至今毛髮生雄風，嗚呼榆窠奪槊未足道，回天之功唐大造。」[50]意謂秦王事後見父李淵，「跪而吭上乳」，求慰籍也。「榆窠奪槊」，典出《隋唐兩朝志傳》，尉遲恭榆窠救主，言及鄂國公尉遲敬德，奪槊刺賊，救駕秦王。齊王元吉，不信其事，敬德乃以力奪齊王之槊，以示其能，影射齊王有傷兄之心。所欲言者，建成元吉原有害秦王之心，秦王先發制人耳。秦王得計，有賴諸武將相助，皆成功臣，榮登凌煙閣，令李賀感嘆：「男兒何不帶吳鉤，收取關

48　范成大，《范石湖集》（上海：上海古籍出版社，2015），見〈讀唐太宗紀〉其五，頁52。
49　黎靖德編，《朱子語類》（北京：中華書局，1986），第8冊，頁3259。
50　楊維楨，《楊維楨詩集》，見〈鄂國公〉，頁194。

山五十州；請君暫上凌煙閣，若箇書生萬戶侯」，[51]亟言書生之無用也。明儒李東陽號西涯，為文曰：「當是時建成之惡未著，又無一日之隙，太宗縱有利天下心，亦未必若是之烈也，及其後舉迫于勢，而始不能以理處之」，[52]亦指太子先有開釁之惡，秦王弒兄殺弟於後，不得已也，惟未俟建成先發，而後應之為憾耳。斯皆為秦王開脫之意也。明人郭大有曰：若高祖斷然傳位太宗，「則名正言順而事成矣，建成又豈敢有異謀乎？夫何坐視相殘，不能逾之於道，而遂成弒逆之禍，陷太宗于不義。」[53]李世民登基之後，貞觀之治，謙懷納言，休養生息，復興文教，開大唐盛世，英明之雄主也。故後人多不願苛責，雖有違儒家倫理，為社稷計，無可厚非也。以詩詠之者，更多偏袒，願為秦王諱也。清帝乾隆不以為然，曰：「使建成嗣位，則唐室不久而亡，當與隋同轍，太宗立而延唐祚三百年之基。此評古者，所以亟為太宗諱也，至元武門（按元避聖祖玄燁諱）之失德，雖具炙轂之辯，又安能為之諱哉！」[54]清帝不肯為秦王諱，其尊儒意識，非虛言歟？若去情論史，則東宮嫌隙未明，而秦王奪嫡之謀已著，太子豈無危懼？安能無所作為耶？秦王先發得逞，所謂狠者勝也。至秦王得手，血案已成，高祖又將奈何？老父錐心之痛，詩筆所示，雖千百年後，猶可動人心弦也！

杜牧題詩桃花夫人廟，別有藉近古，諷遠古之意，詩曰：

---

51 句見李賀，《李長吉集》，卷1，頁15b。
52 李東陽，《新舊唐書雜論》（借月山房匯鈔），第6冊，頁1b。
53 郭大有，《評史心見十二卷》，卷6，頁6a-b。
54 清高宗敕撰，《歷代御批通鑑輯覽》，第2冊，頁1457眉批。

「細腰宮裏露桃新,脈脈無言度幾春;至竟息亡緣底事?可憐金谷墜樓人。」[55]趙甌北曰:此首「以綠珠之死,形息夫人之不死,高下自見,而詞語蘊藉,不顯露譏訕,尤得風人之旨耳。」[56]小杜諷春秋息夫人偷生楚宮,不及綠珠墜樓之節烈也。詩人基於儒德,隱約譏之,褒貶古人,其情與史家同。宋人許顗謂之「二十八字史論」,[57]豈不然乎?牧之〈登樂游原〉、〈赤壁〉、〈泊秦淮〉,皆可稱二十八字史論也。唐宋以後,儒家史觀,更甚於昔,詩人引經義於史文,寓褒貶於詩境之中,月旦人物,多不逾儒家之正統觀也。雖然,於儒學鼎盛之兩宋,亦有王令訕亞聖孟子之七律曰:「去梁無故又辭齊,弟子紛紛益不知;天下未平雖我事,己身已枉更何為;後來雖是聞風者,當世何嘗不召師?士要自高無顧世,遺編今亦有人疑」,[58]謂孟子自梁至齊,訕訕惶惶,迂闊無成,即其門人,亦渾然不知也。孟夫子之胸懷,雖捨我其誰,挫折感有焉,去梁辭齊,莫可如何也。凡有德之士,高風亮節,行如草上之風,為帝王師者,絕不曲學阿世也。孟夫子之不遇,豈非事出有因乎?而其遺編,仍有人疑,亦就不足為奇矣!王令此詩,評先賢是非,言簡意賅,獨抒卓見,有如史筆之翻案文章也。

---

55 杜牧,〈題桃花夫人廟〉,杜牧,《樊川文集》,頁70。收入沈德潛編選,《唐詩別裁集》(上海:上海古籍出版社,1979),下冊,頁681。
56 趙翼,《甌北詩話》(北京:人民文藝出版社,1963),頁164。
57 許顗,《彥周詩話》,收入何文煥輯,《歷代詩話》(北京:中華書局,1980),上冊,頁385。
58 王令,《王令集》(上海:上海古籍出版社,2011),見〈讀孟子〉,頁153。

詩句吟詠,雖精言微意,亦能表達哲理。白香山之〈放言五首〉,多能印證哲理,如謂草螢非火,荷露非珠,似是而實非,喻似忠而實奸,似奸而實忠者,端視試練而後定也。香山名句曰:「周公恐懼流言後,王莽謙恭未篡時;向使當初身便死,一生真偽復誰知。」[59]欲辨周公王莽之忠奸,宜如「試玉要燒三日滿,辨材須待七年期。」抉前人之是非功罪,許以久遠,一時之觀察,難以定論,其中哲理有焉。白氏又謂:古來貴賤無常,禍福難料:「誰家第宅成還破,何處親朋哭復歌;昨日屋頭堪炙手,今朝門外好張羅。」[60]又曰:不論賢愚,同一結局,人生之夭壽,復有何患:「松樹千年終是朽,槿花一日自為榮」,蓋謂無須戀世,不必厭生,生來死去,過眼雲煙,皆成幻人,「幻人哀樂繫何情」?[61]香山以史入詩,論是非、忠奸、貴賤、壽夭,言簡意賅,意味深長也。人謂白詩,老嫗能解,不知其哲理之深邃也。民國張東蓀通中西哲學,兼擅音律,曾以絕句,評述泰西哲學,自希羅至乎近代,名家幾無遺漏者,略見中華舊詩,亦能表達西土玄理。[62]如詠黑格爾哲學曰:「兩詞相悖豈成真,存有生無只異名;正反合皆儱侗語,助誰胸中造佳兵」,[63]首句「兩詞相悖豈成真」一語,道出中西思維之異,泰西以正反相悖,而

---

59 白居易,《白香山詩集》,卷15,頁15a。
60 白居易,《白香山詩集》,卷15,頁15b。
61 白居易,《白香山詩集》,卷15,頁15b。
62 張汝倫,《詩的哲學史——張東蓀詠西哲詩本事注》(桂林:廣西師範大學出版社,2002)。
63 見張汝倫,《詩的哲學史——張東蓀詠西哲詩本事注》,頁130,另參閱頁131-136。

吾華陰陽不悖而相成也。張氏以四句二十八字，涵蓋深奧費解之哲理，雖亦不免籠統，然能舉其學理之大旨，勿違原意，洵非易事，益證嚴謹之格律，亦能傳達艱深之哲理也。

南宋劉克莊號後村，詩人而兼擅史學者，有五言絕句云：「歷歷非諸子，駸駸及聖丘；乃知焚籍相，亦自有源流。」[64]言雖簡而能道出：秦相李斯，焚書坑儒，索其師承，源出荀子，乃孔聖之門人也。荀卿排先秦諸子，開儒術獨尊之先機，而李斯竟出其門，啟人深思也。或曰荀子喜為異說，敢為高論，若謂性惡，桀、紂性也；堯、舜偽之類，惟卿猶述禮儀，樂王道，而斯不師古，不語詩書，以吏為師，雖學有淵源，猶叛徒也。

清人張茂稷〈讀史偶感〉曰：「李陵心事久風塵，三十年來詎臥薪？復楚未能先覆楚，帝秦何必又亡秦！丹心早為紅顏改，青史難寬白髮人。永夜角聲應不寐，可堪思子不思親。」[65]茂稷詩化吳三桂平生之言行，心解其內心天地，事實與嘲諷兼而有之。三桂既無李陵投敵之苦衷，亦無臥薪嚐膽，以圖恢復之志，引清兵入關，雖欲助明，實速明亡。既已降清矣，又謀反清，亟言斯人反覆無常也。三桂早年叛明，臨老叛清，夜聞鼓角，思及父因其降清而亡，子因其父叛清而死，如何得以安眠歟？詩人以五十六字，傳三桂其人之真，更能傳其神也。詩筆論人說史，秉筆無所忌諱，未稍遜色於史家之史評也。

王國維字靜庵號觀堂，才華洋溢，文史兼修，詩情極富史

64　後村《雜詠百首》之四十一〈荀卿〉，見劉克莊，《後村先生大全集》，四部叢刊初編縮本273，第1冊，頁126。
65　周廣業，《循陔纂聞》清鈔本，見卷4，〈謝四新復吳三桂詩〉。

意。其詠史二十絕句,貫穿國史,辭藻之美,意象之富,豪情之壯,詩心之神會,非史筆所能也。[66]觀堂以「渺茫」之「西陲」,表出遠古發源於兩河流域,乃當時人文西來之說也。華族東遷,踏破芒屨,幾經星霜,登上崑崙,西望原居之故鄉也。中華文明發源於黃河,自青海巴顏喀拉山北麓,流經高山草原,穿越青海甘肅之摩天雲嶺,以九曲喻黃河流經九省,神來之筆也。當年洪荒遊牧之地,有人曰伏羲,教結網漁獵畜牧,並制八卦,中華文明之始也。觀堂以蚩尤銅頭鐵額,驚心動魄之上古傳說,印證侯官嚴復譯介之演化論,物種原始,人由獸演化而來。物競天擇,唯適者能生存也。黃帝軒轅氏擊敗蚩尤,軒皇用兵之苦,象徵人文戰勝魔獸,後人尊之為人文始祖也。華族南進江淮平原,寬廣萬里,先後解逅九黎與苗民,新移民驅逐原住民,而今聚集於窮山者,乃「江南舊主人」也。堯舜為上古二聖帝,雖死精魂不孤,又有大禹。相傳舜葬於蒼梧之野,禹葬於會稽之麓,禹廟在右,禹陵在左。吳越王錢鏐曾作〈禹廟詩〉有云:「千古功勳孰可倫,東來靈宇壓乾坤。」大禹治水有成,晚年猶未罷征苗。禹功「神武如斯曠代無」也。史前文明由石器而銅器,由銅器而鐵器,器用日精。中原開化較早,商周青銅已盛,時入戰國,已見鐵器,兵用鐵甲,甚至已有鏐鐵,而東歐尚用銅刀,挹婁年年仍用石砮。嬴秦終結戰國,一統天下,觀堂曰:「誰向鈞天聽樂過」,按〈西京賦〉有云:「昔者大帝說秦繆公而觀之,饗以鈞天廣樂。」惟秦王得聽「鈞天樂。」觀堂詩曰:「秦中自

---

66 全詩見王國維,《靜庵詩詞稾》(台北:藝文印書館,1974),頁3-5。參閱汪榮祖,《詩情史意》(台北:麥田出版社,2005),頁299-308。

古鬼神多」，按出土之秦昭襄王詛楚懷王之罪於神之文三石，此三石〈詛楚文〉，文同而神名不同，鳳翔出土者，神名巫咸；洛陽出土者，神名亞駝；渭河出土者，神名久湫大神。故觀堂曰：「即今詛楚文猶在，才告巫咸又亞駝。」始皇有鬼神相護，豈非天命乎？編年始於《春秋》，過於簡略，如「謎語苦難詮」也。北宋王荊公視《春秋》為「斷爛朝報」，驅士子習其新經，便於變法，遣辭過激，錢大昕斥「其妄且誕也。」[67]史學開山之作，非腐遷莫屬。觀堂點出史公為李陵降敵辯護，而受腐刑，遂發奮著述，而成《太史公書》，即王安石所謂：「成書與後世，憤悱聊自釋」也。卒成自黃帝至漢武，「一書上下二千年」，計五十二萬六千五百字，觀堂譽為「前後固應無此作」也。大漢盛世，文治兼有武功，孝武元狩三年，將進兵身毒，於長安郊外，鑿昆明池以習水戰，「當年貲力信雄哉」！不意挖出黑灰，莫知何物？東方朔謂可問來自西域之胡僧，竺法蘭既來，說是「世界終盡，劫火洞燒，此灰是也。」莫笑胡僧不知有煤，妄說乃洪荒劫後之灰也。漢武帝更雄才大略，漢初和親，然匈奴由冒頓單于統合北方「引弓之民」，連年南侵。武帝經文景兩代之休養生息，於元光二年，大動干戈，衛青霍去病，先後北逐匈奴於沙漠，設河西四郡，通西域，觀堂故謂：「輕騎今朝絕大漠」也。武帝又於元鼎六年，滅南粵，平西南夷、夜郎、滇等部，設置牂牁郡，位於今貴州遵義府南。觀堂故謂：「樓船明日下牂牁」也。按牂牁亦河川名，自貴州流經廣西入廣東為西江，亦稱蒙江。以觀堂之見，漢武北伐南征，開疆辟土，建曠世之奇功也。

67　錢大昕，《潛研堂文集》，冊1，卷2，頁25。

佛法入華，慧光東照，為國史一大因緣。牟子〈理惑論〉有言：漢明帝於永平年間，夢到金人，「身有日光，飛在殿前。」帝乃命張騫等人經河隴（即西域），西去求佛，遂「於大月氏寫佛經四十二章」而返[68]。求法一事，未必可信，故觀堂曰：「不是金人先入漢，永平誰證夢中緣」？惟推想可知，佛教入華，佛像先於佛經。張騫、陳湯通西域，縱橫百城，其功豈甘英之比，班超使甘英西行，直抵黑海。故觀堂詩曰：「千秋壯觀君知否？黑海西頭望大秦。」大秦者，羅馬帝國也。自黑海西望羅馬，何等壯觀？惜甘英望而未至也。相傳英誤信路途仍遙且險，遙望地中海而興歎，半途而返，大漢大秦未能聯繫，功虧一簣也。至乎唐太宗貞觀九年，大秦大德阿羅本始繫經書至長安，太宗接見，准傳景教（基督教），遂於貞觀十二年之秋，建大秦寺於唐都長安，與祆教及摩尼教並稱唐代三夷教。今有「大秦景教流行碑」藏於西安碑林也。三國鼎立，前史未見，曹操劉備兩雄，煮酒論英雄，操曰：「今天下英雄，惟使君與操耳，本初（袁紹）之徒，不足數也！」世所熟知，故觀堂詩曰：「三方並帝古未有，兩賢相厄我所聞；何來灑落樽前語？天下英雄惟使君」也。南宋詞客辛棄疾曰：「天下英雄誰敵手？曹劉，生子當如孫仲謀」，[69]英

---

68 宋人王楙據《魏略》謂漢哀帝元壽元年已有口傳浮屠經，又據劉向《列仙傳》，成哀間已有佛經，又據漢武故事，佛法自漢武帝時已入中國矣，見《歷代小說筆記選》（宋第二冊），頁346。張岱亦云：明帝夢見金人，遣使天竺，佛教遂入中國，然亦謂明帝之前已有之，惟未盛行耳，見《史闕》，頁152-153。

69 句見〈南鄉子・登京口北固亭有懷〉，引自《辛棄疾詞選》，劉斯奮選注（台北：遠流出版公司，1992），頁170。

雄增孫權,補三缺一也。董卓之亂後,漢獻帝蒙塵,曹操奉天子還洛都,因洛陽殘破,遂遷都於許昌,故觀堂詩曰:「北臨洛水拜陵園,奉表遷都大義存。」操晚年欺凌獻帝,為子曹丕作嫁衣裳,其行如賊。曹丕稱帝後,劉備孫權相繼稱帝:「縱使暮年終作賊,江東那更有桓溫!」褒貶具見之矣。魏晉南北朝,「江南天子皆詞客,河北諸王盡將材」,南方諸君皆文人,而北方諸王皆武將,觀堂觀察入微也。北齊文襄帝,曾封蘭陵王,武藝出眾而相貌壯美,出戰戴假面具,曾以五百騎兵戰於金墉城,勇冠三軍。齊人大為讚歎,作〈蘭陵王入陣曲〉,以歌頌之,觀堂所謂「乍歌樂府蘭陵曲」也。南朝君主文弱,難與北朝匹比,終見北隋滅南陳,廢湘東郡,觀堂所謂「又見湘東玉軸灰」也。玉軸者,喻精美舟車,玉軸成灰,喻亡國也。李唐龍興於山西太原,即晉陽也。故觀堂謂:「晉陽蜿蜿起飛龍。」所謂「北面傾心事犬戎」者,唐高祖為形勢所迫,稱臣於突厥,權宜之計也。太宗終能擒敵酋頡利而雪前恥,故觀堂曰:「親出渭橋擒頡利,文皇端不愧英雄」也。史家陳寅恪撰〈唐高祖稱臣於突厥事〉,[70]考證本事甚詳。大唐乃中華盛世,唐初南海商船,來自中東,自此海上貿易興隆,故觀堂詩曰:「南海商船來大食,西京祆寺建波斯;遠人盡有如歸樂,知是唐家全盛時。」按《新唐書》載:「南海有蠻舶之利。」蠻舶者,大食國之阿拉伯船隊也。教隨商至,波斯祆教(又稱火教或拜火教)起寺廟於西京長安。景教之教堂並祆寺,同稱波斯寺。外人遠道而來,居住長安者,兩萬有餘,享受京師繁華,豈無如歸之樂歟?李唐衰亡,五代十國繼

70　此文收入陳寅恪,《寒柳堂集》,頁108-121。

起,疆域既小,民不聊生,可稱國史之悲慘世界,所謂「五國風霜慘不支」也。趙宋建國,恢復秩序,然積弱不振,以至於陸秀夫負帝昺,自厓山蹈海,所謂「厓山波浪浩無涯」也。國勢凌遲甚矣,蒙古入主,「爭怪諸賢唱攘夷」也。惟蒙元武功鼎盛,蒙古於大唐盛世,為室韋部落,居契丹之北,以蒙兀最強,居望建河(即黑龍江)流域,故「黑水」為其發祥之地;「金山」即阿爾泰山,蒙語阿勒泰意金,在此進取,伐金滅遼。故觀堂句曰:「黑水金山啟伯圖」也。蒙古窩闊台於南宋端平二年西征,以拔都為統帥,進軍裏海,佔伏爾加河,繼入俄羅斯,據莫斯科,圍基輔,陷後屠城,再攻略波蘭、匈牙利、德意志,遠入波希米亞(今捷克),誅波蘭大公亨利第二,梟首示眾,渡多瑙河,分兵趨威尼斯,大掠塞爾維亞與保加利亞,觀堂謂之:「長驅遠蹠世間無」也。歐陸震恐,驚為「上帝之鞭」(God's Whip),觀堂曰「至今碧眼黃鬚客,猶自驚魂說拔都」,意象豐富,極為傳神,神來之筆也。滿族久居東北大地,曾為別族之家臣,然有蓋世英雄努爾哈赤,定下八旗之制:「東海人奴蓋世雄,卷舒八道勢如風。」滿清入主中國,傾心漢化,觀堂視為正統,清室既屋,猶不易其志,故曰:「碧蹄倘得擒渠反,大壑何由起蟄龍。」薛書記有句曰:「雪耳紅毛淺碧蹄,追風曾到日東西。」滿洲的盧如飛,倘能及時追捕叛徒,則大壑之中,何來蛟龍?觀堂效忠清室,痛斥袁世凱欺負孤兒寡母,出賣清廷,以至於「鄂渚寬窮寇,金陵撤外援」也。[71]觀堂忠清、反革命之見,固無疑也。觀堂以二十絕句,吟誦中華全史,意境優雅,金句叢出,標

71　詳閱〈隆裕皇太后挽歌辭九十韻〉,見《靜庵詩詞槀》,頁24-27。

出各時代之特色，饒具獨識創見，才情畢露矣。

　　王國維之忘年交陳寅恪，擅長詩史互證，以歌詩為史料，考史釋史，以史釋詩，通解古典，托出今典，精見遞出，久已聞名於世。惟其箋證白氏長恨歌，時而刻意求實，必欲考時、地、人之精確，不免有損風雅也。白學士之〈長恨歌〉，饒有風情，亟言君王、貴妃之悲歡離合，感人至深，所謂：「天長地久有時盡，此恨綿綿無絕期」者也。[72]詩有含蓄之美，可以言虛，不宜鑿空，因有礙意境也。白學士以「宛轉蛾眉馬前死」，「君王掩面救不得」，表死別之難，若考究縊死或吞金，豈不有損風情乎？以「峨嵋山下少人行」，表出明皇幸蜀，若謂入蜀未經峨嵋山，豈不知峨嵋喻蜀乎？白詩所云，臨邛道士，上天入地，皆詩境之虛構，為君王思念與哀婉增色，落實君王輾轉難忘之情意也。若考究此必無之事，豈不有損詩家以虛傳神之韻味乎？詩情可表史意，固不待言，惟詩富意象，語簡意長，可以言虛，固不宜於詩中求實也。

　　詩情能以虛表實，亦可補史意之不足，以旁證史實之不虛。鄭成功反清復明，雖有定論，仍有疑成功尊明者，謂貌似忠於明室，實意在別建海外王國。[73]然而詩言志，鄭氏父子之詩，足以明志。成功海師入江，豪情壯志，臨江賦詩曰：「縞素臨江誓滅胡，雄師十萬氣吞吳；試看天塹投鞭渡，不信中原不姓朱。」[74]

72　參閱汪榮祖，《詩情史意》，頁123-132。

73　Ralph C. Croizier，*Koxinga and Chinese Nationalism, History, Myth and the Hero*（Cambridge, Mass.: Harvard East Asian Monographs, 1977）.

74　鄭成功，《延平二王遺集》，收入諸家，《鄭成功傳》，臺灣文獻叢刊第67種（台北：臺灣銀行經濟研究所編印，1960），見〈出師討滿夷自瓜州

又有詩句曰:「聞道吾皇賦式微,哀哀二子首陽薇;頻年海島無消息,四顧蒼茫淚自揮。」[75]君不見成功忠明之志,溢於言表乎?成功曾入太學,師事錢牧齋,牧齋降清,猶懷恢復之思。晚清皖人劉聲木字述之,有言曰:「牧齋自附於孤臣逸老,想望中興,以表其故國舊君之思」,以欲求諒後世也。[76]義寧陳氏更表彰錢、柳,發其復明志節之隱情。牧齋有句曰:「後夜翻經燭穗低,首楞第十重開題;數聲喔喔江天曉,紅藥階前舊養雞。」[77]《文選》有「紅藥當階翻」句,乃不忘故國故君之意也。《楞嚴經》有言:「於涅盤天,將大明悟,如雞後鳴,瞻顧東方,以有精色」,寓大明即將復興,昏墨之局行將結束。牧齋印章曰:「鴻朗鈴齡」,「白頭蒙叟。」鴻者,大也;朗者,明也。大明由隱而顯矣,足見牧齋望海師之殷切也。世子鄭經,亦心懷明室,奉明正朔,有痛孝陵詩曰:「故國河山在,孝陵秋草深;寒雲自來去,遙望更傷心。」[78]鄭經又有詩曰:「王氣中原盡,衣冠海外留;雄圖終未已,日日整戈矛」,再有詩曰:「京口瓜州指顧間,春風幾度到鍾山;迷離遍綠江南地,千里懷人去不

　　　　至金陵〉,頁128。
75　鄭成功,《延平二王遺集》,見〈晨起登山踏看遠近形勢〉,頁128-129。
76　劉聲木,《萇楚齋隨筆續筆三筆四筆五筆》(北京:中華書局,1998),下冊,頁717。
77　陳寅恪,《柳如是別傳》(上海:上海古籍出版社,1985),下冊,頁1076-1077。
78　鄭經,《延平二王遺集》,收入諸家,《鄭成功傳》,見〈痛孝陵淪陷〉,頁129。

還。」[79]眷戀故國之情,一何深也!及三藩反清復明,鄭經乘機反攻大陸,事雖不成,其忠明素志,豈非彰顯殆盡矣?明鄭!明鄭!豈可疑哉?

　　要之,詩重內感,不由理智駕馭,不廢美也。史書實而不美,索然無趣,讀之欲睡。史縕詩心,非無端幻想,而在增益識力,洞察史事之隱微,既得其神,更得其真。凡碑文、實錄等實料,已是陳跡,史家不為舊聞所沒,不失性命之情,有賴詩心洗滌,令文思躍然於筆端也。故史家治史,智度之外,尚須神會,而莫愈乎詩,所謂「禪道惟在妙悟,詩道亦在妙悟」也。[80]詩道之空靈婉約,正可為史家神會之助,詩心之柔腸,史筆之鐵腕,兩者相輔,斯其宜矣。然則,史縕詩心,非捨真就虛,實欲增史之美。劉子玄求詩於史,謂史之美者,以敘事為工;敘事則以簡省為要,所以戒飾也,若飾以輕薄之句,則「無異加粉黛於壯夫,服綺紈於高士」,[81]不相稱也。蓋事實紛糅,而文不能冗蔓,更不必橫飾麗句,反多費解也。故簡省須知隱晦之道,而此道莫逾乎詩道。故劉子玄曰:「讀古史者,明其章句,皆可詠歌;觀近史者,得其緒言,直求事意而已。」[82]易詞言之,子玄所謂:古人多具詩心,為近人所不及,故而冗長乏味,不識微意,僅得事實之大概耳。子玄用晦之道,彥和解味曲包之說,兩

79　鄭經,《延平二王遺集》,見〈滿酋使來有不登岸不易服之說憤而賦之〉、〈與群公分地賦詩得京口〉,頁129, 131。
80　嚴羽,《滄浪詩話校釋》,郭少虞校釋(北京:人民文學出版社,1983),頁12。
81　劉知幾,《史通》,張之象刻本,卷4,頁2。
82　劉知幾著,浦起鳳釋,呂思勉評,《史通釋評》,卷6,頁206。

劉之真智卓見，皆屬此意。史蘊詩心，真美相配，敘事得以流暢。史遷疏蕩有奇氣，溫公莊嚴信美，吉本行文恣肆，米西雷敘往事如生。中西史家之名著，莫不以詩心名世，詩能增華史體，豈待言哉！然則，史蘊詩心，始稱佳史也。

承風繼統第十五

　　百年回顧，西潮東來，中國歷經艱危，急起直追，科技物質之學，待以時日，迎頭趕上，已無懸念。大國崛起，富強可期，康南海倡物質救國，生前之虛願，身後已如願矣。科學者，物質之學也，東海西海，心同理同。按物界之「客體」，聲光化電，並無價值判斷，乃「普世」之認知，不因文化而有異同也。惟文史心智之學，「內知識」也，有異於科學之「外知識。」心智之學，諸如思想、制度、宗教，意國哲人維柯，謂之「新科學。」[1]心智之學，亦有客體，史實即客體也。惟此客體，具有價值與文化色彩，有其「主體性」可言也。易言之，心智之學，為我所用，所涉者質，而非量也。人之言行，無論關懷、樂利，憂患，皆有主觀在焉。章實齋所謂「道公也；學私也」，[2]道者自然公共之理，故曰公也；個人之主見，故曰私也。實齋此說，

---

[1] 原書英文譯本見 *The New Science of Giambattista Vico*, translated from the third edition by Thomas Goddard Bergin and Max Harold Fisch, Revised and Abridged.（Ithaca and London: Cornell University Press, 1970）。參閱汪榮祖，《史傳通說》，頁198。

[2] 章學誠著，倉修良編注，《文史通義新編新注》，頁221。

近乎泰西客體、主體之分，涉及科學與人文之別。實齋雖見而及之，惜未踵事而增華之也。文史之客觀，乃同一文化之共識，未必能行之於異文化也。視覺所見之客體，各自有異，甚且因時而變，因勢異而改觀。「唐用突厥因以興，晉用契丹反以亡」，[3]即此之謂也。人文之主體，有待分析與確認，絕非科學之定理！未可「普世」者也。史家以渺渺私見，觀大千世界，眼界所限，無異井蛙之窺天。北美哲人納格爾[4]有言曰：現代科學之興也，世界觀為之驟變，客觀有矣。然科學之客觀，不足以解人生之惑，盡信科學之客觀，而昧於心態，人文何辜？蓋心物有異，物有定理，而心無定見，應對之道，惟以多元思維董理之也。[5]要之，人文有其傳統，與科技絕異，未可貿然橫植，徑自取新棄舊者也。若捨己從人，雖學步邯鄲，不得其步，反失故步；刻意模仿，何異東施效顰耶？子玄有言：「述者相效，自古而然也」，[6]模效之難，有關學力才識，學步不易耳。竊謂仿效之極緻，非僅臨摹，亦非反射，更非呼應，宜能反思於靈魂深處，別具隻眼，獨抒卓見，知舊規有失，正可乘勢闊步，發舊說之新聲，奈何尋無跡之新軌乎？

晚清西潮東來，文史之學，原可借鏡泰西，截長補短，踵事

3　獨醒主人，《東社讀史隨筆》，下卷，頁1b。
4　Thomas Nagel（1937-），美國當代哲學家，紐約大學哲學與法學「榮休教授」（Professor Emeritus），專長法律哲學、政治哲學與倫理學。納格爾謂：現代科學之興，世界觀為之盡變，以為有不移之客觀矣，實則科學之客觀，固然，唯不足以理解人生，過於信任科學之客觀，將於心態有不客觀之結論，心物有異，理解難以一也。
5　參閱Nagel, *The View from Nowhere*, pp. 13-27.
6　劉知幾，《史通》，張之象刻本，卷8，頁1a。

增華！然國人有感於西洋入侵,啟三千年未有之變局,倍感屈辱之餘,歸咎於傳統,渴望泰西之富強。康有為號南海,所知之西學,得自江南製造局之譯本,宗教與史地書籍外,幾皆聲光化電,物質之學也。南海讀之,感科學之精確,尤以數學最美,譽為西學之冠冕,誤以為人文亦有公式,有鐵律可循。康氏遂以幾何公理,論斷人倫、禮儀、刑罰諸事！[7]康著《實理公法》,其所謂「公法」者,即科學之公理,以為歷史文化,一如自然之有規律,放諸四海而皆準,即所謂「人類公理」是也。然則,人類惟有世界史,寰宇同趨一途;所異者,各國進程有先後,進化有遲速耳。南海展望前程,欲迎頭趕上,滿懷樂觀,盼望世界大同,猶如鴻鵠之將至。此南海混文史於科技,乃「知識論之偏見」(epistemological bias)也。康門弟子,及其私淑者,相隨以文明為人類公共之理,持文化一元觀,不稍置疑之也。

　　南海而後,讀西書者漸多,崇拜科學之心更甚,端因無不驚羨科學,視若萬靈丹,望風膜拜。科學聲譽之隆,無以復加。風氣所至,科學為尚,非科學不足以言學,文史學科,亦非科學不成學。職是之故,文史宜隨科技而一體西化,庶棄陳舊之古董,以入進步之現代。惟膜拜科學,乃情緒之發抒,有欠理性,所謂「科學主義」(scientism)者,乃偽科學也。[8]

　　民初倡新文化運動者,尤以科學為尚。「科學主義」之所以

7　閱康有為,《實理公法全書》,蔣貴麟輯,《萬木草堂遺稿外編》(台北:成文出版社,1978),上冊,頁39-65。

8　科學主義及其興起詳閱Kwok, Danny W. Y. *Scientism in Chinese Thought, 1900-1950*(New Haven: Yale University Press, 1965)。

興盛於中國也，旅美學者郭穎頤有言：因中國落後，故尤熱衷科技。胡適、陳獨秀、吳稚暉輩均非專習科學，而深信科學萬能，鄙視宗教、民間信仰，棄傳統如敝履，歸宿於物質一元論」（materialistic monism）也。胡等昧於新故相隨，傳統有其軌跡，應可取棄有度，何可偏棄耶？以郭氏之見，「科學主義」於民國十二年（1923）之科學與人生觀論戰，益趨高漲，而於科學發展，卻無多助益也。[9]傅孟真歐遊歸來，急欲史學成為科學，以「牛頓之在力學，達爾文之在生物學」相勉，[10]遂定科學為治史之宗旨。史學之科學化，有賴於史料之完整，故傅有「史學即史料學」之說。傅氏以樂天詩句：「上窮碧落下黃泉」，作對句曰：「動手動腳找東西」，其靈感實來自英倫史家崔佛岩，[11]崔氏有云：「升天入地，尋找材料。」[12]崔氏期許甚高，若謂：歷史「宜考究精確如科學，敘事宜優美如藝術，運思宜熟慮如哲學。」[13]孟真惟取崔氏科學，未顧崔氏別有言曰：「歷史價值，不在於科學也！」[14]孟真似更傾心於英人貝雷，取其史學即科學

---

9 參閱Kwok, *Scientism in Chinese Thought, 1900-1950,* pp. 3, 29, 30, 69, 190, 193, 200.

10 見傅斯年，《傅斯年選集》（台北：文星書店，1967），冊3，頁408。

11 George Macaurlay Trevelyan（1876-1962），英國著名史家麥考雷（Thomas Babington Macaulay）之侄孫，學院派史家，曾任劍橋大學史學講座（Regius Professor of History, 1927-1943），有謂其乃最後之「自由黨史家」（the Whig historian）。

12 其謂："you must go down to Hell and up to Heaven to fetch them," 見G. M. Trevelyan, *The Recreatons of an Historian,* pp. 19-20.

13 語見G. M. Trevelyan, *An Autobiography and Other Essays*（London, New York, Toronto: Longman Greeen and Company, 1949）, p. 81.

14 原文 "The value of history is not scientific," 見Trevelyan, *The Recreatons of*

之說。[15]無奈貝氏於垂暮之年,覺今是而昨非,始悟史學非科學也![16]孟真不及知之矣。

　　孟真之五四同儕,多羨西學之精微奇巧,惡傳統之陳舊無當,以「全盤西化」為得計。五四而後,學制也、方法也、書寫也,皆從西化。[17]風從泰西實證之學,校勘載籍之文字與形式,外考證也;疏解義理,所言是否可信,能否落實,內考證也,以為可取,渾忘乾嘉考據之精審,與歐陸語言考證相比,有過之而無不及也。原可承繼舊史傳統,旁采西史之長,卻反其道而行,以西學為主,而棄舊學如敝履,未見其可也。新會梁任公於清末倡新史學,棄舊迎新之意昭然,欲以泰西「國史」（national history）之新,取代「帝王家譜」之舊,以泰西演化論,否定「停滯」之傳統史學,更以史界之陳涉自居,亟言「史界革命不起,則吾國不救。」[18]非僅任公欲革舊史之命,持此論者亦云多矣!鄧實曰:「中國史界革命風潮不起,則中國永無史矣。」馬敘倫曰:「中人而有志興起,誠宜於歷史之學,人人辟

---

　　　an Historian, p. 21.
15　原文:[history]is herself simply a science, no less and no more, 語見John Bugnell Bury, "the Science of History," in Stern ed., *The Varieties of History*, pp. 223, 210.
16　閱John B. Bury, *Selected Essays*（Freeport: Books for Libraries Press, 1968）, p. 70.
17　例見Arthur F. Wright, "On the Uses of Generalization in the Study of Chinese History," in Louis Gottschalk, *Generalization in the Writing of History*（Chicago: Chicago University Press, 1963）, p. 47。
18　梁啟超,〈新史學〉,《清議報》（1902年2月8日）,《飲冰室文集》（上海:中華書局綫裝本,1925）,卷34,頁30a,參閱頁25a-33b。

新而講求之。」汪榮寶欲以泰西之理論與方法，為「新史學之先河。」曾鯤化更欲「打破數千年腐敗混雜之歷史範圍」，代之以「進化之歷史。」夏曾佑之《中國歷史》，在「記載民智進化之過程。」[19]梁、鄧、汪、曾諸公，皆非激越之輩，而棄舊迎新如此！幾欲飲鴆止渴矣！舊史之「合理性」，遂遭質疑殆盡。[20]中夏文化之復興，猶有望乎？

　　民國新史學，以歐陸為尊，尤重蘭克之語文考證，欽佩其不以今情論古事，贊賞其善用檔案治史，不愧為為現代史學之父。蘭克著作宏富，其治史方法由伯倫漢集大成，所撰《史學方法論》一書，論述內外考證，條例頗為詳盡。此書漢譯出自日譯，意譯簡約，語焉未詳，而國人奉為經典，以為泰西考證之學，優於乾嘉也。[21]不悟乾嘉上承宋明以來之傳統，訓詁考訂，精釋字義，明析句讀，發文本之深諦，以暢達微意。考證之學，已極精深，乾嘉名師錢大昕，以此伸直書，黜曲筆，足以「傳信後世也。」[22]訓詁考證，如槐聚先生所言，乃吾華史學之長技也。[23]細密之處，何稍遜於吳女綉花？堪稱獨步，何待外求乎？

　　國人仰望泰西，因其重視信史，而以吾華只知信古也。顧頡剛因而疑古史多不可信，謂古史之偽，由於「自由層層累集之神

19　參閱張豈之主編，《中國近代史學學術史》（北京：中國社會科學出版社，1996），頁76-80。
20　參閱汪榮祖，〈論梁啟超史學的前後期〉，《文史哲》（2004年1月），頁20-29。
21　陸懋德，《史學方法大綱》，頁42-43, 52-53, 59。
22　語見錢大昕，《潛研堂文集》，第5冊，卷33，頁529。
23　參閱錢鍾書，《管錐編》，第3冊，頁1055-1056，

話與傳說。」[24]顧氏疑古一派,挑戰古史,以為西土有信史,而中土無之。溺於主見,刻意疑古,不疑而疑,樂以反傳統自居也。古史既不可信,疑古之風,遂風靡於民國,舊史搖搖欲墜矣!其實,疑古豈西方獨有?吾華歷代作史者,何嘗不知無徵不信,有徵而未必盡信。文獻不足徵,則以實物輔之。泰西多地上紀念物,英雄銅像尤常見之,藉以喚起後人之記憶。中土習見地上碑文,地下宮殿,富藏實物,彌足珍貴。大量竹簡之出土,增益史事,亦云多矣。吾華舊史傳統,補缺極為嚴謹,若《春秋》經文,夏五之下,其為月也,聖人未益之以月,疑上文容有脫文也。[25]亦擅辨文證之原貌,知衰世臆意改文,而有訛舛,至為審慎,未嘗輕信堯有許由,漢有王喬也。疑古辨偽,亦吾之所長也。疑古有賴博聞強識,近世疑古,固有疑所當疑,亦多疑所不當疑者,紛擾半紀,始「走出疑古時代」也。[26]

泰西史學,以學院為駐地,史家以學院為家,遂成專家之學,不作政教之工具,亦非貴族之餘興,[27]此史學之所以興隆於泰西也。中國從風,自民初以來,採西洋學制,分大學為七科,史學即其一也。蔡元培長北大,經史分途,史學立足於學院,以

---

24 參閱劉起釪,《顧頡剛先生學述》(北京:中華書局,1996)頁102-112。
25 見盧文弨,《抱經堂文集》,頁111。
26 參閱李學勤,《走出疑古時代》,頁1-19。
27 汪榮祖,〈五四與民國史學的發展〉,載汪榮祖編,《五四研究論文集》(台北:聯經出版公司,1979),頁221。劉龍心受此啟發,寫成專書,見劉龍心,《學術與制度——學科體制與現代中國史學的建立》(台北:遠流出版公司,2002)。此書可證實自晚清以來,中國史學教育之全面西化也。

西法治史矣。史學理論與實踐，幾盡西化，無可疑也。[28]北大首設史學門，教學研究，唯西法是從，舊學花果飄零矣。[29]北大史學系易名後，接軌西制更深，以西洋史法講授國史。太炎門人海鹽朱希祖主其事，欲以「歐美新史學，改革中國舊史學。」[30]金華何炳松，海歸之後，執掌北京高師史地系，創辦《史地學刊》，推介美國之「新史學」，不遺餘力。南雍諸公創辦《史地學報》，以譯介西方現代史學為務。兩京之外，域內新式學堂，莫不呼應泰西史學。影響所及，視傳統為陳腐，鄙薄通儒之學，厭舊史之無法度，棄之不以為惜。於是域內文史，不縱承夏學，以橫植西學為務。惟西學自有其傳統，植根數千年，豈能移植哉？譯書充棟，亦僅一鱗片爪耳，且譯文多詞不達意，難窺堂奧。雖以西法治史，名著如馮友蘭之《中國哲學史》，以義寧陳氏之見：「取材謹嚴，持論精確」，總是「所著之中國哲學史者，即其今日自身之哲學史者也；其言論愈有條理統系，即去古人學說之真相愈遠。」蓋以今日西方哲學推測、解釋、統系古人意志，其謬甚矣！義寧又謂：「今日之墨學者，任何古書古字，絕無依據，亦可隨其一時偶然興會，而為之改移，幾若善搏者能呼廬成廬，喝雉成雉之比。」此「號稱整理國故之普通狀況」也。[31]義寧更諷國人，喜以西學比附之謬，以孟軻民貴，比附民

28　劉俐娜，《由傳統走向現代：論中國史學的轉型》（北京：社會科學文獻出版社，2006），頁115。

29　參閱陳以愛，《中國現代學術研究機構的興起》（江西：江西教育出版社，2002）。

30　轉引自劉龍心，《學術與制度》，頁136。

31　陳寅恪，《金明館叢稿二集》（北京：三聯書店，2001），見〈馮友蘭中

主;以墨翟兼愛,比附耶教;以道家無為,比附自由主義,以秦政,比附法治,以及謂莊周發明生物進化論之類。如此曲解,無異魚目混珠,殊不足為訓也。然名家胡適,樂此不疲,若謂戴震之天道論,為泰西之「自然主義」云,[32]比擬不倫也。義寧感歎之餘,總結之曰:「竊疑中國自今日以後,即使能忠實輸入北美或東歐之思想,其結局當亦等於玄奘唯識之學,在吾國思想史上,既不能居最高之地位,且亦終歸於歇絕者。其真能於思想上自成系統,有所創獲者,必須一方面吸收輸入外來之學說,一方面不忘本來民族之地位。」[33]義寧不以胡、馮輩,「取西洋哲學觀念,以闡明紫陽之學」為然也。蓋心智之學,難以逕自橫植也。橫植異學,猶如無源之水,無根之木,豈能久乎?義寧所言,無非文化有自我主體,固不容喧賓奪主也。奈何民國主流史學,竟背道而馳也。

吾華仰視西學,而泰西史家,頗多下視吾華史學。英人愛爾頓曰:「歷史意識」(historical consciousness),唯泰西獨有,印度、中國,皆「反史」(a-historical)者也。[34]美國陸卡士[35]曰:「西方以外,歷史記憶,皆無足輕重」,更謂「印度、中

國哲學史上冊審查報告〉,頁280。
32　胡適,《戴東原的哲學》,頁30。
33　陳寅恪,《金明館叢稿二集》,見〈馮友蘭中國哲學史下冊審查報告〉,頁284-285。
34　See G. R. Elton, *The Practice of History*(New York: Thomas Crowell Co. 1967), p. 11.
35　John Adalbert Lukacs(1924-2019),匈牙利裔美國史學教授,執教於賓州之栗樹嶺學院(Chestnut Hill College),著作有三十本之多。

國、波斯、日本諸國之信史,皆出晢人之手。」[36]劍橋史家普冷布,[37]更無知妄言,謂太史公之《史記》,「道德多,而述史少也」,謂中國史學,不知有「歷史批判」（historical criticism）云。[38]陸、普兩氏,皆泰西名家,而昧於東方,一至於此。最可奇者,法國巴垃士,[39]專治漢學者也,亦有曲論,謂史既出史官之手,「史為官而作,安足取信歟？」[40]績溪胡適,華人而力主西化者,更隨聲附和曰:「中國止有史料,無數史料,而無有史學」,且曰:「中國今日無一個史學家。」[41]胡適吐此謬言,可謂鸚鵡學舌,更甚於晢人！籍其聲名,以訛傳訛,遺患何極？中華果有史而無學乎？非也！泰西傲慢無知於前,國人盲從相隨於後,拾人牙慧,逐彼後塵,正不知將伊於胡底也。

泰西之傲慢,以為西學之外,別無可述之學。西師常云:哲

---

[36] See John Lukacs, *Historical Consciousness: The Remembered Past*（New Brunswick & London: Transaction Publishers, 1994）, p. 23.

[37] J. H Plumb（1911-2001）,英國史學家,專精十八世紀大英帝國史,曾撰書三十冊。

[38] J.H. Plumb, *The Death of the Past*（London: the Macmillan Press, 1969）, pp. 22, 21-22. 另參閱E. H. Dance, *History for a United World*（London: Harnap, 1971）, p. 87.

[39] Étienne Balazs（1905-1963）,匈牙利裔法國漢學家,

[40] Étienne Balazs, "L'histoire comme guide de la pratique bureaucratique," in *Historical Writing on the People of Asia*（London: Oxford University Press, 1961）, vol. 3, p. 82.

[41] 語見胡適,《胡適日記》（北京:中華書局,1985）,第1冊,頁185,第2冊,頁438。胡適,《胡適日記全集》（台北:聯經出版公司,2004）,第3冊,頁276。

學唯泰西有之,故哲學史即西洋哲學史也。惟英哲羅素,[42]獨排眾議,以《西洋哲學史》,[43]名其大著。西方固重哲理玄思,至乎近世,黑格爾、馬克思皆歷史哲學之巨子也。惟泰西史界主流,以歷史哲學為哲學家所優為,非史家所重者也。史家湯恩比之巨著,雖曾風靡一時,終遭批駁殆盡,[44]踵湯氏之跡者,幾無其人矣。吾華傳統,素重實證,不務玄想,不尚抽象思維,故不以哲學為重也。先秦諸子,或可比附泰西哲學,惟西哲多不認可。胡適聞風響應,易其《中國哲學史大綱》為《中國古代思想史》,莫敢言哲學矣。牟宗三謂:中國既有理智與觀念之反省,自有其哲學,然而中國哲人,不著意於理智思辨,然則哲學何由?牟氏論中國哲學之特質,雖有可取之處,所論未必盡然也。[45]中國雖重實踐,豈無玄思?儒家重正德功夫,泰西亦講道德,彼所重之「英雄主義」,亦彼之德行,豈無道德意味哉?憂患、恐懼之意識,中西皆有之,而泰西之「幽暗意識」,尤甚於憂患也。金岳霖深通泰西哲學,又有舊學根底,故有知言曰:所謂哲學,乃言之成理之「成見」耳。思想者之成見,有其選擇,而選擇基於性情與情境,即由文化背景所使然也。先秦諸子之學,雖乏歐陸之「邏各斯」與「認識論」,而自有其哲學特色,

---

42　Bertrand Arthur William Russell, 3rd Earl Russell(1872-1970),英國著名哲學家兼數學家,史學家、社會批評家、政治活動家,諾貝爾文學得主。自稱平生屬自由派、社會主義者、和平主義者。

43　Russell, *A History of Western Philosophy*.

44　參閱汪榮祖,《史學九章》,頁90-99。

45　參閱牟宗三,《中國哲學的特質》(台北:學生書店,1978),頁3, 10, 11-13。

如莊周之學，出自賞心悅目之寓言，詩意盎然之散文，以不羈之才，揚崇高人生之理想，足與西哲相頡頏，未稍遜也。然則，撰吾華哲學史者，闡述先秦思想，自當有自我之成見，亦即主張是也。胡適之論中國哲學史，以金先生之見，雖有其主張，惟其主張，不自覺而流露美國人之成見，因胡氏捨己從人也，[46]而金氏西學精湛，而能「依自不依他」也。金氏又有言曰：適之所論中西學說，又多牽強附會。[47]梁任公亦曾評胡適論先秦哲學，如戴有色眼鏡[48]。斯即吾之所謂，心智之學非科技物質之比，自有其「主體性」（subjectivity），未可假借者也。蓋心智之學，有其文化之根，根若斷矣，猶如浮萍，飄零何歸？

五四之後，治史有成者，多生於晚清，舊學未絕，經史遺風尚在。孟森鈎沉爬梳，考定清室之先世，滿洲名稱之由來，八旗制度之性質，進而釐清太后下嫁，順治出家，雍正奪嫡，諸多疑案。孟森所謂「以異代訂定史事虛實」，[49]既是傳統手眼，亦是西方實證方法，皆客觀論史之法也。陳寅恪之考證，於史事之來龍去脈，見微而知著，更能深入文化，兼及社會政治，「殆足以凌駕乾嘉諸公。」[50]陳垣重視史料，廣取抄本刻本，糾謬正誤，

46　參閱金岳霖，《金岳霖學術論文選》（北京：中國社會科學出版社，1990），頁281。

47　金岳霖，〈馮友蘭中國哲學史審查報告〉，收入《金岳霖學術論文選》，頁281。另參閱〈中國哲學〉，同書，頁351-262。

48　梁啟超，〈評胡適之中國哲學史大綱〉，《飲冰室文集》，卷63，頁19b。

49　孟森，《明清史論著集刊續編》（石家莊：河北教育出版社，2000），頁167。

50　語見蕭公權，〈評陳寅恪著《元白詩箋證稿》〉，收入蕭公權，《跡園文

釐清真相，考定開封猶太族，雖於元朝之前失載，然自元至明改用漢姓，至明中葉之一賜樂業教，始見其盛。[51]陳垣之校勘學、目錄學、版本學、年代學、以及史諱學，具見舊學根底，而其下筆，不廢古風。岑仲勉考訂黃巢事蹟，四鎮始末，以及推論均田制之確行，自謂：「史之為學，不外摹寫實狀」，[52]乾嘉功夫有焉。向達撰《唐代長安與西域文明》，[53]取材完備，考訂精詳，勤作田野調查，上承舊學，旁採泰西實證，唐代長安之西域文明，呈現眼底。韓儒林師承漢學，兼取蘭克治史之法，以多種語文史料，校訂互勘，考出成吉思汗十三翼之人名與部落。[54]類此民國史家，上承傳統，通曉古文，得典籍之正解，以古文立說，沛然成章，可稱吾華傳統史學之後勁也。

華夏書院，創自大唐，盛於兩宋，以通經史為本，晚清遺風未衰，故作史者猶具遺風。經為舊社會「恆久之至道」，不刊之鴻教，人紀之準繩，一旦社會驟變，道未能恆久矣。史獨立成學，經已式微，惟經為文章之骨髓，尋理見義，婉章志晦，豐富藻詞譎喻，庶幾辭約旨豐，文意暢曉也。然則，文若宗經，方能情深不詭，風清不雜，事信不誕，義直不回，體約不蕪，文麗不

　　　　　錄》，頁246。
51　詳閱陳垣，〈開封一賜樂業教考〉，《陳垣史學論著選》（上海：上海人民出版社，1981），頁65-108
52　語見岑仲勉，〈玉溪生年譜會箋平質〉，《歷史語言研究所集刊》，第十五本，（1948），頁281-313。
53　向達，《唐代長安與西域文明》（北京：三聯書店，1957，1979）
54　韓儒林，〈成吉斯汗十三翼考〉，《穹廬集》（上海：上海人民出版社，1982），頁1-17。

淫也。[55]若文不宗經,猶如春樹淺根,枝葉無以峻茂,史豈可盡棄經耶?然而國人生於五四之後者,出入西式學校,傳統教育不再。舊史之厄,更因白話取代文言,頓失固有寶藏之載具,探寶何從?古文亦如寶筏,失之彼岸安登?古文書寫,數千年不輟,晚清古文,猶秦漢之古文也。不習古文,何以窺充棟之載籍乎?上繼千年之遺產乎?章太炎不云乎:「小學既亡而欲高談古義,何異浮絕港以趣溟渤哉!」[56]更嘆曰:「吾死以後,中夏文化亦亡矣。」[57]狂士危言,足資警惕。吳宓亦有言曰:古文乃中國文化生命之所寄也,[58]豈不謂然?泰西之學術文章,政府公告,豈不講究行文之典雅乎?以難易說文白,尤其無謂。續溪胡適,以白話簡明平淡,易懂可用,借重意大利詩人但丁,[59]以民歌取代拉丁文字為說;借重英國作家喬叟,[60]以方言作詩為說;更借重

---

55 參閱劉勰,《文心雕龍》,〈宗經第三〉,卷1,頁5a-b。
56 但植之,〈蓟漢雅言劄記〉,《制言》,第43期,(1937年6月),頁6。
57 湯國梨編,《章太炎先生家書》(上海:上海古籍出版社,1985),頁47。
58 Mi Wu, "Old and New in China," in *Chinese Students' Monthly*, vol. 16, No. 3 (June, 1921), pp. 200-202.
59 Dante Alighieri(1265-1321),意大利翡冷翠人,曾於1302年因政治因素被逐。所著《神曲》(*Divine Comedy*)舉世聞名,曾譽為最佳之文學作品。
60 Geoffrey Chaucer(c.1343-400),英國作家、詩人、哲學家、曾任官職。代表作《坎特伯雷傳奇》(*The Canterbury Tales*)盡除舊時矯揉風格,揭露僧侶之腐朽,嚴顧及婦女,反映社會百態。有中世紀最偉大詩人之譽,英國文學之父之稱。為葬於西敏寺(Westminster Abbey)文學家之第一人。墓地有「詩人之隅」(Poets' Corner)。

德法作家,以其國之地方語為國語為說,[61]故倡導中國當通行白話。不悟古文不乏簡明平淡易懂者,而白話亦有冗長難懂者,誠如槐聚先生所云:優雅之白話,絕非家戶能曉,而欲解未定之知,白話較文言,尤難確定,故以難易判優劣,不免天真。[62]白話時語,每多習尚語,時過有變,世隔意殊,反而晦澀,《尚書》之所以不易籀誦,因多上古口語,雜以方言,未加文飾故也。《世說新語》,當時易曉,而後人費解,亦即此故,口語誠不如文言之穩定也。今之白話,安知千年之後,不病其僻澀難懂耶?更有甚者,胡適妄言:古文已死,欲以白話取代。按「死文字」(dead language)者,乃「已廢不用之文字」(the language no longer in use)。且不論文言於五四前後,仍有用之者。文革之後,槐聚更以古文著書百萬言。文字之死活,應如胡先驌所言:由其品質而定,無關新舊也。[63]因其難而不學,豈非自甘下流,竟欲其死,更何其謬哉!且白話古已有之,數千年間,以文言行文,白話乃日常口語,亦見於通俗小說。文白豈如魚與熊掌,不可兼得耶?誠可並行不悖也。章太炎有言,古人不分文白,「其所分者,非白話、文言之別,乃修飾與不修飾耳。」[64]即應時代之需,必以白話為主,有利普及,白話仍有賴古文滋

61　胡適,《白話文學史》(台北:啟明書局,1957),第1冊,〈序言〉,頁13。
62　錢鍾書,〈與張君曉峰書〉,載《錢鍾書散文》(杭州:浙江文藝出版社,1997),頁409-410。
63　胡先驌,〈評嘗試集〉(上),載《學衡》(1922年1月),頁141。
64　章太炎,〈白話與文言之關係〉,《章太炎全集》,《演講集下》,頁560。

潤，豈可廢哉？梅光迪有言：白話需古典成語，免於鄙俗。[65]古文有益於白話，兩者並行，原可互補短長也。[66]

　　胡適以白代文之主張，民國政府付諸實施，舉國以白話教學，遂有新文學之蓬勃。胡適為文學革命之成功，興奮莫名，[67]而不知遺患無窮。不習古文，舉凡窺浩瀚之古籍，史論之精彩，經世之用意，辨偽考證之精微，詩文風格之美，均一知半解，難窺堂奧。舊學凋零，新學無根，行文冗長，益趨鄙俗，語法歐化，佶屈聱牙，甚而奇譎險詭，不忍卒讀也。

　　胡適棄古文，尚嫌不足，更欲以英文語法，規範漢語，[68]陳寅恪視為亂階，損害吾華文字之統系，何異以外人當親戚，甚且「認賊作父」也。[69]激越風潮，推波助瀾，更有廢漢字之議，以泰西拼音為法。錢玄同者，太炎弟子也，竟亦俯從此議，而追隨者，躍躍欲試，幸未得逞，否則文白俱盡，中華文化所剩餘幾？時至晚近，仍有外人以拼音文字為優，象形文字不適用

65　梅與胡適就新舊文學有激烈之爭辯，詳閱，胡適，《胡適日記全集》（台北：聯經出版公司，2004），第2冊，頁304, 379-381。另參閱《梅光迪文錄》（台北：聯合出版中心，1968），頁1-4。

66　吳宓譯注，〈牛康氏家傳〉，載《學衡》，第8卷（1922年8月），頁1120。

67　胡氏曾歡呼：「從此以後將是新文學的天下了」，見胡適，〈五十年來中國之文學〉，載《胡適文存》（台北：遠東圖書公司，1953），第2冊，第1卷，頁259。

68　胡適，〈寄陳獨秀〉，載歐陽哲生編，《胡適書信集》（北京：北京大學出版社，1996），第1冊，頁84。

69　陳寅恪，《陳寅恪文集》（上海：上海古籍出版社，1980），見第3冊〈與劉叔雅論國文試題書〉，頁223。

於現代為說。澳洲漢學家詹納爾,[70]攻訐最甚,以為「古老之中文」,[71]即是佳作,亦「沉悶無趣」(boring and lifeless),更妄言曰:漢文最可議者,非僅學習耗時,更異常「突兀」(obtrusiveness),「詞不達意」,[72]既封閉而又落後,尤欠有序之思路,表述含蓄,語義不清,所呈現者,乃古老之世界,安能適應現代耶?若用之不輟,國將不國云。詹氏所鄙薄者,非僅古文,謂白話亦難達意,不利邏輯分析,難下精確之定義,往往僅得模糊之形象,庶不足以表達新穎之思維,更無論舶來之概念矣,故其促吾華棄象形而採拼音,一如日韓之所為,以廣用途云。[73]詹納爾之大謬,或因其學漢文之挫折,不得其門而入,不自責而怪罪漢字,甚可哂也。按漢字遠較拼音穩定,拼音文字易隨口語而驟變,而漢文特具彈性,含意深遠,表達無礙,數千年間,用之不輟,行文不因時而驟變,卻能及時增飾,歷時久遠,益見完善。自先秦至晚清,三千餘年間,典籍之富盛,嘆為觀止。李白、杜甫、韓愈、白居易、歐陽修、蘇東坡之詩文,傳誦不輟。能通明清文者,即能讀先秦文。形、音、義,至為清晰,何礙思想之表達乎?邏輯之分析歟?何至於「無趣而少活力」耶?詹氏所言之荒誕無稽,時至今日,益見其謬,吾輩運用漢文如恆,無礙電腦書寫,筆者鍵寫,中英文等速,又何礙於現代化

---

70 William John Francis "Bill" Jenner(1940-),澳洲國立大學教師,專長中國歷史與文化,曾於1963至1965任職於北京外語出版社,譯《溥儀自傳》為英文,即 *From Emperor to Citizen* 一書是也。
71 原文:"the Chinese language as an "archaic written system""。
72 原文:"its demands that outweigh those of the messages it carries"。
73 閱Jenner, *The Tyranny of History*, pp. 1, 240, 214, 213, 218, 220, 211.

耶?既然應用無礙,而漢字書法之高雅,龍飛鳳舞,變幻無窮,絕非拼音文字之所能也。更可道者,漢字有助於國家之統一,分久必合之關鍵。羅馬通行拉丁拼音,及蠻族入侵,各以其母語拼音,而各成其國語。列國各自獨立,羅馬帝國既分,而莫能再合也。兩漢與羅馬約當同時,東漢既亡,近四百年之分裂,隋唐復歸於一,其間異族入侵,不能以漢字拼其母語,唯有識漢字而漢化。至晚清中國,雖內憂外患,疆域大多未裂,亦要因漢文通行,漢化之故也。漢字之為用,豈不大矣哉!使吾用拼音,鮮卑柔然,各以其母語拼音,而漢地方言眾多,閩粵異聲,若皆用拼音,互不通解,則歐陸列國之勢,亦將見之於神州大地矣。故不得不佩服先人創我獨特之文字,秦始皇書同文,一匡天下,歷時數千年,不廢大一統之局面,厥功亦云偉矣!

　　民國幾經動亂,日寇入侵,山河破碎,生靈塗炭,舊學凋零,復經文革破舊,固有文化,文史舊學,危如累卵。孰料久經變亂,撥亂反正之後,於白話流行、古文不絕如縷之世,忽有錢鍾書之《管錐編》巨著問世,錢先生號槐聚,博通中西,綜覽群籍,以百萬雅言,說理析事,闡釋中外文、史哲三學之經典,暢達無礙,明鬯雅令,雖泰西玄理,亦表達無礙。美國漢學家艾朗諾,[74]選譯《管錐編》為英文,亦無障礙。槐聚論史,上承傳統,植根於舊學,驗其貧富,提煉精華,續舊學將斷之弦,旁採西學,校中西學術之長短,問古今學理之是非,而能自我作主,迥然不同於崇洋論者。槐聚起舊學百年之衰,固知非古文,無以窺舊學之堂奧,活舊學之血脈也。故力駁古文不宜思辨之謬論

74　　Ronald Egan,美國哈佛大學東亞語文文明學系教授,專攻宋代詩文。

也。[75]故不厭其詳,反復論證古典古文,明其音形,旁證博引,暢其義理,以得正解。若不得正解,誤讀古籍,盲人瞎馬之論,何足道哉!錢先生早年已明言,文白可以互惠,能增彈性,足可並存共榮也。[76]先生晚年挽古文於將傾,天不喪斯文,望後繼有人也。是知以古文已死之說,為害何其甚也。槐聚上承先賢舊學,不逐西風後塵,獨抒卓見,開拓新境,以一己之力,重振古文之活力,以續不絕如縷之舊學。錢學為先導,抑或絕響,關乎吾華人文學之前程也。

《管錐編》之典雅古文,說理析事,暢達無礙,已足驚羨,而全書取材寬廣,重經典而不遺通俗,即殘編片語,亦有可取者。不囿於正統,故諸子可以配孔。而其體裁,縱繼李氏之《正誤》,洪氏之《隨筆》,王氏之《紀聞》,顧氏之《日錄》,俞氏之《類稿》,陳氏之《讀書記》,錢氏之《養新錄》,而能與古人對話,尤引錢氏大昕之說以為證,如《史》、《漢》以「贅婿」為多餘之人,大昕謂之賣身不贖,而配主家者,槐聚以為是,曰「《史》《漢》舊注,雖未得其字之訓,而頗得其事之情。」大昕之說,已明本義,仍有餘味,槐聚申之曰:「質子為婿,不名質婿,而曰贅婿,自亦示贅疣之意,贅之為言綴也,雖附屬而仍見外之物也。」[77]槐聚之遇大昕,亦不諱其短,晉人范

---

75 錢鍾書,《管錐編》,第1冊,頁1-2。英譯見Qian, *Limited Views*, pp. 203-04.
76 錢鍾書,〈與張君曉峰書〉,載《國風》,第5卷,第1期(1934),頁14-15。中書君,〈近代散文鈔〉,載《新月》,第4卷,第7期(1933),頁3。
77 錢鍾書,《管錐編》,第3冊,頁898。

寧責王弼、何晏之行準老莊,而大昕欲納王、何於儒門。槐聚曰:「言不足以盡其人,筆之於書者,不足以盡其言」,大昕未免「論西詰東,亦何異齊景公睹晏子之妻老醜,而堅不信其曾少且姣乎?」[78]槐聚志在承風,於古人繩尺,瞭然於胸,入古既深,入而能出,力能化古,推陳出新,儼然大家。或有人焉,以《管錐編》欠體系為憾。斯乃以西學手眼,昧於中西學問有異。泰西由古希臘「邏各斯」,演成現代之系統理論,而理論之多,如過江之鯽,莫不以「成見」牢籠事實,惟漲系統,解釋現象,推求原理,建構原模型之副本,各有解說,或「由因求果」(A priori speculation),或「由果推因」(A posteriori reasoning),唯心唯物,眾說紛紜,往往以偏蓋全,而自以為普及之真理。其實說事明義,何須抽象玄說,而自限於理論乎?[79]槐聚先生,心懷舊學,自有主見,視實例重於理論,嘗謂予曰:有理論而無實例,「大類盲人之有以言黑白,無以辨黑白也。」[80]故其論學,多舉「施政實例」,雖長短不齊,皆是重要議題,鉤玄提要,折中求是,規律與通則,自在其中矣。譬如集腋成裘,而自成其說也。中西途徑雖異,然同歸於說明事實,闡釋義理耳。若以彼之途,論我之徑,何異以蕉之長,而論橘之圓歟?至於優劣,殊未易明也。錢著《管錐編》,旁采西學,借鄰壁之光,翻新舊學,而依自不依他,未失舊學之主體。東海西海同心,然理非盡同,

---

78 錢鍾書,《管錐編》,第3冊,頁1131。
79 參閱Thomas M. Kavanagh ed., *The Limits of Theory*(Stanford:Stanford University Press, 1989)。
80 語見〈錢鍾書覆汪榮祖書〉(1985年6月19日)。

因「道德不一，風教不同」[81]故也。文化必然多元，各具特色，固無疑也。

槐聚學貫中西，稔知學統有異，方圓鑿枘，不宜枉加比附，自稱莫逆。傳統義理之學，非盡泰西哲學之比。妄加比附，如義寧所謂：「幾若善博者，能呼盧成盧，喝雉成雉之比」也。[82]蘇曼殊嘗以拜倫與李白相比，將雪萊與李賀想比，雖皆詩翁，然擬於不倫，如槐聚所謂：「入世盡俗」之拜倫，豈酒仙李白之比，「霞舉鳳遒」之雪萊，能與詩鬼李賀相配？[83]泰西論師，亦有不倫之比，法儒戴密微盛讚章學誠，謂實齋足與維柯媲美，因而譽章為「首屈一指之史學天才」，[84]亦不倫之比附也。

泰西史學，近年頗稱英哲柯林伍德，柯以史事有內外之別，內在者，「思想之呈現」（what is expressed）；外在者，呈現思想之「事件」（event），或「行動」（action）。而內外者，乃史之一體兩面，無內不能知外，不知外亦無從知內也。史家若未能重演古人之經歷，但見古人善惡之表象而已。[85]記言、記事，思想史、政治史，皆屬不同之範疇，外在之行事，須自內在思想解之，方得窺全豹。是知柯氏所謂內在，非今之思想史也；

81　定庵語，見龔自珍，《龔自珍全集》，卷4，頁67。
82　陳寅恪，〈馮友蘭中國哲學史下冊審查報告〉，頁280, 247-48.
83　錢評長吉詩，參見錢鍾書，《談藝錄》，頁57-62，所言顯然與雪萊異趣。
84　語見Paul Demieville, "Chang Hsueh-ch'eng and His Historiography," pp. 169, 185.
85　Collingwood, *The Idea of History*, p. 39.

外在，非今之政治史也。[86]今之所謂思想史、政治史，以柯林伍德視之，乃外在之事件，無異「剪貼史學」也。故必由內在之思想理解之，始有真實之「歷史知識」，或可謂思想之史，而非思想史也。[87]兩者誤比，擬於不倫，枉攀親戚之謂也。

柯林伍德風尚唯心，以思維為重，蓋人事有異於天然，天然不必有思，而人事惟思能得之。史者，人事也，故曰：史唯有思想可知。往事既逝矣，去留無蹤，殘存之陳跡，史家思之，所得之歷史知識，乃思想之產物，即柯氏所謂「史事乃史家心中之造」也（re-enactment of past experiences）。胸中之造，乃「史家重溫古代帝王之決策，而後重演之也」，[88]即置往事於胸，含英咀華，而後成史也。[89]然則，史家必自我作主，以見主體也。柯氏重演之旨，非吾輩所謂將心比心，若以己度人，以今度古，斯何異強人為已，強古為今，以為今心如是，古心亦如是，豈不謬乎？[90]更非「心心相印」，若韓愈贈孟東野句曰：「以吾心之思足下，知足下懸懸想吾也」，或劉得仁寄其同志曰：「支頤不

86　余英時之說，見其《歷史與思想》（台北：聯經出版公司，1976），頁182。余氏以為再思與史證有「矛盾」，見頁207，純屬誤解也。

87　近人葛兆光猶謂：「科林吾德（R.G.Collingwood）把思想史看作唯一的歷史」，見氏撰《思想史的寫法——中國思想史導論》（上海：復旦大學出版社，2004），頁1。所言誤解殊甚！思想史豈能是唯一之歷史乎？

88　Collingwood, *The Idea of History*, p. 283: "the historian must go through the process which the emperor went through in deciding on this particular course. Thus, he is re-enacting in his own mind the experience of the emperor."

89　Collingwood, *The Idea of History*, pp. 231-249, 235. 近人常將柯林伍德史學兩要點，解釋為所有的歷史都是思想史，以及所謂將心比心之說，皆屬誤讀。

90　Jenkins, *Re-thinking History*, p. 48.

語相思坐,料得君心似我心」,皆非柯氏之意也。柯意乃以我心演彼心,由我心知彼心。何以知之?必博覽群籍,知所取擇,考信而後運之於心,彼心始可獲得也。故非古人古事之復蘇,中古之野蠻,非遠古之重演;近代之暴行,非中古之重演,乃古人古事,因我而重現,故絕非照本畫符,重現原貌之謂也。[91]實齋所論之史意、史德、別出心裁云云,亦與柯氏重演之旨,風馬牛不相及也。按史意,乃史事道德之內涵;史德,乃史家之心術;別出心裁,乃撰史之創意也。章、柯心貌絕異,近人相提並論,冒然比附,[92]似是實非,義寧所謂:「呼盧成盧」者也。惟南宋呂東萊所言:「余求古人之心,必先求吾心,乃可見古人之心。」[93]斯語也,柯氏當引為知己。王船山所言:「設身于古之時勢,為己之所躬逢,研慮于古之謀為,為己之所身任,取古人宗社之安危,代為之憂患,而己之去危以即安者在矣」,[94]已發柯氏之先聲。桐城劉大櫆號海峰,亦有言曰:治史應「置身于古人之地,以度其心。」[95]東萊、船山、海峰,雖發其端,一語帶過,未能如柯林伍德發而揮之也。然亦可知舊學大有創新之餘地

---

91 Collingwood, *The Idea of History*, pp. 282-283; William H. Dray, *History as Re-enactment: R.G. Collingwood's Idea of History*(Oxford: Oxford University Press, 1999), pp. 32-107.

92 余英時,〈章實齋與柯靈烏的歷史思想:中西歷史哲學的一點比較〉,載氏著,《歷史與思想》,頁167-246, 172。

93 Collingwood, *The Idea of History*, pp. 283, 302;參閱羅大經《鶴林玉露》(北京:中華書局,1983),頁5, 89。

94 王夫之,《讀通鑑論》,收入《船山遺書全集》,第15冊,〈敘論四〉,頁5a-b(總頁8560);第3冊,卷末,頁7a。

95 語見劉大櫆,《劉大櫆集》,頁40。

竊謂能發柯氏「重演」之旨，而又別開生面者，其為槐聚先生乎？先生嘗曰：「史家追敘真人實事，每須遙體人情，懸想事勢，設身局中，潛心腔內，忖之度之，以揣以摩。」[96]斯乃「若啖魚肉，正當融為津液⋯⋯，生肌補氣，殊功合效，豈可橫梗胸中，哇而出之，⋯⋯故必深造熟思，化書卷見聞作吾性靈，⋯⋯意得手隨，洋洋乎只知寫吾胸中之所有，沛然覺肺肝所流出，曰新曰古，蓋脫然兩忘之矣！」[97]蓋出自史家之思者，已非往古之陳跡，運我心而出之，非盡主觀之玄思，仍有賴於實證，而後揣摩之也。古王古心，俱往矣！唯賴史家之心，以今心演古心，以今心裁擇，斯其宜矣。或有人焉，憂後人未必能「心眼空靈，直湊真景。」王安石有句曰：「殘菊飄零滿地金」，苟不知菊花枯萎，而不隨眾花飄零，則詠物未能「證之目驗，而求之腹笥」，不免眼有障矣，此即柯氏所謂「意識腐蝕」（the corruption of consciousness）之例也。按古今有隔，今人何從演古人之心乎？唯能跨越時空，方得思古人之所思也。英哲休姆有解，謂人性可以通之，[98]古今有異，而人性大同，人事常變，而人性有恆，智者宜能據古之所遺，居今而察古人之心。西學東來，中西有隔，然人性不異，未嘗不可居中而觀西也。萬物之靈具有「智性」（intellectuality），經由「內在理路」（internal

---

96　錢鍾書《管錐編》，冊1，頁166。
97　見錢鍾書，《人生邊上的邊上》（北京：三聯書店，2001），見〈徐燕謀詩序〉，頁228-229。
98　David Hume, *A Treatise of Human Nature*（London: 1739-1740）. 3 vols.

understanding），據可信之事據，自能超時空而跨文化，[99]亦即東西海心同理同之意也。會通如此，始其宜矣。

　　史家重演往事，乃心之運作；形諸筆墨，乃手之運作。手眼一體，意象表達，方能合而為一。義寧陳氏有言：「神遊冥想，與立說之古人，處於同一情景」，賴所處之時代、所染之學說，雖以同情之理解，知古今之異，以遠測古人，惟史料或佚或晦，難免穿鑿附會，而失其真。[100]槐聚更進一階，以得心應手為一體，應手難於得心，因「意在筆先，詞不逮意」也。槐聚此說，可補柯氏心演之不足矣。柯氏重史證，然知求證之難，是知心演，亦不易也。陳、錢兩師，上承舊學，旁採西學，不作無端之比附，而作有心之理解，明其原委，而後東西智者，心同理通，化中西學術為津液，以補肌氣，深思熟慮，出胸中之造，而自我作主，不失主體，豈不善哉！

　　槐聚繼統承風，兼驗家藏，去蕪存菁，傾吐糟粕，如竹除而後松高也。鑽石清洗，見其光澤，登高望遠，以觀大河九曲也。評騭古人高低，尤能實事求是，既表彰其長，不諱其短。浙東章實齋，一代之冠冕，傳統史學之後勁，然非白璧無瑕。[101]槐聚論實齋，證其嘉言，不避微詞。謂實齋「刱論學術家法，謂古

99　參閱Martin, *Historical Explanation*, pp. 233, 235, 247-252。
100　陳寅恪，《金明館叢稿二編》，見〈馮友蘭中國哲學史上冊審查報告〉，頁247。
101　參閱Young-tsu Wong, "Discovery or Invention: Modern Interpretations of Zhang Xuecheng," *Historiography East & West*, Vol. 1, No. 2（2003）, pp. 178-205.

無私門之著述,所傳皆官司之典守」,[102]所說甚是,更為章伸不公之評,若太炎《國故論衡》,評實齋〈史德〉、〈文德〉指歸曰:「〈文德〉之論,發諸王充,楊遵彥依用之,而章學誠竊焉。」槐聚駁太炎惡評,乃皮相之言!因曰:「胡元瑞《少室山房筆叢》」,才學識三長,足盡史乎?未也!有公心焉,直筆焉」云云,非實齋「文德」,「史德」之所出。實齋〈文德〉之篇,乃言作文之居心,與王充、秦宓、楊遵彥之指平日立身、行事者大異,故〈史德〉篇曰:「知臨文之不可無敬恕,則知文德。」又云:「德者何?謂著書者之心術也。」劉子玄〈答鄭惟忠史才論〉,於「三長」之中,學與才皆罕譬而喻,於識獨缺,所謂「好是正直,善惡必書」,即實齋所謂「文德」也。槐聚更據西士諾瑞斯[103]之言曰:「德者乃邏輯之至佳」(Ethics is the best Logic),可相會通。借鄰壁之光,較實齋更上層樓矣。蓋致知格物,義理考據,莫不須德,有德則學不曲,作史有德,則史筆可直也。[104]然亦不諱言,章氏六經皆史之說,前人時人多已言之。且謂實齋博學,非東原容甫之儔,唯以識力自命,或有人先我,掩蔽隱飾,故實齋「六經皆史,以名物訓詁,言義理道學者,妙手空空,遂如科學專門後之哲學矣。」[105]世人頗稱實齋《校讎通義》,槐聚以此書源自鄭樵,言極詳析:「『頗駁夾漈之《校仇略》,反覆尋繹,而後知典籍獨刱之見,皆出夾漈先開

102　錢鍾書,《容安舘箚記》,第54則。
103　John Norris(1657-1711),英國哲學家,宗「柏拉圖主義」(Platonism),反「卡爾文主義」(Calvinism)。
104　錢鍾書,《容安舘箚記》,722, 731, 769。
105　錢鍾書,《容安舘箚記》,第146則。

之端。今取其《編次必謹類例論》觀之，首云：「有專門之書，則有專門之學；有專門之學，則有世守之能」云云，此即章氏得閒之處。後來推拓盡致，乃託於本太史公《六家》、劉子駿《七略》，諱其所出」云云。按鄭氏雖誤以《通義》為《公議》，而道、咸間論章氏書者，此為僅見。先此朱伯韓《怡志堂文初編》卷四〈周艾衫文集序〉云：『爰舉章實齋《文史通義》所譏彈相質』云云一語，及張宗泰《魯巖所學集》卷十〈跋文史通義內篇〉、〈跋文史通義外篇〉、〈讀章氏遺書辨誤〉三篇，皆為章氏之學者所不知也。」[106]槐聚言之甚諦也。

論者有六經乃三代史料之說。[107]按實齋處經學未衰之世，豈能視經書為史料乎？槐聚生於經學既衰之後，始能以經為已死之遺跡，《六經》、《史記》、《漢書》，皆陳言也。陳言遺跡，精神之蛻跡，唯有賴師心造境，筆補造化，庶賦遺跡以新生命也。實齋有言：「古之糟粕，可以為今之精華。」[108]欲化腐朽為神奇，有賴精微之思也。槐聚曰：「不讀儒老名法之書，而徒據相砍之書，不能知七國；不究元佑慶元之學，而徒據繫年之錄，不能知兩宋。」[109]所言無他，精思入微，倩女方得返魂也。

槐聚以文學名家，實兼通史哲，洞見如實之史難求也。史何以不可盡信？政治掣肘歟？宗教迫害歟？皆非史家所能掌控也。即使胸懷史德，耳目不蔽，不牽流俗，免於愛憎，不加附會，不

106　錢鍾書，《容安館箚記》，第54則。
107　見劉樸兵，〈章學誠的六經皆史〉，收入中國歷史文獻研究會編，《章學誠國際學術研討會論文集》（北京：北京圖書館出版社，2004），頁52。
108　章學誠，倉修良編注，《文史通義新編新注》，頁225。
109　錢鍾書，《談藝錄》，頁266。

作曲飾，亦未必能全然客觀而公正。蓋槐聚有言：「即志存良直，言有徵信，而措詞下筆，或輕或重之間，每事蹟未訛，於史實輕重之間，而隱幾微動，已滲漏走作，彌近似而大亂真。」錢氏之「走漏觀」，頗具創意，蓋真相走漏之多寡，判史書良莠之準繩也。往事隨風而逝，所能存者，惟殘存之文獻，端由史家抉擇，而抉擇出於主觀，主觀復受限於所處之時代。故而槐聚見及：史家遙想古人、古事，常「遠取而近思，自本身之閱歷著眼，於切己之情景會心，曠代相知，高舉有契。」[110]槐聚史觀，何讓於泰西史家乎？

　　槐聚於文史關係，亦有卓見。古時文史不分，中西皆然。泰西近世有文史分途之說，歸史於社科，而近年又有文史合流之勢。槐聚則以文史皆屬創作，所異者文可虛構，而史必證實。史家求真，亦須傳神，有謂「非傳真之難，而傳神之難，遺其神即亦失其真矣！」斯亦呼應舊學之慧見，荊公詩句有云：「糟粕所傳非粹美，丹青難寫是精神。」蓋面目容易摸寫，精神難以描繪也。明人焦竑謂荊公讀《史記》，能得史公精神結構，有異於常人「第襲其語」也。[111]明人亦有言曰：「僅舉已朽之成論，使作者之精神，湮沒汗簡而已之性靈，遭牢蔽於混沌之皮面，亦何足深貴乎？」[112]吾華以詩心關涉史筆，是欲敘事析事，落筆流暢，庶幾真美相結合也。讀史感發，震懍而起共鳴，謂之直感，亦即詩感。槐聚非欲捨真就虛，而欲使直感敏銳，賦史篇以美感也。

110　參閱錢鍾書，《管錐編》（一），頁4516, 418, 419, 452。
111　焦竑，《焦氏筆乘》，卷2，頁68。
112　宋存標，《史疑》，第1冊，見〈宋存楠題〉，頁2a。

劉彥和解味曲包之說，劉子玄用晦之道，皆此之謂也。槐聚承風，精益求精，深思通識，何遜於泰西名儒巨子乎？錢先生縱承國學，旁採西學，依自不依他，為時流作則。奈時流棄舊從洋久矣，百年而後，古風日遠，古學日微，挽瀾維艱矣！

　　史之進程，由既往支配當下；而史之作也，乃當下支配既往。史家不能目睹既往之現實，惟有心造既往之印象，印象必有幻想，去幻無他，唯賴文獻，文獻愈富，考據愈精，理據無礙，愈近乎既往之現實，以事實之，以理貫之，莫不出自作手也。德國大哲康德，批判純粹理性，以為外來所感之物，先於內生意識；感外來之物，所感之物，非物之本體，斯乃時空內之現象也。先天之內生概念，悟而能解，裁斷有焉，系統之知識出矣。[113]西哲康德說史，謂作史者以其內生意識，釐清文獻所示之現象，演為有序之歷史知識。故德國史家有云：「史家勿須以客觀為榮，能求真解，方稱正道。」[114]真解出自史家，史學豈非「主觀之學歟」？[115]因有主觀，故須客觀，兩者絕非異轍也。中華史學，高舉毋苟勿刻，斟酌既成之說，考析異同，不遺善，不諱惡，苟能劍及履及，身體力行，良史可期矣。

　　泰西史學，與時俱變，實證學派，曾視為舉世之主流，

113　康德三批判書，以《純粹理性批判》（*Kritik der reinen Vernunft*）為最要。其說以統合內生意識與外來感覺，聞名於世。
114　德羅伊森（Johann Gustav Droysen）語，原文："It is not objectivity that is the historian's best glory. His justness consists in seeking to understand." 見Burns, ed. *Historiography*, vol. 1, p. 61.
115　史學乃主觀之學，法國史家朗格羅安（C. Y. Langlois）與塞諾伯斯（C. Seignobos）語，見Burns, ed., *Historiography*, vol. 1, p. 72.

民國新史學亦奉為典範。然而未及百年，忽有「後現代」風潮，驟然興於歐陸，傳布於四海。其說顛覆「邏各斯中心論」（logocentrism），可稱石破天驚！按「邏各斯」乃泰西思想之本，久而形成唯我獨尊之「理論霸權」（hegemony of theory），為對外殖民，對內剝削，提供為虎作倀之依據。後史論者，指中心論之不經，更無人道，務必欲「解構」之也。[116]中心論引以為傲之實證與客觀，亦遭質疑。史非客觀之實存，乃史家之製作，無異於文學創作也。然則，信史所剩餘幾？史家求真之美夢，以為鴻鵠將至，忽覺已無鴻鵠之為物，頓然失據，猶如夢魘！後現代虛無之論，雖如颶風過境，雨過天青，惟船過有痕，經此風潮，史學非復原貌，中心論可以休矣。[117]

史學既出自文化，而文化各異，自應多元並立，相互理解與觀摩，而不失自主也。西師有言：「史神殿堂之中，屋宇亦云多矣」（in Clio's house are many mansions）。[118]名家如布勞岱爾（Fernand Braudel）亦謂：史如萬千江河，非僅一水獨流也。[119]中華史學，於史學殿堂之中，自應擁有一席之地。吾華史統，家藏雖富，然而五四西化，師法泰西，以西學為主體，隨西波而逐

---

116 參閱Jacques Derrida, *Dissemination*, Barbara Johnson trans（Chicago: University of Chicago Press, 1981）, pp. 167-169; Jacques Derrida, *Dissemination in a Nutshell*, Elisabeth Weber ed.（Stanford: Stanford University Press, 1997）, pp. 9-12.
117 參閱汪榮祖，《後史辨》（北京：中華書局，2024）。
118 語見G. M. Trevelyan, *History and the Reader*, p. 24.
119 語見Fernand Braudel, *Civilization and Capitalism, 15th-18th Century,* vol. 3: *The Perspective of the World* translated by Siân Reynolds（New York: Harper & Row, 1979）, p. 17.

流，所謂新史學者，欲橫植西方史學也。蓋史學屬於人文，心界有異於物界，心智之學，有其文化淵源，不與科學同科，要能縱繼，不可逕自橫植也。使刻意橫植，入主出奴，安得立足於史學之殿堂乎？西人莫不知史有主體，建立自主之範式。我若以彼為主體，彼固欣然，惟彼必不以我為其主體也。以賓為主，勢必反客為主。驚羨泰西學理，必有扞格；削足適履，徒成笑柄。奉泰西為圭臬，中史西釋，成敗利鈍，是非對錯，一由他人論定。語權既失，何異倒持泰阿，授外人以柄耶？史學乃舊學之重鎮，而西化者視之為殘山剩水，棄之不以為惜也。昔之芳草，今為蕭艾；舊學凋零，猶如蛻跡。傳統史學，如博物館之陳設，觀之而不能用之也。賦舊學以新生命，喚回中華史學之主體，刻不容緩矣。

　　文革破舊，亦云極矣！撥亂反正，原期續如縷之史統，繼歷代史論之富，發豐沛之史源，去蕪存菁，參照西史，取彼之長，補我之短，以翻新舊學，延吾華史學之香火。然而五四西化百年之後，積重難返，蓋因學制與範式一體西化，無論選題、論證、行文，皆以西法是從。欲立國學於學院，不知魂歸何處？大有無所適從之感也。民國二陳，義寧新會，聲望最著，頗能繼往開來，然而二陳雖尊，奉為偶像，而非師表，能受衣鉢者何人？義寧身後大受尊重，然尊而不從，欲尋「道教之真精神，新儒家之舊途徑」，[120]徒托空言，寥寥門生，幾皆凋零，後繼無人。義寧續命河汾之心願，不免落空也歟？

　　槐聚於文革浩劫之後以典雅古文，著《管錐編》，啟舊學復

120　陳寅恪語，見《金明舘叢稿二編》，頁285。

興之曙光。奈仰慕者、談助者雖眾，能繼風者何在？槐聚依自不依他之學術風骨，借泰西鄰壁之光，照亮舊學之用心，未多響應。槐聚之後再無槐聚是固然也，若今之學者，仍多喜新厭舊，視西學為現代、刻意橫植；視舊學為古董，不屑縱承；視科學為萬能，不悟人文心智之學，有異於科技；昧於文化多元，史有主體，茫然無歸。《管錐編》之豐碑，將如曇花一現歟？屈子有言：「惟草木之零落兮，恐美人之遲暮」，草木零落，重生可期，而美人遲暮，朱顏辭鏡，不復返矣！人事異於物質，能不慎思明辨乎？

引用書目

中、日文部分

卜大有,《明刻珍本史學要義》,北京:中華全國圖書館文獻縮微複製中心,1999。

于慎行,《讀史漫錄》,萬曆刻本,14卷。

———,《讀史漫錄》,濟南:齊魯書社,1996。

———,〈劉子玄評史舉正〉,載《谷城山館文集》,收入《四庫全書存目叢書》,第148冊。

《文淵閣四庫全書》,台北:臺灣商務印書館,2008。

中國歷史文獻研究會 編,《章學誠國際學術研討會論文集》,北京:北京圖書館出版社,2004。

《中國哲學史資料選輯——兩漢之部》,台北:九思出版有限公司,1978。

不著撰人(明),《古史通略》一卷,明弘治元年杭州刊本,1488。

元好問,《元好問詩選》,陳沚齋選注,台北:遠流出版公司,1990。

元　稹,《元氏長慶集》,收入《四庫全書精華》,第27冊。

尹廷高，《玉井樵唱》，兩淮馬裕家藏本，三卷。

文廷式，《純常子枝語》，揚州：廣陵出版社，1979。

王　充，《論衡》，《新編諸子集成》，第 7 冊，台北：世界書局，1962。

王　令，《王令集》，上海：上海古籍出版社，2011。

王　鏊，《王文恪公集》，嘉靖十五年寫刻本。

王　源，《左傳評》，北京：四存學校，1924。

王士禎，《池北偶談》，北京：中華書局，1982。

────，《弇山堂別集》，北京：中華書局，1985。

────，《分甘餘話》，北京：中華書局，1989。

王夫之，《周易內傳》，同治四年湘鄉曾氏族刊於金陵節署。

────，《讀通鑑論》，收入《船山遺書全集》。

────，《讀通鑑論》，台北：中華書局，四部備要影印本。

────，《搔首問》，收入《船山遺書》，上海：太平洋書店，1933。

────，《宋論》，北京：中華書局，1964。

────，《詩廣傳》，北京：中華書局，1965。

王守仁，《王陽明先生傳習錄集評》，上下冊，西湖：南屏張社，1916。

王先謙，《荀子集解》，北京：中華書局，1983。

────，《韓非子集解》，北京：中華書局，1998。

王汎森、邱仲麟 主編，《傅斯年眉批題跋輯錄》，台北：中央研究院歷史語言研究所，2020。

王安石，《臨川先生文集》，一百卷，《四部叢刊初編》199-201。

────，《王荊文公詩箋注》，李壁箋注，高克勤點校，上海：上海古籍出版社，2010）。

王志長，《周禮注疏刪翼》，收入《四庫全書》。

王廷相，《王廷相哲學選集》，北京：中華書局，1965。

王乘六 等記，《章氏國學講習會演講記錄》，蘇州：章氏國學講習會，1935。

王記錄，《錢大昕的史學思想》，北京：社會科學文獻出版社，2004。

———，〈胡應麟的公心與直筆說〉，《史學史研究》（1997），4月號，頁77-78。

王國維，《觀堂集林》，香港：中華書局，1959。

———，《王國維遺書》，十六冊，上海：古籍書店，1983。

———，《靜庵詩詞稾》，台北：藝文出版社，1974。

王嘉川，《清前史通學研究》，北京：社會科學文獻出版社，2013。

王鳴盛，《十七史商榷》，台北：廣文書局，1971。

———，《十七史商榷》，南京：鳳凰出版社，2008。

王維江訪談蔡美彪，2017年12月13日。

王鴻緒，《史例議》，道光教慎堂刻本，二卷。

王建美，〈朱熹理學與元初的正統論〉，《史學史研究》（2006年第2期），總122期。

王應奎，《柳南隨筆》，北京：中華書局，1983。

王應麟，《困學紀聞》，木刻版，嘉慶九年（1804）。

———，《通鑒答問》，收入《文淵閣四庫全書》。

方　苞，《方望溪全集》，台北：河洛圖書出版社，1976。

方孝孺，《遜志齋集》，《四部叢刊初編》323。

孔穎達 疏，《周易注疏》，《四庫全書精華》，卷1，台北：學生書局，2000。

內藤虎次郎，《中國史學史》，馬彪譯，上海：古籍出版社，2008。

尤　侗，《艮齋雜說》，北京：中華書局，1992。

田志光、王柚程，〈兩宋史家的修史觀及其時代特徵〉，《史學史研究》，2019年第4期，頁25-27。

《四庫全書存目叢書》，濟南：齊魯書社，1997。

永瑢、紀昀 等撰，《武英殿本四庫全書提要・史部》，台北：臺灣商務印書館，2000。

田餘慶，〈釋王與馬共天下〉，《東晉門閥政治》，北京：北京大學出版社，2005。

司馬光，《司馬溫公稽古錄》，上海涵芬樓景印明翻宋本原書。

———，《溫國文正司馬公文集》，四部備要本。

———，《資治通鑑》，胡三省注，十八冊，台北：新象書店，1978。

———，《資治通鑑考異》，《四部叢刊初編縮本》023。

———，《涑水記聞》，北京：中華書局，1989。

———，《通鑑論》，伍耀光輯錄，台北：華聯出版社，1968。

司馬遷，《史記》，北京：中華書局 1975。

白壽彝，《中國史學史》，上海：上海人民出版社，1986。

白居易，《白香山詩集》，《四部備要・集部》，上海：中華書局據汪氏一隅草堂校刊本。

令狐德棻，《周書》，北京：中華書局，1971。

皮錫瑞，《經學通論》（香港：中華書局，1961）。

皮錫瑞，《經學歷史》，北京：中華書局，1959。

丘　濬，《世史正綱》，文昌郭氏家塾仿明刻本，1935。

向　達，《唐代長安與西域文明》，北京：三聯書店，1957，1979

向燕南，《中國史學思想通史・明代卷》，吳懷祺主編，合肥：黃山書社，2002。

朱　直，《綠萍灣史論初集》，清抄本。

朱　熹，《四書集注》，掃葉山房藏版。

———，《景印宋本晦庵先生文集》，台北：國立故宮博物院，1982。

———，《朱子語類》，萬曆 32 年婺源朱崇沐重刻本刻。

―――，《朱文公文集》，四部叢刊初編縮本 226-235。

―――，《御纂朱子全書》，《文淵閣四庫全書》第 25 冊，卷 66。

―――，《資治通鑑綱目》，《欽定四庫全書》本。

朱　權，《通鑑博論》，明初內府刊黑口本。

朱希祖，《史館論議》，台北：學生書局，1978。

朱次琦，《校刊朱九江先生論史口說》，廣州寶經閣：光緒 26 年刻本。

朱明鎬，《史糾》，明鈔本，台北中央圖書館 05191。

朱維錚，《朱維錚史學史論文集》，上海：復旦大學出版社，2015。

―――，《中國史學史講義稿》，上海：復旦大學出版社，2015。

―――，姜義華編注，《章太炎選集》，上海：上海人民出版社，1981。

朱彝尊，《朱彝尊選集》，上海：上海古籍出版社，1991。

―――，《朱彝尊選集》，葉元章、鐘夏選注，上海：上海古籍出版社，2018。

艾朗諾，〈脫胎換骨——《管錐編》對清儒的承繼與超越〉，載汪榮祖，《錢鍾書詩文叢說》，中壢：中央大學出版社，2011，頁 211-225。

金祖望，《鮚埼亭集》（台北：華世出版社，1977），上下冊。

牟宗三，《歷史哲學》，九龍：人生出版社，1970。

―――，《中國哲學的特質》，台北：學生書店，1978。

佚　名，《四千年史論驚奇》，光緒宣統間鉛印本。

岑仲勉，〈玉溪生年譜會箋平質〉，《歷史語言研究所集刊》第十五本（1948），頁 281-313。

但植之，〈菿漢雅言紮記〉，《制言》第 43 期，1937 年 6 月。

辛棄疾，《辛棄疾詞選》，劉斯奮選注，台北：遠流出版公司，1992。

沈日富，《讀史微言》，上海圖書館清抄本。

沈玉成、劉寧，《春秋左傳學史稿》，南京：江蘇古籍出版社，1992。

沈德潛，《明詩別裁》，上海：上海古籍出版社，1979。
——— 編選，《唐詩別裁集》，上海：上海古籍出版社，1979。
沈　約，《宋書》，北京：中華書局，1974。
宋存標，《史疑》，清初刻本。
宋　濂，《宋文憲公全集》，收入《四部叢刊初編》。
宋濂、王緯，《元史》，北京：中華書局，1974。
阮　元，《研經室集》，北京：中華書局，1993。
阮　籍，《阮籍集》，上海：上海古籍出版社，1978。
杜　牧，《樊川文集》，上海：上海古籍出版社，1978。
杜維運，《校證補編廿二史劄記》，台北：華世出版社，1977。
杜維運、陳錦忠編，《中國史學史論文選集》，台北：華世出版社，1980。
杜　佑，《通典》，上海：商務印書館，1936。
何炳松，《何炳松文集》，四冊，劉寅生、房鑫亮編，北京：商務印書館，1997。
何炳棣，《黃土與中國農業的起源》，香港：中文大學出版社，1969。
———，〈華夏人本主義文化：淵源、特徵、及意義（上）〉，《二十世紀雙月刊》第 33 期，（1996 年 3 月），頁 95-99。
———，〈華夏人本主義文化：淵源、特徵、及意義（下）〉，《二十世紀雙月刊》第 34 期（1996 年 4 月），頁 88-96。
———，〈中國文化的本土起源：三十年後的自我檢討〉，《當代傑出學人文史科技公開演講文集》，（香港：中文大學出版社，2004）頁 61-67。
———，〈從莊子天下篇首解析先秦思想中的基本關懷〉，《中央研究院歷史語言所集刊》（2007 年 3 月），第 78 本，第 1 分，頁 1-32。
———，《讀史閱世六十年》，北京：中華書局，2012。

———,〈國史上的大事因緣解迷〉,《何炳棣思想制度史論》,中央研究院院士叢書,台北:聯經出版公司,2013,頁 331-383。

———,《何炳棣思想制度史論》,中央研究院院士叢書,台北:聯經出版公司,2013。

何廣棪,《李易安集繫年校箋》,台北:里仁書局,1980。

何良俊,《四友齋叢說》,北京:中華書局,1959。

何喬遠,《名山藏》,崇禎 13 年刊本影印,台北:成文出版社。

何文煥 輯,《歷代詩話》,北京:中華書局,1980。

李　白,《李太白全集》,北京:中華書局,2015。

李　昉 等編,《文苑英華》,六冊,北京:中華書局,1966。

李　賀,《李長吉集》,黃陶庵先生評本,掃葉山房石印本,1925。

李　綱,《李綱全集》,長沙:岳麓書社,2004。

李　贄,《藏書》,北京:中華書局,1959。

李　覯,《李覯集》,北京:中華書局,1981。

李　燾,《續資治通鑑長編》,北京:中華書局,2004。

———,《六朝通鑑博義》,《文淵閣四庫全書》,卷 686。

李心傳,《舊聞證誤》,收入《唐宋史料筆記叢刊》,北京:中華書局,1981。

李光地,《榕村全集》,二十冊,台北:立新書局,1969。

———,《榕村語錄續語錄》,(北京:中華書局,1995)。

李長之,《司馬遷之人格與風格》,台北:開明書店,1970。

李宗仁口述,唐德剛撰寫,《李宗仁回憶錄》,台北:遠流出版公司,2010。

李步嘉,《越絕書校釋》,武漢:武漢大學出版社,1992。

李延壽,《北史》,北京:中華書局,1974。

———,《南史》,北京:中華書局,1974。

李　贄，《李氏焚書續焚書》，京都：中文出版社，1971。

李慈銘，《越縵堂讀書記》，台北：世界書局，1975。

李東陽，《新舊唐書雜論》，收入《借月山房匯鈔》。

李清照，《重輯李清照集》，黃墨穀輯校，北京：中華書局，2009。

李商隱，《玉谿生詩集箋注》，清馮浩箋注，上下冊，上海：上海古籍出版社，1979。

李騰蛟，《半廬文稿》，卷一，收入《豫章叢書》，別見周秋生選注，《江西古文精華叢書史學卷》，南昌：江西人民出版社，1996。

李學勤，《走出疑古時代》，修訂本，瀋陽：遼寧大學出版社，1997。

呂　中，《宋大事記講義》，收入《文淵閣四庫全書》。

呂不韋，《呂氏春秋》，收入《新編諸子集成》，第 7 冊，台北：世界書局，1972。

呂思勉，《呂思勉讀史札記》，上海：古籍出版社，1982。

呂夏卿，《唐書直筆》，南昌彭氏知聖道齋鈔本。

呂祖謙，《增批輯注足本東萊博議》，雙芙蓉館藏本，上海：啟新書局，1924。

———，《左氏傳說》，通志堂木刻版，巴陵鐘謙均重刊。

———，《東萊呂太史別集》，杭州：浙江古籍出版社，2008。

汪必東，《南窗集文類二十卷》，美國普林斯頓大學藏影印版。

汪高鑫，〈《周易》與中國古代史學的通變精神〉，載《史學史研究》，2015 年第 2 期，頁 1-8。

汪　玠，《史億》，同治戊辰木刻版。

汪康謠，《菉漪園集》，崇禎甲戌序。

汪榮祖，〈五四與民國史學的發展〉，載汪榮祖編，《五四研究論文集》，台北：聯經出版公司，1979，頁 221-233。

———，《史傳通說》，台北：聯經出版公司，1988；北京：中華書局，

1989，2003。

———，《康章合論》，台北：聯經出版公司，1988；北京：新星出版社，2006；北京：中華書局，2008。

———，〈氣候與明清代興〉，季羨林、周一良、鄧廣銘編，《紀念陳寅恪先生誕辰百年學術論文集》，北京：北京大學出版社，1989，頁 333-336。

———，《史學九章》，台北：麥田出版社，2002。北京：三聯書店，2006。

———，〈論梁啟超史學的前後期〉，《文史哲》，2004 年 1 月，頁 20-29。

———，〈章太炎對現代性的迎拒與文化多元思想的表述，《中央研究院近代史研究所集刊》，2003 年 9 月，41: 145-180。

———，《詩情史意》，台北：麥田出版社，2005。

———，《史家陳寅恪傳》，北京：北京大學出版社，2005。台北：聯經出版公司，2016。

———，《追尋失落的圓明園》，鍾志恆譯，雙語版，北京：外語教學與研究出版社，2010。

———，〈海外中國史研究值得警惕的六大問題〉，《國際漢學》，總第 23 期，2020 年第 2 期，頁 5-20。

———《後史辨》（北京：中華書局，2024）。

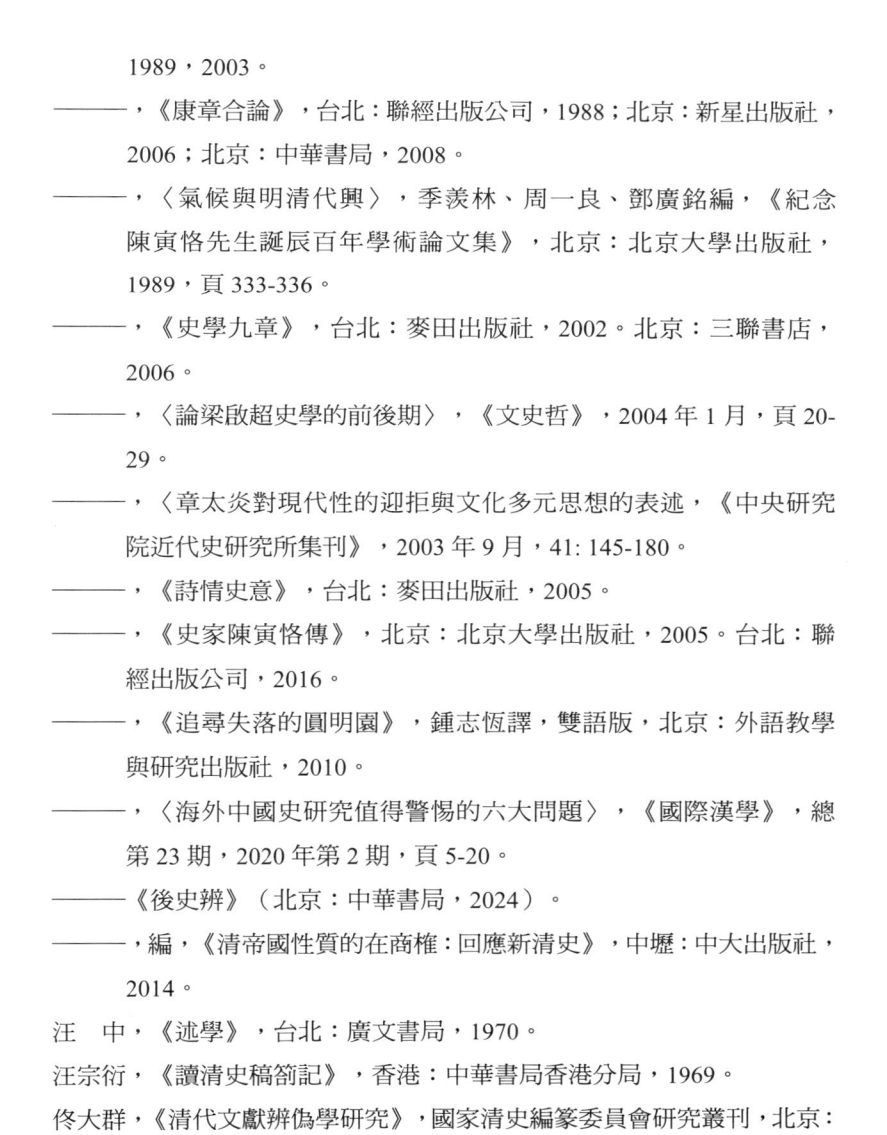

———，編，《清帝國性質的在商榷：回應新清史》，中壢：中大出版社，2014。

汪　中，《述學》，台北：廣文書局，1970。

汪宗衍，《讀清史稿箚記》，香港：中華書局香港分局，1969。

佟大群，《清代文獻辨偽學研究》，國家清史編纂委員會研究叢刊，北京：人民出版社，2012。

吳　恂，《漢書注商》，上海：上海古籍出版社，1963。

吳　宓 譯注，〈牛康氏家傳〉，載《學衡》，第 8 卷，1922 年 8 月。

吳　兢，《貞觀政要》，收入《文淵閣四庫全書・雜史類》。

吳　縝，《新唐書糾謬》，線裝二十卷，上中下三冊。

吳楚材，《綱鑑易知錄》，十冊，台北：新興書局，1958。

吳懷祺，《易學與史學》，台北：大展出版有限公司，2004。

———，《鄭樵研究》，廈門：廈門大學出版社，2010。

———，《中國史學思想史》，第 3 版，北京：北京師範大學出版社，2016。

——— 主編，《中國史學思想通史》，合肥：黃山書社，2005。

吳繼仕，《六經始末原流》，江日新編校，台北：中研院文哲所，2012。

吳見思，《史記論文》，上海：上海古籍出版社，2008。

吳闓生，〈與李右周進士論《左傳》書〉，吳闓生，《左傳微》，頁 11-23。

———，《左傳微》，台北：新興書局，1969。

———，《詩義會通》，蔣天樞、章培恆校點，上海：中西書局，2012。

吳廷翰，《吳廷翰集》，北京：中華書局，1984。

吳裕垂，《歷代史案》，成都：巴蜀書社，1992。

余嘉錫遺著，《四庫提要辯證》，北京：中華書局，1974。

余英時，〈章實齋與柯靈烏的歷史思想：中西歷史哲學的一點比較〉，《歷史與思想》，台北：聯經出版公司，1976，頁 167-246。

———，《論戴震與章學誠》，台北：華世出版社，1977。

———，〈中國史學的現階段：反省與展望〉，《史學評論》第 1 卷（1979），首頁。收入余英時，《十字路口的中國史學》，台北：聯經出版公司，2008，頁 89-114.

《周易》，《四部叢刊初編》001，上海：商務印書館，1922。

《周易今注今譯》，南懷瑾、徐芹庭注譯，台北：臺灣商務印書館，1980。
孟　軻，《孟子》，〈四部叢刊初編縮本〉，上海商務印書館，1922。
周一良，《魏晉南北朝史論集》，北京：北京大學出版社，1997。
———，《周一良學術論著自選集》，北京：首都師範大學出版社，1995。
周少川，《元代史學思想研究》，北京：社會科學文獻出版社，2001。
———，《中國史學思想通史元代卷》，合肥：黃山書社，2002。
周予同，〈五十年來中國之新史學〉，《學林月刊》（1941）4，頁1-36。
周天游，《史略校箋》，北京：書目文獻出版社，1987。
周金壇，《史腴》，二卷，上圖編號453397-98。
周密，《齊東野語》（上海掃葉山房石印），20卷。
周秋生 編注，《江西古文精華叢書史學卷》，南昌：江西人民出版社，1996，頁311-312。
周廣業，《循陔纂聞》，清鈔本，五卷。
邵　寶，《學史》，《文淵閣四庫全書》。
邵　雍，《皇極經世書》，《四部備要》本。
房玄齡等撰，《晉書》，北京：中華書局，1974。
金毓黻，《中國史學史》，北京：中華書局，1962。
金岳麟，《金岳麟學術論文選》，北京：中國社會科學出版社，1990。
———，《知識論》，北京：商務印書館，1983。
金亞匏，《秋蟪吟館詩鈔》，山東大學丁山藏書，1929年購於北平。
林時民，《中國傳統史學的批評主義——劉知幾與章學誠》，台北：學生書局，2003。
林　紓，《畏廬論文》，上海：商務印書館，1926。
孟　森，《明清史論著集刊續編》，石家莊：河北教育出版社，2000。

岡田英弘：《從蒙古到大清》，陳心慧、羅盛吉譯，台北：商務印書館，
　　　　2010。
《春秋左傳讀本》，香港：中華書局，1965。
范　曄，《後漢書》，北京：中華書局，1963，1973。
紀　昀，《史通削繁四卷》，道光說劍樓重訂本，1833。
紀昀、永瑢 編，《武英殿本・四庫全書總目提要》，台北：商務印書館，
　　　　2000。
茅　坤，《茅鹿門先生文集》，《欽定四庫全書》本。
施　鴻，《史測十四卷》，知聖教齋藏書，光緒28年。
段渝主編，《劉咸炘論史學》，上海：上海科學技術文獻出版社，2008。
范成大，《范石湖集》，上海：上海古籍出版社，2015。
范祖禹，《欽定唐鑒》，同治十年（1871）。
———，《唐鑒》，收入《文淵閣四庫全書》，台北：商務印書館景印。
洪亮吉，《春秋左傳詁》，上海：上海古籍出版社，1994。
洪　邁，《容齋隨筆》，上下冊，台北：大立出版社，1981。
計大受，《史林測義》，楓溪別墅藏版，1814。
計敏夫，《唐詩紀事》，上海：上海古籍出版社，2008。
侯外廬，《中國思想通史》，五冊，北京：人民出版社，1958。
胡　適，《中國哲學史大綱》，上海：商務印書館，1947。
———，《胡適文存》，台北：遠東圖書公司，1953。
———，《白話文學史》，台北：啟明書局，1957。
———，《胡適選集　書信》，台北：文星書店，1966。
———，《章實齋先生年譜》，姚名達訂補，台北：商務印書館，1968。
———，《戴東原的哲學》，台北：商務印書館，1971。
———，《胡適留學日記》，台北：臺灣商務印書館，1980。
———，《胡適日記》，北京：中華書局，1985。

―――,《胡適日記》,手稿影印本,台北:遠流出版公司,1990。

―――,《胡適日記全集》,台北:聯經出版公司,2004。

胡　寅,《讀史管見》,三十卷,長沙:岳麓書社據康熙五十三年古並居刻本,2011。

胡先驌,〈評嘗試集(上)〉,載《學衡》,1922 年 1 月。

胡安國,《經史鈔》,旴南汲古書屋補刊,同治壬申,1872。

胡念貽,〈《左傳》的真偽和寫作時代問題考辨〉,《文史》,第 11 輯,1981。

胡楚生,〈章學誠校讎通義與鄭樵校讎略之關係〉,收入陳仕華主編,《章學誠研究論叢:第四屆中國文獻學學術研討會論文集》,台北:學生書局,2005,頁 441-456。

胡樸安,《周易古史觀》,台北:仰哲出版社,1987。

胡寶國,《漢唐間史學的發展》,北京:商務印書館,2003。

胡應麟,《少室山房集》,上海:上海古籍出版社,1993。

―――,《少室山房筆叢》,上海:上海書店,2001。

姜白岩,《左傳補義》,三多堂藏本,序文,1691。

柳怡徵,《國史要義》,台北:中華書局,1969。

―――,〈中國史學之雙軌〉,《柳怡徵史學論文集》,上海:上海古籍出版社,1991。

柳宗元,《柳宗元集》,四冊,北京:中華書局,1981。

茅元儀,《青油史漫》,崇禎刻本。

郁達夫,《郁達夫詩詞箋注》,詹亞園箋注,上海:上海古籍出版社,2006。

津田左右吉,《左傳の思想史的研究》,東京:岩波書店,1958。

《書經》,宋寧宗嘉定己巳蔡沈序,上海:商務印書館綫裝本,1911。

《陝西通志》,《景印文淵閣四庫全書・史部》第 311 冊。

鬼谷子，《鬼谷子全集》，四冊，西安：西安交通大學出版社，2015。
徐仁甫，《左傳梳證》，成都：四川人民出版社，1981。
徐日久，《徐子卿先生論文別集》，五卷，明崇禎庚辰序。
徐　枋，《居易堂集》，上海：華東師範大學出版社，2009。
徐　復注，《訄書詳注》，上海：古籍出版社，2000。
徐永隆 編，《古今史論統編》，清光緒石印本，瀋陽：政學書社，1902。
徐子明，《胡禍叢談》，台北：民主出版社，1964。
班　固，《漢書》，北京：中華書局，1962，1975。
荀　悅，《前漢記》，三十卷，《四部叢刊初編》平裝本，第 021-022 冊。
高　誘注，《淮南子》，第 7 冊，台北：世界書局，1972。
郝　經，《陵川集》，《文淵閣四庫全書》本。
孫　甫，《唐史論斷》，《文淵閣四庫全書》。
孫詒讓，《墨子閒詁》，收入《新編諸子集成》，第 6 冊，台北：世界書局，1972。
馬　驌，《繹史》，劉曉東等點校，濟南：齊魯書社，2001。
馬一浮，《公是弟子記》，四川嘉定：復性書院，1941。
———，《復性書院講錄》，卷五，四川嘉定：復性書院，1941。
———，吳光主編，《馬一浮全集》，杭州：浙江古籍出版社，2013。
馬端臨，《文獻通考》，上海：商務印書館，1935。
唐長孺，《魏晉南北朝隋唐史三論》，武漢：武漢大學出版社，1993。
唐君毅，《中國人文精神之發展》，台北：臺灣學生書局，1978。
唐順之，《兩晉解疑》，借月山房叢鈔。
倉修良、葉建華，《章學誠評傳》，南京：南京大學出版社，1996。
柴德賡，《史學叢考》，北京：中華書局，1982。
高本漢，《左傳真偽考及其他》，太原：山西人民出版社，2015。

高步瀛，《文選李注義疏》，台北：中華叢書編輯委員會，1968。
高似孫，《史略校箋》，北京：書目文獻出版社，1987。
孫衛國，《王世貞史學研究》，北京：人民文學出版社，2006。
姚祖恩，《史記精華錄》，上中下三冊，上海：商務印書館，1933。
袁　宏，《後漢記》，《四庫叢刊》本。
袁　枚，《隨園隨筆》，上海：大達圖書供應社，1934。
———，《小倉山房文集》，台北：廣文書局，1972。
袁　樞，《通鑒記事本末》，《四部叢刊初編・史部》，上海：商務印書館縮印宋刊本，1936。
晁公武，《郡齋讀書志》，揚州：廣陵古籍刻印社，1987。
———，《郡齋讀書志》，孫猛校證，上海：上海古籍出版社，2011。
真德修，《西山先生真文忠公文集》，《四部叢刊初編縮本》，第268冊。
《崇禎長編》，《明實錄》附錄，台北：中央研究院歷史語言研究所，1967。
《船山公年譜》，木刻版，上下冊，清光緒癸巳（1893）。
清高宗　撰，《歷代御批通鑒輯覽》，台北：新興書局，1959。
《清聖祖實錄》，北京：中華書局，1986。
《清史列傳》，台北：臺灣中華書局，1983。
《景印古本〈春秋〉三傳》，粹芬閣藏本，台北：啟明書局，1957。
《國語韋昭注》，天聖明道本，台北：藝文印書館，1974。
張　岱，《史闕》，台北：華世出版社，1977。
———，《夜航船》，劉耀林校注，杭州：浙江古籍出版社，1987。
張岱年 等編審，《四庫全書精華》，台北：古今大典文化事業出版有限公司，2000。
張廣智，《西洋史學史》，第二版，上海：復旦大學出版社，2005。
張豈之 主編，《中國近代史學學術史》，北京：中國社會科學出版社，

1996。

張汝倫，《詩的哲學史——張東蓀詠西哲詩本事注》，桂林：廣西師範大學出版社，2002。

張心澂，《偽書通考》，台北：宏業書局，1975。

張舜徽，《史學三書平議》，北京：中華書局，1983。

———，《周秦道論發微》，北京：中華書局，1982。

張廷玉等編，《明史》，北京：中華書局，1974。

張　須，《通鑒學》，上海：開明書店，1948。

張永貴、黎建軍，〈錢謙益史學思想評述〉，《史學月刊》，2000年第2期。

張　載，《張載集》，北京：中華書局，1978。

張之洞撰，范希增補，《書目答問補正》，上海，上海古籍出版社，2001。

魚　豢，《魏略輯本》，張鵬序，山東大學丁山藏書。

許冠三，《王船山的歷史學說》，香港：活史學研究社，1978。

許冠三，《劉知幾的實錄史學》，香港：中文大學出版社，1983

許淵沖，《杜甫詩選》，北京：中國對外翻譯出版有限公司，2014。

許　鐘，《史通贅義》，民國23年鉛印本。

陶宗儀，《輟耕錄》，收入《筆記小說大觀》，第7編。

曹彥約，《經幄管見》，四卷，《文淵閣四庫全書》。

陳　韜譯，《史學方法論》，台北：臺灣商務印書館，1967。

陳　鶴，《明紀》，台北：中華書局，1966。

陳文潔，《司馬遷之志：〈史記〉之繼〈春秋〉解析》，上海：華東師範大學出版社，2015。

陳允錫，《史緯》，康熙刻本。

陳以愛，《中國現代學術研究機構的興起》，北京：江蘇教育出版社，2002。

陳尚君，〈舊五代史重輯的回顧與思考〉，《中國文化》，第 25-26 期合刊，2007 年秋季號，頁 6-15。

陳其元，《庸閑齋筆記》，北京：中華書局，1989。

陳其泰，《史學與中國文化傳統》，北京：學苑出版社，1999。

陳堯松，《史餘》，二十卷，上海圖書館藏本 302874-79。

陳寅恪，《金明館叢稿初編》，北京：三聯書店，2001。

―――，《金明館叢稿二編》，上海：上海古籍出版社，1980。

―――，《唐代政治史述論稿》，北京：三聯書店，2001。

―――，《陳寅恪文集》，上海：上海古籍出版社，1980。

―――，《寒柳堂集》，北京：三聯書局，2001。

―――，《陳寅恪書信集》，北京：三聯書局，2001。

―――，《柳如是別傳》，上海：上海古籍出版社．1985。

陳彭年 序，《徐公文集》，四部叢刊集部，上海涵芬樓據黃堯圃校宋本景印。

陳啟源，《毛詩稽古編》，收入《四庫全書》。

陳師道，《後山居士文集》，上海：上海古籍出版社，1984。

陳師道，《後山集》，《欽定四庫全書》本。

陳新雄、于大成 主編，《左傳論文集》，台北：木鐸出版社，1976。

陳　沂，《石亭文集》，十二卷，嘉靖四十四年序。

陳　垣，《史諱舉例》，（北京：中華書局，1962）。

―――，《通鑑胡注表微》，（瀋陽：遼寧出版社，1997）。

―――，《陳垣史學論著選》，（上海：人民出版社，1981）。

陳　亮，《陳亮集》，上下冊，北京：中華書局，1974。

陳　均，《九朝編年備要》，《四庫全書》本。

陳　直，《漢書新證》，天津：天津人民出版社，1959。

陳　確，《陳確集》，北京：中華書局，1979。

陳　壽，《三國志》，北京：中華書局，1965，1975。
陳　澧，《東塾讀書記》，郡州勸學書舍仿番禺陳氏本刊，光緒辛丑（1901）。
陳樂素、陳智超編校，《陳垣史學論著選》，上海：上海人民出版社，1981。
陳燕翼，《思文大紀》，《臺灣文獻叢刊》111。
崔　述，《崔東壁遺書》，台北：河洛圖書出版社，1975。
郭　丹 編，《十三經直解》，南昌：江西人民出版社，1993。
郭大有，《評史心見》，萬曆十四年刊本。
郭允蹈，《蜀鑑校注》，北京：北京圖書館出版社，2010。
郭沫若，《青銅時代》，北京：中國人民大學出版社，2005。
———，《中國古代社會研究》，北京：人民出版社，1954。
郭嵩燾，《郭嵩燾日記》，長沙：湖南人民出版社，1981。
———，《養知書屋遺集》，台北：藝文印書館仿光緒十八年木刻本。
———，《郭嵩燾全集》，梁小進編，長沙：岳麓書社，2018。
郭康松，《清代考據學研究》，武漢：崇文書局，2001。
郭象注，《莊子注》，收入《四庫全書精華》，台北：古今大典文化事業有限公司，2000。
康有為，《新學偽經考》，光緒十七年廣州萬木草堂木刻版。
———，《實理公法全書》，上下冊，蔣貴麟輯，《萬木草堂遺稿外編》，台北：成文出版社，1978。
———，《康南海先生遺著彙刊》，蔣貴麟主編，台北：宏業書局，1976。
陸　深，《儼山外集》，嘉靖乙巳序。
陸　贄，《陸宣公集》，蘇州：蘇州書局，1876。
陸　游，《老學庵筆記》，西安：三秦出版社，2003。

陸　機，《陸機集》，北京：中華書局，1982。
陸宗達、王寧，《訓詁方法論》，北京：中國社會科學出版社，1983。
陸應南 選注，《陸游詩選》，台北：遠流出版公司，1992。
陸懋德，《史學方法大綱》，上海，1945。
陸鍵東，《陳寅恪的最後20年》，北京：三聯書店，1996。
脫脫等撰，《宋史》，四十冊，北京：中華書局，1977。
———等撰，《遼史》，北京：中華書局，1977。
章太炎，《史學略說上》，章氏國學講習會演講記錄第五期，1935年12月。
———，《史學略說下》，章氏國學講習會講演記錄第六期，蘇州：章氏國學講學會，1936。
———，〈略論讀史之法〉，載《制言》，第53期，1939年6月。
———，《訄書》，台北：中央文物供應社，1968。
———，《訄書》，重訂本，北京：三聯書局，1998。
———，《章太炎先生自定年譜》，上海：上海書店，1986。
———，《太炎先生尚書說》，諸祖耿整理，北京：中華書局，2013。
———，《章太炎全集》，上海：上海人民出版社，2015-2017。
章念馳 編，《先驅的蹤跡》，杭州：杭州古籍出版社,1988。
章屺望，《讀史管窺》，清抄本。
章學誠，《章實齋文史通義》，上海：廣益書局，1916。
———，《詳注文史通義》，許德厚注，上海：真善美書局線裝本，1929。
———，《章氏遺書》，上海：商務印書館，1936。
———，《校讎通義通解》，王重民通解，上海：上海古籍出版社，1987。
———，《章實齋先生讀書剳記》，台北：文華出版公司，1968。
———，《文史通義》，台北：國史研究社，1973。

———，《文史通議校注》，台北：頂淵文化事業公司，2002。
———，《文史通義新編新注》，倉修良編注，杭州：浙江古籍出版社，2005。
———，《文史通義廬江何氏抄本》，上下冊，上海：華東師範大學出版社，2019。
梅光迪，《梅光迪文錄》，台北：聯合出版中心，1968。
曾　鞏，《曾鞏集》，上下冊，北京：中華書局，1984。
焦　竑，《焦氏筆乘》，上海：上海古籍出版社，1986。
程　頤，《程氏易傳》，台北：廣文書局，1992。
程顥、程頤，《二程集》，北京：中華書局，1981。
程平山，《竹書紀年考》，北京：中華書局，2013。
程至善，《史砭》，明末刊本。
童書業，《春秋左傳研究》，上海：人民出版社，1980。
馮李驊、陸浩，《春秋左繡》，杜林合注，江陰：寶文堂，1921。
馮賢亮，《明清江南地區的環境變動與社會控制》，上海：上海人民出版社，2002。
馮友蘭，《中國哲學史》，上海：商務印書館，1940。
傅　山，《霜紅龕集》，上下冊，太原：山西人民出版社，1984。
傅　傑 編校，《章太炎學術史論集》，北京：中國社會科學院，1997。
傅斯年，《傅斯年選集》，台北：文星書店，1967。
傅振倫，《劉知幾年譜》，北京：中華書局，1963。
傅璇琮 等主編，《全宋詩》，北京：北京大學出版社，1995。
黃　劍，《史呴》，道光五年廣州刻本。
黃永年，《舊唐書與新唐書》，北京：人民出版社，1985。
黃宗羲，《明儒學案》，台北：臺灣中華書局，1970。
———，全祖望續修，《宋元學案》，台北：河洛圖書出版社，1975。

———，《明夷待訪錄》，收入《黃宗羲全集》，杭州：浙江古籍出版社，1985。

———，《黃梨洲文集》，北京：中華書局，2009。

———，《黃宗羲全集》，十二冊，沈善洪主編，杭州：浙江古籍出版社，2012。

黃定宜，《考辨隨筆》，道光丁未冬月刊本。

黃崇浩 編選，《王安石集》，南京：鳳凰傳媒集團，2006。

黃　震，《黃氏日抄》，乾隆三十三年（1768）刊本，大化書局影印本。

梁啟超，《飲冰室文集》，上海：中華書局綫裝本，1925。

逯欽立，《先秦漢魏晉南北朝詩》，北京：中華書局，1983。

逯耀東，《魏晉史學及其他》，台北：東大圖書公司，1998。

彭孫貽，《茗香堂史論》，收入《續修四庫全書》，上海：上海古籍出版社。

湯國梨 編，《章太炎先生家書》，上海：上海古籍出版社，1985。

湛之編，《楊萬里、范成大卷》，北京：中華書局，1965。

愛新覺羅・福臨 撰，《御制資政要覽》，揚州：廣陵書社，2016。

愛新覺羅・毓鋆，《毓老師講易經》，台北：奉元書院，2021。

裘　璉，《橫山史論》，一卷，民國甲寅初夏孫氏鉛印本。

楊　奐，《還山遺稿》，上海圖書館清抄本。

楊　倫 輯，《杜詩鏡詮》，上下冊，台北：臺灣中華書局，1969。

楊　慎，《楊升庵文集》，明萬曆壬午刻本。

———，《丹鉛續錄》，《文淵閣四庫全書》，第 855 冊。

楊永康，〈談遷生平行事考〉，《史學史研究》，總 124 期，2006 年 12 月，頁 73-75。

賈　誼，《新書十種》，《四部叢刊初編・子部》。

———，《賈誼集》，上海：上海人民出版社，1976。

葉　適，《葉適集》，全三冊，北京：中華書局，1961。

葉夢珠，《讀史偶評》，清抄本一冊。
葉嘉瑩，《詞學新詮》，北京：北京大學出版社，2008。
葛兆光，《思想史的寫法——中國思想史導論》，上海：復旦大學出版社，2004。
雷海宗，《中國文化與中國的兵》，長沙：岳麓書社，1986。
萬斯同，《明史》，上海：上海古籍出版社，2008。
萬斯同，《群書疑辨》（台北：廣文書局，1972）影印本
楊以任，《讀史集識》，明刻本。
———，《讀史四集》，不分卷四冊，乾隆四十二年龔氏世錦堂刻本。
楊以真，《歷代史學存精》，清末石印本。
楊伯峻 編著，《春秋左傳注》，高雄：復文圖書出版公司，1991。
——— 譯注，《孟子譯注》，香港：中華書局分店，1994。
楊維楨，《東維子文集》，《四部叢刊》本。
———，《楊維楨詩集》，杭州：浙江古籍出版社，2010。
楊萬里，《誠齋集》，《四部叢刊初編》133 卷，第 252-257 冊。
楊樹達，《漢書窺管》，上海：上海古籍出版社，1984。
楊鍾寶，《讀史偶得》，道光九年刻本。
楊鍾羲，《雪橋詩話》，北京：北京古籍出版社，1989。
楊艷麗，〈明中後期的史學思潮〉，《史學史研究》，2001 年 6 月，頁 36-44。
鄒賢俊、羅福惠、鄭敬高 編，《中國古代史學理論要錄》，武漢：湖北人民出版社，1990。
趙紹祖，《讀書偶記》，北京：中華書局，1997。
趙爾巽，《清史稿》三十五冊，北京：中華書局，1977。
趙孟頫，《松雪齋文集》，台北：臺灣學生書店，1970。
趙慎畛，《榆巢雜識》，北京：中華書局，2001。

趙　翼，《陔餘叢考》，北京：中華書局，1963，2012。
———，《廿二史劄記》，上下冊，台北：世界書局，1956；華世出版社，1977。
———，《甌北詩話》，北京：人民文藝出版社，1963。
———，《甌北集》，湛貽堂藏版。
談　遷，《國榷附北游錄》，十冊，台北：鼎文書局，1978。
劉　向，《新序》，《四庫全書精華》，第 17 冊，台北：古今大典文化事業有限公司，2000。
劉　向 編訂，《新雕重校戰國策》，台北：臺灣中華書局，1969。
劉　向 集錄，范祥雍箋證，《戰國策集錄》，四冊，上海：上海古籍出版社，2018。
劉　基，《鬱離子》，清光緒元年湖北崇文書局刊本，台北：新文豐出版社 1985。
劉　昫 等撰，《舊唐書》，北京：中華書局，1975。
劉　勰，《文心雕龍》，上海：會文堂，1923。
———，《文心雕龍》，楊明照校注本，台北：河洛圖書出版社，1976。
———，《劉子集校》，上海：上海古籍出版社，1965。
劉大櫆，《劉大櫆集》，上海：上海古籍出版社，1990。
劉克莊，《後村詩話》，北京：中華書局，1983。
———，《後村先生大全集》，《四部叢刊初編縮本》273-280，共八冊，四川：四川大學出版社，2008。
劉承幹，《明史例案》，吳興劉氏嘉葉堂刊本，乙卯季冬，1915。
劉逢祿，《左氏春秋考證》，載《續修四庫全書》，上海：上海古籍出版社，1995。
劉俐娜，《由傳統走向現代：論中國史學的轉型》，北京：社會科學文獻出版社，2006。

劉龍心，《學術與制度——學科體制與現代中國史學的建立》，台北：遠流出版公司，2002。

劉起釪，《顧頡剛先生學述》，北京：中華書局，1996。

劉慶義，《世說新語》，北京：中國華僑出版社，2016。

劉體信，《萇楚齋隨筆續筆三筆四筆五筆》，北京：中華書局，1998。

劉師培，《劉師培全集》，北京：中共中央黨校出版社，1997。

劉廷璣，《在園雜誌》，北京：中華書局，2007。

劉羲仲，《通鑒問疑》，《文淵閣四庫全書》本。

劉學銘 主編，《當代論史詩萃》，北京：大眾文藝出版社，1997。

劉　因，《靜修先生文集》，《四部叢刊初集》本。

劉應秋，《劉草堂說史》，道光癸巳來鹿堂。

劉禹錫，《劉禹錫集》，上海：上海人民出版社社，1975。

劉知幾，《史通》，張之象刻本，北京：中華書局，1961。

———，《史通釋評》，浦起龍釋，呂思勉評，台北：世界書局，1962；華世出版社，1981；上海：上海古籍出版社，2008。

劉子翬，《屏山集》，收入《四庫全書》，集部四，別類三，卷四。

鄧秉元，〈歷史哲學還是歷史經學〉，載《新經學》第四輯，上海：上海人民出版社，2019，頁282-295。

蔣善國，《尚書綜述》，上海：上海古籍出版社，1988。

黎靖德 編，《朱子語類》，北京：中華書局，1986。

潘檉章，《國史考異》，台北：廣文書局，1978。

鄭思肖，《鄭思肖集》，上海：上海古籍出版社，1991。

鄭　樵，《通志》，上海：商務印書館，1935年。

———，《鄭樵文集》，吳懷祺編，北京：書目文獻出版社，1992。

———，《夾漈遺稿》，收入文淵閣四庫全書，台北：臺灣商務印書館，1986。

鄭成功，《延平二王遺集》，收入諸家，《鄭成功傳》，《臺灣文獻叢刊》第 67 種，台北：臺灣銀行經濟研究所編印，1960。
《戰國策》，《四部備要影本》，台北：臺灣中華書局，1969。
獨醒主人（錢桂笙），《東社讀史隨筆》，光緒年間刻板，民國文明書局複印本。
盧文弨，《抱經堂文集》，北京：中華書局，1990。
歐陽修，《歐陽文忠公文集》，《四部叢刊初編縮本》第 195 冊，台北：臺灣商務印書館，1967 年。
———，《新五代史》，北京：中華書局，1974。
———，《新唐書》，北京：中華書局，1975。
———，《歸田錄》，北京：中華書局，1981。
———，《六一詩話》，載何文煥，《歷代詩話》，上冊，北京：中華書局，1981。
———，《歐陽永叔集》，國學基本叢書本。
歐陽哲生 編，《胡適書信集》，北京：北京大學出版社，1996。
錢　穆，《中國史學名著》，上下冊，台北：三民書局，1973。
———，《兩漢經學今古文平議》，北京：九州出版社，2011。
———，《先秦諸子系年》，上海：上海商務印書館，1935。
錢澄之，《田間文集》，《田間易學》，吳懷祺校點，吳孟復審訂，合肥：黃山書社，1998。
錢大昕，《潛研堂文集》，台北：臺灣商務印書館，1968。
———，《十駕齋養新錄》，上下冊，台北：臺灣商務印書館，1978。
———，《廿二史考異》，台北：樂天出版社，1971。
———，《諸史拾遺》，嘉慶十二年嘉興郡齋版。
錢茂偉，《明代史學的歷程》，北京：社會科學文獻出版社，2003。
錢基博，《經學通論》，台北：中華書局，1962。

錢謙益，《錢牧齋全集》，八冊，上海：上海古籍出版社，2003。
———，錢曾箋注、錢仲聯標校，《牧齋初學集》，上海古籍出版社，1985。
———，錢曾箋注、錢仲聯標校：《牧齋有學集》，上海古籍出版社，1996。
———，《國初群雄事略》，北京：中華書局，1982。
———，《錢牧齋文鈔》，台北：廣文書局，1972。
———，《精校評注錢牧齋先生尺牘》，九思齋藏版，一函四冊。
錢鍾書，《談藝錄》，北京：中華書局，1984。
———，《管錐編》，北京：中華書局，1979；三聯書店，2001。
———，《錢鍾書散文》，杭州：浙江文藝出版社，1997。
———，《寫在人生邊上》，北京：三聯書店，2001。
———，《容安舘箚記》，北京：商務印書館，2003。
———，〈與張君曉峰書〉，載《國風》，第 5 卷，第 1 期（1934），頁 14-15。
———，〈錢鍾書覆汪榮祖書〉，1982 年 8 月 12 日。
《歷代小說筆記選》（唐）（香港：商務印書館，1959）。
蕭公權，《中國政治思想史》，台北：中華文物出版社，1957。華岡：中國文化大學出版社，1980；北京：人民大學出版社，2014；台北：聯經出版公司，2022。
———，《跡園文錄》台北：聯經出版公司，1988；北京：中國人民大學出版社，2014。
蕭漢明，《船山易學研究》，北京：華夏出版社，1987。
蕭滌非 主編，《杜甫全集校注》，北京：人民文學出版社，2014。
鍾　惺，《史懷》，十七卷，萬曆刻本。
鍾　嶸，《詩品》，北京：中華書局，1991。

戴君仁，〈釋史〉，《文史哲學報》，第 12 期（1963），頁 57-64
戴名世，《南山集》，台北：華文書局，1970。
戴　笠，《懷陵流寇始終錄》，收入《續修四庫全書》，上海：古籍出版社，1995。
戴　震，《原善》，雙江李氏念劬堂藏版。
———，《戴震集》，上海：上海古籍出版社，1980。
鍾肇鵬，《讖緯論略》，台北：洪葉文化事業有限公司，1994。
韓　愈，《韓昌黎集》，香港：商務印書館，1973。
———，《韓昌黎文集校注》，上海：上海古籍出版社，1986。
———，〈進順宗皇帝實錄表狀〉，載鄒賢俊等編，《中國古代史學理論》，武漢：湖北人民出版社，1990。
韓儒林，《穹廬集》，上海：人民出版社，1982。
魏　禧，《魏叔子文鈔‧涂宜振史論序》，道光刻本。
魏　徵 等撰，《隋書》，北京：中華書局，1973。
瞿式耜，《瞿式耜集》，上海古籍出版社，1981。
魏文焌，《石室私鈔》，五卷，萬曆十四年序。
羅大經，《鶴林玉露》，北京：中華書局，1983。
羅聯添，《韓愈》，台北：河洛圖書出版社，1977。
羅振玉 編，《明季三孝廉集》，線裝九本，乙未孟夏 1919 版。
龐天佑，《中國史學思想史 魏晉南北朝卷》，合肥：黃山書社，2003。
饒宗頤，《中國史學上的正統論》，香港：龍門書局，1976。
蘇　洵，《嘉佑集》，《四部叢刊初編縮本》，第 199 冊。
———，《嘉佑集箋注》，曾棗莊、金成禮箋注，上海：上海古籍出版社，1993。
———，《蘇洵集》，北京：中國書店，2000。
蘇洵 蘇軾 蘇轍，《三蘇先生文集》，明書林劉氏安正書堂刻本。

蘇　軾，《東坡志林》，揚州：廣陵書社，2011。
———，《蘇軾選集》，濟南：齊魯書社，1981。
———，《東坡文集事略》，《四部叢刊初編縮本》，第 205 冊。
蘇　轍，《古史》，台北：故宮博物院景印，1991。
嚴　羽 著，郭紹虞校釋，《滄浪詩話校釋》，北京：人民文學出版社，1983。
顧頡剛，《春秋三傳及國語之綜合研究》，香港：中華書局，1988。
———，《自述：走在歷史的路上》，台北：遠流出版公司，1989。
———，《顧頡剛日記》（「民國 10 年 1 月 25 日周二」條），台北：聯經出版公司，2007。
——— 主編，《古史辨》，上海：上海人民出版社，1982。
顧炎武，《顧亭林詩文集》，香港：中華書局香港分行，1976。
———，《日知錄集釋》，台北：世界書局，1971。
鎌田正，《左傳の成立と其の展開》，東京：大修館，1963。
龔自珍，《龔自珍全集》，台北：河洛圖書出版社，1975。

西文部分

Acton, Lord. "Inaugural Lecture on the Study of History, in *Lectures on Modern History*, New York: Meridian Books, 1961.

Acton, John Emerich Edward Dalberg. *Historical Essays and Studies*, J. N. Figgis and R. V. Laurence eds., London: Macmillan, 1907.

Allison, Graham Tillett. "Avoiding Thucydides's Trap," *Financial Times*, London, August 22, 2012.

Aron, Raymond. *Introduction to Philosophy of History*, Boston: Beacon Press, 1962.

Atwell, William S. "A Seventeenth-Century 'General Crisis' in East Asia?" *Modern Asian Studies* 24, 4（1990）, pp. 671-673.

———"Some Observations on the 'Seventeenth-Century Crisis' in China and Japan," in *Journal of Asian Studies,* XLV, 2（1986）, pp. 223-237.

Avis, Paul. *Foundations of Modern Historical Thought from Machiavelli to Vico*, Beckenham, Kent: Croom Helm, 1986.

Bagby, Philip. *Culture and History: Prolegmena to the Comparative Study of Civilization*, Berkley: University of California Press, 1958, 1963.

Balazs, tienne. *Historical Writing on the People of Asia*, London: Oxford University Press, 1961.

Barker, John. *The Super-Historians*, New York: Charles Scribner's Son, 1982.

Barnes, Harry Elmer. *A History of Historical Writing*, Second Revised Edition, New York: Dover Publication, Inc. 1962, 1937.

Barraclough, Geoffrey. *An Introduction to Contemporary History*, New York: Penguin Books, 1984.

Beard, Charles Austin. *An Economic Interpretation of American Constitution*, New York: Macmillan, 1913, 1935.

———"That Noble Dream," *The American Historical Review*, vol. 41, no. 1（Oct. 1935）, pp. 74-87.

Beaseley, W. G. & E. G. Pulleyblank eds. *Historians of China and Japan*, London：School of Oriental and African Studies, 1961.

Becker, Carl. *Everyman His Own Historian*, New York: Appleron Century-Crofts, 1935.

Benson, Lee. *Turner and Beard, American Historical Writing Reconsidered*, New York: The Free Press, 1960.

Berlin, Isaiah. *The Hedgehog and the Fox: An Essay on Tolstoy's View of*

History, New York: A Mentor Book, 1957.

——*Vico and Herder: Two Studies in History of Ideas*, New York: Vintage Books, 1961, 1871.

——*Four Essays on Liberty*, London: Oxford University Press, 1969.

Bernheim, Ernst. *Lehrbuch der Historischen Methode und der Geschichtsphilosophie*, New York: Burt Franklin, 1914, 1970.

Bloch, Marc. *Feudal Society*, London: Routeledge, 1989.

Bloch, Marc. *The Historian's Craft: Reflections on the Nature and Uses of History and the Techniques and Methods of the Men Who Write it*, New York: Vintage Books, 1964.

Boer, Pim den. *History as a Profession: the study of history in France, 1818-1914*, English translation, Princeton: Princeton University Press, 1998.

Breisach, Ernst. *Historiography, Ancient, Medieval & Modern*, Second Edition, Chicago & London: The University of Chicago Press, 1994.

Braudel, Fernand. *Civilization and Capitalism, 15th–18th Century,* vol. 3: *The Perspective of the World* translated by Siân Reynolds, New York: Harper & Row, 1979.

Brown, David. *Walter Scott and the Historical Imagination*, London: Routledge and Kegan Paul, 1979.

Burchhardt, Jacob. *On History and Historians*, Introduction by H.R. Trevor-Roper, New York: Harper & Row, 1965.

Burke, Peter. "History of Events and the Revival of Narrative," in Peter Burke ed., *New Perspectives on Historical Writing*, University Park: The Pennsylvania State University Press, 1991.

Burns, Robert M. ed. *Historiography, Critical Concepts in Historical Studies*, 5 vols, London & New York: 2006.

Burton, Robert. *The Anatomy of Melancholy*, London: Dent Everyman's Library, 1964.

Bury, John B. *Selected Essays*, Freeport: Books for Libraries Press, 1968.

Butterfield, Herbert. *The Origins of History*, New York: Basic Books, 1981.

Carlyle, Thomas. *The French Revolution, A History*, Complete and Unabridged, New York: the Modern Library of the World's Best Books, n.d.

Carr, Edward H. *What is History?* New York: Alfred A. Knopf, 1964.

Certeau, Michel de. *Heterologies: Discourse on the Other*, translated by Brian Massumi; foreword by Wlad Godzich, Minneapolis: University of Minnesota Press, 1986.

Chan Hok-Lan（陳學霖）. "Chinese Official Historiography at the Yuan Court: the Composition of the Liao, Chin, and Sung Histories," in John D. Langois, Jr. ed., *China under Mongol Rule*, Princeton: Princeton University Press, 1981, pp. 105-106.

Chladenius, J. M. *Allgemeine Geschichtswissenschaft*, Leipzig, 1752.

Chu Honglin, "Confucian 'Case Learning': The Genre of Xue'an Writing," in Charlotte Furth, Judith T. Zeitlin, and Ping-chen Hsiung, eds., *Thinking with Cases: Specialist Kowledge in Chinese Cultural History*, Honolulu: University of Hawaii Press, 2007, pp. 24-73.

Collingwood, R. G. *The Idea of History*, revised edition, Oxford: Oxford University Press, 1994).

――― *Essays in the Philosophy of History*, Austin: University of Texas Press, 1965.

――― *The New Leviathan*, Oxford: Oxford University Press, 1942.

Commager, Henry Steele. *The Search for a Usable Past and Other Essays in Historiography*, New York: Alfred A Knopf, 1967.

Croizier, Ralph C. *Koxinga and Chinese Nationalism, History, Myth and the Hero,* Cambridge, Mass.: Harvard East Asian Monographs, 1977。

Dance, E. H. *History for a United World*, London: Harnap, 1971.

Danto, Arthur C. "The Decline and Fall of the Analytical Philosophy," in Frank Ankersmit and Hans Kellner, eds. *A New Philosophy of History*, Chicago: Chicago University Press, 1983, pp. 70-88.

Danto, Arthur C. *Analytical Philosophy of History*, Cambridge: Cambridge University Press, 1968.

Derrida, Jacques. *Dissemination*, Barbara Johnson trans. Chicago: University of Chicago Press, 1981.

———*Dissemination in a Nutshell*, Elisabeth Weber ed., Stanford: Stanford University Press, 1997.

Dray, William H. *History as Re-enactment: R. G. Collingwood's Idea of History*, Oxford: Clarendon Paperbacks, 1995.

———*Laws and Explanation in History*, Oxford University Press, 1957.

———"Narrative versus Analysis," in Burns ed., *Historiography*, vol. 4, pp. 343-346.

Durrant, Stephen W. *The Cloudy Mirror: Tension and Conflict in the Writing of Sima Qian*, Albany: State University of New York Press, 1995.

Elton, G. R. *The Practice of History*, New York: Thomas Crowell Co. 1967,

Evans, Richard. *In Defense of History,* New York: W. W. Norton, 1999.

Fischer, David Hackett. *Historian's Fallacy*, New York: Harper and Row, 1970.

Fleischer, Helmut. *Marxism and History*, New York: Harper & Row,1969。

Fornara, Charles William. *The Nature of History in Ancient Greece and Rome*, Berkeley: University of California Press, 1983.

Foucault, Michel. *The Archeology of Knowledge*, New York: Pantheon Books, 1972.

Freeman, Edward. *The Method of Historical Studies: Eight Lectures*, London: MacMillan, 1986.

Fukuyama, Francis. *The End of History and the Last Man*, New York: The Free Press, 1992.

Furet, François. "From Narrative History to History as a Problem," in *Diogenes,* Spring,1975, pp. 106-123.

Gallie, W. B. *Philosophy and the Historical Understanding*, New York: Schocken Books, 1968.

Gardiner, Patrick. *The Nature of Historical Explanation*, Oxford: Oxford University Press, 1961.

———*Theories of History*, Glencoe: The Free Press, 1960.

Garnett, Richard. *Life of Thomas Carlyle*, London: Walter Scott, 1887.

Gay, Peter. *Style in History*. New York: Basic Books, 1974.

Geertz, Clifford. *The Interpretation of Culture*, USA: Basic Books, A Division of Harper-Collins, 1973),

Gibbon, Edward. the *History* of the *Decline and Fall of the Roman Empire*, London: The Folio Society, 1997.

———*The Autobiography of Gibbon*, Edited and introduced by Dero A. Saundrs, New York: Meridian Books, 1961.

Gilpin, Robert. *The Origin and Prevention of Major Wars*, Cambridge: Cambridge University Press, 1898.

Goldstone, Jack A. "East and West in the Seventeenth Century: Political Crises in Stuart England, Ottoman Turkey, and Ming China," *Comparative Studies in Society and History*（1988）, vol. 30, no. 1(1988), pp. 105-

107.

Gooch, G. P. *History and Historians in the Nineteenth Century*, Boston: Beacon Press, 1959, p. 202.

Gottschalk, Louis. *Generalization in the Writing of History*, Chicago: Chicago University Press, 1963.

―――*Understanding History*, New York: Alfred Knoff, 1954.

Grant, Michael. *The Ancient Historians*, New York: Barns & Noble, 1970.

Hegel, Georg Wilhelm Friedrich. *Philosophy of History*, New York: Dover Publications, 1956.

Herder, Johann G. *Reflections on the Philosophy of the History of Mankind*, Abridged with Introduction, Chicago & London: The University of Chicago Press, 1968.

Herodotus. *The History*, translated by David Grene, Chicago: The University of Chicago Press, 1987.

Herskovits, Melville J. *Cultural Relativism: Perspectives in Cultural Pluralism*, New York: Vintage Books, 1973.

Hexter, J. H. *Doing History*, Bloomington & London: Indiana University Press, 1971.

Higham, John. *History: Professional Scholarship in America*, New York: Harper Torchbooks, 1965.

Ho, Ping-ti. "The Loess and the Origin of Chinese Agriculture," *The Amercan Historical Review*, vol. LXXV, no. 1（October, 1969）, pp. 1-36.

―――*The Cradle of the East: An Inquiry into the Indigenous Origins of Techniques and Ideas of Neolithic and Early Historic China, 5000-1000 B.C.* Hong Kong: The Chinese University of Hong Kong Press; Chicago: The University of Chicago Press, 1975.

Holborn, Hajo. *Wilhelm Dilthey and the Critique of Historical Reason,* in *Journal of The History of Ideas*, XI, 1（Jan.1950）, pp. 93-118.

Hsiao, Kung-chuan. "Legalism and Autocracy in Traditional China," in *Tsing Hua Journal of Chinese Studies*, New Series IV, no.2（February, 1964）, pp. 108-121.

Hughes, H. Stuart. *History as Art and as Science*, New York: Harper & Row, 1964.

———*Oswald Spengler: A Critical Pioneer Estimate of Spengler's Decline of the West and the Influence of This Philosophy upon History*, New York: Charles Scribner's Sons, 1962.

Huang, Chun-chieh. / Jürn Rüsen eds. *Chinese Historical Thinking: an Intellectual Discussion*, Göttingen; V&R unipress, 2015.

Huizinga, J Ohann. *Men and Ideas*, trans. James Holmes & Hans von Marle, Princeton: Princeton University Press, 1984.

Hume, David. *History of England from the Invasion of Julius Caesar to the Revolution of 1698*, London: A. Millar in the Strand, retrieved 16 June 2014 – via Google Books.

———*An Inquiry Concerning Human Understanding*, New York: The Liberal Arts Press, 1955.

———*A Treatise of Human Nature*, London, 1739-1740.

Hummel, Arthur W. transl., *The Autobiography of a Chinese Historian*, Lynden: Brill, 1931.

Humpel, Carl. "The Foundation of General Law in History", in Patrick Gardiner, *Theories of History*, Glencoe: The Free Press, 1960.

Ianziti, Gary. *Humanist Historiography under the Sforzas,* Oxford: Oxford University Press, 1989.

Iggers, George G. "Rationality and History", in Henry Kozicki ed., *Developments in Modern Historiography*, New York: St. Martin Press, 1993.

Jenner, W. J. F. *The Tyranny of History: The Roots of China's Crisis*, London & New York: Penguin Books, 1992.

Kagan, Robert. *The Return of History and the End of Dreams*, New York: Vintage, 2009.

Kahler, Erich. *The Meaning of History*, New York: George Braziller, 1964.

Kang, Youwei & Lawrence G. Thompson. *Ta T'ung Shu: The One World Philosophy of Kang Yu-wei*. London：Allen & Unwin, 1958.

Kant, Immanuel. *On History*, Indianapolis, New York: The Bobbs-Merrill Co. Inc., 1963.

Karlgren, Bernhard. *The Book of Documents*, Stockholm: reprinted from *the Museum of Far Eastern Antiquities*, Bulletin 22, 1950.

―――"On the Authenticity and Nature of the Tso-chuan [Zuozhuan]" in *Gotesborgs hogskolas arsskrift*, 1926.

Kavanagh, Thomas M. ed., *The Limits of Theory*, Stanford: Stanford University Press, 1989.

Keegan, John. "How Hitler Could Have Won the War, the Drive for the Middle East," in Robert Cowley, ed., *What If? The World's Foremost Military Historians Imagine What Might Have Been*, pp. 295-310.

Kwok, Danny W. Y. *Scientism in Chinese Thought, 1900-1950*, New Haven: Yale University Press, 1965.

Kennedy, Paul. *The Rise and Fall of the Great Powers*, New Haven: Yale University Press, 1987.

Laistner, M. L. W. *The Greater Roman Historians*, Berkeley & London:

University of California Press, 1947, 1966.

Lee, D. E. & R. N. Beck, "The Meaning of Historicism," in *American Historical Review*, April, 1954, pp. 568-577.

Lewis, G. C. *A Treatise on the Methods of Observation and Reasoning in Politics*, 1852.

Liu, James T. C. *Ou-yang Hsiu: An Eleventh-Century Neo-Confucianist*, Stanford, Calif.: Stanford University Press, 1967.

Livy. *The Early History of Rome*, translated by Aubrey de Sélincourt, Baltimore: Penguin Books, 1969.

Livy, *A History of Rome--Selections,* New York: The Modern Library, 1962.

Lorenz, Chris. "Historical knowledge and Historical Reality: A Plea for Internal Realism," *History and Theory*, vol. 33, no. 3（October, 1994）, pp. 325-326.

Loria, Achille. *The Economic Foundations of Society*, London: Sonenshein, 1904.

Lottinville, Savoie. *The Rhetoric of History*, Norman: University of Oklahoma Press, 1976.

Lowenthal, D. *The Past is a Foreign Land,* Cambridge: Cambridge University Press, 1985.

Lukacs, John. *Historical Consciousness: The Remembered Past*, New Brunswick & London: Transaction Publishers, 1994,

Lyotard, Claude. *The Differend: Phrases in Dispute*, transl. by George Vann Abeele, Minneapolis: University of Minneapolis Press, 1988.

Machiavelli, Niccoló. *Florentine Histories and of the Affairs of Italy, from the Earliest Times to the Death of Lorenzo the Magnificent*, a new translation by Laura F. Banfield and Harvey C. Mansfield, Jr. New Jersey: Princeton

University Press, 1988.

──*Florentine Histories* a new translation by Laura F. Banfield and Harvey C. Mansfield, New Jersey: Princeton University Press, 1988.

McLynn, Frank. *Napoleon: A Biography*, New York: Arcade Publishing, 1997.

McCullagh, C. Behan. *Justifying Historical Description*, Cambridge: Cambridge University Press, 1984.

McLellan, David ed., *Marx: the First 100 Years,* London: Frances Pinter, 1983.

McNeill, William H. "Infectious Alternativs: The Plague That Saved Jerusalem, 701 B.C.," in Robert Cowley, ed., *What If? The World's Foremost Military Historians Imagine What Might Have Been*, New York: Berkley Books, 1999, pp. 1-14.

Mandelbaum, Maurice. "Can There be a Philosophy of History?" *American Scholar*, vol. 9, no. 1（1939-1940）.

──"Casual Analysis in History," *Journal of the History of Ideas*, 1942, pp. 30-50.

Martin, Rex. *Historical Explanation: Re-enactment and Practical Inference*, Itheca & London: Cornell University Press, 1977.

Megill, Allan. "Recounting the Past: Description, Explanation, and Narrative in Historiography,"in *the American Historical Review*, vol. 94, no. 3（June, 1989）, pp. 627-653.

Meinecke, Friedrick. *Historicism: The Rise of a New Historical Outlook*, New York: Herder & Herder, 1959, 1972.

──*The German Catastrophe: The Social and Historical Influences Which led to the Rise of Hitler and Germany*, Boston: Beacon Press, 1950.

Meyerhoff, Hans. *The Philosophy of History in Our Time: An Anthology*, New York: Doubleday, 1959.

Merle Miller. *Plain Speaking: An Oral Biography of Harry S. Truman*, New York: Berkeley Publishing Corporation, 1974.

Mignet, Francois. *Histoire de la révolution française,* 1824.

Mills, C.A. *Climate Makes Men*, New York: Harper, 1947.

Mote, Fritz. "The Growth of Chinese Despotism: A Critique of Wittefogel's Theory of Oriental Despotism as Applied to China," In *Extrmus*, vol. 8, no. 1（August, 1961）, pp. 1-41.

Muller, Herbert. *The Use of the Past: Profiles of Former Societies*, New York: A Mentor Book, 1952).

Munz, Peter. *The Shapes of Time: A New Look at the Philosophy of History*, Middle Town: Wesleyan University Press, 1977.

Nagel, Thomas. *The View from Nowhere*, Oxford: Oxford University Press, 1986.

Neff, Emery. *Carlyle and Mill, An Introduction to Victorian Thought*, New York: Octagon Books, 1974.

Nivison, David S. *The Life and Thought of Chang Hsueh-ch'eng, 1738-1801*, Stanford: Stanford University Press, 1966.

Novick, Peter. *That Noble Dream: The Objectivity Question and American Historical Profession*, Cambridge: Cambridge University Press, 1988.

Oman, Sir Charles. *On the Writing of History*, London: Methuem & Co., 1939.

Palmer, W. *Engagement with the Past: the Lives and Works of the World War II Generation of Historians*, Lexington, Kentaky, 2001.

Parker, Theodor. *The Collected Works of Theodore Parker,* Trübner, 1879.

Phillips, Mark. *Francesco Guicciardini: The Historian's Craft*, Toronto & Buffalo: University of Toronto Press, 1977.

Pirandello, Luigi. *The Rules of the Game*, first published in 1919.

Plumb, J. H. *The Death of the Past*, London: the Macmillan Press, 1969,

Plutarch. *The Age of Alexander, Nine Greek Lives*, translated by Ian Scott-Kilvert, London: Harmondsworth, 1973.

Popper, Karl. *Open Society and Its Enemies*, New York: Harper & Row, 1963.

———*The Poverty of Historicism*, London: Routledge, 1963.

———*The Logic of Scientific Enquiry*, London: Routledge, 1959.

Porter, Roy. *Gibbon（Historians on Historians）*, New York: St. Martin's, 1988.

Pouncey, Peter R. *The Necessities of War, A Study of Thucydides' Pessimism*, New York: Columbia University Press, 1980.

Prescott, William Hickling. *The History of the Conquest of Mexico*, 1843.

Prichard, Earl H. "Traditional Chinese Historiography and Local History," in Hayden White ed., *The Uses of History: Essays in Intellectual and Social History*, Detroit: Wayne State University Press, 1968.

Pulleyblank, Edwin G. "Chinese Historical Criticism: Liu Chih-chi and Ssu-ma Kuang," in Beasley and Pulleyblank eds., *Historians of China and Japan*, 1961.

Qian Zhongshu. *Limited Views: Essays on the Ideas and Letters*, Selected and translated by Ronald Egan, Cambridge, Mass.: Harvard University Asian Center, 1998.

Ranke, Leopold von. *History of the Latin and Teutonic Nations,* G. R. Denuis transl., London: G. Bell & Sons, Ltd. 1915.

Renier, G. J. *History, Its Purpose and Method*, New York: Harper Torchbook, 1965.

Ricouer, Paul. *Time and Narrative*, transl. by K. McLanghlin & D. Pellauer, Chicago: University of Chicago Press, 1984.

———*History and Truth,* trans. with an introduction by Charles A. Kelbley, Evanston: Northwestern University Press, 1965.

Ross, Sir. *Aristotle*, New York: Barnes & Noble, 1964.

Rüsen, Jorn. "Crossing Cultural Borders: How to Understand Historical Thinking in China and the West," *History and Theory* 46（May, 2007）, pp.190-193.

Russell, Bertrand. *A History of Western Philosophy,* New York: Simon and Schuster, 1959.

Salomone, A. William. *Pluralism and Universality in Vico's Scienza Nuova,* in Giorgio Tagliacozzo ed., *Giambattista Vico: An International Symposium,* Baltimore: John Hopkins University, York: New American Library, 1962.

Santayana, George. *The Life of Reason* or *the Phase of Human Progress*, vol. 1. *Reason in Common Sense*, New York: Charles Scribner's Sons, 1905.

Sartre, Jean-Paul. *The Problem of Method（Critique de la raison dialectique）*, translated by H. Barns, London: 1963,

Scott, Jean Wallach. "History in Crisis? The Other Side of the Story ," in *The American Historical Review*, vol. 94（June 1989）, pp. 680-681.

Scott, Sir Walter, *Ivanhoe, A Romance,* New York: New Literary America Literary, 1962.

Seixas, Peter ed., *Theorizing Historical Consciousness*, Toronto: University of Toronto Press, 2004.

Showalter, Dennis E. & Harold C. Deutsch, Editors. *If the Allies Had Fallen: Sixty Alternate Scenarios of World War II*, New York: Skyhorse Publishing, 2012.

Skinner, Quentin. "Hermeneutics and the Role of History," *New Literary History*, 7, 1975-1976.

Smith, Logan Pearsall. *After Thoughts: Life and Human Nature,* New York: Statesman and Nation Publishing Co., 1931.

Southgate, Beverly. *History: What and Why*, London & New York: Routledge, 1996.

Spence, Donald. *Narrative Truth And Historical Truth: Meaning And Interpretation in Psychoanalysis*, Boston: WWW Norton, 1984.

Stern, Fritz. *The Varieties of History: From Voltaire to the Present,* New York: Meridian Books, 1956.

Stone Lawrence, "The Revival of Narrative: Reflections on a New Old History," in Lawrence Stone, *The Past and the Present*, Boston, London & Henley: Routledge & Kegan Paul, 1981.

Sweet, William ed., *The Philosophy of History: A Re-examination*, Hampshire: Ashgate, 2004.

Sybel, H. von. *Geschichte der Revolutionszeit, 1789-1800*, Stuttgart, 1882.

Tacitus, *The Histories*, A New Translation by Kenneth Wellesley, New York: Penguin Books, 1984.

Taylor, A. J. P. *Politicians, Socialism and Historians,* New York: Stein & Day, 1982.

———*Politicians, Socialism, and Historans*, New York: Stein & Day, 1982.

Temperley Harold ed. *Selected Essays of John B. Bury*, Freeport: Books for Libraries Press, 1968.

Thucydides. *History of the Peloponnesian War*, transl. by Rex Warner with an introduction by M. I. Finley, New York: Penguin Books, 1972.

Todorov, Tzvetan. *The Morals of History*, tansl. by Alyson Waters, Minneapolis: University of Minnesota Press, 1995.

Trevelyan, George Macaulay. *The Recreations of an Historian*, London, 1919.

──────*An Autobiography and Other Essays*, London, New York, Toronto: Longman Green and Company, 1949.

Trevor-Roper, Hugh. *History and Imagination*, Oxford: Clarendon Press, 1980.

Trotsky, Leon. *My Life*, New York: Charles Schribner's Sons, 1930.

Tuchman, Barbara. *A Distant Mirror, The Calamitous 14 Century,* New York: Ballantine Books, 1978.

──────*History and the Reader*, National Book League Third Annual Lecture, London: Cambridge University Press, 1945.

Vico, Giambattista. *The New Science of Giambattista Vico*, Thomas Goddard Bergin & Max Harold Fisch transl., Ithaca: Cornell University Press, 1969.

Voltaire, Francois-Maire A. de. *Essay on the Customs and the Spirit of Nations*, 1769.

Voltaire, François-Marie. *Essai sur les mœurs et l'esprit des nations,* translated to English as *An Essay on Universal History, the Manners, and Spirit of Nations,* Paris, 1759.

Walsh, W. H. *Philosophy of History: An Introduction,* New York: Harper & Row, 1960.

Watson, Burton. *Ssu-ma Ch'ien, Grand Historian of China*, New York: Columbia University Press, 1958.

──────*Records of the Historian: Chapters from the Shih Chi of Ssu-ma Ch'ien*, New York: Columbia University Press, 1969.

Wedgwood, C.V. *Truth and Opinion: Historical Essays*, London: Collins, 1960.

Weiss, Paul. *History: Written and Lived,* Carbondale: Southern Illinois University Press,1962.

Whitehead, Alfred North. *Science and the Modern World*, Lowell Lectures, New York: The Macmillan Company, 1925, 1944.

——*Process and Reality*, New York: Free Press, 1979.

Williams, Joseph M. *Style: Ten Lessons in Clarity and Grace*, Illinois: Glenview, 1981.

Windschuttle, Keith. *The Killing of History: How a Discipline Is Being Murdered by Literary Critics and Social Theorists*, Australia: Macleay Press, 1994.

Witonski, Peter P. *Gibbon for Moderns: The History of the Decline and Fall of the Roman Empire with Lessons for American Today*, New Rochelle: Arlington House Publishers, 1974.

Wittfogel, Karl A. *Oriental Despotism, A Comparative Study of Total Power*, New Haven & London: Yale University Press, 1964.

Wong, Young-tsu. "Philosophical hermeneutics and Political Reform: A Study of Kang Youwei's Use of Gongyang Confucianism," in Ching-I Tu ed., *Classics and Interpretations: The Hermeneutic Traditions in Chinese Culture*, New Brunswick: Transaction Publishers, 2000, pp. 383-410.

——*Beyond Confucian China: The Rival Discourses of Kang Youwei and Zhang Binglin*, London: Routledge, 2010.

——*China's Conquest of Taiwan in the Seventeenth Century Victory at Full Moon*, Singapore: Springer, 1917.

——"Discovery or Invention: Modern Interpretations of Zhang Xuecheng," *Historiography East & West*, vol. 1, no. 2（2003）, pp. 178-205.

Wu, Mi. "Old and New in China," in *Chinese Students' Monthly*, vol. 16, no.3（June, 1921）, pp. 200-202.

Yang, Lien-sheng. "The Organization of Chinese Official Historiography:

Principles and Methods of the Standard Histories from the T'ang through the Ming Dynasty," in Beasley and Pulleyblank eds. *Historians of China and Japan*, Oxford: Oxford University Press, 1961.

Young, Louis M. *Carlyle and the Art of History*, New York: Octagon, 1971.

史義通說

2025年4月初版　　　　　　　　　　　　　　　　定價：新臺幣780元
有著作權・翻印必究
Printed in Taiwan.

著　　　者	汪 榮 祖
叢書主編	沙 淑 芬
副總編輯	蕭 遠 芬
校　　對	李 國 維
內文排版	菩 薩 蠻
封面設計	沈 佳 德

出　版　者	聯經出版事業股份有限公司	編務總監	陳 逸 華
地　　　址	新北市汐止區大同路一段369號1樓	副總經理	王 聰 威
叢書主編電話	(02)86925588轉5310	總 經 理	陳 芝 宇
台北聯經書房	台北市新生南路三段94號	社　　長	羅 國 俊
電　　　話	(02)23620308	發 行 人	林 載 爵
郵政劃撥帳戶第0100559-3號
郵撥電話	(02)23620308
印　刷　者	世和印製企業有限公司
總　經　銷	聯合發行股份有限公司
發　行　所	新北市新店區寶橋路235巷6弄6號2樓
電　　　話	(02)29178022

行政院新聞局出版事業登記證局版臺業字第0130號

本書如有缺頁，破損，倒裝請寄回台北聯經書房更換。　ISBN 978-957-08-7607-9 (平裝)
聯經網址：www.linkingbooks.com.tw
電子信箱：linking@udngroup.com

國家圖書館出版品預行編目資料

史義通說/汪榮祖著．初版．新北市．聯經．
2025年4月．604面．14.8×21公分
ISBN 978-957-08-7607-9（平裝）

1.CST：歷史哲學

601.4　　　　　　　　　　114001018